Endriss/Küpper/Schönwald/Schneider

Steuerkompendium · Band 1

Online-Version inklusive!

Stellen Sie dieses Buch jetzt in Ihre „digitale Bibliothek“ in der NWB Datenbank und nutzen Sie Ihre Vorteile:

- Ob am Arbeitsplatz, zu Hause oder unterwegs: Die Online-Version dieses Buches können Sie jederzeit und überall da nutzen, wo Sie Zugang zu einem mit dem Internet verbundenen PC haben.
- Die praktischen Recherchefunktionen der NWB Datenbank erleichtern Ihnen die gezielte Suche nach bestimmten Inhalten und Fragestellungen.
- Die Anlage Ihrer persönlichen „digitalen Bibliothek“ und deren Nutzung in der NWB Datenbank online ist kostenlos. Sie müssen dazu nicht Abonnent der Datenbank sein.

Ihr Freischaltcode:

BKUNEKLMQYJIFCQQGLVVRY

Endriss u. a., Steuerkompendium Band 1

So einfach geht's:

1. Rufen Sie im Internet die Seite **www.nwb.de/go/online-buch** auf.
2. Geben Sie Ihren Freischaltcode in Großbuchstaben ein und folgen Sie dem Anmeldedialog.
3. Fertig!

Alternativ können Sie auch den Barcode direkt mit der **NWB Mobile** App einscannen und so Ihr Produkt freischalten! Die NWB Mobile App gibt es für iOS, Android und Windows Phone!

Die NWB Datenbank – alle digitalen Inhalte aus unserem Verlagsprogramm in einem System.

www.nwb.de

Steuerkompendium

Band 1:

Einkommensteuer
Bilanzsteuerrecht
Körperschaftsteuer
Gewerbesteuer

Von

Prof. Dr. Horst Walter Endriss

Dipl.-Kfm. Peter Küpper

Dipl.-Finanzwirt Stefan Schönwald

Dipl.-Finanzwirt Josef Schneider

Teil Einkommensteuer: Begründet von
Dipl.-Finanzwirt Wolfram Baßendowski

14., überarbeitete und aktualisierte Auflage

nwb

Bearbeitervermerk:

Erster Teil:	Einkommensteuer	**Schneider**
Zweiter Teil:	Bilanzsteuerrecht	**Endriss**
Dritter Teil:	Körperschaftsteuer	**Schönwald**
Vierter Teil:	Gewerbesteuer	**Küpper**

ISBN 978-3-482-**54944**-1

14., überarbeitete und aktualisierte Auflage 2015

www.nwb.de

Satz: Griebsch & Rochol Druck GmbH, Hamm

Druck: Stückle Druck und Verlag, Ettenheim

VORWORT ZUR 14. AUFLAGE

Wer sich in die verschiedenen Gebiete des Steuerrechts einarbeiten will, steht oft ratlos vor der Fülle des umfangreichen und schwierigen Stoffes. Die in der Praxis vorkommenden oder die denkbaren steuerlichen Probleme sind zahlenmäßig geradezu unbegrenzt, so dass es nicht möglich ist, sie auch nur annähernd komplett zu behandeln oder gar eingehend erörtern zu wollen. Dies zu versuchen, kann nur die Aufgabe eines Kommentars sein.

Bei der Abfassung unseres Kompendiums, das der Einführung in die einzelnen Steuerrechtsgebiete und gleichzeitig als Lehrbuch für die Prüfungsvorbereitung dienen soll, haben wir deshalb besonderen Wert darauf gelegt, das System der einzelnen Steuerrechtsgebiete und deren Zusammenhänge aufzuzeigen. Wer das System und die Zusammenhänge in den einzelnen Gebieten des Steuerrechts erfasst hat, wird in der Lage sein, auch neue, bisher nicht bekannte Probleme zu erkennen und zu lösen. Wir empfehlen deshalb für das Studium, sich besonders um das Erkennen und das Verstehen der systematischen Zusammenhänge zu bemühen.

Aus der Zielsetzung dieses Kompendiums ergibt sich, dass sein Umfang möglichst knapp gehalten wurde und somit auf die eingehende Erörterung nebensächlicher Einzelheiten bewusst verzichtet werden musste. Die notwendige Erörterung wichtiger Probleme nimmt wegen ihrer Vielzahl und ihrer Kompliziertheit dennoch einigen Raum ein.

Unser Kompendium ist – in zwei Bänden – vor allem als Arbeitsunterlage für Prüfungskandidaten auf den Gebieten des Steuerrechts gedacht. Gleichzeitig wird es für jeden Praktiker nützlich sein, der sich einen systematischen, aber dennoch einigermaßen intensiven Überblick über die verschiedenen Gebiete des Steuerrechts verschaffen will oder seine Kenntnisse auffrischen möchte. Band 2 des Steuerkompendiums behandelt die Gebiete Abgabenordnung/Finanzgerichtsordnung, Bewertungsrecht/Erbschaftsteuer sowie Umsatzsteuer.

Nach den zahlreichen Gesetzesänderungen in der jüngsten Vergangenheit war eine umfassende Überarbeitung des Bandes 1 erforderlich. Damit haben wir die hiermit vorgelegte 14. Auflage auf den Rechtsstand bis Mitte 2015 gebracht.

Für Anregungen und Verbesserungsvorschläge sind wir jederzeit dankbar.

Köln, im November 2015

Horst Walter Endriss
Peter Küpper
Stefan Schönewald
Josef Schneider

Kein Produkt ist so gut, dass es nicht noch verbessert werden könnte. Ihre Meinung ist uns wichtig! Was gefällt Ihnen gut? Was können wir in Ihren Augen noch verbessern? Bitte verwenden Sie für Ihr Feedback einfach unser Online-Formular auf:

www.nwb.de/go/campus

Als kleines Dankeschön verlosen wir unter allen Teilnehmern einmal pro Quartal ein Buchgeschenk.

INHALTSVERZEICHNIS

Vierter Teil: Gewerbesteuer **407**

ABKÜRZUNGSVERZEICHNIS

A

a. a. O.	am angeführten Ort
Abs.	Absatz
Abschn.	Abschnitt
ABWL	Allgemeine Betriebswirtschaftslehre
abz/f.	abziehbar/abzugsfähig
a. F.	alter Fassung
AfA	Absetzung für Abnutzung
AfaA	Absetzung für außergewöhnliche (technische oder wirtschaftliche) Abnutzung
AG	Aktiengesellschaft
AHK	Anschaffungs- und Herstellungskosten
AK	Anschaffungskosten
AktG	Aktiengesetz
AO	Abgabenordnung
Art.	Artikel
AStG	Außensteuergesetz
AV	Anlagevermögen

B

BA	Betriebsausgabe
BAföG	Bundesausbildungsförderungsgesetz
BB	Betriebs-Berater (Zeitschrift)
BdF	Bundesminister der Finanzen
BE	Betriebseinnahme
BerlinFG	Berlinförderungsgesetz
betr.	betreffend
BewG	Bewertungsgesetz
BFH	Bundesfinanzhof
BGB	Bürgerliches Gesetzbuch
BGBl	Bundesgesetzblatt
BGH	Bundesgerichtshof
BilMoG	Bilanzrechtsmodernisierungsgesetz
BilRUG	Bilanzrichtlinie-Umsetzungsgesetz
BMF	Bundesministerium für Finanzen
BMWF	Bundesministerium für Wirtschaft und Finanzen
BRD	Bundesrepublik Deutschland
BRKG	Bundesreisekostengesetz
BStBl	Bundessteuerblatt
Buchst.	Buchstabe
BV	Betriebsvermögen

bzw.	beziehungsweise

C

ca.	circa

D

DB	Der Betrieb (Zeitschrift)
DBA	Doppelbesteuerungsabkommen
DDR	Deutsche Demokratische Republik
d. h.	das heißt
DM	Deutsche Mark
DMBilG	D-Markbilanzgesetz
DStR	Deutsches Steuerrecht (Zeitschrift)
DV	Datenverarbeitung

E

€	Euro
E-Bilanz	Elektronische Bilanz
EBITDA	Earnings before Interest, Taxes, Depreciation and Amortization
EDV	Elektronische Datenverarbeitung
EG	Europäische Gemeinschaft
EGHGB	Einführungsgesetz zum Handelsgesetzbuch
EK	Eigenkapital
ERS	Entwurf IDW Stellungnahme zur Rechnungslegung
ESt	Einkommensteuer
EStDV	Einkommensteuer-Durchführungsverordnung
EStG	Einkommensteuergesetz
EStH	Einkommensteuer-Hinweise
EStR	Einkommensteuer-Richtlinien
EU	Europäische Union
etc.	et cetera = und andere
EuGH	Europäischer Gerichtshof
EW	Einheitswert
Ez/EZ	Erhebungszeitraum

F

f.	folgende
Fa.	Firma
ff.	fortfolgende
Fifo	First in – first out
FK	Fremdkapital
FördG	Fördergebietsgesetz
FR	Finanz-Rundschau (Zeitschrift)

G

GAV	Gewinnabführungsvertrag
gem.	gemäß
GenG	Genossenschaftsgesetz
GewO	Gewerbeordnung
GewSt	Gewerbesteuer
GewStÄndG	Gesetz zur Änderung des Gewerbesteuergesetzes und anderer Gesetze
GewStDV	Gewerbesteuer-Durchführungsverordnung
GewStG	Gewerbesteuergesetz
GewStH	Gewerbesteuer-Hinweise
GewStR	Gewerbesteuer-Richtlinien
GG	Grundgesetz
ggf.	gegebenenfalls
GmbH	Gesellschaft mit beschränkter Haftung
GmbHG	GmbH-Gesetz
GmbHR	GmbH-Rundschau (Zeitschrift)
GoBS	Grundsätze ordnungsmäßiger Buchführungssysteme
GrS	Großer Senat
GuV	Gewinn- und Verlustrechnung

H

H	Hinweise (zu Richtlinien)
HB	Handelsbilanz
HFA	Hauptfachausschuss des Institutes der Wirtschaftsprüfer
HGB	Handelsgesetzbuch
Hifo	Highest in – first out
Hs.	Halbsatz

I

IAS	International Accounting Standards
i. d. F.	in der Fassung
i. d. R.	in der Regel
IDW	Institut der Wirtschaftsprüfer
IFRS	International Financial Reporting Standards
i. H.	im Hundert
insb./insbes.	insbesonders/insbesondere
i. S.	im Sinne
i.V.	in Verbindung
i. Z. m.	im Zusammenhang mit

K

KG	Kommanditgesellschaft
KGaA	Kommanditgesellschaft auf Aktien

KSt	Körperschaftsteuer
KStDV	Körperschaftsteuer-Durchführungsverordnung
KStG	Körperschaftsteuergesetz
KStR	Körperschaftsteuer-Richtlinien

L

l	Liter
LAG	Lastenausgleichsgesetz
Lifo	Last in – first out
Lofo	Lowest in – first out
LStDV	Lohnsteuer-Durchführungsverordnung
LStR	Lohnsteuer-Richtlinien
lt.	laut

M

max.	maximal
ME	Mietereinbauten
m. E.	meines Erachtens
Mrd.	Milliarden
MU	Mieterumbauten

N

n. abz/f.	nicht abziehbar/abzugsfähig
ND	Nutzungsdauer
n. F.	neuer Fassung
Nr.	Nummer
NWB	Neue Wirtschafts-Briefe (Zeitschrift)
NWP	Niederstwertprinzip

O

OFD	Oberfinanzdirektion
o. g.	oben genannte
OHG	Offene Handelsgesellschaft
OT	Organträger

P

p. a.	per annum/pro Jahr
Pkw	Personenkraftwagen
Pos.	Position
PV	Privatvermögen

R

R	Richtlinien (zu Steuergesetzen)

Rdn.	Randnummer
RFH	Reichsfinanzhof
Rspr.	Rechtsprechung

S

S.	Seite
s.	siehe
S. d. E.	Summe der Einkünfte
SE	Societas Europaea
sog.	so genannt
SolZ	Solidaritätszuschlag
SolZG	Solidaritätszuschlagsgesetz
StÄndG	Steueränderungsgesetz
StB	Steuerbilanz
StbJb	Steuerberater-Jahrbuch
stpfl.	steuerpflichtig
str.	strittig

T

TWA	Teilwertabschreibung
Tz	Textziffer

U

u.	und
u. Ä.	und Ähnliche
u. a. m.	und andere mehr
UB	Unterschiedsbetrag
U. E.	Unseres Erachtens
UmwStG	Umwandlungssteuergesetz
UntStFG	Unternehmenssteuerfortentwicklungsgesetz
USt	Umsatzsteuer
UStG	Umsatzsteuergesetz
usw.	und so weiter
u. U.	unter Umständen
UV	Umlaufvermögen
u. v. a.	unter vielen anderen
u. v. a. m.	und viele andere mehr

V

v.	von/vom
vEK	verwendbares Eigenkapital
vGA	verdeckte Gewinnausschüttung
vgl.	vergleiche

vorl.	vorläufig
VStR	Vermögensteuer-Richtlinien
VZ	Veranlagungszeitraum

W

WG	Wirtschaftsgut

X

XBRL	extensible Business Reporting Language

Z

z. B.	zum Beispiel
ZPO	Zivilprozessordnung
zzgl.	zuzüglich

Erster Teil: Einkommensteuer

A. Einführung

Die Einkommensteuer ist eine Ertragsteuer. Sie erfasst das Einkommen von natürlichen Personen. Ein sehr wichtiges Kriterium der Einkommensteuer ist, dass die *persönliche Leistungsfähigkeit* des Steuerpflichtigen berücksichtigt werden soll. Demnach spielen z. B. Sonderausgaben, außergewöhnliche Belastungen, der Familienstand, das Alter und andere individuelle Faktoren bei der Einkommensbesteuerung eine Rolle. 1

Auch der von 0 bis 42 % progressiv gestaltete Tarif ist ein Ausdruck dafür, dass die persönliche Leistungsfähigkeit berücksichtigt wird. Ab dem Jahr 2009 wurde der Eingangssteuersatz auf 14 %, der Spitzensteuersatz weiter auf 42 % abgesenkt. Ab dem Veranlagungszeitraum 2007 kam es zur Einführung der sog. „Reichensteuer". Ab einem Einkommen von 250 000 € bzw. 500 000 € (Ehegatten) wird der Spitzensteuersatz auf 45 % angehoben.

Weil die individuellen Verhältnisse eines Steuerpflichtigen sehr unterschiedlich sein können, bedingt ihre Berücksichtigung, dass die einkommensteuerlichen Vorschriften sehr umfangreich und sehr kompliziert sein müssen. Die Kompliziertheit der einkommensteuerlichen Vorschriften rührt aber auch daher, dass sie – und zwar in zunehmendem Maße – als Instrument der Wirtschaftspolitik eingesetzt werden.

Wie jedes materielle Steuergesetz ist auch das Einkommensteuergesetz in einer ganz bestimmten Weise aufgebaut. Es ist nämlich *zunächst* zu klären, *wer* für die Einkommensbesteuerung in Frage kommt (persönliche Steuerpflicht).

Anschließend ist geregelt, *was* Gegenstand ist (sachliche Steuerpflicht).

Schließlich ist festzulegen, welche *Bemessungsgrundlage* für die Besteuerung anzusetzen (zu versteuerndes Einkommen) und was darauf für ein *Tarif* anzuwenden ist.

Das Einkommensteuergesetz ist also folgendermaßen aufgebaut:

1. Steuerpflicht
2. Steuergegenstand
3. Bemessungsgrundlage
4. Steuertarif

Entsprechend diesem Aufbau wird auch bei den nachfolgenden Erörterungen vorgegangen.

Die Einnahmen an Einkommensteuer einschließlich der Lohnsteuer machen einen ganz wesentlichen Teil der gesamten Steuereinnahmen der öffentlichen Hand aus. Das Aufkommen steht dem Bund und den Ländern gemeinsam zu, soweit nicht auch ein Teil des Aufkommens nach dem Grundgesetz den Gemeinden zugewiesen wird.

Rechtliche Grundlagen für die Einkommensbesteuerung sind das Einkommensteuergesetz (EStG) und die Einkommensteuer-Durchführungsverordnung (EStDV). Gesetz und Durchführungsverordnung sind für alle Beteiligten, also für Steuerpflichtige und Finanzverwaltung, verbindlich. Hinzu kommen die Einkommensteuer-Richtlinien (EStR) und die Einkommensteuer-Hinweise (EStH). Sie behandeln Zweifelsfragen und Auslegungsfragen von allgemeiner Bedeutung, um eine einheitliche Anwendung des Einkommensteuerrechts durch die Finanzverwaltung sicherzustellen. Für die Verwaltung sind die Richtlinien und Hinweise deshalb verbindlich. Für die Steuerpflichtigen haben die Richtlinien und Hinweise dagegen nicht unbedingt bindende Wirkung. Dennoch entfalten auch diese Vorschriften eine gewisse Bindungswirkung, zumal viele Anweisungen auf der Rechtsprechung des BFH basieren.

B. Die Einkommensteuerpflicht

I. Persönliche Steuerpflicht

§ 1 EStG

2 Zunächst ist zu klären, wer für die Einkommensbesteuerung in Betracht kommt. Es sind dies alle *natürlichen Personen*, die im Inland einen *Wohnsitz* oder ihren *gewöhnlichen Aufenthalt* haben. Diese Personen sind *unbeschränkt steuerpflichtig*. Darüber hinaus können aber auch Personen von der Einkommensteuer erfasst werden, die weder ihren Wohnsitz noch ihren gewöhnlichen Aufenthalt im Inland haben, wenn sie inländisches Einkommen beziehen. Das sind die *beschränkt Steuerpflichtigen*. Man unterscheidet also

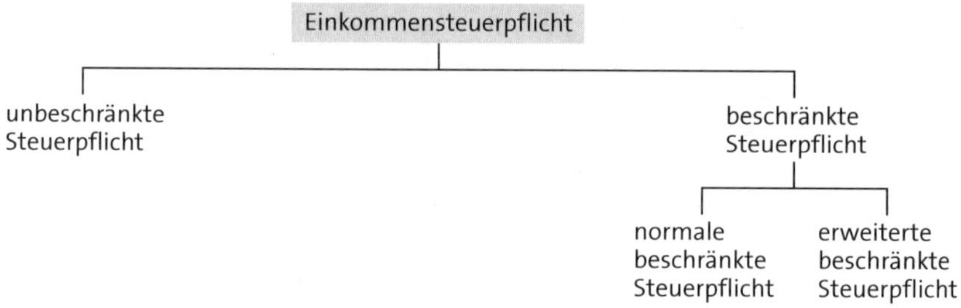

1. Die unbeschränkte Steuerpflicht

§ 1 Abs. 1 bis 3 EStG, H 1 EStH

a) Voraussetzungen

3 Unbeschränkt einkommensteuerpflichtig sind gem. § 1 Abs. 1 Satz 1 EStG natürliche Personen, die im Inland einen Wohnsitz oder ihren gewöhnlichen Aufenthalt haben.

Der Einkommensteuer unterliegen nur die natürlichen Personen, nicht dagegen die nicht natürlichen Personen, insbesondere die Kapitalgesellschaften. Das Einkommen dieser (und anderer) juristischen Personen wird von der Körperschaftsteuer erfasst.

Auch die Personengesellschaften (z. B. OHG oder KG) unterliegen nicht der Einkommensteuer. Vielmehr ist Steuersubjekt immer nur jede *einzelne Person* einer solchen Personengesellschaft.

Die Steuerpflicht einer natürlichen Person *beginnt* mit der Geburt und *endet* mit dem Tode. Das Alter, die Staatsangehörigkeit, die Rasse, die Religion, die Geschäftsfähigkeit oder andere Faktoren sind für die Steuerpflicht ohne Bedeutung.

Unter dem *Inland* ist die *Bundesrepublik Deutschland* und nach § 1 Abs. 1 Satz 2 EStG auch der der Bundesrepublik zustehende *Festlandsockel* zu verstehen.

Einen *Wohnsitz* hat jemand gem. § 8 AO dort, wo er eine Wohnung hat unter Umständen innehat, die darauf schließen lassen, dass er diese Wohnung beibehalten und benutzen wird. Auf die polizeiliche Anmeldung oder auf die tatsächliche körperliche Anwesenheit kommt es nicht an. Entscheidend ist das *Innehaben der Wohnung* unter den genannten Umständen.

BEISPIEL: Ein Seemann hat in Hamburg eine Wohnung. Zuweilen ist er auf Seereise, die sich *über mehr* als ein Jahr erstreckt.

Auch wenn der Seemann ein ganzes Kalenderjahr nicht in Hamburg gewesen ist, hat er dennoch im Inland seinen Wohnsitz und ist damit unbeschränkt steuerpflichtig.

Selbstverständlich ist es demnach möglich, dass eine natürliche Person *mehrere Wohnsitze hat.* Für die unbeschränkte Steuerpflicht genügt es, wenn *ein* Wohnsitz im Inland ist.

Hat eine natürliche Person keinen Wohnsitz im Inland, so kann sie dennoch unbeschränkt steuerpflichtig sein, wenn sie ihren *gewöhnlichen Aufenthalt* im Inland hat. Den hat jemand gem. § 9 AO dort, wo er sich unter Umständen aufhält, die erkennen lassen, dass er an diesem Ort *nicht nur vorübergehend verweilen will.* Hier kommt es also auf die tatsächliche körperliche Anwesenheit an. Ein gewöhnlicher Aufenthalt im Inland ist stets anzunehmen, wenn die Anwesenheit mehr *als sechs Monate* angedauert hat, wobei kurzzeitige Unterbrechungen unberücksichtigt bleiben. Dies gilt nicht, wenn der Aufenthalt ausschließlich zu Besuchs-, Erholungs-, Kur- oder ähnlichen privaten Zwecken dient und nicht länger als ein Jahr dauert.

BEISPIEL: Ein Franzose ist acht Monate im Jahr als Vertreter einer französischen Unternehmung in der Bundesrepublik tätig. Während seiner Anwesenheit in der Bundesrepublik wohnt er in Hotels.

Der Franzose hat keinen Wohnsitz im Inland. Er hat aber hier einen gewöhnlichen Aufenthalt und ist deshalb in dieser Zeit unbeschränkt steuerpflichtig.

b) Bedeutung

Bei unbeschränkter Einkommensteuerpflicht werden sämtliche Einkünfte einer natürli- 4
chen Person von der Einkommensteuer erfasst, ganz gleich, wo diese – im Inland oder im Ausland – erzielt worden sind. Man spricht in diesem Zusammenhang von der Besteuerung des *weltweiten* Einkommens.

Da andere Länder – vor allem der westlichen Welt – in Hinsicht auf die Einkommensteuerpflicht ähnliche Systeme haben, besteht die Gefahr der *internationalen Doppelbesteuerung.* Sie kann durch *einseitige Maßnahmen* i. S. von § 34c EStG vermieden werden, indem die im Ausland gezahlten Einkommensteuern auf die deutsche Einkommensteuer angerechnet werden. Noch wirkungsvoller sind die *Abkommen zur Vermeidung der internationalen Doppelbesteuerung (Doppelbesteuerungsabkommen).* Die Bundesrepublik hat mit allen wichtigen Industrienationen Doppelbesteuerungsabkommen geschlossen.

2. Unbeschränkte Steuerpflicht auf Antrag

§ 1 Abs. 3 EStG

5 Auf Antrag können auch natürliche Personen ohne Wohnsitz oder gewöhnlichen Aufenthalt gem. § 1 Abs. 3 EStG als unbeschränkt einkommensteuerpflichtig behandelt werden, wenn ihre inländischen Einkünfte i. S. des § 49 EStG mindestens zu 90 % der deutschen Einkommensteuer unterliegen oder die nicht der deutschen Einkommensteuer unterliegenden Einkünfte den Grundfreibetrag nach § 32a Abs. 1 Satz 2 Nr. 1 EStG im Kalenderjahr nicht übersteigen. Im Kj 2015 beträgt der Grundfreibetrag 8 472 €.

Die Vorschrift des § 1 Abs. 3 EStG war ursprünglich gedacht, um Besteuerungsnachteile für *Grenzpendler* (vgl. die EuGH-Rechtsprechung im Fall Schumacker) zu vermeiden. Gleichwohl ist die Anwendung der Vorschrift nicht etwa auf tatsächliche Grenzpendler beschränkt. Vielmehr fallen alle im Ausland lebenden natürlichen Personen darunter, die die genannten Voraussetzungen erfüllen.

3. Fiktive unbeschränkte Steuerpflicht

§ 1a EStG

6 Für Staatsangehörige eines Mitgliedstaates der Europäischen Union oder eines Staates, auf den das Abkommen über den Europäischen Wirtschaftsraum (H 1a „Europäischer Wirtschaftsraum“ EStH) anwendbar ist, wird die unbeschränkte Steuerpflicht in den Fällen des § 1a EStG fingiert. Die Vorschrift ergänzt § 1 Abs. 3 EStG zur Besteuerung der Grenzpendler (vgl. Tz 5). Nach § 1a EStG sollen bestimmte personen- und familienbezogene Vergünstigungen auch dann gewährt werden, wenn Ehegatten oder Kinder ihren Wohnsitz oder gewöhnlichen Aufenthalt nicht im Inland, aber in der Europäischen Union haben. Es handelt sich dabei um Aufwendungen i. S. des § 10 Abs. 1a EStG, nämlich

- um den Abzug von Unterhaltsleistungen an den geschiedenen oder dauernd getrennt lebenden Ehegatten (§ 10 Abs. 1a Nr. 1 EStG) als Sonderausgaben,
- um den Abzug von Versorgungsleistungen (§ 10 Abs. 1a Nr. 2 EStG),
- um Ausgleichszahlungen zur Vermeidung des Versorgungsausgleichs (§ 10 Abs. 1a Nr. 3 EStG) sowie
- um Ausgleichszahlungen im Rahmen des Versorgungsausgleichs (§ 10 Abs. 1a Nr. 4 EStG).

Gem. § 1a Abs. 1 Satz 1 Nr. 2 EStG handelt es sich weiterhin um die Anwendung des § 26 Abs. 1 Satz 1 EStG (Splittingtarif), auch wenn der nicht dauernd getrennt lebende Ehegatte keinen Wohnsitz oder gewöhnlichen Aufenthalt im Inland hat.

4. Die beschränkte Steuerpflicht

§§ 1, 49, 50, 50a EStG

Wenn natürliche Personen weder einen Wohnsitz noch einen gewöhnlichen Aufenthalt im Inland haben, sollen ihre inländischen Einkünfte ebenfalls der deutschen Einkommensteuer unterliegen. Es liegt dann *beschränkte Einkommensteuerpflicht* i. S. des § 1 Abs. 4 EStG vor, der die Einkünfte gem. § 49 EStG unterliegen. Diese Einkunftsarten sind grundsätzlich identisch mit den Einkunftsarten gem. § 2 Abs. 1 EStG bei unbeschränkter Einkommensteuerpflicht; allerdings muss in diesem Fall ein im § 49 EStG jeweils genau umschriebener Bezug zum Inland, z. B. Betreibung, Ausübung, Verwertung, vorliegen. 7

Im Grundsätzlichen werden unbeschränkt und beschränkt Steuerpflichtige gleich behandelt. Ein wesentlicher Unterschied aber besteht darin, dass bei beschränkt Steuerpflichtigen fast alle die *persönliche Leistungsfähigkeit* berücksichtigenden Faktoren *keine Rolle* spielen. So gilt bei ihnen nicht der Splittingtarif für Verheiratete, sie können keine Sonderausgaben oder außergewöhnliche Belastungen abziehen u. a. m. Einzelheiten ergeben sich aus § 50 EStG. Dadurch hat die Einkommensteuer bei beschränkt Steuerpflichtigen *Objektsteuercharakter.*

Wechselt ein Steuerpflichtiger in einem Veranlagungszeitraum von der unbeschränkten zur beschränkten Steuerpflicht (oder umgekehrt), so sind die während der beschränkten Steuerpflicht erzielten inländischen Einkünfte in die Veranlagung zur unbeschränkten Steuerpflicht einzubeziehen, siehe § 2 Abs. 7 EStG.

5. Die erweiterte beschränkte Steuerpflicht

§§ 2, 5 AStG

Nach den §§ 2, 5 AStG wird die beschränkte Steuerpflicht ausgedehnt auf Personen, die ihren Wohnsitz in *niedrig besteuernde Länder verlegt haben.* Voraussetzung ist, dass diese Personen in den letzten zehn Jahren insgesamt mindestens fünf Jahre unbeschränkt steuerpflichtig gewesen sind und dass sie weiterhin im Inland *„wesentliche wirtschaftliche Interessen"* haben. Sinn der erweiterten beschränkten Steuerpflicht ist, dass sich die Steuerpflicht bei Wegzug ins Ausland über den § 49 EStG hinaus auf alle Einkünfte, die nicht ausländische Einkünfte i. S. des § 34d EStG sind, erstreckt. 8

II. Sachliche Steuerpflicht

§ 2 EStG

Nachdem erörtert worden ist, wer für die Einkommensbesteuerung in Betracht kommen kann (persönliche Steuerpflicht), ist zu klären, was Gegenstand der Einkommensbesteuerung ist (sachliche Steuerpflicht). 9

1. Der Begriff des Einkommens

§ 2 Abs. 1 EStG

10 Der Gesetzgeber hätte das Einkommen allgemein definieren können, indem z. B. alle Bezüge, die jemand aus regelmäßigen Quellen bezieht (Quellentheorie), oder sämtliche Mehrungen des Vermögens (Vermögenszuwachstheorie) als Einkommen bezeichnet worden wären. Der deutsche Gesetzgeber ist diesen wissenschaftlichen Theorien nicht gefolgt. Vielmehr sollen nur *ganz bestimmte Einkunftsarten* der Einkommensteuer unterliegen. Es sind dies nach § 2 Abs. 2 EStG:

1. Einkünfte aus Land- und Forstwirtschaft
2. Einkünfte aus Gewerbebetrieb
3. Einkünfte aus selbständiger Arbeit
4. Einkünfte aus nichtselbständiger Arbeit
5. Einkünfte aus Kapitalvermögen
6. Einkünfte aus Vermietung und Verpachtung
7. Sonstige Einkünfte i. S. des § 22 EStG

Die Aufzählung der vorgenannten Einkunftsarten ist *erschöpfend*. Das heißt, Bezüge, die unter die genannten Einkunftsarten *nicht eingeordnet* werden können, unterliegen nicht der Einkommensteuer.

BEISPIEL: Es gewinnt jemand im Lotto. Der Lottogewinn fällt unter keine der Einkunftsarten und ist deshalb nicht zu versteuern.

Die Summe der Einkunftsarten ist aber noch nicht der Betrag, auf den man den Tarif anwenden und damit die Einkommensteuer berechnen könnte. Vielmehr sind von der Summe der Einkünfte noch der Altersentlastungsbetrag gem. § 24a EStG, der Entlastungsbetrag für Alleinerziehende gem. § 24b EStG und der Abzug nach § 13 Abs. 3 EStG abzuziehen. Dann ergibt sich der *Gesamtbetrag der Einkünfte* (§ 2 Abs. 3 EStG). Hiervon sind gem. § 2 Abs. 4 EStG die Sonderausgaben und die außergewöhnlichen Belastungen abzuziehen. Das ist das *Einkommen*. Dieses, vermindert um die Freibeträge nach § 32 Abs. 6 EStG und um sonstige vom Einkommen abzuziehende Beträge, stellt gem. § 2 Abs. 5 EStG die Bemessungsgrundlage für die Einkommensteuer, das zu *versteuernde Einkommen*, dar. Hierauf ist zur Berechnung der endgültigen Einkommensteuer der Tarif anzuwenden, wobei eventuelle Steuerermäßigungen zu berücksichtigen sind (§ 2 Abs. 6 EStG).

Demgemäß ergibt sich für die Ermittlung des zu versteuernden Einkommens folgendes (verkürztes) Schema (s. a. R 2 EStR):

	Sieben Einkunftsarten
=	Summe der Einkünfte
·/.	Altersentlastungsbetrag u. a.
=	Gesamtbetrag der Einkünfte
·/.	Sonderausgaben
·/.	Außergewöhnliche Belastungen
=	Einkommen

·/. Freibeträge für Kinder
·/. Sonstige abzuziehende Beträge
= zu versteuerndes Einkommen

2. Einkunftsarten

Grundsätzlich gelten alle einkommensteuerlichen Vorschriften für *alle* Einkunftsarten. 11
Die Einteilung in mehrere Einkunftsarten hat aber den Sinn, gewisse Regelungen nur für eine oder für einige Einkunftsarten treffen zu können. Aus den Vorschriften, die nur für eine oder für einige Einkunftsarten gelten, seien beispielhaft herausgegriffen:

- *Werbungskosten-Pauschbeträge* bei Einkünften aus nichtselbständiger Arbeit und wiederkehrenden Bezügen i. S. des § 22 Nr. 1, Nr. 1a und Nr. 5 EStG
- *Sparer-Pauschbetrag* bei den Einkünften aus Kapitalvermögen
- *Freibeträge oder Freigrenzen* bei den Einkünften aus Land- und Forstwirtschaft, bei Veräußerungsgewinnen, bei Einkünften aus nichtselbständiger Tätigkeit, bei privaten Veräußerungsgeschäften und bei Leistungen i. S. des § 22 Nr. 3 EStG
- Steuerermäßigung bei Einkünften aus Gewerbebetrieb gem. § 35 EStG

Wegen der unterschiedlichen Ermittlung der Einkünfte werden die sieben Einkunftsarten in zwei Gruppen unterteilt. Die Einkünfte sind

1. bei den ersten drei Einkunftsarten der Gewinn (§ 2 Abs. 2 Satz 1 Nr. 1 EStG) und
2. bei den anderen Einkunftsarten der Überschuss der Einnahmen über die Werbungskosten (§ 2 Abs. 2 Satz 1 Nr. 2 EStG).

Deshalb ist es sehr wichtig, die verschiedenen Einkunftsarten *voneinander abzugrenzen* und genau zu bestimmen, zu welcher Einkunftsart ein Bezug gehört.

Über den Inhalt der einzelnen Einkunftsarten und ihre Abgrenzung wird an anderer Stelle ausführlich berichtet.

Die Einkunftsarten haben nicht alle den gleichen Rang. Die ersten vier Einkunftsarten sind *Haupteinkunftsarten*, die letzten drei sind *Nebeneinkünfte*. Erträge aus Kapitalvermögen oder aus einer Vermietung sind beispielsweise Einkünfte aus Gewerbebetrieb, wenn sie im Rahmen eines Gewerbebetriebes anfallen (§ 20 Abs. 8 und § 21 Abs. 3 EStG). Man nennt dies das *Subsidiaritäts- bzw. Absorptionsprinzip.*

BEISPIEL: Ein Unternehmer legt innerhalb seines Unternehmens liquide Überschüsse in Festgeldern an.

Die Zinsen für das Festgeld gehören zu den Einkünften aus Gewerbebetrieb; sie sind (in diesem Fall) keine Einkünfte aus Kapitalvermögen.

3. Nicht steuerbare Bezüge

Es wurde schon erwähnt, dass der Einkommensteuer nur Einnahmen unterliegen, die 12
einer der sieben Einkunftsarten zugeordnet werden können. Gleichzeitig muss es sich aber auch um eine *ernst gemeinte Beteiligung am wirtschaftlichen Verkehr* handeln. Andernfalls handelt es sich um Liebhaberei, die steuerlich nicht von Bedeutung ist. Eine Liebhaberei liegt vor, wenn eine Betätigung nicht nach wirtschaftlichen Gesichtspunk-

ten und ohne Gewinnerzielungsabsicht erfolgt. Hierbei kommt es weniger auf die persönliche (subjektive) Auffassung über den Wert einer Tätigkeit an. Vielmehr ist entscheidend, ob die Tätigkeit nach objektiven Gesichtspunkten als eine wirtschaftliche anzusehen ist, und – auf Dauer gesehen – zu Gewinnen führen kann. Das Problem der Liebhaberei stellt sich in der Praxis am häufigsten bei Betrieben der Land- und Forstwirtschaft (s. H 2 „Liebhaberei" EStH).

BEISPIEL: Ein Gewerbetreibender ist ein Pferdeliebhaber und unterhält deshalb einen Rennstall. In der Regel führt das Betreiben des Rennstalles zu Verlusten.

Es handelt sich um Liebhaberei, auch wenn in einem Jahr durch den Verkauf eines teuren Rennpferdes einmal Gewinn erzielt worden ist.

4. Einkünfte

§ 2 Abs. 2 EStG

13 Das Ergebnis der einzelnen Einkunftsarten sind die *Einkünfte*. Die Einkünfte sind also immer ein *Netto-, nicht ein Bruttoergebnis*. Das Ergebnis kann auch negativ sein.

Die einzelnen Einkunftsarten sind unterschiedlicher Natur. Man unterscheidet gem. § 2 Abs. 2 EStG insbesondere zwei Arten, nämlich die *Gewinneinkünfte* (Land- und Forstwirtschaft, Gewerbebetrieb und selbständige Arbeit) und die sog. *Überschusseinkünfte* (nichtselbständige Arbeit, Kapitalvermögen, Vermietung und Verpachtung und sonstige i. S. des § 22 EStG).

Sieben Einkunftsarten

Gewinneinkünfte | Überschusseinkünfte

Diese beiden Gruppen von Einkunftsarten unterscheiden sich dadurch, wie bei ihnen das Ergebnis festgestellt wird. Bei der ersten Gruppe (Einkunftsarten 1 bis 3) wird der *Gewinn* ermittelt. Das geschieht durch *Betriebsvermögensvergleich* (vgl. hierzu Ausführungen zum Bilanzsteuerrecht) oder durch Ermittlung des Überschusses der Betriebseinnahmen über die Betriebsausgaben (*Einnahmenüberschussrechnung*). Die Zuflüsse zum und die Abflüsse vom Betrieb bezeichnet man als *Betriebseinnahmen* und *Betriebsausgaben*. Bei der anderen Gruppe (Einkunftsarten 4 bis 7) wird der Überschuss der *Einnahmen* (§ 8 EStG) über die *Werbungskosten (§§ 9, 9a EStG)* ermittelt. Neben der unterschiedlichen Ermittlung des Ergebnisses sind also auch die verwendeten Begriffe anders. Das hat sachliche, aus dem Gesetz sich ergebende Gründe:

Die Betriebsausgaben sind gem. § 4 Abs. 4 EStG anders als die *Werbungskosten* gem. § 9 Abs. 1 EStG definiert, wenngleich die Rechtsprechung des BFH in letzter Zeit eine weitgehende Angleichung gebracht hat.

Darüber hinaus weisen die beiden Gruppen hinsichtlich der steuerlichen Behandlung einen *ganz entscheidenden Unterschied* auf, der natürlich seinen Ursprung in der unterschiedlichen Ergebnisermittlung hat. Bei den Gewinnermittlungseinkünften werden nämlich *Wertänderungen des Vermögens berücksichtigt*, während die *Änderung der Vermögenswerte* bei den Einkunftsarten 4 bis 7 grundsätzlich *keine Rolle spielt*. Wertsteigerungen und Wertminderungen des Vermögens führen also bei den Einkunftsarten 1 bis 3 (früher oder später) zu Gewinn oder Verlust. Bei den Einkunftsarten 4 bis 7 sind sie ohne Bedeutung. Ausnahmen bestehen bei Einkünften aus Kapitalvermögen gem. § 20 Abs. 2 EStG sowie privaten Veräußerungsgeschäften gem. § 23 EStG und bei Veräußerung von wesentlichen Beteiligungen an Kapitalgesellschaften (§ 17 EStG).

Über die Einteilung der Einkunftsarten und wie ihr Ergebnis zu ermitteln ist, soll abschließend die folgende Übersicht Aufschluss geben:

Einkunftsarten	Einkünfte	Einkunftsermittlung
1. Land- u. Forstwirtschaft 2. Gewerbebetrieb 3. Selbständige Arbeit	Gewinn oder Verlust	Betriebsvermögensvergleich. ggf. Überschuss der Betriebseinnahmen über die Betriebsausgaben Begriffe: Betriebsausgaben und Betriebseinnahmen
4. Nichtselbständige Arbeit	Überschuss der Einnahmen über die Werbungskosten	Einnahmen abzüglich Werbungskosten

5. Gesamtbetrag der Einkünfte

§ 2 Abs. 3 EStG

Addiert man die Ergebnisse der einzelnen Einkunftsarten zusammen, so erhält man die *Summe der Einkünfte*. Wird diese um den Altersentlastungsbetrag nach § 24a EStG, den Entlastungsbetrag für Alleinerziehende gem. § 24b EStG und den Abzug nach § 13 Abs. 3 EStG gemindert, so ergibt sich der Gesamtbetrag der Einkünfte gem. § 2 Abs. 3 EStG. Da das Ergebnis der einzelnen Einkunftsarten nicht immer positiv zu sein braucht, ergibt sich die Summe der Einkünfte bzw. der Gesamtbetrag der Einkünfte gegebenenfalls nach Verrechnung von *positiven* und *negativen* Einkünften. Diese Verrechnung nennt man *Verlustausgleich*. 14

BEISPIEL:

Einkünfte aus Gewerbebetrieb	+ 40 000 €
Einkünfte aus Kapitalvermögen	+ 2 000 €
Einkünfte aus Vermietung und Verpachtung	·/. 10 000 €
Summe der Einkünfte bzw.	
Gesamtbetrag der Einkünfte	+ 32 000 €

Überwiegen die negativen Einkünfte, ergibt sich eine negative Summe der Einkünfte.

6. Einkommen

§ 2 Abs. 4 EStG

Zieht man vom Gesamtbetrag der Einkünfte den Verlustabzug nach § 10d EStG, die *Sonderausgaben* und die *außergewöhnlichen Belastungen* ab, so ergibt sich das *Einkommen*. Sonderausgaben sind bestimmte private Aufwendungen, die aus wirtschafts- und 15 sozialpolitischen Gründen zum Abzug zugelassen sind (§§ 10 bis 10c EStG). Weil sie im privaten Bereich anfallen, können die Sonderausgaben weder Betriebsausgaben noch Werbungskosten sein. Auch außergewöhnliche Belastungen sind bestimmte (andere) private Ausgaben, die nach den §§ 33, 33a, 33b EStG in gewisser Höhe abgezogen werden können.

7. Zu versteuerndes Einkommen

§ 2 Abs. 5 EStG

16 Das zu versteuernde Einkommen ergibt sich gem. § 2 Abs. 5 EStG, wenn das Einkommen um die Freibeträge für Kinder gem. § 32 Abs. 6 EStG und um sonstige vom Einkommen abzuziehende Beträge (z. B. freibleibender Betrag nach § 46 Abs. 3 EStG) vermindert wird. Dieser Betrag ist die *Bemessungsgrundlage für die tarifliche Einkommensteuer.* Genaue Anweisungen, wie das zu versteuernde Einkommen zu ermitteln ist, enthält R 2 EStR.

Hiernach ist folgendermaßen vorzugehen:

1		Summe der Einkünfte aus den Einkunftsarten
2	+	Hinzurechnungsbetrag (§ 52 Abs. 3 Satz 3 EStG sowie § 8 Abs. 5 Satz 2 AIG)
3	=	Summe der Einkünfte
4	·/.	Altersentlastungsbetrag (§ 24a EStG)
5	·/.	Entlastungsbetrag für Alleinerziehende (§ 24b EStG)
6	·/.	Freibetrag für Land- und Forstwirte (§ 13 Abs. 3 EStG)
7	=	Gesamtbetrag der Einkünfte (§ 2 Abs. 3 EStG)
8	·/.	Verlustabzug nach § 10d EStG
9	·/.	Sonderausgaben (§§ 10, 10a, 10b, 10c EStG)
10	·/.	außergewöhnliche Belastungen (§§ 33 bis 33b EStG)
11	·/.	bestimmte Steuerbegünstigungen der zu Wohnzwecken genutzten Wohnungen
12	+	zuzurechnende Einkünfte gem. § 15 Abs. 1 AStG
13	+	Erstattungsüberhänge (§ 10 Abs. 4b Satz 3 EStG)
14	=	Einkommen (§ 2 Abs. 4 EStG)
15	·/.	Freibeträge für Kinder (§§ 31, 32 Abs. 6 EStG)
16	·/.	Härteausgleich nach § 46 Abs. 3 EStG, § 70 EStDV
17	=	z. v. E. (§ 2 Abs. 5 EStG).

8. Tarifliche Einkommensteuer

§ 2 Abs. 5 und 6 EStG

17 Die endgültige Höhe der Einkommensteuer ergibt sich, wenn die Steuertabellen (Grund- oder Splittingtabelle) unter Berücksichtigung von tariflichen Sonderbestimmungen (z. B. § 34 EStG) oder Steuermäßigungen (z. B. §§ 34f, 35 EStG) auf das zu versteuernde Einkommen angewendet werden.

Die festzusetzende Einkommensteuer ist nach R 2 Abs. 2 EStR wie folgt zu ermitteln:

1		Steuerbetrag a) nach § 32a Abs. 1, 5, § 50 Abs. 1 Satz 2 EStG oder b) nach dem bei Anwendung des Progressionsvorbehalts (§ 32b EStG) oder der Steuersatzbegrenzung sich ergebenden Steuersatz
2	+	Steuer auf Grund Berechnung nach den §§ 34, 34b EStG
3	+	Steuer auf Grund der Berechnung nach § 34a Abs. 1, 4 bis 6 EStG
4	=	tarifliche Einkommensteuer (§ 32a Abs. 1, 5 EStG)
5	·/.	ausländische Steuern nach § 34c Abs. 1 und 6 EStG, § 12 AStG
6	·/.	Steuerermäßigung nach § 35 EStG
7	·/.	Steuerermäßigung bei Zuwendungen an politische Parteien und unabhängige Wählervereinigungen (§ 34g EStG)
8	·/.	Steuerermäßigung nach § 35a EStG
9	·/.	Ermäßigung bei Belastung mit Erbschaftsteuer (§ 35b EStG)
10	+	Steuern nach § 34c Abs. 5 EStG
11	+	Anspruch auf Zulage für Altersvorsorge nach § 10a Abs. 2 EStG
12	+	Anspruch auf Kindergeld oder vergleichbare Leistungen, soweit in den Fällen des § 31 EStG das Einkommen um Freibeträge für Kinder gemindert wurde
13	=	festzusetzende Einkommensteuer (§ 2 Abs. 6 EStG).

III. Maßgebliche Zeiträume

Das zu versteuernde Einkommen einer natürlichen Person muss auf einen Zeitraum bezogen werden. Es ist also zu klären, welche Zeiträume bei der Einkommensbesteuerung maßgeblich sind. 18

1. Veranlagungszeitraum

§ 25 EStG

Die Einkommensteuer ist eine *Veranlagungssteuer*, d. h. die Einkommensteuer wird in einem förmlichen Veranlagungsverfahren durch Bescheid festgesetzt. Gemäß § 25 Abs. 1 EStG ist *Veranlagungszeitraum immer das Kalenderjahr*. Wenn die Steuerpflicht nur während eines Teils des Veranlagungszeitraumes bestanden hat, so wird das in dieser Zeit bezogene Einkommen zugrunde gelegt. 19

BEISPIEL: Ein unbeschränkt Steuerpflichtiger stirbt am 28. April eines Jahres.

Durch den Tod endet die Steuerpflicht nach § 1 EStG. Die Einkünfte des Steuerpflichtigen sind für die Zeit vom 1. 1. bis zum 28. 4. zu ermitteln. Veranlagungszeitraum ist aber das *ganze* Kalenderjahr. Bei Berechnung der Einkommensteuer ist die Jahrestabelle zugrunde zu legen. Eine Umrechnung des zu versteuernden Einkommens auf einen Jahresbetrag erfolgt gem. § 2 Abs. 7 EStG nicht.

2. Ermittlungszeiträume

§ 4a EStG

Die Einkommensteuer ist eine *Jahressteuer* (§ 2 Abs. 7 Satz 1 EStG). Deshalb ist die *Bemessungsgrundlage, das zu versteuernde Einkommen*, grundsätzlich auch für ein Kalen- 20 derjahr zu ermitteln. Hat die Steuerpflicht nur während eines Teils des Kalenderjahres bestanden, so ist der Ermittlungszeitraum entsprechend kürzer.

Gemäß § 4a Abs. 1 EStG ist der Ermittlungszeitraum bei Land- und Forstwirten und bei Gewerbetreibenden das *Wirtschaftsjahr*. Das Wirtschaftsjahr kann vom Kalenderjahr abweichen. Daraus folgt, dass bei den Einkunftsarten 3 bis 7 der Ermittlungszeitraum entweder identisch ist mit dem Kalenderjahr oder kürzer ist. Jedenfalls kann der Ermittlungszeitraum bei diesen Einkunftsarten nicht vom Kalenderjahr abweichen (vgl. hierzu Ausführungen Bilanzsteuerrecht Tz 14).

IV. Persönliche Zurechnung der Einkünfte

21 Nachdem geklärt worden ist, *wer* für die Einkommensbesteuerung in Frage kommt, *was* der Einkommensbesteuerung unterliegt und *welche* Zeiträume maßgebend sind, ist zu untersuchen, *wem* die Einkünfte bzw. das Einkommen *zuzurechnen* ist.

Die Einkünfte sind demjenigen zuzurechnen, der sie i. S. von § 25 EStG *persönlich bezogen* hat bzw. wer sie gem. § 2 Abs. 1 EStG erzielt hat. Der Bezieher der Einkünfte muss grundsätzlich die Tatbestandsmerkmale der jeweiligen Einkunftsart erfüllen (vgl. § 38 AO).

Bei Arbeitseinkünften (Einkunftsart 3 und 4) bereitet die Zurechnung kaum ein Problem. Man kann die Einkünfte nur dem zurechnen, der die Arbeit verrichtet. Es dürfte nicht schwierig sein, dies in der Praxis festzustellen.

Die anderen Einkünfte sind in der Regel vermögensmäßig fundiert. Bezieher von Einkünften aus einem land- und forstwirtschaftlichen Betrieb, einem Gewerbebetrieb, aus Kapitalvermögen oder Grundvermögen ist darum grundsätzlich der Eigentümer (Inhaber) des Vermögens i. S. des § 39 AO (wirtschaftlicher Eigentümer). Maßgeblich ist also grundsätzlich die bürgerlich-rechtliche Gestaltung. Einkünfte können aber auch unter Einsatz fremden Vermögens erzielt werden, wie die Fälle des Nießbrauchs und der Untervermietung zeigen.

Sind an einem Vermögen mehrere beteiligt, z. B. im Falle der Mitunternehmerschaft, kann auch die *Höhe* des Anteils an den gemeinsam erzielten Einkünften problematisch sein (vgl. R 15.9 EStR betreffend die Behandlung der Familiengesellschaften und die Ausführungen in Tz 63).

C. Steuerfreie Einnahmen

§§ 3 bis 3c EStG

22 Grundsätzlich sind Einnahmen einkommensteuerpflichtig, wenn sie unter eine der sieben Einkunftsarten fallen. Hiervon gibt es aber Ausnahmen. Bestimmte, in §§ 3 und 3b EStG genannte Einnahmen sind nämlich steuerfrei. Die Befreiungstatbestände der §§ 3 und 3b EStG sind sehr unterschiedlich motiviert. Sie können deshalb kaum systematisch geordnet werden. *Im Wesentlichen* lassen sich *sozialpolitische, wirtschaftspolitische* und *kulturpolitische* Gründe erkennen. In einigen Fällen spielen auch Entgegenkommen im internationalen Bereich und Vereinfachungsgründe eine Rolle.

Es sei vorab an dieser Stelle darauf hingewiesen, dass gem. § 3c Abs. 1 EStG Ausgaben, soweit sie mit steuerfreien Einnahmen in unmittelbarem Zusammenhang stehen, nicht als Betriebsausgaben oder Werbungskosten abgezogen werden dürfen. Hierdurch soll ein zweifacher steuerlicher Vorteil vermieden werden.

D. Ermittlung der Überschusseinkünfte

I. Begriffsbestimmungen

§§ 8, 9, 9a EStG

1. Allgemeines

Bei den Einkunftsarten nach § 2 Abs. 1 Nr. 4 bis 7 EStG entsprechen die Einkünfte dem 23
Überschuss der Einnahmen über die Werbungskosten. Übersteigen die Werbungskosten die Einnahmen, so ergeben sich negative Einkünfte, die bei der Ermittlung der Summe der Einkünfte grundsätzlich mit anderen positiven Einkünften zu verrechnen sind (Verlustausgleich). Der Verlustausgleich kann jedoch eingeschränkt sein oder unzulässig sein. Siehe § 23 Abs. 3 EStG und § 17 Abs. 2 EStG.

Die Begriffe Einnahmen und Werbungskosten ergeben sich aus § 8 bzw. § 9 EStG.

2. Einnahmen

Gemäß § 8 Abs. 1 EStG sind Einnahmen alle Güter, die in Geld oder Geldeswert beste- 24
hen und dem Steuerpflichtigen im Rahmen einer der Einkunftsarten des § 2 Abs. 1 Nr. 4 bis 7 EStG zufließen.

Güter, die in Geldeswert bestehen, sind Sachen, Rechte und sonstige Vorteile. Sie sind Einnahmen, wenn sie wirtschaftlich betrachtet zu einer Vermögensmehrung bei dem Steuerpflichtigen führen. Vorteile, die nicht zu einer Vermögensvermehrung führen, wie das z. B. bei Annehmlichkeiten im Rahmen eines Dienstverhältnisses der Fall ist, sind keine Einnahmen. Das gilt auch für ersparte Ausgaben oder den Verzicht auf Einnahmen.

Die dem Steuerpflichtigen zugeflossenen Güter sind nur dann Einnahmen, wenn sie im Rahmen einer der genannten Einkunftsarten zufließen. Entscheidend ist, dass die zugeflossenen Güter einer Einkunftsquelle nach § 2 Abs. 1 Nr. 4 bis 7 EStG entstammen. Ob das der Fall ist, richtet sich nach §§ 19, 20, 21, 22 EStG.

Werden dem Steuerpflichtigen Aufwendungen, die er als Werbungskosten geltend gemacht hat, in einem späteren Veranlagungszeitraum erstattet, so stellen die erstatteten Beträge Einnahmen dar, unabhängig davon, ob sich die Aufwendungen als Werbungskosten steuerlich ausgewirkt haben.

3. Sachbezüge

Die Bewertung von Gütern, die in Geldeswert bestehen (alle Vorteile, die eine Ver- 25
mögensmehrung mit sich bringen), richtet sich nach § 8 Abs. 2 EStG. Danach sind solche Güter mit dem üblichen Endpreis des Abgabeorts anzusetzen, d. h. es ist der Betrag

anzusetzen, den der Steuerpflichtige hätte aufwenden müssen, um das geldwerte Gut am Abgabeort zu erwerben. Maßgebend ist der Einzelhandelsverkaufspreis. Zu beachten ist, dass sich der Wert von Sachbezügen, die als Arbeitslohn gezahlt werden, nach von den obersten Landesbehörden ermittelten Durchschnittssätzen richtet.

Zur Ermittlung des lohnsteuerlichen Vorteils aus der unentgeltlichen Überlassung eines betrieblichen Kfz für private Fahrten ist gem. § 8 Abs. 2 Satz 2 EStG, § 6 Abs. 1 Nr. 4 Satz 2 EStG entsprechend anzuwenden.

BEISPIEL: Ein Arbeitnehmer nutzt sein vom Arbeitgeber unentgeltlich überlassenes Dienstfahrzeug auch für Privatfahrten. Der Listenpreis des Kfz im Zeitpunkt der Erstzulassung hat 40 000 € + 6 400 € Umsatzsteuer betragen.

Der geldwerte Vorteil kann pauschal wie folgt ermittelt werden:

1 % von 46 400 € = 464 € × 12 Monate = 5 568 €.

Nach § 8 Abs. 2 Satz 4 EStG kann der lohnsteuerliche Vorteil auch nach dem Anteil an den gesamten Kraftfahrzeugaufwendungen, der auf die privaten Fahrten entfällt, bemessen werden. Dies setzt jedoch voraus, dass ein ordnungsgemäßes Fahrtenbuch vom Arbeitnehmer geführt wird.

Zugunsten der Arbeitnehmer wird bei der Bewertung von *Sachbezügen* i. S. des § 8 Abs. 3 EStG ein Wert der Besteuerung zugrunde gelegt, der unterhalb des nach § 8 Abs. 2 EStG anzusetzenden Endpreises am Abgabeort liegt.

Folgende Voraussetzungen müssen erfüllt sein:

- die Sachbezüge müssen dem Arbeitnehmer aufgrund seines Dienstverhältnisses zufließen,
- die Sachbezüge müssen in der Überlassung von Waren oder Dienstleistungen bestehen,
- es muss sich um Waren handeln, die vom Arbeitgeber hergestellt oder vertrieben werden, bzw. um Dienstleistungen, die vom Arbeitgeber erbracht werden, jedoch nicht um solche Waren und Dienstleistungen, die überwiegend für den Bedarf seiner Arbeitnehmer hergestellt, vertrieben oder erbracht werden,
- keine pauschale Lohnversteuerung der Sachbezüge.

Sind diese Voraussetzungen erfüllt, so ist zwecks Bewertung des Sachbezugs der übliche Endpreis um 4 % zu vermindern, sodann der Unterschiedsbetrag zwischen vermindertem Endpreis und dem Entgelt des Arbeitnehmers zu ermitteln. Dieser Unterschiedsbetrag ist gem. § 8 Abs. 3 S. 2 EStG um einen Freibetrag von 1 080 € zu kürzen.

BEISPIEL: Ein Einzelhändler überlässt von ihm vertriebene Fernsehgeräte, die er üblicherweise zu einem Endpreis von 1 500 € veräußert, seinen Arbeitnehmern zu einem Preis von

a) 500 €

b) 200 €

c) unentgeltlich

LÖSUNG: Der für den Sachbezug maßgebende Wert ist wie folgt zu ermitteln:

Fall a)

Endpreis	1 500 €
·/. 4 % des Endpreises	60 €
verbleiben	1 440 €
·/. Entgelt des Arbeitnehmers	500 €
verbleiben	940 €

Wegen des Freibetrags von 1 080 € unterliegt dieser Betrag nicht der Besteuerung.

Fall b)

Endpreis	1 500 €
·/. 4 % des Endpreises	60 €
verbleiben	1 440 €
·/. Entgelt des Arbeitnehmers	200 €
verbleiben	1 240 €

Wegen des Freibetrags von 1 080 € unterliegt ein Betrag von 160 € der Besteuerung.

Fall c)

Es verbleiben nach Abzug von 4 %	1 440 €
·/. Entgelt des Arbeitnehmers	0 €
·/. Freibetrag	1 080 €
steuerpflichtiger Sachbezug	360 €

Der Freibetrag von 1 080 € gilt für die *Summe* aller Waren und Dienstleistungen i. S. des § 8 Abs. 3 EStG, die dem Arbeitnehmer innerhalb eines Kalenderjahres gewährt werden.

BEISPIEL: Wie oben Fall a), jedoch erhält der Arbeitnehmer im gleichen Kalenderjahr noch ein Radiogerät unentgeltlich, dessen Endpreis 500 € beträgt.

LÖSUNG: Der Freibetrag von 1 080 € ist durch den Sachbezug aus der verbilligten Überlassung des Fernsehgerätes bereits i. H. von 940 € verbraucht. Aus der unentgeltlichen Überlassung des Radiogerätes ergibt sich somit folgender steuerpflichtiger Sachbezug:

Endpreis:	500 €
·/. 4 % des Endpreises	20 €
	480 €
·/. Entgelt des Arbeitnehmers	0 €
·/. nicht verbrauchter Teil des Freibetrags (1 080 € ·/. 940 €)	140 €
steuerpflichtiger Sachbezug	340 €

4. Werbungskosten

Nach § 9 Abs. 1 Satz 1 EStG sind Aufwendungen zur Erwerbung, Sicherung und Erhaltung der Einnahmen Werbungskosten. Nach der Rechtsprechung gilt hinsichtlich der Werbungskosten – ebenso wie bei Betriebsausgaben – das *Veranlassungsprinzip*. Danach sind Aufwendungen Werbungskosten, wenn sie durch die Erzielung von (Überschuss-)Einkünften veranlasst sind. 26

Aufwendungen sind Güter in Geld oder Geldeswert, die aus dem Vermögen des Steuerpflichtigen ausscheiden. Ob diese Aufwendungen notwendig und zur Einnahmeerzielung objektiv geeignet sind, ist für den Werbungskostenabzug grundsätzlich ohne Bedeutung. Zu beachten ist jedoch, dass gem. § 9 Abs. 5 EStG, die Regelungen des § 4 Abs. 5 Nr. 1 bis 4, 6b bis 8a, 10, 12 und Abs. 6 EStG sinngemäß anzuwenden sind. Damit unterliegen z. B. beruflich veranlasste Geschenkaufwendungen sowie beruflich veranlasste Bewirtungskosten den Beschränkungen des § 4 Abs. 5 und Abs. 6 EStG. Auch Aufwendungen, die zwar Werbungskostencharakter haben, aber die Lebensführung des Steuerpflichtigen oder anderer Personen berühren und nach der allgemeinen Verkehrsauffassung als unangemessen anzusehen sind, sind bei sinngemäßer Anwendung des § 4 Abs. 5 Nr. 7 EStG nicht abziehbar. Es muss sich dabei um solche Aufwendungen handeln, die ihrer Art nach losgelöst von der besonderen beruflichen Veranlassung im Einzelfall zu den typischen Lebenshaltungskosten gehören. Unter Würdigung aller Umstände des Einzelfalls ist zu prüfen, inwieweit die Aufwendungen, die – lässt man die berufliche Veranlassung außer Acht – zu den typischen Lebenshaltungskosten gehören, zweckmäßig, zur Verfolgung des mit der jeweiligen Maßnahme erstrebten Zieles erforderlich und durch wirtschaftlich vernünftige Gründe zu rechtfertigen sind. Sind Aufwendungen nach allgemeiner Verkehrsauffassung als unangemessen anzusehen, können sie nur in Höhe eines angemessenen Betrags bei der Ermittlung der Einkünfte abgezogen werden.

Auch wenn noch keine Einnahmen erzielt werden, können bereits Werbungskosten vorliegen (sog. vorweggenommene Werbungskosten). Voraussetzung ist allerdings, dass ein eindeutiger Zusammenhang zu den ernsthaft erstrebten Einnahmen erkennbar ist. So sind z. B. Aufwendungen, die im Zusammenhang mit einer Stellensuche anfallen (Zeitungsanzeigen, Vorstellungsfahrten) selbst dann als Werbungskosten abzugsfähig, wenn der Steuerpflichtige trotz seines Bemühens keine Stelle findet.

Aufwendungen für die Planung eines Mehrfamilienhauses, das jedoch nicht errichtet wird, sind nur dann als Werbungskosten abzugsfähig, wenn der Steuerpflichtige seine feste Absicht, Einkünfte aus Vermietung und Verpachtung zu erzielen, durch nachprüfbare Handlungen und Unterlagen nachweisen kann. Wird der ursprüngliche Bauplan durch einen anderen Plan ersetzt und wird aufgrund dieses Planes ein Gebäude errichtet, so zählen auch die Aufwendungen für den ursprünglichen Bauplan zu den Herstellungskosten des Gebäudes, wenn sie in irgendeiner Form der Errichtung des Gebäudes gedient haben. Es genügt, dass Erfahrungen für die Planung und Errichtung des Gebäudes gewonnen werden.

Liegt keine ernsthafte Einnahmeerzielungsabsicht vor, oder lässt sich bei den Aufwendungen noch nicht feststellen, ob sie der Erwerbung von Einnahmen dienen, so können die Aufwendungen nicht als Werbungskosten abgezogen werden.

Ein Abzug als Werbungskosten setzt stets einen unmittelbaren Zusammenhang zu steuerpflichtigen Einnahmen voraus. Aufwendungen für eine Urlaubsreise z. B. können keine Werbungskosten sein, weil es an dem *unmittelbaren* Zusammenhang zu steuerpflichtigen Einnahmen fehlt. Die Urlaubsreise dient zwar der Gesundheit, die in der Regel Voraussetzung für die Erzielung von Einnahmen aus einem Arbeitsverhältnis ist, gleichwohl kommt ein Abzug als Werbungskosten nicht in Betracht, weil kein unmittelbarer Zusammenhang zwischen Aufwendungen und Einnahmen besteht.

Werden Einnahmen, die in einem früheren Veranlagungszeitraum zugeflossen sind, zurückgezahlt, so handelt es sich dabei nicht um Werbungskosten, sondern um negative Einnahmen.

In § 9 Abs. 1 Satz 3 Nr. 1 bis 7 EStG sind Beispiele für Aufwendungen angeführt, die „auch" Werbungskosten sind. Dies besagt zunächst, dass diese Aufzählung nicht abschließend ist, und zum anderen, dass die aufgezählten Aufwendungen nicht unbesehen als Werbungskosten gelten können, vielmehr in jedem Fall zur Erwerbung, Sicherung und Erhaltung von Einnahmen entstanden sein müssen, d. h. in jedem Fall echten Werbungskostencharakter haben müssen. Die im Gesetz genannten Einzelfälle sind in R 9.1 ff. der Lohnsteuer-Richtlinien besprochen.

5. Pauschbeträge für Werbungskosten

§ 9a EStG

Weist der Steuerpflichtige keine bzw. nicht höhere Werbungskosten nach als die unten genannten Beträge, so sind von den Einnahmen die Pauschbeträge für Werbungskosten abzusetzen, und zwar: 27

1. a) von den Einnahmen aus nichtselbständiger Arbeit vorbehaltlich Buchst. b: ein Arbeitnehmer-Pauschbetrag von 1 000 €;

   b) von den Einnahmen aus nichtselbständiger Arbeit, soweit es sich um Versorgungsbezüge i. S. des § 19 Abs. 2 handelt: ein Pauschbetrag von 102 €;

2. von den Einnahmen i. S. des § 22 Nr. 1, 1a und 5 EStG ein Pauschbetrag von 102 €.

Keiner der Pauschbeträge darf zu negativen Einkünften führen. Die Pauschbeträge werden von den Einnahmen, bei den Einkünften aus nichtselbständiger Arbeit von um den Versorgungsfreibetrag einschließlich des Zuschlags zum Versorgungsfreibetrag nach § 19 Abs. 2 EStG geminderten Einnahmen abgezogen (§ 9a Satz 2 EStG).

Hat z. B. der Steuerpflichtige Einnahmen aus § 19 Abs. 1 Nr. 1 EStG i. H. von 500 € bezogen und weist er keine Werbungskosten nach, sind die Einkünfte wie folgt zu ermitteln:

Einnahmen	500 €
Arbeitnehmer-Pauschbetrag	500 €
Einkünfte	0 €

Hätte der Steuerpflichtige 700 € Werbungskosten nachgewiesen, so wäre dieser Betrag von den Einnahmen abzusetzen, sodass sich negative Einkünfte von 200 € ergeben würden, denn in diesem Fall übersteigen die tatsächlich nachgewiesenen Werbungskosten den Pauschbetrag um 200 €. Die Pauschbeträge sind also geringer als die in § 9a Nr. 1–3 genannten Beträge, wenn der Differenzbetrag zwischen den Einnahmen bei den Einkünften aus § 20 und 22 Nr. 1, Nr. 1a bis 1c und Nr. 5 EStG bzw. zwischen den um den Versorgungsfreibetrag einschließlich des Zuschlags zum Versorgungsfreibetrag geminderten Einnahmen bei den Einkünften aus § 19 EStG und dem Betrag von 0 € geringer ist als die in § 9a Nr. 1–3 EStG genannten Beträge. In diesem Fall entspricht der zur Anwendung kommende Pauschbetrag der Höhe nach diesem Differenzbetrag (s. obigen Beispielsfall).

Im Fall der Zusammenveranlagung sind die Pauschbeträge bei der Ermittlung der Einkünfte jedes Ehegatten zu berücksichtigen.

II. Das Zufluss- und Abflussprinzip

§ 11 EStG

1. Allgemeines

28 Die Einkommensteuer wird nach dem Einkommen veranlagt, das der Steuerpflichtige in einem Veranlagungszeitraum *bezogen* hat (§ 25 EStG).

Gemäß § 11 Abs. 1 EStG sind Einnahmen innerhalb des Kalenderjahres bezogen, in dem sie dem Steuerpflichtigen *zugeflossen* sind. Ausgaben sind gem. § 11 Abs. 2 EStG für das Kalenderjahr abzusetzen, in dem sie geleistet worden sind.

§ 11 EStG gilt grundsätzlich für alle Einnahmen (§ 8 EStG) und für alle Ausgaben (§ 4 Abs. 4, §§ 9, 10, 33 EStG) sowie grundsätzlich auch bei der Gewinnermittlung nach § 4 Abs. 3 EStG.

§ 11 EStG gilt nicht,

- soweit Einkünfte (Gewinn) nach § 4 Abs. 1 oder § 5 EStG ermittelt werden;
- soweit es sich um regelmäßig wiederkehrende Einnahmen oder Ausgaben handelt, die kurze Zeit vor Beginn oder nach Beendigung des Veranlagungszeitraumes zu- oder abfließen, zu dem sie wirtschaftlich gehören;
- bei Entgelten für Nutzungsüberlassungen;
- soweit laufender Arbeitslohn für einen Zeitraum gezahlt bzw. abgerechnet wird, der erst im folgenden Kalenderjahr endet.

Einnahmen sind zugeflossen, sobald der Steuerpflichtige wirtschaftlich darüber verfügen kann. Zufluss liegt deshalb nicht nur bei Zahlung vor, sondern auch bei Bankgutschriften, Diskontierung oder Einlösung von Wechseln, Entgegennahme von Schecks, Novation, Aufrechnung. Auch Gutschriften in den Büchern des Zahlungsverpflichteten gelten bereits als Zufluss, es sei denn, der Steuerpflichtige kann die gutgeschriebenen Mittel nicht abrufen, weil der Schuldner zahlungsunfähig ist. Das gilt auch dann, wenn er darauf verzichtet, die gutgeschriebenen Mittel abzurufen und sie dem zahlungsunfähigen Schuldner als Darlehen zur Verfügung stellen will (s. H 11 EStH).

Ausgaben sind in dem Zeitpunkt geleistet, in dem die zu verausgabenden Güter die Vermögenssphäre des Steuerpflichtigen verlassen. Nicht entscheidend ist, wann die Güter zur Erfüllung einer etwaigen Schuld führen bzw. wann die Güter in die Vermögenssphäre der Person übergehen, für die sie bestimmt sind. In der Hingabe eines Schecks ist bereits eine Ausgabe zu sehen. Auf die Abbuchung vom Konto des Steuerpflichtigen kommt es nicht an. Wird per Überweisungsauftrag gezahlt, so ist der Abfluss im Zeitpunkt der Übergabe des Auftrags an das Bankinstitut zu sehen, sofern das Konto des Steuerpflichtigen eine entsprechende Deckung aufweist.

2. Ausnahmen vom Zufluss- und Abflussprinzip

a) Gewinnermittlung nach § 4 Abs. 1, § 5 EStG

Soweit bei der Ermittlung der Einkünfte aus den Gewinneinkunftsarten § 4 Abs. 1 oder § 5 EStG zur Anwendung kommt (Betriebsvermögensvergleich), sind die Besonderheiten dieser Vorschriften zu beachten. Anwendung hingegen findet § 11 EStG – mit Einschränkung – bei der Gewinnermittlung nach § 4 Abs. 3 EStG. Bei den Überschusseinkunftsarten ist zu beachten, dass gem. § 9 Abs. 1 Satz 3 Nr. 7 EStG der § 7 EStG Anwendung findet mit der Folge, dass die Anschaffungskosten von Wirtschaftsgütern mit mehrjähriger Nutzungsdauer nicht im Jahr der Verausgabung, sondern anteilig in den Jahren der Nutzung (AfA) als Werbungskosten abzugsfähig sind. 29

b) Regelmäßig wiederkehrende Einnahmen oder Ausgaben

Regelmäßig wiederkehrende Einnahmen oder Ausgaben, die kurze Zeit vor Beginn oder kurze Zeit nach Ablauf des Veranlagungszeitraumes zufließen, zu dem sie wirtschaftlich gehören, sind – abweichend vom Zu- oder Abflussprinzip – dem Veranlagungszeitraum zuzuordnen, zu dem sie wirtschaftlich gehören (§ 11 Abs. 1 Satz 2 und Abs. 2 Satz 2 EStG). 30

Regelmäßig wiederkehrende Einnahmen oder Ausgaben sind solche Einnahmen oder Ausgaben, die zu bestimmten Fälligkeitszeitpunkten (monatlich, vierteljährlich, halbjährlich, jährlich) zu- oder abfließen (Miete, Zinsen, Pacht).

Die regelmäßige Wiederkehr bezieht sich nur auf den Zeitpunkt der Fälligkeit, nicht jedoch auf die betragsmäßige Höhe der Einnahme oder Ausgabe (Wiederkehr dem Grunde nach).

BEISPIELE:

1. Monatlich fällig werdende Krankenversicherungsbeiträge,
2. Vierteljährliche Mietzahlungen,
3. Umsatzsteuervorauszahlungen (monatlich oder vierteljährlich),
4. Zinsen neben der monatlichen Tilgungsleistung bei Tilgungsdarlehen.

Kurz im Sinne dieser Vorschrift ist nach der Rechtsprechung des BFH ein *Zeitraum von 10 Tagen* (s. H 11 „Allgemeines" EStH). Neben dem Zu- oder Abfluss innerhalb von 10 Tagen vor Beginn oder nach Ablauf des Veranlagungszeitraumes soll – nach der Rechtsprechung – eine regelmäßig wiederkehrende Einnahme oder Ausgabe nur vorliegen, wenn in dem genannten Zeitraum der Anspruch oder die Verbindlichkeit, die zum Zu- oder Abfluss führen, auch *fällig* geworden sind. Dabei ist es unerheblich, ob es sich um öffentlich-rechtliche oder privat-rechtliche Ansprüche handelt.

BEISPIELE:

1. Die Miete für Januar 2015, fällig am 1. 1. 2015, geht beim Vermieter am 28. 12. 2014 ein.

   Einnahme des Jahres 2015, da Fälligkeit und Zahlung innerhalb des Zeitraumes von 10 Tagen liegen und die Einnahme wirtschaftlich das Jahr 2015 betrifft.
2. Der Steuerpflichtige zahlt die am 27. 12. 2014 fälligen Jahreszinsen 2014 für ein Darlehen am 8. 1. 2015.

Ausgabe des Jahres 2014; Fälligkeit und Zahlung liegen innerhalb des Zeitraums von 10 Tagen, und die Ausgabe betrifft wirtschaftlich das Jahr 2014.

3. Der Steuerpflichtige zahlt am 22. 12. 2014 die Miete für die Monate Dezember 2014, Januar und Februar 2015. Die Miete wird jeweils zu Beginn des Monats fällig. Miete pro Monat 500 €; Zahlung 1 500 €.

   Ausgabe des Jahres 2014 = 1 000 €

   Ausgabe des Jahres 2015 = 500 €

   Das Zu- und Abflussprinzip wird nur durchbrochen, soweit die Zahlung die Miete für Januar 2015 betrifft. Für den Monat Februar 2015 kommt die Ausnahmeregelung nicht in Betracht, da die Fälligkeit außerhalb des Zeitraumes von 10 Tagen liegt.

c) Entgelte für Nutzungsüberlassungen

30a Verausgabt der Steuerpflichtige für die Überlassung eines Wirtschaftsgutes Entgelte im Voraus für einen Nutzungszeitraum von mehr als 5 Jahren – z. B. Mietvorauszahlungen für einen Zeitraum von 10 Jahren – kommt ein Abzug der Aufwendungen im Jahr der Leistung nicht mehr in Betracht.

In diesem Fall sind die Aufwendungen gem. § 11 Abs. 2 Satz 3 EStG auf den Nutzungszeitraum gleichmäßig zu verteilen.

Bei der Vereinnahmung von Nutzungsentgelten für einen mehr als fünfjährigen Nutzungszeitraum gilt § 11 Abs. 1 Satz 3 EStG. Hiernach kann der Steuerpflichtige die Einnahmen auf den Zeitraum der Nutzungsüberlassung gleichmäßig verteilen.

Betrifft die Vorausleistung einen Zeitraum, der nicht länger als 5 Jahre ist, bleibt es bei den Grundsätzen des Zu- und Abflussprinzips.

Nach § 11 Abs. 2 Satz 4 EStG kommt eine Verteilung des Damnums (Unterschiedsbetrag zwischen dem Auszahlungsbetrag und dem Rückzahlungsbetrag bei einem Darlehen) auch bei sehr langen Laufzeiten nicht in Betracht, soweit dieses marktüblich ist. Ein marktübliches Damnum fällt also stets unter das Zufluss-/Abflussprinzip und ist folglich im Jahr des Zuflusses/Abflusses abziehbar (H 11 „Damnum“ EStH).

d) Zufluss von Arbeitslohn

31 Für Einnahmen aus nichtselbständiger Arbeit gilt gem. § 11 Abs. 1 Satz 4 EStG die Vorschrift des § 38a Abs. 1 Satz 2 und 3 EStG. Danach gilt laufender Arbeitslohn in dem Kalenderjahr als bezogen, in dem der Lohnzahlungszeitraum bzw. Lohnabrechnungszeitraum (§ 39b Abs. 5 Satz 1 EStG) endet. Das gilt nicht für Arbeitslohn, der nicht als laufender Arbeitslohn (sonstige Bezüge) gezahlt wird. Durch die Sonderregelung nach § 11 Abs. 1 Satz 4 EStG sollte eine Erschwerung der Lohnabrechnung vermieden werden.

III. Nicht abzugsfähige Ausgaben

§ 12 EStG

1. Kosten der Lebensführung

§ 12 Nr. 1 EStG

Nach § 12 Nr. 1 Satz 1 EStG dürfen die für den Haushalt des Steuerpflichtigen und für den Unterhalt seiner Familienangehörigen aufgewendeten Beträge weder bei den Einkunftsarten noch vom Gesamtbetrag der Einkünfte abgezogen werden. § 12 Nr. 1 EStG hat insoweit keine rechtsbegründende Bedeutung, da sich Lebenshaltungskosten weder unter den Begriff Betriebsausgaben (§ 4 Abs. 4 EStG) noch unter den Begriff Werbungskosten (§ 9 EStG) einordnen lassen. Soweit sich Lebenshaltungskosten zulässigerweise auf die Besteuerung als Sonderausgaben (§ 10 EStG) oder als außergewöhnliche Belastung (§ 33 EStG) auswirken, schränkt § 12 Nr. 1 EStG diese Vorschriften nicht ein. § 10 und § 33 EStG haben insoweit gegenüber § 12 Nr. 1 Satz 1 vorrangige Bedeutung. 32

Aufwendungen für Ernährung, Kleidung und Wohnung sowie Repräsentationsaufwendungen sind in der Regel Aufwendungen für die Lebensführung i. S. des § 12 Nr. 1 Satz 1 EStG.

Derartige Aufwendungen weisen jedoch häufig einen Bezug mit der Erzielung von Einkünften (gemischte Aufwendungen) auf.

In derartigen Fällen gilt Folgendes:

1. Sind die Aufwendungen ausschließlich oder doch fast ausschließlich durch die Erzielung von Einkünften veranlasst, sind sie bei der entsprechenden Einkunftsart in vollem Umfang zu berücksichtigen. Eine fast ausschließliche Veranlassung durch Einkunftserzielung ist anzunehmen, wenn die private Mitveranlassung unter 10 % liegt (von untergeordneter Bedeutung ist).

2. Sind die Aufwendungen ausschließlich oder doch fast ausschließlich privat veranlasst, sind sie nach § 12 Nr. 1 EStG insgesamt nicht abziehbar. Eine fast ausschließliche private Veranlassung ist anzunehmen, wenn der Grad der Veranlassung, der auf Einkunftserzielung zurückzuführen ist, unter 10 % liegt (von untergeordneter Bedeutung ist).

3. Ein Abzug der Aufwendungen kommt insgesamt nach § 12 Nr. 1 Satz 2 EStG nicht in Betracht, wenn die durch Einkunftserzielung bedingten Veranlassungsbeiträge und die privaten Veranlassungsbeiträge, die jeweils für sich betrachtet nicht von untergeordneter Bedeutung sind, so ineinander greifen, dass eine Trennung nicht möglich ist und eine Grundlage für eine Schätzung nicht erkennbar ist. Das ist insbesondere der Fall, wenn es an objektivierbaren Kriterien für eine Aufteilung fehlt.

4. Ist ein geeigneter, den Verhältnissen im Einzelfall gerecht werdender Aufteilungsmaßstab vorhanden, sind die Aufwendungen entsprechend ihrer Veranlassung aufzuteilen. Der Teil der Aufwendungen der der Erzielung von Einkünften dient, ist dann bei der entsprechenden Einkunftsart abziehbar als Werbungskosten oder Be-

triebsausgaben. Der Teil der Aufwendungen, der der privaten Lebensführung zuzuordnen ist, ist gem. § 12 Nr. 1 EStG nicht abziehbar.

Der Aufteilungsmaßstab muss nach objektivierbaren, d. h. nach außen hin erkennbaren und nachvollziehbaren Kriterien ermittelt werden und dokumentiert werden. Kriterien für den Aufteilungsmaßstab können z. B. sein:

Zeitanteile, Mengenanteile, Flächenanteile oder auch Aufteilung nach Köpfen.

Siehe dazu auch Schreiben des BMF vom 6. 7. 2010 (BStBl 2010 I S. 614) mit einigen Anwendungsbeispielen. Dieses BMF-Schreiben beruht auf der neuen Rechtsprechung des BFH zur Behandlung von gemischten Aufwendungen.

2. Zuwendungen

§ 12 Nr. 2 EStG

33 Nicht berücksichtigungsfähig sind Zuwendungen, die

- freiwillig,
- aufgrund freiwillig begründeter Rechtspflicht,
- gegenüber einer unterhaltsberechtigten Person

erbracht werden.

a) Begriff „Zuwendung“

34 Eine Zuwendung i. S. des § 12 Nr. 2 EStG liegt vor, wenn in Geld oder Geldeswert bestehende Güter aus dem Vermögen des Steuerpflichtigen in das Vermögen einer anderen Person übergehen, ohne dass den hingegebenen Gütern entsprechende Gegenleistungen gegenüberstehen. Hat z. B. sich der Sohn dem Vater gegenüber verpflichtet, diesem lebenslänglich eine Rente zu zahlen, und überträgt der Vater dem Sohn als Gegenleistung das Eigentum an einem Gebäude und entspricht – nach dem Willen der Beteiligten – der Barwert der Rente dem Zeitwert des Gebäudes im Zeitpunkt der Übertragung, so sind die Rentenzahlungen keine Zuwendungen i. S. des § 12 Nr. 2 EStG, weil den Leistungen des Sohnes an seinen Vater eine entsprechende, nach wirtschaftlichen Gesichtspunkten ausgewogene Gegenleistung des Vaters an seinen Sohn gegenübersteht.

Stehen sich Leistung und Gegenleistung *nicht* ausgewogen gegenüber, ist der Wert der Gegenleistung geringer als der Wert der Leistung – weil es Vater und Sohn nicht so sehr auf die Erzielung eines angemessenen Kaufpreises, sondern vielmehr auf seine persönliche Versorgung ankommt –, ist zu prüfen, ob der Gedanke der Gegenleistung oder der Unterhaltsgedanke im Vordergrund steht. Die Entscheidung darüber ist im Wesentlichen nach dem Verhältnis der Werte von Leistung und Gegenleistung zu treffen. Beträgt der Wert der Gegenleistung *weniger als die Hälfte des Wertes des hingegebenen Gutes*, so steht der Unterhalt des Steuerpflichtigen im Vordergrund, der Gesichtspunkt „Gegenleistung“ tritt zurück. Ist dieser Sachverhalt gegeben, so liegt eine Zuwendung i. S. des § 12 Nr. 2 EStG vor. Beträgt der Wert der Gegenleistung die Hälfte oder mehr als die Hälfte des Wertes des hingegebenen Gutes, so steht der Gesichtspunkt der Gegenleistung im Vordergrund, und der Unterhaltsgedanke tritt zurück. In diesem Fall handelt es sich nicht um eine Zuwendung i. S. des § 12 EStG.

Wegen der Abgrenzung zwischen Unterhalts- und Versorgungsleistungen im Zusammenhang mit der Übertragung von Privatvermögen siehe Schreiben des BMF vom 11. 3. 2010 (BStBl 2010 I S. 227).

b) Nießbrauch

Ob Leistungen aufgrund eines Nießbrauchs oder eines ähnlichen Rechts (z. B. dingliches 35
Wohnrecht) als Zuwendungen des Nießbrauchsverpflichteten an den Nießbrauchsberechtigten gewertet werden können, hängt davon ab, wem die Einkünfte aus der nießbrauchsbehafteten Sache nach der Nießbrauchsbestellung steuerrechtlich zugerechnet werden.

Werden die Erträge aus der nießbrauchsbehafteten Sache, die ja tatsächlich der Nießbrauchsberechtigte empfängt, steuerrechtlich dem Nießbrauchsverpflichteten zugerechnet, so wendet er die Erträge dem Nießbrauchsberechtigten zu.

Werden die Erträge jedoch dem Nießbrauchsberechtigten zugerechnet, weil nach der Nießbrauchsbestellung nur er den Tatbestand der Einkunftserzielung verwirklicht, kann es nicht zu Zuwendungen zwischen Verpflichteten und Berechtigten kommen.

BEISPIELE:

1. Der Sohn räumt dem Vater auf dessen Lebenszeit unentgeltlich den Nießbrauch an einem ihm gehörenden Gebäude ein. Der Vater übt alle mit dem Nießbrauch verbundenen Rechte und Pflichten aus. Insbesondere tritt der Vater nunmehr gegenüber den Mietern als Vermieter auf.

   Nach der Rechtsprechung ist in diesem Fall die Bestellung des Nießbrauchs als Übertragung der Einkunftsquelle „Einkünfte aus Vermietung und Verpachtung" zu werten, denn Einkünfte aus Vermietung und Verpachtung kann nur erzielen, wer als Vermieter auftritt. Steuerrechtlich fließen damit die Erträge aus der nießbrauchsbehafteten Sache unmittelbar in das Vermögen des Nießbrauchsberechtigten; er hat sie als eigene Einkünfte zu versteuern. Der Nießbrauchsverpflichtete hat ihm nichts zugewendet.

2. Der Sohn räumt seinem Vater auf dessen Lebenszeit unentgeltlich den Nießbrauch an einem ihm gehörenden Gebäude ein. Die Mieter überweisen zwar die Miete nunmehr auf ein Konto des Vaters, gegenüber den Mietern tritt jedoch der Sohn weiterhin als Vermieter auf.

   Hier liegt keine Übertragung der Einkunftsquelle „Einkünfte aus Vermietung und Verpachtung" vor, denn der Sohn tritt gegenüber den Mietern – trotz Nießbrauchsbestellung – weiterhin als Vermieter auf.

   Da der Sohn als Vermieter auftritt, erfüllt er den Tatbestand der Einkunftserzielung. Die Erträge gelangen also steuerrechtlich in sein Vermögen, und da die Mieter tatsächlich auf ein Konto des Vaters überweisen, wendet der Sohn aus seinem Vermögen die Mieterträge seinem Vater zu. Hier handelt es sich begrifflich um Zuwendungen i. S. des § 12 Nr. 2 EStG des Nießbrauchsverpflichteten an den Nießbrauchsberechtigten.

Zur einkommensteuerrechtlichen Behandlung des Nießbrauchs und anderer Nutzungsrechte bei Einkünften aus Vermietung und Verpachtung siehe das Schreiben des BMF vom 30. 9. 2013 (BStBl 2013 I S. 1184).

Die Übertragung der Einkunftsquelle wird von der Rechtsprechung auch dann nicht anerkannt, wenn der Nießbrauch unentgeltlich am Kapitalvermögen bzw. am Gewinnstammrecht einer Personengesellschaft (BStBl 1976 II S. 593 und BStBl 1977 II S. 115) eingeräumt wird. In beiden Fällen wertet der BFH die Nießbrauchseinräumung lediglich als Vorausabtretung künftiger Erträgnisansprüche, wobei zivilrechtlich umstritten ist, ob es überhaupt ein selbständiges Gewinnstammrecht gibt.

Ist in diesen Fällen dem Nießbrauch keine steuerliche Bedeutung beizumessen, so handelt es sich bei den dem Berechtigten zufließenden Erträgen um Zuwendungen des Verpflichteten, auf die § 12 Nr. 2 EStG Anwendung findet.

c) Freiwillige Zuwendungen

36 Freiwillig ist eine Zuwendung, zu der der Geber nicht rechtlich verpflichtet ist. Die Freiwilligkeit bezieht sich auf jede einzelne Leistung. Wird die einzelne Leistung aufgrund einer Verpflichtung geleistet, so liegt eine freiwillige Zuwendung auch dann nicht vor, wenn die Verpflichtung als solche freiwillig und unentgeltlich eingegangen worden ist.

BEISPIELE:

1. Der Steuerpflichtige überweist seinem Nachbarn monatlich 100 € als Beihilfe zu dessen Lebensunterhalt. Eine Verpflichtung zur Zahlung ist er nicht eingegangen.

   Es liegen freiwillige Zuwendungen vor.
2. Wie Beispiel 1, der Steuerpflichtige hat sich jedoch dem Nachbarn gegenüber rechtswirksam zur Zahlung verpflichtet.

   Es liegen keine freiwilligen Zuwendungen vor, sondern Zuwendungen aufgrund einer freiwillig begründeten Rechtspflicht.

d) Zuwendungen aufgrund einer freiwillig begründeten Rechtspflicht

37 Ist der Steuerpflichtige freiwillig eine rechtswirksame Verpflichtung eingegangen, und wendet er aufgrund dieser Verpflichtung etwas zu, so findet das Abzugsverbot nach § 12 Nr. 2 EStG Anwendung.

BEISPIEL: Aufgrund eines freiwilligen notariell beurkundeten Leibrentenversprechens zahlt der Steuerpflichtige monatlich 300 € an seine frühere Hausangestellte zur Sicherung ihres Lebensunterhalts.

Die Zuwendungen erfolgen aufgrund freiwillig begründeter Rechtspflicht. § 12 Nr. 2 EStG findet Anwendung.

e) Zuwendungen an gesetzlich unterhaltsberechtigte Personen

38 Auch bei Zuwendungen an gesetzlich unterhaltsberechtigte Personen greift das Abzugsverbot nach § 12 Nr. 2 EStG ein. Die Unterhaltsberechtigung muss gegenüber dem Steuerpflichtigen *oder seinem Ehegatten* bestehen, und die Zuwendung muss die unterhaltsberechtigte Person *oder deren Ehegatten* erreichen.

Für die Anwendung des § 12 Nr. 2 EStG kommt es lediglich darauf an, ob der Empfänger einen Unterhaltsanspruch haben kann, nicht jedoch, ob er nach bürgerlichem Recht tatsächlich besteht. Unbedeutend ist auch, ob der Steuerpflichtige mehr gibt, als er nach bürgerlichem Recht verpflichtet ist zu geben.

Der letzte Halbsatz in § 12 Nr. 2 EStG (auch wenn sie auf einer besonderen Vereinbarung beruhen) bezieht sich nur auf Zuwendungen an unterhaltsberechtigte Personen oder deren Ehegatten.

Auch wenn Unterhaltsaufwendungen wegen des § 12 Nr. 2 EStG nicht abzugsfähig sind, so bleibt immer noch § 33a EStG zu prüfen, denn § 33a EStG wird durch § 12 Nr. 2 EStG nicht eingeschränkt. Siehe Einleitungssatz zu § 12 EStG. Im Übrigen hat der Gesetzgeber Unterhaltsleistungen an den geschiedenen oder dauernd getrennt lebenden unbeschränkt steuerpflichtigen Ehegatten in bestimmtem Umfang (siehe Tz 126) – unabhängig von § 12 Nr. 2 EStG – zum Abzug als Sonderausgaben zugelassen (sog. Real-Splitting des § 10 Abs. 1a Nr. 1 EStG).

3. Nicht abzugsfähige Steuern

Nicht abzugsfähig sind gem. § 12 Nr. 3 EStG die Personensteuern (Einkommensteuer, Erbschaftsteuer) und die Umsatzsteuer für Umsätze, die Entnahmen sind sowie die Vorsteuerbeträge auf Aufwendungen, für die das Abzugsverbot gem. § 12 Nr. 1 oder des § 4 Abs. 5 Satz 1 Nr. 1–5, 7 oder Abs. 7 gilt. 39

BEISPIEL: Ein Einzelunternehmer entnimmt dem Warenlager eine Waschmaschine für seinen Privathaushalt.

Einkommensteuerrechtlich liegt eine Privatentnahme vor. Umsatzsteuerrechtlich handelt es sich um eine unentgeltliche Wertabgabe i. S. des § 3 Abs. 1b Nr. 1 UStG. Sollte dafür Umsatzsteuer abzuführen sein, so ist diese Umsatzsteuer nicht als Betriebsausgabe abzugsfähig.

Steuerliche Nebenleistungen, wie Verspätungszuschlag, Säumniszuschlag, Zinsen und Zwangsgeld, die nicht abzugsfähige Steuern betreffen, sind ebenfalls nicht abzugsfähig.

4. Rechtsfolgen eines Strafverfahrens

Nach § 12 Nr. 4 EStG sind Geldstrafen und ähnliche Rechtsnachteile, die Strafcharakter haben, nicht abzugsfähig. § 12 Nr. 4 EStG betrifft nicht die Kosten der Strafverteidigung und des Strafverfahrens. Solche Kosten sind als Betriebsausgaben bzw. Werbungskosten abzugsfähig, wenn die dem Strafverfahren zugrunde liegende Tat betrieblich und beruflich veranlasst war. 40

Hinsichtlich der Geldbußen, Ordnungsgelder und Verwarnungsgelder siehe § 4 Abs. 5 Nr. 8 EStG sowie § 9 Abs. 5 EStG.

5. Erstmalige Berufsausbildung

a) Rechtslage bis 31. 12. 2014

Nach § 12 Nr. 5 EStG sind Aufwendungen für eine erstmalige Berufsausbildung und für ein Erststudium, das zugleich eine Erstausbildung vermittelt, nicht abzugsfähig, wenn diese nicht im Rahmen eines Dienstverhältnisses stattfinden. Siehe dazu auch § 9 Abs. 6 EStG und § 4 Abs. 9 EStG; nach diesen Vorschriften sind derartige Aufwendungen – abgesehen vom Fall des Dienstverhältnisses – keine Werbungskosten oder Betriebsausgaben. Im Hinblick auf die Abzugsfähigkeit der Aufwendungen ist stets auch der 41

§ 10 Abs. 1 Satz 1 Nr. 7 EStG zu prüfen (Tz 154). Aufgrund dieser Vorschrift wird der Abzug der Aufwendungen im Zusammenhang mit der erstmaligen Berufsausbildung und dem Erststudium unter bestimmten Voraussetzungen als Sonderausgaben zugelassen.

b) Rechtslage ab 1. 1. 2015

41a Durch das Gesetz zur Anpassung der Abgabenordnung an den Zollkodex der Union und zur Änderung weiterer steuerlicher Vorschriften vom 22. 12. 2014 (BGBl 2014 I S. 2417) wurde u. a. in § 4 Abs. 9 und § 9 Abs. 6 EStG die erstmalige Berufsausbildung konkreter definiert; § 12 Nr. 5 EStG wird ab 1. 1. 2015 aufgehoben.

Der Begriff der Erstausbildung war bis 2013 durch die Rechtsprechung noch nicht hinreichend geklärt. Der BFH hat dann mit Urteil vom 28. 2. 2013 (VI R 6/12, BFH/NV 2013 S. 1166) entschieden, dass eine erstmalige Berufsausbildung weder ein Berufsausbildungsverhältnis nach dem Berufsbildungsgesetz noch eine bestimmte Ausbildungsdauer oder eine formale Abschlussprüfung voraussetzt (gegen BMF-Schreiben vom 22. 9. 2010, BStBl 2010 I S. 721). Die Definition des BFH erschwert eine sinnvolle Abgrenzung zwischen Erst- und Zweitausbildung und führt zu vom Gesetzgeber nicht gewollten Ergebnissen. Auf der Rechtsprechung basieren bereits Gestaltungen, bei denen vor Beginn des Studiums „Ausbildungen" als Taxifahrer oder Skilehrer absolviert werden. Die rechtssichere Bestimmung des Abschlusses der ersten Berufsausbildung erfordert deshalb, dass die Berufsausbildung bestimmte Kriterien aufweist. Dazu gehört eine bestimmte Mindestdauer und eine bestimmte Qualität. Denn auch bereits von Kindheit an kann der Stpfl. außerhalb der Allgemeinbildung bestimmte Fähigkeiten erwerben, die er später beruflich nutzen kann, z. B. Musik- oder Sportausbildung. Hier soll eine klare Grenze am Ende des Lebensabschnitts der ersten ordentlichen Berufsausbildung geschaffen werden.

Nach der Neufassung der §§ 4 Abs. 9 und 9 Abs. 6 EStG liegt eine Berufsausbildung als Erstausbildung vor, wenn

- eine geordnete Ausbildung
- mit einer Mindestdauer von 12 Monaten
- bei vollzeitiger Ausbildung und
- mit einer Abschlussprufung

durchgeführt wird.

E. Die Einkunftsarten

I. Einkünfte aus Land- und Forstwirtschaft

§§ 13, 13a, 14, 14a EStG

1. Allgemeines

42 Land- und Forstwirtschaft ist die planmäßige Nutzung der natürlichen Kräfte des Bodens und die Verwertung der dadurch gewonnenen Erzeugnisse. Eine Aufzählung der Betriebe, aus denen Einkünfte aus Land- und Forstwirtschaft zufließen, befindet sich in § 13 Abs. 1 EStG.

2. Gewinnermittlung

Land- und Forstwirte, die zur Führung von Büchern verpflichtet sind, haben ihren Gewinn nach § 4 Abs. 1 EStG zu ermitteln. Die Verpflichtung zur Buchführung ergibt sich aus § 141 Abs. 1 AO. Die Verpflichtung ist vom Beginn des Wirtschaftsjahres an zu erfüllen, das auf die Bekanntgabe der Mitteilung erfolgt, durch die die Finanzbehörde auf den Beginn dieser Verpflichtung hingewiesen hat (§ 141 Abs. 2 AO). 43

Land- und Forstwirte, die nicht zur Führung von Büchern verpflichtet sind, haben ihren Gewinn grundsätzlich nach § 13a Abs. 3 bis 7 EStG zu ermitteln (Gewinnermittlung nach Durchschnittssätzen). Das gilt auch dann, wenn sie freiwillig Bücher führen. Siehe im Einzelnen § 13a Abs. 1 EStG.

Der Gewinnermittlung nach § 13a Abs. 3 bis 7 EStG kann sich ein nicht zur Buchführung verpflichteter Land- und Forstwirt jeweils für einen Zeitraum von vier Wirtschaftsjahren entziehen, wenn er einen Antrag auf Gewinnermittlung durch Betriebsvermögensvergleich (§ 4 Abs. 1 EStG) oder auf Vergleich der Betriebseinnahmen mit den Betriebsausgaben stellt (§ 4 Abs. 3 EStG). Wird ein Antrag auf Gewinnermittlung durch Betriebsvermögensvergleich gestellt, so ist Voraussetzung, dass für alle Wirtschaftsjahre für das die Gewinnermittlung durch Betriebsvermögensvergleich erfolgen soll, auch tatsächlich Bücher geführt werden und ein Abschluss gemacht wird (§ 13a Abs. 2 EStG).

Ein Antrag auf Gewinnermittlung durch Vergleich der Betriebseinnahmen mit den Betriebsausgaben setzt voraus, dass für alle Wirtschaftsjahre die Betriebseinnahmen und die Betriebsausgaben aufgezeichnet werden und keine Buchführung vorhanden ist.

Der Antrag ist bis zur Abgabe der Steuererklärung jedoch spätestens zwölf Monate nach Ablauf des Wirtschaftsjahres zu stellen, auf das er sich bezieht. Er kann nur innerhalb dieser Frist zurückgenommen werden. Durch § 13a Abs. 2 S. 2 EStG – Vergleich der Betriebseinnahmen mit den Betriebsausgaben für vier Wirtschaftsjahre – wird § 141 Abs. 1 AO nicht eingeschränkt, d. h. auch innerhalb des Zeitraumes, für den der Steuerpflichtige die Gewinnermittlung durch Vergleich der Betriebseinnahme mit den Betriebsausgaben gewählt hat, kann die Buchführungspflicht eintreten.

Durch das Gesetz zur Anpassung der Abgabenordnung an den Zollkodex der Union und zur Änderung weiterer steuerlicher Vorschriften vom 22. 12. 2014 (BGBl 2014 I S. 2417) wurde u. a. § 13a EStG neu gefasst. § 13a EStG in der am 31. 12. 2014 geltenden Fassung ist letztmals für das Wirtschaftsjahr anzuwenden, das vor dem 31. 12. 2015 endet. § 13a EStG in der am 1. 1. 2015 geltenden Fassung ist erstmals für das Wirtschaftsjahr anzuwenden, das nach dem 30. 12. 2015 endet (§ 52 Abs. 22a EStG).

3. Abgrenzung des land- und forstwirtschaftlichen Betriebs vom Gewerbebetrieb

a) Land- und forstwirtschaftliche Nebenbetriebe

§ 13 Abs. 2 EStG

Zu den Einkünften aus Land- und Forstwirtschaft zählen auch Einkünfte aus einem land- und forstwirtschaftlichen Nebenbetrieb. Als Nebenbetrieb gilt ein Betrieb, der dem land- und forstwirtschaftlichen Hauptbetrieb zu dienen bestimmt ist. Das sind im 44

Wesentlichen die sog. Bearbeitungs- oder Verarbeitungsbetriebe und die Substanzbetriebe (R 15.5 Abs. 3 EStR).

Unter Bearbeitungs- oder Verarbeitungsbetrieben sind hier Betriebe zu verstehen, in denen land- und forstwirtschaftliche Erzeugnisse bearbeitet oder verarbeitet werden, wie z. B. Molkereien, Brennereien, Sägewerke. Substanzbetriebe sind Betriebe, die die Gewinnung und Verwertung von Bodensubstanzen zum Gegenstand haben, z. B. Sand-, Kies-, Lehmgruben.

Ein Bearbeitungs- oder Verarbeitungsbetrieb ist nur dann als land- und forstwirtschaftlicher Nebenbetrieb anzusehen, wenn die eingesetzte Rohstoffmenge *überwiegend* im eigenen land- und forstwirtschaftlichen Hauptbetrieb erzeugt wird und die bearbeiteten und verarbeiteten Produkte überwiegend für den Verkauf bestimmt sind.

Ein Substanzbetrieb, der auch Substanz dauernd und nachhaltig an Fremde veräußert, ist nur dann als land- und forstwirtschaftlicher Nebenbetrieb anzusehen, wenn die gewonnene Substanz *überwiegend* im eigenen land- und forstwirtschaftlichen Betrieb verwendet wird. Ein Nebenbetrieb, der wegen Überschreiten der Grenzen nicht mehr als land- und forstwirtschaftlicher Nebenbetrieb anzusehen ist, ist ein Gewerbebetrieb (s. § 15 Abs. 1 Nr. 1 EStG).

b) Einkünfte aus Nebenleistungen

45 Verwendet ein Land- und Forstwirt Wirtschaftsgüter auch außerhalb seines Betriebs, indem er sie Dritten überlässt, oder führt er Dienstleistungen unter Verwendung betrieblicher Gegenstände aus (z. B. Fuhrleistungen), so ist zu prüfen, ob diese Tätigkeit eine land- und forstwirtschaftliche oder eine gewerbliche Tätigkeit darstellt.

Aus Vereinfachungsgründen sollen jedoch stets Einkünfte aus Land- und Forstwirtschaft vorliegen, wenn die betrieblichen Wirtschaftsgüter – neben der Verwendung für eigene Zwecke – nur für Zwecke anderer land- und forstwirtschaftlicher Betriebe genutzt werden und die Einnahmen aus dieser Fremdnutzung nicht mehr als ein Drittel des Gesamtumsatzes des land- und forstwirtschaftlichen Betriebes betragen und nicht mehr als 51 500 € im Wirtschaftsjahr betragen (vgl. R 15.5 Abs. 9 und 11 EStR). Ist eine dieser Voraussetzungen nicht erfüllt, ist nach dem Gesamtbild der Verhältnisse zu entscheiden.

c) Zukaufswaren

46 Wie bereits oben ausgeführt, ist Land- und Forstwirtschaft die planmäßige Nutzung der natürlichen Bodenkräfte und die Verwertung der dadurch gewonnenen Erzeugnisse. Werden die vom Land- und Forstwirt veräußerten Erzeugnisse nicht alle selbst produziert, sondern sind sie zum Teil auch zugekauft worden, so stellt sich die Frage, ob der Zukauf dazu führt, dass statt Einkünften aus Land- und Forstwirtschaft nunmehr Einkünfte aus Gewerbebetrieb vorliegen. Siehe dazu nachfolgend Tz 47. Als Zukaufsware gelten alle zur Weiterveräußerung zugekauften Erzeugnisse, Produkte oder Handelswaren, die nicht im Erzeugungsprozess des eigenen Betriebs verwendet werden. Werden zugekaufte Roh-, Hilfs- oder Betriebsstoffe weiterveräußert, gelten diese im Zeitpunkt der Veräußerung als Zukaufsware (R 15.5 Abs. 5 EStR).

Dies gilt unabhängig davon, ob die Veräußerung gelegentlich oder laufend erfolgt.

d) Mischfälle

Werden ausschließlich eigene Erzeugnisse abgesetzt, stellt dies eine Vermarktung im Rahmen der Land- und Forstwirtschaft dar, selbst wenn diese Erzeugnisse über ein eigenständiges Handelsgeschäft oder eine Verkaufsstelle (z. B. Großhandelsbetrieb, Einzelhandelsbetrieb, Ladengeschäft, Marktstand oder Verkaufswagen) abgesetzt werden. 47

Werden neben eigenen Erzeugnissen auch zugekaufte Waren abgesetzt, kann neben einem Betrieb der Land- und Forstwirtschaft auch ein selbständiger Gewerbebetrieb entstehen. Dies gilt dann, wenn die Betriebseinnahmen ohne Umsatzsteuer aus den zugekauften Waren ein Drittel des Gesamtumsatzes des Betriebs (Summe der Betriebseinnahmen ohne Umsatzsteuer) oder 51 500 € ohne Umsatzsteuer im Wirtschaftsjahr nachhaltig übersteigen (R 15.5 Abs. 6 und 11 EStR).

Liegen die Voraussetzungen vor, entsteht bezogen auf die Zukaufsware ein Gewerbebetrieb. Die Erzeugung und Vermarktung der landwirtschaftlichen Urproduktion durch den daneben bestehenden Betrieb der Land- und Forstwirtschaft bleiben hiervon unberührt.

4. Veräußerung des Betriebs

§ 14 EStG

Auch Gewinne aus der Veräußerung eines land- und forstwirtschaftlichen Betriebs, eines Teilbetriebs oder eines Anteils an einem land- und forstwirtschaftlichen Betriebsvermögen zählen zu den Einkünften aus Land- und Forstwirtschaft. § 16 EStG ist entsprechend anzuwenden. 48

Bei der Veräußerung land- und forstwirtschaftlicher Betriebe nach dem 30. 6. 1970 und vor dem 1. 1. 2001 sind die Vergünstigungen des § 14a EStG zu berücksichtigen.

II. Einkünfte aus Gewerbebetrieb

§§ 15, 16, 17 EStG

1. Allgemeines

Einkünfte aus Gewerbebetrieb sind gem. § 15 Abs. 1 Nr. 1 EStG Einkünfte aus gewerblichen Unternehmen. Die Definition des Begriffs „Gewerbebetrieb" ist in § 15 Abs. 2 EStG enthalten. Danach ist ein Gewerbebetrieb eine *selbständige nachhaltige Betätigung, die mit Gewinnabsicht* unternommen wird und sich als *Beteiligung am allgemeinen wirtschaftlichen Verkehr* darstellt, wenn die Betätigung weder als Ausübung von Land- und Forstwirtschaft noch als Ausübung eines freien Berufs noch als eine andere selbständige Arbeit i. S. des Einkommensteuerrechts anzusehen ist. Die Gewinnabsicht braucht nicht Hauptzweck der Betätigung zu sein. Es genügt, wenn bei Vorliegen der übrigen Voraussetzungen die Gewinnabsicht einen Nebenzweck darstellt. 49

Das Begriffsmerkmal *„Selbständigkeit"* bedeutet, dass die Tätigkeit auf eigene Rechnung und eigene Verantwortung ausgeübt werden muss. Die Frage nach der Selbständigkeit ist nach dem Gesamtbild der Verhältnisse zu entscheiden, wobei die Merkmale, die für die Selbständigkeit sprechen, mit denen, die für eine unselbständige Tätigkeit typisch sind, zu vergleichen sind und danach eine einheitliche Entscheidung zu treffen ist. Auf die vertraglichen Bezeichnungen oder die Form der Bezahlung kommt es dabei nicht allein an.

Eine Tätigkeit ist *nachhaltig*, wenn sie während eines bestimmten Zeitraumes wiederholt ausgeübt wird. Auch verschiedene einmalige Handlungen können nachhaltig sein, wenn sie in einem bestimmten inneren Zusammenhang stehen. Eine einmalige Handlung kann nachhaltig sein, wenn sie den Beginn einer fortgesetzten Tätigkeit begründet und eine Wiederholungsabsicht erkennbar ist.

Die Tätigkeit muss mit *Gewinnerzielungsabsicht* ausgeübt werden. Gewinnerzielungsabsicht ist die Absicht, eine Mehrung des Betriebsvermögens i. S. des § 4 Abs. 1 EStG zu erzielen. Wird durch die Tätigkeit lediglich eine Minderung der Steuern vom Einkommen angestrebt, so ist gem. § 15 Abs. 2 EStG keine Gewinnerzielungsabsicht anzunehmen. Entscheidend ist die Absicht der Gewinnerzielung. Ob tatsächlich Gewinne erzielt werden, ist unmaßgeblich. Ein Betrieb, der ohne Gewinnerzielungsabsicht geführt wird, ist steuerlich eine Liebhaberei. Gewinne oder Verluste aus Liebhabereien bleiben unberücksichtigt.

Eine *Beteiligung am allgemeinen wirtschaftlichen Verkehr* liegt vor, wenn der Betrieb seine Leistungen gegen Entgelt der Allgemeinheit – d. h. einer unbestimmten Anzahl von Personen – anbietet. Unerheblich ist dabei, dass die Leistungen nur einen bestimmten Personenkreis betreffen, wie z. B. bei einem selbständigen Frisör, dessen Betriebsräume sich in einem Hotelgebäude befinden und der nur Hotelgäste bedient, oder einem selbständigen Unternehmer, der eine Kantine in einem Werk betreibt und seine Leistungen nur den Werksangehörigen anbietet. Unschädlich sind auch Wettbewerbsvereinbarungen unter Gewerbetreibenden.

Liegen die Merkmale

- Selbständigkeit,
- Nachhaltigkeit,
- Gewinnerzielungsabsicht,
- Beteiligung am allgemeinen wirtschaftlichen Verkehr

vor, handelt es sich um einen gewerblichen Betrieb, wenn es sich nicht um einen Betrieb der Land- und Forstwirtschaft, um die Ausübung einer freien Berufstätigkeit oder einer anderen selbständigen Tätigkeit handelt.

Es genügt also nicht, nur die genannten Merkmale festzustellen, darüber hinaus muss die Tätigkeit gegen die anderen Gewinntätigkeiten abgegrenzt werden. Erst wenn bei Vorliegen der genannten Merkmale die Anwendbarkeit des § 13 EStG und des § 18 EStG verneint worden ist, handelt es sich um eine gewerbliche Tätigkeit mit der Folge, dass Einkünfte aus § 15 EStG vorliegen.

Wegen der Abgrenzung des Gewerbebetriebes gegenüber der Land- und Forstwirtschaft siehe die Ausführungen zu den Einkünften aus Land- und Forstwirtschaft (Tz 44 ff.).

Wegen der Abgrenzung des Gewerbebetriebs gegenüber der selbständigen Arbeit siehe die Ausführungen zu den Einkünften aus selbständiger Arbeit (Tz 81 ff.).

2. Abgrenzung der gewerblichen Tätigkeit von der Vermögensverwaltung

R 15.7 EStR

Die bloße Verwaltung eigenen Vermögens (z. B. Grundbesitz, Kapitalvermögen) ist keine gewerbliche Tätigkeit. Hier werden in der Regel Einkünfte aus Kapitalvermögen oder aus Vermietung und Verpachtung vorliegen. Vermögensverwaltung bedeutet im Wesentlichen Erhaltung der vorhandenen Vermögenswerte bei entsprechender Fruchtziehung. Die Vermögensumschichtung darf nicht Hauptgegenstand der Verwaltung sein. Ein Gewerbebetrieb kann nur vorliegen, wenn der Rahmen dieser Tätigkeit überschritten wird. Das wird bei der Vermietung und Verpachtung von Grundbesitz – auch wenn es sich um Grundbesitz in ganz erheblichem Umfang handelt – nur dann der Fall sein, wenn neben die reine Vermietungstätigkeit noch eine besondere Tätigkeit des Vermieters tritt, wie z. B. das Herrichten von Räumen für die besonderen Zwecke des Mieters oder die Reinigung der vermieteten Räume. Ein Gewerbebetrieb kann auch vorliegen, wenn der dauernde und schnelle Mieterwechsel eine das übliche Maß bei weitem übersteigende Verwaltungstätigkeit des Vermieters verlangt. Eine gewerbliche Tätigkeit ist die Vermietung von Ausstellungsräumen, Messeständen, Sportanlagen und die wechselnde kurzfriste Vermietung von Sälen. Die Vermietung möblierter Zimmer ist auch bei Bereitstellung eines Frühstücks kein Gewerbebetrieb. 50

Die Errichtung von Gebäuden zum Zwecke späterer Vermietung ist keine gewerbliche Tätigkeit. Werden jedoch die Gebäude von vornherein in der Absicht erstellt, sie später zu veräußern, so kann es sich um eine gewerbliche Tätigkeit handeln, die mit dem Beginn der notwendigen Vorarbeiten beginnt, und zwar selbst dann, wenn die erstellten Gebäude zunächst vorübergehend vermietet werden. Entscheidend ist in diesen Fällen, ob die ausgeübte Tätigkeit die für einen gewerblichen Grundstückshandel typischen Merkmale aufweist.

Die Parzellierung und Veräußerung von unbebauten Grundstücken ist – auch bei größerem Umfang – keine gewerbliche Tätigkeit. Wird jedoch der Veräußerer in einem Rahmen tätig, der den der reinen Verkaufshandlung (dazu gehört auch die Parzellierung) übersteigt, so kann eine gewerbliche Tätigkeit vorliegen. Nach der Rechtsprechung liegt eine gewerbliche Tätigkeit vor, wenn der Veräußerer bei der Erschließung und künftigen Bebauung mitwirkt oder auf Erschließung und künftige Bebauung durch entsprechende Anträge bei der Gemeinde Einfluss nimmt oder wenn er die Erschließung selbst vornimmt.

Die Entscheidung, ob gewerbliche Einkünfte vorliegen, ist nach dem Umfang der über die reine Verkaufstätigkeit hinausgehenden Handlungen zu treffen, wobei aber nicht jede zusätzliche Handlung zu gewerblicher Tätigkeit führt.

Die Verpachtung eines gewerblichen Betriebs im Ganzen stellt gem. § 16 Abs. 3b EStG weiterhin eine gewerbliche Tätigkeit dar, wenn der Steuerpflichtige *nicht* zuvor die Aufgabe des Gewerbebetriebs gegenüber dem Finanzamt erklärt hat – der Steuerpflichtige hat insoweit ein Wahlrecht – und somit auch noch nicht die stillen Reserven der Besteuerung zugeführt hat.

3. Betriebsaufspaltung

51 Bei einer Betriebsaufspaltung, der echten oder unechten, sind *beide* Betriebe gewerbliche Betriebe.

Eine echte oder auch eigentliche Betriebsaufspaltung liegt vor, wenn ein bisher einheitliches – meistens als Einzelfirma oder Personengesellschaft geführtes – Unternehmen in zwei Betriebe aufgespalten wird, wobei der abgespaltene Betrieb – in der Regel in der Rechtsform einer AG oder GmbH – Produktion und Vertrieb übernimmt (Betriebsunternehmen) und der andere Betrieb – die Einzelfirma oder die Personengesellschaft – das Anlagevermögen oder Teile des Anlagevermögens behält und der Betriebsgesellschaft gegen Entgelt zur Nutzung überlässt (Besitzunternehmen).

Eine unechte (uneigentliche) Betriebsaufspaltung liegt vor, wenn zwei Betriebe unabhängig voneinander errichtet werden und dann in der gleichen Weise wie bei der echten Betriebsaufspaltung miteinander verbunden werden.

Stellt das von dem Besitzunternehmen an die Betriebsgesellschaft verpachtete Anlagevermögen die wesentliche Betriebsgrundlage oder eine der wesentlichen Betriebsgrundlagen der Betriebsgesellschaften dar (sachliche Verflechtung) und sind dieselben Personen in der Lage, beide Unternehmen tatsächlich zu beherrschen, so sind die Betriebe so eng miteinander verflochten (personelle Verflechtung), dass *beide Betriebe als Gewerbebetriebe* zu behandeln sind. Dementsprechend stellen die an das Besitzunternehmen geleisteten Mietzahlungen Betriebseinnahmen dar.

Zwischen beiden Unternehmen muss eine *personelle* und eine *sachliche* Verflechtung bestehen.

Eine *sachliche* Verflechtung liegt vor, wenn das von dem Besitzunternehmen an das Betriebsunternehmen verpachtete Anlagevermögen für das Betriebsunternehmen eine wesentliche Betriebsgrundlage darstellt.

Ein Grundstück ist stets eine wesentliche Betriebsgrundlage, es sei denn, das Grundstück ist nur von geringer wirtschaftlicher Bedeutung für die Betriebsgesellschaft. Ob die Betriebsgesellschaft am Markt ein für sie gleichwertiges Grundstück mieten oder kaufen kann, ist im Hinblick auf die Wesentlichkeit eines Grundstücks ohne Bedeutung.

Eine *personelle* Verflechtung liegt vor, wenn dieselbe Person oder dieselbe Personengruppe beide Unternehmen beherrscht. Das bedeutet nicht, dass dieselben Personen in demselben Verhältnis an beiden Betrieben beteiligt sein müssen. Es reicht vielmehr, wenn die Person oder die Personengruppe, die das Besitzunternehmen tatsächlich führt, auch bei der Betriebsgesellschaft ihren geschäftlichen Willen durchsetzen kann. Üblicherweise ist im Gesellschaftsvertrag bestimmt, dass Beschlüsse nach Stimmenmehrheit entsprechend der Beteiligung zu fassen sind. Dann liegt eine tatsächliche Beherrschung des Besitzunternehmens und der Betriebsgesellschaft vor, wenn eine Person oder eine Personengruppe zu mehr als 50 % an beiden Unternehmen beteiligt ist. Müssen jedoch in beiden Unternehmen Beschlüsse einstimmig gefasst werden, kann eine Beherrschung beider Unternehmen nur vorliegen, wenn an beiden Unternehmen die gleichen Personen beteiligt sind (H 15.7 (4) „Allgemeines“ EStH).

4. Betriebsaufspaltung bei Ehegatten

Auch bei Ehegatten kann eine Betriebsaufspaltung vorliegen, wenn die Ehegatten beide Unternehmen beherrschen. Beherrscht nur ein Ehegatte das eine Unternehmen, während das andere Unternehmen nur von beiden Ehegatten gemeinsam beherrscht werden kann, so liegt nur dann eine personelle Verflechtung beider Unternehmen vor, wenn die Ehegatten neben ihrer ehelichen Lebensgemeinschaft eine Zweck- und Wirtschaftsgemeinschaft eingegangen sind, d. h. wenn sie gleichgerichtete wirtschaftliche Interessen verfolgen. 52

Ob Ehegatten gleichgerichtete wirtschaftliche Interessen verfolgen, muss im Einzelfall geprüft werden, allein die Tatsache, dass Personen Ehegatten sind, sagt noch nichts über ihre wirtschaftlichen Interessen aus.

BEISPIEL: Das Besitzunternehmen gehört dem Ehemann A zu 100 %. An der Betriebsgesellschaft ist A zu 30 % und seine Ehefrau zu 70 % beteiligt.

Sofern die Ehegatten gleichgerichtete wirtschaftliche Interessen verfolgen, ist in diesem Falle von personeller Verflechtung auszugehen.

Ist jedoch jeweils nur ein Ehegatte an einem der Unternehmen beteiligt, so liegt im Regelfall keine personelle Verflechtung vor und somit auch keine Betriebsaufspaltung; es sei denn, dass der eine Ehegatte das Unternehmen, an dem er nicht beteiligt ist, faktisch beherrscht.

Eine faktische Beherrschung kann jedoch nur angenommen werden, wenn der gesellschaftsrechtlich beteiligte Ehegatte nach den Umständen des einzelnen Falles darauf angewiesen ist, sich dem Willen des anderen Ehegatten so unterzuordnen, dass er keinen eigenen geschäftlichen Willen entfalten kann; wenn also z. B. der eine Ehegatte sowohl im kaufmännischen als auch im technischen Bereich des ihm gehörenden Unternehmens völlig unerfahren ist und sich deshalb allen Entscheidungen des fachlich dominierenden Ehegatten unterwerfen muss.

In diesen Fällen beherrscht ein Ehegatte das Unternehmen, das ihm gehört, kraft seiner Rechtsstellung und das Unternehmen, das dem anderen Ehegatten gehört, kraft der sich aus seiner fachlichen Kompetenz ergebenden Machtstellung. Es ist dann von einer personellen Verflechtung beider Unternehmen auszugehen.

An eine faktische Beherrschung sind jedoch strenge Maßstäbe anzulegen. Sie wird nur dann anzunehmen sein, wenn der Ehegatte, dem das Unternehmen rechtlich gehört, im betrieblichen Bereich völlig unerfahren ist und deshalb selbständig keine Entscheidungen treffen kann.

BEISPIELE:

1. An der Betriebsgesellschaft ist A zu 60 % und B zu 40 % beteiligt. An dem Besitzunternehmen ist A zu 70 % und C zu 30 % beteiligt.

   A beherrscht das Besitzunternehmen und die Betriebsgesellschaft.

2. An der Betriebsgesellschaft sind A, B, C und D zu je 25 % beteiligt. An dem Besitzunternehmen ist A zu 10 %, B zu 30 % und C zu 60 % beteiligt.

Die Personengruppe A, B und C beherrscht beide Betriebe. Unerheblich ist, dass die beherrschende Personengruppe an beiden Unternehmen mit verschiedenen Anteilen beteiligt ist.

3. An der Betriebsgesellschaft sind A und B mit je 50 % beteiligt. An dem Besitzunternehmen sind A und B mit je 40 % und C mit 20 % beteiligt. Im Besitzunternehmen sind Beschlüsse einstimmig zu fassen.

   Da Beschlüsse einstimmig zu fassen sind, beherrscht die Personengruppe A und B nicht beide Unternehmen. Im Besitzunternehmen sind Beschlüsse gegen den Willen des C nicht möglich.

Entfällt bei einer Betriebsaufspaltung die Verflechtung (sachliche oder/und personelle), so kommt es beim Besitzunternehmen zu einer Betriebsaufgabe (s. Tz 64). In diesem Fall sind sämtliche stillen Reserven aufzudecken.

BEISPIEL: Am Besitzunternehmen und am Betriebsunternehmen ist A und B jeweils im Verhältnis 40 zu 60 beteiligt. Seinen 60 %-Anteil am Betriebsunternehmen veräußert B an C.

Im Zeitpunkt der Veräußerung des Anteils des B am Betriebsunternehmen endet die personelle Verflechtung beider Unternehmen, denn A für sich allein kann weder im Besitz- noch im Betriebsunternehmen seinen Willen durchsetzen. Hinsichtlich des Besitzunternehmens kommt es zur Aufdeckung der stillen Reserven. Die bisher als gewerbliche Erträge zu erfassenden Mieteinnahmen sind nunmehr als Erträge aus privater Vermögensverwaltung anzusehen, die ggf. nach § 21 EStG zu versteuern sind.

5. Mitunternehmerschaften

§ 15 Abs. 1 Nr. 2 EStG

a) Allgemeines

53 Personengesellschaften sind als solche nicht einkommensteuerpflichtig. Zum Zweck der Einkommensbesteuerung wird der von der Personengesellschaft erwirtschaftete Gewinn anteilig unmittelbar den einzelnen Gesellschaftern zugerechnet und bei diesen der Einkommensteuer bzw. der Körperschaftsteuer bei juristischen Personen unterworfen.

§ 15 Abs. 1 Nr. 2 EStG betrifft offene Handelsgesellschaften, Kommanditgesellschaften sowie andere Gesellschaften, bei denen die Gesellschafter als Mitunternehmer anzusehen sind, wenn die genannten Gesellschaften ein Gewerbe betreiben. Andere Gesellschaften sind die Gesellschaft des bürgerlichen Rechts, die atypische stille Gesellschaft, ausländische Personengesellschaften, die wirtschaftlich einer offenen Handelsgesellschaft oder einer Kommanditgesellschaft deutschen Rechts vergleichbar sind sowie bestimmte mit einer zivilrechtlichen Gesellschaft wirtschaftlich vergleichbare Gemeinschaftsverhältnisse. Ein vergleichbares Gemeinschaftsverhältnis kann z. B. vorliegen bei einer ehelichen Gütergemeinschaft, soweit der Gewerbebetrieb zum Gesamtgut der Ehegatten gehört, oder bei einer Erbengemeinschaft, soweit die Miterben den zum Nachlass gehörenden Gewerbebetrieb gemeinsam fortführen.

b) Gesellschaftsverhältnis

54 § 15 Abs. 1 Nr. 2 setzt ein *zivilrechtliches Gesellschaftsverhältnis* voraus. Ein solches ist gegeben, wenn sich mehrere durch Gesellschaftsvertrag gegenseitig verpflichten, die Erreichung eines gemeinsamen Zwecks in der durch Vertrag bestimmten Art und Weise

zu fördern. Für den Abschluss des Gesellschaftsvertrags ist keine bestimmte Form vorgesehen, d. h. er kann auch mündlich abgeschlossen werden.

c) Gewerbliche Tätigkeit

§ 15 Abs. 1 Nr. 2 EStG findet nur Anwendung, wenn die Personengesellschaft oder die mit ihr wirtschaftlich vergleichbare Gemeinschaft ein gewerbliches Unternehmen i. S. des § 15 Abs. 1 Nr. 1 EStG betreibt (siehe Tz 49). Betreibt eine Personengesellschaft neben ihrer gewerblichen Tätigkeit auch eine andere nichtgewerbliche Tätigkeit, so gilt gem. § 15 Abs. 3 Nr. 1 EStG die *gesamte* Tätigkeit der Personengesellschaft als Gewerbebetrieb. Übt eine Personengesellschaft *keine* Tätigkeit i. S. des § 15 Abs. 1 Nr. 1 EStG aus, so gilt ihre Tätigkeit gem. § 15 Abs. 3 Nr. 2 EStG gleichwohl als Gewerbebetrieb, wenn an der Personengesellschaft eine oder mehrere Kapitalgesellschaften beteiligt sind und nur die Kapitalgesellschaft(en) persönlich haftende(r) Gesellschafter ist (sind) und nur die Kapitalgesellschaft(en) bzw. Nichtgesellschafter zur Geschäftsführung befugt sind. In solchen Fällen wird die Personengesellschaft von der Kapitalgesellschaft geprägt und erzielt ebenso wie eine Kapitalgesellschaft (§ 8 Abs. 2 KStG) Einkünfte aus Gewerbebetrieb. Das typische Beispiel für eine gewerblich geprägte Personengesellschaft ist die GmbH & Co. Kommanditgesellschaft, wenn die GmbH persönlich haftender Gesellschafter (Vollhafter) ist und die Geschäfte der Gesellschaft führt. 55

Ist eine gewerblich geprägte Personengesellschaft persönlich haftender Gesellschafter einer anderen Personengesellschaft und führt sie die Geschäfte der anderen Personengesellschaft, so ist auch die andere Personengesellschaft ein gewerblich geprägtes Unternehmen und erzielt gem. § 15 Abs. 3 Nr. 2 EStG Einkünfte aus Gewerbebetrieb.

d) Mitunternehmer

Der Gewinn aus Gewerbebetrieb kann nur solchen Gesellschaftern anteilig unmittelbar als Einkünfte aus Gewerbebetrieb zugerechnet werden, die *Mitunternehmer* sind. 56

Mitunternehmer können alle natürlichen und juristischen Personen sein sowie offene Handelsgesellschaften und Kommanditgesellschaften.

Mitunternehmer ist, wer zusammen mit anderen Personen eine Unternehmerinitiative entfalten kann und ein Unternehmerrisiko trägt. Mitunternehmerinitiative bedeutet, unternehmerische Entscheidungen (mit) zu treffen, wie sie von Geschäftsführern und leitenden Angestellten getroffen werden.

Mitunternehmerinitiative ist auch schon dann anzunehmen, wenn ein Gesellschafter mindestens die Rechte hat, die das Handelsgesetzbuch für den Kommanditisten einer KG vorsieht, insbesondere die Kontroll- und Widerspruchsrechte nach §§ 164, 166 HGB.

Mitunternehmerrisiko bedeutet im Regelfall gesellschaftsrechtliche Teilhabe am Erfolg oder Misserfolg des gewerblichen Unternehmens, wie sie sich durch die Beteiligung am Gewinn und Verlust, an den stillen Reserven des Anlagevermögens einschließlich des Geschäftswerts ausdrückt.

Beide Merkmale müssen vorliegen; sie können im Einzelfall unterschiedlich ausgeprägt sein. Ist ein Gesellschafter lediglich an Gewinnen beteiligt, jedoch nicht an Verlusten und stillen Reserven – trägt er also geringes Unternehmerrisiko –, so ist er in der Regel nur dann Mitunternehmer, wenn er eine ausgeprägte Unternehmerinitiative entfalten kann und Erfolg oder Misserfolg seiner Entscheidungen sich in seinem Gewinnanteil niederschlägt. Hier reichen die Kontroll- und Widerspruchsrechte eines Kommanditisten nach dem HGB nicht aus. Wer nur eine feste Vergütung von der Gesellschaft erhält, kann wegen fehlenden Risikos nicht Mitunternehmer sein, auch wenn er weitgehende Entscheidungsbefugnisse hat.

Ist jemand von vornherein nur für einen vorübergehenden Zeitraum Gesellschafter geworden, um aus Gründen der Steuerersparnis Verluste mitzunehmen, ohne an den von der Gesellschaft angestrebten Gewinnen teilnehmen zu können, so wird er nicht Mitunternehmer, und die Zurechnung von Verlusten ist nicht möglich.

Eine *verdeckte* Mitunternehmerschaft ist anzunehmen, wenn Personen sich – im Innenverhältnis – zu einer Personengesellschaft zusammengeschlossen haben, ihr Verhältnis nach außen jedoch in eine andere Rechtsform kleiden, z. B. in einen Dienst-, Darlehens- oder Pachtvertrag. Sofern die Vertragspartner (= Gesellschafter) die Kriterien „Mitunternehmerinitiative und Mitunternehmerrisiko" erfüllen, sind sie Mitunternehmer i. S. des § 15 Abs. 1 Nr. 2 EStG.

e) Vergütungen i. S. des § 15 Abs. 1 Nr. 2 EStG

57 Soweit es mit dem Wesen einer Mitunternehmerschaft (Personengesellschaft) vereinbar ist, erfolgt die Besteuerung der Mitunternehmer in einer der Besteuerung der Einzelunternehmer vergleichbaren Art und Weise, d. h., dass bestimmte Vergütungen der Personengesellschaft an den Mitunternehmer den steuerlichen Gewinn der Personengesellschaft ebenso wie den steuerlichen Gewinnanteil des betroffenen Mitunternehmers nicht mindern dürfen, weil vergleichbare Vergütungen bei Einzelunternehmern nicht denkbar sind und somit deren steuerlichen Gewinn nicht mindern können.

Gemäß § 15 Abs. 1 Nr. 2 EStG gehören zum steuerlichen Gewinnanteil der Gesellschafter und somit zum steuerlichen Gesamtgewinn der Personengesellschaft Vergütungen der Gesellschaft an den Gesellschafter für Tätigkeiten der Gesellschafter im Dienst der Gesellschaft, für Darlehensgewährungen an die Gesellschaft sowie für die Überlassung von Wirtschaftsgütern an die Gesellschaft (Nutzungsüberlassung). Den Vergütungen liegen jeweils bestimmte Leistungen der Gesellschafter an die Gesellschaft zugrunde. Diese Leistungen können ihre Grundlage bereits im Gesellschaftsvertrag haben, sie können jedoch auch auf schuldrechtlicher Grundlage erbracht werden (z. B. Arbeitsvertrag, Darlehensvertrag, Mietvertrag).

Nach der Rechtsprechung müssen die Leistungen bei wirtschaftlicher Betrachtung als Beitrag zur Erfüllung des Gesellschaftszwecks anzusehen sein. Da diese Voraussetzung im Regelfall bei Leistungen der Gesellschafter an die Gesellschaft vorliegen dürfte, sind entsprechende Vergütungen regelmäßig dem Gewinnanteil des Gesellschafters zuzurechnen, der die Vergütung erhält.

Aus der Hinzurechnung zum Gewinnanteil des betreffenden Mitunternehmers und der sich daraus ergebenden Erhöhung des steuerlichen Gewinns der Personengesellschaft ergibt sich zum einen, dass diese Vergütungen nicht anderen Einkunftsarten beim Gesellschafter zugerechnet werden können (also z. B. nicht Einkünfte aus nichtselbständiger Arbeit oder Einkünfte aus Kapitalvermögen oder Einkünften aus Vermietung und Verpachtung), zum anderen, dass die Vergütungen auf der Ebene der Personengesellschaft der Gewerbesteuer unterliegen, weil sie den steuerlichen Gewinn der Personengesellschaft nicht mindern.

Aus der Warte der Personengesellschaft haben diese Vergütungen den Charakter von nicht abzugsfähigen Betriebsausgaben.

Sie erhöhen den Gewinn des Jahres, in dem sie sich bei der Gesellschaft als Aufwand (GuV-Rechnung) auswirken bzw. in dem es zu einer Aktivierung (Bilanz) kommt.

Zu den Vergütungen für eine Tätigkeit im Dienst der Gesellschaft gehören insbesondere Vergütungen für Leistungen aufgrund eines Arbeitsverhältnisses, für freiberufliche Leistungen (z. B. Architektenleistungen oder Rechtsanwaltleistungen) und für sonstige Leistungen, z. B. Vermittlungsleistungen. Vergütungen für die Überlassung von Wirtschaftsgütern liegen vor, wenn die Vergütungen für eine *Nutzungs*überlassung gezahlt werden. Die Übertragung des rechtlichen oder wirtschaftlichen Eigentums ist kein Überlassen i. S. des § 15 Abs. 1 Nr. 2 EStG. Veräußerungsvorgänge fallen nicht unter § 15 Abs. 1 Nr. 2 EStG. Rechtsgrundlage für die Nutzungsüberlassung kann der Gesellschaftsvertrag oder ein schuldrechtlicher Vertrag (z. B. Miet-, Pachtvertrag) oder ein dingliches Recht (Nießbrauch, Erbbaurecht) sein; Gegenstand der Nutzungsüberlassung können materielle Wirtschaftsgüter (z. B. Grund und Boden, Gebäude, Maschinen) oder immaterielle Wirtschaftsgüter (z. B. Urheberrechte, Patente) sein.

Vergütungen für die Hingabe von Darlehen sind jegliche Entgelte für die Überlassung von Kapital zur Nutzung, z. B. Abgeld, Darlehenszinsen, Provisionen, Stundungszinsen.

BEISPIELE:

1. Der in der Steuerbilanz ausgewiesene Gewinn der A und B OHG beträgt 100 000 €, an dem A und B zu gleichen Teilen beteiligt sind.

   A hat in seiner Eigenschaft als Geschäftsführer der offenen Handelsgesellschaft ein Gehalt i. H. von 80 000 € bezogen. B hat aus seinem Privatvermögen an die Gesellschaft Grund und Boden vermietet, den diese für ihre betrieblichen Zwecke nutzt.

   Die Jahresmiete beträgt 30 000 €. Diese Aufwendungen haben den Gewinn gemindert. Der steuerliche Gewinn der OHG sowie die Gewinnanteile von A und B sind wie folgt zu ermitteln:

	A	*B*	*OHG*
Gewinn lt. Steuerbilanz	50 000 €	50 000 €	100 000 €
Vergütungen gem. § 15 Abs. 1 Nr. 2 EStG	80 000 €	30 000 €	110 000 €
steuerlicher Gewinn(anteil)	130 000 €	80 000 €	210 000 €

2. Der in der Steuerbilanz ausgewiesene Gewinn der A und Co. KG beträgt 300 000 €. Davon entfällt auf den Komplementär A 50 % und die Kommanditisten B und C je 25 %. Die Gesellschafter haben folgende Vergütungen, die den steuerlichen Gewinn gemindert haben, bezogen:

   Gesellschafter A hat neben seinem Gehalt von 100 000 € noch ein Honorar von 30 000 € erhalten. Er hat außerhalb seines Dienstverhältnisses im Auftrag der KG ein Gutachten über die Marktchancen eines Produktes erstellt.

Gesellschafter B hat in seiner Eigenschaft als Architekt eine Lagerhalle geplant, die jedoch wegen baurechtlicher Probleme nicht errichtet werden konnte. Er bezog eine Vergütung von 18 000 €.

Gesellschafter C betreibt ein Reinigungsunternehmen. Im Auftrag der KG hat er die Gebäude der KG gereinigt und dafür eine Vergütung von 25 000 € erhalten.

Der steuerliche Gewinn der Personengesellschaft sowie die Gewinnanteile der Gesellschafter sind wie folgt zu ermitteln:

	A	*B*	*C*	*KG*
Gewinn lt. Steuerbilanz	150 000 €	75 000 €	75 000 €	300 000 €
Vergütungen gem. § 15 Abs. 1 Nr. 2 EStG	130 000 €	18 000 €	25 000 €	173 000 €
steuerlicher Gewinn(anteil)	280 000 €	93 000 €	100 000 €	473 000 €

Sofern es bei den Gesellschaftern im Zusammenhang mit den Vergütungen zu Aufwendungen gekommen ist, sind diese vom jeweiligen Gewinnanteil abzusetzen. Siehe dazu nachfolgende Tz 58.

f) Sonderbetriebsvermögen, Sonderbetriebseinnahmen und Sonderbetriebsausgaben

58 Wenn gem. § 15 Abs. 1 Nr. 2 EStG die Vergütungen der Gesellschaft an die Gesellschafter (Sondervergütung) Gewinnanteil darstellen, dann ist es nach den allgemeinen Gewinnermittlungsgrundsätzen nur folgerichtig, die im Zusammenhang mit diesen Sondervergütungen stehenden Ausgaben als Betriebsausgaben (Sonderbetriebsausgaben) von dem um die Sondervergütungen erhöhten Gewinnanteil abzuziehen. Stehen die Sondervergütungen im Zusammenhang mit der Überlassung eines Wirtschaftsguts, dann muss das Wirtschaftsgut selbst zum Betriebsvermögen (Sonderbetriebsvermögen) des Gesellschafters gehören, ansonsten könnten sich aus seiner Überlassung keine Gewinnanteile bzw. Betriebsausgaben ergeben. Das Wirtschaftsgut kann jedoch mangels seiner Zugehörigkeit zum Gesellschaftsvermögen der Gesellschaft nicht in der Bilanz der Gesellschaft bilanziert werden, sondern muss in einer besonderen Gesellschafterbilanz (Sonderbilanz) ausgewiesen werden.

Während zum handelsrechtlichen Betriebsvermögen lediglich die in der Handelsbilanz ausgewiesenen, zum Gesellschaftsvermögen gehörenden Vermögensgegenstände zählen, umfasst das steuerliche Betriebsvermögen neben den in der Steuerbilanz der Gesellschaft ausgewiesenen Wirtschaftsgütern auch alle in den Sonderbilanzen der Gesellschafter ausgewiesenen Wirtschaftsgüter.

Die eigentliche Steuerbilanz ergibt sich aus gedanklicher Addition der Gesellschaftsbilanz mit den Sonderbilanzen der Gesellschafter. In den Sonderbilanzen der Gesellschafter wird – ebenso wie beim Einzelunternehmer – nach notwendigem Sonderbetriebsvermögen und gewillkürtem Sonderbetriebsvermögen unterschieden.

Ein Mitunternehmer kann im Regelfall in gleicher Weise gewillkürtes Betriebsvermögen wie ein Einzelunternehmer ausweisen (s. dazu auch R 4.2 Abs. 12 EStR).

BEISPIEL: Mitunternehmer A hat seiner Personengesellschaft 60 % eines in seinem Eigentum stehenden Gebäudes vermietet. Das Gebäude dient insoweit den betrieblichen Zwecken der

Personengesellschaft. Die restlichen 40 % sind an eine GmbH vermietet, die es für ihre betrieblichen Zwecke nutzt.

Nach R 4.2 Abs. 4 EStR umfasst das Gebäude zwei Wirtschaftsgüter. Soweit es Zwecken der Personengesellschaft dient, handelt es sich um notwendiges Betriebsvermögen und muss in einer Sonderbilanz aktiviert werden, soweit das Grundstück fremden gewerblichen Zwecken (denen der GmbH) dient, kann es im Regelfall als gewillkürtes Betriebsvermögen behandelt werden.

Soweit Erträge aus Wirtschaftsgütern des Sonderbetriebsvermögens erzielt werden, handelt es sich um Sonderbetriebseinnahmen. So ist die im obigen Beispiel von der OHG gezahlte Miete eine Sondervergütung i. S. des § 15 Abs. 1 Nr. 2 EStG, die von der GmbH gezahlte Miete ist eine Sonderbetriebseinnahme, wenn dieser Grundstücksteil als gewillkürtes Betriebsvermögen behandelt wird.

Verbindlichkeiten, die in einem wirtschaftlichen Zusammenhang mit notwendigem oder gewillkürtem Sonderbetriebsvermögen stehen, sind ebenfalls in der Sonderbilanz als Betriebsvermögen auszuweisen.

BEISPIEL: Mitunternehmer A hat zum 1. 7. 2015 Grund und Boden mit aufstehendem Bürogebäude erworben und mit sofortiger Wirkung an seine Personengesellschaft für deren betriebliche Zwecke vermietet. Die Miete beträgt 2 000 € pro Monat. Die Anschaffungskosten des Grund und Bodens betragen 100 000 €, die des Gebäudes 500 000 €. Die AfA beträgt 2 % von 500 000 € = 10 000 € davon $^1/_2$ = 5 000 €. Die laufenden Grundstückskosten (öffentliche Abgaben, Erhaltungsaufwendungen) betragen 8 000 € und wurden von A gezahlt. Zur Finanzierung des Kaufpreises wurde ein Darlehen von 400 000 € aufgenommen und mit einem Betrag von 380 000 € ausgezahlt. Das Darlehen ist nach 5 Jahren in einer Summe rückzahlbar. Die Zinsen für 2015 betragen 16 000 €.

Die Miete für Juli bis Dezember (6 × 2 000 € = 12 000 €) wurde einem Privatkonto des A gutgeschrieben. Sämtliche Aufwendungen (Grundstückskosten und Zinsen) wurden aus privaten Mitteln gezahlt.

Zum 1. 7. 2015 ist für A folgende Sonderbilanz aufzustellen:

Grund und Boden	100 000 €	Darlehen	400 000 €
Gebäude	500 000 €	Kapital	220 000 €
Posten der Rechnungsabgrenzung	20 000 €		
	620 000 €		620 000 €

Zum 31. 12. 2015 ist für A folgende Sonderbilanz aufzustellen:

Grund und Boden	100 000 €	Darlehen	400 000 €
Gebäude	495 000 €	Kapital	232 000 €
Posten der Rechnungsabgrenzung	18 000 €		
Verlust	19 000 €		
	632 000 €		632 000 €

Der Verlust in der Sonderbilanz ist wie folgt zu ermitteln:

	€	€
Vergütung gem. § 15 Abs. 1 Nr. 2 EStG		12 000
·/. Sonderbetriebsausgaben		
AfA Gebäude	5 000	
Auflösung des Rechnungsabgrenzungspostens		

(20 000 davon 1/5 = 4 000		
davon 1/2 (1. 7. 2015–31. 12. 2015)	2 000	
laufende Grundstückskosten	8 000	
Zinsen	16 000	31 000
Verlust		19 000

Das Kapitalkonto entwickelt sich wie folgt:

	€	€
Kapital 1. 7. 2015		220 000
·/. Privatentnahme		
(privat vereinnahmte Miete)	12 000	
+ Neueinlagen	24 000	
(= aus privaten Mitteln entrichtete Grundstückskosten und Zinsen)		12 000
Kapital 31. 12. 2015		232 000

Vom Gewinnanteil lt. Steuerbilanz der Personengesellschaft ist der Verlust aus der Sonderbilanz abzusetzen.

g) Verluste bei beschränkter Haftung gem. § 15a EStG

59 Ist die Haftung eines Gesellschafters einer Personengesellschaft auf die Höhe seiner Einlage beschränkt – dies gilt insbesondere für Kommanditisten einer KG –, so kann der dem Gesellschafter zuzurechnende Anteil am Verlust der Personengesellschaft nur bis zur Höhe seines – positiven – Kapitalkontos mit anderen Einkünften ausgeglichen bzw. bei der Ermittlung des Einkommens wie eine Sonderausgabe (§ 10d EStG) abgezogen werden.

BEISPIEL: Der Steuerpflichtige A ist mit 100 000 € an einer KG als beschränkt haftender Gesellschafter beteiligt. Er hat seine Einlage voll erbracht. Im Jahr der Einlage entfällt auf A ein Verlustanteil von 40 000 €, im folgenden Jahr von 110 000 € und im dritten Jahr von 30 000 €.

Der Verlust des ersten Jahres von 40 000 € ist ausgleichsfähig und sofern keine bzw. soweit geringere andere positive Einkünfte vorhanden sind, abzugsfähig gem. § 10d EStG. Der Verlust des zweiten Jahres i. H. von 110 000 € ist nur noch i. H. von 60 000 € ausgleichs- bzw. abzugsfähig. Der restliche Betrag von 50 000 € übersteigt die Einlage und führt zu einem negativen Kapitalkonto. Der Verlust des dritten Jahres erhöht das bereits vorhandene negative Kapitalkonto. Auch er ist aus diesem Grunde weder ausgleichsfähig noch abzugsfähig.

Kapitalkonto i. S. des § 15a EStG ist das in der steuerlichen Gesellschaftsbilanz ggf. einschließlich Ergänzungsbilanz ausgewiesene Kapitalkonto, jedoch *nicht* das in einer Sonderbilanz ausgewiesene Kapitalkonto. Siehe auch R 15a EStR.

BEISPIEL: Das Kapitalkonto des Kommanditisten A in der Gesellschaftsbilanz beträgt zu Beginn des Wirtschaftsjahres 22 000 €. Da A der Gesellschaft ein Grundstück zur Nutzung überlassen hat, ist für A eine Sonderbilanz aufzustellen, in der zu Beginn des Wirtschaftsjahres ein Kapital von 80 000 € ausgewiesen wird. Der Anteil des A am Verlust der KG beträgt 110 000 €.

Von dem Verlustanteil von 110 000 € sind 22 000 € ausgleichs- bzw. abzugsfähig.

BEISPIEL: Das Kapitalkonto des Kommanditisten B in der Gesellschaftsbilanz beträgt zu Beginn des Wirtschaftsjahres 30 000 €. Seine Einlage hatte Gesellschafter B bei Eintritt in die KG fremdfinanziert. Das Darlehen ist zum 1. 1. des Wirtschaftsjahres in einer Sonderbilanz mit seinem Rückzahlungsbetrag von 18 000 € passiviert. Entsprechend hoch ist das in der Sonderbilanz ausgewiesene (negative) Eigenkapital. Der Anteil des B am Verlust der KG beträgt 40 000 €.

Bis zur Höhe des steuerlichen Kapitalkontos des B in der Gesellschaftsbilanz (30 000 €) kann der bei der KG entstandene Verlust ausgeglichen bzw. nach § 10d EStG abgezogen werden. Das negative Kapitalkonto in der Sonderbilanz beeinträchtigt weder den Verlustausgleich noch den Verlustabzug nach § 10d EStG.

Die Beschränkung des Verlustausgleichs bzw. des Verlustabzuges auf das positive steuerliche Kapitalkonto gilt nur für den Anteil am Verlust der Personengesellschaft. Sie gilt nicht für die in der Sonderbilanz eines Gesellschafters ausgewiesenen Verluste. Diese Verluste sind in vollem Umfange ausgleichs- und abzugsfähig. Nachträgliche Einlagen führen gem. § 15a Abs. 1a EStG weder zu einer nachträglichen Ausgleichs- oder Abzugsfähigkeit eines vorhandenen verrechenbaren Verlustes noch zu einer Ausgleichs- oder Abzugsfähigkeit des dem Kommanditisten zuzurechnenden Anteils am Verlust eines zukünftigen Wirtschaftsjahres, soweit durch den Verlust ein negatives Kapitalkonto des Kommanditisten entsteht oder sich erhöht.

BEISPIEL: Das Kapitalkonto des Kommanditisten A beträgt zu Beginn des Wirtschaftsjahres in der Gesellschaftsbilanz 20 000 € und in der Sonderbilanz ·/. 6 000 €. Für dieses Wirtschaftsjahr ist A ein Anteil am Verlust der Gesellschaft i. H. von 30 000 € zuzurechnen. In der Sonderbilanz wird ein Verlust von 16 000 € ausgewiesen.

Da das steuerliche Kapitalkonto i. S. des § 15a EStG 20 000 € beträgt, ist vom Verlustanteil ein Betrag von 20 000 € ausgleichs- bzw. abzugsfähig. Der Verlust im Sonderbetriebsvermögen von 16 000 € wird von § 15a EStG nicht berührt. Er ist in voller Höhe ausgleichs- bzw. abzugsfähig.

Soweit Verluste gem. § 15a EStG nicht ausgleichs- bzw. abzugsfähig sind, sind sie für die Besteuerung jedoch nicht verloren. Denn gem. § 15a Abs. 2 EStG sind die nicht ausgleichs- und abzugsfähigen Verlustanteile mit in späteren Wirtschaftsjahren zuzurechnenden Gewinnanteilen, die aus der gleichen Beteiligung stammen, zu verrechnen.

BEISPIEL: Die Einlage des Kommanditisten A beträgt 10 000 €. Die Verlustanteile der ersten drei Wirtschaftsjahre betragen pro Jahr 6 000 €. Im vierten Jahr ist A ein Gewinnanteil von 4 000 € und im fünften Jahr von 20 000 € zuzurechnen.

Von den Verlusten der ersten Jahre sind lediglich 10 000 € ausgleichs- bzw. abzugsfähig. Der nicht ausgleichs- bzw. abzugsfähige Verlust von insgesamt 8 000 € wird im vierten Jahr mit 4 000 € und im fünften Jahr mit 20 000 € verrechnet. Dementsprechend bleibt der Gewinnanteil des vierten Jahres unbesteuert, während im fünften Jahr lediglich 16 000 € (20 000 € ·/. bisher nicht verrechneter Verlust von 4 000 €) der Einkommensteuer unterliegen.

Hinsichtlich der verrechenbaren Verluste ist gem. § 15a Abs. 4 EStG eine gesonderte Feststellung erforderlich.

h) Einheitliche und gesonderte Feststellung des Gewinns

Steuersubjekt ist gem. § 1 EStG die natürliche Person. Gesellschaften i. S. des § 15 Abs. 1 60
Nr. 2 EStG unterliegen nicht der Einkommensteuer. Damit der Gewinn der Gesellschaft der Besteuerung zugeführt werden kann, hat der Gesetzgeber in der Abgabenordnung ein gesondertes Feststellungsverfahren geschaffen (§§ 179 Abs. 2 und 180 Abs. 1 Nr. 2a AO). In diesem Verfahren wird der Gewinn der Gesellschaft festgestellt und den beteiligten Gesellschaftern zugerechnet. Sonderbetriebseinnahmen und Sonderbetriebsaus-

gaben sind in diesem Verfahren mit zu berücksichtigen. Über die getroffenen Feststellungen ergeht ein besonderer Bescheid. Die den Gesellschaftern von dem für die Feststellung zuständigen Finanzamt zugerechneten Gewinnanteile werden von dem für die Einkommensteuer zuständigen Finanzamt in die Veranlagungen der Gesellschafter mit einbezogen.

6. Stille Gesellschaft

61 Eine nach § 230 ff. HGB geregelte stille Gesellschaft ist keine Gesellschaft i. S. des § 15 Abs. 1 Nr. 2 EStG, weil es bei dem stillen Gesellschafter an den Merkmalen, die den Mitunternehmer kennzeichnen, mangelt. Steuerlich ändert sich an der bisherigen Unternehmensform nichts. Die dem stillen Gesellschafter gezahlten Vergütungen stellen steuerlich Einnahmen aus Kapitalvermögen dar (§ 20 Abs. 1 Nr. 4 EStG).

Hat der stille Gesellschafter nach den vertraglichen Vereinbarungen eine Stellung, die der eines Mitunternehmers entspricht, so handelt es sich um eine Gesellschaft i. S. des § 15 Abs. 1 Nr. 2 EStG, eine sog. atypische stille Gesellschaft.

7. Unterbeteiligung

62 Eine Unterbeteiligung ist eine Beteiligung am Anteil eines Mitunternehmers. Zu entscheiden ist hier, welcher Art die Einkünfte des Unterbeteiligten sind. Auch hier kann zwischen Hauptbeteiligtem und Unterbeteiligtem eine typische stille Gesellschaft vorliegen mit der Folge, dass der Unterbeteiligte Einkünfte aus Kapitalvermögen erzielt. Es kann aber auch eine atypische stille Gesellschaft vorliegen, weil der Unterbeteiligte im Verhältnis zum Hauptbeteiligten die Stellung eines Mitunternehmers hat. In diesem Fall ist für die Zurechnung des auf die Mitunternehmer entfallenden Gewinnanteils eine Feststellung durch das Finanzamt erforderlich.

§ 179 Abs. 2 Satz 3 AO lässt für diese Mitunternehmerschaft eine besondere gesonderte Feststellung zu.

8. Familiengesellschaften

63 Familiengesellschaften werden mit nahen Angehörigen, oftmals mit den eigenen Kindern errichtet. Die Gründung einer Familiengesellschaft ist für einen Steuerpflichtigen deshalb von Interesse, weil auf diese Weise durch die Verteilung des Gewinns auf mehrere Köpfe die Steuerprogression gemildert wird. Darüber hinaus lässt sich durch eine entsprechende Gewinnverteilung Vermögen auf zukünftige Erben übertragen, ohne dass Erbschaftsteuer (Schenkungsteuer) anfallen würde.

Die Anerkennung einer Familiengesellschaft setzt klare Vereinbarungen und die tatsächliche Verwirklichung des Vereinbarten voraus.

Der Vertrag muss so beschaffen sein, dass er mit seinem Inhalt zwischen fremden Personen möglich ist. Sollen minderjährige Kinder in die Gesellschaft aufgenommen werden, muss für den Vertragsabschluss ein Pfleger bestellt werden (§ 1909 BGB). Das Gleiche gilt für Vertragsänderungen. Der Vertrag bedarf in diesen Fällen, um wirksam zu werden, der Genehmigung des Vormundschaftsgerichtes.

Auch wenn eine Familiengesellschaft dem Grunde nach anzuerkennen ist, bleibt zu prüfen, ob die Gewinnverteilung angemessen ist. Die Gewinnverteilung ist angemessen, wenn sie aus *betrieblichen* Gründen gerechtfertigt erscheint, wenn sie frei ist von außerbetrieblichen Erwägungen, die auf den nahen verwandtschaftlichen Verhältnissen der Gesellschafter beruhen.

Ob im Einzelfall die Gewinnverteilung angemessen ist, ist nach den von der Rechtsprechung aufgestellten Grundsätzen zu entscheiden (s. a. R 15.9 EStR).

9. Veräußerung und Aufgabe eines Betriebs

§ 16 EStG

a) Allgemeines

Eine *Betriebsveräußerung* im Ganzen liegt nur vor, wenn der Betrieb insgesamt, zumin- 64
dest aber *alle wesentlichen Grundlagen* in der Weise übergehen, dass der Erwerber den Betrieb als lebenden Organismus fortführen kann. Behält der Veräußerer Wirtschaftsgüter zurück, die nicht wesentlich für die Betriebsfortführung sind, so steht das der Annahme einer Betriebsveräußerung nicht entgegen (R 16 Abs. 1 EStR und H 16 (1) EStH).

Eine *Betriebsaufgabe* i. S. des § 16 Abs. 3 EStG ist gegeben, wenn der Steuerpflichtige – nachdem er den Entschluss gefasst hat, den Betrieb aufzugeben – die wesentlichen Grundlagen des Betriebs in einem *einheitlichen Vorgang* und innerhalb kurzer Zeit an verschiedene Abnehmer verkauft oder ganz oder teilweise in das Privatvermögen überführt (R 16 Abs. 2 EStR). Eine Betriebsaufgabe ist nach der Rechtsprechung auch dann anzunehmen, wenn der Betrieb weiterbesteht, aber in einer Weise verändert wird, die die Erfassung stiller Reserven unmöglich macht. Das ist z. B. der Fall, wenn ein Betrieb vom Inland in das Ausland verlegt wird und die Besteuerungshoheit dem ausländischen Staat zusteht. Hier findet § 16 Abs. 3 EStG im Zeitpunkt der Betriebsverlegung Anwendung, weil ansonsten die im Betrieb ruhenden stillen Reserven der deutschen Einkommensbesteuerung entzogen würden.

Wird ein Betrieb innerhalb des Inlands verlegt, und werden die wesentlichen Betriebsgrundlagen in die neue Betriebsstätte überführt, liegt keine Betriebsaufgabe vor. Wird jedoch ein Betrieb aufgegeben und an einem anderen Ort ein gleichartiger Betrieb eröffnet, der mit neu erworbenen Wirtschaftsgütern ausgestattet wird, so handelt es sich um eine Betriebsaufgabe i. S. des § 16 Abs. 3 EStG.

BEISPIELE:

1. Der Steuerpflichtige betreibt eine chemische Reinigung in gemieteten Räumen in Köln. Er verlegt seinen Betriebssitz nach Düsseldorf und überführt die gesamte Einrichtung und die maschinelle Anlage zum neuen Betriebssitz.

   Es handelt sich um eine Betriebsverlegung, keine Betriebsaufgabe i. S. des § 16 Abs. 3 EStG.

2. Wie oben, aber der Steuerpflichtige veräußert die Einrichtung und die maschinelle Anlage in einem Vorgang an verschiedene Abnehmer. Den Betrieb in Düsseldorf hat er mit neu erworbenen Wirtschaftsgütern ausgestattet.

   Es handelt sich um eine Betriebsaufgabe i. S. des § 16 Abs. 3 EStG.

Da die Betriebsaufgabe sich als einheitlicher Vorgang darzustellen hat, muss sie innerhalb kurzer überschaubarer Zeit erfolgen (H 16 (2) „Zeitraum für die Betriebsaufgabe" EStH). Die Frist ist nach den Umständen des einzelnen Falles zu berechnen, wobei sie jedoch nicht so knapp sein kann, dass der Steuerpflichtige gezwungen wäre, schwer verkäufliche Wirtschaftsgüter zu verschleudern. Bei einem Produktionsunternehmen ist ein Zeitraum von sechs Monaten in jedem Fall angemessen. Der Zeitraum beginnt nicht schon mit dem Aufgabeentschluss, sondern erst mit dem Beginn der tatsächlichen Aufgabehandlung. Wird ein Betrieb allmählich liquidiert und werden die Wirtschaftsgüter nach und nach über eine längere Zeit veräußert, liegt keine Betriebsaufgabe vor. Der Abwicklungszeitraum kann nicht dadurch verkürzt werden, dass zum notwendigen Betriebsvermögen gehörende Wirtschaftsgüter formell in das Privatvermögen überführt werden in der Absicht, sie zu veräußern. Der Steuerpflichtige setzt hier seine Liquidationstätigkeit fort. Betriebliche Schulden behalten diese Eigenschaft grundsätzlich bis zu ihrem Erlöschen. Endet der Betrieb durch Betriebsaufgabe (oder auch durch Betriebsveräußerung), behalten Schulden ihren betrieblichen Charakter jedoch nur insoweit, als sie nicht aus Veräußerungserlösen oder durch Verwertung zurückbehaltener Wirtschaftsgüter abgedeckt werden können. Auf diese Schuldentilgungsmöglichkeiten kommt es dann nicht an, wenn eine Schuldentilgung tatsächlich nicht möglich ist, weil z. B. ein Darlehensvertrag aus rechtlichen Gründen nicht vorzeitig kündbar ist. Stehen einer finanziell möglichen Schuldentilgung tatsächliche Hindernisse entgegen, bleibt die gesamte Schuld eine betriebliche Schuld, bis die Hindernisse beseitigt sind.

Solange und insoweit Schulden noch betrieblichen Charakter haben, sind anfallende Schuldzinsen als (nachträgliche) Betriebsausgaben abziehbar.

Stehen Schulden im wirtschaftlichen Zusammenhang mit Wirtschaftsgütern, die im Zuge der Betriebsveräußerung oder Betriebsaufgabe entnommen werden, so werden diese Schulden Privatvermögen. Ein weiterer Abzug der Schuldzinsen als (nachträgliche) Betriebsausgaben ist nicht möglich.

Wesentliche Grundlagen eines Betriebes sind alle Wirtschaftsgüter, die von ihrer Funktion her den Betrieb erst ermöglichen, wie z. B. der Grund und Boden bei einem land- und forstwirtschaftlichen Betrieb, die Produktionsanlage eines Produktionsbetriebes, die Ausstellungshallen eines Möbelhändlers.

Darüber hinaus sind wesentliche Betriebsgrundlagen auch solche Wirtschaftsgüter, die zwar von ihrer Funktion her nicht betriebsnotwendig sind, in denen aber erhebliche stille Reserven enthalten sind.

b) Teilbetrieb

Betrieb i. S. des § 16 EStG ist auch ein Teilbetrieb.

65 Ein Teilbetrieb ist ein mit einer gewissen Selbständigkeit ausgestatteter, organisch geschlossener Teil des Gesamtbetriebs, der für sich betrachtet alle Merkmale eines Betriebs aufweist und selbständig lebensfähig ist. Der Teilbetrieb muss so gestaltet sein, dass er auch als Einzelbetrieb bestehen könnte. Das ist oftmals bei Zweigniederlassungen und Filialen der Fall. Als Teilbetrieb gilt nach § 16 Abs. 1 Nr. 1 EStG auch die Betei-

ligung an einer Kapitalgesellschaft, wenn die Beteiligung das gesamte Nennkapital der Gesellschaft umfasst. Voraussetzung für die Anwendung des § 16 EStG ist aber, dass die *gesamte* Beteiligung im Betriebsvermögen gehalten wird (R 16 Abs. 3 EStR).

Bei land- und forstwirtschaftlichen Teilbetrieben gilt R 14 Abs. 3 EStR. Danach liegt ein land- und forstwirtschaftlicher Teilbetrieb schon dann vor, wenn es sich um einen organisatorisch mit einer *gewissen* Selbständigkeit ausgestatteten Teil eines Betriebs der Land- und Forstwirtschaft handelt, der im *Wesentlichen die Möglichkeit bietet*, künftig als selbständiger Betrieb geführt zu werden, auch wenn dies noch einzelne Ergänzungen oder Änderungen erfordern sollte.

c) Betriebsverpachtung

Beendet der Steuerpflichtige seine gewerbliche Tätigkeit und verpachtet er seinen Gewerbebetrieb im Ganzen oder alle wesentlichen Betriebsgrundlagen, so hat er gem. § 16 Abs. 3b EStG ein Wahlrecht, ob er die Verpachtung als Betriebsaufgabe i. S. des § 16 Abs. 3 EStG behandeln will oder ob er den Betrieb fortführen will. Das Wahlrecht gilt nicht, wenn die Verpachtung ihrer Art nach eine gewerbliche Tätigkeit darstellt. Eine mit dem Wahlrecht verknüpfte Betriebsverpachtung liegt auch dann nicht vor, wenn der Verpächter die wesentlichen Betriebsgrundlagen im Interesse des Pächters umgestaltet. Eine Betriebsverpachtung setzt voraus, dass der Betrieb – zumindest in den wesentlichen Grundlagen – in einem Zustand an den Pächter übergeben wird, der nach Ablauf der Pachtzeit die Fortführung des Betriebs durch den Verpächter in der bisherigen Form ermöglicht. 66

Werden für die Betriebsführung nicht wesentliche Wirtschaftsgüter nicht mitverpachtet, sondern entnommen oder veräußert, wird dadurch das Wahlrecht nicht beeinflusst. Das Gleiche gilt für Wirtschaftsgüter, die nur deshalb zu den wesentlichen Betriebsgrundlagen gehören, weil sie für den Betrieb nicht ohne Bedeutung sind und erhebliche stille Reserven enthalten, die also nicht von ihrer Funktion her zu den wesentlichen Betriebsgrundlagen gehören.

Hat der Steuerpflichtige sein Wahlrecht ausgeübt und die Verpachtung nicht als Betriebsaufgabe behandelt, so erzielt er weiterhin Einkünfte aus Gewerbebetrieb, die jedoch nicht der Gewerbesteuer unterliegen. Während der Laufzeit des Pachtvertrages kann der Steuerpflichtige jederzeit gegenüber dem Finanzamt die Betriebsaufgabe erklären und die Wirtschaftsgüter des verpachteten Betriebs in sein Privatvermögen übernehmen. Ist die Übernahme erfolgt, gehören die Pachteinnahmen zu den Einkünften aus Vermietung und Verpachtung.

d) Unentgeltliche Übertragung

Die unentgeltliche Übertragung (§ 6 Abs. 3 EStG) ist steuerlich vergleichbar mit einer Veräußerung eines Gewerbebetriebs, wobei der einzige Unterschied im – fehlenden – Entgelt liegt. 67

Dementsprechend liegt eine unentgeltliche Übertragung nur vor, wenn alle wesentlichen Betriebsgrundlagen übertragen werden. In derartigen Fällen ist der Rechtsnachfolger gem. § 6 Abs. 3 EStG an die Buchwerte des Rechtsvorgängers gebunden, d. h. er führt den Betrieb mit den Buchwerten des Rechtsvorgängers fort. Demzufolge kommt es beim Übertragenden *nicht* zur Aufdeckung stiller Reserven. Übernimmt der bisherige Eigentümer unwesentliche Wirtschaftsgüter in das Privatvermögen oder veräußert er sie und erzielt dabei einen Gewinn, so erzielt er dabei keinen Veräußerungsgewinn (Aufgabegewinn). Die aufgedeckten stillen Reserven sind im vollen Umfang steuerpflichtig.

Wird nur ein Teil der wesentlichen Betriebsgrundlagen unentgeltlich übertragen und der andere Teil veräußert oder in das Privatvermögen übergeführt, handelt es sich um eine Betriebsaufgabe. Zum Aufgabegewinn gehören in diesem Fall auch die stillen Reserven, die den unentgeltlich übertragenen Wirtschaftsgütern entstammen.

e) Veräußerung von Mitunternehmeranteilen, Realteilung

68 Zu den Veräußerungsgewinnen i. S. des § 16 EStG zählt gem. § 16 Abs. 1 Nr. 2 EStG der Gewinn aus einer Veräußerung eines Anteils an einer Gesellschaft i. S. des § 15 Abs. 1 Nr. 2 EStG, wenn der Mitunternehmer seinen gesamten Anteil an der Mitunternehmerschaft veräußert. Veräußert er nur einen Teil seines Anteils, gilt der Gewinn gem. § 16 Abs. 1 Satz 2 EStG als laufender Gewinn.

Kein Veräußerungsgewinn entsteht, wenn die Gesellschafter die Gesellschaft auflösen und dabei die vorhandenen Wirtschaftsgüter entsprechend dem jeweiligen Anteil am Betriebsvermögen auf die einzelnen Gesellschafter aufteilen, die damit Einzelgewerbebetriebe einrichten (*Realteilung*). Hier wird die bisherige Mitunternehmerschaft in eine Alleinunternehmerschaft umgewandelt. Die Umwandlung ist lediglich eine Änderung in der Unternehmensform, die nicht zur Gewinnverwirklichung führt.

Ab dem Veranlagungszeitraum 1999 hat die Realteilung einer Personengesellschaft die Aufdeckung der in den Wirtschaftsgütern enthaltenen stillen Reserve zur Folge, wenn im Rahmen der Realteilung nur Einzelwirtschaftsgüter übertragen werden, selbst wenn diese in einem Betriebsvermögen des Mitunternehmers weiterhin der Einkünfteerzielung dienen. Da nunmehr auch die Überführung von Einzelwirtschaftsgütern vom Gesamthandsvermögen einer Personengesellschaft in das Betriebsvermögen eines Gesellschafters der Personengesellschaft zur Aufdeckung der stillen Reserven der Wirtschaftsgüter führt (§ 6 Abs. 5 Satz 3 EStG), hat der Gesetzgeber in § 16 Abs. 3 Satz 2 EStG eine Realteilung durch Übertragung von Einzelwirtschaftsgütern als Betriebsaufgabe fingiert. Die übertragenen Wirtschaftsgüter sind mit dem gemeinen Wert anzusetzen. Der dabei entstehende Gewinn ist als Aufgabegewinn zu versteuern.

Die Realteilung i. S. des § 16 Abs. 3 Satz 2 und 3 EStG ist durch den auf der *Ebene der Mitunternehmerschaft* verwirklichten Tatbestand der *Betriebsaufgabe* gekennzeichnet. § 16 Abs. 3 EStG hat Vorrang vor den Regelungen des § 6 Abs. 3 und 5 EStG. Eine Realteilung setzt voraus, dass mindestens eine wesentliche Betriebsgrundlage nach der Realteilung weiterhin Betriebsvermögen eines Realteilers darstellt. Wesentliche Betriebsgrundlage i. S. des § 16 Abs. 3 Satz 3 EStG sind Wirtschaftsgüter, in denen erhebliche stille Reserven ruhen (quantitative Betrachtungsweise) oder Wirtschaftsgüter, die zur Erreichung des Betriebszwecks erforderlich sind und denen ein besonderes wirtschaftliches Gewicht für die Betriebsführung zukommt (funktionale Betrachtungsweise). Es ist nicht erforderlich, dass jeder Realteiler wesentliche Betriebsgrundlagen des Gesamthandsvermögens erhält. Die in das Privatvermögen überführten oder übertragenen Wirtschaftsgüter stellen Entnahmen der Realteilungsgemeinschaft dar. Im Übrigen sind zwingend die Buchwerte fortzuführen (BMF vom 28. 2. 2006, BStBl 2006 I S. 228).

Von der Realteilung ist die Veräußerung oder die Aufgabe eines Mitunternehmeranteils bei Fortbestehen der Mitunternehmerschaft zu unterscheiden. Scheidet ein Mitunternehmer aus einer mehrgliedrigen Mitunternehmerschaft aus und wird diese im Übrigen von den verbleibenden Mitunternehmern fortgeführt, liegt kein Fall der Realteilung vor. Dies gilt auch dann, wenn der ausscheidende Mitunternehmer wesentliche Betriebsgrundlagen des Gesamthandsvermögens erhält. Es handelt sich in diesen Fällen um den Verkauf oder die Aufgabe eines Mitunternehmeranteils nach § 16 Abs. 1 Satz 1 Nr. 2 oder § 16 Abs. 3 Satz 1 EStG. Ggf. ist eine Buchwertfortführung nach § 6 Abs. 3 oder 5 EStG unter den dort genannten Voraussetzungen vorzunehmen. Dies gilt insbesondere auch im Fall des Ausscheidens eines Mitunternehmers aus einer zweigliedrigen Mitunternehmerschaft unter Fortführung des Betriebes als Einzelunternehmen durch den verbleibenden Mitunternehmer. Scheidet ein Mitunternehmer aus einer mehrgliedrigen Mitunternehmerschaft in der Weise aus, dass sein Mitunternehmeranteil allen verbleibenden Mitunternehmern anwächst und er einen Abfindungsanspruch gegen die Gesellschaft erhält (Sachwertabfindung), liegt ebenfalls kein Fall der Realteilung vor.

Erhält der ausscheidende Gesellschafter

a) einen Teilbetrieb oder einen (anderen) Mitunternehmeranteil, ist § 6 Abs. 3 EStG anzuwenden; die Buchwerte sind zwingend fortzuführen,

b) nur einzelne Wirtschaftsgüter, gilt dies nach § 16 Abs. 3 Satz 2 EStG als Aufgabe des Mitunternehmeranteils; die stillen Reserven sind aufzudecken und zu versteuern.

Der Gesetzgeber verwendet den Begriff „Mitunternehmerschaft“, um sicherzustellen, dass von dieser Regelung sowohl Personengesellschaften als auch Erbengemeinschaften erfasst werden, zu denen ein gewerbliches Unternehmen gehört.

BEISPIEL: A und B sind Miterben zu je $^1/_2$. Der Nachlass besteht aus einem Gewerbebetrieb.

	BW	TW		BW	TW
Grundstück	100 000 €	(400 000 €)	Kapital	200 000 €	(800 000 €)
Sonst. AV	100 000 €	(400 000 €)			
	200 000 €	(800 000 €)		200 000 €	(800 000 €)

Die Erbauseinandersetzung erfolgt in der Weise, dass A und B die zugeteilten Wirtschaftsgüter in ihre Einzelunternehmen überführen.

LÖSUNG: Die Aufgabe des Mitunternehmeranteils ist begünstigt nach den §§ 16, 34 (auf Antrag) EStG.

Aufgabegewinn: Gemeiner Wert der zugeteilten Wirtschaftsgüter – anteiliges Kapitalkonto

A: Aufgabegewinn = 400 000 € (Grundstück) ·/. 100 000 € = 300 000 €

B: Aufgabegewinn = 400 000 € (sonst. AV) ·/. 100 000 € = 300 000 €

Ansatz der zugeteilten Wirtschaftsgüter in den Bilanzen der Einzelunternehmen mit den gemeinen Werten.

Nach der Gesetzesbegründung soll auch das Ausscheiden eines Gesellschafters gegen Sachwertabfindung (Einzelwirtschaftsgüter) nach § 16 Abs. 3 Satz 2 EStG zu beurteilen sein, obwohl es sich eigentlich um einen Veräußerungsvorgang handelt. Veräußerungspreis ist der gemeine Wert des Anspruchs des ausscheidenden Gesellschafters auf Übertragung der übergehenden Einzelwirtschaftsgüter. In Höhe des Veräußerungsgewinns entstehen der Mitunternehmerschaft zusätzliche Anschaffungskosten, sodass das Aktivvermögen entsprechend dem Verhältnis der darin enthaltenen stillen Reserven aufzustocken ist.

Die Erfüllung des Abfindungsanspruchs durch Herausgabe der vereinbarten Wirtschaftsgüter kann dann zu einer weiteren Aufdeckung stiller Reserven und damit zu einem laufenden Gewinn bei der Mitunternehmerschaft führen. Ein Wahlrecht zur Buchwertfortführung besteht bei Überführung der einzelnen Wirtschaftsgüter in ein Betriebsvermögen nicht mehr. Bei Zuweisung eines Teilbetriebs oder Mitunternehmeranteils ist sie zwingend.

BEISPIEL: A, B und C sind Miterben zu je $^1/_3$. Der Nachlass besteht aus einem Gewerbebetrieb.

	BW	TW		BW	TW
Grundstück	100 000 €	(300 000 €)	Kapital A	100 000 €	(300 000 €)
sonst. AV	200 000 €	(600 000 €)	Kapital B	100 000 €	(300 000 €)
			Kapital C	100 000 €	(300 000 €)
	300 000 €	(900 000 €)		300 000 €	(900 000 €)

B scheidet aus. Als Abfindung erhält er das Grundstück, das er in seinen eigenen Betrieb überführt.

LÖSUNG: B erzielt einen Veräußerungsgewinn, A und C haben Anschaffungskosten. Außerdem entsteht A und C ein laufender Gewinn aus der Grundstücksübertragung.

B: Veräußerungsgewinn = Ausgleichsanspruch – Kapitalkonto

= 200 000 €, begünstigt nach §§ 16, 34 (auf Antrag) EStG

A und C: Anschaffungskosten i. H. von 300 000 €

1. Schritt: anteilige Aufdeckung der stillen Reserven aller Wirtschaftsgüter:

Grundstück	Buchwert	100 000 €		Abfindungsanspruch B	300 000 €
$^1/_3$ stille Reserven		66 667 €	166 667 €		
sonst. AV	Buchwert	200 000 €		Kapital A	100 000 €
$^1/_3$ stille Reserven		133 333 €	333 333 €	Kapital C	100 000 €
			500 000 €		500 000 €

2. Schritt: Erfüllung des Abfindungsanspruchs von B

per Abfindungsanspruch B 300 000 € an Grundstück 166 667 €

a. o. Ertrag 133 333 €

für A und C entsteht ein laufender Gewinn von je 66 666 €

	BW	TW		BW	TW
Sonst. AV	333 333 €	(600 000 €)	Kapital A	166 666 €	(300 000 €)
			Kapital C	166 666 €	(300 000 €)
	333 333 €	(600 000 €)		333 333 €	(600 000 €)

Siehe auch das Beispiel 21 des BMF-Schreibens vom 14. 3. 2006 (BStBl 2006 I S. 253).

Hat eine Gesellschaft, bestehend aus zwei Gesellschaftern, zwei Betriebe und wird die Gesellschaft beendet, indem jeder Gesellschafter einen Betrieb übernimmt, so wird bei den Gesellschaftern kein Veräußerungsgewinn realisiert, das gilt selbst dann, wenn die Gesellschafter mehr oder weniger Wirtschaftsgüter erhalten, als ihrem Anteil am Betriebsvermögen entspricht. In den entstandenen Einzelunternehmen werden die bisherigen Buchwerte fortgeführt, das Kapitalkonto ist den Buchwerten der übernommenen Wirtschaftsgüter anzupassen.

Zahlt ein Gesellschafter dafür, dass er bei der Realteilung mehr Wirtschaftsgüter erhält als ihm nach seinem Betriebsvermögensanteil zustehen, einen Wertausgleich, kauft er somit den anderen Gesellschaftern ihren Anteil an den stillen Reserven ab, so entsteht insoweit bei den veräußernden Gesellschaftern ein Gewinn, der steuerlich aber nicht begünstigt ist (BMF vom 28. 2. 2006, BStBl 2006 I S. 228 unter VI.).

Werden die zum Buchwert übertragenden einzelnen Wirtschaftsgüter, der übertragende Grund und Boden, das Gebäude oder andere wesentliche Betriebsgrundlagen innerhalb der Sperrfrist veräußert oder entnommen, so ist rückwirkend für den jeweiligen Übertragungsvorgang der gemeine Wert anzusetzen.

Diese Sperrfrist endet drei Jahre nach Abgabe der Steuererklärung der Mitunternehmerschaft für den Veranlagungszeitraum der Realteilung (§ 16 Abs. 3 Satz 3 EStG).

Der gemeine Wert ist immer anzusetzen, wenn bei einer Realteilung die Wirtschaftsgüter mittelbar oder unmittelbar auf eine Körperschaft, Personenvereinigung oder Vermögensmasse übertragen werden.

unbesetzt 69

10. Veräußerungsgewinn

§ 16 Abs. 2 EStG

Veräußerungsgewinn ist der Betrag, um den der Veräußerungspreis nach Abzug der 70
Veräußerungskosten den Wert des Betriebsvermögens oder den Wert des Anteils am Betriebsvermögen im Zeitpunkt der Veräußerung übersteigt (§ 16 Abs. 2 EStG).

Veräußerungspreis ist alles, was der Veräußerer anlässlich der Veräußerung oder im wirtschaftlichen Zusammenhang mit der Veräußerung erhält. Werden im Zusammenhang mit der Veräußerung einzelne Wirtschaftsgüter in das Privatvermögen überführt, ist gem. § 16 Abs. 3 Satz 7 EStG der gemeine Wert dieser Wirtschaftsgüter dem Veräußerungspreis hinzuzurechnen.

Veräußerungskosten sind alle durch die Veräußerung bedingten Kosten (Provisionen, Annoncen, Notariatsgebühren). Sie können nur abgezogen werden, wenn der Veräußerer sie wirtschaftlich trägt. Das Abflussprinzip ist hier nicht anwendbar. Der Zeitpunkt der Bezahlung ist ohne Bedeutung.

Der Wert des Betriebsvermögens oder des Anteils am Betriebsvermögen ist auf den Zeitpunkt der Veräußerung nach § 4 Abs. 1 EStG oder nach § 5 EStG zu ermitteln. Steuerpflichtige, die ihren Gewinn nach § 4 Abs. 3 EStG ermittelt haben, sind so zu behandeln, als ob sie im Zeitpunkt der Veräußerung zur Gewinnermittlung durch Bestandsvergleich übergegangen wären. Die erforderlichen Zu- und Abschläge sind Teil des laufenden Gewinns.

Werden Wirtschaftsgüter zurückbehalten und *nicht* in das Privatvermögen überführt, so ist der Wert des Betriebsvermögens um den Buchwert dieser Wirtschaftsgüter zu erhöhen oder zu mindern.

Wird ein Betrieb veräußert und dabei statt einer Einmalzahlung eine Ratenzahlung vereinbart, entspricht der Veräußerungspreis der Summe aller abgezinsten Raten. Es ist also die einzelne Rate in einen Zinsanteil und einen Tilgungsanteil (= Bezahlung des Kaufpreises) zu zerlegen.

Während die Tilgungsanteile den Kaufpreis bestimmen und sich somit im Veräußerungsgewinn niederschlagen, stellen die Zinsanteile beim Veräußerer Einnahmen aus Kapitalvermögen gem. § 20 Abs. 1 Nr. 7 EStG dar und unterliegen im Jahr des Zuflusses der Besteuerung. Siehe dazu auch § 32d Abs. 3 EStG.

Wird bei der Betriebsveräußerung eine Rente – im Regelfall handelt es sich in solchen Fällen um eine Leibrente, weil der Veräußerer auf Lebenszeit versorgt sein will – vereinbart, ist als Kaufpreis der Kapitalwert der wiederkehrenden Leistungen (Rentenbarwert) anzusetzen. Er ist nach den Vorschriften des Bewertungsgesetzes zu ermitteln und basiert auf der voraussichtlichen Lebenserwartung des Veräußerers. Auf diese Weise ergibt sich eine voraussichtlich bis zum Tode des Rentenberechtigten geleistete Summe an Rentenzahlungen, die mit 5,5 % abzuzinsen ist. Siehe § 14 Abs. 1 BewG.

BEISPIEL: Der im Zeitpunkt der Veräußerung 60 Jahre alte Steuerpflichtige veräußert seinen Betrieb zum 31. 12. 2015 gegen eine ab dem 1. 1. 2016 monatlich zu entrichtende Leibrente von 3 000 €. Der Wert des übertragenen Betriebsvermögens beträgt 160 000 €; die Veräußerungskosten betragen 2 000 €.

Im Zeitpunkt der Veräußerung soll der Kapitalwert der Leibrente 400 000 € betragen.

Der Veräußerungsgewinn ist gem. § 16 Abs. 2 EStG wie folgt zu ermitteln:

Veräußerungspreis	400 000 €
Wert des Betriebsvermögens	160 000 €
Veräußerungskosten	2 000 €
Veräußerungsgewinn	238 000 €

Wie bereits festgestellt, ist der in den Rentenzahlungen enthaltene Zinsanteil nicht Teil des Kapitalwertes, d. h. der Zinsanteil hat sich zutreffend nicht auf den Veräußerungsgewinn ausgewirkt. Da der Veräußerer hier eine Leibrente erhält, fällt der Zinsanteil unter § 22 Nr. 1 Satz 3 Buchst. a Doppelbuchst. bb EStG.

Somit unterliegt der Ertragsanteil der Rente der Besteuerung. Da der Steuerpflichtige das 60. Lebensjahr vollendet hat, beträgt hier der Ertragsanteil 22 %.

In Fällen wie dem Beispielsfall kann trotz einer Steuerermäßigung nach § 34 EStG eine hohe Einkommensteuer anfallen, die der Steuerpflichtige nicht zahlen kann, weil der Kaufpreis erst mit den Rentenzahlungen im Laufe der Jahre hinweg zufließt und somit ggf. keine ausreichende Liquidität zur Entrichtung der Steuern vorhanden ist. Hier schafft R 16 (11) EStR Abhilfe, in dem dem Steuerpflichtigen ein Wahlrecht eingeräumt wird.

Statt der im Beispiel vorgenommen Lösung kann der Steuerpflichtige nach R 16 (11) Satz 6 ff. EStR die Rentenzahlungen als nachträgliche Betriebseinnahmen i. S. des § 15 i.V. mit § 24 Nr. 2 EStG behandeln. In diesem Fall unterliegt der in den Rentenzahlungen enthaltene Zinsanteil von Beginn an der Besteuerung als nachträgliche Einkünfte aus

Gewerbebetrieb. Bezogen auf den Tilgungsanteil kommt es ebenfalls zu nachträglichen Einkünften aus Gewerbebetrieb i. S. des § 15 EStG, allerdings erst, wenn die Summe aller Tilgungsanteile den Wert des Betriebsvermögens einschließlich der Veräußerungskosten übersteigt.

In welcher Weise der Steuerpflichtige sein Wahlrecht ausüben sollte, kann nur nach den Verhältnissen des Einzelfalles entschieden werden. Wählt er die sofortige Besteuerung, so ist es denkbar, dass der Steuerpflichtige einen Gewinn versteuert, den er nicht hat, denn der Veräußerungspreis (Rentenbarwert) ist abhängig von der Lebenserwartung des Steuerpflichtigen im Zeitpunkt der Veräußerung. Stirbt der Steuerpflichtige früher als erwartet, ist der ermittelte Veräußerungspreis zu hoch. Andererseits kommt bei sofortiger Versteuerung der Freibetrag nach § 16 Abs. 4 EStG und der begünstigte Steuersatz nach § 34 Abs. 1 EStG oder nach § 34 Abs. 3 EStG in Betracht, während die Besteuerung als nachträgliche Betriebseinnahmen ohne steuerliche Begünstigung bleibt.

Besteht der Veräußerungspreis in sonstigen laufenden Bezügen (z. B. lebenslange Gewinn- oder Umsatzbeteiligung) kann die Besteuerung entsprechend dem Verfahren bei Leibrenten erfolgen.

Veräußert der Steuerpflichtige seinen Gewerbebetrieb an eine Personengesellschaft (= Mitunternehmerschaft), an der er selbst beteiligt ist, so gilt der erzielte Veräußerungsgewinn entsprechend seinem Anteil an der Personengesellschaft als *laufender Gewinn*.

BEISPIEL: Der Steuerpflichtige A veräußert seinen Gewerbebetrieb an die A und B OHG, an der A zu 60 % beteiligt ist. Der bei der Veräußerung erzielte Gewinn beträgt 300 000 €, davon gelten gem. § 16 Abs. 2 letzter Satz EStG 60 % von 300 000 € = 180 000 € als laufender Gewinn. Lediglich 40 % von 300 000 € = 120 000 € sind Veräußerungsgewinn.

Entsprechendes gilt gem. § 16 Abs. 3 Satz 2 EStG auch für die Aufgabe des gewerblichen Betriebes. Werden bei der Betriebsaufgabe Wirtschaftsgüter an eine Personengesellschaft veräußert, an der derjenige, der den Betrieb aufgibt, beteiligt ist, gilt der insoweit erzielte Aufgabegewinn entsprechend dem Anteil des Beteiligten als laufender Gewinn.

BEISPIEL: Bei der Betriebsaufgabe seines gewerblichen Betriebs erzielt A einen Gewinn von 250 000 €. Davon entfallen 50 000 € auf die Veräußerung von Wirtschaftsgütern an die A und B OHG, an der A zu 60 % beteiligt ist. Nach § 16 Abs. 3 Satz 2 EStG gelten 60 % von 50 000 € = 30 000 € als laufender Gewinn. Der Aufgabegewinn beträgt 250 000 € ·/. 30 000 € = 220 000 €.

11. Der Veräußerungsfreibetrag

§ 16 Abs. 4 EStG

Veräußerungsgewinne i. S. des § 16 Abs. 1 EStG bleiben bis höchstens 45 000 € unbesteuert, sofern der Steuerpflichtige im Zeitpunkt der Veräußerung das 55. Lebensjahr vollendet hat oder er im Zeitpunkt der Veräußerung im sozialversicherungsrechtlichen Sinne dauernd berufsunfähig ist. 71

Übersteigt der Veräußerungsgewinn 136 000 €, verringert sich der Freibetrag um den übersteigenden Betrag.

BEISPIELE:

1. Veräußerungsgewinn beträgt 40 000 €.
   Der Freibetrag beträgt 40 000 €. Somit bleibt der gesamte Gewinn unbesteuert.
2. Der Veräußerungsgewinn beträgt 120 000 €.
   Der Freibetrag beträgt 45 000 €, somit unterliegen 75 000 € der Besteuerung.
3. Der Veräußerungsgewinn beträgt 150 000 €.
   Der Freibetrag beträgt nur noch 45 000 € ·/. 14 000 € = 31 000 €, somit unterliegen 119 000 € der Besteuerung.
4. Der Veräußerungsgewinn beträgt 200 000 €.
   Es ist kein Freibetrag zu gewähren (45 000 € ·/. 64 000 € = 0 €), somit unterliegen 200 000 € der Besteuerung.

Nach § 16 Abs. 3 EStG gilt auch die Betriebsaufgabe als Veräußerung; folglich kommt es auch hier ggf. zum Abzug eines Veräußerungsfreibetrages. Der Veräußerungsfreibetrag – in dieser Form gilt er ab dem Veranlagungszeitraum 1996 – kann nur einmal gewährt werden, d. h. bei einem Steuerpflichtigen, bei dem es ab dem 1. 1. 1996 zu mehreren Veräußerungsvorgängen kommt, ist nur ein Vorgang begünstigt. Welcher Vorgang begünstigt werden soll, entscheidet der Steuerpflichtige durch einen Antrag. Siehe § 16 Abs. 4 Satz 1 EStG.

Der Freibetrag gilt für Gewinne aus

- der Veräußerung eines Betriebes im Ganzen (§ 16 Abs. 1 Nr. 1 EStG i. V. mit R 16 Abs. 1 EStR),
- der Veräußerung eines Teilbetriebes (§ 16 Abs. 1 Nr. 1 EStG i. V. mit R 16 Abs. 3 EStR),
- der Veräußerung eines Mitunternehmeranteils (§ 16 Abs. 1 Nr. 2 EStG),
- der Veräußerung eines Anteils eines persönlich haftenden Gesellschafters einer KGaA (§ 16 Abs. 1 Nr. 3 EStG) oder
- der Aufgabe eines Betriebs oder eines Anteils i. S. des § 16 Abs. 1 Nr. 2 oder 3 EStG (§ 16 Abs. 3 EStG) **oder**
- der Realteilung (§ 16 Abs. 3 Satz 2 EStG).

BEISPIEL: Der Bremer Rechtsanwalt F, 60 Jahre alt, ist Kommanditist der Hanseatischen-Tiefbau KG. Er veräußert seinen Mitunternehmeranteil zum 31. 12. 2015 für 90 000 €, der am 31. 12. 2015 mit 30 000 € zu Buche steht. Veräußerungskosten fallen nicht an.

In welcher Höhe ergibt sich ein steuerpflichtiger Gewinn nach § 16 EStG?

LÖSUNG: Dem über 55-jährigen Steuerpflichtigen steht ein Freibetrag nach § 16 Abs. 4 EStG zu. Voraussetzung ist allerdings, dass er diese Vergünstigung des § 16 Abs. 4 EStG (seit 1996) noch nicht in Anspruch genommen hat (§ 16 Abs. 4 Satz 2 EStG i. V. mit R 16 Abs. 13 Satz 5 EStR).

Der steuerpflichtige Veräußerungsgewinn beträgt:

Veräußerungspreis	90 000 €
Veräußerungskosten	·/. 0 €
Wert des Betriebsvermögens	·/. 30 000 €
Veräußerungsgewinn	60 000 €

Freibetrag	·/. 45 000 €
steuerpflichtiger Veräußerungsgewinn	15 000 €

Dieser Gewinn unterliegt auf Antrag der Besteuerung nach § 34 Abs. 3 EStG; ansonsten ist der ermäßigte Steuersatz nach § 34 Abs. 1 EStG anzuwenden.

Auch die Veräußerung einer im Betriebsvermögen gehaltenen 100 %igen Beteiligung an einer Kapitalgesellschaft gilt als Teilbetriebsveräußerung (§ 16 Abs. 1 Nr. 1 Satz 2 EStG). Zu beachten ist dabei jedoch, dass nach Einführung des Teileinkünfteverfahrens der dabei entstehende Veräußerungspreis nach § 3 Nr. 40 Buchst. b EStG nur zu 60 % zu versteuern ist. Ebenso sind die Veräußerungskosten und der Buchwert der Beteiligung gem. § 3c Abs. 2 EStG nur zu 60 % anzusetzen.

Der Freibetrag des § 16 Abs. 4 EStG findet auf den verbleibenden zu 60 % steuerpflichtigen Veräußerungsgewinn in vollem Umfang Anwendung, weil diese Steuerbefreiungsvorschriften auf unterschiedlichen Begründungen beruhen:

- § 3 Nr. 40 Buchst. b EStG:

  Die Steuerbefreiung wegen der 15 %igen Körperschaftsteuerbelastung ohne Anrechnungsmöglichkeit soll eine Doppelbelastung verhindern.

- § 16 Abs. 4 EStG:

  Die Steuerbefreiung soll die Altersvorsorge bei über 55-jährigen oder berufsunfähigen Steuerpflichtigen fördern.

Im Ergebnis sind beide Befreiungstatbestände kumulativ zu gewähren (siehe H 16 (14) „Teileinkünfteverfahren" EStH).

12. Veräußerung von Anteilen an Kapitalgesellschaften bei wesentlicher Beteiligung

§ 17 EStG

a) Allgemeines

Zu den Einkünften aus Gewerbebetrieb gehört auch der Gewinn aus der Veräußerung 72
von Anteilen an einer Kapitalgesellschaft, wenn der Veräußerer innerhalb der letzten fünf Jahre am Kapital der Gesellschaft wesentlich beteiligt war.

§ 17 EStG findet nur Anwendung, wenn die Anteile, die veräußert werden, zum Privatvermögen gehören. Gewinne aus der Veräußerung von Anteilen, die zu einem gewerblichen Betriebsvermögen gehören, sind nach § 15 EStG einkommensteuerpflichtig. § 17 EStG bildet ebenso wie § 20 Abs. 2 EStG und § 23 EStG einen gesetzlichen Sondertatbestand, weil hier Vorgänge besteuert werden, die der privaten Vermögenssphäre des Steuerpflichtigen zuzurechnen sind. Es handelt sich jeweils um Veräußerungsvorgänge im Privatvermögen. Nach § 20 Abs. 2 EStG unterliegt die Veräußerung bestimmter Kapitalanlagen – dazu gehören nach § 20 Abs. 2 Nr. 1 EStG auch Anteile an Kapitalgesellschaften – mit dabei entstehenden Gewinnen/Verlusten der Besteuerung als Einkünfte aus Kapitalvermögen. Erfüllt allerdings die Veräußerung von Anteilen an Kapitalgesellschaften zugleich die Voraussetzungen des § 17 EStG, so hat diese Vorschrift Vorrang und der Gewinn wird sodann als Einkünfte aus Gewerbebetrieb besteuert. Siehe § 20 Abs. 8 EStG.

Dies hat erhebliche Bedeutung, weil die Besteuerungsregeln im Zusammenhang mit § 17 EStG – wie z. B. die Anwendung des Teileinkünfteverfahrens nach § 3 Nr. 40 EStG i.V. mit § 3c Abs. 2 EStG sowie der Freibetrag nach § 17 Abs. 3 EStG – anders sind als die Besteuerung im Zusammenhang mit einem Veräußerungsgewinn nach § 20 Abs. 2 Nr. 1 EStG. Hier kommt es im Regelfall zur Anwendung des besonderen Steuersatzes nach § 32d Abs. 1 EStG von 25 % bzw. hier entfaltet vom Veräußerungsgewinn einbehaltene Kapitalertragsteuer im Regelfall Abgeltungswirkung nach § 43 Abs. 5 EStG.

b) Beteiligung

73 Beteiligungen an einer Kapitalgesellschaft sind gem. § 17 Abs. 1 Satz 3 EStG Aktien, Anteile an einer GmbH, Genussscheine oder ähnliche Beteiligungen und Anwartschaften auf solche Beteiligungen.

Unter ähnlichen Beteiligungen sind die Anteile an ausländischen Kapitalgesellschaften zu verstehen, deren Rechtsform inländischen Kapitalgesellschaften vergleichbar ist, und beteiligungsähnliche Darlehen. Das sind Darlehen, die steuerlich als verdecktes Grund- oder Stammkapital anzusehen sind.

Eine Beteiligung i. S. des § 17 Abs. 1 EStG liegt vor, wenn der Steuerpflichtige zu mindestens 1 % unmittelbar oder mittelbar an einer Kapitalgesellschaft beteiligt ist.

BEISPIEL: Die Anteile der X-GmbH befinden sich zu 20 % im Privatvermögen des Steuerpflichtigen und zu 80 % im Betriebsvermögen der Y-GmbH. 50 % der Anteile an der Y-GmbH hält der Steuerpflichtige im Privatvermögen.

Der Steuerpflichtige ist an der X-GmbH und der Y-GmbH zu mindestens 1 % beteiligt. An der X-GmbH ist er unmittelbar zu 20 % und mittelbar – über die Y-GmbH – zu 50 % von 80 % = 40 % beteiligt.

Bei der Berechnung, ob der Steuerpflichtige zu mindestens 1 % beteiligt ist, ist von einem um die eigenen Anteile der Gesellschaft verminderten Nenn- oder Stammkapital auszugehen.

Ist die Beteiligung unentgeltlich erworben worden, so genügt es, dass der Rechtsvorgänger oder im Fall einer mehrmaligen nacheinander folgenden unentgeltlichen Übertragung einer der Rechtsvorgänger innerhalb der letzten fünf Jahre vor der entgeltlichen Veräußerung zu mindestens 1 % beteiligt war (§ 17 Abs. 1 Satz 4 EStG). Dabei reicht es, wenn die wesentliche Beteiligung innerhalb des Zeitraums von fünf Jahren nur kurzfristig gehalten wurde. Ohne Bedeutung ist auch, ob die Beteiligung im Zeitpunkt ihrer Veräußerung noch mindestens 1 % ist.

Für die Berechnung der Fünfjahresfrist kommt es auf das schuldrechtliche Erwerbs- bzw. Veräußerungsgeschäft an. Ist das wirtschaftliche Eigentum schon vorher übergegangen, so ist dieser Zeitpunkt maßgebend.

c) Veräußerungsgewinn

§ 17 Abs. 2 EStG

74 Veräußerungsgewinn i. S. des § 17 Abs. 2 EStG ist der Betrag, um den der Veräußerungspreis nach Abzug der Veräußerungskosten die Anschaffungskosten übersteigt.

Zu den *Anschaffungskosten* zählen neben dem vereinbarten Kaufpreis alle Nebenkosten, die durch den Erwerb verursacht worden sind (Anschaffungsnebenkosten). Ist eine Beteiligung unentgeltlich erworben worden, so kommt es auf die Anschaffungskosten des Rechtsvorgängers an, der sie zuletzt entgeltlich erworben hat. Wird eine Beteiligung veräußert, die zuvor dem Betriebsvermögen entnommen wurde, gilt der Entnahmewert als Anschaffungskosten. Zum *Veräußerungspreis* gehört alles, was der Veräußerer für die veräußerten Anteile erhält. Ist im Kaufpreis eine verdeckte Gewinnausschüttung enthalten, so liegen insoweit Einnahmen aus § 20 Abs. 1 Nr. 1 EStG vor. Die Besteuerung des Veräußerungsgewinns erfolgt in dem Jahr, in dem er entstanden ist. Wird der Kaufpreis in Raten gezahlt oder werden laufende Bezüge, insbesondere eine Leibrente vereinbart, gelten sinngemäß die Ausführungen zu § 16 Abs. 2 EStG (Tz 70).

Besteht das Entgelt in börsengängigen Aktien, so bestimmt sich die Höhe des Veräußerungspreises nach dem Kurswert der erlangten Aktien im Zeitpunkt der Veräußerung.

Tauscht der Steuerpflichtige seine Beteiligung von mindestens 1 % gegen eine Beteiligung von weniger als 1 %, liegt eine Veräußerung i. S. des § 17 EStG vor.

Veräußerungskosten sind nur solche Aufwendungen, die in unmittelbarem Zusammenhang mit dem jeweiligen Veräußerungsgeschäft stehen, wie z. B. Börsenumsatzsteuer, Maklergebühren und Vermittlungsprovision.

d) Berücksichtigung von Verlusten

Nach § 17 Abs. 2 Satz 6 EStG sind Veräußerungsverluste nicht in allen Fällen zu berücksichtigen. Ein Veräußerungsverlust ist dann **nicht** zu berücksichtigen, soweit er auf Anteile entfällt, 75

- die der Steuerpflichtige innerhalb der letzten 5 Jahre unentgeltlich erworben hat. Das gilt aber nicht (d. h. ein Veräußerungsverlust ist zu berücksichtigen), soweit der Rechtsvorgänger anstelle des Steuerpflichtigen den Veräußerungsverlust hätte geltend machen können.

BEISPIEL: Der Vater überträgt mit Wirkung vom 1. 4. 2014 eine 10 %-Beteiligung unentgeltlich im Rahmen der vorweggenommenen Erbfolge auf seinen Sohn. Der Sohn veräußert die Beteiligung zum 1. 4. 2015 an einen Dritten zum Preis von 60 000 €. Die Anschaffungskosten des Vaters – 10 Jahre vor der unentgeltlichen Übertragung – haben 80 000 € betragen. Es sind Veräußerungskosten von 1 000 € angefallen.

Hier entsteht in 2015 beim Sohn ein Veräußerungsverlust von 21 000 €. Der Verlust ist zunächst nicht abziehbar, weil der Sohn die Anteile unentgeltlich erworben hat und innerhalb von 5 Jahren nach dem unentgeltlichen Erwerb veräußert hat. Allerdings ist zu prüfen, ob der Rechtsvorgänger, der Vater, wenn er in 2015 die Anteile noch besessen hätte und sie veräußert hätte, den Verlust hätte abziehen können. Wird dies bejaht, kann der Verlust beim Rechtsnachfolger, dem Sohn, berücksichtigt werden. Dies ist hier zu bejahen (siehe nachfolgende Ausführungen). Somit kann der Sohn den Veräußerungsverlust mit anderen positiven Einkünften ausgleichen.

- die entgeltlich erworben worden sind, und nicht innerhalb der gesamten letzten fünf Jahre zu einer Beteiligung des Steuerpflichtigen von mindestens 1 % gehört hat. Dies gilt jedoch nicht (d. h. ein Veräußerungsverlust ist zu berücksichtigen), für solche Anteile die zur Begründung einer Beteiligung von mindestens 1 % geführt haben oder die nach Begründung einer Beteiligung von mindestens 1 % angeschafft worden sind

Somit kann in den Fällen des entgeltlichen Erwerbs der Erwerber einen Veräußerungsverlust – zunächst einmal – nur geltend machen, wenn er den Anteil vor der verlustbringenden Veräußerung mindestens fünf Jahre lang besessen hat. Siehe obiges Beispiel, da hat die Beteiligung eindeutig mehr als 5 Jahre lang zum Vermögen des Steuerpflichtigen gehört.

Auf den fünfjährigen Zeitraum kommt es nach § 17 Abs. 2 Satz 6 Buchst. b 2. Satz EStG nicht an, wenn mit dem Erwerb neuer Anteile eine Beteiligung von mindestens 1 % entsteht. Diese Anteile dienen der Begründung einer Beteiligung von mindestens 1 %. Entsprechendes gilt für den Erwerb von Anteilen, die nach Begründung einer Beteiligung von mindestens 1 % angeschafft werden.

BEISPIELE: Ein Steuerpflichtiger erwirbt einen Anteil von 5 % an einer Kapitalgesellschaft.

Hier spielt die Fünfjahresfrist keine Rolle, weil der Steuerpflichtige eine Beteiligung von mindestens 1 % erworben hat. Hier hat schon der erste Beteiligungserwerb eine Beteiligung von mindestens 1 % begründet. Ein bei einer Veräußerung entstehender Verlust ist unabhängig von der Fünfjahresfrist zu berücksichtigen.

Ein Steuerpflichtiger erwirbt im März, im April und im Mai 2015 jeweils einen Anteil von 0,5 % an einer Kapitalgesellschaft.

Durch den Zukauf im April ist eine Beteiligung von mindestens 1 % begründet worden. Die Anschaffung im Mai erfolgt nach der Begründung einer Beteiligung von mindestens 1 %. In 2015 veräußert er seinen gesamten Anteil von jetzt 1,5 % und erzielt einen Verlust.

Soweit der Verlust auf die im April und im Mai erworbenen Anteile entfällt, ist er zu berücksichtigen. Soweit der Verlust auf den im März erworbenen Anteil entfällt ist er nicht zu berücksichtigen. Denn dieser Anteil hat nicht zur Begründung einer Beteiligung von mindestens 1 % geführt und er ist auch nicht nach Begründung einer Beteiligung von mindestens 1 % erworben worden. Da dieser (anteilige) Verlust auf Anteile entfällt, die nicht fünf Jahre lang zum Vermögen des Steuerpflichtigen gehört haben, ist er nicht zu berücksichtigen.

e) Anwendung des Teileinkünfteverfahrens

76 Gemäß § 3 Nr. 40 Buchst. c EStG i. V. mit § 3c Abs. 2 EStG unterliegen Veräußerungsgewinne/Veräußerungsverluste dem Teileinkünfteverfahren. Somit sind sie nur zu 60 % zu erfassen. Nach § 3 Nr. 40 Satz 1 Buchst. c EStG ist vom Veräußerungspreis i. S. des § 17 Abs. 2 EStG ein Teilbetrag von 40 % steuerfrei.

Nach § 3c Abs. 2 Satz 1 EStG sind die Veräußerungskosten und die Anschaffungskosten dementsprechend zu 40 % nichtabziehbar. Letztlich werden also vom Gewinn/Verlust nur 60 % erfasst. Auf diesen Betrag ist sodann der Freibetrag nach § 17 EStG anzuwenden. Siehe Tz 77.

f) Veräußerungsfreibetrag

§ 17 Abs. 3 EStG

Nach § 17 Abs. 3 EStG ist der nach Anwendung des Teileinkünfteverfahrens zu 60 % steuerpflichtige Veräußerungsgewinn nur insoweit zur Einkommensteuer heranzuziehen, als er den Teil von 9 060 € übersteigt, der dem veräußerten Anteil am Nennkapital der Kapitalgesellschaft entspricht. Der Freibetrag ermäßigt sich um den Betrag, um den der Veräußerungsgewinn den Teil von 36 100 € übersteigt, der dem veräußerten Anteil am Nennkapital der Kapitalgesellschaft entspricht. 77

Die Höhe des Freibetrags ist abhängig vom Umfang der veräußerten Anteile und vom erzielten Veräußerungsgewinn.

BEISPIELE:

1. Der Steuerpflichtige veräußert 10 % der Anteile an einer GmbH und erzielt einen nach Anwendung des Teileinkünfteverfahrens zu 60 % steuerpflichtigen Veräußerungsgewinn von 4 000 €.

   Der Veräußerungsgewinn übersteigt 10 % von 36 100 € = 3 610 € um 390 €. Der Veräußerungsfreibetrag von 10 % von 9 060 € = 906 € vermindert sich um den übersteigenden Betrag von 390 € auf 516 €.
2. Der Steuerpflichtige veräußert 30 % der Anteile an einer AG und erzielt einen nach Anwendung des Teileinkünfteverfahrens zu 60 % steuerpflichtigen Veräußerungsgewinn von 12 000 €.

   Der Veräußerungsgewinn übersteigt 30 % von 36 100 € = 10 830 € um 1 170 €. Der Veräußerungsfreibetrag von 30 % von 9 060 € = 2 718 € vermindert sich um den übersteigenden Betrag von 1 170 € auf 1 548 €.
3. Der Steuerpflichtige veräußert 50 % der Anteile an einer GmbH und erzielt einen nach Anwendung des Teileinkünfteverfahrens zu 60 % steuerpflichtigen Veräußerungsgewinn von 25 000 €.

   Der Veräußerungsgewinn übersteigt 50 % von 36 100 € = 18 050 € um 6 950 €. Der Veräußerungsfreibetrag von 50 % von 9 060 € = 4 530 € vermindert sich um den übersteigenden Betrag von 6 950 € auf 0 €.

Wegen der Höhe des Freibetrages, wenn der Kaufpreis zum Teil in einem festen Betrag und zum Teil in laufenden Bezügen besteht, wobei die laufenden Bezüge als nachträgliche Einkünfte aus § 17 EStG versteuert werden sollen, finden die Ausführungen zu § 16 Abs. 4 EStG sinngemäße Anwendung (s. Tz 70).

Soweit der Veräußerungsgewinn steuerpflichtig ist, ist er in die Veranlagung einzubeziehen. Der begünstigte Steuersatz nach § 34 Abs. 1 EStG findet insoweit keine Anwendung (s. § 34 Abs. 2 Nr. 1 EStG).

g) Liquidation und Kapitalherabsetzung

§ 17 Abs. 1 bis 3 EStG gilt entsprechend, wenn eine Kapitalgesellschaft liquidiert wird 78
oder wenn ihr Kapital herabgesetzt und an die Anteilseigner zurückgezahlt wird. Siehe § 17 Abs. 4 EStG. Veräußerungspreis ist der gemeine Wert des den Anteilseignern in Form von Geld oder Sachwerten zurückgegebenen Vermögens.

Bei der Kapitalherabsetzung ist das zurückgezahlte Kapital nur insoweit Veräußerungspreis, als in ihm keine Gewinnausschüttungen enthalten sind.

III. Einkünfte aus selbständiger Arbeit

§ 18 EStG

1. Allgemeines

79 § 18 EStG umfasst neben den Einkünften der Freiberufler (§ 18 Abs. 1 Nr. 1 EStG) die Einkünfte der Einnehmer einer staatlichen Lotterie – soweit es sich dabei nicht um Einkünfte aus Gewerbebetrieb handelt – (§ 18 Abs. 1 Nr. 2 EStG) und die Einkünfte aus sonstiger selbständiger Arbeit (§ 18 Abs. 1 Nr. 3 EStG). Die Einkünfte aus den genannten Tätigkeiten sind auch dann steuerpflichtig, wenn sie nur vorübergehend ausgeübt werden (§ 18 Abs. 2 EStG). Vorübergehend ist eine Tätigkeit schon dann, wenn sie einmalig ausgeübt wird, aber anzunehmen ist, dass sie bei sich bietender Gelegenheit wiederholt wird.

2. Freiberufliche Tätigkeit

§ 18 Abs. 1 Nr. 1 EStG

80 Gemäß § 18 Abs. 1 Nr. 1 EStG stellt die selbständig ausgeübte wissenschaftliche, künstlerische, schriftstellerische, unterrichtende und erzieherische Tätigkeit eine freiberufliche Tätigkeit dar.

Wissenschaftlich tätig ist, wer eine forschende oder eine sonstige nach wissenschaftlichen Methoden zu erledigende Arbeit leistet. Eine wissenschaftliche Vorbildung ist nicht erforderlich. Eine wissenschaftliche Tätigkeit kann z. B. in der Erstellung von Gutachten, einer Vortragstätigkeit oder einer Prüfungstätigkeit zu sehen sein. Auch die beruflich ausgeübte selbständige Erfindertätigkeit ist in der Regel eine freiberufliche Tätigkeit, sofern sie nicht im Rahmen eines Gewerbebetriebs oder land- und forstwirtschaftlichen Betriebs erfolgt.

Künstlerisch tätig ist, wer eine eigenschöpferische Tätigkeit ausübt, die Ausfluss der ganz besonderen Gestaltungskraft des Künstlers ist. Eine künstlerische Tätigkeit kann auch auf dem Gebiet der angewandten Kunst liegen (z. B. bei Opernsängern, Dirigenten). Die künstlerische Tätigkeit ist gegen die (kunst-)gewerbliche Tätigkeit abzugrenzen. Wer eine eigenschöpferische Tätigkeit aufgrund entsprechender Vorbildung, z. B. Besuch einer Kunsthochschule, ausübt, wird in der Regel eine freiberufliche Tätigkeit ausüben. Die Entscheidung, ob eine künstlerische Tätigkeit gegeben ist, ist nicht nach dem einzelnen Werk, sondern nach der Gesamtheit der im Veranlagungszeitraum geschaffenen Werke zu treffen.

Schriftstellerisch tätig ist, wer Gedanken formuliert und sie für die Öffentlichkeit schriftlich niederlegt. Dabei kommt es auf Inhalt und Form des Niedergelegten nicht an.

Ebenso kommt es bei einer *unterrichtenden Tätigkeit* nicht auf den Gegenstand der Unterrichtung an. So übt z. B. ein Fahrlehrer, Tanzlehrer oder Reitlehrer eine freiberufliche Tätigkeit aus.

Neben dieser allgemeinen Aufzählung von Berufsgruppen enthält § 18 Abs. 1 Nr. 1 EStG eine Aufzählung einzelner Berufe, deren Ausübung eine freiberufliche Tätigkeit darstellt. Übt der Steuerpflichtige eine Tätigkeit aus, die einem der aufgezählten Berufe ähnlich ist, so ist auch diese Tätigkeit freiberuflich. Eine Ähnlichkeit ist gegeben, wenn das Gesamtbild der ausgeübten Tätigkeit dem Gesamtbild eines der in § 18 Abs. 1 Nr. 1 EStG genannten Berufe entspricht.

3. Abgrenzung zu gewerblichen Einkünften

Eine freiberufliche Tätigkeit nach § 18 Abs. 1 Nr. 1 EStG liegt auch dann vor, wenn sich 81
der Freiberufler zur Ausübung seiner Tätigkeit der Mithilfe fachlich vorgebildeter Arbeitskräfte bedient. Voraussetzung ist aber, dass er selbst leitend und eigenverantwortlich tätig wird. Lässt er sich bei einer vorübergehenden Verhinderung vertreten, steht das der Annahme einer leitenden und eigenverantwortlichen Tätigkeit nicht entgegen. Leitend tätig sein bedeutet, maßgeblichen Einfluss auf die betrieblichen Abläufe zu nehmen bzw. betriebliche Abläufe in ihrer Organisation und Durchführung zu gestalten, die für den Betrieb wesentlichen Entscheidungen zu treffen und die Einhaltung der festgelegten Regeln und Entscheidungen zu überwachen. Der Berufsträger ist eigenverantwortlich tätig, wenn er in einem solchen Umfang an der praktischen Arbeit beteiligt ist, dass die vom Betrieb erbrachten Leistungen durch ihn geprägt sind.

Angesichts der zur freien Berufstätigkeit gehörenden Merkmale „Leitung“ und „Eigenverantwortung“ und angesichts der Grenzen menschlicher Leistungsfähigkeit ist erkennbar, dass die Ausdehnung des Betriebs über ein bestimmtes Maß hinaus einer freiberuflichen Tätigkeit entgegensteht und zu Einkünften aus Gewerbebetrieb führt.

Betreibt ein Steuerpflichtiger neben der freiberuflichen Tätigkeit eine gewerbliche Tätigkeit und stehen beide Tätigkeiten in engem wirtschaftlichem Zusammenhang zueinander, so sind die Tätigkeiten steuerlich getrennt zu behandeln.

Erstellt z. B. ein Architekt – neben seiner typischen Berufstätigkeit – Einfamilienhäuser zum Zwecke der Veräußerung, so sind die Einkünfte, die aus der typischen Tätigkeit des Freiberuflers stammen, Einkünfte aus § 18 Abs. 1 Nr. 1 EStG, während die Einkünfte aus der Veräußerung der Gebäude zu den Einkünften aus § 15 EStG zählen.

Hat der Steuerpflichtige den Gewinn einheitlich ermittelt, so muss er – notfalls im Wege der Schätzung – den beiden Einkunftsarten anteilig zugerechnet werden.

Eine Zuordnung des Gewinns zu verschiedenen Einkunftsarten kommt dann nicht in Betracht, wenn sich beide Tätigkeiten gegenseitig bedingen und so miteinander verflochten sind, dass nach der Verkehrsauffassung ein einheitlicher Betrieb vorliegt. In diesem Fall ist nach dem Gesamtbild der Tätigkeit zu entscheiden, ob insgesamt eine freiberufliche oder gewerbliche Tätigkeit vorliegt.

Betreibt z. B. ein Arzt ein Sanatorium, in dem von ihm entwickelte Heilmethoden angewendet werden, so liegen Merkmale einer freiberuflichen Tätigkeit (ärztliche Tätigkeit) und Merkmale einer gewerblichen Tätigkeit (Betrieb eines Sanatoriums) vor, die hier so untrennbar miteinander verbunden sind, dass nur eine einheitliche Entscheidung hinsichtlich der Zuordnung der Einkünfte möglich ist. Hier liegen Einkünfte aus freiberuflicher Tätigkeit vor, wenn der Betrieb des Sanatoriums lediglich ein Hilfsmittel zur Ausübung der freiberuflichen Tätigkeit darstellt und aus der Unterbringung und Verpflegung der Patienten kein besonderer Gewinn angestrebt wird. Anderenfalls liegt eine gewerbliche Tätigkeit vor.

Schließen sich mehrere Freiberufler zur Ausübung ihrer Berufstätigkeit zusammen, so beziehen die einzelnen Gesellschafter Einkünfte aus freiberuflicher Tätigkeit, und zwar auch dann, wenn die Gesellschaft in das Handelsregister eingetragen ist. Werden jedoch an der Gesellschaft eine oder mehrere berufsfremde Personen beteiligt, so beziehen alle Gesellschafter Einkünfte aus Gewerbebetrieb.

4. Einnehmer einer staatlichen Lotterie

§ 18 Abs. 1 Nr. 2 EStG

82 Einnehmer einer staatlichen Lotterie beziehen Einkünfte aus freiberuflicher Tätigkeit, es sei denn, ihre Tätigkeit stellt einen Gewerbebetrieb dar. Das ist zum einen der Fall, wenn die Tätigkeit als Lotterieeinnehmer lediglich ein Nebengeschäft eines Gewerbebetriebs darstellt und zum anderen, wenn die Tätigkeit nach Art und Umfang einen in kaufmännischer Weise eingerichteten Geschäftsbetrieb erfordert.

5. Einkünfte aus sonstiger selbständiger Arbeit

§ 18 Abs. 1 Nr. 3 EStG

83 Einkünfte aus sonstiger selbständiger Arbeit sind insbesondere Vergütungen für die Vollstreckung von Testamenten, für Vermögensverwaltung und für die Tätigkeit als Aufsichtsratsmitglied. Es macht keinen Unterschied, ob die Tätigkeit nur gelegentlich oder ob sie berufsmäßig ausgeübt wird.

Fällt eine Tätigkeit nach § 18 Abs. 1 Nr. 3 EStG im Rahmen einer freiberuflichen Tätigkeit nach § 18 Abs. 1 Nr. 1 EStG an, so ist sie dieser zuzurechnen. Honorare eines Steuerberaters, der neben der Steuerberatung auch das Vermögen seiner Klienten verwaltet, zählen insgesamt zu den Betriebseinnahmen nach § 18 Abs. 1 Nr. 1 EStG. Das Gleiche gilt für einen Rechtsanwalt, der mit einer Testamentsvollstreckung beauftragt wurde. Die Beschäftigung von fachlich vorgebildeten Arbeitskräften steht – nach neuerer Rechtsprechung des BFH – der Annahme einer sonstigen selbständigen Tätigkeit nicht entgegen.

6. Veräußerungsgewinne

§ 18 Abs. 3 EStG

84 Veräußerungsgewinne aus der Veräußerung des gesamtem Vermögens oder eines selbständigen Teils des Vermögens oder eines Anteils am Vermögen gehören zu den Einkünften aus § 18 EStG. § 16 Abs. 1 Nr. 1 letzter Halbsatz und Absätze 2 bis 4 EStG gelten entsprechend.

Eine nach § 16 Abs. 4 und § 34 Abs. 1 EStG begünstigte Veräußerung des Vermögens liegt vor, wenn alle wesentlichen Grundlagen des der selbständigen Arbeit dienenden Vermögens einem anderen übertragen werden und mit der Veräußerung der wesentlichen Grundlagen die Tätigkeit zumindest vorübergehend am Ort der bisherigen Berufsausübung eingestellt wird. Die Einstellung der Tätigkeit im bisherigen örtlichen Wirkungskreis muss nach außen hin erkennbar sein. Begünstigt ist die Veräußerung einer Praxis auch dann, wenn sie in der Absicht erfolgt, in einem anderen örtlichen Wirkungskreis erneut sofort freiberuflich tätig zu werden.

Eine Veräußerung eines selbständigen Teils des der selbständigen Arbeit dienenden Vermögens liegt vor, wenn eine von mehreren selbständigen wesensmäßig verschiedenen Tätigkeiten in verschiedenen Kundenkreisen eingestellt wird und das dieser Tätigkeit dienende Vermögen im Ganzen veräußert wird. Das Gleiche gilt, wenn bei gleichartiger Tätigkeit die in einem getrennten Büro ausgeübte Tätigkeit in einem bestimmten örtlich abgegrenzten Bereich eingestellt und das diese Tätigkeit betreffende Vermögen im Ganzen einem anderen übertragen wird.

BEISPIEL: Ein Steuerberater betreibt eine Praxis in A-Stadt. In B-Stadt hat er Büroräume angemietet und betreut von dort alle Klienten, die in B-Stadt wohnen. Die Teilpraxis in B-Stadt wird veräußert.

Es handelt sich um die Veräußerung eines selbständigen Teils des der selbständigen Arbeit dienenden Vermögens. § 16 Abs. 4 und § 34 EStG finden Anwendung.

Wegen Aufgabe der Praxis, Ermittlung des Veräußerungsgewinns, Berechnung des Veräußerungsfreibetrages wird auf die Ausführungen zu § 16 EStG hingewiesen, die sinngemäß anwendbar sind (s. Tz 64 bis 71).

IV. Einkünfte aus nichtselbständiger Arbeit

§ 19 EStG

1. Arbeitnehmer

Einkünfte aus nichtselbständiger Arbeit werden von Arbeitnehmern bezogen. Der Be- 85
griff „Arbeitnehmer" ist in § 1 Abs. 1 LStDV definiert. Danach sind Arbeitnehmer Personen, die in öffentlichem oder privatem Dienst angestellt oder beschäftigt sind oder waren und aus diesem Dienstverhältnis oder einem früheren Dienstverhältnis Arbeitslohn beziehen. Arbeitnehmer sind auch die Rechtsnachfolger dieser Personen, soweit sie Arbeitslohn aus dem früheren Dienstverhältnis ihres Rechtsvorgängers beziehen.

Arbeitnehmer, die in einem Beschäftigungsverhältnis stehen und daraus Arbeitslohn beziehen, haben Einnahmen nach § 19 Abs. 1 Nr. 1 EStG.

Arbeitnehmer, die in einem Beschäftigungsverhältnis standen und daraus Arbeitslohn beziehen, haben Einnahmen nach § 19 Abs. 1 Nr. 2 EStG.

Arbeitnehmer, die als Rechtsnachfolger aus einem früheren Arbeitsverhältnis ihres Rechtsvorgängers Arbeitslohn beziehen, haben Einnahmen nach § 19 Abs. 1 Nr. 2 EStG.

Seine Tätigkeit übt der Arbeitnehmer im Rahmen eines Dienstverhältnisses aus. Ein solches liegt vor, wenn der Arbeitnehmer seine Arbeitskraft schuldet. Dies ist der Fall, wenn die tätige Person in der Betätigung ihres geschäftlichen Willens unter der Leitung des Arbeitgebers steht oder im geschäftlichen Organismus des Arbeitgebers dessen Weisungen zu folgen verpflichtet ist (§ 1 Abs. 2 LStDV).

Das besondere Kennzeichen eines Dienstverhältnisses besteht darin, dass der Arbeitnehmer dem Arbeitgeber untergeordnet ist, dass er seine Tätigkeit nach dem Willen des Arbeitgebers auszuüben hat.

Ein gewisses unternehmerisches Risiko, das zu den unabdingbaren Voraussetzungen einer selbständigen Tätigkeit gehört, fehlt bei einem Arbeitnehmer.

Die Abgrenzung zwischen selbständiger und nichtselbständiger Arbeit ist steuerlich von großer Bedeutung. Wer selbständig tätig ist, ist Unternehmer i. S. des Umsatzsteuergesetzes und unterliegt der Umsatzsteuer. Wer nichtselbständig tätig ist, unterliegt dem Steuerabzug vom Arbeitslohn.

Ein Steuerpflichtiger kann im Hinblick auf eine bestimmte Tätigkeit nicht zugleich selbständig und nichtselbständig tätig sein. Das eine schließt das andere aus. Übt der Steuerpflichtige mehrere Tätigkeiten aus, so kann er nebeneinander Unternehmer und Arbeitnehmer sein.

BEISPIEL: Ein kaufmännischer Angestellter betreibt abends eine Gastwirtschaft.

Ein Beamter verfasst in seiner Freizeit Gedichte, die er gegen Entgelt veröffentlicht.

Auch im Hinblick auf einen Auftraggeber kann der Steuerpflichtige sowohl Arbeitnehmer als auch Unternehmer sein.

BEISPIEL: Aufgrund seines Dienstverhältnisses ist der Steuerpflichtige als Chorsänger bei den Städtischen Bühnen beschäftigt.

Außerhalb seines Dienstverhältnisses vereinbart er mit der Stadt einen einmaligen Auftritt als Solist.

2. Arbeitslohn

86 Der Begriff Arbeitslohn ist in § 2 Abs. 1 LStDV erläutert. Zum Arbeitslohn gehören alle Einnahmen in Geld oder Geldeswert, die dem Arbeitnehmer aus dem Dienstverhältnis oder einem früheren Dienstverhältnis zufließen. Es ist gleichgültig, ob es sich um einmalige oder laufende Einnahmen handelt, ob ein Rechtsanspruch auf sie besteht und unter welcher Bezeichnung oder Form sie gewährt werden. Dazu zählen Löhne, Gehälter, Gratifikationen, Tantiemen und andere Bezüge und Vorteile, die für eine Beschäftigung im öffentlichen oder privaten Dienst gewährt werden.

Ein Vorteil wird dann *für* eine Beschäftigung gewährt, wenn er nur mit Rücksicht auf das Dienstverhältnis eingeräumt wird und sich als Gegenleistung für das Überlassen der individuellen Arbeitskraft des Arbeitnehmers erweist. Der Vorteil muss durch das individuelle Arbeitsverhältnis veranlasst sein. Wird der Vorteil dem Arbeitnehmer von einem Dritten zugewendet, ist Arbeitslohn nur dann anzunehmen, wenn zwischen der Zuwendung des Dritten und der Arbeitsleistung des Arbeitnehmers eine innere Verknüpfung besteht und der Dritte nicht gegen den Willen und die Interessen des Arbeitgebers handelt. Dies ist bei Trinkgeldern der Fall, nicht jedoch bei Streikunterstützungen. Streikunterstützungen werden nicht durch das Arbeitsverhältnis veranlasst; sie sind keine Gegenleistung für das Überlassen der individuellen Arbeitskraft. Sie beruhen auf eigenen, vom eigentlichen Dienstverhältnis unabhängigen, rechtlichen oder wirtschaftlichen Beziehungen zwischen dem Arbeitnehmer und dem Dritten. Sie sind keine

Einnahmen aus nicht selbständiger Arbeit. Auch nach anderen Vorschriften (§§ 22, 24 EStG) unterliegen sie nicht der Einkommensteuer.

Ebenfalls keine Einnahmen sind Aufmerksamkeiten i. S. der R 19.6 LStR. Das gilt auch für Leistungen des Arbeitgebers, die er im ganz überwiegenden betrieblichen Interesse erbringt. Gemeint sind Fälle, in denen ein Vorteil den Arbeitnehmern *als Gesamtheit* zugewendet wird, wie z. B. bei üblichen Betriebsveranstaltungen oder in denen dem Arbeitnehmer ein Vorteil aufgedrängt wird, ohne dass ihm eine Wahl bei der Annahme des Vorteils bleibt und ohne dass der Vorteil eine Marktgängigkeit besitzt wie z. B. ärztliche Untersuchungen bei leitenden Angestellten.

Einnahme i. S. des § 19 EStG ist der Bruttoarbeitslohn (s. im Einzelnen § 2 LStDV und R 19.3 LStR).

3. Versorgungsfreibetrag

a) Voraussetzungen

Versorgungsbezüge sind Bezüge und Vorteile aus früheren Dienstleistungen, die als Ruhegeld, Witwen- oder Waisengeld, Unterhaltsbeitrag oder als gleichartiger Bezug aufgrund beamtenrechtlicher oder entsprechender gesetzlicher Vorschriften oder nach beamtenrechtlichen Grundsätzen von Körperschaften, Anstalten oder Stiftungen des öffentlichen Rechts oder öffentlich-rechtlichen Verbänden von Körperschaften gezahlt werden (§ 19 Abs. 2 Nr. 1 Buchst. a und b EStG). 87

Darüber hinaus sind Versorgungsbezüge solche Bezüge aus früheren Dienstleistungen, die wegen Erreichens einer Altersgrenze, Berufsunfähigkeit, Erwerbsunfähigkeit oder als Hinterbliebenenbezüge gewährt werden. Bezüge wegen Erreichens einer Altersgrenze gelten erst dann als Versorgungsbezüge, wenn der Steuerpflichtige das 63. Lebensjahr vollendet hat (§ 19 Abs. 2 Nr. 2 EStG) oder, wenn er Schwerbehinderter ist, das 60. Lebensjahr vollendet hat.

Bezüge aus früheren Dienstleistungen:

Werden Bezüge aus früheren Dienstleistungen nicht aus den im Gesetz genannten Gründen (§ 19 Abs. 2 EStG) gezahlt, so handelt es sich zwar um Bezüge i. S. des § 19 Abs. 1 Nr. 2 EStG, jedoch nicht um Versorgungsbezüge i. S. des § 19 Abs. 2 EStG. In diesen Fällen erhält der Steuerpflichtige keinen Versorgungsfreibetrag.

Bezüge aus früheren Dienstleistungen dürfen nicht mit Renten verwechselt werden. Renten sind Erträge aus einem vom Steuerpflichtigen erworbenen Rentenstammrecht, während Bezüge aus früheren Dienstleistungen Erträge aus der früheren nichtselbständigen Tätigkeit des Steuerpflichtigen darstellen.

Der Versorgungsfreibetrag soll die unterschiedliche Besteuerung von Renten i. S. des § 22 Nr. 1 Satz 3 Buchst. a Doppelbuchst. aa EStG und den Versorgungsbezügen, die grundsätzlich in vollem Umfang steuerpflichtig sind, mildern und damit eine steuerliche Benachteiligung der Versorgungsbezugsempfänger verhindern.

b) Höhe des Versorgungsfreibetrags

88 Gemäß § 19 Abs. 2 Satz 1 EStG bleibt von den Versorgungsbezügen ein nach einem Vomhundertsatz ermittelter, auf einen Höchstbetrag begrenzter Betrag (Versorgungsfreibetrag) und ein Zuschlag zum Versorgungsfreibetrag steuerfrei.

Der maßgebende Vomhundertsatz, der Höchstbetrag des Versorgungsfreibetrages und der Zuschlag zum Versorgungsfreibetrag sind aus der Tabelle gem. § 19 Abs. 2 Satz 3 EStG zu entnehmen. Demnach ergeben sich folgende Werte:

Jahr des Versorgungsbeginns	Versorgungsfreibetrag		Zuschlag zum Versorgungsfreibetrag in €
	in % der Versorgungsbezüge	Höchstbetrag in €	
bis 2005	40,0	3 000	900
ab 2006	38,4	2 880	864
2007	36,8	2 760	828
2008	35,2	2 640	792
2009	33,6	2 520	756
2010	32,0	2 400	720
2011	30,4	2 280	684
2012	28,8	2 160	648
2013	27,2	2 040	612
2014	25,6	1 920	576
2015	24,0	1 800	540
2016	22,4	1 680	504
2017	20,8	1 560	468
2018	19,2	1 440	432
2019	17,6	1 320	396
2020	16,0	1 200	360
2021	15,2	1 140	342
2022	14,4	1 080	324
2023	13,6	1 020	306
2024	12,8	960	288
2025	12,0	900	270
2026	11,2	840	252
2027	10,4	780	234
2028	9,6	720	216
2029	8,8	660	198
2030	8,0	600	180
2031	7,2	540	162
2032	6,4	480	144
2033	5,6	420	126

Jahr des Versorgungsbeginns	Versorgungsfreibetrag		Zuschlag zum Versorgungsfreibetrag in €
	in % der Versorgungsbezüge	Höchstbetrag in €	
2034	4,8	360	108
2035	4,0	300	90
2036	3,2	240	72
2037	2,4	180	54
2038	1,6	120	36
2039	0,8	60	18
2040	0,0	0	0

Zusätzlich zum Versorgungsfreibetrag wird ein Zuschlag zum Versorgungsfreibetrag gewährt. Wichtig beim Ansatz des Versorgungsfreibetrages und des Zuschlags zum Versorgungsfreibetrag ist, dass diese beiden Komponenten einmalig ermittelt werden. Somit erhält jeder Empfänger von Versorgungsbezügen ein „eigenes" Merkmal für die Besteuerung. Nach § 19 Abs. 2 Satz 8 EStG gelten die ermittelten Beträge für die gesamte Laufzeit des Versorgungsbezuges. Veränderungen ergeben sich gem. § 19 Abs. 2 Satz 10 EStG lediglich, wenn sich die Versorgungsbezüge erhöhen oder mindern. Regelmäßige Erhöhungen bleiben jedoch nach § 19 Abs. 2 Satz 9 EStG außer Betracht.

c) Ermittlung des Versorgungsfreibetrages

Für die Ermittlung der Bemessungsgrundlage ist zu prüfen, ob der Versorgungsbeginn 89
vor dem Veranlagungszeitraum 2005 liegt oder ob die Zahlung der Versorgungsbezüge ab dem Jahr 2005 erfolgt. Bei einem Versorgungsbeginn vor 2005 ist nach § 19 Abs. 2 Satz 4 EStG Buchst. a das Zwölffache des Vorsorgungsbezugs anzusetzen. Bei einem Beginn ab dem Veranlagungszeitraum 2005 ist nach § 19 Abs. 2 Satz 4 Buchst. b EStG das Zwölffache des Versorgungsbezugs für den ersten vollen Monat steuerlich zu berücksichtigen. In beiden Fällen sind voraussichtliche Sondervorauszahlungen im Kalenderjahr, auf die zu diesem Zeitpunkt ein Rechtsanspruch besteht, nicht außer Betracht zu lassen und kommen ebenfalls zum Ansatz. Zusätzlich ist bei der Ermittlung der Einkünfte zu beachten, dass für jeden Monat, für den keine Versorgungsbezüge gezahlt werden, der Versorgungsfreibetrag und der Zuschlag zum Versorgungsfreibetrag um je ein Zwölftel zu kürzen sind (§ 19 Abs. 2 Satz 12 EStG). Erhält der Steuerpflichtige mehrere Versorgungsbezüge mit unterschiedlichem Bezugsbeginn, richtet sich der Höchstbetrag und der Zuschlag nach dem Jahr des Beginns des ersten Versorgungsbezuges (§ 19 Abs. 2 Satz 6 EStG).

BEISPIEL 1: Der Pensionär Muster erhält seit dem 1. 9. 2002 Versorgungsbezüge. Diese betragen monatlich 1 600 €. Außerdem ist für des Kalenderjahr 2005 eine Sonderzahlung i. H. von 3 500 € sowie eine regelmäßige Anpassung der Versorgungsbezüge vorgesehen. Die Pension wird ab dem 1. 9. 2005 i. H. von 1 660 € gezahlt.

Zwölffache der Versorgungsbezüge Januar	19 200 €
zuzüglich Sonderzahlung	3 500 €
Bemessungsgrundlage	22 700 €
davon 40 %	9 080 €
höchstens	3 000 €

Somit ergibt sich ein Versorgungsfreibetrag i. H. von 3 000 €. Außerdem ist der Zuschlag zum Versorgungsfreibetrag i. H. von 900 € steuerlich zu berücksichtigen. Nach § 19 Abs. 2 Satz 8 gelten diese beiden Beträge für die gesamte Laufzeit der Versorgungsbezüge.

BEISPIEL 2: Der Steuerpflichtige XYZ erhält ab dem 13. 9. 2005 Versorgungsbezüge. Für den Monat September erfolgt eine Zahlung über 1 700 €. Ab Oktober werden ihm monatlich 3 000 € gezahlt. Eine Sonderzahlung ist nicht vorgesehen.

Zwölffache der Versorgungsbezüge Oktober	36 000 €
zuzüglich Sonderzahlung	0 €
Bemessungsgrundlage	36 000 €
davon 40 %	14 400 €
höchstens	3 000 €

Wie im Beispiel 1. beträgt der Versorgungsfreibetrag 3 000 € zuzüglich des Zuschlags zum Versorgungsfreibetrag (900 €).

BEISPIEL 3: Der Steuerpflichtige A (keine Schwerbehinderung) erhält mit Vollendung des 62. Lebensjahres ab 1. 1. 2005 eine Betriebsrente i. H. von monatlich 700 €. Es sind die die Einkünfte aus nichtselbstständiger Arbeit zu ermitteln. Eine regelmäßige Erhöhung dieser Betriebsrente ist nicht vorgesehen. Nach § 19 Abs. 2 Nr. 2 EStG gelten Bezüge wegen des Erreichens einer Altersgrenze erst dann als Versorgungsbezüge, wenn der Steuerpflichtige des 63. Lebensjahr vollendet hat. Liegt eine Schwerbehinderung vor, dann handelt es sich um Versorgungsbezüge, wenn des 60. Lebensjahr vollendet wurde.

2005

Es liegen keine Versorgungsbezüge gem. § 19 Abs. 2 Nr. 2 EStG vor. Folglich ist auch der Arbeitnehmer-Pauschbetrag (§ 9a Satz 1 Nr. 1 Buchst. a EStG) zu gewähren. Ein Versorgungsfreibetrag und der Zuschlag zum Versorgungsfreibetrag sind nicht zu berücksichtigen.

Ermittlung der Einkünfte

Einnahmen 12 × 700 €	8 400 €
abzüglich Arbeitnehmer-Pauschbetrag	1 000 €
Einkünfte gem. § 19 EStG	7 400 €

2006

Nunmehr liegen Versorgungsbezüge gem. § 19 Abs. 2 Nr. 2 EStG vor, da der Steuerpflichtige am 1. 1. 2006 das 63. Lebensjahr vollendet hat. Demnach ist ein Versorgungsfreibetrag und der Zuschlag zum Versorgungsfreibetrag zu gewähren.

Zwölffache der Versorgungsbezüge Januar	8 400 €
Bemessungsgrundlage	8 400 €
davon 38,4 %	3 226 €
höchstens	2 880 €
Zuschlag zum Versorgungsfreibetrag	864 €

Ermittlung der Einkünfte	
Einnahmen (Versorgungsbezüge) 12 × 700 €	8 400 €
abzüglich Versorgungsfreibetrag	2 880 €
abzüglich Zuschlag zum Versorgungsfreibetrag	864 €
abzüglich Werbungskosten-Pauschbetrag § 9a Satz 1 Nr. 1 Buchst. b EStG	102 €
Einkünfte gem. § 19 EStG	4 554 €

d) Anpasssung des Versorgungsfreibetrages und des Zuschlags zum Versorgungsfreibetrag

Grundsätzlich ist zu erwähnen, dass eine Neuberechnung des Versorgungsfreibetrages 90 und des Zuschlags zum Versorgungsfreibetrag an bestimmte Voraussetzungen geknüpft ist (siehe dazu BMF-Schreiben vom 19. 8. 2013, BStBl 2013 I S. 1087). Regelmäßige Anpassungen sind dabei unschädlich (Tz 173). Ist jedoch eine erneute Ermittlung erforderlich, sind der erhöhte oder geminderte Versorgungsbezug sowie die regelmäßigen Erhöhungen mit einzubeziehen nach § 19 Abs. 2 Satz 11 EStG. Neben umfangreichen Beispielen für die Voraussetzungen zur Neuberechnung enthält das oben genannte BMF-Schreiben auch Darstellungen, wonach trotz einer Erhöhung oder Minderung auf eine erneute Ermittlung des Versorgungsfreibetrages und des Zuschlags zum Versorgungsfreibetrag verzichtet werden kann. Das BMF-Schreiben vom 19. 8. 2013 (BStBl 2013 I S. 1087) regelt unter anderem, dass die Anrechnung einer Sonderzahlung unschädlich ist. Außerdem wird deutlich, dass eine Änderung nicht erforderlich ist, wenn der Versorgungsbezug vor und nach der Angleichung der Versorgungsbezüge weniger als 7 500 € jährlich oder 625 € monatlich beträgt.

BEISPIEL: Der Pensionär V erhält ab Mai 2004 eine Pension i. H. von 300 €. Aufgrund einer Neuregelung erhält er ab September 2006 monatlich Versorgungsbezüge i. H. von 600 €.

2005

Zwölffache der Versorgungsbezüge Januar	3 600 €
zuzüglich Sonderzahlung	0 €
Bemessungsgrundlage	3 600 €
davon 40 %	1 440 €
höchstens	3 000 €
Zuschlag zum Versorgungsfreibetrag	900 €

Somit ist V ab dem Veranlagungszeitraum 2005 ein Versorgungsfreibetrag zzgl. Zuschlag i. H. von 2 340 € steuerlich anzuerkennen.

2006

Da die Neuregelung zu einer deutlichen Erhöhung führt, die sich nicht anhand von regelmäßigen Erhöhungen ergibt, ist nach § 19 Abs. 2 Satz 11 eine Neuberechnung durchzuführen. Bei der Ermittlung des neuen Versorgungsfreibetrages ist zu beachten, dass der bisher gültige Prozentsatz sowie der bisherige Höchstbetrag beibehalten werden.

Zwölffache der Versorgungsbezüge Januar	7 200 €
zuzüglich Sonderzahlung	0 €
Bemessungsgrundlage	7 200 €
davon 40 %	2 880 €
höchstens	3 000 €
Zuschlag zum Versorgungsfreibetrag	900 €

Es ergibt sich somit ein Abzugsbetrag (Versorgungsfreibetrag und Zuschlag zum Versorgungsfreibetrag) über 3 780 €.

V. Einkünfte aus Kapitalvermögen

§ 20 EStG

1. Allgemeines

91 Einkünfte aus Kapitalvermögen sind

- gem. § 20 Abs. 1 Nr. 1 ff. EStG Erträge aus Kapitalanlagen, soweit die Erträge gem. § 20 Abs. 8 EStG nicht anderen Einkunftsarten zuzuordnen sind,
- gem. § 20 Abs. 2 Nr. 1 ff. EStG Veräußerungsgewinne/verluste aus Kapitalanlagen, soweit die Veräußerungsvorgänge gem. § 20 Abs. 8 EStG nicht anderen Einkunftsarten zuzuordnen sind.

Somit unterliegen nicht nur Erträge aus der Nutzung des Kapitals sondern auch Wertsteigerungen, die durch Veräußerung realisiert werden im Jahr des Zuflusses (§ 11 EStG) der Besteuerung.

2. Einnahmen nach § 20 Abs. 1 Nr. 1 EStG

92 Zu den steuerpflichtigen Einnahmen gehören die Gewinnausschüttungen von Körperschaften in Form von Dividenden, Ausbeuten und sonstigen Bezügen aus Aktien, Kuxen, Genussrechten, mit denen das Recht am Gewinn und Liquidationserlös einer Kapitalgesellschaft verbunden ist. Zu den sonstigen Bezügen gehören auch verdeckte Gewinnausschüttungen. Beinhalten die Genussrechte lediglich Gläubigerrechte, so führen die daraus erzielten Einnahmen zu Einnahmen i. S. des § 20 Abs. 1 Nr. 7 EStG. Weiterhin zählen zu den Einnahmen nach Nr. 1 Gewinnausschüttungen aus Anteilen an Gesellschaften mit beschränkter Haftung, an Erwerbs- und Wirtschaftsgenossenschaften und an bergbautreibenden Vereinigungen, die die Rechte einer juristischen Person haben.

Gewinnausschüttungen einer unbeschränkt steuerpflichtigen Körperschaft, für die Beträge aus dem steuerlichen Einlagekonto (§ 7 KStG) als verwendet gelten, zählen nicht zu den Einnahmen nach § 20 Abs. 1 Nr. 1 EStG (§ 20 Abs. 1 Nr. 1 Satz 3 EStG).

3. Einnahmen nach § 20 Abs. 1 Nr. 2 EStG

93 Wird eine unbeschränkt steuerpflichtigen Körperschaft oder Personenvereinigung i. S. des § 20 Abs. 1 Nr. 1 EStG aufgelöst und fallen nach der Auflösung Bezüge an, so unter-

liegen diese Bezüge insoweit der Einkommensteuer, als es sich dabei nicht um die Rückzahlung von Nennkapital handelt. Auch hier gilt die Einschränkung des § 20 Abs. 1 Nr. 1 Satz 3 EStG.

4. Einnahmen nach § 20 Abs. 1 Nr. 4 EStG

Nur die Erträge des typischen stillen Gesellschafters sind Einnahmen nach § 20 Abs. 1 94
Nr. 4 EStG. Stiller Gesellschafter ist nach § 230 HGB, wer sich an dem Handelsgewerbe, das ein anderer betreibt, mit einer Vermögenseinlage in der Weise beteiligt, dass seine Einlage in das Vermögen des Inhabers des Handelsgeschäfts übergeht und nur dieser nach außen in Erscheinung tritt. Der Inhaber ist dem stillen Gesellschafter gegenüber verpflichtet, das Handelsgeschäft zum gemeinsamen Nutzen zu betreiben; er ist nicht berechtigt, gegen den Willen des stillen Gesellschafters die Firma zu ändern oder aufzugeben. Wesentliches Element der stillen Gesellschaft ist daher das *partnerschaftliche Zusammenwirken* des Geschäftsinhabers und des stillen Gesellschafters.

Ein stiller Gesellschafter ist in der Regel nur am Gewinn und Verlust beteiligt. Er hat lediglich das Kontrollrecht nach § 233 HGB. Hat er jedoch nach den vertraglichen Abmachungen eine Stellung inne, die der eines Mitunternehmers vergleichbar ist, so bezieht er Einkünfte nach § 15 Abs. 1 Nr. 2 EStG. In diesem Fall handelt es sich um die sog. atypische stille Gesellschaft.

Die Einlage des Gesellschafters kann in Geld, Sachwerten oder seiner Arbeitskraft bestehen. Wird die Arbeitskraft als Vermögenseinlage hingegeben, so ist zu prüfen, ob nicht möglicherweise ein Dienstverhältnis vorliegt.

Beteiligt sich ein naher Angehöriger an dem Unternehmen des Steuerpflichtigen, so ist zu prüfen, ob die Beteiligung dem Grunde nach anzuerkennen ist und wenn ja, ob die zugestandene Gewinnbeteiligung angemessen ist. Ist die typische Beteiligung anzuerkennen – weil sie ernsthaft vereinbart und auch tatsächlich durchgeführt wurde –, so ist die Gewinnbeteiligung so lange nicht zu beanstanden, als sie eine angemessene Verzinsung des tatsächlichen Werts der stillen Beteiligung – der hier in der Regel dem Nennwert der Kapitaleinlage entsprechen wird – nicht übersteigt. Schenkt der Unternehmer die typische stille Beteiligung dem nahen Angehörigen, so ist eine Gewinnbeteiligung als angemessen anzusehen, die im Zeitpunkt der Vereinbarung bei vernünftiger kaufmännischer Beurteilung eine durchschnittliche Rendite bis zu 15 % – bei Ausschluss einer Beteiligung am Verlust bis zu 12 % – des tatsächlichen Werts der stillen Beteiligung erwarten lässt. Ist allerdings ein schenkweise still beteiligtes minderjähriges Kind nicht am Verlust beteiligt, wird die stille Beteiligung nicht anerkannt. Siehe H 15.9 „Verlustbeteiligung“ EStH. Stammt die Kapitaleinlage nicht aus einer Schenkung, so ist in der Regel eine Gewinnbeteiligung ohne Beteiligung an Verlusten angemessen, die im Zeitpunkt der Vereinbarung bei vernünftiger kaufmännischer Beurteilung eine durchschnittliche Rendite von bis zu 25 % der Einlage erwarten lässt. Ist der stille Gesellschafter auch an Verlusten beteiligt, steigt der Satz auf bis zu 35 % der Einlage.

Ist der stille Gesellschafter auch am Verlust beteiligt, kommt ein Abzug als Werbungskosten nicht in Betracht. Siehe auch § 20 Abs. 9 Satz 1 EStG. Hier ist die Rechtslage noch ungeklärt. Gegebenenfalls kommt eine Verrechnung als negative Einnahmen im Rahmen des § 20 Abs. 6 EStG in Betracht.

Neben den Einnahmen aus stiller Beteiligung erfüllen auch Einnahmen aus partiarischen Darlehen den Gesetzestatbestand. Partiarische Darlehen sind Darlehen, bei denen die Höhe der Zinsen nicht von der Darlehenssumme, sondern vom Gewinn eines Betriebs berechnet wird (z. B. 7 % des jährlichen Gewinns aus gewerblicher Tätigkeit). Im Unterschied zu einer stillen Gesellschaft wirken bei einem partiarischen Darlehen Darlehensnehmer und Darlehensgeber nicht zu einem gemeinsamen Zweck in einer partnerschaftlichen Art und Weise zusammen. Sie bilden keine Gesellschaft.

Ist das Darlehen von einem nahen Angehörigen gegeben worden, so sind die Zinszahlungen auf ihre Angemessenheit zu überprüfen. Dabei sind – wegen der bei wirtschaftlicher Betrachtung gegebenen Nähe zur typischen stillen Gesellschaft – die gleichen Grundsätze anwendbar, die für die typische stille Gesellschaft gelten. Siehe dazu auch Schreiben BMF vom 23. 12. 2010 (BStBl 2011 I S. 37).

5. Einnahmen nach § 20 Abs. 1 Nr. 5 EStG

95 § 20 Abs. 1 Nr. 5 EStG hat kaum praktische Bedeutung, weil die dort genannten Grundpfandrechte im Allgemeinen zur Absicherung persönlicher Forderungen dienen und die im Zusammenhang damit anfallenden Zinsen zu den Einnahmen nach § 20 Abs. 1 Nr. 7 EStG zählen. Die Vorschrift erlangt z. B. dann Bedeutung, wenn Grundstückseigentümer und Schuldner der Forderung verschiedene Personen sind und der Grundstückseigentümer vom Gläubiger wegen der Zinsen in Anspruch genommen wird.

6. Einnahmen nach § 20 Abs. 1 Nr. 6 EStG

96 Ab dem Veranlagungszeitraum 2005 stellt der Unterschiedsbetrag zwischen der vereinbarten Versicherungsleistung und der Summe der geleisteten Beträge im Erlebensfall oder bei Rückkauf des Vertrags bei Rentenversicherungen mit Kapitelwahlrecht (Voraussetzung ist, dass die Rentenzahlung nicht gewählt wird) und bei Kapitalversicherungen mit Sparanteil (Vertrag nach dem 31. 12. 2004 abgeschlossen) Einnahmen i. S. des § 20 Abs. 1 Nr. 6 EStG dar und ist bei den Einkünften aus Kapitalvermögen zu berücksichtigen (§ 20 Abs. 1 Nr. 6 Satz 1). Wird die Versicherungsleistung nach Vollendung des 60. Lebensjahres und nach Ablauf von zwölf Jahren seit Vertragsabschluss ausgezahlt, ist lediglich die Hälfte des Unterschiedsbetrags der Besteuerung zu unterwerfen (§ 20 Abs. 1 Nr. 6 Satz 2). Erzielt der Steuerpflichtige Erträge aus fondsgebundenen Lebensversicherungen ist § 20 Abs. 1 Nr. 6 Satz 1 u. 2 ebenfalls anzuwenden. Zur Besteuerung der Versicherungserträge nach § 20 Abs. 1 Nr. 6 EStG hat das BMF ein umfangreiches Schreiben herausgegeben (BMF vom 1. 10. 2009, BStBl 2009 I S. 1172).

BEISPIEL: Der Steuerpflichtige schließt am 1. 3. 2005 eine Kapitalversicherung mit Sparanteil ab. Die vereinbarte Versicherungsleistung beträgt 120 000 €. Er bezahlt monatlich 300 €. Als Laufzeit wurden 30 Jahre vereinbart. Zum Auszahlungszeitpunkt ist der Steuerpflichtige 58 Jahre alt.

Versicherungsleistung	120 000 €
gezahlte Beträge	108 000 €
Unterschiedsbetrag	12 000 €

Somit unterliegen nach § 20 Abs. 1 Nr. 6 12 000 € dem Besteuerungsverfahren. Hätte der Steuerpflichtige bereits des 60. Lebensjahr vollendet, wären 6000 € steuerlich zu berücksichtigen.

7. Einnahmen nach § 20 Abs. 1 Nr. 7 EStG

Hierbei handelt es sich um Erträge aus Kapitalforderungen jeglicher Art. Dazu gehören 97
auch die Zinsen aus einer in Raten zu entrichtenden Kaufpreisforderung. Auch wenn die Vertragspartner keine Zinsen vereinbart oder sie ausdrücklich ausgeschlossen haben, sind die einzelnen Raten in einen Zins- und Tilgungsanteil zu zerlegen. Auf die Bezeichnung des Kapitalertrags und die zivilrechtliche Ausgestaltung der Kapitalanlage kommt es nicht an.

8. Einnahmen nach § 20 Abs. 1 Nr. 8 EStG

Es handelt sich um Diskontbeträge von Wechseln und Anweisungen. Der Diskont ist 98
eine besondere Form von Zins. Er wird beim Kauf einer Forderung vor dem Fälligkeitszeitpunkt vom Erwerber zum Ausgleich des Zinsverlustes erhoben. Der Veräußerer erhält dann den Kaufpreis nach Abzug des Diskonts.

9. Einnahmen nach § 20 Abs. 1 Nr. 11 EStG

Zu den Einnahmen aus Kapitalvermögen gehören auch Stillhalterprämien. Dabei han- 99
delt es sich um Entgelte, die der Inhaber der Option bei Abschluss des Optionsgeschäftes zu zahlen hat. Die Stillhalterprämie ist das Entgelt, das der Stillhalter als Entschädigung für die Bindung und die eingegangenen Risiken für die Stillhaltung erhält.

Inhalt eines Optionsgeschäftes ist der Erwerb oder die Veräußerung eines Rechts, eine bestimmte Menge eines Basiswerts (z. B. Aktien, festverzinsliche Wertpapiere) jederzeit während der Laufzeit der Option zu einem im Voraus vereinbarten Preis (Basispreis) entweder vom Stillhalter zu kaufen oder an ihn zu verkaufen oder Auszahlung der Kursdifferenz zu verlangen. Glattstellungsprämien, die der Stillhalter aufwendet, mindern die Stillhalterprämien. Eine Glattstellung liegt z. B. vor, wenn der Stillhalter eine Option der gleichen Art kauft, wie er sie zuvor verkauft hat.

10. Einnahmen nach § 20 Abs. 2 Nr. 1 EStG

Gewinne aus der Veräußerung von Anteilen an einer Körperschaft – insbesondere hier 100
Kapitalgesellschaften – unterliegen der Einkommensteuer als Einkünfte aus Kapitalvermögen. Hier ist allerdings festzustellen, dass dies nur so lange gilt, als § 17 EStG nicht greift. Siehe Tz 72 ff. Der Begriff „Gewinn" ist in § 20 Abs. 4 EStG geregelt. Danach ist Gewinn der Unterschiedsbetrag zwischen den Einnahmen aus der Veräußerung einerseits und den Anschaffungskosten und Veräußerungskosten andererseits.

Der Gewinn wird hier vom Kreditinstitut ermittelt. Nach § 43 Abs. 1 Nr. 9 EStG unterliegt nämlich der Gewinn dem Kapitalertragsteuer-Abzug. Nach § 44 EStG hat das Kreditinstitut die Kapitalertragsteuer (einschließlich Solidaritätszuschlag) einzuhalten und abzuführen. Die Kapitalertragsteuer beträgt 25 % des Gewinns (§ 43a Abs. 1 Nr. 1 EStG).

11. Einnahmen nach § 20 Abs. 2 Nr. 2 EStG

101 Werden vom Anteilseigner Ansprüche auf Erträge (Dividendenscheine, Zinsscheine) veräußert, die Einnahmen i. S. des § 20 Abs. 1 Nr. 1 EStG darstellen würden, ohne dass das dazugehörige Kapital mitveräußert wird, so unterliegt der Erlös der Einkommensteuer, denn wirtschaftlich hat der Steuerpflichtige im Zeitpunkt der Veräußerung des Anspruchs den Ertrag verwirklicht.

Der Erwerber des Dividendenscheins zieht beim Empfang des ausgeschütteten Betrags lediglich eine Forderung ein, das ist ein Vorgang, der nicht der Einkommensteuer unterliegt.

12. Verlustverrechnung nach § 20 Abs. 6 EStG

102 Nach § 20 Abs. 6 EStG dürfen Verluste aus Kapitalvermögen nur innerhalb der Einkunftsart, jedoch nicht mit Einkünften aus anderen Einkunftsarten ausgeglichen werden. Sie dürfen auch nicht nach § 10d EStG abgezogen werden. Verluste mindern jedoch die positiven Einkünfte aus Kapitalvermögen der nachfolgenden Jahre. Ist es bei der Veräußerung von Aktien zu einem Veräußerungsverlust gem. § 20 Abs. 2 Nr. 1 EStG gekommen, darf dieser Verlust nur mit Gewinnen aus der Veräußerung von Aktien gem. § 20 Abs. 2 Nr. 1 EStG ausgeglichen werden. Ist dies in demselben Veranlagungszeitraum nicht möglich, dürfen diese Verluste in den nachfolgenden Veranlagungszeiträumen mit Gewinnen aus Aktienverkäufen gem. § 20 Abs. 2 Nr. 1 EStG verrechnet werden.

Verluste aus Kapitalvermögen, die dem Kapitalertragsteuer unterliegen, dürfen nur verrechnet oder vorgetragen werden, wenn eine Bescheinigung von einem Finanzinstitut nach § 43a Abs. 3 Satz 4 EStG vorliegt, aus der sich ein – auf der Ebene des Finanzinstitutes – nicht ausgeglichener Verlust ergibt.

13. Der Sparer-Pauschbetrag nach § 20 Abs. 9 EStG

103 Die Einnahmen aus Kapitalvermögen sind um den Sparer-Pauschbetrag i. H. von 801 € zu kürzen, wobei jedoch der Pauschbetrag nicht zu negativen Einkünften aus Kapitalvermögen führen darf. Bei einer Zusammenveranlagung erhöht sich der Freibetrag (gemeinsamer Sparer-Pauschbetrag) auf 1 602 € und wird bei der Einkunftsermittlung bei jedem Ehegatten je zur Hälfte abgezogen. Sind die Kapitalerträge eines Ehegatten niedriger als 801 €, so ist der anteilige Sparer-Pauschbetrag insoweit, als er die Kapitalerträge dieses Ehegatten übersteigt, beim anderen Ehegatten abzuziehen, wobei sich jedoch auch bei diesem Ehegatten keine negativen Einkünfte ergeben dürfen. Ferner ist ausschließlich der Ansatz des Sparer-Pauschbetrages zulässig ist, der Ansatz von tatsächlichen Werbungskosten ist ausgeschlossen.

BEISPIEL:

	Ehemann	Ehefrau
Einnahmen nach Abzug der Werbungskosten:	601 €	901 €
·/. gemeinsamer Sparer-Pauschbetrag	601 €	901 €
Einkünfte	0 €	0 €

Der bei dem Ehemann nicht verbrauchte Betrag von 200 € ist auf die Ehefrau übertragbar, so dass bei ihr insgesamt 1 001 € (801 € + 200 €) abgezogen werden könnten. Da der Pauschbetrag nicht zu negativen Einkünften führen darf, sind 901 € abzugsfähig.

Der Pauschbetrag gilt für alle Einnahmen aus Kapitalvermögen. Er soll dem Steuerpflichtigen einen Anreiz bieten, Vermögen zu bilden, um somit auch Vorsorge für sein Alter zu treffen.

14. Abgeltungsteuer nach § 43 Abs. 5 EStG

Nach § 43 Abs. 1 EStG unterliegen die dort genannten Kapitalerträge der Kapitalertragsteuer. Die Kapitalertragsteuer wird an der Quelle vom Finanzinstitut einbehalten. 104

In den Fällen des § 43a Abs. 1 Nr. 1 EStG beträgt die einzubehaltende Kapitalertragsteuer 25 %. Dies entspricht der Höhe nach dem bei den Einkünften aus Kapitalvermögen anzuwendenden gesonderten Steuersatz gem. § 32d Abs. 1 EStG. Siehe dazu auch Tz 153.

Nach § 43 Abs. 5 EStG ist die Einkommensteuer mit der einbehaltenen Kapitalertragsteuer grundsätzlich abgegolten. Deshalb werden diese Erträge auch grundsätzlich nicht mehr in die Veranlagung einbezogen. Wichtige Ausnahmen ergeben sich aus § 32d Abs. 2 EStG sowie in den Fällen des § 20 Abs. 8 EStG.

15. Subsidiaritätsprinzip nach § 20 Abs. 8 EStG

Nach § 20 Abs. 8 EStG sind Kapitalerträge i. S. des § 20 EStG anderen im Gesetz genannten Einkunftsarten (§§ 13, 15, 18 oder 21 EStG) zuzuordnen, wenn sie zu diesen Einkunftsarten gehören. So gehören z. B. Zinsen aus festverzinslichen Wertpapieren als Kapitalerträge i. S. des § 20 Abs. 1 Nr. 7 EStG zu den Einkünften aus Gewerbebetrieb, wenn die Kapitalanlage einem Gewerbebetrieb als notwendiges oder gewillkürtes Betriebsvermögen zuzuordnen ist. In diesem Fall entfaltet die einbehaltene Kapitalertragsteuer keine Abgeltungswirkung. Die Ausschüttung erhöht den Gewinn und dieser Gewinn ist in die Veranlagung einzubeziehen. Nach § 36 Abs. 2 Nr. 2 EStG wird in diesem Fall die einbehaltene Kapitalertragsteuer auf die Einkommensteuer angerechnet. 105

Gehören Ausschüttungen einer Kapitalgesellschaft i. S. des § 20 Abs. 1 Nr. 1 EStG zu den Einkünften aus Gewerbebetrieb, ist zu beachten, dass diese Erträge nur zu 60 % steuerpflichtig sind. Nach § 3 Nr. 40 Satz 1 EStG i. V. m. § 3 Nr. 40 Satz 2 EStG ist ein Teil der Dividende in Höhe von 40 % der Dividende steuerfrei (sog. Teileinkünfteverfahren). Dividenden stammen aus bereits versteuerten Gewinnen einer Kapitalgesellschaft und werden deshalb hier beim Empfänger der Ausschüttung nur teilweise besteuert. Im Hinblick auf mit den Dividenden im Zusammenhang stehenden Aufwendungen ist ggf. § 3c Abs. 2 EStG zu beachten.

VI. Einkünfte aus Vermietung und Verpachtung

§ 21 EStG

1. Allgemeines

106 Zu Einkünften aus Vermietung und Verpachtung führen nur solche Sachverhalte, die einen der Tatbestände des § 21 EStG erfüllen. Es gilt jedoch, § 21 Abs. 3 EStG zu beachten. Danach sind Sachverhalte, die an sich unter § 21 EStG einzuordnen sind, anderen Einkunftsarten zuzuordnen, soweit sie zu diesen gehören. Ist z. B. ein vermietetes Gebäude Teil eines gewerblichen oder land- und forstwirtschaftlichen Betriebsvermögens, so sind die Einnahmen aus der Vermietung des Gebäudes dem jeweiligen Betrieb zuzurechnen, d. h. es handelt sich dann um Einkünfte aus Gewerbebetrieb oder aus Land- und Forstwirtschaft.

Einkünfte aus Vermietung und Verpachtung erzielt derjenige, der die Einkünfte tatsächlich erwirtschaftet. Das ist der Steuerpflichtige, der mit den Rechten und Pflichten eines Vermieters Sachen und Rechte i. S. des § 21 Abs. 1 EStG an andere zur Nutzung gegen Entgelt überlässt und die wirtschaftlichen Folgen seines Handelns zu tragen hat, den also Erfolg oder Misserfolg seines Handelns treffen. Die Vermietereigenschaft kann ihre Grundlage haben in

- rechtlichem Eigentum,
- wirtschaftlichem Eigentum,
- dinglichen Nutzungsrechten,
- obligatorischen Nutzungsrechten.

Dingliche Nutzungsrechte sind insbesondere der in das Grundbuch eingetragene Nießbrauch bzw. das in das Grundbuch eingetragene Wohnrecht.

Obligatorische Nutzungsrechte sind lediglich vertraglich zugesicherte Nutzungsrechte.

BEISPIELE: A hat B den Nießbrauch an einem Miethaus eingeräumt. Auf der Grundlage dieses Rechts tritt B in Zukunft gegenüber den Mietern als Vermieter auf.

Da B als Vermieter auftritt, sind ihm in Zukunft die Einkünfte aus Vermietung und Verpachtung zuzurechnen. Wäre im Einvernehmen mit B trotz des Nießbrauchs A weiterhin als Vermieter aufgetreten, so wären ihm die Einkünfte aus Vermietung und Verpachtung zuzurechnen.

A hat B eine Wohnung entgeltlich (Mietvertrag) oder unentgeltlich (Leihvertrag) überlassen. B hat einen Teil der Wohnung weitervermietet. B tritt gegenüber seinem Mieter als Vermieter auf.

Da sowohl A – im Fall der entgeltlichen Überlassung – als auch B als Vermieter auftreten, erzielen beide Einkünfte aus Vermietung und Verpachtung.

2. Einkünfte aus Vermietung und Verpachtung von unbeweglichem Vermögen

§ 21 Abs. 1 Nr. 1 EStG

107 Die bürgerlich-rechtlichen Begriffe „Miete" und „Pacht" sind nicht identisch mit den steuerrechtlichen Begriffen „Vermietung" und „Verpachtung". Steuerrechtlich ist Vermietung und Verpachtung anzunehmen, wenn der Steuerpflichtige aus der Überlassung des unbeweglichen Vermögens an Dritte Vorteile zieht. So gehören steuerrecht-

lich die Einkünfte aus der Überlassung eines Grundstücks an einen Dritten zwecks *Substanzausbeute* (Abbau von Kohle, Kali, Mineralien, Erdöl, Stein, Kies, Sand usw.) in der Regel zu den Einkünften aus Vermietung und Verpachtung, obwohl der zwischen beiden Parteien geschlossene Ausbeutevertrag sich bürgerlich-rechtlich als Kaufvertrag über die auszubeutende Substanz darstellt. Ein Kaufvertrag ist steuerrechtlich nur anzunehmen, wenn neben der Substanz der Grund und Boden mitveräußert wird, weil dann der Eigentümer das wirtschaftliche Eigentum verloren hat. Das ist aber nicht der Fall, wenn der Grund und Boden zwar veräußert wird, dem Grundstückseigentümer jedoch ein Rückkaufsrecht zugestanden wird.

Daneben wird steuerrechtlich ein Kaufvertrag anzunehmen sein, wenn – ohne Mitveräußerung des Grund und Bodens – *einmalig* eine *fest begrenzte* Menge an Substanz veräußert wird.

Zu den Einkünften aus Vermietung und Verpachtung unbeweglichen Vermögens zählen auch *Entgelte für die Bestellung eines Erbbaurechts* (das Recht, auf oder unter der Oberfläche des Grundstücks ein Gebäude zu haben). Ob dieses Entgelt einmalig oder laufend anfällt, ist dabei unerheblich, denn auch hier wird unbewegliches Vermögen (Grundstück) zur Nutzung (Errichtung eines Gebäudes) überlassen.

BEISPIEL: A hat zugunsten des B auf einem ihm gehörenden Grundstück ein Erbbaurecht für einen Zeitraum von 50 Jahren bestellt. B hat A für die Bestellung des Erbbaurechts jährlich 10 000 € zu zahlen. B hat auf diesem Grundstück ein Gebäude errichtet, das er an C vermietet hat. Die Miete des A an B beträgt pro Jahr 25 000 €. C hat einen Teil des Gebäudes an D untervermietet. D bezahlt C jährlich 7 000 € Miete.

Einkünfte aus Vermietung und Verpachtung beziehen A, B und C. Sie haben unbewegliches Vermögen gegen Entgelt zur Nutzung überlassen.

Zu den Einnahmen zählen neben dem reinen Mietzins auch Umlagen für Müllabfuhr, Heizung, Wassergeld, Straßenreinigung usw. Die Behandlung von Zuschüssen, Mietvorauszahlungen und Mieterzuschüssen ist ausführlich in R 21.3 EStR besprochen. Zu den Einnahmen zählen auch Zahlungen wegen übermäßiger Beanspruchung oder vertragswidriger Vorenthaltung der Mietsache.

3. Einkünfte aus Vermietung und Verpachtung von Sachinbegriffen

§ 21 Abs. 1 Nr. 2 EStG

Sachinbegriff ist eine Vielfalt von beweglichen Sachen, die wirtschaftlich nach ihrer Zweckbestimmung eine Einheit bilden, wie z. B. bewegliches gewerbliches Betriebsvermögen, das Vermögen eines Freiberuflers. Der Sachinbegriff darf nicht zum Betriebsvermögen des Vermieters gehören. 108

Werden einzelne Wirtschaftsgüter, die nicht Sachinbegriff sind, vermietet, fallen die Einnahmen nicht unter § 21 Abs. 1 Nr. 2 EStG, sondern unter § 22 Nr. 3 EStG.

4. Einkünfte aus zeitlich begrenzter Überlassung von Rechten

§ 21 Abs. 1 Nr. 3 EStG

109 Überlässt der Steuerpflichtige gegen Entgelt einem Dritten ein zum Privatvermögen gehörendes Recht zur Nutzung, so erzielt er Einnahmen nach § 21 Abs. 1 Nr. 3 EStG.

Der Anwendungsbereich dieser Vorschrift ist sehr eng, weil Einkünfte aus der Überlassung von Rechten in der Regel anderen Einkunftsarten zuzurechnen sind (§ 21 Abs. 3 EStG). So fallen z. B. Entgelte für die Überlassung von Erfindungen, die nicht auf planvoller Erfindertätigkeit beruhen (Zufallserfindung), unter § 21 Abs. 1 Nr. 3 EStG. Würde es sich um eine Erfindung im Rahmen einer planvollen Erfindertätigkeit handeln, so würde der Erfinder Einkünfte aus freiberuflicher Tätigkeit (§ 18 Abs. 1 Nr. 1 EStG) beziehen.

Wird ein Recht *erworben* und anschließend einem Dritten gegen Entgelt zur Nutzung überlassen, so bezieht der Erwerber Einnahmen aus § 21 Abs. 1 Nr. 3 EStG, sofern dieses Recht nicht Teil eines Betriebsvermögens geworden ist.

5. Einkünfte aus der Veräußerung von Miet- und Pachtzinsforderungen

§ 21 Abs. 1 Nr. 4 EStG

110 Der Veräußerungspreis für einen Anspruch auf Miete oder Pacht ist eine Einnahme aus Vermietung und Verpachtung. Wirtschaftlich hat der Steuerpflichtige das erhalten, worauf er Anspruch hat.

6. Ganz oder teilweise unentgeltliche Überlassung einer Wohnung

§ 21 Abs. 2 Satz 2 EStG

111 Wird eine Wohnung ganz oder teilweise unentgeltlich zu Wohnzwecken überlassen, so besteht nur im Hinblick auf das Entgelt (Miete, Pacht) Einkunftserzielungsabsicht, d. h., dass die Aufwendungen, die diese Wohnung betreffen, grundsätzlich nur insoweit Werbungskosten sein können, als sie das Entgelt (Miete, Pacht) betreffen, soweit sie die nicht entgeltliche Überlassung der Wohnung betreffen, sind sie Lebenshaltungskosten i. S. des § 12 Nr. 1 EStG. § 21 Abs. 2 Satz 2 EStG schafft insofern eine Vereinfachung, als von einer vollen (100 %) Einkunftserzielungsabsicht auszugehen ist, wenn das Entgelt für die Überlassung zu Wohnzwecken mindestens 66 % der erzielbaren Miete (ortsübliche Miete) beträgt. Bei einer auf Dauer angelegten Wohnungsvermietung gilt in diesem Fall die Wohnungsvermietung als (voll) entgeltlich. Beträgt jedoch die Miete tatsächlich weniger als 66 % der ortsüblichen Miete, so sind die Aufwendungen für diese Wohnung nach dem Verhältnis der entgeltlichen zur unentgeltlichen Wohnungsüberlassung in Werbungskosten und Kosten der privaten Lebensführung aufzuteilen.

Die ortsübliche Miete entspricht der Kaltmiete einschließlich der umlagefähigen Kosten.

BEISPIEL: Der Steuerpflichtige hat einer Bekannten aus privaten Gründen eine Wohnung verbilligt zu Wohnzwecken überlassen. Die ortsübliche Miete für diese Wohnung beträgt monatlich 1 000 €. Der Steuerpflichtige verlangt und erhält eine monatliche Miete von

a) 300 €

b) 660 €

c) 700 €

Da sich im Fall a die tatsächliche Miete auf 30 % der ortsüblichen Miete beschränkt, also nur eine 30 % Einkunftserzielungsabsicht besteht, können nur 30 % der diese Wohnung betreffenden Aufwendungen als Werbungskosten abgezogen werden. Im Fall b und c beträgt die tatsächliche Miete nicht weniger als 66 % der ortsüblichen Miete. Gemäß § 21 Abs. 2 Satz 2 EStG können die gesamten die Wohnung betreffenden Aufwendungen als Werbungskosten abgezogen werden.

Wird eine Wohnung ganz unentgeltlich überlassen, besteht keine Einkunftserzielungsabsicht, so dass ein Werbungskostenabzug nicht möglich ist.

BEISPIEL: A hat ein Haus mit 3 gleich großen Wohnungen errichtet. Die ortsübliche Miete pro Wohnung beträgt 1 000 €. Während A eine Wohnung selbst nutzt, ist eine Wohnung an die Mutter des A für 700 € und eine weitere Wohnung an eine Bekannte des A für 300 € vermietet.

Es sind folgende Aufwendungen angefallen:

AfA gem. § 7 Abs. 5 EStG	30 000 €
Schuldzinsen	24 000 €
Grundbesitzabgaben	1 800 €
Erhaltungsaufwand in der Wohnung des A	1 000 €
in der Wohnung der Mutter	800 €
in der Wohnung der Bekannten	1 200 €
Anstrich der Außenfassade	9 000 €

LÖSUNG: Soweit die Aufwendungen auf die Wohnung des A entfallen, sind sie nicht als Werbungskosten abzugsfähig, weil A bei der selbstgenutzten Wohnung keine Einkunftserzielungsabsicht hat.

Soweit die Aufwendungen die Wohnung der Mutter betreffen, sind sie in *voller* Höhe Werbungskosten, weil die von der Mutter entrichtete Miete nicht weniger als 66 % der ortsüblichen Miete beträgt. Soweit die Aufwendungen die Wohnung der Bekannten betreffen, sind sie zu 30 % als Werbungskosten abzugsfähig, weil die tatsächliche Miete weniger als 66 % der ortsüblichen Miete beträgt und dementsprechend von nur einer 30 %-Einkunftserzielungsabsicht auszugehen ist.

Die Einkünfte aus dem Haus sind wie folgt zu ermitteln:

Einnahmen	
12 × 700 € =	8 400 €
12 × 300 € =	3 600 €
Summe	12 000 €
·/. Werbungskosten, soweit sie die Wohnung der Mutter betreffen:	
AfA ($^1/_3$)	10 000 €
Schuldzinsen ($^1/_3$)	8 000 €
Grundbesitzabgaben ($^1/_3$)	600 €
Erhaltungsaufwand in der Wohnung ($^1/_1$)	800 €

Erhaltungsaufwand Außenfassade ($^1/_3$)	3 000 €
soweit sie die Wohnung der Bekannten betreffen:	
AfA (30 % von $^1/_3$)	3 000 €
Schuldzinsen (30 % von $^1/_3$)	2 400 €
Grundbesitzabgaben (30 % von $^1/_3$)	180 €
Erhaltungsaufwand in der Wohnung (30 % von 1 200 €)	360 €
Erhaltungsaufwand Außenfassade (30 % von $^1/_3$)	900 €
Summe	29 240 €
Einkünfte aus Vermietung und Verpachtung (Verlust)	17 240 €

VII. Sonstige Einkünfte

§§ 22, 23 EStG

1. Einkünfte aus wiederkehrenden Bezügen

§ 22 Nr. 1 EStG

a) Allgemeines

112 Die Vorschrift des § 22 Nr. 1 EStG umfasst Einkünfte aus wiederkehrenden Bezügen, soweit sie nicht zu den in § 2 Abs. 1 Nr. 1 bis 6 EStG bezeichneten Einkunftsarten gehören. Betroffen sind nur *private* wiederkehrende Bezüge, nicht jedoch *betriebliche* wiederkehrende Bezüge. Stellen sich wiederkehrende Bezüge wirtschaftlich als Kapitalrückzahlungen (Kaufpreisraten) dar, so erfüllen sie nicht den Tatbestand des § 22 Nr. 1 EStG, weil von diesem Vorgang lediglich die Vermögenssphäre des Steuerpflichtigen betroffen wird.

Der Kreis der *steuerpflichtigen* wiederkehrenden Bezüge wird durch § 22 Nr. 1 Satz 2 EStG wesentlich eingeschränkt. Danach liegen steuerpflichtige wiederkehrende Bezüge nur vor, soweit sie weder freiwillig noch aufgrund einer freiwillig begründeten Rechtspflicht noch einer gesetzlich unterhaltsberechtigten Person gewährt werden. § 22 Nr. 1 Satz 2 EStG korrespondiert mit § 12 Nr. 2 EStG. Sind die Leistungen gem. § 12 Nr. 2 EStG beim Geber nicht abziehbar, entfällt die Steuerpflicht der Leistungen beim Empfänger. Andererseits hat der Empfänger die Leistungen zu versteuern, wenn der Geber die Aufwendungen – mangels Anwendbarkeit des § 12 Nr. 2 EStG – abziehen kann.

Dieser Regelung liegt der Gedanke zugrunde, dass die wiederkehrenden Bezüge insgesamt einmal – entweder beim Geber (durch Nichtabzugsfähigkeit der Leistungen) oder beim Empfänger – der Einkommensteuer unterliegen sollen. Wegen der Begriffe „freiwillig", „freiwillig begründeter Rechtspflicht", „gesetzlich unterhaltsberechtigte Person" Hinweis auf die Ausführungen zu § 12 Nr. 2 EStG. § 22 Nr. 1 Satz 2 EStG gilt dann nicht, wenn den wiederkehrenden Leistungen eine Gegenleistung gegenübersteht, wenn es sich also nicht um Zuwendungen handelt. Wegen der Begriffe „Gegenleistung" und „Zuwendung" Hinweis auf die Ausführungen zu § 12 Nr. 2 EStG (s. Tz 34 bis 38).

BEISPIEL: Der Vater veräußert sein Mehrfamilienhaus an seinen Sohn gegen eine Leibrente. Leistung und Gegenleistung stehen sich wirtschaftlich ausgewogen gegenüber.

Der Vater muss den Ertragsanteil der Rente versteuern, der Sohn setzt den Ertragsanteil als Werbungskosten ab. Da eine Gegenleistung vorhanden ist, kommen weder das Abzugsverbot noch § 12 Nr. 2 EStG noch die Einschränkung nach § 22 Nr. 1 Satz 2 EStG zum Zuge.

Steuerfrei bleiben wiederkehrende Bezüge auch insoweit, als sie in § 3 EStG aufgeführt sind (§ 3 Nr. 6, 8, 49 EStG z. B.).

b) Die Einteilung der wiederkehrenden Bezüge

Zu den wiederkehrenden Bezügen gehören gem. § 22 Nr. 1 Satz 3 Buchst. a Doppel- 113
buchst. aa EStG Leibrenten und andere Leistungen die aus den gesetzlichen Rentenversicherungen, den landwirtschaftlichen Alterskassen, den berufsständischen Versorgungseinrichtungen und aus Rentenversicherungen i. S. des § 10 Abs. 1 Nr. 2 Buchst. b erbracht werden, Leibrenten und andere Leistungen, die nicht unter den Doppelbuchst. aa fallen und bei denen in den einzelnen Bezügen Einkünfte aus Erträgen des Rentenrechts enthalten sind (§ 22 Nr. 1 Satz 3 Buchst. a Doppelbuchst. bb EStG) und gem. § 22 Nr. 1 Satz 3 Buchst. b EStG Zuschüsse und sonstige Vorteile, die als wiederkehrende Bezüge gewährt werden. Die Vorschriften des § 22 Nr. 1 Satz 3 Buchst. a und b EStG haben insoweit lediglich klarstellenden Charakter, denn die dort genannten Begriffe sind Teil des in § 22 Nr. 1 Satz 1 EStG verwendeten Begriffs „wiederkehrende Bezüge".

Der Begriff „Leibrente" i. S. des § 22 Nr. 1 Satz 3 Buchst. a EStG ist von großer Bedeutung, weil wiederkehrende Bezüge, die in Form einer Leibrente gewährt werden, entweder nach Doppelbuchst. aa nur mit dem „der Besteuerung unterliegenden Anteil" besteuert werden oder nach Doppelbuchst. bb nur insoweit steuerpflichtig sind, als in den einzelnen Bezügen Einkünfte aus dem Ertrag des Rentenrechts (Ertragsanteil) enthalten sind. Alle übrigen wiederkehrenden Bezüge sind in vollem Umfang steuerpflichtig.

Die einzelnen Formen der wiederkehrenden Bezüge i. S. des § 22 Nr. 1 EStG lassen sich nach folgender Übersicht einteilen.

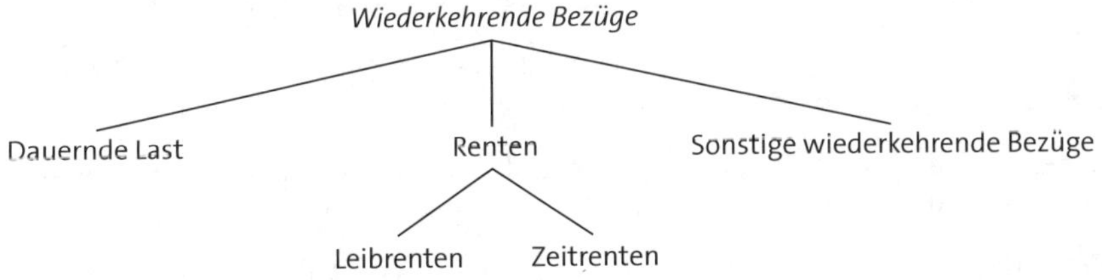

c) Begriff „Wiederkehrende Bezüge"

Wiederkehrende Bezüge sind Bezüge in Geld oder Geldeswert, die in gewissen Zeit- 114
abständen wiederkehren und die auf einem einheitlichen Entschluss des Gebers oder einem einheitlichen Rechtsgrund beruhen. Wiederkehrend sind alle Bezüge, die nicht nur einmal anfallen. Es ist also erforderlich, dass der Empfänger tatsächlich mehrmals Leistungen empfangen hat. Dabei ist es unerheblich, ob die Leistungen in regelmäßi-

gen Abständen oder in jeweils gleicher Höhe erfolgen. Wichtig ist jedoch, dass sie zumindest auf einem einheitlichen Entschluss des Gebers beruhen. Ein Stammrecht, wie es bei einer Rente zu fordern ist, ist nicht notwendig. Erbringt der Geber zwar mehrmals Leistungen an den Empfänger, beruht aber jede Leistung auf einem neuen Entschluss, so bezieht der Empfänger keine wiederkehrenden Bezüge i. S. des § 22 Nr. 1 EStG. Ein einheitlicher Entschluss setzt voraus, dass der Geber bei Beschlussfassung den Willen hat, dem Empfänger wiederholt Leistungen zuzuwenden.

d) Begriff „Rente" (Leib- und Zeitrente)

115 Renten stellen eine besondere Form der wiederkehrenden Bezüge dar. Der Dauer ihrer Laufzeit nach unterscheidet man Leibrenten und Zeitrenten. Der Begriff „Rente" ist weder im EStG noch im BGB definiert. Unter Berücksichtigung der Rechtsprechung des Bundesgerichtshofes und des Bundesfinanzhofes lässt sich folgende Definition aufstellen:

Eine Rente ist ein einheitlich nutzbares, selbständiges Recht (Stammrecht), dessen Erträge aus regelmäßig wiederkehrenden gleichmäßigen Leistungen in Geld oder vertretbaren Sachen bestehen und das dem Berechtigten auf die Lebenszeit des Menschen oder auf die Dauer von mindestens 10 Jahren eingeräumt ist.

aa) Selbständiges Stammrecht

116 Die Rentenleistungen müssen sich auf einen einheitlichen Verpflichtungsgrund zurückführen lassen, z. B. einen Vertrag oder ein Testament. Stattdessen kann auch eine gesetzliche Vorschrift in Betracht kommen, wie es z. B. bei den nach der Reichsversicherungsordnung gezahlten Renten aus den gesetzlichen Rentenversicherungen der Angestellten oder Arbeiter der Fall ist.

Das Entstehen eines Rentenstammrechts setzt voraus, dass das zugrunde liegende Rechtsgeschäft wirksam ist. Soweit Formvorschriften des bürgerlichen Rechts für die Wirksamkeit des Rechtsgeschäftes von Bedeutung sind, müssen sie beachtet werden. Fehlt die vorgeschriebene Form, ist das Rechtsgeschäft nichtig (§ 125 BGB).

Wird z. B. mit der Rentenzusage ein Schenkungsversprechen erteilt, so ist gem. § 518 BGB gerichtliche oder notarielle Beurkundung notwendig.

Bei einer Grundstücksveräußerung gegen Leibrentenversprechen ist gem. § 313 BGB ebenfalls gerichtliche oder notarielle Beurkundung notwendig.

Ist keine besondere Form nach dem BGB vorgesehen, so kann ein Zeitrentenversprechen mündlich, ein Leibrentenversprechen muss hingegen gem. § 761 BGB schriftlich erfolgen. Werden aufgrund eines nichtigen Rechtsgeschäftes Leistungen erbracht, so handelt es sich nicht um Rentenzahlungen, sondern um sonstige wiederkehrende Bezüge, die freiwillig erbracht werden.

Das aus dem Leibrentenversprechen entstehende Stammrecht muss ein in sich geschlossenes einheitliches Recht darstellen. *Aus diesem Stammrecht* erwachsen die Einzelansprüche auf die Rentenzahlungen.

Eine Vielzahl von Einzelansprüchen mit fortlaufenden Fälligkeitsterminen ist *kein* Stammrecht.

Veräußert z. B. der Steuerpflichtige ein Mehrfamilienhaus gegen ein Leibrentenversprechen, so stellen sich die Rentenzahlungen des Erwerbers nicht als Bezahlung des Kaufpreises dar, sondern sie sind vielmehr Früchte des Rentenstammrechtes. Hätte der Steuerpflichtige das Mehrfamilienhaus vermietet, so wäre jede einzelne Mietzahlung das Entgelt für die Überlassung der Mietsache während einer bestimmten Zeit gewesen, ein Stammrecht wäre also nicht begründet. Mangels Stammrecht zählen auch wiederkehrende Leistungen, die als Schadensersatz wegen Körperverletzung oder Tötung (§§ 843 bis 845 BGB) zu erbringen sind, nicht zu den Renten.

bb) Regelmäßige Wiederkehr der Leistungen

Das Stammrecht muss den Anspruch auf Zahlungen gewähren, die in regelmäßigen 117
Zeitabständen zu erbringen sind. Ob der Empfänger die geschuldeten Zahlungen tatsächlich auch regelmäßig erhält, ist nicht ausschlaggebend.

cc) Dauer der Rente

Leibrenten sind Renten, deren Laufzeit von der Lebensdauer eines Menschen abhängt. 118
Das kann der Rentenberechtigte, der Rentenverpflichtete, das kann auch eine andere Person sein. Wird die Dauer einer Rente außer vom Leben einer Person durch andere Ereignisse beeinflusst, ist das für die Annahme einer Leibrente unschädlich. So kann z. B. Beginn und Ende einer Leibrente vom Eintritt eines bestimmten Ereignisses abhängig sein. Eine Rente kann z. B. in der Weise befristet sein, dass sie zwar auf das Leben eines Menschen abgestellt ist, spätestens jedoch nach Ablauf einer festgelegten Höchstzeit endet. Eine Rente mit einer derartigen Befristung wird als abgekürzte Leibrente (§ 55 Abs. 2 EStDV) oder auch als Höchstzeitrente bezeichnet. Dabei ist zu beachten, dass die vereinbarte Höchstzeit mindestens 10 Jahre betragen muss. Liegt die vereinbarte Höchstzeit unter 10 Jahren, so wird steuerlich eine Rente nicht anerkannt.

BEISPIEL: Der Steuerpflichtige sagt seiner Schwester am 1. 9. 2011 eine Leibrente zu, die bis zu dem Tod der Schwester zu zahlen ist, höchstens jedoch bis zur voraussichtlichen Pensionierung des Steuerpflichtigen am 1. 9. 2025.

Es handelt sich um eine abgekürzte Leibrente.

Neben den abgekürzten Leibrenten sind auch verlängerte Leibrenten, auch Mindestzeitrenten genannt, denkbar. Dabei handelt es sich um Renten, die einerseits vom Leben einer Person abhängen, andererseits jedoch für eine bestimmte Mindestzeit gezahlt werden, so dass, falls der Steuerpflichtige vor Ablauf der Mindestzeit verstirbt, dessen Erben in den Genuss der Rente gelangen.

BEISPIEL: Der Steuerpflichtige hat ein Mehrfamilienhaus gegen ein Leibrentenversprechen erworben. Die Leibrente ist bis zum Tode des Veräußerers, mindestens jedoch über einen Zeitraum von 30 Jahren zu zahlen. Sollte der Veräußerer vor Ablauf dieser 30 Jahre versterben, ist die Rente bis zum Ablauf der 30 Jahre seinem Sohn als voraussichtlich einzigem Erben weiterzuzahlen.

Es handelt sich um eine verlängerte Leibrente.

Werden Renten vereinbart, bei denen die Dauer unabhängig von der Lebenszeit eines oder mehrerer Menschen bestimmt wird, so handelt es sich um *Zeitrenten*.

Steuerlich liegt eine Rente allerdings nur dann vor, wenn die vereinbarte Laufzeit mindestens 10 Jahre beträgt. Ist das nicht der Fall, so handelt es sich um einen sonstigen wiederkehrenden Bezug.

Verstirbt der Berechtigte vor Ablauf der vereinbarten Laufzeit, so ist die Rente an dessen Erben bis zum Ablauf der Laufzeit weiterzuzahlen. Das unterscheidet die Zeitrente von der abgekürzten Leibrente.

Wird eine Zeitrente vereinbart und hat die Zeitrente lediglich den Zweck, den Lebensunterhalt des Berechtigten sicherzustellen, so kann in der Regel angenommen werden, dass die Beteiligten die Rentenzahlungen auf den Todesfall des Berechtigten begrenzen wollten. Steuerlich ist dann von einer abgekürzten Leibrente auszugehen.

Nach der Rechtsprechung des BFH ist bei einer *entgeltlichen* privaten Zeitrente (Veräußerungsrente) stets eine Vereinbarung von Kaufpreisraten anzunehmen.

dd) Leistungen in Geld oder vertretbaren Sachen

119 Die Leistungen des Gebers müssen in Geld oder vertretbaren Sachen bestehen. Ein anderer Leistungsinhalt ist bei einer Rente nicht möglich. Regelmäßige Dienstleistungen oder das Nutzungsrecht an einer Wohnung können keine Rentenzahlungen sein.

Werden in einem Vertrag teils regelmäßige Geldleistungen und teils regelmäßige Dienstleistungen vereinbart, so kann diese einheitlich getroffene Vereinbarung für den Zweck der Besteuerung aufgeteilt werden, soweit die Geldleistungen als „nicht unerheblich“ anzusehen sind. Wann Geldleistungen als „nicht unerheblich“ anzusehen sind, ist noch nicht abschließend geklärt. Die Geldleistungen sind als Rente anzusehen, die Dienstleistungen sind sonstige wiederkehrende Bezüge.

Übergeben Eltern ihren Kindern einen Betrieb gegen Naturalleistungen und Geldleistungen, so handelt es sich insgesamt um sonstige wiederkehrende Bezüge, wenn die Geldleistungen den Wert der Naturalleistungen nicht übersteigen. Übersteigen die Geldleistungen den Wert der Naturalleistungen, stellen die Geldleistungen eine Rente, die Naturalleistungen einen sonstigen wiederkehrenden Bezug dar.

ee) Gleichmäßigkeit der Leistungen

120 Die erbrachten Leistungen müssen der Höhe nach gleichmäßig sein, d. h. es muss jeweils der gleiche Geldbetrag oder die gleiche Menge vertretbarer Sachen gewährt werden. Das bedeutet aber nicht, dass die Rentenbezüge während der gesamten Laufzeit in ihrer absoluten Höhe unverändert bleiben müssen, denn es kommt nicht auf die Gleichmäßigkeit des Nennwertes der Rentenleistungen, sondern vielmehr auf die Gleichmäßigkeit des wirtschaftlichen Werts der Rente an. Verändern sich die Rentenzahlungen in einer Weise, die den gleich bleibenden wirtschaftlichen Wert der Rentenbezüge sicherstellt, so ist dies unschädlich. Unschädlich ist z. B. die Abhängigkeit der Höhe der Rentenleistungen vom Lebenshaltungskosten-Index, vom Gehalt eines Beamten in einer bestimmten Besoldungsgruppe, von der Bemessungsgrundlage der Sozial-

versicherungsrenten. Auch die Vereinbarung einer Währungsklausel, die geeignet ist, die Gleichmäßigkeit der Leistungen sicherzustellen, ist unschädlich.

Werden die Rentenzahlungen mit einer Bezugsgröße verknüpft, die nicht geeignet ist, die Gleichmäßigkeit der Rentenzahlungen in ihrem wirtschaftlichen Wert zu gewährleisten, so steht dies der Annahme einer Rente entgegen. Keine Rentenzahlungen sind z. B. Leistungen, deren Höhe vom Umsatz oder Gewinn eines gewerblichen oder land- und forstwirtschaftlichen Betriebs oder von der Praxis eines Freiberuflers abhängt. Ebenso sind die Einnahmen aus einem Mietwohnhaus keine geeignete Bezugsgröße.

Die Gleichmäßigkeit der Leistungen ist zu verneinen, wenn die einzelnen Rentenbezüge von den jeweiligen wirtschaftlichen Verhältnissen des Gebers oder Empfängers abhängig sind. Das ist in der Regel der Fall, wenn vertragliche Abmachungen zur Regelung eines familienrechtlichen Unterhaltsanspruchs erfolgen. Solche Verträge enthalten – mindestens stillschweigend – den Vorbehalt der Leistungsfähigkeit des Gebers und des Unterhaltsbedürfnisses des Empfängers.

Eine Rente liegt in solchen Fällen nur dann vor, wenn diese Vorbehalte ausdrücklich ausgeschlossen werden, wenn auf eine Abänderung der Rentenbezüge ausdrücklich verzichtet wird (§ 323 ZPO). Unschädlich ist, wenn sich der Verzicht nicht auf den Fall des Wegfalls der Geschäftsgrundlage erstreckt.

Bei *entgeltlichen* Rentenversprechungen ist in der Regel nicht davon auszugehen, dass der Vorbehalt der Leistungsfähigkeit bzw. des Unterhaltsbedürfnisses stillschweigend vereinbart worden ist. Hier ist nur dann eine Rente zu verneinen, wenn die Vorbehalte tatsächlich vereinbart worden sind.

Rentenzahlungen aufgrund von Hofübergabeverträgen (Altenteilsverträgen) dienen regelmäßig dem Zweck, den Lebensbedarf der zu versorgenden Personen den jeweiligen Verhältnissen entsprechend abzusichern. Die Altenteilsleistungen stellen deshalb im Allgemeinen sonstige wiederkehrende Bezüge dar. Wegen der gleichzeitigen Gewährung von Naturalleistungen und Geldleistungen s. Tz 121.

e) Begriff „Dauernde Last“

Dauernde Lasten sind auf einer besonderen Verpflichtung beruhende wiederkehrende Leistungen, die für eine gewisse Dauer – mindestens für 10 Jahre – aufgebracht werden müssen. 121

Der Begriff „dauernde Last“ ist für den Empfänger der wiederkehrenden Bezüge ohne Bedeutung, weil sich für ihn die gleichen steuerlichen Folgen wie bei einem sonstigen wiederkehrenden Bezug ergeben. Bedeutungsvoll ist die Unterscheidung in dauernde Last und sonstiger wiederkehrender Bezug für die Abzugsfähigkeit der Aufwendungen beim Geber. Der Geber kann nämlich nicht – sofern die Einschränkung nach § 22 Nr. 1 Satz 2 EStG nicht zum Zuge kommt – wiederkehrende Bezüge schlechthin als Werbungskosten (§ 9 Abs. 1 Satz 3 Nr. 1 EStG) oder als Sonderausgaben (§ 10 Abs. 1a Nr. 2 EStG) geltend machen, sondern nach dem Wortlaut des Gesetzes nur Renten und dauernde Lasten. Sonstige wiederkehrende Bezüge sind somit nicht abzugsfähig.

Eine dauernde Last verlangt einen besonderen Verpflichtungsgrund (siehe § 9 Abs. 1 Satz 3 Nr. 1 und § 10 Abs. 1a Nr. 2 EStG: „... auf besonderen Verpflichtungsgründen beruhende, lebenslange und wiederkehrende Versorgungsleistungen“). Ein Stammrecht – wie bei einer Rente – wird nicht verlangt.

In zeitlicher Hinsicht (Dauer der Leistungen) ist der Begriff „dauernde Last“ ebenso auszulegen wie der Rentenbegriff. Eine Verpflichtung, die zu einer dauernden Last führt, kann z. B. auf das Leben einer Person abgestellt sein oder sich auf eine bestimmte Zeit – mindestens jedoch 10 Jahre – erstrecken.

Gegenstand der dauernden Last können Geld und Sachleistungen jeder Art, also nicht nur vertretbare Sachen sein. Persönliche Dienstleistungen können keine dauernden Lasten sein, weil dem Steuerpflichtigen keine Aufwendungen erwachsen. Die Leistungen brauchen weder regelmäßig noch in gleichmäßigem Umfang erbracht zu werden.

Ob die unentgeltliche Überlassung von Wohnräumen zur Nutzung eine dauernde Last begründen kann, ist umstritten. Wird dem Nutzenden einmalig ein Nutzungsrecht eingeräumt, aufgrund dessen er zur Nutzung der Wohnung berechtigt ist, so handelt es sich um einen *einmaligen* Vermögensvorgang, der keinen wiederkehrenden Aufwand bedeutet. Nur wenn die Nutzungsmöglichkeit laufend zugewendet wird, der Nutzungsberechtigte die Wohnung nicht kraft eines ihm zustehenden Nutzungsrechts nutzt, liegt eine dauernde Last vor.

Ergeben sich bei der Übertragung von Privatvermögen durch Vereinbarung wiederkehrender Bezüge dauernde Lasten, die im Rahmen des § 10 Abs. 1a Nr. 2 EStG in vollem Umfang abziehbar sind, so unterliegen sie in entsprechendem Umfang gem. § 22 EStG der Besteuerung (sog. Korrespondenzprinzip des § 22 Nr. 1a EStG).

Dem liegt der Gedanke zugrunde, dass der Vermögensübergeber zwar sein Vermögen überträgt, sich die Erträge des Vermögens jedoch zumindest teilweise vorbehalten will und sie deshalb zu versteuern hat. Steuertechnisch wird das durch den Abzug der Versorgungsleistungen als dauernde Last beim Geber und durch den Ansatz als wiederkehrender Bezug beim Empfänger erreicht.

BEISPIEL: Der Vater, 70 Jahre alt, überträgt im Wege vorweggenommener Erbfolge seinen Gewerbebetrieb im Wert von 500 000 € auf seine Tochter. Die durchschnittlichen Einkünfte betragen 20 000 €. Die Tochter verpflichtet sich, monatlich 1 000 € zu zahlen, wobei die Höhe der Zahlungen vom Versorgungsbedürfnis des Vaters abhängt.

Der Barwert der Leistungen der Tochter liegt – berücksichtigt man die Lebenserwartung des Vaters – weit unter dem Wert des Betriebs. Ohne nähere Prüfung ist erkennbar, dass es sich um Versorgungsleistungen der Tochter und nicht etwa um Unterhaltsleistungen handelt.

Die Tochter erzielt nunmehr die Einkünfte aus Gewerbebetrieb. Über die Versorgungsleistungen überträgt sie die Einkünfte teilweise auf ihren Vater (= Abzug als dauernde Last), der sie zu versteuern hat (= Ansatz als wiederkehrende Bezüge). Es kommt also zur Besteuerung beim Vater, der sich die Erträge des Vermögens aus Versorgungsgründen vorbehalten wollte.

Insoweit ist steuerrechtlich die Vermögensübertragung bei der vorweggenommenen Erbfolge mit Versorgungsleistungen vergleichbar der Vermögensübertragung unter dem Vorbehalt des Nießbrauchs. Auch in diesem Fall versteuert der Vermögensübergeber weiterhin die Einkünfte, wenn auch im obigen Fall weiterhin als Einkünfte aus Gewerbebetrieb.

Wird Vermögen übertragen unter dem Vorbehalt des Nießbrauchs *und* gegen Versorgungsleistungen, sind ein Abzug der Versorgungsleistungen als dauernde Last und ein Ansatz beim Empfänger als wiederkehrende Bezüge nicht zulässig, weil – wegen des Nießbrauchs – der Vermögensübergeber die Einkünfte schon zu versteuern hat.

Zu den dauernden Lasten gehören z. B.:

- Leistungen, die von den jeweiligen wirtschaftlichen Verhältnissen des Gebers oder Empfängers abhängen,
- Leistungen, die sich nach einer schwankenden Größe, z. B. Umsatz oder Gewinn bemessen,
- Leistungen aus Altenteilsverträgen,
- Leistungen als Schadensersatz (§§ 843 – 845 BGB).

f) Sonstige wiederkehrende Bezüge

Sonstige wiederkehrende Bezüge sind Bezüge, die die Voraussetzungen des Oberbegriffs „wiederkehrende Bezüge" erfüllen, aber keine Renten oder dauernde Lasten darstellen. 122

g) Umfang der Steuerpflicht

Private wiederkehrende Bezüge sind steuerpflichtig, soweit nicht die Einschränkung nach § 22 Nr. 1 Satz 2 EStG Anwendung findet. *In vollem Umfang* steuerpflichtig sind *dauernde Lasten* und *sonstige wiederkehrende Bezüge*. 123

Bei privaten Zeitrenten ist zwischen entgeltlich und unentgeltlich erworbenen Zeitrenten zu unterscheiden:

Entgeltlich erworbene Zeitrenten sind steuerlich wie Kapitalrückzahlungen (Kaufpreisraten) zu behandeln, d. h. sie sind in einen Zins- und einen Tilgungsanteil zu zerlegen. Der Zinsanteil zählt gem. § 20 Abs. 1 Nr. 7 EStG zu den Einnahmen aus Kapitalvermögen. § 22 EStG wird durch die entgeltlich erworbene Zeitrente nicht berührt.

Unentgeltlich erworbene Zeitrenten sind *in vollem Umfang* steuerpflichtig.

Ab dem Jahr 2005 richtet sich der Umfang der Besteuerungen nach der Art der Rente. Bei der steuerlichen Berücksichtigung wird schließlich zwischen der nachgelagerten Besteuerung und der Besteuerung nach dem Ertragsanteil unterschieden. Bei der nachgelagerten Besteuerung ist ein steuerpflichtiger Anteil, unter Berücksichtigung der Tabelle aus § 22 Nr. 1 Satz 3 Buchst. a Doppelbuchst. aa Satz 3 EStG, zu ermitteln. Dennoch werden bestimmte Renten weiterhin nach dem Ertragsanteil besteuert. Dieser ergibt sich nach § 22 Nr. 1 Satz 3 Buchst. a Doppelbuchst. bb Satz 4 EStG oder gem. § 55 EStDV (siehe Tz 124).

h) Besteuerung der Leibrenten i. S. des § 22 Nr. 1 Satz 3 Buchst. a Doppelbuchst. bb EStG

Steuerpflichtig gem. § 22 EStG sind private Leibrenten, wenn sie z. B. 124

- entgeltlich erworben sind und keiner anderen Einkunftsart zuzurechnen sind,

- eine dem Grunde nach entgeltliche Betriebsveräußerungsrente darstellen, aber der Veräußerer die sofortige Besteuerung des Veräußerungsgewinns wählt.

BEISPIELE:

1. Der Steuerpflichtige bezieht aus einer privaten Rentenversicherung eine Leibrente. Es handelt sich nicht um eine Rentenversicherung i. S. d. § 10 Abs. 1 Nr. 2 Buchst. b EStG.
2. Der Steuerpflichtige hat sein Mietwohnhaus gegen die Vereinbarung einer lebenslangen Rente an einen fremden Dritten veräußert.
3. Der Steuerpflichtige hat seine freiberufliche Praxis gegen eine Leibrente veräußert. Er hat sich für die sofortige Besteuerung des Veräußerungsgewinns entschieden.

In allen Fällen handelt es sich um private Leibrenten, die gem. § 22 Nr. 1 Satz 3 Buchst. a Doppelbuchst. bb EStG der Besteuerung unterliegen.

Wie bereits ausgeführt, wird nicht der gesamte Rentenbezug, sondern nur der in dem Rentenbezug enthaltene Ertragsanteil besteuert.

Die Rentenbezüge sind daher in nichtsteuerpflichtigen Rückfluss des Kapitals und in aus dem Kapital erzielte Erträge aufzuteilen. Dem liegt der Gedanke zugrunde, dass – im Regelfall – Aufwendungen zum Erwerb eines Stammrechts entstanden sind, die an den Steuerpflichtigen zurückfließen.

Der Ertragsanteil ist nach der Tabelle in § 22 Nr. 1 Satz 3 Buchst. a Doppelbuchst. bb Satz 4 EStG zu ermitteln. Dabei ist von dem bei Beginn der Rente vollendeten Lebensjahr auszugehen. Liegt der Beginn der Rente vor dem 1. 1. 1955, ist von dem am 1. Januar 1955 vollendeten Lebensjahr des Rentenberechtigten auszugehen (§ 55 Abs. 1 Nr. 1 EStDV). Ist die Dauer der Leibrente von der Lebenszeit einer anderen Person als des Rentenberechtigten abhängig, so ist das Alter dieser Person maßgebend. Liegt der Beginn der Rente vor dem 1. 1. 1955, ist das am 1. 1. 1955 vollendete Lebensjahr dieser Person maßgebend (§ 55 Abs. 1 Nr. 2 EStDV).

Bei Leibrenten, deren Dauer von der Lebenszeit mehrerer Personen abhängt, ist das bei Beginn der Rente vollendete Lebensalter der *ältesten* Person maßgebend, wenn das Rentenrecht mit dem Tode des zuerst Sterbenden erlischt.

Das Lebensalter der *jüngsten* Person ist maßgebend, wenn das Rentenrecht mit dem Tode des zuletzt Sterbenden erlischt. Liegt der Beginn der Rente vor dem 1. 1. 1955, so kommt es auf das vollendete Lebensjahr der maßgebenden Person am 1. 1. 1955 an (§ 55 Abs. 1 Nr. 3 EStDV).

Bei *abgekürzten* Leibrenten ist die Tabelle des § 55 Abs. 2 EStDV anzuwenden.

Unter Beginn der Rente ist grundsätzlich der Zeitpunkt zu verstehen, von dem an die Rente vertraglich zu laufen beginnt. Ist der Beginn der Rente von der Vollendung eines bestimmten Lebensjahres der berechtigten Person abhängig und beginnt die Rente *mit dem Beginn* des Monats, in dem der Steuerpflichtige dieses Lebensjahr vollendet, so ist dieses erst im Laufe des Monats vollendete Lebensjahr maßgebend.

BEISPIEL: Der Steuerpflichtige vollendet am 16. 8. 2015 sein 65. Lebensjahr. Die private Leibrente beginnt mit dem 1. 9. 2015 zu laufen.

Der Ertragsanteil der Rente beträgt 18 % der Rentenbezüge.

Steht eine Rente einer Person zu und erhält eine andere Person nur für den Fall eine Rente, dass sie die erste Person überlebt, so handelt es sich um zwei Renten, von denen die Letztere aufschiebend bedingt ist.

BEISPIEL: Der Ehemann bezieht seit Vollendung des 65. Lebensjahres eine Rente aus einer privaten Lebensversicherung. Nach seinem Tode am 14. 7. 2015 erhält die Ehefrau, die am 14. 3. 2015 das 72. Lebensjahr vollendet hat, bis zu ihrem Tod eine Rente von 600 € pro Monat.

Der Ehemann hat bis zu seinem Tode	7 × 1 000 € = 7 000 €
bezogen, der Ehefrau sind	5 × 600 € = 3 000 €
zugeflossen.	

Der Ehemann hat 18 % von 7 000 € = 1 260 €, die Ehefrau 13 % von 3 000 € = 390 € Einnahmen i. S. des § 22 Nr. 1 Satz 3 Buchst. a Doppelbuchst. bb EStG.

Ist der Ertragsanteil bei einer abgekürzten Leibrente zu ermitteln, so kommt es gem. der Tabelle in § 55 Abs. 2 EStDV auf die Beschränkung der Laufzeit der abgekürzten Leibrente an.

Bemisst sich die Laufzeit nicht auf volle Jahre, so ist zwecks Anwendung der Tabelle aus Vereinfachungsgründen auf volle Jahre abzurunden.

Überschreitet die Höchstzeit die Lebenserwartung des Steuerpflichtigen, gilt § 55 Abs. 1 EStDV nicht, sondern die Tabelle des § 22 Nr. 1 Satz 3 Buchst. a Doppelbuchst. bb EStG ist anzuwenden. In welchen Fällen die Tabelle des § 22 Nr. 1 Satz 3 Buchst. a Doppelbuchst. bb EStG im Einzelfall anzuwenden ist, ergibt sich aus der Spalte 3 der Tabelle zu § 55 Abs. 2 EStDV. Bei abgekürzten Leibrenten ist immer der niedrigere Ertragsanteil zu besteuern, der sich aus dem Vergleich der beiden Tabellen ergibt.

BEISPIELE:

1. Der Steuerpflichtige hat sein Mehrfamilienhaus gegen Vereinbarung einer abgekürzten Leibrente veräußert. Die Laufzeit der Rente ist auf 10 $^1/_2$ Jahre beschränkt worden. Bei Beginn der Rente am 1. 10. 2015 hatte der Steuerpflichtige das 55. Lebensjahr vollendet.

   Die beschränkte Laufzeit ist zur Anwendung der Tabelle in § 55 Abs. 2 EStDV auf 10 Jahre abzurunden. Der Ertragsanteil beträgt 12 %. Gemäß Spalte 3 der Tabelle in § 55 Abs. 2 EStDV wäre der Ertragsanteil aus der Tabelle in § 22 Nr. 1a EStG zu entnehmen, wenn der Steuerpflichtige zu Beginn des Rentenabzugs das 75. Lebensjahr vollendet hätte.

2. Der am 13. 2. 1942 geborene Steuerpflichtige hat sein Mehrfamilienhaus gegen Vereinbarung einer abgekürzten Leibrente veräußert. Der vertragliche Beginn des Rentenbezugs ist der 1. 1. 1990. Die Laufzeit der Rente endet am 31. 12. 2015.

   Die Laufzeit der Rente beträgt 26 Jahre. Gemäß Tabelle in § 55 Abs. 2 EStDV beträgt der Ertragsanteil 27 %. Am 1. 1. 1990 hatte der Steuerpflichtige das 47. Lebensjahr vollendet. Hätte er zu diesem Zeitpunkt das 55. Lebensjahr vollendet (Spalte 3, Tabelle zu § 55 Abs. 2 EStDV), wäre der Ertragsanteil nach der Tabelle in § 22 Nr. 1 Satz 3 Buchst. a Doppelbuchst. bb EStG zu ermitteln.

3. Der am 8. 3. 1940 geborene Steuerpflichtige hat sein Einfamilienhaus 2010 gegen eine abgekürzte Leibrente veräußert. Die Höchstlaufzeit beträgt lt. Vertrag 20 Jahre. Die Rente begann am 1. 7. 2010 zu laufen.

   Bei Beginn der Laufzeit der Rente hat der Steuerpflichtige das 70. Lebensjahr vollendet. Gemäß Tabelle in § 55 Abs. 2 EStDV beträgt der Ertragsanteil bei einer zwanzigjährigen Laufzeit 21 %. Spalte 3 der Tabelle legt jedoch fest, dass der Ertragsanteil nach der Tabelle in § 22 Nr. 1 Satz 3 Buchst. a Doppelbuchst. bb EStG zu bestimmen ist, weil der Steuerpflichtige zu Beginn der Laufzeit der Rente das 63. Lebensjahr bereits vollendet hat. Auszugehen ist deshalb gem. § 22 Nr. 1 Satz 3 Buchst. a Doppelbuchst. bb EStG (Tabelle) von einem Ertragsanteil von 21 %.

Wird eine private Leibrente während ihrer Laufzeit erhöht oder herabgesetzt, so ist wie folgt zu verfahren:

Bei einer *Erhöhung* gilt der Erhöhungsbetrag als selbständige Rente, für die der Ertragsanteil vom Zeitpunkt der Erhöhung an gesondert zu ermitteln ist. Ob die Erhöhung von vornherein oder während der Laufzeit der Rente vereinbart wurde, ist ohne Bedeutung. Keine Erhöhungen in diesem Sinne sind Erhöhungen, die lediglich die Gleichmäßigkeit der Rente in ihrem wirtschaftlichen Wert sicherstellen (Wertsicherungsklausel, Anpassung an Besoldungsgruppe eines Beamten oder an Renten aus der gesetzlichen Rentenversicherung), und Erhöhungen, denen eine Herabsetzung vorangegangen ist.

BEISPIEL: A erhält von B eine private Leibrente i. H. von 800 € pro Monat seit dem 1. 7. 1992. Beide Parteien kommen überein, die Rente ab 1. 7. 2015 auf 1 200 € zu erhöhen. A wurde am 1. 3. 1942 geboren.

Die sonstigen Einkünfte 2015 sind wie folgt zu ermitteln:

12 × 800 € = 9 600 € davon 30 % =	2 880 €
6 × 400 € = 2 400 € davon 13 % =	312 €
Ertragsanteil	3 192 €
·/. § 9a Satz 1 Nr. 1 Buchst. c EStG	102 €
	3 090 €

Für die Ermittlung des Ertragsanteils der ursprünglichen Rente ist das zu Beginn der Laufzeit, am 1. 7. 1992 vollendete Lebensjahr maßgebend. Der Steuerpflichtige hatte zu diesem Zeitpunkt das 50. Lebensjahr vollendet, dementsprechend beträgt der Ertragsanteil 30 %. Für den erhöhten Betrag beträgt der Ertragsanteil 13 %, weil der Steuerpflichtige zu Beginn der Laufzeit der erhöhten Rente das 73. Lebensjahr vollendet hatte.

Wird eine Rente *herabgesetzt* und war diese Herabsetzung von vornherein vereinbart, so ist der Teil der Rente, der ab dem vereinbarten Zeitpunkt entfällt, als abgekürzte Leibrente zu behandeln, deren Ertragsanteil nach § 55 Abs. 2 EStDV zu bestimmen ist.

Der Ertragsanteil des unveränderlichen Grundbetrags der Rente ist nach § 22 Nr. 1 Satz 3 Buchst. a Doppelbuchst. bb EStG festzustellen.

BEISPIEL: Seit dem 1. 1. 2003 bezieht der am 3. 8. 1943 geborene Steuerpflichtige eine Rente i. H. von 1 000 € monatlich aus der Veräußerung seines Mehrfamilienhauses. Aufgrund der vertraglichen Abmachungen vermindert sich die Rente ab dem 31. 12. 2015 auf 800 €.

2015 sind die Einkünfte wie folgt zu ermitteln:

800 € × 12 = 9 600 € davon 23 % =	2 208 €
(Der Steuerpflichtige hat bei Beginn der Laufzeit das 59. Lebensjahr vollendet.)	
200 € × 12 = 2 400 € davon 15 % (Laufzeit 13 Jahre)	360 €
(lt. Tabelle § 55 Abs. 2 EStDV)	
Ertragsanteil	2 568 €
·/. § 9a Satz 1 Nr. 3 EStG	102 €
	2 466 €

Wird die Vereinbarung über die *Herabsetzung während des Rentenbezugs* auf einen späteren Zeitpunkt festgelegt, so ist der Teil der Rente, der zu einem späteren Zeitpunkt fortfallen wird, ab dem Zeitpunkt der Vereinbarung als abgekürzte Leibrente zu behandeln. Als beschränkte Laufzeit gilt die Zeit vom Beginn des Rentenbezugs bis zum Zeitpunkt des teilweisen Fortfalls des Rentenbezugs.

BEISPIEL: A erhält von B eine Leibrente i. H. von monatlich 1 500 €. Bei Beginn der Laufzeit der Rente am 1. 3. 2003 hatte A das 60. Lebensjahr vollendet. Am 15. 6. 2015 vereinbaren die Vertragspartner, dass die Leibrente ab 1. 7. 2018 nur noch i. H. von 1 000 € gezahlt werden soll.

Der Ertragsanteil ist für 2015 wie folgt zu ermitteln:

6 × 1 500 € = 9 000 € + 6 × 1 000 € =	
insgesamt 15 000 € davon 22 % =	3 300 €
(§ 22 Nr. 1 Satz 3 Buchs. a Doppelbuchst. bb EStG)	
6 × 500 € = 3 000 € davon 16 % (Laufzeit 15 Jahre)	480 €
Ertragsanteil	3 780 €

Beschränkte Laufzeit i. S. des § 55 Abs. 2 EStDV ist die Zeit vom 1. 3. 2003 bis zum 1. 7. 2018 = 15 Jahre und 4 Monate; abgerundet auf 15 Jahre.

Wäre im Beispielsfall die Herabsetzung sofort wirksam geworden, so wäre der Ertragsanteil wie folgt zu ermitteln:

Summe der Rentenbezüge des Jahres 2015	15 000 €
(6 × 1 500 € + 6 × 1 000 €)	
davon 22 % (Ertragsanteil)	3 300 €

Wie der Ertragsanteil einer verlängerten Leibrente zu ermitteln ist, ergibt sich weder aus dem EStG noch aus den EStR. Nach der Rechtsprechung hängt die steuerliche Beurteilung davon ab, ob die vertraglich laufenden monatlichen Zahlungen die Merkmale einer Leibrente oder die einer Zeitrente oder Rate aufweisen.

Ist die festgelegte Mindestzeit kürzer als die Lebenserwartung der Person, nach deren Lebenszeit die Dauer der Rente bestimmt ist, soll die verlängerte Leibrente nach den für Leibrenten geltenden Bestimmungen (Ansatz des Ertragsanteils) besteuert werden, weil die Mindestzeit voraussichtlich keine praktische Bedeutung erlangen wird.

Ist die Mindestlaufzeit erheblich länger als die Lebenserwartung, tritt das Merkmal „Lebenserwartung" – nach dem die Abgrenzung zwischen Leib- und Zeitrente getroffen wird – zurück, und das Merkmal „Mindestzeit" tritt in den Vordergrund. In diesem Fall richtet sich die Besteuerung nach den für Zeitrenten geltenden Grundsätzen.

BEISPIEL: A erhält von B eine Kaufpreisrente. Bei Beginn der Rente hat A noch eine Lebenserwartung von 12 Jahren. Die Rente hängt von der Lebensdauer des A ab, sie läuft jedoch mindestens 25 Jahre.

Die Mindestzeit übersteigt die Lebenserwartung des A bei weitem. Die Besteuerung der Mindestzeitrente richtet sich nach den Grundsätzen, die für entgeltlich erworbene Zeitrenten gelten. Die Rentenzahlungen sind als Raten zu behandeln, der in den Raten enthaltene Zinsanteil unterliegt gem. § 20 Abs. 1 Nr. 7 EStG der Besteuerung.

Erhält der Steuerpflichtige eine *Rentennachzahlung*, so unterliegt diese den Grundsätzen des § 22 EStG. Eine besondere Vergünstigung ist im EStG nicht vorgesehen.

i) Besteuerung der Leibrenten i. S. des § 22 Nr. 1 Satz 3 Buchst. a Doppelbuchst. aa EStG

125 Aufgrund des Erlasses des Alterseinkünftegesetzes ergeben sich auch bei der Rentenbesteuerung einschneidende Veränderungen. Ab dem Veranlagungszeitraum 2005 unterliegen Leibrenten und andere Leistungen i. S. des § 22 Nr. 1 Satz 3 Buchst. a Doppelbuchst. aa EStG der (nachgelagerten) Besteuerung. Zur Behandlung von Vorsorgeaufwendungen und Altersbezügen s. a. das BMF-Schreiben vom 19. 8. 2013 (BStBl I 2013 S. 1087).

Nachgelagerte Besteuerung

Der Gesetzgeber hat hinsichtlich der nachgelagerten Besteuerung eine Übergangszeit von 25 Jahren geschaffen. Im Laufe dieser Zeit kommt es allmählich zu einer Steigerung des steuerpflichtigen Anteils, so dass die Renten ab dem Jahr 2039 vollständig nachgelagert besteuert werden. Dies führt im Gegenzug zu einer kontinuierlichen Absenkung des steuerfreien Anteils. Dieser wird auch als Rentenfreibetrag bezeichnet. Der Grundgedanke bei der nachgelagerten Besteuerung ist, dass die Altersvorsorgeaufwendungen während der Ausübung der beruflichen Tätigkeit steuerfrei sind und die daraus erzielten Bezüge zu 100 % im Alter der Besteuerung zu unterwerfen sind. Um dieses Verfahren nicht zu abrupt zu gestalten, wurde die bereits oben erwähnte Übergangszeit eingeführt. Für die Ermittlung des steuerpflichtigen Anteils, während dieser Übergangszeit, sind der Rentenbetrag sowie das Jahr des Rentenbeginns von großer Bedeutung. Zusätzlich ist zu erwähnen, dass der Rentenfreibetrag einmalig ermittelt wird und für die gesamte Laufzeit der Rente zu berücksichtigen ist. Folglich werden regelmäßige Anpassungen von der nachgelagerten Besteuerung erfasst, da eine Anpassung des Rentenfreibetrages nur unter bestimmten Voraussetzungen möglich ist. Im Sinne des § 22 Nr. 1 Satz 3 Buchst. a Doppelbuchst. aa Satz 4 EStG ergibt sich der steuerfreie Anteil aus dem Unterschiedsbetrag zwischen dem Jahresrentenbetrag und dem steuerpflichtigen Anteil. Zu beachten gilt, dass die Ermittlung des Rentenfreibetrags stets in dem Jahr durchzuführen ist, das dem Jahr des Rentenbeginns folgt. Gemäß der Tabelle im § 22 Nr. 1 Satz 3 Buchst. a Doppelbuchst. aa Satz 3 EStG ist der steuerpflichtige Anteil, unter Berücksichtigung der dort aufgeführten Werte, festzulegen. Für das Jahr 2005 ergibt sich somit ein steuerpflichtiger Anteil von 50 %.

BEISPIEL 1: Der Rentner W erhält ab Juni 2005 eine Rente aus der gesetzlichen Rentenversicherung i. H. von 750 €. Für den konkreten Sachverhalt ergibt sich ein Anteil von 50 %, der Besteuerung zu unterwerfen ist.

BEISPIEL 2: Der ABC erhält ab Mai 2015 eine Rente i. S. des § 22 Nr. 1 Satz 3 Buchst. a Doppelbuchst. aa EStG i. H. von 1 000 €. Der steuerpflichtige Anteil steigert sich auf 70 %.

Maßgebend für den Rentenbeginn und schließlich auch für die Höhe des Besteuerungsanteils ist der Zeitpunkt der Bewilligung durch die Rentenversicherungsanstalt. Der tatsächliche Anspruch ist dabei unerheblich (Rz. 220 des BMF-Schreibens vom 19. 8. 2013, BStBl I 2013 S. 1087).

BEISPIEL 3: Der Rentner Q erfüllt ab November 2015 die Voraussetzungen für eine Leistung aus der Rentenversicherung. Die Bewilligung erfolgt im Januar 2016. Demnach beträgt der steuerpflichtige Anteil 72 %.

Bei den Folgerente (Bsp. Witwenrente, Erwerbsminderungsrente) stellt sich die Rechtslage ein wenig anders dar. Nach § 22 Nr. 1 Satz 3 Buchst. a Doppelbuchst. aa Satz 8 EStG ist der tatsächliche Rentenbeginn völlig unerheblich. Vielmehr wird auf ein fiktives Jahr abgestellt, welche selbst festzulegen ist. Bei der Ermittlung wird von dem Beginn der Folgerente die Laufzeit der vorherigen Rente (sofern diese nach dem 31. 12. 2004 endet) abgezogen, wobei mindestens steuerpflichtiger Anteil von 50 % zum Ansatz zu bringen ist. Endet die vorherige Rente jedoch vor dem 31. 12. 2004, haben diese keine Auswirkung auf die Besteuerung der Folgerente (Rz. 224 ff. des BMF-Schreibens vom 19. 8. 2013, BStBl I 2013 S. 1087).

BEISPIEL 4: Die Eheleute A und B beziehen seit Januar 2003 jeweils eine Altersrente. Als A plötzlich verstirbt, erhält B ab April 2009 eine Witwenrente (Folgerente). Demnach ergibt sich für die Folgerente ein steuerpflichtiger Anteil von 50 %. Vom Beginn der Folgerente ist diesbezüglich die Laufzeit der Altersrente (6 Jahre und drei Monate) abzuziehen. Somit liegt der fiktive Rentenbeginn im Januar 2003.

Nachdem der steuerpflichtige Anteil vollständig ermittelt wurde, kann man nun den steuerfreien Anteil bestimmen und die Einkünfte nach § 22 EStG darstellen. Nach § 22 Nr. 1 Satz 3 Buchst. a Doppelbuchst. aa Satz 4 und 5 EStG gilt der steuerfreie Teil der Rente für die gesamte Laufzeit des Rentenbezugs. Der steuerfreie Teil der Rente wird in dem Jahr ermittelt, das dem Jahr des Rentenbeginns folgt. Bei Renten, die vor dem 1. 1. 2005 begonnen haben, ist der steuerfreie Teil der Rente des Jahres 2005 maßgebend (Rz. 230 des BMF-Schreibens vom 19. 8. 2013, BStBl I 2013 S. 1087).

BEISPIEL 5: Der Rentner Z erhält ab dem Januar 2011 eine Rente i. H. von 850 €. Dabei ist eine regelmäßige Anpassung i. H. von 150 € jeweils zum Januar des nächsten Jahres vorgesehen.

Einkünfte 2011:

Rente (850 € × 12 Monate)	10 200 €
steuerpflichtiger Anteil 62 %	6 324 €
abzüglich WK-Pauschbetrag	102 €
Einkünfte	6 222 €

Der steuerfreie Anteil der Rente wird erst im Jahr 2012 ermittelt.

Einkünfte 2012:

Rente (1 000 € × 12 Monate)	12 000 €
steuerpflichtiger Anteil 62 %	7 440 €
Der steuerfreie Anteil ab dem Jahr 2012 beträgt somit 4 560 €	
abzüglich WK-Pauschbetrag	102 €
Einkünfte	7 338 €

Neuberechnung des steuerfreien Anteils

Nach § 22 Nr. 1 Satz 3 Buchst. a Doppelbuchst. aa Satz 6 EStG ist eine Änderung des steuerfreien Anteils unter bestimmten Voraussetzungen zulässig. Dies ist gegeben, wenn sich z. B. bei einer Witwenrente aufgrund der Einkommensanrechung des Steuerpflichtigen wesentliche Veränderungen ergeben. Regelmäßige Rentenanpassungen stellen keinen Anpassungsgrund dar. Zur Neuberechnung des steuerfreien Teils der Rente s. die Erläuterungen und das ausführliche Beispiel in Rz. 232 bis 235 des BMF-Schreibens vom 19. 8. 2013 (BStBl I 2013 S. 1087).

Renten und sonstige Einkünfte, die nach dem Ertragsanteil besteuert werden

Einige Renten werden weiterhin nach dem Ertragsanteil besteuert. Dies bezieht sich auf Renten und sonstige Einkünfte nach § 22 Nr. 1 Satz 3 Buchst. a Doppelbuchst. bb EStG. Für diese Renten ist der Beginn (vor oder nach 2005) nicht von Relevanz. Es wird ausschließlich auf das Alter des Rentenempfängers abgestellt. Der jeweilige Ertragsanteil ist mit Hilfe der Tabelle aus § 22 Nr. 1 Satz 3 Buchst. a Doppelbuchst. bb Satz 4 EStG zu ermittelt.

BEISPIEL 7: Der Steuerpflichtige YXZ erhält ab seinem 57. Geburtstag eine Rente aus einer privaten Rentenversicherung. Der Ertragsanteil beträgt demnach von 25 % (Tabelle aus § 22 Nr. 1 Satz 3 Buchst. a Doppelbuchst. bb Satz 4 EStG).

Öffnungsklausel

Hinter der Öffnungsklausel verbirgt sich eine Ausnahmeregel gem. § 22 Nr. 1 Satz 3 Buchst. a Doppelbuchst. bb Satz 2 EStG. Diese Regelung ermöglicht es dem Steuerpflichtigen (auf Antrag), Leibrenten und sonstige Einkünfte, die grundsätzlich der nachgelagerten Besteuerung unterliegen, der Besteuerung nach dem Ertragsanteil zu versteuern. Es ist jedoch nicht möglich, die gesamte Leibrente (lediglich ein bestimmter Teil) nach dieser Regelung der Besteuerung zu unterwerfen. Voraussetzung ist, dass die Beiträge für die Leibrente vor dem 31. 12. 2004 geleistet wurden und über dem Höchstbetrag für Beiträge zur gesetzlichen Rentenversicherung liegen. Eine weitere Voraussetzung ist, das die geleisteten Beiträge mindestens 10 Jahre den Höchstbetrag überschritten haben (Rz. 238 ff. des BMF-Schreibens vom 19. 8. 2013, BStBl I 2013 S. 1087).

BEISPIEL 8: Herr V bezieht seit dem Jahr 2001 eine Altersrente i. H. von 2 700 € aus einer landwirtschaftlichen Alterskasse. Anhand von Belegen kann er nachweisen, dass 35 % seiner Rente aus Beiträgen, die über dem Höchstbetrag liegen, resultieren. Er stellt den erforderlichen Antrag. Demnach unterliegen 65 % der Rente der nachgelagerten Besteuerung und ein Anteil von 35 % ist nach dem Ertragsanteil zu versteuern. Her V ist zu diesem Zeitpunkt 63 Jahre alt.

Einkünfte 2012:

Rente (32 400 € × 65 %)	nachgelagerte Besteuerung	21 060 €	
steuerpflichtiger Anteil 50 %		10 530 €	10 530 €
Rente (32 400 € × 35 %)	Besteuerung Ertragsanteil	11 340 €	
Ertragsanteil 20 %		2 268 €	2 268 €
abzüglich WK-Pauschbetrag			102 €
Einkünfte			12 696 €

2. Unterhaltungsleistungen eines geschiedenen oder getrennt lebenden, unbeschränkt steuerpflichtigen Ehegatten

§ 22 Nr. 1a, § 10 Abs. 1a Nr. 1 EStG

126 Kann der Geber von Unterhaltsleistungen diese mit Zustimmung des Empfängers als Sonderausgabe abziehen, so hat der Empfänger der Leistungen in Höhe des als Sonderausgabe abziehbaren Betrags Einnahmen i. S. des § 22 EStG. Es kommt nicht darauf an,

ob der Geber die Unterhaltsleistungen tatsächlich abzieht oder ob sie sich bei ihm steuerlich auswirken.

BEISPIEL: Der geschiedene Ehegatte leistet einen monatlichen Unterhaltsbeitrag von 1 000 €. Mit Zustimmung des anderen Ehegatten beantragt er den Abzug als Sonderausgabe i. H. von 5 000 €. Dem die Leistung empfangenden Ehegatten sind Einnahmen i. H. von 5 000 € zuzurechnen. Siehe auch Tz 142.

3. Versorgungsleistungen

§ 22 Nr. 1a, § 10 Abs. 1a Nr. 2 EStG

Es handelt sich um Einkünfte aus Versorgungsleistungen, soweit beim Zahlungsverpflichteten die Voraussetzungen für den Sonderausgabenabzug nach § 10 Abs. 1a Nr. 2 EStG erfüllt sind. Siehe auch Tz. 157. 126a

4. Versorgungsausgleichszahlungen

§ 22 Nr. 1a, § 10 Abs. 1a Nr. 3 und 4 EStG

Es handelt sich um Einkünfte aus Ausgleichszahlungen zur Vermeidung des Versorgungsausgleichs bzw. aus Ausgleichszahlungen im Rahmen des Versorgungsausgleichs, soweit bei der ausgleichspflichtigen Person die Voraussetzungen für den Sonderausgabenabzug nach § 10 Abs. 1a Nr. 3 und 4 EStG erfüllt sind. Zur Behandlung von Ausgleichszahlungen im Rahmen des Versorgungsausgleichs nach § 10 Abs. 1a Nr. 3 und 4 EStG und § 22 Nr. 1a EStG siehe das BMF-Schreiben vom 9. 4. 2010 (BStBl I 2010 S. 323). 126b

Zu den Besonderheiten beim Versorgungsausgleich siehe die Rz. 20 ff. des BMF-Schreibens vom 19. 8. 2013 (BStBl I 2013 S. 1087).

5. Einkünfte aus privaten Veräußerungsgeschäften

§ 22 Nr. 2, § 23 EStG

Gewinne aus der Veräußerung von Wirtschaftsgütern des Privatvermögens stellen in den vom Gesetzgeber bestimmten Fällen Einkünfte aus privaten Veräußerungsgeschäften dar (§§ 22 Nr. 2, 23 EStG). 127

a) Fristenregelungen

Gemäß § 23 Abs. 1 Nr. 1 EStG sind private Veräußerungsgeschäfte, Veräußerungsgeschäfte bei Grundstücken und Rechten, die den Vorschriften des BGB über Grundstücke unterliegen, bei denen der Zeitraum zwischen der Anschaffung und Veräußerung nicht mehr als zehn Jahre beträgt. Bei der Veräußerung von anderen Wirtschaftsgütern liegt ein privates Veräußerungsgeschäft vor, wenn der Zeitraum zwischen Anschaffung und Veräußerung nicht mehr als ein Jahr beträgt (§ 23 Abs. 1 Satz 1 Nr. 2 EStG). Damit besteuert der Gesetzgeber Wertzuwächse, die im Privatvermögen gebildet wurden. 128

BEISPIEL 1: A erwirbt am 2.1.2012 ein Grundstück für 100 000 € und veräußert dieses am 2.1.2016 für 1 000 000 €. Der Gewinn i. H. von 900 000 € ist gem. §§ 22 Nr. 2, 23 Abs. 1 Satz 1 Nr. 1, Abs. 3 EStG in vollem Umfang einkommensteuerpflichtig.

b) Einbeziehung eines nach Erwerb des Grundstücks fertig gestellten Gebäudes

129 Gemäß § 23 Abs. 1 Satz 1 Nr. 1 Satz 2 EStG ist auch der Veräußerungsgewinn steuerpflichtig, der auf ein Gebäude entfällt, das der Steuerpflichtige innerhalb der 10-Jahresfrist fertig gestellt hat, wenn der Steuerpflichtige das bebaute Grundstück innerhalb von zehn Jahren nach Erwerb des Grund und Bodens veräußert. Durch die Herstellung des Gebäudes beginnt also keine neue Frist zu laufen (s. a. Rz. 9 des BMF-Schreibens vom 5.10.2000, BStBl 2000 I S. 1383).

BEISPIEL 2: A baut im Beispiel 1 2013 auf dem Grundstück ein Mehrfamilienhaus. Die Herstellungskosten betrugen 400 000 € (aus Vereinfachungsgründen wird die AfA nicht berücksichtigt). Der Veräußerungspreis i. H. von 1 000 000 € entfällt zu 80 % auf das Haus. Die Veräußerung im Jahre 2016 ist insgesamt steuerpflichtig und führt zu einem Gewinn gem. §§ 22 Nr. 2, 23 Abs. 1 Satz 1 Nr. 1, Abs. 3 EStG i. H. von 500 000 €. Eine Aufteilung des Veräußerungspreises auf das Grundstück und das Gebäude unterbleibt.

c) Ausnahmeregelung für selbstgenutztes Wohneigentum

130 Für selbstgenutztes Wohneigentum hat der Gesetzgeber in § 23 Abs. 1 Nr. 1 Satz 3 EStG eine Ausnahmeregelung geschaffen. Die Veräußerung eines Wirtschaftsgutes, das im Zeitraum zwischen der Anschaffung oder Fertigstellung und der Veräußerung ausschließlich zu eigenen Wohnzwecken oder im Jahr der Veräußerung und in den beiden vorangegangenen Jahren (nicht ausschließlich?!) zu eigenen Wohnzwecken genutzt wurde, stellt kein privates Veräußerungsgeschäft dar. Der Gesetzgeber will durch diese Regelung die berufliche Mobilität und Veräußerungen wegen Familienzuwachses nicht behindern.

BEISPIEL 3: A erwirbt im Juni 2012 ein Einfamilienhaus zum Preis von 200 000 € und bewohnt dieses mit seiner Familie. Im März 2016 verkauft er das Haus für 400 000 €, weil er aus beruflichen Gründen umziehen muss. Der Gewinn aus der Veräußerung ist nicht steuerpflichtig (§ 23 Abs. 1 Satz 1 Nr. 1 Satz 3 EStG).

d) Entnahme aus dem Betriebsvermögen

131 Als Anschaffung gilt gem. § 23 Abs. 1 Satz 2 EStG auch die Überführung eines Wirtschaftsgutes in das Privatvermögen eines Steuerpflichtigen durch Entnahme oder Betriebsaufgabe. Damit wird gem. § 23 Abs. 1 Satz 1 Nr. 1 oder 2 EStG auch ein Veräußerungsgewinn oder -verlust aus der Veräußerung von Wirtschaftsgütern besteuert, die der Steuerpflichtige aus betrieblichen Gründen erworben hat, obwohl die Veräußerungsfrist – stellt man auf die eigentliche Anschaffung ab – bereits abgelaufen ist. Der Gesetzgeber beabsichtigt mit dieser Regelung, Streitigkeiten über Entnahmewerte die Grundlage zu entziehen, wenn sich im Rahmen einer späteren Veräußerung des entnommenen Wirtschaftsgutes herausstellt, dass der Entnahmewert zu niedrig war.

BEISPIEL 4: A erwirbt am 2.1.2005 ein Grundstück für 200 000 € und nutzt dieses im Rahmen seines Gewerbebetriebes. Am 1.4.2011 entnimmt er das Grundstück aus dem Betriebsvermögen und bucht einen (zutreffenden) Entnahmegewinn i. H. von 100 000 €. Am 1.4.2016 veräußert er das seit der Entnahme zu seinem Privatvermögen gehörende Grundstück für 400 000 €.

Gemäß § 23 Abs. 1 Satz 2 EStG ist die Wertsteigerung zwischen der Entnahme 2011 und der Veräußerung 2016 ein einkommensteuerpflichtiger Veräußerungsgewinn gem. § 23 Abs. 1 Satz 1 Nr. 1 EStG, da die Entnahme als Anschaffung gilt und zwischen Entnahme und Veräußerung weniger als zehn Jahre liegen. Hätte A das Grundstück stets privat genutzt, wäre der Veräußerungsgewinn in Gänze nicht steuerpflichtig gewesen.

e) Unentgeltlicher Erwerb

Bei einem unentgeltlichen Erwerb ist dem Einzelrechtsnachfolger für Zwecke dieser 132
Vorschrift die Anschaffung oder die Überführung eines Wirtschaftsgutes in das Privatvermögen durch den Rechtsvorgänger zuzurechnen (§ 23 Abs. 1 Satz 3 EStG). Damit wird bei Veräußerungsgeschäften auch im Anschluss an eine Einzelrechtsnachfolge (Schenkung, z. B. im Rahmen einer vorweggenommenen Erbfolge) im Hinblick auf das Anschaffungsgeschäft auf den Rechtsvorgänger abgestellt; bei einer Gesamtrechtsnachfolge ist dem Erwerber die Anschaffung des Rechtsvorgängers ohnehin wie eine eigene Anschaffung zuzurechnen.

f) Verlustverrechnung bei privaten Veräußerungsgeschäften

Nicht ausgeglichene negative Einkünfte aus privaten Veräußerungsgeschäften dürfen 133
nicht nur mit Gewinnen aus privaten Veräußerungsgeschäften im gleichen Kalenderjahr verrechnet werden; sie können nach Maßgabe des § 10d EStG auch von Gewinnen künftiger Kalenderjahre abgezogen werden (§ 23 Abs. 3 Satz 7 und 8 EStG).

4. Einkünfte aus Leistungen

§ 22 Nr. 3 EStG

Zu den sonstigen Einkünften i. S. des § 22 Nr. 3 EStG gehören Einkünfte aus Leistungen, 134
die nicht den anderen Einkunftsarten zugerechnet werden können (§ 2 Abs. 1 Satz 1 Nr. 1 bis 6 EStG, § 22 Nr. 1, 1a, 2, 4 und 5 EStG). Im Wesentlichen gilt § 22 Nr. 3 EStG für gelegentliche Leistungen und für sich wiederholende Leistungen, die den Einkunftsarten 1 bis 6 ähnlich sind, ihnen aber nicht zugeordnet werden können.

Leistungen i. S. des § 22 Nr. 3 EStG können in einem Tun, Dulden oder Unterlassen bestehen, das Gegenstand eines entgeltlichen Vorgangs sein kann und um des Entgelts willen erbracht wird. Veräußerungsvorgänge oder veräußerungsähnliche Vorgänge im privaten Bereich, bei denen ein Entgelt dafür erbracht wird, dass der Steuerpflichtige einen Vermögenswert in seiner Substanz endgültig aufgibt, fallen nicht unter § 22 Nr. 3 EStG, sondern allenfalls unter § 22 Nr. 2 EStG, § 23 EStG. Zu den Einkünften aus Leistungen gehören z. B. einmalige Bürgschaftsprovisionen, Entgelte für die Einräumung eines Vorkaufsrechts, Abfindungen für die Aufgabe einer Wohnung, Entgelte für freiwilliges Einsammeln und Verwerten leerer Flaschen, Einnahmen aus gewerbsmäßiger Unzucht.

Einkünfte aus Leistungen sind nicht steuerpflichtig, wenn sie weniger als 256 € im Kalenderjahr betragen haben. Betragen sie 256 € oder mehr, so sind die Einkünfte insgesamt steuerpflichtig. Bei einer Zusammenveranlagung gilt die Freigrenze von 256 €

für die Einkünfte eines jeden der Ehegatten. Negative Einkünfte aus Leistungen dürfen nicht mit anderen Einkünften ausgeglichen werden.

Negative Einkünfte aus Leistungen dürfen gem. § 22 Nr. 3 Satz 3 und 4 EStG mit positiven Einkünften aus anderen Leistungen verrechnet werden, nicht aber mit anderen positiven Einkünften. Nicht ausgeglichene negative Einkünfte mindern nach Maßgabe des § 10d EStG Einkünfte, die der Steuerpflichtige in dem unmittelbar vorangegangenen Veranlagungszeitraum und in den folgenden Veranlagungszeiträumen aus Leistungen i. S. des § 22 Nr. 3 Satz 1 EStG erzielt hat oder erzielt.

Fallen im Zusammenhang mit Leistungen Werbungskosten an, so werden sie im Jahr des Zuflusses der Einnahmen von den Einnahmen abgesetzt, auch wenn sie in einem früheren Jahr bereits verausgabt worden sind. Entstehen die Werbungskosten in einem späteren als dem Jahr des Zuflusses, so ist die Veranlagung des Zuflussjahres zu berichtigen.

VIII. Einnahmen i. S. des § 24 EStG

1. Allgemeines

135 § 24 EStG schafft keine weitere selbständige Einkunftsart. Der Gesetzgeber hat lediglich klarstellen wollen, dass die im Folgenden genannten Zahlungen an den Steuerpflichtigen den Einkunftsarten des EStG (§ 2 Abs. 1 EStG) zuzurechnen sind:

1. Entschädigungen,
2. Einkünfte aus einer ehemaligen Tätigkeit i. S. des § 2 Abs. 1 Nr. 1 bis 4 EStG oder aus einem früheren Rechtsverhältnis i. S. des § 2 Abs. 1 Nr. 5 bis 7 EStG,
3. Nutzungsvergütungen.

2. Entschädigungen

§ 24 Nr. 1 EStG

136 Zu den Einkünften des EStG gehören Entschädigungen, die gewährt werden

a) als Ersatz für entgangene oder entgehende Einnahmen,

b) für die Aufgabe oder Nichtausübung einer Tätigkeit, für die Aufgabe einer Gewinnbeteiligung oder eine Anwartschaft auf eine solche,

c) als Ausgleichszahlungen an Handelsvertreter nach § 89b HGB.

zu a):

Nach § 24 Nr. 1 Buchst. a EStG müssen die Entschädigungen für entgehende oder entgangene Einnahmen gewährt werden. Einnahmen entgehen nicht nur, wenn der Steuerpflichtige die Gründe dafür nicht zu vertreten hat, sondern auch dann, wenn der Steuerpflichtige bei dem zum Einnahmeausfall führenden Ereignis mitgewirkt hat, dabei aber unter einem nicht unerheblichen rechtlichen, wirtschaftlichen oder tatsächlichen Druck gehandelt hat. Diese Voraussetzung sieht der BFH z. B. bei einer Abfindung wegen Auflösung eines Dienstverhältnisses ohne Rücksicht auf die formelle Gestaltung des Auflösungsvorgangs (durch Kündigung oder Vereinbarung) in der Regel als erfüllt an, wenn der Arbeitgeber die Beendigung dieses Verhältnisses *veranlasst* hat. Das ist der Fall, wenn der Arbeitgeber für die Auflösung des Arbeitsverhältnisses die entscheidenden Ursachen gesetzt hat und dem Arbeitnehmer im Hinblick auf dieses Verhalten eine weitere Zusammenarbeit mit ihm nicht mehr zugemutet werden kann.

Der Arbeitnehmer z. B., der wegen erheblicher Meinungsverschiedenheit mit seinem Arbeitgeber – um einer drohenden Kündigung des Arbeitsvertrags zu entgehen – einer Auflösung des Arbeitsverhältnisses gegen Abfindung zustimmt, erhält eine Entschädigung gem. § 24 EStG.

Eine Entschädigung im betrieblichen Bereich bejaht der BFH nur, wenn das zum Einnahmeausfall führende Ereignis von einem Dritten durch Ausübung eines nicht unerheblichen Drucks veranlasst wird und dem Steuerpflichtigen dadurch die Grundlage zum Abschluss einer *unbestimmten Vielzahl* von Geschäften dergestalt verloren geht, dass dem Unternehmen – zumindest teilweise – die Ertragsgrundlage entzogen wird.

Eine Entschädigung muss einen Schaden ausgleichen, der durch den Verlust von Einnahmen entstanden ist, mit denen der Steuerpflichtige rechnen konnte. Sie muss als Ersatz gewährt werden, d. h. die Entschädigung muss die fortgefallenen Einnahmen ersetzen bzw. sie muss an deren Stelle treten. Die Entschädigung muss um des Schadens willen gewährt werden und unmittelbar den entstandenen Schaden ausgleichen (R 24.1 EStR). Erkennbar wird der unmittelbare Zusammenhang zwischen Schaden und Entschädigung, wenn ein Rechtsanspruch auf Ersatz besteht oder zumindest eine Entschädigung auf Billigkeitsgrundlage gefordert werden kann. Unerheblich ist, wer den Schaden ersetzt. Das kann neben dem zum Schadensersatz Verpflichteten auch ein Dritter sein.

Ein Ersatz liegt nicht vor, wenn der Empfänger das erhält, worauf er einen wirtschaftlichen Anspruch hat. Dieser Sachverhalt ist z. B. gegeben, wenn in Erfüllung eines gegenseitigen Vertrages an die Stelle laufender Einnahmen eine einmalige Einnahme tritt und diese Einnahme sämtliche in Zukunft anfallenden Einnahmen abgilt. Der Steuerpflichtige erhält das, worauf er einen wirtschaftlichen Anspruch hat; es hat sich lediglich die Form geändert, in der die Einnahmen zufließen, es wurden jedoch keine Einnahmen ersetzt.

Sind die Voraussetzungen des § 24 Nr. 1 Buchst. a EStG erfüllt, so ist die gewährte Entschädigung der Einkunftsart zuzurechnen, bei der die entgehenden oder entgangenen Einnahmen zu erfassen gewesen wären. Entschädigungsleistungen i. S. des § 24 Nr. 1 Buchst. a EStG zählen zu den außerordentlichen Einkünften nach § 34 Abs. 2 Nr. 2 EStG und unterliegen dem ermäßigten Steuersatz nach § 34 Abs. 1 EStG.

zu b):

Die Aufgabe oder Nichtausübung der Tätigkeit braucht bei § 24 Nr. 1 Buchst. b EStG nicht auf tatsächlichem, rechtlichem oder wirtschaftlichem Druck des Arbeitgebers zu beruhen.

Die Vorschrift erfasst die Fälle, in denen die Tätigkeit (auch) mit Willen des Arbeitnehmers aufgegeben wird, wobei im Regelfall nur dann vom Arbeitgeber eine Entschädigung geleistet wird, wenn seitens des Arbeitgebers an der Aufgabe oder Nichtausübung der Tätigkeit ein erhebliches Interesse besteht, z. B., wenn ein Arbeitnehmer – aus Wettbewerbsgründen – überhaupt keine Tätigkeit, auch nicht für einen anderen Arbeitgeber ausüben soll.

Im Gegensatz zu § 24 Nr. 1 Buchst. a EStG, bei dem das den Schaden auslösende Ereignis unmittelbar zum Wegfall der Einnahmen führt, löst bei § 24 Nr. 1 Buchst. b EStG die Unterlassung einer Leistung den Wegfall der Einnahmen aus. Eine dafür geleistete Entschädigung erfüllt den Tatbestand des § 24 Nr. 1 Buchst. b EStG, wenn die Aufgabe oder Nichtausübung einer Tätigkeit auch im Interesse des Arbeitgebers erfolgt.

Entschädigungen nach § 24 Nr. 1 Buchst. b EStG liegen z. B. vor

- bei Abfindungszahlungen, wenn der Steuerpflichtige von einem ihm tarifvertraglich eingeräumten Optionsrecht, gegen Abfindung aus dem Arbeitsverhältnis auszuscheiden, Gebrauch macht;
- für Entgelte, die für ein im Arbeitsvertrag vereinbartes Wettbewerbsverbot gezahlt werden;
- für Abfindungen, die ein angestellter Versicherungsvertreter von seinem Arbeitgeber für den Verzicht auf eine mögliche künftige Einkunftserzielung durch die Verkleinerung seines Bezirks erhält.

zu c):

Entschädigungen, die als Ausgleichszahlungen nach § 89b HGB geleistet werden, gehören nach § 34 Abs. 2 EStG zu den außerordentlichen Einkünften, die dem ermäßigten Steuersatz unterliegen (§ 34 Abs. 2 Nr. 2 EStG i.V. mit § 34 Abs. 1 EStG). Ansprüche aus Wettbewerbsabreden gem. § 90a HGB sind keine Entschädigungen i. S. des § 24 Nr. 1 Buchst. c EStG. Sie unterliegen der tariflichen Einkommensteuer (s. a. H 24.1 „Ausgleichszahlungen an Handelsvertreter" EStH).

3. Ehemalige Tätigkeiten

§ 24 Nr. 2 EStG

137 Einkünfte aus einer ehemaligen Tätigkeit liegen vor, wenn sie in wirtschaftlichem Zusammenhang mit der ehemaligen Tätigkeit stehen, insbesondere ein Entgelt für die im Rahmen der ehemaligen Tätigkeit erbrachten Leistungen darstellen. Einkünfte aus ehemaligen Tätigkeiten nach § 2 Abs. 1 Satz 1 Nr. 1 bis 4 EStG oder ehemaligen Rechtsverhältnissen i. S. des § 2 Abs. 1 Satz 1 Nr. 5 bis 7 EStG sind steuerpflichtig, und zwar auch dann, wenn sie dem Steuerpflichtigen als Rechtsnachfolger zufließen (R 24.2 Abs. 1 EStR).

Der Begriff des Rechtsnachfolgers umfasst sowohl den bürgerlich-rechtlichen Einzel- oder Gesamtrechtsnachfolger als auch denjenigen, dem z. B. aufgrund eines von einem Gewerbetreibenden abgeschlossenen Vertrags zugunsten Dritter (§ 328 BGB) Einnahmen zufließen, die auf der gewerblichen Betätigung beruhen. Fließen nachträgliche Einkünfte dem Rechtsnachfolger zu, sind sie nach den in seiner Person liegenden Besteuerungsmerkmalen zu versteuern (H 24.2 „Rechtsnachfolger" EStH).

BEISPIELE:

1. Der Steuerpflichtige hat am 31. 12. 2015 sein Mehrfamilienhaus veräußert. Im Januar 2016 überweist ein Mieter die Miete für September 2014.

   Nachträgliche Einnahmen aus Vermietung und Verpachtung (§ 24 Nr. 2 i.V. mit § 21 EStG) in 2016.

2. Ein Arzt hat seine freiberufliche Tätigkeit zum 31. 12. 2015 aufgegeben. Im September 2016 geht eine abgeschriebene Honorarforderung ein.

   Nachträgliche Betriebseinnahmen aus selbständiger Arbeit (§ 24 Nr. 2 i.V. mit § 18 EStG) in 2016.

4. Nutzungsvergütungen

§ 24 Nr. 3 EStG

138 Werden Grundstücke für öffentliche Zwecke in Anspruch genommen und werden dafür Nutzungsvergütungen einschließlich Zinsen gezahlt, so gehören diese zu den steuerpflichtigen Einnahmen. Nutzungsvergütungen und Zinsen sind tarifbegünstigt (§ 34 Abs. 2 Nr. 3 EStG), soweit sie für einen Zeitraum von mehr als drei Jahren nachgezahlt werden.

IX. Der Altersentlastungsbetrag

§ 24a EStG

139 Der Altersentlastungsbetrag ist eine altersabhängige Steuervergünstigung, denn seine Gewährung setzt voraus, dass der Steuerpflichtige vor Beginn des Veranlagungszeitraums das 64. Lebensjahr vollendet hat. Begünstigt werden Einkünfte aus allen Einkunftsarten außer Versorgungsbezügen i. S. des § 19 Abs. 2 EStG, Leibrenten i. S. des § 22 Nr. 1 Satz 3 Buchst. a EStG und Bezügen gem. § 22 Nr. 4 Satz 4 Buchst. b EStG. Versorgungsbezüge und Bezüge gem. § 22 Nr. 4 Satz 4 Buchst. b EStG sind schon wegen des Versorgungsfreibetrags teilweise von der Einkommensteuer freigestellt, und Renten werden mit dem steuerpflichtigen Anteil oder mit dem Ertragsanteil besteuert, so dass es für diese Einkünfte keiner weiteren Entlastung bedurfte.

Der Altersentlastungsbetrag beträgt im Jahr 2015 24,0 % des Arbeitslohns und der positiven Summe der Einkünfte, die nicht solche aus nichtselbständiger Arbeit sind, höchstens jedoch insgesamt im Jahr 2015 1 140 € im Kalenderjahr. Nach der Tabelle des § 24a EStG wird der Prozentsatz des Altersentlastungsbetrag sowie der Höchstbetrag in dem auf die Vollendung des 64. Lebensjahres folgenden Jahres ermittelt und bleibt dann auf Dauer unverändert.

Eine negative Summe der Einkünfte mindert nicht den Teil der Bemessungsgrundlage, der durch den Arbeitslohn bestimmt wird.

BEISPIELE:

1. Ein 70-jähriger Steuerpflichtiger hat bezogen:

Arbeitslohn	15 000 €
darin enthaltene Versorgungsbezüge	11 000 €
Einkünfte aus Gewerbebetrieb	25 000 €
Einkünfte aus Vermietung und Verpachtung	·/. 19 000 €

Vollendung des 64. Lebensjahres im Kalenderjahr 2011.

Die Bemessungsgrundlage ist wie folgt zu ermitteln:

Arbeitslohn	4 000 €
positive Summe der Einkünfte außer Einkünfte aus § 19 EStG	6 000 €
	10 000 €
davon 28.8 % =	2 880 €
höchstens jedoch (2012)	1 368 €

2. Ein 70-jähriger Steuerpflichtiger hat bezogen:

Arbeitslohn i. S. des § 19 Abs. 1 Nr. 1 EStG	3 000 €
Einkünfte aus § 20 Abs. 1 Nr. 7 EStG, die dem Kapitalertragsteuerabzug unterliegen (§ 43 Abs. 5 EStG)	4 000 €
Einkünfte aus § 21 EStG	3 000 €

Die Bemessungsgrundlage ist wie folgt zu ermitteln:

Arbeitslohn	3 000 €
positive Summe der Einkünfte	3 000 €
	6 000 €
davon 28.8 %	1 728 €
höchstens jedoch (2012)	1 368 €

Kapitalerträge, die nach § 32d Abs. 1 und § 43 Abs. 5 EStG dem gesonderten Steuertarif für Einkünfte aus Kapitalvermögen unterliegen, sind in die Berechnung des Altersentlastungsbetrages nicht einzubeziehen (R 24a Abs. 1 EStR).

Ist der Altersentlastungsbetrag vom Arbeitslohn und von einer positiven Summe der Einkünfte zu berechnen und muss er für die Anwendung anderer Vorschriften von bestimmten Einkünften abgezogen werden, so ist davon auszugehen, dass er zunächst vom Arbeitslohn berechnet worden ist.

BEISPIEL:

Arbeitslohn i. S. des § 19 Abs. 1 Nr. 1 EStG	3 000 €
positive Summe der Einkünfte	20 000 €
	23 000 €
davon 28.8 %	6 624 €
höchstens jedoch (2012)	1 368 €

Es ist davon auszugehen, dass der Altersentlastungsbetrag zunächst vom Arbeitslohn berechnet worden ist, so dass vom gesamten Altersentlastungsbetrag von 1 368 € ein Teilbetrag von

864 € durch den Arbeitslohn und ein Teilbetrag von 504 € durch die positive Summe der Einkünfte bedingt ist.

Im Fall der Zusammenveranlagung ist der Altersentlastungsbetrag bei Vorliegen der altersmäßigen Voraussetzung jedem Ehegatten nach Maßgabe der von ihm bezogenen Einkünfte zu gewähren. Der Altersentlastungsbetrag wird gem. § 2 Abs. 3 EStG von der Summe der Einkünfte bei der Ermittlung des Gesamtbetrags der Einkünfte abgezogen.

X. Entlastungsbetrag für Alleinerziehende

§ 24b EStG

Durch das Gesetz zur Anhebung des Grundfreibetrags, des Kinderfreibetrags, des Kindergeldes und des Kinderzuschlags vom 16. 7. 2015 (BGBl I 2015 S. 1202) wird ab dem VZ 2015 u. a. § 24b EStG geändert. 140

Alleinstehende Steuerpflichtige können ab dem VZ 2004 den Entlastungsbetrag für Alleinerziehende nach § 24b Abs. 1 EStG von der Summe der Einkünfte (§ 2 Abs. 3 EStG) bei der Ermittlung des Gesamtbetrags der Einkünfte abziehen, wenn sie mit mindestens einem Kind, für das ihnen ein Freibetrag nach § 32 Abs. 6 EStG oder Kindergeld zusteht, eine Haushaltsgemeinschaft bilden und der Steuerpflichtige und sein Kind in der gemeinsamen Wohnung gemeldet sind. Voraussetzung für die Berücksichtigung des Entlastungsbetrages ist die Identifizierung des Kindes durch die an dieses Kind vergebene Identifikationsnummer (§ 139a AO). Die Angabe der Identifikationsnummer des Kindes ist erforderlich, um sicherzustellen, dass der Entlastungsbetrag dem Alleinerziehenden für die zutreffenden Monate in zutreffender Höhe gewährt wird (§ 24b Abs. 1 EStG).

Nach § 24b Abs. 2 EStG wird ab dem VZ 2015 der seit 2004 bestehende Entlastungsbetrag für Alleinerziehende von 1 308 € auf 1 908 € angehoben. Der Entlastungsbetrag von 1 908 € wird gewährt, wenn zum Haushalt des allein stehenden Steuerpflichtigen ein Kind, für das ein Freibetrag nach § 32 Abs. 6 EStG oder Kindergeld gewährt wird, gehört. Für jedes weitere Kind erhöht sich der Betrag von 1 908 € um 240 € je weiterem Kind.

Steuerpflichtige, die weder die Voraussetzungen für die Anwendung des Splitting-Verfahrens nach § 26 Abs. 1 EStG erfüllen oder verwitwet sind und keine Haushaltsgemeinschaft mit einer anderen volljährigen Person bilden, es sei denn, für diese Person steht dem Steuerpflichtigen ein Freibetrag nach § 32 Abs. 6 EStG (Kinderfreibetrag) oder Kindergeld zu, sind nach § 24b Abs. 3 EStG alleinstehend (s. a. BMF-Schreiben vom 29. 10. 2004, BStBl 2004 I S. 1042).

Liegen diese Voraussetzungen nicht für das gesamte Jahr vor, ist der Freibetrag nach § 24b Abs. 4 EStG für jeden vollen Monat, in dem diese nicht vorgelegen haben, um 159 €, die Kinderkomponente um 20 € zu mindern.

F. Einkommensermittlung

I. Sonderausgaben

§§ 10, 10b, 10c EStG

1. Allgemeines

141 Aus sozialpolitischen Erwägungen hat der Gesetzgeber bestimmte Aufwendungen, die zu den Kosten der Lebensführung gehören, steuerlich begünstigen wollen. Die begünstigten Aufwendungen sind u. a. in § 10 EStG – Sonderausgaben – aufgezählt.

Als Sonderausgaben sind nur solche *tatsächlich geleisteten Aufwendungen* abzugsfähig, *die weder Werbungskosten noch Betriebsausgaben sind,* d. h. bevor der Abzug als Sonderausgaben zu prüfen ist, ist zunächst zu untersuchen, ob die Aufwendungen nicht als Werbungskosten oder als Betriebsausgaben absetzbar sind.

Bei den Sonderausgaben unterscheidet man zwei Gruppen: die beschränkt abzugsfähigen und die unbeschränkt abzugsfähigen Sonderausgaben.

unbeschränkt abzugsfähig	*beschränkt abzugsfähig*
► lebenslange und wiederkehrende Versorgungsleistungen gem. § 10 Abs. 1a Nr. 2 EStG ► Ausgleichszahlungen zur Vermeidung bzw. im Rahmen des Versorgungsausgleichs gem. § 10 Abs. 1a Nr. 3 und 4 EStG ► gezahlte Kirchensteuer gem. § 10 Abs. 1 Nr. 4 EStG	► Unterhaltsleistungen gem. § 10 Abs. 1a Nr. 1 EStG bis zu höchstens 13 805 € ► Beiträge zu Versicherungen gem. § 10 Abs. 1 Nr. 2, 3 und Nr. 3a EStG im Rahmen des § 10 Abs. 3 und 4 EStG ► Kinderbetreuungskosten gem. § 10 Abs. 1 Nr. 5 EStG ► Berufsausbildungskosten, Kosten der Weiterbildung in einem nicht ausgeübten Beruf gem. § 10 Abs. 1 Nr. 7 EStG bis zu höchstens 6 000 €. Bei Ehegatten ist dieser Betrag für jeden Ehegatten zu berücksichtigen. ► Schuldgeld für den Besuch von Ersatz- oder Ergänzungsschulen gem. § 10 Abs. 1 Nr. 9 EStG bis maximal 5 000 € ► Altersvorsorgebeiträge (§ 10a EStG) ► Spenden (§ 10b EStG)

Die Aufzählung der als Sonderausgaben abzugsfähigen Aufwendungen ist abschließend in §§ 10, 10b EStG geregelt.

2. Beschränkt abzugsfähige Sonderausgaben

a) Unterhaltsleistungen an den geschiedenen oder dauernd getrennt lebenden, unbeschränkt einkommensteuerpflichtigen Ehegatten

§ 10 Abs. 1a Nr. 1 EStG

142 Unterhaltsleistungen des einen Ehegatten an den von ihm geschiedenen oder dauernd getrennt lebenden anderen Ehegatten sind bis zur Höhe von 13 805 € als Sonderaus-

gaben abzugsfähig, wenn der leistende Ehegatte den Abzug als Sonderausgabe mit Zustimmung des Empfängers beantragt und der Empfänger unbeschränkt einkommensteuerpflichtig ist. Der Höchstbetrag von 13 805 € erhöht sich um die Beiträge i. S. des § 10 Abs. 1 Nr. 3, die der Geber der Unterhaltsleistungen als Versicherungsnehmer zur Absicherung des Empfängers der Unterhaltsleistungen aufwendet.

BEISPIEL: Der Ehemann leistet an seine von ihm dauernd getrennt lebende Ehefrau monatliche Unterhaltsleistungen von 1 100 €. Zusätzlich zahlt er für die von ihm abgeschlossene Krankenversicherung zur Absicherung seiner Ehefrau (Basisabsicherung) monatlich 300 €.

Der Höchstbetrag von 13 805 € erhöht sich hier um 3 600 € auf 17 405 €. Tatsächlich hat der Ehemann hier 13 200 € + 3 600 € = 15 800 € aufgewendet. Wenn die Ehefrau dem Antrag des Ehemannes zustimmt, kann er gem. § 10 Abs. 1a Nr. 1 EStG einen Betrag von 15 800 € abziehen.

Die Beiträge des Ehemannes zur Absicherung der Ehefrau, die er als Versicherungsnehmer aufgewendet hat, gelten gem. § 10 Abs. 1 Nr. 3 Satz 3 EStG als Beiträge der Ehefrau. Im Ergebnis zieht der Ehemann die eigenen Beiträge zur Absicherung der Ehefrau als Unterhaltsleistungen i. S. des § 10 Abs. 1a Nr. 1 EStG ab, die Ehefrau versteuert sie nach § 22 Nr. 1a EStG und erklärt diese Beiträge als eigene Sonderausgaben i. S. des § 10 Abs. 1 Nr. 3 EStG. Kommt es nicht zur Anwendung des § 10 Abs. 1a Nr. 1 EStG, weil z. B. die Ehefrau dem Antrag des Ehemannes nicht zustimmt, bleibt es beim Grundsatz. Der Ehemann zieht die Beiträge als Sonderausgaben ab, weil er sie als Versicherungsnehmer aufgewendet hat.

Der Gesetzgeber hat den Sonderausgabenabzug von der Zustimmung des unbeschränkt einkommensteuerpflichtigen Ehegatten abhängig gemacht, weil dieser im Falle der Zustimmung die beim leistenden Ehegatten als Sonderausgaben abzugsfähigen Unterhaltsleistungen als wiederkehrende Bezüge i. S. des § 22 Nr. 1a EStG zu versteuern hat.

Der Antrag des leistenden Ehegatten kann – mit Zustimmung des anderen Ehegatten – auch auf einen bestimmten Teilbetrag der Unterhaltsleistungen beschränkt werden. In diesem Fall hat der Empfänger auch nur einen entsprechenden Teilbetrag zu versteuern. Wird kein Antrag gestellt oder stimmt der Empfänger der Unterhaltsleistungen dem Antrag auf Sonderausgabenabzug nicht zu, ist § 10 Abs. 1a Nr. 1 EStG nicht anwendbar, und ebenso entfällt eine Besteuerung beim Empfänger der Unterhaltsleistungen. Dem leistenden Ehegatten bleibt dann lediglich eine Steuerermäßigung nach § 33a Abs. 1 EStG, die jedoch nicht zum Ansatz von wiederkehrenden Bezügen beim Empfänger führt. Wird der Antrag auf Sonderausgabenabzug auf einen Teilbetrag der Unterhaltsleistungen beschränkt oder übersteigen die Unterhaltsleistungen 13 805 €, so kann für den übersteigenden Betrag keine Steuerermäßigung nach § 33a Abs. 1 EStG gewährt werden.

Der Antrag auf Sonderausgabenabzug kann ebenso wie die Zustimmung des anderen Ehegatten zu diesem Antrag nicht zurückgenommen werden. Auch wenn der Antrag zum Zweck der Ermittlung eines Freibetrages oder der Festsetzung von Einkommensteuer-Vorauszahlungen gestellt worden ist, kann er bei einer späteren Veranlagung für diesen Veranlagungszeitraum nicht zurückgenommen werden. Der Antrag gem. § 10 Abs. 1a Nr. 1 EStG, der jeweils für einen Veranlagungszeitraum gilt, ist nicht fristgebunden und kann deshalb auch noch im Einspruchsverfahren gestellt werden. Das gilt selbst dann, wenn bei der bisherigen Veranlagung die Unterhaltsleistungen schon im Rahmen des § 33a Abs. 1 EStG steuerliche Berücksichtigung gefunden haben. Die

Zustimmung zu dem Antrag ist grundsätzlich bis auf Widerruf wirksam. Soll die Zustimmung widerrufen werden, so hat dies vor Beginn des Veranlagungszeitraumes, für den die Zustimmung nicht mehr gelten soll, zu erfolgen.

Im Fall der rechtskräftigen Verurteilung zur Erteilung der Zustimmung, wirkt sie nur für das Kalenderjahr, das Gegenstand des Rechtsstreits war.

§ 10 Abs. 1a Nr. 1 EStG gilt auch für Unterhaltsleistungen in den Fällen der Nichtigkeit oder der Aufhebung der Ehe.

b) Beiträge zur Zukunftssicherung

§ 10 Abs. 1 Nr. 2, Nr. 3 und Nr. 3a EStG

143 Die Aufwendungen i. S. des § 10 Abs. 1 Nr. 2, Nr. 3 und Nr. 3a EStG werden auch als Vorsorgeaufwendungen bezeichnet. Siehe dazu Tz 152.

Gemäß § 10 Abs. 2 EStG sind die Vorsorgeaufwendungen *dem Grunde nach* nur als Sonderausgaben abzugsfähig, wenn sie

- nicht in Zusammenhang mit steuerfreien Einnahmen stehen
- an die die Voraussetzungen des § 10 Abs. 2 EStG erfüllenden Versicherungsunternehmen geleistet worden sind.

aa) Verbot des Zusammenhangs mit steuerfreien Einnahmen

§ 10 Abs. 2 Nr. 1 EStG

144 Leistet der Steuerpflichtige Vorsorgeaufwendungen und sind ihm steuerfreie Einnahmen zugeflossen, die ihrer Zweckbestimmung nach für diese Vorsorgeaufwendungen verwendet werden sollen, so sind die Vorsorgeaufwendungen in Höhe der steuerfreien Einnahmen nicht als Sonderausgaben berücksichtigungsfähig.

BEISPIEL: Ein Steuerpflichtiger hat 3 000 € an seine private Lebensversicherung i. S. des § 10 Abs. 1 Nr. 2b EStG geleistet. Der Arbeitgeber hat einen nach § 3 Nr. 62 EStG steuerfreien Zuschuss i. H. von 1 000 € an den Arbeitnehmer gezahlt.

Als Sonderausgaben können nur 2 000 € berücksichtigt werden, 1 000 € stehen in wirtschaftlichem Zusammenhang mit steuerfreien Einnahmen.

bb) Begünstigte Versicherungsunternehmen

§ 10 Abs. 2 Nr. 2 EStG

145 Nur Beiträge an bestimmte Versicherungsunternehmen oder an einen Sozialversicherungsträger berechtigen zum Sonderausgabenabzug.

Sind die allgemeinen Voraussetzungen des § 10 Abs. 2 EStG erfüllt, sind nunmehr die besonderen Voraussetzungen des § 10 Abs. 1 Nr. 2 zu prüfen.

cc) Vorsorgeaufwendungen

§ 10 Abs. 1 Nr. 2-3a EStG

Die Vorsorgeaufwendungen werden in die 146

1. **Altersvorsorgeaufwendungen und**
2. **die sonstigen Vorsorgeaufwendungen**

eingeteilt.

dd) Altersvorsorgeaufwendungen

Die **Altersvorsorge** im privaten Bereich wird steuerlich über den Sonderausgabenabzug gefördert. **Siehe § 10 Abs. 1 Nr. 2 Buchst. a und b EStG**. Das sind Beiträge zur gesetzlichen Rentenversicherung (inländisch oder ausländisch) oder zu Einrichtungen, die den gesetzlichen Rentenversicherungen vergleichbare Leistungen erbringen (landwirtschaftliche Alterskassen, berufsständische Versorgungseinrichtungen). Auch Beitrage zu Lebensversicherungen (sog. Rürupmodell) gehören dazu, wenn die Verträge bestimmte Voraussetzungen erfüllen. 147

Zu den Sonderausgaben zählen hier auch die nach § 3 Nr. 62 EStG steuerfreien Arbeitgeberzuschüsse (§ 10 Abs. 1 Nr. 2 Satz 2 EStG).

ee) Sonstige Vorsorgeaufwendungen

Das sind nach § 10 Abs. 1 Nr. 3 Buchst. a EStG 148

- Krankenversicherungen,

  soweit sie der **Basisversorgung** dienen.

  Für Beiträge zur **gesetzlichen** Krankenversicherung sind das die nach dem fünften Buch Sozialgesetzbuch festgesetzten Beiträge.

  Für Beiträge zu einer privaten Krankenversicherung sind das die Beiträge oder Beitragsanteile, die auf Leistungen entfallen, die denen der gesetzlichen Krankenversicherung entsprechen.

  Soweit sich aus Krankenversicherungsbeiträgen zur Basisversorgung ein Anspruch auf Krankengeld/Krankentagegeld ergeben kann, sind die entsprechenden Beiträge um 4 % zu kürzen.

  Erbringt der Steuerpflichtige höhere Beiträge, als sie der eigentlichen Basisversorgung entsprechen, weil er zusätzliche Leistungen mit seinen Beiträgen absichert (z. B. Chefarztbehandlung), sind diese im Rahmen des § 10 Abs. 1 Nr. 3a EStG zu berücksichtigen und können sich nur nachrangig auswirken.

nach § 10 Abs. 1 Nr. 3 Buchst. b EStG

- Gesetzliche Pflegeversicherungen (soziale Pflegeversicherung und private Pflege-Pflichtversicherung).

sowie nach § 10 Abs. 1 Nr. 3a EStG

- Aufwendungen zur Kranken- und Pflegeversicherung, **soweit diese nicht unter Nr. 3** fallen,
- Beiträge zu Versicherungen gegen Arbeitslosigkeit, zu Erwerbs- und Berufsunfähigkeitsversicherungen, **die nicht unter Nr. 2 Satz 1 Buchst. b EStG fallen**,
- Unfall- und Haftpflichtversicherungen sowie zu Risikolebensversicherungen, die nur für den Todesfall eine Leistung vorsehen,
- Aufwendungen zu bestimmten Lebensversicherungen, die bis zum 31. 12. 2004 abgeschlossen werden und bei denen vor dem 1. 1. 2005 eine Einzahlung erfolgt und die nach der alten Rechtslage (vor 2005) zu den Vorsorgeaufwendungen gehört haben (alte Regelung in § 10 Abs. 1 Nr. 2, Buchst. b, Doppelbuchst. bb bis dd EStG) und deren Beiträge nach neuer Rechtslage keinen Altersvorsorgeaufwand mehr darstellen. In den Fällen der Doppelbuchstaben cc und dd können die dort genannten Beiträge jedoch nur zu 88 % im Rahmen der Höchstbeträge berücksichtigt werden. Denn nach § 10 Abs. 1 Nr. 3 Buchst. b letzter Halbsatz gelten auch die Sätze 2-5 der alten Fassung des EStG (u. a. mit der Beschränkung auf 88 %) weiter (Rz. 96 des BMF-Schreibens vom 19. 8. 2013, BStBl 2013 I S. 1087).

ff) Abziehbarkeit der Altersvorsorgeaufwendungen gem. § 10 Abs. 3 EStG

149 Die Altersvorsorgeaufwendungen sind gem. § 10 Abs. 3 Sätze 1 und 2 EStG bis zu dem Höchstbeitrag zur knappschaftlichen Rentenversicherung, aufgerundet auf einen vollen Betrag in Euro (Verdopplung bei Zusammenveranlagung) abziehbar.

Für 2015 können maximal 22 172 € als Beitrag für eine Basisrente von der Steuer abgesetzt werden. Dieser Wert errechnet sich aus dem geltenden Beitragssatz von 24,8 % (Arbeitgeber- und Arbeitnehmeranteil) sowie der Beitragsbemessungsgrenze von 89 400 € in der knappschaftlichen Rentenversicherung in Westdeutschland.

Der Höchstbetrag ist bei Personen i. S. des § 10 Abs. 3 Satz 3 Nr. 1 und 2 EStG – das sind im Wesentlichen Personen, die ihren Anspruch auf Altersversorgung ohne eigene Leistungen erwerben – um einen fiktiven Gesamtbeitrag (Arbeitgeber- und Arbeitnehmeranteil) zu kürzen. Dieser fiktive Gesamtbeitrag ergibt sich lediglich aufgrund des Arbeitslohnes, der die Zugehörigkeit der Person zum Personenkreis nach § 10 Abs. 3 Satz 3 Nrn. 1 und 2 EStG begründet.

Die im Rahmen des Höchstbetrags abziehbaren Altersvorsorgeaufwendungen sind im Veranlagungszeitraum 2013 mit 76 % anzusetzen und sodann noch – sofern vorhanden – um den steuerfreien Zuschuss des Arbeitgebers zur gesetzlichen Rentenversicherung zu kürzen.

Der Vomhundertsatz erhöht sich pro Kalenderjahr um 2 % (**in 2015 also 80 %** usw).

BEISPIEL:

Ein Angestellter hat folgende Altersvorsorgeaufwendungen:

Arbeitnehmerbeitrag zur gesetzlichen Rentenversicherung	6 000 €
Arbeitgeberbeitrag zur gesetzlichen Rentenversicherung	6 000 €
Private Rentenversicherung i. S. des § 10 Abs. 1 Nr. 2 Buchst. b EStG	11 000 €

Summe	23 000 €
Abziehbar maximal	22 172 €
davon 80 % (Jahr 2015)	17 738 €
·/. steuerfreier Arbeitgeberanteil gem. § 3 Nr. 62 EStG	6 000 €
Abziehbare Altersvorsorgeaufwendungen	**11 738 €**

BEISPIEL:

Ein Freiberufler hat folgende Altersvorsorgeaufwendungen:

Private Rentenversicherung i. S. des § 10 Abs. 1 Nr. 2 Buchst. b EStG	25 000 €
Abziehbar maximal	22 172 €
davon 80 % (Jahr 2015)	17 738 €
Abziehbare Altersvorsorgeaufwendungen	**17 738 €**

BEISPIEL:

Ein Beamter hat folgende Altersvorsorgeaufwendungen:

Private Rentenversicherung i. S. des § 10 Abs. 1 Nr. 2 Buchst. b EStG	10 600 €
Der fiktive Gesamtbeitrag zur Rentenversicherung auf der Basis seines Arbeitslohns als Beamter beträgt	12 000 €
Höchstbetrag	22 172 €
·/. fiktiver Gesamtbeitrag	12 000 €
verbleibender Höchstbetrag	10 172 €
tatsächliche Aufwendungen	10 600 €
Abziehbar maximal	10 172 €
davon 80 % (Jahr 2015)	8 138 €
Abziehbare Altersvorsorgeaufwendungen	**8 138 €**

BEISPIEL:

Ehegatten haben folgende Altersvorsorgeaufwendungen

Ehemann:	Arbeitnehmerbeitrag zur ges. Rentenversicherung	6 100 €
	Arbeitgeberbeitrag zur ges. Rentenversicherung	6 100 €
Ehefrau:	(Hausfrau) Private Rentenversicherung i. S. des § 10 Abs. 1 Nr. 2 Buchst. b EStG	13 800 €
Höchstbetrag		44 344 €
tatsächliche Aufwendungen		26 000 €
davon 80 % (Jahr 2015)		20 800 €
·/. steuerfreier Arbeitgeberbeitrag zur ges. Rentenversicherung		6 100 €
Abziehbare Altersvorsorgeaufwendungen		**14 700 €**

BEISPIEL:

Ehegatten haben folgende Altersvorsorgeaufwendungen:

Ehefrau:	Arbeitnehmerbeitrag zur ges. Rentenversicherung	5 800 €
	Arbeitgeberbeitrag zur ges. Rentenversicherung	5 800 €
Ehemann:	(Beamter) Private Rentenversicherung i. S. des § 10 Abs. 1 Nr. 2 Buchst. b EStG	6 400 €

Der fiktive Gesamtbeitrag zur gesetzlichen Rentenversicherung auf der Basis seines Arbeitslohn beträgt	11 000 €
Höchstbetrag	44 344 €
·/. fiktiver Gesamtbeitrag zur gesetzlichen Rentenversicherung	11 000 €
verbleibender Höchstbetrag	33 344 €
tatsächliche Aufwendungen	18 000 €
davon 80 % (Jahr 2015)	14 400 €
·/. Arbeitgeberbeitrag zur gesetzlichen Rentenversicherung	5 800 €
Abziehbare Altersvorsorgeaufwendungen	**8600 €**

BEISPIEL:

Ehegatten haben folgende Altersvorsorgeaufwendungen

Ehefrau: (gewerbliche Einkünfte) private Rentenversicherung gem. § 10 Abs. 1 Nr. 2 Buchst. b EStG	26 000 €
Ehemann: (freiberufliche Einkünfte) private Rentenversicherung gem. § 10 Abs. 1 Nr. 2 Buchst. b EStG	19 000 €
Tatsächliche Aufwendungen	45 000 €
Höchstbetrag	44 344 €
davon 80 % (Jahr 2015)	35 475 €
Abziehbare Altersvorsorgeaufwendungen	**35 475 €**

gg) Abziehbarkeit der sonstigen Vorsorgeaufwendungen gem. § 10 Abs. 4 EStG

150 Grundsätzlich können sonstige Vorsorgeaufwendungen bis zu **höchstens** 2 800 € abgezogen werden. Der **Höchstbetrag** ist jedoch lediglich 1 900 €, wenn der Steuerpflichtige entweder ganz oder teilweise ohne eigene Aufwendungen einen Anspruch auf Erstattung oder Übernahme der vollen oder teilweisen Krankheitskosten hat (z. B. Beamte) oder wenn für die Krankenversicherung des Steuerpflichtigen steuerfreie Leistungen gem. § 3 Nr. 62 EStG (Ausgaben des Arbeitgebers für die Krankenversicherung des Arbeitnehmers) oder § 3 Nr. 14 EStG (Zuschüsse eines Trägers der gesetzlichen Rentenversicherung zu den Aufwendungen eines Rentners für seine Krankenversicherung) erbracht werden.

Im Fall der Zusammenveranlagung ist von der Summe der jeweils zustehenden Höchstbeträge auszugehen.

BEISPIELE: zur Ermittlung des Höchstbetrags:

Bei einem ledigen Beamten beträgt der Höchstbetrag 1 900 €. Er hat in Krankheitsfällen einen Anspruch auf Beihilfe.

Bei einem ledigen Angestellten mit einem nach § 3 Nr. 62 EStG steuerfreien Anteil des Arbeitgebers zur Krankenversicherung, beträgt der Höchstbetrag 1 900 €.

Bei einem freiberuflich tätigen Steuerpflichtigen beträgt der Höchstbetrag 2 800 €. Er hat keinen Anspruch auf Übernahme der Krankheitskosten und trägt die Aufwendungen für die Krankenversicherung aus eigenen versteuerten Mitteln.

Bei Ehegatten, bei denen er Beamter und sie Angestellte in der Privatwirtschaft ist, ist der Höchstbetrag 3 800 €.

Bei Ehegatten, bei denen er Freiberufler und sie Angestellte in der Privatwirtschaft ist, ist der Höchstbetrag 4 700 €.

Bei Ehegatten, bei denen er Freiberufler und sie Hausfrau ist, beträgt der Höchstbetrag 5 600 €.

Bei Ehegatten, bei denen sie Beamtin und er Hausmann ist, beträgt der Höchstbetrag 4 700 €.

hh) Abziehbarkeit der sonstigen Vorsorgeaufwendungen nach § 10 Abs. 4 Satz 4 EStG

Sollten die Vorsorgeaufwendungen nach § 10 Abs. 1 Nr. 3 EStG (**Beiträge zur Basisversorgung bei der Krankenversicherung und Beiträge zur Pflegeversicherung**) die o. g. Höchstbeträge übersteigen, **sind die Beiträge nach § 10 Abs. 1 Nr. 3 abziehbar**. In diesem Fall entfällt ein Abzug von Vorsorgeaufwendungen gem. § 10 Abs. 1 Nr. 3a EStG. 151

Beispiele:

BEISPIEL: Einzelveranlagung:

Summe aus Beiträgen zur Basisversorgung bei der Krankenversicherung (ggf. gekürzt um 4 % wegen Anspruchs auf Krankengeld) und Beiträgen zur Pflegeversicherung	4 200 €
maßgebender Höchstbetrag	2 800 €
Haftpflichtversicherung	400 €

Abziehbar ist der Betrag von **4 200 €**.

Die Haftpflichtversicherung kann sich hier nicht auswirken, weil bereits die Beiträge zur Basisversorgung Krankenversicherung und die Beiträge zur Pflegeversicherung den Höchstbetrag übersteigen und nach Satz 4 abziehbar sind.

BEISPIEL: Einzelveranlagung:

Summe aus Beiträgen zur Basisversorgung bei der Krankenversicherung (ggf. gekürzt um 4 %) und Beiträgen zur Pflegeversicherung	1 500 €
maßgebender Höchstbetrag	1 900 €
Haftpflichtversicherung	600 €

Abziehbar ist der Betrag von **1 900 €**

Die Beiträge zur Basisversorgung Krankenversicherung und zur Pflegeversicherung schöpfen hier den Höchstbetrag nicht voll aus. Bis zum Höchstbetrag von 1900 € kann somit die Haftpflichtversicherung angesetzt werden.

BEISPIEL: Zusammenveranlagung:

Summe aus Beiträgen zur Basisversorgung bei der Krankenversicherung (ggf. gekürzt um 4 %) und Beiträgen zur Pflegeversicherung	5 200 €
Maßgebender Höchstbetrag (2 800 € + 1 900 €)	4 700 €
Haftpflichtversicherung	1 000 €

Abziehbar ist der Betrag von **5 200 €.**

Die Beiträge zur Basisversorgung Krankenversicherung und zur Pflegeversicherung übersteigen den Höchstbetrag und sind nach Satz 4 abziehbar.

Die Aufwendungen nach § 10 Abs. 1 Nr. 3a EStG (hier die Haftpflichtversicherung) bleiben unberücksichtigt.

BEISPIEL Zusammenveranlagung:

Summe aus Beiträgen zur Basisversorgung bei der Krankenversicherung (ggf. gekürzt um 4 %) und Beiträgen zur Pflegeversicherung	4 800 €
Maßgebender Höchstbetrag (2 800 € + 2 800 €)	5 600 €
Haftpflichtversicherung	1 000 €

Abziehbar ist der Betrag von **5 600 €.**

Die Beiträge zur Basisversorgung bei der Krankenversicherung und die Beiträge zur Pflegeversicherung i. H. von 4 800 € schöpfen den Höchstbetrag um 800 € nicht aus. Folglich können sich von den Aufwendungen i. S. des § 10 Abs. 1 Nr. 3a EStG (hier die Haftpflichtversicherung) noch 800 € auswirken.

ii) Günstigerprüfung nach § 10 Abs. 4a EStG

152 Ist der Abzugsbetrag für die Altersvorsorgeaufwendungen und die sonstigen Vorsorgeaufwendungen des Veranlagungszeitraums ermittelt, ist noch zu prüfen, ob sich bei einer Berechnung des Abzugsbetrags nach der Rechtslage des Jahres 2004 unter Ansatz der im Gesetz jeweils abzuschmelzenden Vorwegabzüge ein höherer Abzugsbetrag ergibt. Ist dies der Fall, so ist der **höhere** Betrag anzusetzen.

c) Kinderbetreuungskosten

§ 10 Abs. 1 Nr. 5 EStG

153 Es handelt sich um Aufwendungen für **Dienstleistungen zur Betreuung**. Dabei müssen folgende Voraussetzungen erfüllt sein, damit die Aufwendungen steuerlich Anerkennung finden (BMF-Schreiben vom 14. 3. 2012, BStBl 2012 I S. 307):

- es muss sich um ein Kind i. S. des § 32 Abs. 1 EStG handeln,
- das Kind muss zum Haushalt des Steuerpflichtigen gehören,
- das Kind hat das 14. Lebensjahr noch nicht vollendet oder
- das Kind hat eine geistige, körperliche oder seelische Behinderung, die vor Vollendung des 25. Lebensjahres eingetreten ist.

Wesentliche Merkmale für die Zugehörigkeit zum Haushalt des Steuerpflichtigen sind, dass das Kind dort lebt oder mit der Zustimmung des Steuerpflichtigen vorübergehend auswärtig untergebracht ist.

Als Kinderbetreuungskosten können alle Aufwendungen in Geld oder Geldeswert berücksichtigt werden, die der Steuerpflichtige als Entgelt für Dienstleistungen zur Betreuung seines Kindes aufbringt. Dies umfasst Kindergärten, Kindertagesstätten, Tagesmütter, die Beschäftigung von Haushaltshilfen und Kinderpflegerinnen etc.. Aufwendungen für Unterricht, die Vermittlung von besonderen Fertigkeiten sowie sportliche und andere Freizeitbeschäftigungen sind vom Abzug ausgeschlossen.

Gemäß § 10 Abs. 1 Nr. 5 EStG sind die Kinderbetreuungskosten nicht unbeschränkt abzugsfähig. Je Kind können $^2/_3$ der Aufwendungen, maximal 4 000 € als Sonderausgaben abgezogen werden. Der Abzug ist auch nur dann zulässig, wenn der Steuerpflichtige eine Rechnung vorlegen und die Zahlung auf das Konto des Leistungserbringers nachweisen kann.

BEISPIEL 1: Die allein erziehende Steuerpflichtige M ist bei der kommunalen Verwaltung als Angestellte beschäftigt. Insgesamt entstehen ihr im Kalenderjahr 2015 Aufwendungen für die Betreuung der 10-jährigen Tochter i. H. von 3 600 €. Die erforderlichen Nachweise liegen vor.

Die Steuerpflichtige kann im VZ 2015 2 400 € ($^2/_3$ von 3 600 € = 2 400 €) als Sonderausgaben für die Betreuung der Tochter geltend machen.

BEISPIEL 2: Den nicht verheirateten Steuerpflichtigen M + Z entstehen im VZ 2015 Aufwendungen für die Kinderbetreuung der 12-jährigen Tochter T in Höhe von 6 900 €. M und Z haben davon jeweils 3 450 € getragen. M ist bei der kommunalen Verwaltung als Angestellter beschäftigt. Z ist nicht erwerbstätig. Die erforderlichen Nachweise liegen vor. T lebt im gemeinsamen Haushalt der Eltern M und Z.

Bei nicht verheirateten Eltern ist derjenige Elternteil zum Abzug von Kinderbetreuungskosten berechtigt, der die Aufwendungen getragen hat und zu dessen Haushalt das Kind gehört. Trifft das wie im Beispielsfall auf beide Elternteile zu, kann jeder seine tatsächlichen Aufwendungen grundsätzlich nur bis zur Höhe des hälftigen Abzugshöchstbetrages geltend machen. Etwas anderes gilt nur dann, wenn die Eltern einvernehmlich eine abweichende Aufteilung des Abzugshöchstbetrages wählen und dies gegenüber dem Finanzamt anzeigen.

Die Steuerpflichtigen können im VZ 2015 jeweils 2 000 € ($^2/_3$ von 3 450 € = 2 300 €, maximal 2 000 €) als Sonderausgaben für die Betreuung der Tochter geltend machen (Rz. 25 ff. des BMF-Schreibens vom 14. 3. 2012, BStBl 2012 I S. 307).

d) Aufwendungen für die Berufsausbildung oder die Weiterbildung in einem nicht ausgeübten Beruf

§ 10 Abs. 1 Nr. 7 EStG

Aufwendungen für die eigene Erstausbildung sind bis zu 6 000 € im Veranlagungszeit- 154
raum als Sonderausgaben absetzbar. Begünstigt sind nur die Aufwendungen für die eigene Erstausbildung oder die Erstausbildung des Ehegatten, wenn die Voraussetzungen des § 26 Abs. 1 EStG erfüllt sind. Nicht begünstigt sind nach § 10 Abs. 1 Nr. 7 EStG die Ausbildungskosten für die Kinder des Steuerpflichtigen. Befinden sich beide Ehegatten in einer Erstausbildung, so gilt der Höchstbetrag von 6 000 € für jeden Ehegatten.

Bei den Sonderausgaben i. S. des § 10 Abs. 1 Nr. 7 ist stets die Abgrenzung zu den Werbungskosten zu beachten. Aufwendungen des Steuerpflichtigen für seine Berufsausbildung oder für sein Studium sind nur dann Werbungskosten, wenn der Steuerpflichtige zuvor bereits eine Erstausbildung (Berufsausbildung oder Studium) abgeschlossen hat oder wenn die Berufsausbildung oder das Studium im Rahmen eines Dienstverhältnisses stattfindet (§ 9 Abs. 6 Satz 1 EStG). Ebenfalls zu beachten ist, dass die Kosten für die Weiterbildung in einem bereits erlernten Beruf oder die Aufwendungen für eine Umschulung (Berufswechsel), Werbungskosten darstellen.

§ 10 Abs. 1 Nr. 7 EStG dient im Wesentlichen der Ausbildungsförderung. Der Gesetzgeber will dem Steuerpflichtigen den Entschluss, eine Berufsausbildung zu absolvieren, erleichtern. Als Berufsausbildung ist die Erstausbildung (Berufsausbildung oder Studium) anzusehen (§ 9 Abs. 6 Satz 2 ff. sowie § 4 Abs. 9 EStG). Eine Berufsausbildung als Erstausbildung liegt vor, wenn eine geordnete Ausbildung mit einer Mindestdauer von 12 Monaten bei vollzeitiger Ausbildung und mit einer Abschlussprüfung durchgeführt wird. Eine geordnete Ausbildung liegt vor, wenn sie auf Grundlage von Rechts- oder Verwaltungsvorschriften oder internen Vorschriften eines Bildungsträgers durchgeführt wird. Ist eine Abschlussprüfung nach dem Ausbildungsplan nicht vorgesehen, gilt die Ausbildung mit der tatsächlichen planmäßigen Beendigung als abgeschlossen. Eine Berufsausbildung als Erstausbildung hat auch abgeschlossen, wer die Abschlussprüfung einer durch Rechts- oder Verwaltungsvorschriften geregelten Berufsausbildung mit einer Mindestdauer von 12 Monaten bestanden hat, ohne dass er zuvor die entsprechende Berufsausbildung durchlaufen hat.

Aufwendungen für den Besuch allgemein bildender Schulen sind Kosten der privaten Lebensführung i. S. d. § 12 Nr. 1 EStG und dürfen daher nicht bei den einzelnen Einkunftsarten abgezogen werden. Derartige Aufwendungen können als Sonderausgaben gem. § 10 Abs. 1 Nr. 7 EStG vom Gesamtbetrag der Einkünfte abgezogen werden (Rz. 7 des BMF-Schreibens vom 22. 9. 2010, BStBl 2010 I S. 721).

Die Berufsausbildung ist abgeschlossen, wenn der Auszubildende einen Ausbildungsstand erreicht hat, der ihn zur Berufsausübung befähigt. Das ist z. B. bei akademischen Berufen in der Regel nach Ablegung des ersten Staatsexamens der Fall.

Für die Wege zwischen Wohnung und Ausbildungsstätte ist § 9 Abs. 1 Satz 3 Nr. 4 EStG zu beachten. Es gilt also auch hier der Pauschbetrag von 0,30 € für jeden Kilometer der Entfernung zwischen Wohnung und Ausbildungsstätte. Als erste Tätigkeitsstätte gilt auch eine Bildungseinrichtung, die außerhalb eines Dienstverhältnisses zum Zwecke eines Vollzeitstudiums oder einer vollzeitigen Bildungsmaßnahme aufgesucht wird (§ 9 Abs. 4 Satz 8 EStG).

Erhält der Steuerpflichtige für seine erstmalige Berufsausbildung oder sein Erststudium ausbildungsbezogene steuerfreie Zuschüsse, so kann nur der Teil der Ausbildungskosten als Sonderausgaben abgesetzt werden, der diese steuerfreien Zuschüsse (z. B. Leistungen nach dem Bundesausbildungsförderungsgesetz) übersteigt. Das gilt auch dann, wenn die zweckgebundenen Bezüge erst nach Ablauf des betreffenden Kalenderjahres gezahlt werden.

e) Schulgeld bei Ersatz- und Ergänzungsschulen

§ 10 Abs. 1 Nr. 9 EStG

155 Besucht ein Kind des Steuerpflichtigen, für das er einen Kinderfreibetrag erhält, eine Ersatzschule oder eine allgemein bildende Ergänzungsschule, so kann der Steuerpflichtige 30 % des gezahlten Schulgeldes, höchstens jedoch 5 000 €, soweit es *nicht* auf Beherbergung, Betreuung und Verpflegung entfällt, als Sonderausgaben abziehen (BMF-Schreiben vom 9. 3. 2009, BStBl 2009 I S. 487).

3. Unbeschränkt abzugsfähige Sonderausgaben

156 Unbeschränkt abzugsfähige Sonderausgaben sind in der Höhe nicht begrenzt; es müssen nur die Voraussetzungen für den Abzug dem Grunde nach erfüllt sein.

a) Kirchensteuer

§ 10 Abs. 1 Nr. 4 EStG

Kirchensteuern i. S. des § 10 Abs. 1 Nr. 4 EStG sind Geldleistungen, die von den als Körperschaften des öffentlichen Rechts anerkannten Religionsgemeinschaften von ihren Mitgliedern aufgrund gesetzlicher Bestimmungen erhoben werden. 157

Abzugsfähig sind nur die tatsächlich gezahlten Kirchensteuern, dabei ist unerheblich, für welchen Zeitraum sie gezahlt werden und ob es sich um Vorauszahlungen oder Nachzahlungen handelt.

Willkürliche Vorauszahlungen, die ohne vernünftig begründeten Anlass geleistet werden, sind nicht abzugsfähig. *Erstattete* oder auf andere Steuern *umgebuchte Kirchensteuer* mindert die geleisteten Zahlungen bis zur Höhe von 0 €, d. h. wenn die erstattete Kirchensteuer die Zahlungen übersteigt, ist kein Sonderausgabenabzug möglich. Ein Erstattungsüberhang ist dem Gesamtbetrag der Einkünfte hinzuzurechnen. Siehe § 10 Abs. 4b EStG.

b) Versorgungsleistungen

§ 10 Abs. 1a Nr. 2 EStG

Wegen des Begriffs „Versorgungsleistungen" siehe im Einzelnen das Schreiben des BMF vom 11. 3. 2010 (BStBl 2010 I S. 227, Schreiben zur einkommensteuerrechtlichen Behandlung von wiederkehrenden Leistungen im Zusammenhang mit einer Vermögensübertragung). Danach sind Versorgungsleistungen wiederkehrende Leistungen, die im Zusammenhang mit einer Vermögensübertragung geleistet werden. Im Regelfall handelt es sich dabei um eine vorweggenommene Erbfolge. Voraussetzung ist die Übertragung bestimmten Vermögens (siehe weiter unten) kraft einzelvertraglicher Regelung unter Lebenden mit Rücksicht auf die künftige Erbfolge. 158

Nach der Rechtsprechung des BFH behält sich der Übergeber des Vermögens in Form der Versorgungsleistungen die Erträge seines Vermögens vor, die nunmehr – nach der Übertragung des Vermögens – vom Übernehmer des Vermögens erwirtschaftet werden.

BEISPIEL: Der Vater überträgt seinen Gewerbebetrieb auf seinen Sohn, der sich verpflichtet, auf die Lebenszeit des Vaters wiederkehrende Leistungen an den Vater zu erbringen. Die Höhe der wiederkehrenden Leistungen des Sohnes an den Vater bemessen sich nach dem Versorgungsbedürfnissen des Vaters.

Hier liegen im Regelfall Versorgungsleistungen i. S. des § 10 Abs. 1a Nr. 2 EStG vor, die der Sohn als Sonderausgaben abziehen kann. Hier greift das Korrespondenzprinzip. Das bedeutet, dass der Vater die wiederkehrenden Leistungen nach § 22 Nr. 1a EStG in vollem Umfang zu versteuern hat.

Versorgungsleistungen sind abzugrenzen von wiederkehrenden Unterhaltsleistungen und der entgeltlichen Vermögensübertragung gegen wiederkehrende Leistungen. Bei Unterhaltsleistungen, denen ja gerade keine oder nur eine geringfügige Gegenleistung gegenübersteht, greift § 12 Nr. 2 EStG, somit sind Unterhaltsleistungen grundsätzlich, von § 33a Abs. 1 EStG abgesehen, nicht abziehbar. Hier geht es nicht darum, sich Erträge vorzubehalten, die nunmehr ein anderer erwirtschaftet.

Bei der entgeltlichen Vermögensübertragung gegen wiederkehrende Leistungen stehen sich Vermögensübergeber und Vermögensübernehmer wie Dritte gegenüber und handeln einen Kaufpreis in Form von wiederkehrenden Leistungen aus. Der Kaufpreis entspricht dem Wert des übertragenen Vermögens. Das ist aber bei Versorgungsleistungen gerade nicht der Fall. Sie orientieren sich nicht am Wert des übertragenen Vermögens, sondern ausschließlich an dem Versorgungsbedürfnis des Vermögensübertrágers.

Der Sonderausgabenabzug nach § 10 Abs. 1a Nr. 2 EStG setzt somit Folgendes voraus:

1. auf besonderen Verpflichtungsgründen beruhende Leistungen,
2. lebenslange Leistungen,
3. wiederkehrende Leistungen,
4. Leistungen in Form von Versorgungsleistungen,
5. kein Zusammenhang der Versorgungsleistungen mit Einkünften, die bei der Veranlagung außer Betracht bleiben,
6. unbeschränkte Steuerpflicht des Empfängers der wiederkehrenden Leistungen,
7. Übertragung von begünstigtem Vermögen.

Die besonderen Verpflichtungsgründe ergeben sich im Regelfall aus einem Vertrag (Übertragungsvertrag) mit dem Vermögen übertragen wird und aus dem sich die Verpflichtung zur Erbringung der wiederkehrenden Leistungen ergibt.

Die Leistungen sind auf die Lebenszeit des Begünstigten zu erbringen.

Wiederkehrend sind Leistungen, wenn sie sich in bestimmten Zeitabständen (z. B. Monat oder Vierteljahr) wiederholen.

Die aus dem Vermögen erwirtschafteten Erträge, die die Grundlage der Versorgungsbezüge darstellen, müssen innerhalb der Veranlagung erfasst werden, d. h. sie dürfen nicht unbesteuert bleiben. Wird z. B. ein Gewerbebetrieb, der in Österreich gelegen ist, übertragen, so werden die im Ausland erwirtschafteten Einkünfte aus Gewerbebetrieb in Deutschland von der Besteuerung freigestellt (Abkommen zur Vermeidung der Doppelbesteuerung zwischen Österreich und Deutschland). Hier kommt ein Abzug der wiederkehrenden Leistungen als Sonderausgaben nicht in Betracht.

Der Empfänger der wiederkehrenden Leistungen muss unbeschränkt steuerpflichtig sein. Damit wird die Besteuerung der Versorgungsleistungen beim Empfänger sichergestellt.

BEISPIEL: Der Vater überträgt seinen Gewerbebetrieb, mit dem sich durchschnittlich ein Gewinn von 40 000 € erzielen lässt auf seinen Sohn. Der Sohn verpflichtet sich Versorgungsleistungen von monatlich 2 000 € an seinen Vater zu erbringen. Die Vermögensübertragung erfolgt zum 1. 1. 2015. Ab diesem Zeitpunkt sind die Versorgungsleistungen zu erbringen.

Hier erzielt der Vater in 2014 noch Einkünfte aus Gewerbebetrieb i. H. von 40 000 €. In 2015 erzielt der Sohn die Einkünfte aus Gewerbebetrieb i. H. von 40 000 €. Der Sohn zieht jedoch die Versorgungsleistungen von 24 000 € als Sonderausgaben ab. Letztlich versteuert er also 16 000 €.

Der Vater versteuert als Einkünfte gem. § 22 Nr. 1a EStG 24 000 € (Korrespondenzprinzip). Insgesamt werden also im Jahr 2015 auch wieder 40 000 € versteuert.

§ 10 Abs. 1a Nr. 2 Satz 2 EStG bestimmt die Art des Vermögens, bei dessen Übertragung die Versorgungsleistungen als Sonderausgaben abziehbar sind. Dabei handelt es sich um

a) Mitunternehmeranteile an einer Personengesellschaft, die eine Tätigkeit i. S. des §§ 13, 15 Abs. 1 Nr. 1 oder 18 Abs. 1 EStG ausübt,

b) Betriebe oder Teilbetriebe,

c) einen mindestens 50 %-Anteil an einer GmbH, wenn der Übergeber als Geschäftsführer tätig war und der Übernehmer diese Tätigkeit nach der Übertragung übernimmt.

c) Ausgleichszahlungen zur Vermeidung bzw. im Rahmen des Versorgungsausgleichs

§ 10 Abs. 1a Nr. 3 und 4 EStG

158a Im Zuge der Scheidung von Ehegatten oder der Aufhebung einer eingetragenen Lebenspartnerschaft (§ 20 Abs. 1 LPartG) kommt es im Regelfall zur Durchführung eines Versorgungsausgleichs. Hierbei werden die in der Ehezeit erworbenen Anrechte geteilt (§ 1 Abs. 1 VersAusglG; bei eingetragenen Lebenspartnern gem. § 20 Abs. 1 LPartG). Diese Anrechte werden grundsätzlich intern (also innerhalb des jeweiligen Versorgungssystems) oder ausnahmsweise extern geteilt (§§ 10 bis 13 und §§ 14 bis 19 VersAusglG). Anrechte, die am Ende der Ehezeit noch nicht ausgleichsreif sind (z. B. weil ein Anrecht i. S. des Betriebsrentengesetzes noch verfallbar ist oder weil das Anrecht bei einem ausländischen, zwischenstaatlichen oder überstaatlichen Versorgungsträger besteht, § 19 Abs. 2 VersAusglG), sind von der internen und externen Teilung ausgeschlossen. Insoweit kommen gem. § 19 Abs. 4 VersAusglG Ausgleichsansprüche nach der Scheidung in Betracht. Entsprechendes gilt, wenn die Ehegatten bzw. eingetragenen Lebenspartner gem. § 6 Abs. 1 Nr. 3 VersAusglG den Versorgungsausgleich ganz oder teilweise Ausgleichsansprüchen nach der Scheidung vorbehalten haben.

Schuldrechtliche Ausgleichszahlungen des Ausgleichsverpflichteten an den Ausgleichsberechtigten in Form einer schuldrechtlichen Ausgleichsrente (§ 20 VersAusglG; zur Abtretung von Versorgungsansprüchen: § 21 VersAusglG) oder in Form von Kapitalzahlungen (§ 22 VersAusglG) kann der Ausgleichsverpflichtete als Sonderausgaben nach § 10 Abs. 1a Nr. 4 EStG geltend machen.

Der Sonderausgabenabzug nach § 10 Abs. 1a Nr. 4 EStG kommt auch in Betracht, wenn ein noch nicht ausgeglichenes Anrecht bei einem ausländischen, zwischenstaatlichen oder überstaatlichen Versorgungsträger besteht und die Witwe oder der Witwer des Ausgleichsverpflichteten gegenüber dessen geschiedenen Ehegatten zum Ausgleich verpflichtet ist (§ 26 VersAusglG).

Die mit der Regelung in § 10 Abs. 1a Nr. 3 EStG geschaffene Abzugsmöglichkeit der Aufwendungen zur Vermeidung des Versorgungsausgleichs bezieht sich auf Zahlungen nach § 6 Abs. 1 Satz 2 Nr. 2 VersAusglG und § 1408 Abs. 2, § 1587 BGB. Nach dieser Regelung hat die ausgleichspflichtige Person die Möglichkeit, zur Vermeidung der Durchführung eines Versorgungsausgleichs, Ausgleichszahlungen an den Versorgungsberechtigten zu leisten/zu vereinbaren. Die entsprechenden Zahlungen können steuerlich als Sonderausgaben geltend gemacht werden. Die Berücksichtigung erfolgt auf Antrag des Ausgleichsverpflichteten mit Zustimmung des Ausgleichsberechtigten. Dies ermöglicht den Verfahrensbeteiligten genau zu bestimmen, in welchem Umfang ein Abzug und die damit einhergehende Besteuerung erfolgen soll. Eine steuerliche Berücksichtigung des nicht von der Zustimmung umfassten Teils der Ausgleichszahlungen in einem vom Leistungsjahr abweichenden Veranlagungszeitraum ist nicht möglich.

Ausgleichszahlungen im Rahmen des Versorgungsausgleichs bzw. zur Vermeidung des Versorgungsausgleichs können vom Ausgleichsverpflichteten in dem Umfang als Sonderausgaben nach § 10 Abs. 1a Nr. 3 oder 4 EStG geltend gemacht werden, in dem die den Ausgleichszahlungen zugrunde liegenden Einnahmen bei ihm der Besteuerung unterliegen. Sind die zu Grunde liegenden Einnahmen nicht steuerbar oder steuerfrei, kommt ein Sonderausgabenabzug nach § 10 Abs. 1a Nr. 3 oder 4 EStG nicht in Betracht.

Ausgleichszahlungen im Rahmen bzw. zur Vermeidung des Versorgungsausgleichs sind vom Ausgleichsberechtigten als Einkünfte nach § 22 Nr. 1a EStG zu versteuern, soweit die Leistungen beim Ausgleichsverpflichteten als Sonderausgaben nach § 10 Abs. 1a Nr. 3 oder 4 EStG abgezogen werden können. Bei der Ermittlung der Einkünfte nach § 22 Nr. 1a EStG ist § 9a Satz 1 Nr. 3 EStG anzuwenden (s. a. das BMF-Schreiben vom 9. 4. 2010, BStBl 2010 I S. 323).

4. Sonderausgaben-Pauschbetrag

§ 10c EStG

159 Für Sonderausgaben i. S. des § 10 Abs. 1 Nr. 4, 5, 7 und 9 sowie Abs. 1a und nach § 10b EStG wird ein Sonderausgaben-Pauschbetrag i. H. von 36 € abgezogen, wenn der Steuerpflichtige nicht höhere Aufwendungen nachweist; im Fall der Zusammenveranlagung von Ehegatten verdoppelt sich der Pauschbetrag auf 72 €.

5. Spenden und Mitgliedsbeiträge

§ 10b EStG

a) Ausgaben zur Förderung steuerbegünstigter Zwecke, § 10b Abs. 1, 1a und 2 EStG

160 Steuerbegünstigt sind nach § 10b Abs. 1 EStG Zuwendungen zur Förderung steuerbegünstigter Zwecke i. S. der §§ 52-54 AO.

Zuwendungen sind Spenden und Mitgliedsbeiträge.

Spenden zur Förderung steuerbegünstigter Zwecke i. S. der §§ 52 bis 54 AO in das zu erhaltende Vermögen (Vermögensstock) einer Stiftung können unter den Voraussetzungen des § 10b Abs. 1a EStG bis zu einem Gesamtbetrag von 1 Mio. Euro (bei Ehegatten 2 Mio. Euro) zusätzlich zu den Höchstbeträgen nach § 10b Abs. 1 EStG abgezogen werden.

Ein Abzug als Sonderausgaben kommt bei Mitgliedsbeiträgen und Spenden an politische Parteien nach § 10b Abs. 2 EStG nur insoweit in Betracht, als für diese Ausgaben nicht eine Steuerermäßigung nach § 34g gewährt worden ist (s. dazu Tz 223), d. h., dass zunächst § 34g EStG zu prüfen ist, und nur insoweit, als diese Vorschrift bei Mitgliedsbeiträgen und Spenden an politische Parteien *keine* Steuerermäßigung bewirkt, kommt ein Sonderausgabenabzug, der der Höhe nach beschränkt ist (s. Tz 161), in Betracht.

Der Steuerpflichtige hat kein Wahlrecht zwischen der Steuerermäßigung nach § 34g EStG und dem Sonderausgabenabzug nach § 10b EStG.

b) Begrenzung des Zuwendungsabzugs

Der Zuwendungsabzug des § 10b Abs. 1 EStG ist der Höhe nach begrenzt. Höchstens abzugsfähig sind 20 % des Gesamtbetrags der Einkünfte oder 4 ‰ der Summe der gesamten Umsätze und der im Kalenderjahr aufgewendeten Löhne und Gehälter. 161

BEISPIEL:

Gesamtbetrag der Einkünfte	100 000 €
Spenden im VZ	23 000 €
► Der Höchstbetrag von 20 000 € ist überschritten und es verbleiben nichtabzugsfähige Zuwendungen in Höhe von	3 000 €.

Für die nichtabzugsfähigen Zuwendungen findet der § 10d Abs. 4 EStG nach § 10b Abs. 1 Satz 9 EStG Anwendung.

c) Mitgliedsbeiträge und Spenden an politische Parteien

§ 10b Abs. 2 EStG

Spenden und Mitgliedsbeiträge an politische Parteien sind bis zu 1 650 €, im Fall der Zusammenveranlagung bis zu 3 300 € abzugsfähig. 162

Ein Abzug als Sonderausgabe kommt jedoch nur insoweit in Betracht, als für diese Ausgaben nicht eine Steuerermäßigung nach § 34g EStG gewährt worden ist (s. dazu Tz 223), d. h. zunächst ist § 34g EStG anzuwenden und nur insoweit, als diese Vorschrift bei Spenden und Mitgliedsbeiträgen an politischen Parteien *keine* Steuerermäßigung bewirkt, kommt der Sonderausgabenabzug in Betracht.

II. Außergewöhnliche Belastungen

§ 33 EStG

1. Allgemeines

Wenn einem Steuerpflichtigen in seiner persönlichen Lebenssphäre zwangsläufig größere Aufwendungen erwachsen als der überwiegenden Mehrzahl der Steuerpflichtigen gleicher Einkommens- und Vermögensverhältnisse und gleichen Familienstandes, so ist er wegen dieser außergewöhnlichen Belastung steuerlich nicht so leistungsfähig wie die anderen Steuerpflichtigen. Ihm wird deshalb, da die Höhe der Steuer auch von der persönlichen Leistungsfähigkeit des Steuerpflichtigen abhängig sein soll, auf Antrag die Einkommensteuer dadurch ermäßigt, dass vom Gesamtbetrag der Einkünfte der Teil der Aufwendungen abgezogen wird, der die zumutbare Belastung übersteigt. 163

Als außergewöhnliche Belastungen können i. S. des § 33 EStG nur Aufwendungen berücksichtigt werden, die nicht zu den Betriebsausgaben, Werbungskosten oder Sonderausgaben gehören. Es ist also zunächst zu prüfen, ob die Aufwendungen überhaupt als außergewöhnliche Belastung in Betracht kommen.

1. Frage: Sind die Aufwendungen Werbungskosten (Betriebsausgaben)?
→ ja: Abzug als Werbungskosten (Betriebsausgaben)
nein
↓
2. Frage: Sind die Aufwendungen Sonderausgaben?
→ ja: Abzug als Sonderausgaben
nein
↓
3. Frage: Sind die Aufwendungen außergewöhnliche Belastungen?
→ ja: Berücksichtigung im Rahmen des § 33 EStG
nein
↓
Die Aufwendungen wirken sich nicht auf die Besteuerung aus.

Aufwendungen, die die Voraussetzungen des § 9 EStG oder § 4 Abs. 4 EStG oder § 10 EStG erfüllen, können keine Berücksichtigung als außergewöhnliche Belastung finden. Das gilt nicht für Aufwendungen i. S. des § 10 Abs. 1 Nr. 7 EStG (Kosten der Berufsausbildung oder Fortbildung in einem nicht ausgeübten Beruf) sowie des § 10 Abs. 1 Nr. 9 EStG (Schulgeld). Diese Aufwendungen sind, wenn zugleich die Voraussetzungen des § 10 Abs. 1 Nr. 7 bis 9 EStG und der §§ 33–33b EStG erfüllt sind, zunächst bis zu den Höchstbeträgen nach § 10 Abs. 1 Nr. 7 bis 9 EStG als Sonderausgaben abzusetzen. Der darüber hinaus geleistete tatsächliche Aufwand ist im Rahmen der §§ 33–33b EStG berücksichtigungsfähig. Siehe § 33 Abs. 2 EStG.

2. Belastung

164 Aufwendungen i. S. des § 33 EStG sind nur dann abzugsfähig, wenn sie den Steuerpflichtigen auch tatsächlich belasten; der Abfluss von Gütern allein führt noch nicht zur steuerlichen Berücksichtigung. Es bleibt vielmehr zu prüfen, ob den abgeflossenen Gütern nicht ein entsprechender Zufluss von dritter Stelle gegenübersteht bzw. ob ein solcher Zufluss zu erwarten ist.

Die Frage, ob Erstattungsleistungen vorliegen, ist nicht nur für den Veranlagungszeitraum der Aufwendungen zu prüfen, sondern auch für spätere Zeiträume (H 33.1-33.4 „Ersatz von Dritter Seite" EStH).

BEISPIEL: Der Steuerpflichtige hat 2015 Krankheitskosten i. H. von 1 000 € gezahlt. Von diesen Krankheitskosten hat die Krankenversicherung erstattet:

im Dezember	2015	300 €
im März	2016	500 €

Der Restbetrag von 200 € ist nicht erstattet worden.

Eine Belastung liegt nur i. H. von 200 € vor, denn i. H. von 800 € ist schon im Veranlagungszeitraum Ersatz geleistet worden bzw. wird später Ersatz geleistet.

Hat der Steuerpflichtige Krankheitskosten aus Darlehensmitteln bestritten, so tritt die Belastung im Zeitpunkt der Zahlung und nicht erst bei Tilgung des Darlehens ein. Die Schuldzinsen für dieses Darlehen können im Jahr ihrer Leistung nach § 33 EStG berücksichtigungsfähig sein, wenn die Aufnahme des Darlehens zwangsläufig erfolgte.

Im Allgemeinen ist der Steuerpflichtige dann nicht belastet, wenn er für seine Aufwendungen einen Gegenwert erhält, wie z. B. bei Aufwendungen für Babyausstattung, Haushaltsgeräte, Wohnungseinrichtung (H 33.1-33.4 „Gegenwert" EStH).

3. Zwangsläufigkeit

Nach § 33 Abs. 1 Satz 1 EStG sind Aufwendungen nur dann außergewöhnliche Belas- 165
tungen, wenn sie dem Steuerpflichtigen u. a. zwangsläufig erwachsen. Nach § 33 Abs. 2 Satz 1 EStG erwachsen Aufwendungen zwangsläufig,

- wenn sich der Steuerpflichtige ihnen aus rechtlichen, sittlichen und tatsächlichen Gründen nicht entziehen kann,
- soweit die Aufwendungen den Umständen nach notwendig sind und einen angemessenen Betrag nicht übersteigen.

Der Steuerpflichtige kann sich den Aufwendungen nicht entziehen, wenn sie z. B. durch *Krankheit, Tod, Unfall* oder *Unwetter* bedingt sind und den Steuerpflichtigen selbst oder dessen Angehörigen i. S. der Steuergesetze betreffen. Bei anderen Personen wird in der Regel die Zwangsläufigkeit der Aufwendungen zu verneinen sein.

Ob Aufwendungen i. S. des § 33 EStG notwendig sind und in welcher Höhe sie angemessen sind, kann nur im Einzelfall entschieden werden. Ohne Bedeutung für diese Entscheidung sind die Vermögensverhältnisse des Steuerpflichtigen.

Einzelfälle zu § 33 sind in R 33.2 – 33.4 EStR besprochen.

Der Abzug nach § 33 EStG setzt einen entsprechenden Antrag des Steuerpflichtigen voraus (§ 33 Abs. 1 EStG). Aufwendungen für Diätverpflegung können – auch wenn ein Antrag vorliegt – nicht berücksichtigt werden (§ 33 Abs. 2 Satz 3 EStG).

4. Zumutbare Belastung

Nach § 33 Abs. 1 EStG wirken sich nur die Aufwendungen auf die Besteuerung aus, die 166
die dem Steuerpflichtigen zumutbare Belastung übersteigen. Die Höhe der dem Steuerpflichtigen zumutbaren Belastung ergibt sich aus der Tabelle des § 33 Abs. 3 EStG.

Danach ergibt sich die zumutbare Belastung aus der Anwendung eines bestimmten Vomhundertsatzes (s. § 33 Abs. 3 EStG) auf den Gesamtbetrag der Einkünfte. Steuerfreie Einkünfte bleiben dabei ebenso außer Betracht wie Bezüge aus einem Dienstverhältnis, für die die Lohnsteuer mit einem Pauschsteuersatz nach §§ 40 bis 40b EStG erhoben wird. Auch aufgrund von Doppelbesteuerungsabkommen steuerbefreite, aber unter Progressionsvorbehalt stehende Einkünfte bleiben unberücksichtigt.

BEISPIEL: Ehegatten mit 2 Kindern, für die Kindergeld zu gewähren ist, Gesamtbetrag der Einkünfte 52 000 €, Krankheitskosten nach Abzug aller Erstattungen 6 000 €

Gesamtbetrag der Einkünfte	52 000 €
Vomhundertsatz nach § 33 Abs. 3 Nr. 2 Buchst. a EStG 4 %	
zumutbare Belastung	2 080 €
absetzbar vom Gesamtbetrag der Einkünfte	
6 000 € ·/. 2 080 € =	3 920 €

Kinder i. S. des § 33 Abs. 3 EStG sind Kinder, für die der Steuerpflichtige einen Anspruch auf Kinderfreibetrag oder Kindergeld hat.

III. Außergewöhnliche Belastung in besonderen Fällen

§§ 33a, 33b EStG

1. Allgemeines

167 Während der Gesetzgeber bei § 33 EStG – wegen der Vielfalt der denkbaren Lebenssachverhalte – auf eine exakte Aufzählung der Sachverhalte verzichtet hat, die zur Steuerermäßigung führen sollen, hat er im § 33a EStG *typische Fälle außergewöhnlicher Belastung* abschließend geregelt.

§ 33a EStG schafft eine Regelung für:

a) den Unterhalt und/oder die Berufsausbildung von unterhaltsberechtigten Personen, für die im Veranlagungszeitraum weder der Steuerpflichtige noch eine andere Person Anspruch auf Kindergeld oder einen Kinderfreibetrag hat (§ 33a Abs. 1 EStG),

b) Aufwendungen für die Berufsausbildung von Kindern, für die der Steuerpflichtige Kindergeld oder einen Kinderfreibetrag erhält (§ 33a Abs. 2 EStG), wenn sie volljährig und auswärtig untergebracht sind.

2. Zu § 33a Abs. 1 EStG

a) Personenkreis, dessen Unterstützung zur Steuerermäßigung führt

168 Nach § 33a Abs. 1 EStG ist der Unterhalt und/oder die Berufsausbildung nur von bestimmten Personen begünstigt. Dabei handelt es sich um

- gegenüber dem Steuerpflichtigen oder seinem Ehegatten gesetzlich unterhaltsberechtigte Personen
- Personen, soweit bei ihnen zum Unterhalt bestimmte inländische öffentliche Mittel mit Rücksicht auf die Unterhaltsleistungen des Steuerpflichtigen gekürzt werden.

Weitere Voraussetzung ist, dass weder der Steuerpflichtige noch andere Personen Anspruch auf einen Kinderfreibetrag oder auf Kindergeld für die unterhaltene Person haben.

Unterhaltsberechtigte Personen sind gegenüber dem Steuerpflichtigen oder seinem Ehegatten die jeweiligen Verwandten in gerader Linie (Kinder, Eltern, Großeltern, R 33a.1 Abs. 1 EStR).

Personen, bei denen Unterhaltsleistungen des Steuerpflichtigen eine Kürzung öffentlicher Mittel bewirken, sind im Wesentlichen Partner einer nichtehelichen Lebensgemeinschaft, bei denen der eine öffentliche Mittel z. B. Arbeitslosenhilfe oder Sozialhilfe bezieht, die jedoch wegen der Unterhaltsleistungen des anderen Partners gekürzt werden (s. a. BMF vom 7. 6. 2010, BStBl 2010 I S. 582).

Unterhaltsleistungen sind die üblichen für den laufenden Lebensunterhalt bestimmten Leistungen sowie ggf. Aufwendungen für eine Berufsausbildung. Leistungen zur Deckung des Unterhaltsbedarfs für bereits abgelaufene Zeiträume sowie zur Deckung nachfolgender Jahre werden nicht berücksichtigt. Nur Zahlungen im Veranlagungszeitraum, soweit sie für nachfolgende Zeiträume (z. B. Monate) dieses Veranlagungszeitraums geleistet werden, erfasst § 33a Abs. 1 EStG.

Erwachsen dem Steuerpflichtigen neben den Unterhaltsleistungen noch andere Aufwendungen aufgrund außergewöhnlicher Umstände, z. B. durch Krankheit der unterstützten Person oder durch Unterbringung in einer Heil- oder Pflegeanstalt, so sind diese Aufwendungen im Rahmen des § 33 EStG abzugsfähig.

b) Unterstützung von nicht unbeschränkt einkommensteuerpflichtigen Personen

Ist die unterhaltene Person nicht unbeschränkt einkommensteuerpflichtig, können Unterhaltsleistungen nur insoweit abgezogen werden, als sie nach den Verhältnissen des Wohnsitzstaates der unterhaltenen Person (siehe sog. Ländergruppeneinteilung, BMF vom 18. 11. 2013, BStBl 2013 I S. 1462) notwendig und angemessen sind. Es kann jedoch nicht mehr als für eine vergleichbare unbeschränkt einkommensteuerpflichtige unterhaltene Person abgezogen werden. Ob der Steuerpflichtige zum Unterhalt gesetzlich verpflichtet ist, ist nach inländischen Maßstäben zu beurteilen. Zur Berücksichtigung von Aufwendungen für den Unterhalt von Personen im Ausland als außergewöhnliche Belastung s. das BMF-Schreiben vom 7. 6. 2010 (BStBl 2010 I S. 588). 169

c) Vermögen der unterhaltenen Person

Gemäß § 33a Abs. 1 Satz 4 EStG sind Unterhaltsleistungen nur abziehbar, wenn die unterhaltene Person kein oder nur ein geringes Vermögen besitzt. Als gering kann ein Vermögen bis zu einem Verkehrswert von 15 500 € angesehen werden. Bei dieser Begrenzung bleiben bestimmte Vermögensgegenstände außer Betracht. Siehe R 33a.1 Abs. 2 EStR. 170

d) Ermittlung des nach § 33a Abs. 1 EStG abzugsfähigen Betrags

Der Abzug der Unterhaltsaufwendungen ist in der Höhe begrenzt, wobei die Höchstgrenze unmittelbar von den eigenen Einkünften und Bezügen der unterhaltenen Person sowie von den der unterhaltenen Person aus öffentlichen Mitteln gewährten Zuschüssen für Ausbildungszwecke beeinflusst wird. 171

Abzugsfähig sind die Unterhaltsaufwendungen, höchstens jedoch 8 472 € (ab VZ 2016: 8 652 €). Hat die unterhaltene Person eigene Einkünfte und Bezüge, so vermindert sich der Höchstbetrag von 8 472 € um den Betrag, um den die eigenen Einkünfte und Bezüge der unterhaltenen Person den Betrag von 624 € übersteigen.

Der Höchstbetrag nach § 33a Abs. 1 Satz 1 EStG von 8 472 € erhöht sich um die für die Absicherung der unterhaltsberechtigten Person aufgewandten Beiträge zur Kranken- und Pflegeversicherung nach § 10 Abs. 1 Nr. 3 EStG, wenn für diese beim Unterhaltsleistenden kein Sonderausgabenabzug möglich ist. Dabei ist es nicht notwendig, dass die Beiträge tatsächlich von dem Unterhaltsverpflichteten gezahlt oder erstattet wurden. Für diese Erhöhung des Höchstbetrages genügt es, wenn der Unterhaltsverpflichtete seiner Unterhaltsverpflichtung nachkommt. Die Gewährung von Sachunterhalt (z. B. Unterkunft und Verpflegung) ist ausreichend (§ 33a Abs. 1 Satz 2 EStG, R 33a.1 Abs. 5 EStR).

BEISPIELE:

1. Der Steuerpflichtige unterstützt seinen einkommens- und vermögenslosen Vater mit jährlich 9 000 €.

   Nach § 33a Abs. 1 EStG sind 8 472 € abzugsfähig.
2. Der Steuerpflichtige unterstützt seinen vermögenslosen Vater mit jährlich 5 000 €. Die eigenen Einkünfte und Bezüge des Vaters betragen 500 €.

   Abzugsfähig sind die Aufwendungen i. H. von 5 000 €. Die eigenen Einkünfte und Bezüge des Vaters sind unschädlich, weil sie den Betrag von 624 € nicht übersteigen.
3. Der Steuerpflichtige unterstützt seinen vermögenslosen Vater mit jährlich 6 100 €. Die eigenen Einkünfte und Bezüge des Vaters betragen 3 000 €.

   Die eigenen Einkünfte und Bezüge der unterhaltenen Person übersteigen den Betrag von 624 € um 2 376 €. Der Höchstbetrag der abzugsfähigen Aufwendungen vermindert sich um den übersteigenden Betrag von 2 376 € auf 6 096 € (8 472 € ·/. 2 376 € = 6 096 €). Da die tatsächlichen Aufwendungen diesen Höchstbetrag übersteigen, sind 6 096 € vom Gesamtbetrag der Einkünfte abzuziehen.
4. Der Steuerpflichtige unterstützt seinen vermögenslosen Vater mit jährlich 1 500 €. Die eigenen Einkünfte und Bezüge des Vaters betragen 3 800 €.

   Die eigenen Einkünfte und Bezüge des Vaters übersteigen den Betrag von 624 € um 3 176 €. Der Höchstbetrag der abzugsfähigen Aufwendungen vermindert sich von 8 472 € um 3 176 € auf 5 296 €. Da die tatsächlichen Aufwendungen von 1 500 € den verminderten Höchstbetrag von 5 296 € nicht erreichen, ist der Betrag von 1 500 € abzugsfähig.
5. Der Steuerpflichtige unterstützt seinen vermögenslosen Vater mit jährlich 700 €. Die eigenen Einkünfte und Bezüge des Vaters betragen 3 700 €.

   Die eigenen Einkünfte und Bezüge des Vaters übersteigen den Betrag von 624 € um 3 076 €. Der Höchstbetrag der abzugsfähigen Aufwendungen vermindert sich von 8 472 € um 3 076 € auf 5 396 €. Da die tatsächlichen Aufwendungen von 700 € diesen Höchstbetrag nicht erreichen, sind sie abzugsfähig.
6. Der Steuerpflichtige unterstützt seinen Sohn im Veranlagungszeitraum mit 400 € pro Monat. Der Sohn hat das dreißigste Lebensjahr vollendet. Der Sohn bezieht eigene Einkünfte und Bezüge i. H. von 3 800 €.

   Die eigenen Einkünfte und Bezüge des Kindes übersteigen 624 € um 3 176 €. Der Höchstbetrag von 8 472 € ist um 3 176 € auf 5 296 € zu kürzen. Da die tatsächlichen Aufwendungen von 4 800 € den gekürzten Höchstbetrag nicht übersteigen, sind 4 800 € abzugsfähig.

Einkünfte und Bezüge der unterhaltenen Person sind nur insoweit auf den jeweiligen Höchstbetrag anzurechnen, als sie 624 € übersteigen. Im Gegensatz dazu sind die von der unterhaltenen Person als Ausbildungshilfe aus öffentlichen Mitteln oder von Förderungseinrichtungen, die hierfür öffentliche Mittel erhalten, bezogenen Zuschüsse in *vollem* Umfang anzurechnen. Allerdings sind die Zuschüsse zunächst um einen Betrag i. H. von 180 € zu mindern (R 33a.1 Abs. 3 Satz 5 EStR).

BEISPIEL: Der Steuerpflichtige unterhält seinen zwanzigjährigen Sohn, der sich in Berufsausbildung befindet, im Jahr 2015 mit monatlich 600 €.

Der Sohn hat Einnahmen aus nichtselbständiger Arbeit von 125 € pro Monat. Er erhält einen Zuschuss aus öffentlichen Mitteln als Ausbildungshilfe i. H. von 150 € pro Monat.

Während die eigenen Einkünfte der unterhaltenen Person „anrechnungsfrei" bleiben, denn sie übersteigen nicht 624 € (1 500 € ·/. 1 000 € = 500 €), ist der Zuschuss von 1 620 € (1 800 € ·/. 180 €) voll auf den Höchstbetrag anzurechnen. Er verringert sich von 8 472 € um 1 620 € auf 6 852 €. Von den 7 200 €, die der Steuerpflichtige aufgewendet hat, sind 6 852 € abziehbar.

Werden die Aufwendungen für eine unterhaltene Person von *mehreren* Steuerpflichtigen getragen, so wird bei jedem Steuerpflichtigen – unter Berücksichtigung des Höchstbetrags – der Teil der Aufwendungen abgezogen, der seinem Anteil am Gesamtbetrag der Leistungen entspricht (§ 33a Abs. 1 Satz 7 EStG).

BEISPIEL: A und B unterstützen in 2015 gemeinsam ihren vermögenslosen Vater. A wendet monatlich 400 € und B 800 € auf. Die eigenen Einkünfte und Bezüge des Vaters betragen 4 404 €.

Die eigenen Einkünfte des Vaters übersteigen den Betrag von 624 € um 3 780 €. Der Höchstbetrag vermindert sich auf 4 692 € (8 472 € ·/. 3 780 € = 4 692 €). Der Anteil des A am Gesamtbetrag der Leistungen beträgt $^1/_3$, der des B $^2/_3$. Dementsprechend kann A $^1/_3$ des abzugsfähigen Betrages = 1 564 € und B $^2/_3$ des abzugsfähigen Betrages = 3 128 € vom Gesamtbetrag der Einkünfte absetzen.

Wenn der Steuerpflichtige mehrere Personen unterhält, die einen gemeinsamen Haushalt führen, so ist in der Regel der nach § 33a Abs. 1 EStG abzugsfähige Betrag für jede unterhaltene Person getrennt zu ermitteln, es sei denn, es handelt sich um in Haushaltsgemeinschaft lebende Personen. In diesem Fall sind zunächst die Einkünfte und Bezüge aller haushaltszugehörigen Personen getrennt zu ermitteln und sodann zusammenzurechnen.

Die Summe der getrennt ermittelten Einkünfte und Bezüge ist dem mit der Anzahl der haushaltszugehörigen Personen multiplizierten Betrag von 624 € gegenüberzustellen. Der das Mehrfache von 624 € übersteigende Betrag der Einkünfte und Bezüge mindert den mit der Anzahl der haushaltszugehörigen Personen multiplizierten Betrag von 8 472 € (H 33a.1 „Unterhalt für mehrere Personen" EStH).

BEISPIEL: Der Steuerpflichtige unterstützt seine vermögenslosen, in Haushaltsgemeinschaft lebenden Eltern mit jährlich insgesamt 12 300 €. Die eigenen Einkünfte und Bezüge der unterhaltenen Personen betragen: 2 600 € Vater, 3 500 € Mutter.

Die getrennt ermittelten Einkünfte und Bezüge der unterhaltenen Personen betragen insgesamt 6 100 €. Sie übersteigen den Betrag von 1 248 € (2 × 624 €) um 4 852 €. Der Betrag von 16 944 € (2 × 8 472 €) vermindert sich um 4 852 € auf 12 092 €. Die Aufwendungen des Steuerpflichtigen übersteigen diesen Betrag, folglich sind 12 092 € vom Gesamtbetrag der Einkünfte abzugsfähig.

e) Ermittlung der Einkünfte und Bezüge i. S. des § 33a Abs. 1 EStG

Einkünfte i. S. des § 33a Abs. 1 EStG sind die Einkünfte nach § 2 Abs. 1 Nr. 1–7 EStG. Die 172
Ermittlung richtet sich nach §§ 4 bis 7k EStG (Gewinneinkunftsarten) bzw. §§ 8 bis 9a EStG (Überschusseinkunftsarten) unter Beachtung der Freibeträge. Die Einkünfte entsprechen der Höhe nach den Beträgen, die bei einer Veranlagung anzusetzen wären.

Bezüge sind Zuflüsse, die nicht im Rahmen der einkommensteuerlichen Einkunftsermittlung erfasst werden, wie z. B.:

- steuerfreie Einnahmen nach §§ 3, 3b EStG,
- der steuerfreie Rentenanteil oder der Rentenanteil der über den steuerpflichtigen Zinsanteil hinausgeht,
- die Arbeitnehmer-Sparzulage,
- Kapitalerträge i. S. d. § 32d Abs. 1 EStG ohne Abzug des Sparer-Pauschbetrags nach § 20 Abs. 9 EStG,
- pauschal besteuerte Bezüge nach § 40a EStG,
- Unterhaltsleistungen des geschiedenen oder dauernd getrennt lebenden Ehegatten, soweit sie nicht als sonstige Einkünfte i. S. d. § 22 Nr. 1a EStG erfasst sind.

Auch Zuschüsse, die aus öffentlichen Mitteln als Ausbildungshilfe gewährt werden, sind begrifflich Bezüge. Sie erfahren jedoch eine besondere Behandlung. S. Tz 171 und H 33a.1 „Anrechnung eigener Einkünfte und Bezüge" unter Zuschüsse EStH.

Einnahmen, die wegen des Freibetrags nach § 19 Abs. 2 EStG unbesteuert bleiben, sind ebenfalls als Bezüge zu erfassen (§ 33a Abs. 1 Satz 5 EStG).

Die Bezüge müssen dem Steuerpflichtigen aus einer Quelle zufließen. Die Veräußerung von Vermögen ist kein Bezug, auch wenn der Veräußerungserlös in Raten zufließt (wegen des in den einzelnen Raten enthaltenen Zinsanteils ist § 20 EStG zu beachten).

Bei der Feststellung der Bezüge ist aus Vereinfachungsgründen ein Betrag von 180 € abzusetzen, wenn ein Abzug dieses Pauschbetrags bei als Ausbildungshilfe gewährten Zuschüssen nicht möglich ist. Weist der Steuerpflichtige höhere Aufwendungen nach, die im Zusammenhang mit den Bezügen angefallen sind, so sind diese abzuziehen.

BEISPIEL: Die unterhaltene Person hatte steuerpflichtige Einnahmen

aus § 19 EStG i. H. von	1 500 €
aus § 22 EStG i. H. von	804 €
Der steuerfreie Anteil beträgt	402 €
Ihre Einkünfte aus Gewerbebetrieb betragen	700 €

Außerdem sind nach § 3 EStG steuerfreie Einnahmen i. H. von 900 € zugeflossen.

	Einkünfte		*Bezüge*
Einnahmen	1 500 €		
·/. § 9a EStG	1 000 €		
	500 €	500 €	
Einkünfte aus Gewerbebetrieb		700 €	
Einnahmen (§ 22 EStG)	402 €	steuerfreier Anteil	402 €
steuerpflichtiger Anteil			
·/. § 9a EStG	102 €		
	300 €	300 €	
Summe der Einkünfte		1 500 €	

steuerfreie Einnahmen nach § 3 EStG	900 €
	1 302 €
	·/. 180 €
	1 122 €

Die Einkünfte und Bezüge der unterhaltenen Personen betragen 1 500 € + 1 122 € = 2 622 €.

Der Höchstbetrag von 8 472 € sowie der Betrag von 624 €, bis zu dem eigene Einkünfte und Bezüge nicht zu einer Kürzung der Höchstbeträge führen, sind gem. § 33a Abs. 4 EStG für jeden vollen Monat, in dem die in § 33a Abs. 1 EStG bezeichneten Voraussetzungen nicht vorgelegen haben, um je ein Zwölftel zu mindern. Eigene Einkünfte und Bezüge der unterhaltenen Person, die auf die vollen Monate entfallen, in denen die Voraussetzungen des § 33a Abs. 1 EStG *nicht* erfüllt sind, bewirken keine Ermäßigung der Höchstbeträge.

BEISPIEL: Der Steuerpflichtige unterstützt seine in Köln lebende vermögenslose Mutter vom 1. 7. 2015 bis zum 31. 10. 2015 mit monatlichen Beträgen von 200 €. Die Mutter bezieht eine monatliche Rente von 125 €. Der steuerpflichtige Anteil beträgt 50 %. Außerdem hat sie Einkünfte aus Gewerbebetrieb i. H. von 600 € erzielt.

LÖSUNG:

Höchstbetrag für das Kalenderjahr 2015		8 472 €
anteiliger Höchstbetrag für 4 Monate		2 824 €
Ermittlung der Einkünfte und Bezüge für das Kalenderjahr:		
1.	Einkünfte gem. § 22 EStG	750 €
	abzgl. Werbungskosten-Pauschbetrag	102 €
	Einkünfte	648 €
	davon entfallen auf den Unterstützungszeitraum $^1/_3$	216 €
2.	Einkünfte aus Gewerbebetrieb	600 €
	davon entfallen auf den Unterstützungszeitraum $^1/_3$	200 €
3.	Bezüge steuerfreier Anteil der Rente	750 €
	abzgl. Kosten-Pauschbetrag	·/. 180 €
	Verbleiben	570 €
	davon entfallen auf den Unterstützungszeitraum $^1/_3$	190 €
	Auf den Unterstützungszeitraum entfallende Einkünfte/Bezüge (216 € + 200 € + 190 €)	606 €
	anteiliger Betrag, bis zu dessen Höhe Einkünfte und Bezüge unberücksichtigt bleiben $^4/_{12}$ von 624 €	208 €
	den anteiligen Betrag von 208 € übersteigende Einkünfte und Bezüge	398 €
	anteiliger Höchstbetrag	2 824 €
	abzgl. übersteigende Einkünfte und Bezüge	·/. 398 €
	verbleibender Höchstbetrag	2 426 €

Da die tatsächlichen Unterhaltszahlungen von 800 € (4 × 200 €) den Höchstbetrag nicht übersteigen, ist ein Betrag von 800 € im Rahmen des § 33a Abs. 1 EStG abzugsfähig.

BEISPIEL: Ein Steuerpflichtiger unterhält seinen 35-jährigen Sohn mit 100 € monatlich. Dieser erhält Arbeitslohn von jährlich 7 200 €. Davon wurden gesetzliche Sozialversicherungsbeiträge

i. H. v. 1 472 € abgezogen (Krankenversicherung 568 €, Rentenversicherung 716 €, Pflegeversicherung 88 € und Arbeitslosenversicherung 100 €). Daneben erhält er seit seinem 30. Lebensjahr eine lebenslängliche Rente aus einer privaten Unfallversicherung i. H. v. 150 € monatlich.

Tatsächliche Unterhaltsleistungen				1 200 €
Ungekürzter Höchstbetrag				8 472 €
Erhöhungsbetrag nach § 33a Abs. 1 Satz 2 EStG				
Krankenversicherung		568 €		
abzüglich 4 %		·/. 22 €		
BMF vom 19. 8. 2013, BStBl 2013 I S. 1087, Rz. 77)				
Verbleiben		546 €	546 €	
Pflegeversicherung		88 €	88 €	
Erhöhungsbetrag			634 €	634 €
Ungekürzter erhöhter Höchstbetrag				9 106 €
Einkünfte des Sohnes				
Arbeitslohn		7 200 €		
Arbeitnehmer-Pauschbetrag	1 000 €	·/. 1 000 €		
Einkünfte i. S. d. § 19 EStG		6 200 €	6 200 €	
Leibrente		1 800 €		
Hiervon Ertragsanteil 44 % (§ 22 Nr. 1 Satz 3 Buchst. a Doppelbuchst. bb EStG)		792 €		
Werbungskosten-Pauschbetrag (§ 9a Nr. 3 EStG)	102 €	·/. 102 €		
Einkünfte i. S. d. § 22 EStG		690 €	690 €	
Summe der Einkünfte			6 890 €	
Bezüge des Sohnes				
Steuerlich nicht erfasster Teil der Rente		1 008 €		
Kostenpauschale (R 33a.1 Abs. 3 Satz 5 EStR)	180 €	·/. 180 €		
Bezüge		828 €	828 €	
Summe der Einkünfte und Bezüge			7 718 €	
unschädlicher Betrag			·/. 624 €	
anzurechnende Einkünfte und Bezüge			7 094 €	·/. 7 094 €
gekürzter Höchstbetrag				2 012 €
Abzugsfähige Unterhaltsleistungen				1 200 €

3. Zu § 33a Abs. 2 EStG

173 Nach dieser Vorschrift kann auf Antrag ein Freibetrag zur Abgeltung des Sonderbedarfs eines sich in Berufsausbildung befindenden, auswärts untergebrachten, volljährigen Kindes, für das Anspruch auf Freibetrag nach § 32 Abs. 6 EStG oder Kindergeld besteht, vom Gesamtbetrag der Einkünfte abgezogen werden.

Der Freibetrag beträgt 924 €.

Erfüllen mehrere Personen die Voraussetzungen für die Gewährung eines Freibetrags nach § 33a Abs. EStG, so wird der Freibetrag *insgesamt nur einmal* gewährt.

Einem Elternpaar, das die Voraussetzungen des § 26 EStG nicht erfüllt, wird der maßgebende Freibetrag jeweils zur Hälfte gewährt. S. § 33a Abs. 2 Satz 5 EStG.

BEISPIEL:

1. A und B unterhalten ihr 19 Jahre altes leibliches Kind C, das für Zwecke der Berufsausbildung auswärtig untergebracht ist. A und B sind nicht miteinander verheiratet und erhalten je einen Kinderfreibetrag.

   A und B erhalten jeweils die Hälfte des Ausbildungsfreibetrages von 924 €.

   Sofern es zur Übertragung des Kinderfreibetrags von B auf A gem. § 32 Abs. 6 EStG kommt, erhält nur A den Ausbildungsfreibetrag von 924 €.

Nach § 33a Abs. 2 Satz 5 EStG ist auf gemeinsamen Antrag der Eltern eine andere Aufteilung möglich.

Wegen des Begriffs „Berufsausbildung" s. Tz 154.

Auf die Höhe der Aufwendungen kommt es nicht an. Es wird typisierend unterstellt, dass den Eltern Aufwendungen für die Berufsausbildung des Kindes entstehen.

Eine auswärtige Unterbringung liegt vor, wenn das Kind außerhalb des elterlichen Haushalts untergebracht ist. Die Gründe für die auswärtige Unterbringung sind nicht zu prüfen. Es ist dabei unerheblich, ob das Kind verheiratet ist und mit seinem Ehegatten eine gemeinsame Wohnung unterhält.

BEISPIEL: Das Kind eines geschiedenen Elternpaares lebt, um sein Studium fortsetzen zu können, im Haushalt des Vaters.

Von Vater und Mutter aus gesehen ist das Kind nicht auswärtig untergebracht. Ein Freibetrag nach § 33a Abs. 2 EStG kommt nicht in Betracht.

Der nach § 33a Abs. 2 EStG abzugsfähige Betrag ermäßigt sich für jeden vollen Monat, in dem die Voraussetzungen des § 33a Abs. 2 EStG nicht alle erfüllt sind (§ 33a Abs. 3 EStG).

BEISPIEL: Die Berufsausbildung des auswärtig untergebrachten 20 Jahre alten Kindes endet am 30. 6. 2014.

Ausbildungsfreibetrag für das Kalenderjahr	924 €
Ausbildungsfreibetrag für 6 Monate	462 €

4. Pauschbetrag für behinderte Menschen

§ 33b Abs. 1 bis 3 EStG

Mit der Vorschrift des § 33b EStG hat der Gesetzgeber dem Steuerpflichtigen die Mög- 174
lichkeit eingeräumt, für die infolge einer Behinderung erwachsenden Aufwendungen, die dem Grunde nach eine außergewöhnliche Belastung darstellen, vom Gesamtbetrag der Einkünfte ohne Kürzung um eine zumutbare Belastung einen Pauschbetrag abzusetzen. Statt des Pauschbetrages kann der Steuerpflichtige auch die Aufwendungen im Rahmen des § 33 EStG geltend machen.

Die Höhe des Pauschbetrags richtet sich nach dem dauernden Grad der Behinderung (§ 33b Abs. 3 EStG).

Leidet ein Steuerpflichtiger an mehreren Behinderungen, von denen jede für sich zur Inanspruchnahme eines Pauschbetrags berechtigt, so ist der Pauschbetrag maßgebend, der sich nach dem *Grund der Gesamtbehinderung ergibt.*

Ändert sich innerhalb eines Veranlagungszeitraums der Grad der Behinderung, so ist für den gesamten Veranlagungszeitraum der Pauschbetrag zu gewähren, der sich nach dem *höchsten* Grad der Behinderung ergibt. Tritt die Behinderung erst im Laufe des Veranlagungszeitraums ein, so ist der Pauschbetrag für den gesamten Veranlagungszeitraum zu gewähren.

Durch die Pauschbeträge nach § 33b Abs. 3 EStG werden die außergewöhnlichen Belastungen abgegolten, die dem Behinderten laufend unmittelbar infolge der Behinderung als *typische Mehraufwendungen* erwachsen. Dabei handelt es sich um Aufwendungen für die Hilfe bei den gewöhnlichen und regelmäßig wiederkehrenden Verrichtungen des täglichen Lebens, für die Pflege sowie für den erhöhten Wäschebedarf (siehe § 33b Abs. 1 EStG). Entstehen neben diesen typischen Mehraufwendungen auch andere außerordentliche Krankheitskosten, so können diese neben dem Pauschbetrag im Rahmen des § 33 EStG berücksichtigt werden. Das gilt selbst dann, wenn sie im Zusammenhang mit dem Leiden stehen, das die Behinderung herbeigeführt hat. H 33b EStH enthält eine Aufzählung der neben den Pauschbeträgen für behinderte Menschen zu berücksichtigenden Aufwendungen.

Behinderte, deren Grad der Behinderung mindestens 70 % beträgt und bei denen darüber hinaus eine Geh- und Stehbehinderung vorliegt und Behinderte, deren Grad der Behinderung mindestens 80 % beträgt, können – neben dem Pauschbetrag – auch Kraftfahrzeugkosten in angemessenem Rahmen als außergewöhnliche Belastung nach § 33 EStG geltend machen. Nach R 33.4 Abs. 4 EStR (H 33.1-33.4 „Fahrtkosten behinderter Menschen" EStH) kann ein Aufwand für Privatfahrten von insgesamt 3 000 km jährlich als angemessen angesehen werden. Aus Vereinfachungsgründen kann ein Kilometersatz von 0,30 € zugrunde gelegt werden (3 000 km × 0,30 € = 900 €).

Steht der Pauschbetrag für Behinderte einem Kind zu, für das der Steuerpflichtige Kindergeld oder einen Kinderfreibetrag erhält, so wird der Pauschbetrag *auf Antrag* auf den Steuerpflichtigen übertragen, wenn ihn das Kind nicht in Anspruch nimmt, weil z. B. die Steuerersparnis beim Steuerpflichtigen höher ist (§ 33b Abs. 5 EStG).

Erhalten mehrere Steuerpflichtige für das Kind Kindergeld oder einen Kinderfreibetrag, so ist § 33b Abs. 5 EStG anzuwenden, d. h., dass bei einem Elternpaar, das die Voraussetzungen des § 26 EStG nicht erfüllt, der maßgebende Pauschbetrag jedem Elternteil zur Hälfte gewährt wird, es sei denn, dass das Elternpaar einen gemeinsamen Antrag auf eine andere Aufteilung des Pauschbetrags stellt. In diesem Fall kann eine Steuerermäßigung nach § 33 EStG wegen der Aufwendungen, für die der Pauschbetrag nach § 33b EStG gilt, nicht gewährt werden.

BEISPIEL: Das Elternpaar A und B erfüllt nicht die Voraussetzungen des § 26 EStG. Das gemeinsame Kind C, für das jeder Elternteil einen Kinderfreibetrag erhält, ist zu 90 % in seiner Erwerbsfähigkeit gemindert. Die Eltern beantragen gemeinsam, dass der Pauschbetrag für das

Kind auf sie übertragen werden soll und dass er in voller Höhe bei der Veranlagung des Vaters abgezogen werden soll. Die Mutter beantragt für ihre Aufwendungen, die durch die Behinderung des Kindes entstehen, eine Steuerermäßigung nach § 33 EStG.

LÖSUNG: Der zustehende Pauschbetrag von 1 230 € kann gem. § 33b Abs. 5 EStG auf die Eltern übertragen werden. Auf Antrag kann der Pauschbetrag – abweichend von der gesetzlichen Regelung, die einen hälftigen Abzug bei jedem Elternteil vorsieht – beliebig von den Ehegatten aufgeteilt werden. Macht das Elternpaar gemeinsam von dieser Möglichkeit Gebrauch, kommt eine Steuerermäßigung nach § 33 EStG nicht in Betracht. Im obigen Beispiel zieht der Ehemann 1 230 € ab. Die Ehefrau erhält keine Steuerermäßigung.

5. Pflegepauschbetrag

§ 33b Abs. 6 EStG

Außergewöhnliche Belastungen des Steuerpflichtigen, die durch die persönliche Pflege 175 einer Person erwachsen, die nicht nur vorübergehend hilflos ist – siehe dazu § 33b Abs. 6 Satz 3 und 4 EStG –, können entweder im Rahmen des § 33 EStG geltend gemacht werden oder es kann ein Pflegepauschbetrag i. H. von 924 € vom Gesamtbetrag der Einkünfte ohne Kürzung um eine zumutbare Belastung abgezogen werden, wenn der Steuerpflichtige für die Pflege keine Einnahmen erhält. Der Pauschbetrag wird jedoch nur gewährt, wenn die persönliche Pflege entweder in der Wohnung des Pflegebedürftigen oder in der Wohnung des Steuerpflichtigen selbst erfolgt. Die Wohnung muss in einem EU- bzw. EWR-Mitgliedstaat belegen sein. Es ist unschädlich, wenn sich der Steuerpflichtige bei der persönlichen Pflege zeitweise eines Dritten bedient. Pflegen mehrere Steuerpflichtige, die die Voraussetzungen des § 33b Abs. 6 EStG erfüllen, eine pflegebedürftige Person, so ist der Pauschbetrag entsprechend zu teilen.

BEISPIEL: Die Schwestern A und B pflegen ihre Mutter, die in ihrer eigenen Wohnung lebt.

LÖSUNG: Den Schwestern erwachsen zwangsläufig (§ 33 Abs. 2 EStG) außergewöhnliche Belastungen, die sie jeweils im Rahmen des § 33 EStG geltend machen können. Stattdessen können sie auch einen Pflegepauschbetrag von $^1/_2$ von 924 € = 462 € abziehen.

Die Gewährung des Pflegepauschbetrags setzt jedoch voraus, dass keine Einnahmen für die Pflege erzielt werden. Siehe dazu auch § 3 Nr. 36 EStG.

6. Pauschbetrag für Hinterbliebene

§ 33b Abs. 4 EStG

Den Pauschbetrag für Hinterbliebene i. H. von 370 € erhalten Steuerpflichtige, denen 176 Hinterbliebenenbezüge aufgrund der im § 33b Abs. 4 Nr. 1–4 EStG genannten Bestimmungen laufend gezahlt werden oder bei denen das Recht auf Bezüge ruht oder der Anspruch auf Bezüge durch Zahlung eines Kapitals abgefunden worden ist.

Steht der Hinterbliebenenpauschbetrag einem Kind des Steuerpflichtigen zu, für das er Kindergeld oder einen Kinderfreibetrag erhält, so wird der Hinterbliebenenpauschbetrag auf Antrag auf den Steuerpflichtigen übertragen, wenn das Kind ihn nicht in Anspruch nimmt. Für den Fall, dass mehrere Steuerpflichtige Kindergeld oder einen Kinderfreibetrag erhalten, gilt die gleiche Regelung wie bei dem Pauschbetrag für behinderte Menschen (s. Tz 174).

IV. Der Verlustabzug

§ 10d EStG

1. Allgemeines

177 Da Verluste den Gesamtbetrag der Einkünfte mindern, bewirken sie auch eine Minderung der Bemessungsgrundlage für die Einkommensteuer (das zu versteuernde Einkommen) und führen somit zu einer geringeren Einkommensteuer.

BEISPIEL: Ein Steuerpflichtiger hat in 2014

Einkünfte aus Gewerbebetrieb	80 000 €
Einkünfte aus Vermietung und Verpachtung	
Haus I in Köln	·/. 60 000 €
Haus II in Aachen	25 000 €

Hier ist zunächst ein Ergebnis innerhalb der Einkunftsart Vermietung und Verpachtung zu ermitteln (**horizontaler Verlustausgleich**).

Die Einkünfte aus Vermietung und Verpachtung betragen	·/. 35 000 €

Sodann sind zur Ermittlung der Summe der Einkünfte und des Gesamtbetrages der Einkünfte die positiven Einkünfte aus Gewerbebetrieb mit den negativen Einkünften aus Vermietung und Verpachtung zu verrechnen (**vertikaler Verlustausgleich**).

Der Gesamtbetrag der Einkünfte 2014 beträgt hier	45 000 €

Diese Folge tritt jedoch dann nicht mehr ein, wenn der Gesamtbetrag der Einkünfte **negativ** wird. In diesem Fall wirkt sich der Teil der negativen Einkünfte, der zu dem negativen Gesamtbetrag der Einkünfte geführt hat, nicht mehr mindernd auf die Höhe der Einkommensteuer aus, denn bereits bei einem Gesamtbetrag der Einkünfte von 0 € fällt keine Einkommensteuer mehr an.

Damit sich auch die negativen Einkünfte, die zu einem negativen Gesamtbetrag führen, steuermindernd auswirken, müssen sie in einem anderen Veranlagungszeitraum abgezogen werden. Dies wird über den **Verlustabzug** nach § 10d EStG erreicht.

2. Verlustrücktrag und Verlustvortrag

178 Der Verlustabzug kommt als Verlustrücktrag (§ 10d Abs. 1 EStG) und als Verlustvortrag (§ 10d Abs. 2 EStG) vor, wobei grundsätzlich der Verlustrücktrag Vorrang vor dem Verlustvortrag hat.

Verlustrücktrag bedeutet, negative Einkünfte die sich bei der Ermittlung des Gesamtbetrages der Einkünfte ergeben haben, im grundsätzlich höchstmöglichen Umfang – höchstens jedoch bis zu einem Betrag von 1 Mio. € (bei der Zusammenveranlagung verdoppelt sich dieser Betrag) – vom Gesamtbetrag der Einkünfte des unmittelbar vorangegangenen Veranlagungszeitraums abzuziehen. Der Verlustrücktrag erfolgt **vor** Sonderausgaben und außergewöhnlichen Belastungen.

BEISPIEL: Der Steuerpflichtige hat in 2015 einen **negativen** Gesamtbetrag der Einkünfte von 750 000 €.

Für 2014 ist er wie folgt (Einzelveranlagung) veranlagt worden:

Einkünfte aus Gewerbebetrieb	400 000 €
Einkünfte aus Vermietung und Verpachtung	·/. 100 000 €
Summe der Einkünfte	300 000 €
Gesamtbetrag der Einkünfte	300 000 €
Sonderausgaben	20 000 €
Außergewöhnliche Belastungen	10 000 €
Einkommen	270 000 €
zu versteuerndes Einkommen	270 000 €

Hier muss das Finanzamt grundsätzlich von Amts wegen einen berichtigten Steuerbescheid für 2014 mit folgendem Inhalt erlassen (§ 10d Abs. 1 Satz 2 EStG):

Gesamtbetrag der Einkünfte (wie bisher)	300 000 €
Verlustrücktrag	300 000 €
Einkommen	0 €
zu versteuerndes Einkommen	0 €

Da der Gesamtbetrag der Einkünfte in 2014 300 000 € beträgt, ist der höchstmögliche Verlustrücktrag somit 300 000 €. Die Obergrenze für den Verlustrücktrag von 1 Mio. € wird hier nicht erreicht.

Wie man am obigen Beispiel erkennen kann, führt der Verlustrücktrag dazu, dass Sonderausgaben und außergewöhnliche Belastungen des Rücktragjahres sich steuerlich nicht mehr auswirken.

Nach § 10d Abs. 1 Sätze 5 und 6 EStG hat der Steuerpflichtige jedoch die Möglichkeit, ganz oder teilweise auf den Verlustrücktrag zu **verzichten**.

Stellt der Steuerpflichtige den Antrag, den Verlustrücktrag auf 261 646 € zu beschränken, erlässt das Finanzamt einen nach § 10d Abs. 1 EStG berichtigten Steuerbescheid 2014 mit folgendem Inhalt:

Gesamtbetrag der Einkünfte	300 000 €
Verlustrücktrag	261 646 €
Sonderausgaben	20 000 €
Außergewöhnliche Belastungen	10 000 €
Einkommen	8 354 €
zu versteuerndes Einkommen	8 354 €
Einkommensteuer lt. Grundtabelle	0 €

Trotz der Beschränkung des Verlustrücktrags erhält der Steuerpflichtige auch in diesem Fall die gesamte für 2014 entrichtete Einkommensteuer zurück.

Der gesamte nicht für den Verlustrücktrag verwendete negative Gesamtbetrag der Einkünfte wird im Rahmen des **Verlustvortrages** gem. § 10d Abs. 2 EStG ab dem Veranlagungszeitraum 2016 berücksichtigt.

3. Höhe des Verlustvortrags

Nach § 10d Abs. 2 EStG sind nicht ausgeglichene Verluste, die nicht im Rahmen des Verlustrücktrags abgezogen worden sind, in den folgenden Veranlagungszeiträumen bis 179 zu **1 000 000 €** (bei Zusammenveranlagung verdoppelt sich dieser Betrag) unbeschränkt abziehbar.

Darüber hinaus sind noch einmal **60 % des verbleibenden Gesamtbetrages der Einkünfte nach Abzug der 1 000 000 €** abziehbar.

BEISPIEL: Der Steuerpflichtige hat in 2015 einen negativen Gesamtbetrag der Einkünfte von 1 800 000 € erwirtschaftet. Auf einen Verlustrücktrag hat der Steuerpflichtige nach § 10d Abs. 1 Satz 5 EStG verzichtet. Damit steht der gesamte Betrag von 1 800 000 € für den Verlustvortrag zur Verfügung.

In 2016 ergibt sich – ohne Verlustvortrag – folgende Ermittlung des zu versteuernden Einkommens:

Einkünfte aus Gewerbebetrieb	1 500 000 €
Einkünfte aus Vermietung und Verpachtung	·/. 100 000 €
Summe der Einkünfte	1 400 000 €
Gesamtbetrag der Einkünfte	1 400 000 €
Sonderausgaben	40 000 €
außergewöhnliche Belastungen	20 000 €
Einkommen	1 340 000 €
zu versteuerndes Einkommen	1 340 000 €

Der Verlustvortrag muss im möglichen Umfang vorgenommen werden. Ein Verzicht in 2016, um eine Verschiebung nach 2017 zu erreichen, ist nicht zulässig.

Unter Berücksichtigung des vorzunehmenden Verlustvortrags sieht die Steuerfestsetzung für 2016 wie folgt aus:

Gesamtbetrag der Einkünfte (siehe oben)	1 400 000 €
Verlustvortrag	
1. unbeschränkt abziehbar	1 000 000 €
2. beschränkt abziehbar (1 400 000 € ·/. 1 000 000 € = 400 000 €; davon 60 % = 240 000 €)	240 000 €
Sonderausgaben	40 000 €
außergewöhnliche Belastungen	20 000 €
Einkommen	100 000 €
zu versteuerndes Einkommen	100 000 €

Trotz des hohen Verlustvortrages von 1 800 000 € fällt also bei der Veranlagung für 2016 Einkommensteuer an (sog. Mindestbesteuerung).

Vom gesamten Verlustvortrag von 1 800 000 € haben sich somit bei der Veranlagung 2016 nur 1 240 000 € ausgewirkt. Verbleiben für den Verlustvortrag nach 2017 noch 560 000 € übrig.

Die Veranlagung 2017 sieht dann – wenn man die gleichen Besteuerungsgrundlagen wie in 2016 annimmt – wie folgt aus:

Gesamtbetrag der Einkünfte	1 400 000 €
Verlustvortrag	560 000 €
(bis zu 1 000 000 € ist der Verlustvortrag unbeschränkt vorzunehmen)	
Sonderausgaben	40 000 €
außergewöhnliche Belastungen	20 000 €
Einkommen	780 000 €
zu versteuerndes Einkommen	780 000 €

Nach Durchführung der Veranlagung 2017 hat sich also der gesamte vorgetragene Verlust steuermindernd ausgewirkt.

4. Gesonderte Feststellung des Verlustvortrags

Das Finanzamt hat zum Schluss eines Veranlagungszeitraumes den verbleibenden Verlustvortrag gesondert festzustellen (§ 10d Abs. 4 EStG). 180

Der verbleibende Verlustvortrag ermittelt sich aus den nicht ausgeglichenen negativen Einkünften, vermindert um die Verlustrückträge gem. § 10d Abs. 1 EStG und um die Verlustvorträge gem. § 10d Abs. 2 EStG und vermehrt um den auf den Schluss des vorangegangenen Veranlagungszeitraumes festgestellten verbleibenden Verlustvortrages.

BEISPIEL: Ein Steuerpflichtiger erzielt im Jahr 2013 erstmalig einen Verlust von 50 000 €. Im Jahr 2012 wurden Einkünfte von 10 000 € erklärt.

Der verbleibende Verlustabzug zum 31. 12. 2013 ist wie folgt zu ermitteln:

Verlust aus 2013	50 000 €
Verlustabzug (Verlustrücktrag nach 2012)	10 000 €
verbleibender Verlust zum 31. 12. 2013	40 000 €
Im Jahr 2014 werden Einkünfte von 30 000 € erklärt	
Einkünfte 2014	30 000 €
Verlustabzug (Verlustvortrag aus 2013)	30 000 €
Verbleibender Verlust zum 31. 12. 2014	10 000 €
Im Jahr 2015 werden Einkünfte von 20 000 € erklärt	
Einkünfte 2015	20 000 €
Verlustabzug (Verlustvortrag aus 2014)	10 000 €
Verbleibender Verlust zum 31. 12. 2015	0 €

G. Ermittlung des zu versteuernden Einkommens

I. Berücksichtigung von Kindern

§ 32 Abs. 1 bis 5 EStG

1. Allgemeines

Abgesehen vom Kinderfreibetrag gem. § 32 Abs. 6 EStG beeinflussen Kinder u. a. die Höhe der Einkommensteuer über folgende Vorschriften: 181

a) § 24b EStG – Entlastungsbetrag für Alleinerziehende

b) § 32 Abs. 6 EStG – Betreuungsfreibetrag

c) § 33 Abs. 3 EStG – Zumutbare Belastung

d) § 33a Abs. 2 EStG – Freibetrag für auswärtige Unterbringung eines Kindes in der Berufsausbildung

e) § 33b Abs. 5 EStG – Übertragung des Pauschbetrags für körperbehinderte Kinder

2. Familienleistungsausgleich

182 Gemäß § 31 EStG muss der Teil des Einkommens, der der Sicherstellung des Existenzminimums eines Kindes dient, von der Besteuerung freigestellt werden. Diese Freistellung wird durch die Zahlung von Kindergeld, das der Besteuerung nicht unterliegt (gem. § 31 EStG, wird das Kindergeld als Steuervergütung gezahlt), oder durch den Abzug des Kinderfreibetrags in Verbindung mit dem Betreuungsfreibetrag nach § 32 Abs. 6 Satz 1 EStG bei der Ermittlung des zu versteuernden Einkommens erreicht.

Durch den Abzug des Kinderfreibetrags in Verbindung mit dem Betreuungsfreibetrag nach § 32 Abs. 6 EStG bleibt der Teil des Einkommens unbesteuert, der der Existenzsicherung des Kindes dient. *Während* des Kalenderjahres wird die Freistellung ausschließlich durch das Kindergeld erreicht, d. h. der Steuerpflichtige kann nicht – sofern die Voraussetzungen erfüllt sind – auf das Kindergeld zugunsten niedrigerer Vorauszahlungen zur Einkommensteuer verzichten. Im Vorauszahlungsverfahren wirken sich Kinderfreibeträge nicht aus. Siehe auch § 37 Abs. 3 Satz 12 EStG.

Nach Ablauf des Kalenderjahres ist gem. § 31 Satz 4 EStG bei der Veranlagung zur Einkommensteuer der Kinderfreibetrag in Verbindung mit dem Betreuungsfreibetrag nach § 2 Abs. 6 EStG abzuziehen, sofern er eine höhere steuerliche Entlastung als das gewährte Kindergeld bewirkt.

BEISPIEL: Dem Steuerpflichtigen wird für sein Kind in 2015 pro Monat 188 € (12 × 188 € = 2 256) Kindergeld gezahlt. (Siehe § 66 Abs. 1 EStG). Der zutreffende Kinderfreibetrag beträgt 4 512 € (Übertragung des Freibetrags des anderen Elternteils) und der Betrag für die Kinderbetreuung 2 640 €.

Vor Abzug des Kinderfreibetrages beträgt das im Rahmen seiner Einzelveranlagung ermittelte zu versteuernde Einkommen:

a) 25 000 €

b) 75 000 €

Zu prüfen ist, ob die steuerliche Entlastung aufgrund des Kinderfreibetrages und des Betreuungsfreibetrages höher ist als das gewährte Kindergeld. Nur wenn dies der Fall ist, kommt es zum Abzug eines Kinderfreibetrages und des Betreuungsfreibetrages und (siehe weiter unten) zum Verlust des Kindergeldes.

Ist das nicht der Fall, bleibt es beim gezahlten Kindergeld, und ein Kinderfreibetrag wird nicht abgezogen.

Ermittlung der steuerlichen Entlastung:

	a)	b)
zu versteuerndes Einkommen ohne Kinderfreibetrag und Betreuungsfreibetrag	25 000 €	75 000 €
abzgl. Kinderfreibetrag und Betreuungsfreibetrag	7 152 €	7 152 €
zu versteuerndes Einkommen nach Kinderfreibetrag und Betreuungsfreibetrag	17 848 €	67 848 €
Die Einkommensteuer lt. Grundtarif beträgt:		
vor Kinderfreibetrag und Betreuungsfreibetrag	4 016 €	23 261 €
nach Kinderfreibetrag und Betreuungsfreibetrag	2 042 €	20 257 €
steuerliche Entlastung durch Kinderfreibetrag	1 974 €	3 004 €

Da im Fall b) die Steuerersparnis durch den Kinderfreibetrag und den Betreuungsfreibetrag höher als das Kindergeld ist, kommt es zum Abzug des Kinderfreibetrages und des Betreuungsfreibetrages. Im Fall a) bleibt es beim Kindergeld.

Kommt es wie in Fall b) zum Abzug des Kinderfreibetrages und des Betreuungsfreibetrages, wird der Steuerpflichtige doppelt begünstigt, denn er hat für das Kind bereits Kindergeld erhalten. In diesem Fall wird zur Vermeidung der Doppelbegünstigung das Kindergeld gem. § 31 Satz 4 EStG verrechnet. Die Verrechnung erfolgt durch Hinzurechnung des Kindergeldes zur festgesetzten Einkommensteuer. Durch diese Hinzurechnung zur Steuerschuld wird praktisch das Kindergeld zurückgefordert.

Die Hinzurechnung ist auch erforderlich, soweit dem Steuerpflichtigen das Kindergeld im Wege eines zivilrechtlichen Ausgleichs zusteht.

BEISPIEL: Frau A und Herr B, beide nicht verheiratet, haben ein gemeinsames drei Jahre altes Kind. Das Kind lebt im Haushalt der Mutter, die das Kindergeld i. H. von 188 € mtl. bezieht (vgl. § 64 EStG).

Vor Abzug eines Kinderfreibetrages und des Betreuungsfreibetrages – diese betragen hier für jeden Elternteil 3 576 € – beträgt das zu versteuernde Einkommen der Mutter 55 000 € und das des Vaters 60 000 €.

Die steuerliche Entlastung durch den Kinderfreibetrag ist wie folgt zu ermitteln:

	Frau A	Herr B
zu versteuernde Einkommen		
vor Kinderfreibetrag und Betreuungsfreibetrag	55 000 €	60 000 €
abzgl. Kinderfreibetrag und Betreuungsfreibetrag	3 576 €	3 576 €
zu versteuerndes Einkommen		
nach Kinderfreibetrag und Betreuungsfreibetrag	51 424 €	56 424 €
Die Einkommensteuer lt. Grundtarif 2015 beträgt:		
vor Kinderfreibetrag und Betreuungsfreibetrag	14 861 €	16 961 €
nach Kinderfreibetrag und Betreuungsfreibetrag	13 341 €	15 459 €
steuerliche Entlastung d. Kinderfreibetrag und Betreuungsfreibetrag	1 520 €	1 502 €

Das gezahlte Kindergeld beträgt 2 256 €. Berechtigt zum Bezug von Kindergeld sind nach § 62 EStG sowohl der Vater als auch die Mutter. Jedoch wird das gesamte Kindergeld nur an einen Berechtigten ausgezahlt. An welchen Berechtigten gezahlt wird, richtet sich nach § 64 EStG. Hier erfolgt die Zahlung an die Mutter. Da der Vater, obwohl auch er zum Bezug von Kindergeld berechtigt ist, kein Kindergeld bezieht, hat er gegenüber der Mutter, die hier das gesamte Kindergeld bezieht, zivilrechtlich einen Ausgleichsanspruch in Höhe des hälftigen Kindergeldes ($^1/_2$ von 2 256 € = 1 128 €).

Über diesen Ausgleichsanspruch wird durch die Kindergeldzahlung von 2 256 € an die Mutter sowohl die Mutter als auch der Vater mit jeweils 1 128 € begünstigt. Dabei spielt es keine Rolle, ob der Vater seinen Ausgleichsanspruch – im Regelfall durch Verrechnung mit dem Barunterhalt für das Kind – geltend macht oder darauf verzichtet. Beide Elternteile haben also einen Anspruch auf Kindergeld i. H. von 1 128 €. Da die steuerliche Entlastung im Beispiel bei jedem Elternteil höher ist als das Kindergeld, ist bei beiden Elternteilen jeweils ihr Kinderfreibetrag- und Betreuungsfreibetrag abzuziehen. Zur Vermeidung einer Doppelbegünstigung muss bei der Veranlagung jeden Elternteils das Kindergeld i. H. von 1 128 € der Steuerschuld hinzugerechnet werden.

Wäre die steuerliche Entlastung durch den Kinderfreibetrag und Betreuungsfreibetrag bei der Mutter geringer als das anteilige Kindergeld von 1 128 € gewesen, so wäre es bei der Mutter beim Kindergeld geblieben, während es beim Vater zum Abzug des Kinderfreibetrages und Betreuungsfreibetrages und der Hinzurechnung des Kindergeldes von 1 128 € zu seiner Steuerschuld gekommen wäre.

3. Kindschaftsverhältnisse

183 Kinder i. S. des Einkommensteuergesetzes sind nach § 32 Abs. 1 EStG:

1. Kinder, die im ersten Grad mit dem Steuerpflichtigen verwandt sind,
2. Pflegekinder.

Kinder, die im ersten Grad mit dem Steuerpflichtigen verwandt sind, sind die leiblichen Kinder und die Adoptivkinder.

Leibliche Kinder sind die ehelichen, für ehelich erklärten und nichtehelichen Kinder des Steuerpflichtigen. Der Begriff „eheliches Kind" ist den Vorschriften des BGB entnommen (§§ 1591 bis 1593 BGB).

Eheliche Kinder sind auch nichtehelich geborene Kinder, die durch Eheschließung des leiblichen Vaters des Kindes mit der leiblichen Mutter die rechtliche Stellung eines ehelichen Kindes erlangen (Legitimation). Das Kind wird vom Zeitpunkt der Eheschließung an ehelich (§ 1719 BGB).

Für ehelich erklärte Kinder sind nichteheliche Kinder, die auf Antrag des leiblichen Vaters durch Verfügung des Vormundschaftsgerichts für ehelich erklärt werden (§§ 1723 ff. BGB).

Die Ehelichkeitserklärung betrifft nur das Verhältnis des Kindes zu seinem Vater. Im Verhältnis zur Mutter bleibt das Kind nichtehelich.

Nichteheliche Kinder sind Kinder, die nicht ehelich geboren und nicht durch Eheschließung der Eltern ehelich geworden sind.

Adoptivkinder sind Kinder, die der Steuerpflichtige an Kindes statt annimmt (adoptiert). Die Adoption erfolgt durch gerichtliche Entscheidung.

Ein Pflegekindschaftsverhältnis liegt vor,

- wenn das Pflegekind im Haushalt der Pflegeeltern seine Heimat hat und
- wenn zwischen Pflegeeltern und Pflegekind ein familienartiges, auf längere Dauer angelegtes dem Eltern-Kind-Verhältnis ähnliches Band besteht und
- wenn das Kind aus der Obhut und Fürsorge seiner leiblichen Eltern tatsächlich ausgeschieden ist.

Ein Pflegekindschaftsverhältnis kann auch zu den Großeltern des Kindes bestehen, wenn das Kind aus der Obhut und Fürsorge seiner leiblichen Eltern ausgeschieden ist.

Bestehen Kindschaftsverhältnisse zu verschiedenen Elternpaaren, wie das möglich ist bei leiblichen Eltern und Adoptiveltern sowie bei leiblichen Eltern und Pflegeeltern, haben Adoptiv- bzw. Pflegeeltern den Vorrang. Siehe § 32 Abs. 2 EStG.

BEISPIEL: Die leiblichen Eltern geben ihr drei Jahre altes Kind in Pflege. Seit dem 15.6.2015 lebt das Kind im Haushalt seiner Pflegeeltern. Die leiblichen Eltern haben ganzjährig ein Kindschaftsverhältnis, bei den Pflegeeltern entsteht erst am 15.6.2015 ein Kindschaftsverhältnis. Für die Monate Januar bis Juni können die leiblichen Eltern ggf. einen Kinderfreibetrag erhalten. Für die Monate Juli bis Dezember kann das Kind nur bei den Pflegeeltern berücksichtigt werden. Grundsätzlich wird also eine Doppelberücksichtigung (gleichzeitige Berücksichtigung bei zwei Elternpaaren) ausgeschlossen. Das gilt jedoch nicht für den Juni 2015. Hier ist das Kind bei beiden Elternpaaren zu berücksichtigen, da zu Beginn des Monats Juni noch kein Pflegekindschaftsverhältnis bestanden hat.

4. Voraussetzungen für die Berücksichtigung von Kindern

Für die Berücksichtigung eines Kindes, zu dem ein steuerlich begünstigtes Kindschaftsverhältnis besteht, ist eine Voraussetzung, dass das Kind zu Beginn des Veranlagungszeitraums gelebt hat bzw. im Laufe des Veranlagungszeitraums lebend geboren wurde. Für die Frage, ob ein Kind lebend geboren wurde, ist im Zweifel die Eintragung im Geburtenregister maßgebend. Wo es im Veranlagungszeitraum gelebt hat, ob im Inland oder Ausland, ist unerheblich. Daneben muss das Kind einen der im § 32 Abs. 3 bis 5 EStG genannten Tatbestände erfüllen. 184

a) Kinder, die zu Beginn des Kalendermonats das 18. Lebensjahr noch nicht vollendet haben (§ 32 Abs. 3 EStG)

Kinder, die bei Beginn eines Kalendermonats das 18. Lebensjahr noch nicht vollendet haben, werden berücksichtigt. Weiterer Voraussetzungen bedarf es nicht. 185

b) Kinder, die zu Beginn des Kalendermonats das 18. Lebensjahr vollendet haben

Kinder, die das 18. Lebensjahr vollendet haben, werden berücksichtigt, 186

- solange sie noch nicht das 21. Lebensjahr vollendet haben und nicht in einem Beschäftigungsverhältnis stehen und einer Agentur für Arbeit im Inland als Arbeitssuchender gemeldet ist (§ 32 Abs. 4 Satz 1 Nr. 1 EStG).
- solange sie noch nicht das 25. Lebensjahr vollendet haben und
  - für einen Beruf ausgebildet werden (§ 32 Abs. 4 Satz 1 Nr. 2 Buchst. a EStG) *oder*
  - sich in der Übergangszeit zwischen zwei Ausbildungsabschnitten von höchstens vier Monaten befinden (§ 32 Abs. 4 Satz 1 Nr. 2 Buchst. b EStG) *oder*
  - eine Berufsausbildung mangels Ausbildungsplatz nicht beginnen oder fortsetzen können (§ 32 Abs. 4 Satz 1 Nr. 2 Buchst. c EStG) *oder*
  - ein freiwilliges soziales oder ökologisches Jahr leisten (§ 32 Abs. 4 Satz 1 Nr. 2 Buchst. d EStG).
- unabhängig von einer Altersbegrenzung, wenn sie wegen körperlicher, geistiger oder seelischer Behinderung außerstande sind, sich selbst zu unterhalten (§ 32 Abs. 4 Satz 1 Nr. 3 EStG); Voraussetzung ist, dass die Behinderung vor Vollendung des 25. Lebensjahres eingetreten ist.

Für einen Beruf ausgebildet i. S. des § 32 Abs. 4 Satz 1 Nr. 2 Buchst. a EStG wird, wer sein Berufsziel noch nicht erreicht hat, sich aber ernsthaft darauf vorbereitet. Der Vorbereitung auf ein Berufsziel dienen alle Maßnahmen bei denen es sich um den Erwerb von Kenntnissen, Fähigkeiten und Erfahrungen handelt, die als Grundlagen für die Ausübung des angestrebten Berufs geeignet sind, und zwar unabhängig davon, ob die Ausbildungsmaßnahmen in einer Ausbildungsordnung oder Studienordnung vorgeschrieben sind.

Nach § 32 Abs. 4 **Satz 2** EStG ist allerdings nach Abschluss einer erstmaligen Berufsausbildung und eines Erststudiums ein Kind in den Fällen Satzes 1 Nr. 2 nur noch zu berücksichtigen, wenn das Kind keiner Erwerbstätigkeit nachgeht (s. a. A 19.3 DA-KG 2014 vom 1. 7. 2014, BStBl 2014 I S. 918).

Dabei sind unschädlich

- eine Erwerbstätigkeit mit bis zu 20 Stunden regelmäßiger wöchentlicher Arbeitszeit oder
- ein Ausbildungsdienstverhältnis

  oder
- ein geringfügiges Beschäftigungsverhältnis.

Erwerbstätigkeit ist jede Tätigkeit zu Erzielung von Einkünften. Die Verwaltung eigenen Vermögens ist keine Erwerbstätigkeit.

Eine Berufsausbildung ist abgeschlossen, wenn der Beruf in einem öffentlich-rechtlich geordneten Ausbildungsgang erlernt wird und der Ausbildungsgang durch eine Prüfung beendet wird (s. a. A 19.2 DA-KG 2014 vom 1. 7. 2014, BStBl 2014 I S. 918).

Ein Studium i. S. des § 32 Abs. 4 Satz 2 EStG liegt vor, wenn es sich um ein Studium an einer Hochschule i. S. des § 1 des Hochschulrahmengesetzes (Universitäten, Kunsthochschulen, Fachhochschulen, Pädagogische Hochschulen und andere Einrichtungen die Hochschulen sind oder als solche anerkannt sind) handelt.

Ein Studium ist ein Erststudium, wenn ihm kein anderes durch einen berufsqualifizierenden Abschluss beendetes Studium bzw. keine andere abgeschlossene nichtakademische Berufsausbildung vorangegangen sind. Es wird durch eine Hochschulprüfung aufgrund der entsprechenden Prüfungsordnung abgeschlossen.

Nach einer erstmaligen Berufsausbildung/Erststudium gilt grundsätzlich die Vermutung, dass ein volljähriges Kind in der Lage ist, sich selbst zu unterhalten. Somit kann ein Kind grundsätzlich in den Fällen der Nr. 2 nach der Erstausbildung/Erststudium nicht mehr berücksichtigt werden. Die Vermutung des Gesetzgebers gilt jedoch als widerlegt, wenn das Kind tatsächlich weiterhin für einen Beruf ausgebildet wird, und tatsächlich keiner Erwerbstätigkeit nachgeht, die Zeit und Arbeitskraft des Kindes überwiegend beansprucht. Deshalb sind die o. g. Beschäftigungsverhältnisse für eine weitere Berufsausbildung unschädlich.

Übergangszeiten sind nicht nur Zwischenzeiten zwischen zwei Ausbildungsabschnitten, sondern auch Zwangspausen in der Ausbildung vor oder nach dem Wehr-/Zivildienst oder einem ökologischen/sozialen Jahr. Siehe dazu § 32 Abs. 4 Satz 1 Nr. 2 Buchst. b EStG.

Im Fall des § 32 Abs. 4 Satz 1 Nr. 2 Buchst. c EStG muss das Kind ernsthaft um einen Arbeitsplatz bemüht sein. Dieses ernsthafte Bemühen muss auch nachweisbar sein. Grundsätzlich ist jeder Ausbildungswunsch eines Kindes anzuerkennen. Unschädlich ist auch, dass das Kind ggf. bereits über eine abgeschlossene Berufsausbildung verfügt. Siehe auch R 32.7 EStR.

Wegen der Berücksichtigung behinderter Kinder siehe im Einzelnen R 32.9 EStR.

Gemäß § 32 Abs. 5 EStG ist ein Kind im Fall des § 32 Abs. 4 Satz 1 Nr. 1 EStG über das 21. Lebensjahr hinaus und im Fall des § 32 Abs. 4 Satz 1 Nr. 2a EStG über das 25. Lebensjahr hinaus zu berücksichtigen, wenn einer der dort genannten Tatbestände (§ 32 Abs. 5 Nr. 1 bis 3 EStG) erfüllt ist.

BEISPIEL: Das in Berufsausbildung befindliche Kind vollendet am 13. 6. 2014 das 25. Lebensjahr. Es hat vor Jahren einen zehnmonatigen Grundwehrdienst abgeleistet.

Nach § 32 Abs. 4 EStG endet der Zeitraum der Berücksichtigung mit dem Monat Juni 2014, jedoch verlängert er sich gem. § 32 Abs. 5 Satz 1 Nr. 1 EStG um 10 Monate und endet somit mit dem Monat April 2015.

II. Der Kinderfreibetrag und der Betreuungsfreibetrag

§ 32 Abs. 6 EStG

Gemäß § 32 Abs. 6 EStG wird bei der Veranlagung zur Einkommensteuer für jedes zu berücksichtigende Kind des Steuerpflichtigen ab dem VZ 2015 ein Freibetrag von 2 256 € für das sächliche Existenzminimum des Kindes (Kinderfreibetrag), sowie ein Freibetrag für den Betreuungs-, Erziehungs- oder Ausbildungsbedarf des Kindes (Betreuungsfreibetrag) i. H. von 1 320 € vom Einkommen abgezogen. 187

Durch das Gesetz zur Anhebung des Grundfreibetrags, des Kinderfreibetrags, des Kindergeldes und des Kinderzuschlags vom 16. 7. 2015 (BGBl I 2015 S. 1202) wird ab dem VZ 2016 der Kinderfreibetrag von 2 256 € auf 2 304 € angehoben.

Werden die Eltern des Kindes zusammenveranlagt (leibliche Eltern, Adoptiveltern, Pflegeeltern), so verdoppeln sich die Freibeträge. Diese Beträge werden auch gewährt, wenn

- im Veranlagungszeitraum nur noch ein Elternteil lebt,
- im Veranlagungszeitraum nur ein Elternteil unbeschränkt steuerpflichtig ist,
- nur eine Person ein Kind adoptiert oder nur eine Person ein Pflegekindschaftsverhältnis begründet.

Bei Kindern, die im ganzen Jahr *nicht* unbeschränkt einkommensteuerpflichtig sind, die also im ganzen Jahr im Ausland gelebt haben, ist der Kinderfreibetrag der Höhe nach auf den Betrag zu kürzen, der nach den Verhältnissen des Wohnsitzstaats des Kindes notwendig und angemessen ist. Siehe Ländergruppeneinteilung.

BEISPIELE:

1. A und B, die Eltern eines 3 Jahre alten Kindes, leben gemeinsam mit ihrem Kind in Köln. Sie sind ledig.

Das Kind ist sowohl bei der Einzelveranlagung des Vaters als auch bei der Einzelveranlagung der Mutter zu berücksichtigen, der Kinderfreibetrag beträgt pro Elternteil 2 256 €, der Betreuungsfreibetrag pro Elternteil beträgt 1 320 €.

2. Wie 1, jedoch sind die Eltern miteinander verheiratet und beantragen Zusammenveranlagung.

   Im Rahmen der Zusammenveranlagung ist das Kind zu berücksichtigen. Der Kinderfreibetrag beträgt 4 512 € und der Betreuungsfreibetrag 2 640 €, da zu beiden Ehegatten ein Kindschaftsverhältnis besteht.

3. Wie 1, jedoch ist nur A ledig, während B verheiratet ist und gemeinsam mit dem Ehegatten C Zusammenveranlagung beantragt hat. Das Kind lebt im Haushalt von A.

   Sowohl im Rahmen der Einzelveranlagung von A als auch bei der Zusammenveranlagung von B und C ist ein Kinderfreibetrag von jeweils 2 256 € und ein Betreuungsfreibetrag von jeweils 1 320 € abzuziehen. Im Rahmen einer Zusammenveranlagung beträgt der Kinderfreibetrag nur 4 512 € und der Betreuungsfreibetrag 2 640 €, wenn zu *beiden* Ehegatten ein Kindschaftsverhältnis besteht. C hat jedoch zu dem Kind kein Kindschaftsverhältnis begründet. Die Haushaltszugehörigkeit zu A ändert nichts daran, dass B ein Kinderfreibetrag und ein Betreuungsfreibetrag zu gewähren ist.

4. Wie 1, jedoch B lebt im ganzen Veranlagungszeitraum in Frankreich.

   Bei der Einzelveranlagung von A ist ein Kinderfreibetrag von 4 512 € abzuziehen, da B nicht unbeschränkt steuerpflichtig ist. Der Betreuungsfreibetrag ist mit 2 640 € abzuziehen.

5. Wie 1, jedoch verstirbt B am 20. 3.

   Im Todesjahr des B sind zwei Einzelveranlagungen durchzuführen. Bei der Veranlagung von B ist ein Kinderfreibetrag von $^3/_{12} \times 2\,256$ € = 564 € zuzüglich eines Betreuungsfreibetrags von $^3/_{12} \times 1\,320$ € = 330 € abzuziehen.

   Bei der Veranlagung von A ist ein Kinderfreibetrag von $^3/_{12} \times 2\,256$ € = 564 € und $^9/_{12} \times 4\,512$ € = 3 384 € zuzüglich eines Betreuungsfreibetrags von $^3/_{12} \times 1\,320$ € = 330 € und $^9/_{12} \times 2\,640$ € = 1 980 € abzuziehen.

Nach § 32 Abs. 6 Satz 6 EStG kann auf Antrag bei einem unbeschränkt steuerpflichtigen Elternpaar, das die Voraussetzungen des § 26 Abs. 1 EStG nicht erfüllt, der Kinderfreibetrag und der Betreuungsfreibetrag des einen Elternteils auf den anderen Elternteil übertragen werden, wenn der eine Elternteil seine Unterhaltsverpflichtung im Wesentlichen erfüllt, während der andere Elternteil seine Unterhaltsverpflichtung im Wesentlichen nicht erfüllt.

Ein Elternteil erfüllt seine Unterhaltspflicht im Wesentlichen, wenn er ihr zu mindestens 75 % nachkommt.

Bei minderjährigen Kindern wird nach § 32 Abs. 6 Satz 2 zweiter HS EStG der Betreuungsfreibetrag auf Antrag des Elternteils, in dessen Wohnung das Kind gemeldet ist, auf diesen übertragen.

Die Übertragung eines Kinderfreibetrages bedeutet für einen Elternteil nicht nur den Verlust seines Kinderfreibetrages, sondern auch den Verlust aller weiteren steuerlichen Vergünstigungen, soweit sie von der Gewährung eines Kinderfreibetrages abhängen. Hier ist insbesondere auf § 33 Abs. 3 EStG, § 33a Abs. 2 EStG sowie auf § 33b EStG hinzuweisen.

BEISPIEL: A und B, beide unbeschränkt steuerpflichtig und ledig, haben ein gemeinsames 22 Jahre altes Kind, das für Zwecke der Berufsausbildung auswärtig untergebracht ist. Das

Kind ist bei der Mutter A mit Wohnsitz gemeldet. Der Vater erfüllt seine Unterhaltspflicht im Wesentlichen nicht.

1. Beide Elternteile nehmen ihre Freibeträge für Kinder in Anspruch.
2. Der Kinderfreibetrag und der Betreuungsfreibetrag des Vaters B wird auf Antrag der Mutter A auf A übertragen.

Zu 1: Nehmen beide Elternteile ihren Kinderfreibetrag in Anspruch, so erhält die *Mutter A* neben ihrem Kinderfreibetrag von 2 256 € und dem Betreuungsfreibetrag von 1 320 € die Hälfte des Freibetrags von 924 € = 462 € gem. § 33a Abs. 2 EStG.

Der Vater erhält neben seinem Kinderfreibetrag von 2 256 € und dem Betreuungsfreibetrag von 1 320 € die Hälfte des Freibetrages nach § 33a Abs. 2 EStG i. H. von 462 €.

Zu 2: Wird der Kinderfreibetrag von B auf A übertragen, erhält die Mutter A einen Kinderfreibetrag von 4 512 €, einen Betreuungsfreibetrag von 2 640 € und den Freibetrag von 924 €.

Der Vater B bekommt in diesem Fall keine Freibeträge.

Nach § 32 Abs. 6 Satz 7 EStG kann der Kinderfreibetrag, sowie auch der Betreuungsfreibetrag, auf Antrag auch auf einen Stiefelternteil oder Großeltern übertragen werden, wenn sie das Kind in ihrem Haushalt aufgenommen haben. Diese Regelung knüpft an § 63 Abs. 1 Nr. 2 und Nr. 3 EStG an. Danach werden Kinder für die *Zahlung des Kindergeldes* bei Stiefelternteilen und Großeltern berücksichtigt und erhalten nach § 64 Abs. 2 EStG das Kindergeld.

Durch die Übertragungsmöglichkeit können Stiefelternteile oder Großeltern somit den Kinderfreibetrag und den Betreuungsfreibetrag, sofern sie dadurch mehr begünstigt werden, abziehen.

BEISPIEL: Das 3-jährige Kind der zusammenveranlagten Eltern lebt im Haushalt seiner Großeltern, die jedoch nicht Pflegeeltern i. S. des § 32 Abs. 1 Nr. 2 EStG sind. Das Kindergeld wird an die Großeltern gezahlt.

Fall a: Die Freibeträge für Kinder werden nicht auf die Großeltern übertragen.

Fall b: Die Freibeträge für Kinder werden auf die Großeltern übertragen.

In Fall a wird der Kinderfreibetrag zuzüglich des Betreuungsfreibetrags bei der Zusammenveranlagung der leiblichen Eltern abgezogen, sofern der dadurch eintretende steuerliche Vorteil höher ist als das an die Großeltern gezahlte Kindergeld.

Hinsichtlich des an die Großeltern gezahlten Kindergeldes besteht ein zivilrechtlicher Ausgleichsanspruch i. S. des § 31 EStG. Wird der Kinder- und der Betreuungsfreibetrag bei den leiblichen Eltern abgezogen, muss zur Vermeidung einer Doppelbegünstigung gem. § 36 Abs. 2 Satz 1 EStG das Kindergeld der tariflichen Einkommensteuer der leiblichen Eltern hinzugerechnet werden.

Die Großeltern können in diesem Fall keine Freibeträge für Kinder abziehen.

In Fall b können die leiblichen Eltern keine Freibeträge für Kinder abziehen, jedoch die Großeltern, sofern die steuerliche Entlastung durch den Kinderfreibetrag und den Betreuungsfreibetrag bei den Großeltern höher ist als das an sie ausgezahlte Kindergeld. Wird der Kinderfreibetrag zuzüglich des Betreuungsfreibetrags bei den Großeltern tatsächlich abgezogen, ist deren Steuerschuld um das gezahlte Kindergeld zu erhöhen.

Sollten die Großeltern Pflegeeltern i. S. des § 32 Abs. 1 Nr. 2 EStG sein, greift die Konkurrenzregelung des § 32 Abs. 2 EStG.

In diesem Fall ist das Kind nur bei seinen Pflegeeltern, nicht jedoch bei den leiblichen Eltern berücksichtigungsfähig.

BEISPIEL: Das dreijährige Kind der nicht verheirateten Eltern lebt in 2015 im Haushalt seiner Großeltern, die jedoch nicht Pflegeeltern sind. Das Kindergeld wird an die Großeltern i. H. von

12 × 188 € = 2 256 € gezahlt. Die leiblichen Eltern erfüllen beide im Wesentlichen ihre Unterhaltspflichten.

Nur die leibliche Mutter überträgt ihre Freibeträge für Kinder auf die Großeltern. Bei der Einzelveranlagung des Vaters wird ein Kinderfreibetrag von 2 256 € und ein Betreuungsfreibetrag von 1 320 € abgezogen, wenn die steuerliche Entlastung, die sich aus dem Abzug des Kinderfreibetrages zuzüglich des Betreuungsfreibetrags bei der Ermittlung des zu versteuernden Einkommens ergibt, höher ist als das Kindergeld, das der Vater im Rahmen eines zivilrechtlichen Ausgleichsanspruchs gegen die Großeltern geltend machen kann (12 × 94 € = 1 128 €). Bei der Veranlagung der Mutter können keine Freibeträge für Kinder abgezogen werden, weil sie auf die Großeltern übertragen wurden.

Bei der Veranlagung der Großeltern ist der übertragene Kinderfreibetrag von 2 256 € abzuziehen, wenn er die Großeltern mehr begünstigt als das dem Kinderfreibetrag zuzüglich des Betreuungsfreibetrags entsprechende Kindergeld von 12 × 94 € = 1 128 €.

Sowohl beim Vater als auch bei den Großeltern führt der Abzug der Freibeträge für Kinder zur Hinzurechnung des dem Kinderfreibetrag und dem Betreuungsfreibetrags entsprechenden Kindergeldes gem. § 31 Satz 4 EStG.

Sollte der Vater seiner Unterhaltspflicht im Wesentlichen nicht nachkommen, kann die Mutter gem. § 32 Abs. 6 Satz 6 EStG beantragen, den Kinderfreibetrag des Vaters auf sie zu übertragen und sodann ist eine Übertragung auf die Großeltern gem. § 32 Abs. 6 Satz 7 EStG möglich. Bei den Großeltern sind dann 4 512 € abziehbar. Zur Vermeidung einer Doppelbegünstigung ist das Kindergeld von 12 × 188 € = 2 256 € der Steuerschuld der Großeltern hinzuzurechnen.

H. Veranlagung

§§ 25, 26, 26a, 26b, 46 EStG

I. Allgemeines

188 Nach dem Einkommensteuergesetz wird grundsätzlich *jeder Steuerpflichtige einzeln* veranlagt (§ 25 EStG). Dabei wird das Einkommen zugrunde gelegt, das der Steuerpflichtige im Veranlagungszeitraum bezogen hat (Einzelveranlagung).

Von diesem Grundsatz gilt als *Ausnahme die Ehegattenveranlagung* (§ 26 EStG), die den Ehegatten ein Wahlrecht auf Zusammenveranlagung (§ 26b EStG) oder Einzelveranlagung vom Ehegatten (§ 26a EStG) einräumt.

Bei Bezug von Einkünften aus nichtselbständiger Arbeit kommt es nur unter den Voraussetzungen des § 46 EStG zu einer Veranlagung (s. Tz 197).

Veranlagung ist das Verfahren, in dem das Finanzamt die Besteuerungsgrundlagen ermittelt und die Einkommensteuer festsetzt.

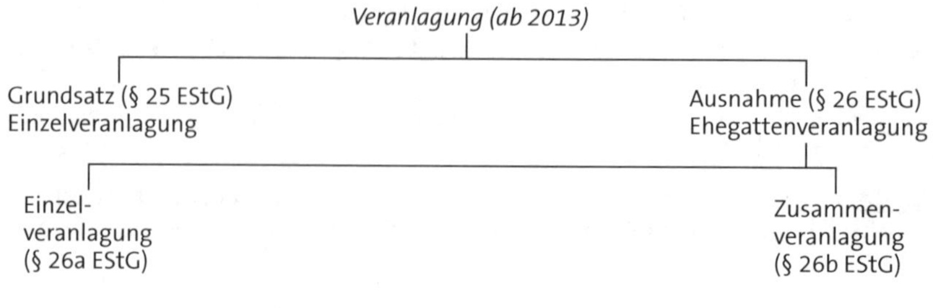

II. Einzelveranlagung

§ 25 EStG

Alle Steuerpflichtigen, bei denen nicht die Voraussetzungen des § 26 EStG vorliegen (s. unter III. Ehegattenveranlagung), sind einzeln zu veranlagen. Die Veranlagung erfolgt *nach Ablauf* des Kalenderjahres, für das der Steuerpflichtige veranlagt werden soll. Denn gem. § 25 Abs. 1 EStG ist der Veranlagungszeitraum das jeweilige Kalenderjahr. *Vor Ablauf* des Kalenderjahres kann eine Veranlagung durchgeführt werden, wenn die Steuerpflicht im Laufe des Kalenderjahrs erloschen ist, wie z. B. durch Tod des Steuerpflichtigen oder durch Aufgabe des Wohnsitzes oder gewöhnlichen Aufenthalts im Inland. 189

III. Ehegattenveranlagung

§ 26 EStG

Für die Veranlagung der Ehegatten lässt § 26 Abs. 1 EStG ein Wahlrecht zwischen Zusammenveranlagung nach § 26b EStG und Einzelveranlagung nach § 26a EStG zu. Die Ehegattenveranlagung erfordert folgende Voraussetzungen: 190

a) *Es muss sich um Ehegatten handeln.*

   Ob diese Voraussetzung vorliegt, ist nach den Vorschriften des Bürgerlichen Gesetzbuchs zu entscheiden. Ist eine Ehe im Ausland geschlossen worden, so kommt es auf die dort geltenden Rechtsvorschriften an.

b) *Beide Ehegatten müssen unbeschränkt steuerpflichtig sein.*

   Deshalb kommt die Ehegattenveranlagung dann nicht in Betracht, wenn einer der Ehegatten im gesamten Veranlagungszeitraum im Ausland gelebt hat.

c) *Die Ehegatten dürfen nicht dauernd getrennt leben.*

   Ehegatten leben dauernd getrennt, wenn die zum Wesen einer Ehe gehörende Lebens- und Wirtschaftsgemeinschaft nach dem Gesamtbild der Verhältnisse auf Dauer nicht mehr besteht. Ein Hinweis für ein dauerndes Getrenntleben der Ehegatten ist eine auf Dauer angelegte räumliche Trennung. Leben Ehegatten aus beruflicher Veranlassung oder aus bestimmten persönlichen Gründen getrennt, wie z. B. wegen Krankenhausaufenthalts oder Verbüßung einer Freiheitsstrafe, so kann die Lebens- und Wirtschaftsgemeinschaft noch weiterbestehen, wenn die Ehegatten sie im noch möglichen Rahmen aufrechterhalten und die erkennbare Absicht besteht, die Ehegemeinschaft nach Wegfall des Hinderungsgrunds in vollem Umfang wieder aufzunehmen.

   Ehegatten, von denen einer vermisst ist, gelten als nicht dauernd getrennt lebend.

d) Die Voraussetzungen a – c müssen im Veranlagungszeitraum zu irgendeinem Zeitpunkt *gleichzeitig* vorgelegen haben.

   Liegen die Voraussetzungen b – d teilweise oder insgesamt nicht vor, so ist jeder Ehegatte einzeln gem. § 25 EStG zu veranlagen.

Ist ein Steuerpflichtiger im Veranlagungszeitraum mehrmals verheiratet, so kann das Wahlrecht gem. § 26 Abs. 1 Satz 1 EStG nur von den Ehepartnern der *zuletzt geschlossenen Ehe, in der alle Voraussetzungen des § 26 EStG erfüllt sind*, ausgeübt werden. Siehe § 26 Abs. 1 Satz 2 EStG.

BEISPIELE:

1. Die Ehegatten A und B lassen sich im März scheiden. Herr A heiratet im September Frau C. Frau B heiratet nicht wieder. In beiden Ehen sind die Voraussetzungen des § 26 EStG erfüllt.

   Das Wahlrecht kann nur von den Eheleuten A und C ausgeübt werden. Für Frau B kommt eine Einzelveranlagung in Betracht.

2. Die Ehegatten A und B lassen sich im März scheiden. Frau B heiratet im September Herrn C, der im gesamten Veranlagungszeitraum seinen Wohnsitz in Paris hat und inländische Einkünfte i. S. des § 49 EStG bezogen hat. Herr A heiratet nicht wieder.

   In der Ehe A und B sind alle Voraussetzungen des § 26 Abs. 1 EStG erfüllt.

   Das Wahlrecht kann nur von den Ehegatten A und B ausgeübt werden. Frau B hat zwar erneut geheiratet, diese Ehe erfüllt jedoch nicht alle Voraussetzungen des § 26 Abs. 1 EStG, da Herr C beschränkt einkommensteuerpflichtig ist.

Die Ehegatten werden zusammen veranlagt, wenn *beide* diese Veranlagungsform wählen. Wählt *einer* der Ehegatten die Einzelveranlagung, so wird diese durchgeführt (§ 26 Abs. 2 EStG).

In allen anderen Fällen wird unterstellt, dass die Ehegatten die Zusammenveranlagung wählen (§ 26 Abs. 3 EStG).

1. Zusammenveranlagung

§ 26b EStG

191 Die Zusammenveranlagung ist die bei weitem überwiegende Art der Veranlagung von Ehegatten. Denn die Ehegatten entscheiden sich in aller Regel für die Zusammenveranlagung, weil sie im Allgemeinen – wegen des Splittingverfahrens – zu einem steuerlich günstigeren Ergebnis führt.

Bei der Zusammenveranlagung werden die Einkünfte der Ehegatten getrennt ermittelt und sodann zu einem Gesamtbetrag der Einkünfte zusammengerechnet. Von diesem Gesamtbetrag der Einkünfte ausgehend, wird ein gemeinsames Einkommen ermittelt.

Die Ehegatten werden – abgesehen von der getrennten Ermittlung der Einkünfte – *gemeinsam als der Steuerpflichtige behandelt*. Deshalb ist es bei der Zusammenveranlagung unerheblich, bei welchem der Ehegatten Aufwendungen erwachsen sind, die als Sonderausgaben oder als außergewöhnliche Belastung abzugsfähig sind, und von welchen der Ehegatten die entsprechenden Zahlungen geleistet worden sind; entscheidend ist, dass diese Aufwendungen den Ehegatten erwachsen sind und dass die Ehegatten sie getragen haben.

Persönliche Freibeträge werden jedem Ehegatten gewährt, wenn er in seiner Person die Voraussetzungen erfüllt, z. B. Altersentlastungsbetrag, Pauschbetrag für Körperbehinderte.

2. Einzelveranlagung von Ehegatten

§ 26a EStG

Bei der Einzelveranlagung von Ehegatten werden im Gegensatz zur Zusammenveranlagung zwei Veranlagungen durchgeführt. Jeder Ehegatte wird mit den von ihm erzielten Einkünften zur Einkommensteuer herangezogen. Nach § 26a Abs. 1 Satz 2 EStG sind Einkünfte zum Teil nicht schon deshalb dem anderen Ehegatten zuzurechnen, weil dieser bei der Erzielung der Einkünfte mitgewirkt hat, er muss vielmehr Einkünfte kraft eigenen Rechts tatsächlich bezogen haben. 192

Die Sonderausgaben, die außergewöhnlichen Belastungen und die Steuerermäßigung nach § 35a EStG werden gem. § 26a Abs. 2 EStG denjenigen Ehegatten zugerechnet, der sie wirtschaftlich getragen hat. Auf gemeinsamen Antrag werden sie jeweils zur Hälfte bei den Ehegatten abgezogen.

IV. Veranlagung von Arbeitnehmern

§ 46 EStG

1. Allgemeines

§ 46 EStG bestimmt, unter welchen Voraussetzungen Arbeitnehmer zur Einkommensteuer veranlagt werden. 193

Die Veranlagungstatbestände des § 46 EStG lassen sich in zwei Gruppen unterteilen:

- *Veranlagungen von Amts wegen,*
- Veranlagungen auf Antrag des Steuerpflichtigen.

Alle Veranlagungstatbestände haben jedoch gem. § 46 Abs. 2 Satz 1 EStG gemeinsam als Voraussetzung, dass das Einkommen *ganz oder teilweise aus Einkünften aus nichtselbständiger Arbeit bestehen muss, von denen ein Steuerabzug vorgenommen worden ist.* Ist diese Voraussetzung nicht gegeben, so ist § 46 EStG nicht anwendbar; der Steuerpflichtige ist unter den Voraussetzungen des § 56 EStDV zu veranlagen.

BEISPIELE:

a) Ein Steuerpflichtiger hat Einkünfte gem. § 15 EStG i. H. von 10 000 € und § 21 EStG i. H. von 1 000 €.

   § 46 EStG ist nicht anwendbar, die Steuererklärungspflicht ergibt sich aus § 56 Nr. 2 Buchst. a EStDV.

b) Ein Steuerpflichtiger hat Einkünfte gem. § 15 EStG i. H. von 100 000 €, § 21 EStG i. H. von 180 000 €, § 19 EStG i. H. von 440 €. Der Lohnsteuerabzug wurde vorgenommen.

   Die Voraussetzung für die Anwendbarkeit des § 46 EStG ist erfüllt; die Entscheidung, ob der Steuerpflichtige zu veranlagen ist, ist nach dieser Vorschrift zu treffen.

Wird nach § 46 EStG für Arbeitnehmer eine Veranlagung nicht durchgeführt, so ist nach § 46 Abs. 4 EStG die Einkommensteuer, die auf die Einkünfte aus nichtselbständiger Arbeit entfällt, durch den Lohnsteuerabzug abgegolten, soweit der Steuerpflichtige nicht für zu wenig erhobene Lohnsteuer in Anspruch genommen werden kann.

2. Veranlagung von Amts wegen

§ 46 Abs. 2 Nr. 1 bis 7 EStG

a) Veranlagung nach § 46 Abs. 2 Nr. 1 EStG

194 Es wird eine Veranlagung durchgeführt, wenn

- die positive Summe der einkommensteuerpflichtigen Einkünfte, die nicht dem Steuerabzug vom Arbeitslohn zu unterwerfen waren, vermindert um die darauf entfallenden Beträge nach § 13 Abs. 3 EStG und § 24a EStG, mehr als 410 € beträgt oder
- die positive Summe der Einkünfte und Leistungen, die dem Progressionsvorbehalt unterliegen (§ 32b EStG), mehr als 410 € beträgt.

Ist eine der beiden Summen oder sind beide Summen überschritten, kommt es zur Veranlagung.

BEISPIEL: Ein Arbeitnehmer, 70 Jahre alt, hat neben Versorgungsbezügen i. S. des § 19 Abs. 2 EStG Einkünfte aus Vermietung und Verpachtung von 300 € und steuerfreie ausländische Einkünfte mit Progressionsvorbehalt von 500 €.

LÖSUNG: Die Einkünfte aus Vermietung und Verpachtung lösen keine Veranlagung aus, weil sie 410 € nicht überschreiten. Da die steuerfreien Einkünfte mit Progressionsvorbehalt jedoch 410 € übersteigen, ist der Steuerpflichtige aus diesem Grund zu veranlagen.

Hätten die steuerfreien ausländischen Einkünfte nur 400 € betragen, wäre es nicht zu einer Veranlagung gekommen, da die *jeweilige* positive Summe der entsprechenden Einkünfte (s. oben) 410 € übersteigen muss.

Einkünfte, die nicht dem Lohnsteuerabzug unterliegen, sind die Gewinneinkunftsarten und die Überschusseinkunftsarten ohne die Einkünfte aus nichtselbständiger Arbeit. Hat der Steuerpflichtige Einkünfte aus nichtselbständiger Arbeit bezogen, von denen ausländische Quellensteuer einbehalten worden ist, so zählen diese Einkünfte zu den Einkünften, die nicht der Lohnsteuer zu unterwerfen waren.

Steuerfreie Einkünfte (§§ 3 und 3a EStG), die nicht dem Progressionsvorbehalt unterliegen, bleiben unberücksichtigt.

Die Grenze von 410 € gilt auch im Fall der Zusammenveranlagung und ist mit dem Saldo der Einkünfte *beider Ehegatten*, die nicht der Lohnsteuer zu unterwerfen waren, zu vergleichen.

BEISPIEL:

Einkünfte des Ehemanns	gem. § 19 EStG	8 000 €
	gem. § 15 EStG	27 000 €
Einkünfte der Ehefrau	gem. § 18 EStG	·/. 10 200 €
	gem. § 21 EStG	·/. 24 450 €

Keine Veranlagung nach § 46 Abs. 2 Nr. 1 EStG, weil der Saldo der Einkünfte beider Ehegatten, die nicht der Lohnsteuer zu unterwerfen waren, 410 € nicht übersteigt.

b) Veranlagung nach § 46 Abs. 2 Nr. 2 EStG

195 Eine Veranlagung ist durchzuführen, wenn ein Steuerpflichtiger *nebeneinander von mehreren* Arbeitgebern Arbeitslohn erhalten hat. In diesen Fällen besteht die Möglich-

keit, dass insgesamt zu wenig Lohnsteuer einbehalten worden ist. Zwecks Vermeidung eines Steuerausfalls kommt es zur Veranlagung.

c) Veranlagung nach § 46 Abs. 2 Nr. 3 EStG

Eine Veranlagung ist durchzuführen, wenn bei einem Arbeitnehmer die für die Lohn- 196
steuerabzugsverfahren gewährten Teilbeträge der Vorsorgepauschale höher sind als die nach § 10 Abs. 1 Nr. 3 und 3a EStG abziehbaren Vorsorgeaufwendungen und der insgesamt erzielte Arbeitslohn 10 800 € (bei Ehegatten 20 500 €) übersteigt.

d) Veranlagung nach § 46 Abs. 2 Nr. 3a EStG

Zu veranlagen sind Ehegatten, die die Voraussetzungen des § 26 EStG erfüllen, wenn 197
beide Ehegatten Arbeitslohn bezogen haben und ein Ehegatte für mindestens einen Teil des Kalenderjahres nach der Steuerklasse V oder VI besteuert worden ist.

e) Veranlagung nach § 46 Abs. 2 Nr. 4 EStG

Wenn für einen Steuerpflichtigen ein Freibetrag nach § 39a Abs. 1 Nr. 1 bis 3, 5 oder 6 198
EStG ermittelt worden ist wegen

- ► erhöhter Werbungskosten (§ 39a Abs. 1 Nr. 1 EStG)
- ► erhöhter Sonderausgaben (§ 39a Abs. 1 Nr. 2 EStG)
- ► erhöhter außergewöhnlicher Belastungen (§ 39a Abs. 1 Nr. 3 EStG)
- ► des Verlustvortrags, negativer Einkünfte und Steuervergünstigungen (§ 39a Abs. 1 Nr. 5 EStG)
- ► Eintragung eines Kinderfreibetrags für jedes Kind für das kein Anspruch auf Kindergeld besteht (§ 39a Abs. 1 Nr. 6 EStG),

kommt es stets zur Veranlagung, wenn der erzielte Arbeitslohn im Veranlagungszeitraum 2015 10 800 € – bei Ehegatten 20 500 € – übersteigt. Das Finanzamt hat somit die Möglichkeit, den Sachverhalt im Veranlagungsverfahren einer genauen Überprüfung zu unterziehen.

f) Veranlagung nach § 46 Abs. 2 Nr. 4a EStG

Eine Veranlagung ist durchzuführen, wenn ein Elternpaar, bei dem die Voraussetzun- 199
gen des § 26 Abs. 1 EStG nicht vorliegen, ihm zustehende steuerliche Vorteile auf Antrag oder Erklärung anders verteilt, als dies nach dem Gesetz der Fall ist.

Dies ist möglich bei:

- ► der Übertragung des anteiligen Ausbildungsfreibetrages (§ 33a Abs. 2 Satz 5 EStG),
- ► der Aufteilung des Pauschbetrages für Behinderte oder Hinterbliebene im Fall des § 33b Abs. 5 Satz 3 EStG.

In solchen Fällen besteht die Veranlagungspflicht für jeden Elternteil, der Einkünfte aus nichtselbständiger Arbeit bezogen hat.

g) Veranlagung nach § 46 Abs. 2 Nr. 6 EStG

200 Eine Veranlagung nach § 46 Abs. 2 Nr. 6 EStG erfolgt, wenn

- die Ehe des Arbeitnehmers im Veranlagungszeitraum durch Tod, Scheidung oder Aufhebung aufgelöst worden ist und
- er oder sein Ehegatte der aufgelösten Ehe im Veranlagungszeitraum wieder geheiratet hat.

Alle Beteiligten werden in diesem Fall zur Einkommensteuer veranlagt. Bei einem Ehegatten, der eine neue Ehe eingegangen ist, kommt nach § 26 EStG eine Zusammenveranlagung oder eine Einzelveranlagung nach § 26a EStG in Betracht.

Der Ehegatte, der allein zurückbleibt, ist nach § 25 EStG einzeln zu veranlagen. Die Vorschrift des § 46 Abs. 2 Nr. 6 EStG ist auch dann anzuwenden, wenn für die aufgelöste Ehe oder die neue Ehe die Voraussetzungen des § 26 Abs. 1 EStG nicht vorliegen.

h) Veranlagung nach § 46 Abs. 2 Nr. 7 EStG

201 Es handelt sich um eine Veranlagung im Zusammenhang mit Personen, die nach § 1 Abs. 3 oder § 1a EStG als unbeschränkt steuerpflichtig gelten.

3. Veranlagung auf Antrag des Steuerpflichtigen

§ 46 Abs. 2 Nr. 8 EStG

202 Eines Antrags auf Veranlagung bedarf es nur dann, wenn der Arbeitnehmer die Veranlagungstatbestände nach § 46 Abs. 2 Nr. 1–7 EStG nicht erfüllt. Die Veranlagung ist antragsabhängig, weil in den Fällen des § 46 Abs. 2 Nr. 8 EStG nur der Steuerpflichtige ein Interesse an einer Veranlagung hat, denn Veranlagungen nach dieser Vorschrift führen im Allgemeinen zu Erstattungen. Der Antrag kann bis zum Ablauf der Festverzinsungsfrist gestellt werden.

Die Veranlagung kann z. B. beantragt werden:

1. zur Anwendung der Vorschriften der §§ 34, 34c, 34f, 34g und 35 EStG,
2. zur Berücksichtigung von Verlusten aus anderen Einkünften als denen aus nichtselbständiger Arbeit,
3. zur Berücksichtigung von Verlustabzügen. Im Fall des § 10d Satz 1 EStG ist der Antrag für den zweiten vorangegangenen Veranlagungszeitraum bis zum Ablauf des diesem folgenden vierten Kalenderjahres und für den ersten vorangegangenen Veranlagungszeitraum bis zum Ablauf des diesem folgenden dritten Kalenderjahres zu stellen,
4. zur Anrechnung von Lohnsteuer auf die Steuerschuld,
5. zur Anrechnung von Kapitalertragsteuer auf die Steuerschuld.

4. Härteausgleich nach § 46 Abs. 3 EStG, § 70 EStDV

203 Bei einer Veranlagung nach § 46 Abs. 2 EStG ist vom Einkommen ein Betrag in Höhe der einkommensteuerpflichtigen Einkünfte, von denen der Steuerabzug vom Arbeits-

lohn nicht vorgenommen worden ist und die nicht nach § 32d Abs. 6 EStG der tariflichen Einkommensteuer unterworfen wurden, abzuziehen, wenn diese Einkünfte insgesamt nicht mehr als 410 € betragen.

Durch den Abzug eines Betrags vom Einkommen, wobei sich die Höhe dieses Betrags nach der Höhe der Einkünfte bemisst, von denen der Steuerabzug vom Arbeitslohn nicht vorgenommen worden ist, wird erreicht, dass Einkünfte eines Arbeitnehmers, von denen kein Lohnsteuerabzug vorgenommen worden ist, unbesteuert bleiben, sofern sie 410 € nicht übersteigen. Die Einkünfte ohne Lohnsteuerabzug gehören zum Gesamtbetrag der Einkünfte und zum Einkommen und wirken sich somit auf solche Beträge aus, deren Abzugsfähigkeit dem Grunde oder der Höhe nach von den Einkünften, vom Gesamtbetrag der Einkünfte oder vom Einkommen abhängig ist, wie z. B. der Spendenabzug nach § 10b EStG, außergewöhnliche Belastung nach § 33 EStG. Erst bei Ermittlung des zu versteuernden Einkommens sind sie vom Einkommen abzuziehen.

Bestehen die Einkünfte, die nicht der Lohnsteuer zu unterwerfen waren, sowohl aus positiven Einkünften als auch aus negativen Einkünften, so ist ein Härteausgleich nur zu gewähren, wenn die positive Summe dieser Einkünfte nach Saldierung 410 € nicht übersteigt.

Die 410-€-Grenze gilt auch im Fall der Zusammenveranlagung, wobei die Einkünfte beider Ehegatten, die nicht der Lohnsteuer zu unterwerfen waren, zur Überprüfung der Grenze miteinander zu verrechnen sind. Hat der Steuerpflichtige im Rahmen der Veranlagung einen Altersentlastungsbetrag erhalten oder ist ein Freibetrag nach § 13 Abs. 3 EStG abgezogen worden, so ist zur Überprüfung der 410-€-Grenze der Altersentlastungsbetrag, soweit er auf die betreffenden Einkünfte entfällt, und der Freibetrag für Land- und Forstwirte abzuziehen. Siehe § 46 Abs. 3 Satz 2 EStG. Übersteigt der sich danach ergebende Betrag nicht 410 €, so ist er vom Einkommen abzusetzen.

Mit dieser Regelung soll vermieden werden, dass Einkünfte, soweit sie bereits begünstigt sind, nochmals begünstigt werden.

BEISPIEL 1: Ein Arbeitnehmer, der im Kj. 2011 das 64. Lebensjahr vollendet hatte, hat folgende Einnahmen bzw. Einkünfte:

Einnahmen aus dem 1. früheren Dienstverhältnis (Versorgungsbezug)	3 000 €
Einnahmen aus einem laufenden Dienstverhältnis	2 000 €
Einkünfte aus Vermietung und Verpachtung	400 €
Der Altersentlastungsbetrag errechnet sich nach § 24a EStG wie folgt:	
28,8 % von 2 000 € (2012) =	576 €
+ 28,8 % von 400 € (2012) =	115 €
Insgesamt	691 €
Höchstens	1 368 €

Nach § 46 Abs. 3 EStG ist vom Einkommen ein Betrag i. H. von 400 € vermindert um 115 € = 285 € abzuziehen.

Ist § 46 Abs. 3 EStG nicht anwendbar, weil die Einkünfte, die nicht der Lohnsteuer zu unterwerfen waren, 410 € übersteigen, ist die Übergangsregelung des § 70 EStDV zu beachten. Damit ist eine Entlastung bei Einkünften ohne Lohnsteuerabzug von mehr als 410 € und weniger als 820 € bezweckt. Die Entlastung besteht in einer Minderung des Einkommens in Höhe des Differenzbetrags zwischen 820 € und den Einkünften ohne Lohnsteuerabzug.

Dementsprechend ist folgende Berechnung durchzuführen:

820 € ·/. Einkünfte ohne Lohnsteuerabzug = nach § 70 EStDV abzugsfähiger Betrag (Härteausgleichsbetrag).

BEISPIEL: Die Einkünfte eines Steuerpflichtigen, die nicht der Lohnsteuer unterliegen, betragen a) 600 €, b) 700 €, c) 800 €.

Abzugsfähig vom Einkommen sind

a)	b)	c)
820 €	820 €	820 €
·/. 600 €	·/. 700 €	·/. 800 €
220 €	120 €	20 €

I. Tarifvorschriften

I. Grundtarif und Splittingtarif

§ 32a EStG

1. Allgemeines

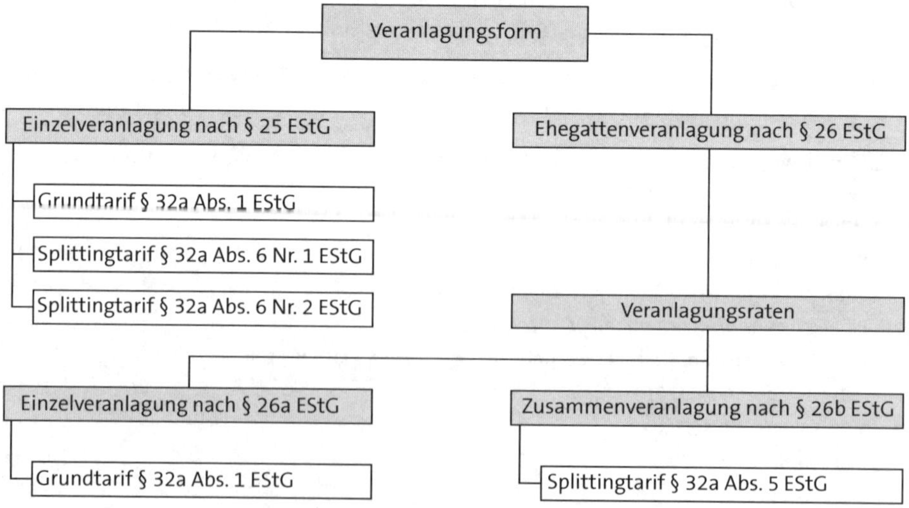

204 Grundsätzlich kann einer bestimmten Veranlagungsform auch ein bestimmter Tarif zugeordnet werden. Nur bei der Einzelveranlagung nach § 25 EStG ist die Anwendung beider Tarife denkbar, wobei jedoch die Anwendung des Splittingtarifs die Ausnahme ist. Die Ausnahmefälle ergeben sich aus § 32a Abs. 6 Nr. 1 und 2 EStG.

Nach § 32a Abs. 6 Nr. 1 EStG ist bei der Veranlagung eines verwitweten Steuerpflichtigen in dem Veranlagungszeitraum, der dem Kalenderjahr folgt, in dem der Ehegatte verstorben ist, der Splittingtarif anzuwenden, wenn der Steuerpflichtige und sein verstorbener Ehegatte im Zeitpunkt des Todes die Voraussetzungen des § 26 Abs. 1 Satz 1 EStG erfüllt haben.

BEISPIEL: Der Ehemann ist in 2014 gestorben. Im Zeitpunkt seines Todes waren die Voraussetzungen des § 26 Abs. 1 EStG bei den Ehegatten erfüllt.

Eine Ehefrau erhält bei ihrer Einzelveranlagung für den Veranlagungszeitraum 2015 die Vergünstigung des Splitting.

Wird eine Ehe aufgelöst und hat einer der bisherigen Ehepartner im selben Kalenderjahr wieder geheiratet, so ist eine Ehegattenveranlagung nur in der zuletzt geschlossenen Ehe möglich, wenn in dieser Ehe die Voraussetzungen des § 26 Abs. 1 EStG erfüllt sind (§ 26 Abs. 1 Satz 2 EStG). Der andere Ehegatte aus der aufgelösten Ehe ist einzeln nach § 25 EStG zur Einkommensteuer zu veranlagen. Hier bestimmt § 32a Abs. 6 Nr. 2 EStG, dass bei der Einzelveranlagung dieses Ehegatten der Splittingtarif anzuwenden ist, wenn in dem Kalenderjahr der Auflösung der Ehe die früheren Ehegatten zu einem Zeitpunkt unbeschränkt einkommensteuerpflichtig waren und nicht dauernd getrennt gelebt haben, wenn also die Voraussetzungen des § 26 Abs. 1 EStG erfüllt waren.

BEISPIELE:

1. Ehegatten, die zu Beginn des Jahres die Voraussetzungen des § 26 Abs. 1 EStG erfüllen, werden im April geschieden. Im September geht die Ehefrau eine neue Ehe ein, in der die Voraussetzungen des § 26 Abs. 1 EStG erfüllt sind. Der frühere Ehemann heiratet nicht wieder.

   Da die Ehefrau in der neuen Ehe die Voraussetzungen des § 26 Abs. 1 EStG erfüllt, hat sie das Wahlrecht auf Zusammenveranlagung nur in der neuen Ehe mit ihrem letzten Ehemann.

   Der frühere Ehemann ist – obwohl auch im Hinblick auf seine Person die Voraussetzungen des § 26 Abs. 1 EStG erfüllt sind – einzeln nach § 25 EStG zur Einkommensteuer zu veranlagen. Er erhält den Splittingtarif nach § 32a Abs. 6 Nr. 2 EStG. Der Nachteil der nicht möglichen Zusammenveranlagung mit Splittingtarif nach § 32a Abs. 5 EStG soll dadurch ausgeglichen werden.

2. Der Ehemann stirbt im Mai 2015. Die Ehefrau heiratet im Dezember 2015 erneut; in beiden Ehen haben im Veranlagungszeitraum die Voraussetzungen des § 26 Abs. 1 EStG vorgelegen.

   Die Ehegattenveranlagung mit dem Wahlrecht auf Zusammenveranlagung ist nur in der letzten Ehe möglich. Der verstorbene Ehemann ist einzeln nach § 25 EStG zur Einkommensteuer unter Anwendung des Splittingtarifs nach § 32a Abs. 6 Nr. 2 EStG zu veranlagen.

2. Der Grundtarif

Durch das Gesetz zur Anhebung des Grundfreibetrags, des Kinderfreibetrags, des Kin- 205
dergeldes und des Kinderzuschlags vom 16. 7. 2015 (BGBl I 2015 S. 1202) wird ab dem VZ 2015 u. a. § 32a EStG geändert.

Der Aufbau des Grundtarifs ergibt sich aus § 32a Abs. 1 bis 3 EStG. Danach gibt es fünf Tabellenbereiche, die wie folgt eingeteilt sind:

1. der Grundfreibetrag von	0 € bis 8 472 €
2. die Progressionszone I von	8 473 € bis 13 469 €
3. die Progressionszone II von	13 470 € bis 52 881 €
4. die Proportionalzone von	52 882 € bis 250 730 €
5. die Proportionalzone (sog. Reichensteuer) von	250 731 €

Ab dem VZ 2016 werden die Tabellenbereiche des § 32a EStG wie folgt eingeteilt:

1. der Grundfreibetrag von	0 € bis 8 652 €
2. die Progressionszone I von	8 653 € bis 13 669 €
3. die Progressionszone II von	13 670 € bis 53 665 €
4. die Proportionalzone von	53 666 € bis 254 446 €
5. die Proportionalzone (sog. Reichensteuer) von	254 447 €.

3. Der Splittingtarif

§ 32a Abs. 5 EStG

206 Bei Personen, die den Splittingtarif erhalten, beträgt die Einkommensteuer das Zweifache des Steuerbetrags, der sich für die Hälfte des zu versteuernden Einkommens bei Anwendung der Grundtabelle ergibt. Da nach dem Aufbau des Grundtarifs die Höhe des Steuersatzes mit steigendem zu versteuerndem Einkommen ansteigt, wird dadurch, dass im Splittingverfahren die Steuer zunächst von der Hälfte des zu versteuernden Einkommens, mithin also nach dem entsprechend niedrigeren Steuersatz zu ermitteln und dann zu verdoppeln ist, eine *Progressionsmilderung* erreicht.

BEISPIEL:

Zu versteuerndes Einkommen	60 000 €
davon die Hälfte	30 000 €
Einkommensteuer lt. Grundtabelle 2015	5 536 €
davon das Zweifache	11 072 €

Der durchschnittliche Steuersatz bei einem zu versteuernden Einkommen von 60 000 € und einer Einkommensteuer von 16 961 € lt. Grundtarif beträgt 28,27 %. Geht man von der Hälfte des zu versteuernden Einkommens aus, also 30 000 €, so beträgt der durchschnittliche Steuersatz lt. Grundtabelle 18,45 %. Dieser Steuersatz ist auf das zu versteuernde Einkommen von 60 000 € anzuwenden und ergibt die Steuer lt. Splittingtarif von 11 070 €.

Die Progressionsmilderung durch Anwendung des Splittings bei der Zusammenveranlagung ist am größten, wenn nur ein Ehegatte die Einkünfte bezogen hat. Der Vorteil des Splittingtarifs gegenüber dem Grundtarif wird geringer, wenn auch der andere Ehegatte Einkünfte hat, und wird gleich Null, wenn beide Ehegatten mit gleich hohen Besteuerungsanteilen an der Veranlagung beteiligt sind.

II. Progressionsvorbehalt

§ 32b EStG

Hat ein unbeschränkt Steuerpflichtiger 207

1. Arbeitslosengeld, Krankengeld, Kurzarbeitergeld, Arbeitslosenhilfe oder andere in § 32b Abs. 1 Nr. 1 Buchst. a–k EStG genannte Leistungen,
2. ausländische Einkünfte, die nach einem Abkommen zur Vermeidung der Doppelbesteuerung steuerfrei sind (§ 32b Abs. 1 Nr. 3 EStG),

bezogen, so ist auf das zu versteuernde Einkommen ein besonderer Steuersatz anzuwenden.

Zu 1:

Das Arbeitslosengeld, Kurzarbeitergeld, Teilarbeitslosengeld und die Arbeitslosenhilfe zählen zu den steuerfreien Einnahmen nach § 3 Nr. 2 EStG. Ebenso sind die anderen in § 32b Abs. 1 Nr. 1 EStG genannten Leistungen steuerfrei. Bezieht ein Arbeitnehmer neben diesen steuerfreien Einnahmen andere steuerpflichtige Einkünfte, so wird er einerseits durch die Steuerbefreiung, andererseits durch die Nichterfassung der Einkünfte im Rahmen einer Veranlagung begünstigt, weil das zu versteuernde Einkommen um die steuerfreien Einnahmen geringer ist und sich deshalb durch den progressiven Tabellenaufbau ein weiterer zusätzlicher Steuervorteil gegenüber einem Arbeitnehmer ergibt, der nur steuerpflichtige Einkünfte erzielt. Durch den Progressionsvorbehalt soll dieser zusätzliche Steuervorteil abgebaut werden. Zu diesem Zweck wird das zu versteuernde Einkommen um die bezogenen steuerfreien Einnahmen erhöht. Von diesem Betrag wird die tarifliche Einkommensteuer ermittelt, und aus dem Verhältnis der tariflichen Einkommensteuer zu den um die steuerfreien Einnahmen erhöhten zu versteuernden Einkommen wird ein durchschnittlicher Steuersatz errechnet. Dieser durchschnittliche Steuersatz (besonderer Steuersatz) wird auf das zu versteuernde Einkommen angewendet.

BEISPIEL 1: Der ledige Steuerpflichtige hat im VZ Einkünfte aus nichtselbständiger Arbeit i. H. von 10 000 € und Einkünfte aus Vermietung und Verpachtung i. H. von 2 000 €. Die abzugsfähigen Sonderausgaben betragen 3 000 €. In einem Teil des Veranlagungszeitraums war der Steuerpflichtige arbeitslos und hat lt. Bescheinigung der Arbeitsverwaltung ein Arbeitslosengeld von 7 000 € bezogen.

LÖSUNG: Die Einkommensteuer ist wie folgt zu ermitteln:

Einkünfte aus nichtselbständiger Arbeit	10 000 €
Einkünfte aus Vermietung und Verpachtung	2 000 €
Summe der Einkünfte	12 000 €
Gesamtbetrag der Einkünfte	12 000 €
Sonderausgaben	3 000 €
Einkommen	9 000 €
zu versteuerndes Einkommen	9 000 €
+ Arbeitslosengeld	7 000 €
Ausgangsbetrag für die Ermittlung des Steuersatzes	16 000 €

Steuer lt. Grundtabelle 2015 von 16 000 €	1 592 €
durchschnittlicher Steuersatz	9,9500 %

Die Einkommensteuer beträgt 9,9500 % des zu versteuernden Einkommens von 9 000 € = 895 €.

Hat sich im Rahmen der Einkommensteuerveranlagung der Arbeitnehmer-Pauschbetrag gem. § 9a Satz 1 Nr. 1 Buchst. a EStG nicht oder nur teilweise ausgewirkt, so ist der für Zwecke der Ermittlung des durchschnittlichen Steuersatzes dem zu versteuernden Einkommen hinzuzurechnende Betrag (z. B. das bezogene Arbeitslosengeld) um diesen Pauschbetrag zu kürzen, soweit er sich im Rahmen der Veranlagung nicht ausgewirkt hat. Siehe § 32b Abs. 2 Nr. 1 EStG.

BEISPIEL 2: Ein lediger Steuerpflichtiger war im ganzen Jahr 2015 arbeitslos. Er hat eine Arbeitslosenhilfe i. H. von 10 000 € bezogen. Daneben hat er Einkünfte aus Vermietung und Verpachtung i. H. von 5 000 €. Die abzugsfähigen Sonderausgaben betragen 1 000 €.

LÖSUNG: Die Einkommensteuer ist wie folgt zu ermitteln:

Einkünfte aus Vermietung und Verpachtung		5 000 €
Summe der Einkünfte		5 000 €
Gesamtbetrag der Einkünfte		5 000 €
Sonderausgaben		1 000 €
Einkommen		4 000 €
zu versteuerndes Einkommen		4 000 €
+ Arbeitslosengeld	10 000 €	
·/. § 9a EStG	·/. 1 000 €	9 000 €
Ausgangsbetrag für die Ermittlung des Steuersatzes		13 000 €
Steuer lt. Grundtabelle 2015 von 13 000 €		860 €
durchschnittlicher Steuersatz		6,6153 %

Die Einkommensteuer beträgt 6,6153 % des zu versteuernden Einkommens von 4 000 € = 264 €.

Im vorliegenden Fall ist das bezogene Arbeitslosengeld um den gesamten Arbeitnehmer-Pauschbetrag zu kürzen, weil er sich im Rahmen der Veranlagung wegen fehlender Einnahmen aus nichtselbständiger Arbeit nicht ausgewirkt hat. Hätte der Steuerpflichtige Einnahmen aus nichtselbständiger Arbeit von z. B. 600 € bezogen, so hätte sich im Rahmen der Veranlagung der Arbeitnehmer-Pauschbetrag mit 600 € ausgewirkt. In diesem Fall wäre das bezogene Arbeitslosengeld lediglich um 400 € (1 000 € ·/. 600 €) zu kürzen, weil sich dieser Betrag im Rahmen der Veranlagung in vollem Umfang nicht ausgewirkt hat.

Kommt es in einem späteren Veranlagungszeitraum zu einer – teilweisen – Rückzahlung des Arbeitslosengeldes, so ist das zu versteuernde Einkommen des Veranlagungszeitraums, in dem die Rückzahlung erfolgt, um den Rückzahlungsbetrag zu mindern, auf den verminderten Betrag die tarifliche Einkommensteuer zu errechnen und der durchschnittliche Steuersatz zu ermitteln. Dieser Steuersatz ist sodann auf das zu versteuernde Einkommen anzuwenden.

Zu 2:

Bezieht ein unbeschränkt Steuerpflichtiger Einkünfte im Ausland, so unterliegen diese Einkünfte der deutschen Einkommensbesteuerung. Um jedoch eine Doppelbesteuerung im Ausland und im Inland zu vermeiden, hat die Bundesrepublik Deutschland Abkommen zur Vermeidung der Doppelbesteuerung (Doppelbesteuerungsabkommen = DBA) abgeschlossen. In diesen Abkommen wird das Besteuerungsrecht einem Vertragspartner zugeordnet, während bei dem anderen Vertragspartner die betreffenden Einkünfte steuerfrei bleiben. In der Regel wird von den Vertragspartnern der sog. Progressionsvorbehalt vereinbart, der besagt, dass durch die Befreiung der ausländischen Einkünfte von der deutschen Einkommensteuer nicht auch der für das verbleibende Einkommen anzuwendende Steuersatz geändert werden soll. Das bedeutet, dass bei der Veranlagung von dem Steuersatz auszugehen ist, der sich ergeben würde, wenn die nach einem DBA steuerfreien Einkünfte in die Veranlagung mit einbezogen bleiben. In den Fällen des § 32b Abs. 1 Satz 2 EStG ist der Progressionsvorbehalt nicht anzuwenden.

BEISPIEL: Ein lediger Steuerpflichtiger bezieht im Inland Einkünfte aus Gewerbebetrieb i. H. von 11 000 €. In Norwegen hat er Einkünfte aus Vermietung und Verpachtung i. H. von 25 000 €. Nach dem DBA zwischen der BRD und Norwegen sind die Einkünfte aus Vermietung und Verpachtung in Norwegen zu versteuern und in der BRD steuerfrei. Der Progressionsvorbehalt wurde vereinbart. Die abzugsfähigen Sonderausgaben des Steuerpflichtigen betragen 1 000 €.

Die Einkommensteuer ist wie folgt zu berechnen:

Inländische Einkünfte	11 000 €
Summe und Gesamtbetrag der Einkünfte	11 000 €
·/. Sonderausgaben	1 000 €
Einkommen und zu versteuerndes Einkommen	10 000 €
+ ausländische Einkünfte	25 000 €
Ausgangsbetrag für die Ermittlung des Steuersatzes	35 000 €

Einem zu versteuernden Einkommen von 35 000 € entspricht eine Einkommensteuer lt. Grundtabelle von 7 192 €. Der durchschnittliche Steuersatz beträgt 20,5485 %. Dieser Steuersatz ist auf das im Rahmen der Einkommensteuerveranlagung zu ermittelnde zu versteuernde Einkommen von 10 000 € anzuwenden. Die Steuer beträgt 2 054 €. Ohne Progressionsvorbehalt beträgt die Einkommensteuer lt. Grundtabelle bei einem zu versteuernden Einkommen von 10 000 € = 256 €. Das entspricht einem durchschnittlichen Steuersatz von 2,56 %.

Der Progressionsvorbehalt gilt auch für den Fall, dass die ausländischen Einkünfte negativ sind.

BEISPIEL: Wie oben; die ausländischen Einkünfte aus Vermietung und Verpachtung betragen jedoch ·/. 8 000 €.

Zu versteuerndes Einkommen (wie oben)	10 000 €
·/. ausländische Einkünfte	8 000 €
Ausgangsbetrag für die Ermittlung des Steuersatzes	2 000 €

Bei einem zu versteuernden Einkommen von 2 000 € beträgt die Steuer 0 €. Der Steuersatz ist dementsprechend 0 %. Bei der Einkommensteuerveranlagung ist die Steuer trotz des zu versteuernden Einkommens von 10 000 € wegen des Progressionsvorbehalts mit 0 € festzusetzen.

III. Gesonderter Steuertarif für Einkünfte aus Kapitalvermögen

§ 32d Abs. 1 EStG

1. Allgemeines

208 Der gesonderte Steuertarif gilt für Einkünfte aus Kapitalvermögen. Er beträgt gem. § 32d Abs. 1 EStG 25 %. Zur Einkommensteuer kommen der Solidaritätszuschlag und ggf. die Kirchensteuer hinzu. Insgesamt ergibt sich dann (einschließlich Kirchensteuer) eine Steuerbelastung von ca. 28 % des Kapitalertrags.

Nach § 43 Abs. 1 EStG unterliegen Kapitalerträge der Kapitalertragsteuer. Der Steuersatz bei der Kapitalertragsteuer beträgt gem. § 43a Abs. 1 Nr. 1 EStG 25 % und entspricht somit der Höhe nach dem gesonderten Steuertarif. Die Einkommensteuer ist gem. § 43 Abs. 5 Satz 1 EStG durch die einbehaltene Kapitalertragsteuer abgegolten (Abgeltungsteuer). Folglich sind diese Erträge bei der Veranlagung nicht mehr zu erfassen.

Nach § 43 Abs. 5 Satz 2 EStG gilt dies **nicht** in den Fällen des **§ 32d Abs. 2 EStG** sowie in den Fällen, in denen die Einkünfte aus Kapitalvermögen gem. **§ 20 Abs. 8 EStG** anderen Einkunftsarten zuzuordnen sind.

Hier wird zwar nach § 43 Abs. 1 EStG ebenfalls Kapitalertragsteuer einbehalten, jedoch entfaltet diese Kapitalertragsteuer **keine** Abgeltungswirkung.

Folglich sind diese Einkünfte in die Veranlagung einzubeziehen. Die Kapitalertragsteuer ist dann nach § 36 Abs. 2 Nr. 2 EStG auf die Einkommensteuer anzurechnen.

Wegen der Einkünfte gem. § 32d Abs. 2 EStG siehe weiter unten. Werden Kapitalerträge einer **anderen** Einkunftsart zugeordnet (§ 20 Abs. 8 EStG – Subsidiaritätsprinzip), weil sie zu dieser gehören, ist der gesonderte Steuertarif von 25 % **nicht** anwendbar. Diese Erträge werden in die Veranlagung einbezogen. Die einbehaltene Kapitalertragsteuer ist anzurechnen. Handelt es sich bei den Erträgen dem Grunde nach um Kapitalerträge i. S. des § 20 Abs. 1 Nr. 1 EStG (insbesondere Dividenden aus Aktien oder GmbH-Anteilen) oder um Kapitalerträge i. S. des § 20 Abs. 2 Nr. 1 EStG (Veräußerungsgewinne aus Aktien und GmbH-Anteilen), unterliegen diese Erträge dem **Teileinkünfteverfahren** nach **§ 3 Nr. 40 EStG i. V. mit § 3c Abs. 2 EStG.**

BEISPIEL: Aus einer dem Gewerbebetrieb zuzuordnenden Kapitalanlage(Aktien) erzielt der Unternehmer Kapitalerträge, die nach § 20 Abs. 8 EStG den Einkünften aus Gewerbebetrieb zuzurechnen sind.

Nach § 3 Nr. 40 Satz 1 Buchst. d EStG i. V. mit § 3 Nr. 40 Satz 2 EStG sind diese Erträge zu 40 % steuerfrei. Sie werden deshalb zu 40 % außerhalb der Steuerbilanz abgezogen.

Nach § 3c Abs. 2 EStG sind die damit im Zusammenhang stehenden Betriebsausgaben nur zu 60 % abziehbar. 40 % dieser Betriebsausgaben sind außerhalb der Steuerbilanz dem Gewinn wieder hinzuzurechnen.

2. Kapitalerträge i. S. des § 32d Abs. 2 EStG

§ 32d Abs. 2 EStG

In den Fällen des **§ 32d Abs. 2 EStG** ist der gesonderte Steuertarif ebenfalls **nicht** anwendbar. **Die Einnahmen sind in die Veranlagung einzubeziehen und unterliegen der tariflichen Einkommensteuer.** 209

Nach **§ 32d Abs. 2 Nr. 1 EStG** gilt dies für Kapitalerträge i. S. des § 20 Abs. 1 Nr. 4 und 7 EStG sowie § 20 Abs. 2 Satz 1 Nr. 4 und 7 EStG

- wenn Gläubiger und Schuldner nahe stehende Personen sind
- wenn sie von einer Kapitalgesellschaft/Genossenschaft an einen Anteilseigner oder eine ihm nahe stehende Person gezahlt werden, wenn der Anteilseigner zu mindestens 10 % an der Gesellschaft/Genossenschaft beteiligt ist.

BEISPIEL: Die Ehefrau gewährt ihrem Ehemann (Zusammenveranlagung) aus ihrem Privatvermögen ein Darlehen. Das Darlehen dient beim Ehemann ausschließlich betrieblichen Zwecken. Er zieht die Schuldzinsen als Betriebsausgaben ab und hat durch die Gewinnminderung eine Steuerersparnis von 40 % der abgezogenen Schuldzinsen.

Wenn in diesem Fall bei der Ehefrau der gesonderte Steuertarif von 25 % Anwendung finden würde, würde die unterschiedlich hohe Steuerbelastung und Steuerentlastung die Ehegatten begünstigen.

Die gleiche Überlegung gilt auch im Verhältnis Anteilseigner zu einer Kapitalgesellschaft, an der er zu mindestens 10 % beteiligt ist.

§ 20 Abs. 6 und Abs. 9 finden in diesen Fällen keine Anwendung, d. h. dass in diesen Fällen statt des Sparer-Pauschbetrags die tatsächlichen Werbungskosten bei der Ermittlung der Einkünfte aus Kapitalvermögen abgezogen werden können.

Soweit hier Verluste aus Kapitalvermögen entstehen, fallen sie nicht unter die Beschränkungen des § 20 Abs. 6 EStG und sind nach den allgemeinen Regeln ausgleichsfähig,

- soweit ein Dritter die Kapitalerträge schuldet und diese Kapitalanlage **im Zusammenhang** mit einer Kapitalüberlassung an einen Betrieb des Gläubigers steht, sofern der Dritte auf den Gläubiger zurückgreifen kann. Ein Zusammenhang ist jedoch nur anzunehmen, wenn Kapitalanlage und die Kapitalüberlassung – auf einem **einheitlichen** Plan beruhen. Hiervon ist **insbesondere** auszugehen, wenn die Kapitalüberlassung in einem engen zeitlichen Zusammenhang mit einer Kapitalanlage steht oder die jeweiligen Zinskonditionen miteinander verknüpft sind. Von einem Zusammenhang ist jedoch nicht auszugehen, wenn die Zinsvereinbarungen marktüblich sind oder die Anwendung des gesonderten Steuertarifs zu keinem Belastungsvorteil führt.

  Auch hier finden § 20 Abs. 6 und Abs. 9 keine Anwendung.

Nach **§ 32d Abs. 2 Nr. 2 EStG** gilt Grund- oder Splittingtarif auch für Erträge i. S. des § 20 Abs. 1 Nr. 6 Satz 2 EStG. Diese Erträge werden nur zur Hälfte besteuert. Eine weitere Vergünstigung durch die Anwendung des gesonderten Steuertarifs sollte vermieden werden. Der beschränkte Verlustausgleich nach § 20 Abs. 6 EStG findet hier keine Anwendung.

Nach **§ 32d Abs. 2 Nr. 3** EStG kann der Steuerpflichtige **auf Antrag** die Einbeziehung bestimmter Kapitalerträge in die Veranlagung wählen und somit statt des gesonderten Steuertarifs die Berechnung nach dem Steuertarif (Grund- oder Splittingtarif) erreichen. Dieses Wahlrecht gilt für Kapitalerträge nach § 20 Abs. 1 Nr. 1 und Nr. 2 EStG aus einer Beteiligung an einer Kapitalgesellschaft, wenn der Steuerpflichtige im Veranlagungszeitraum, für den der Antrag erstmals gestellt wird, unmittelbar oder mittelbar

- zu mindestens 25 % an der Kapitalgesellschaft beteiligt ist oder
- zu mindestens 1 % an der Kapitalgesellschaft beteiligt ist und beruflich für diese tätig ist.

Der Antrag gilt erstmals für den Veranlagungszeitraum, für den er gestellt wird. Er gilt – solange er nicht widerrufen wird – auch für die folgenden **vier** Veranlagungszeiträume. Nach einem Widerruf ist ein erneuter Antrag des Stpfl. für diese Beteiligung nicht mehr zulässig.

BEISPIEL: A erwirbt im Mai 01 einen 10 %-Anteil an einer GmbH. Im Oktober 01 wird er zum Geschäftsführer dieser GmbH bestellt.

In 04 kommt es zu einer Gewinnausschüttung.

Für 04 stellt A den Antrag, die Steuer nach dem Grund-/Splittingtarif zu berechnen. Dieser Antrag gilt für die Veranlagungszeiträume 04 bis 08. Er kann während des Zeitraums widerrufen werden. Ein erneuter Antrag ist bezogen auf diese Beteiligung dann nicht mehr zulässig.

Erwirbt der Steuerpflichtige zusätzlich zu dem bereits vorhandenen einen weiteren Anteil an einer GmbH kann der Antrag bezogen auf diesen weiteren Anteil **nicht** erneut gestellt werden. Solange der Anteilserwerb insgesamt 25 % der Anteile nicht erreicht, muss der Steuerpflichtige eine berufliche Tätigkeit für die GmbH ausüben. Dies gilt für den Veranlagungszeitraum, für den erstmals der Antrag auf Tarifbesteuerung gestellt wird. Ob auch in den weiteren vier Jahren diese Voraussetzung erfüllt ist, ist nicht zu prüfen.

Wie die berufliche Tätigkeit auszusehen hat, die der Steuerpflichtige für die GmbH auszuüben hat, ist im Gesetz nicht geregelt.

Außer der Tätigkeit als Geschäftsführer kommen auch andere nichtselbständig oder selbständig ausgeübte Tätigkeiten in Betracht.

Wählt der Steuerpflichtige die Tarifbesteuerung seiner Erträge i. S. des § 20 Abs. 1 Nr. 1 und 2 EStG finden die **§§ 3 Nr. 40 Satz 2 und 20 Abs. 6 und 9 EStG keine Anwendung,** d. h. für diese – tarifbesteuerten Erträge – gilt das Teileinkünfteverfahren nach § 3 Nr. 40 Satz 1 EStG, Verluste können mit anderen Einkunftsarten verrechnet werden und der Abzug der tatsächlichen Werbungskosten bleibt erhalten.

Der Sparer-Pauschbetrag ist nicht abzuziehen.

BEISPIEL: Der Steuerpflichtige erwirbt in 01 einen 30 % Anteil an einer GmbH zum Preis von 500 000 €. In 01 und in den nachfolgenden Jahren fallen Schuldzinsen i. H. von 30 000 € an. Erstmals in 03 kommt es zu einer Ausschüttung.

Hier kann der Steuerpflichtige für den Veranlagungszeitraum 01 – auch ein anderes Jahr könnte als Erstjahr gewählt werden – den Antrag auf Tarifbesteuerung stellen. In diesem Fall kann er ab 01 bis 05 die Schuldzinsen im Rahmen des Teileinkünfteverfahrens mit 60 % als (vorweggenommene) Werbungskosten bei den Einkünften aus Kapitalvermögen abziehen. Die Ausschüttung in 03 stellt in 03 eine Einnahme aus Kapitalvermögen dar, die zu 60 % steuerpflichtig ist.

Ab 06 gilt wieder der gesonderte Steuertarif nach § 32d EStG.

Ein Abzug von Werbungskosten ist dann (ab 06) gem. § 20 Abs. 9 EStG **nicht** mehr möglich.

Nach **§ 32d Abs. 2 Nr. 4 EStG** unterliegen sonstige Bezüge i. S. des § 20 Abs. 1 Nr. 1 Satz 2 EStG der tariflichen Einkommensteuer (Grundtarif/Splittingtarif). Dabei handelt es sich im Wesentlichen um verdeckte Gewinnausschüttungen, soweit sie das Einkommen der leistenden Körperschaft gemindert haben.

Ist die verdeckte Gewinnausschüttung zutreffend bei der Ermittlung des zu versteuernden Einkommens der Körperschaft hinzugerechnet worden, findet diese Vorschrift keine Anwendung, d. h. auf die verdeckte Gewinnausschüttung ist § 32d Abs. 1 EStG – gesonderter Steuertarif anzuwenden.

3. Kapitalerträge ohne Kapitalertragsteuerabzug

§ 32d Abs. 3 EStG

Soweit Kapitalerträge nicht einer anderen Einkunftsart gem. § 20 Abs. 8 EStG zuzuordnen sind und soweit § 32d Abs. 2 EStG keine Anwendung findet, kommt es zur Anwendung des besonderen Steuertarifs nach § 32d Abs. 1 EStG. 210

Haben steuerpflichtige Kapitalerträge, bei denen der gesonderte Steuertarif gilt – aus welchen Gründen auch immer –, **nicht** dem Kapitalertragsteuerabzug unterlegen, kann es auch nicht zur Abgeltungswirkung kommen. In diesem Fall sind die Kapitalerträge gem. § 32d Abs. 3 EStG in der Einkommensteuererklärung anzugeben. Sie unterliegen dann vermindert um den Sparer – Pauschbetrag dem gesonderten Steuertarif von 25 % In diesem Fall wird der tariflichen Einkommensteuer die Einkommensteuer, die sich aufgrund des besonderen Steuersatzes ergibt, hinzugerechnet.

BEISPIEL: Ein lediger Steuerpflichtiger hat seiner Bekannten ein Darlehen gewährt.

In 01 erhält er Zinsen i. H. von 20 000 €.

Kapitalertragsteuer ist hier nicht einzubehalten.

Sein zu versteuerndes Einkommen beträgt		100 000 €
(in diesem Betrag sind die Kapitalerträge **nicht** enthalten)		
Einkommensteuer lt. Grundtabelle (2015)		33 761 €
Kapitalerträge ohne Kapitalertragsteuer	20 000 €	
Sparer Pauschbetrag gem. § 20 Abs. 9 EStG	801 €	
	19 199 €	
davon 25 % gem. § 32d Abs. 1 EStG		4 799 €
Einkommensteuer insgesamt		38 560 €

4. Antragsverfahren

§ 32d Abs. 4 EStG

211 Haben die Kapitalerträge dem Kapitalertragsteuerabzug unterlegen, kann dennoch nach § 32d Abs. 4 EStG eine Einbeziehung der Erträge – wie im Beispiel unter § 32d Abs. 3 EStG – in die Berechnung der Einkommensteuer **beantragt** werden. Einer besonderen Begründung für diesen Antrag bedarf es nicht. Hier wird eine Einbeziehung in die Steuerberechnung beantragt, weil der Steuerpflichtige den Steuereinbehalt durch sein Kreditinstitut vom Finanzamt überprüfen lassen will.

Möglicherweise glaubt der Steuerpflichtige z. B., die einbehaltene Kapitalertragsteuer sei – z. B. wegen Nichtberücksichtigung des Sparer-Pauschbetrags – zu hoch.

Im Rahmen der Steuerberechnung werden die Erträge dem gesonderten Steuersatz von 25 % nach § 32d EStG unterworfen. Die einbehaltene und vielleicht überhöhte Kapitalertragsteuer wird verrechnet und kann ggf. zu einer Erstattung führen.

5. Anrechnung ausländischer Steuern

§ 32d Abs. 5 EStG

212 Die nach dem gesonderten Steuertarif berechnete Einkommensteuer bzw. die einbehaltene Kapitalertragsteuer vermindern sich um die **anrechenbaren ausländischen Steuern**. Dabei ist § 34c Abs. 1 EStG sinngemäß anzuwenden. Nach § 32d Abs. 5 EStG ist die beim jeweiligen (einzelnen) Kapitalertrag anfallende deutsche Steuer um die bei diesem Kapitalertrag angefallene anrechenbare ausländische Quellensteuer zu vermindern. Dies gilt auch im Verhältnis zu den Staaten, zu denen ein Abkommen zur Vermeidung der Doppelbesteuerung besteht.

BEISPIEL: Aus französischen Aktien, die der Steuerpflichtige bei seiner deutschen Hausbank verwahren lässt, erzielt er eine Dividende von 1 000 €.

In Frankreich ist bei dieser Dividende eine Quellensteuer von 15 % einbehalten worden. Die deutsche Hausbank unterwirft den Vorgang der Kapitalertragsteuer und rechnet die bei dieser Dividende angefallene Quellensteuer auf die deutsche Kapitalertragsteuer an. Die Kapitalertragsteuer beträgt in diesem Fall lediglich 250 € ·/. 150 € Quellensteuer = 100 €. Durch die Einbehaltung dieses Betrags ist die Einkommensteuer dann abgegolten.

6. Günstigerprüfung

§ 32d Abs. 6 EStG

213 Im Fall des § 32d Abs. 6 EStG kann der Steuerpflichtige die Einbeziehung der Kapitalerträge in **die Veranlagung** beantragen, um diese Erträge der geringeren tariflichen Einkommensteuer (Grund/Splittingtarif) zu unterwerfen.

Im Gegensatz zu § 32d Abs. 3 oder Abs. 4 EStG werden hier die Kapitalerträge in die Veranlagung einbezogen. Sie erhöhen dann das zu versteuernde Einkommen und somit auch die tarifliche Einkommensteuer. Allerdings kommt es hier zu einer **Günstigerprüfung**. Übersteigt die tarifliche Einkommensteuer, die auf die in die Veranlagung einbezogenen Kapitaleinkünfte entfällt, die Einkommensteuer, die sich bei Anwendung des gesonderten Steuertarifs nach § 32d EStG ergibt, werden die Kapitalerträge nicht in die Veranlagung einbezogen, sondern die Einkommensteuer für diese Einkünfte wird dann mit dem gesonderten Steuertarif berechnet.

Der Antrag kann für alle Kapitalerträge nur **einheitlich** – das gilt auch für die Zusammenveranlagung – gestellt werden.

IV. Besteuerung außerordentlicher Einkünfte

§ 34 EStG

Außerordentliche Einkünfte i. S. des § 34 EStG unterliegen einem besonderen Steuerberechnungsverfahren. Die Berechnung der Steuer ergibt sich aus § 34 Abs. 1 EStG und aus § 34 Abs. 3 EStG. 214

Die Steuerberechnung nach § 34 Abs. 1 und 3 EStG kommt bei Einkünften i. S. des § 34 Abs. 2 EStG in Betracht.

1. Außerordentliche Einkünfte nach § 34 Abs. 2 EStG

Außerordentliche Einkünfte i. S. des § 34 Abs. 2 EStG können sein: 215

a) Veräußerungsgewinne nach §§ 14, 14a Abs. 1, §§ 16 und 18 Abs. 3 EStG

b) Entschädigungen i. S. des § 24 Nr. 1 EStG

c) Nutzungsvergütungen und Zinsen nach § 24 Nr. 3 EStG, soweit sie für einen Zeitraum von mehr als drei Jahren nachgezahlt werden

d) Vergütungen für mehrjährige Tätigkeiten

Diesen Einkünften ist gemeinsam, dass sie im Allgemeinen in einem Veranlagungszeitraum zu besteuern sind, obwohl sie in mehreren Veranlagungszeiträumen entstanden sind. So werden z. B. bei der Veräußerung eines Gewerbebetriebes in einem einheitlichen wirtschaftlichen Vorgang stille Reserven aufgedeckt, die möglicherweise im Laufe vieler Jahre entstanden sind. Diese stillen Reserven erhöhen den Veräußerungsgewinn.

Ein hoher Veräußerungsgewinn führt zu einem hohen Steuersatz und somit zu einer hohen Steuer. Der Sinn und Zweck des § 34 EStG besteht darin, die steuerliche Belastung zu mildern und den Nachteil der Zusammenballung von Einkünften, die dem Grunde nach mehrere Jahre betreffen, auszugleichen.

2. Berechnung der Einkommensteuer nach § 34 Abs. 1 EStG

Die Anwendung des § 34 Abs. 1 EStG und die damit verbundene Tarifermäßigung ist von Amts wegen zu berücksichtigen. 216

Die Einkommensteuer ist dann wie folgt zu ermitteln:

1. Auf das zu versteuernde Einkommen ohne die außerordentlichen Einkünfte (verbleibende zu versteuernde Einkommen) wird die Einkommensteuer nach dem Regeltarif ermittelt.

2. Anschließend folgt die Berechnung der Einkommensteuer nach dem Regeltarif für das um ein Fünftel der außerordentlichen Einkünfte erhöhte verbleibende zu versteuernde Einkommen.
3. Die Differenz zwischen den in Punkt 1 und 2 ermittelten Steuerbeträgen wird errechnet und verfünffacht.
4. Die Addition der in Punkt 1 und in Punkt 3 errechneten Steuerbeträge ergibt die insgesamt zu zahlende Einkommensteuer.

BEISPIEL: Der Steuerpflichtige hat seinen Gewerbebetrieb veräußert. Er hat bereits das 55. Lebensjahr vollendet. Es sind in diesem Jahr folgende Einkünfte und Sonderausgaben zu berücksichtigen:

Einkünfte aus Gewerbebetrieb:		
Laufender Gewinn		50 000 €
Veräußerungsgewinn (§ 16 EStG)	65 000 €	
(Freibetrag § 16 Abs. 4 EStG 45 000 €)		20 000 €
Einkünfte Vermietung und Verpachtung		5 000 €
Gesamtbetrag der Einkünfte		75 000 €
/. Sonderausgaben		5 000 €
Einkommen/zu versteuerndes Einkommen		70 000 €

LÖSUNG:

a)	Nach der Grundtabelle zu versteuerndes Einkommen	70 000 €
	abzgl. des steuerpflichtigen Teils des Veräußerungsgewinns	20 000 €
	verbleibendes zu versteuerndes Einkommen	50 000 €
	Steuerbetrag lt. Grundtabelle 2015	12 780 €
b)	verbleibendes zu versteuerndes Einkommen	50 000 €
	zzgl. $^1/_5$ des steuerpflichtigen Teils des Veräußerungsgewinns ($^1/_5$ von 20 000 €)	4 000 €
	Zwischensumme	54 000 €
	Steuerbetrag lt. Grundtabelle 2015	14 441 €
	abzgl. Steuerbetrag auf das verbleibende zu versteuernde Einkommen	12 780 €
	Unterschiedsbetrag	1 661 €
	Einkommensteuer auf Veräußerungsgewinn (Fünffache des Unterschiedsbetrages = 5 × 1 661 €)	8 305 €
	Einkommensteuer insgesamt (12 780 € + 8 305 €)	21 085 €

3. Außerordentliche Einkünfte nach § 34 Abs. 2 Nr. 1 EStG i. V. mit § 34 Abs. 3 EStG

217 Diese Vorschrift ist ausschließlich auf die in § 34 Abs. 2 Nr. 1 EStG genannten außerordentlichen Einkünfte anzuwenden. Auf Antrag des Steuerpflichtigen kann der Absatz 3 anstelle des Absatz 1 unter folgenden Voraussetzungen zur Anwendung kommen:

a) Der Steuerpflichtige hat das 55. Lebensjahr vollendet oder

b) er ist im sozialversicherungsrechtlichen Sinne dauernd berufsunfähig.

Die Ermäßigung erfolgt für außerordentliche Einkünfte bis zu einem Betrag von 5 Millionen €.

Die Steuerermäßigung des § 34 Abs. 3 EStG kann der Steuerpflichtige nur einmal im Leben in Anspruch nehmen (§ 34 Abs. 3 Satz 4 EStG).

4. Berechnung der Einkommensteuer nach § 34 Abs. 3 EStG

Der ermäßigte Steuersatz beträgt 56 % des durchschnittlichen Steuersatzes, der sich er- 218
gäbe, wenn die tarifliche Einkommensteuer nach dem gesamten zu versteuernden Einkommen (zuzüglich der dem Progressionsvorbehalt unterliegenden Einkünfte) zu bemessen wäre, mindestens jedoch 14 %. Es soll hier zumindest der Eingangssteuersatz zum Ansatz kommen.

BEISPIEL: Wie in Tz 216, nur der Steuerpflichtige hat einen Antrag gem. § 34 Abs. 3 EStG gestellt.

LÖSUNG:

Gesamte zu versteuernde Einkommen	70 000 €
Steuer lt. Grundtarif 2015	21 161 €
durchschnittlicher Steuersatz	30,2300 %
Hälfte des durchschnittlichen Steuersatzes	15,115 %
mindestens aber	14,0 %
Steuer lt. Grundtarif von 50 000 €	12 780 €
zzgl. 15,115 % auf 20 000 €	3 023 €
Einkommensteuer 2015 unter Berücksichtigung des § 34 Abs. 3 EStG:	15 803 €

V. Steuerermäßigungen

1. Steuerermäßigung bei Mitgliedsbeiträgen und Spenden an politische Parteien und an unabhängige Wählervereinigungen

§ 34g EStG

Leistet ein Steuerpflichtiger Mitgliedsbeiträge und Spenden an politische Parteien oder 219
an Vereine ohne Parteicharakter, die die Voraussetzungen des § 34g Nr. 2 EStG erfüllen, so ermäßigt sich dadurch seine Einkommensteuer um 50 % der Ausgaben, höchstens jedoch um 825 €, im Fall der Zusammenveranlagung um höchstens 1 650 €. Kommt z. B. wegen der Begrenzung der Steuerermäßigung auf 825 € bzw. auf 1 620 € eine Steuerermäßigung bei Ausgaben zur Förderung staatspolitischer Zwecke nicht in Betracht, können die Ausgaben im Rahmen des § 10b EStG als Sonderausgaben abgezogen werden.

BEISPIEL: Der Steuerpflichtige hat 6 000 € an eine politische Partei gespendet. Sein Gesamtbetrag der Einkünfte beträgt 70 000 €. Er wird einzeln zur Einkommensteuer veranlagt.

LÖSUNG: Wegen der Begrenzung auf 825 € wird lediglich für einen Teil der Spende von 6 000 € eine Steuerermäßigung gewährt (50 % von 1 650 € = 825 €).

Die restliche Spende ist im Rahmen des § 10b EStG bis zu 1 650 € als Sonderausgabe berücksichtigungsfähig.

Spende insgesamt	6 000 €
davon begünstigt durch Steuerermäßigung	1 650 €
verbleiben	4 350 €
davon begünstigt als Sonderausgabe (§ 10b EStG)	1 650 €
nicht begünstigt	2 700 €

Hätte der Steuerpflichtige statt 6 000 € nur 500 € gespendet, so wäre lediglich eine Steuerermäßigung von 250 € (50 % von 500 €) erfolgt. Zu einem Sonderausgabenabzug wäre es nicht gekommen.

Die Steuerermäßigung gem. § 34g EStG kann die Steuerschuld ggf. bis 0 € verringern, sie kann jedoch nicht zu einer negativen Steuerschuld führen.

Beträgt die Einkommensteuerschuld – ohne Ermäßigung nach § 34 EStG – weniger als 825 € bzw. 1 650 €, so kann der Höchstbetrag der Steuerermäßigung von 825 € bzw. 1 650 € nur bis zur Höhe der tatsächlichen Einkommensteuerschuld – ohne Ermäßigung nach § 34 EStG – ausgeschöpft werden.

BEISPIEL: Die Einkommensteuerschuld eines ledigen Steuerpflichtigen, der 1 000 € an eine politische Partei gespendet hat, beträgt 120 € (ohne Ermäßigung nach § 34 EStG). Die Steuerermäßigung nach § 34g EStG beträgt 120 €.

Von den Ausgaben zur Förderung staatspolitischer Zwecke haben 240 € die Steuerermäßigung von 120 € bewirkt (50 % von 240 €).

Soweit die Aufwendungen keine Steuerermäßigung herbeiführen (1 000 € ·/. 240 € = 760 €), kommt ein Abzug als Sonderausgabe im Rahmen des § 10b EStG in Betracht.

2. Ermäßigung der Einkommensteuer durch die Anrechnung des Gewerbesteuer-Messbetrages

§ 35 EStG

Handhabung des § 35 EStG

220 Die tarifliche Einkommensteuer, vermindert um die sonstigen Steuerermäßigungen mit Ausnahme der §§ 34f EStG und 34g EStG, ermäßigt sich, soweit sie anteilig auf im zu versteuernden Einkommen enthaltene gewerbliche Einkünfte entfällt, um das 3,8fache des jeweils für den dem Veranlagungszeitraum entsprechenden Erhebungszeitraum nach § 14 GewStG für das Unternehmen festgesetzten Steuermessbetrag.

BEISPIEL: Der Steuerpflichtige ist Gewerbetreibender und hat in 2015 ein zu versteuerndes Einkommen von 108 545 €.

Der Gewerbesteuer-Messbetrag beträgt zutreffend 2 150 €.

Er erzielte ausschließlich Einkünfte gem. § 15 EStG.

LÖSUNG: Gemäß § 32a Abs. 1 Nr. 4 EStG ergibt sich eine Einkommensteuer von 37 349 €, die gem. § 35 EStG um das 3,8fache des Gewerbesteuer-Messbetrages (3,8 × 2 150 € = 8 170 €) zu mindern ist. Es ergibt sich eine festzusetzende Einkommensteuer für das Jahr 2015 von 29 179 €.

Zu beachten ist, dass sich die tarifliche Einkommensteuer nur insoweit ermäßigt, als sie anteilig auf im zu versteuernden Einkommen enthaltene gewerbliche Einkünfte entfällt.

BEISPIEL: Der Steuerpflichtige hat genau in gleicher Höhe Einkünfte aus Gewerbebetrieb und aus nichtselbständiger Tätigkeit.

LÖSUNG: Die Ermäßigung der Einkommensteuer durch das 3,8fache des Messbetrages kann maximal für 50 % der tariflichen Einkommensteuer erfolgen, weil die anderen 50 % nicht die Einkünfte aus Gewerbebetrieb betreffen.

BEISPIEL: Der Steuerpflichtige hat in 2015 ein zu versteuerndes Einkommen von 6 500 €, das ausschließlich aus Einkünften aus Gewerbebetrieb resultiert.

Wegen hoher Hinzurechnungen gem. § 8 GewStG ergibt sich ein Messbetrag von 900 €.

LÖSUNG: Eine Steuerermäßigung entfällt, da die tarifliche Einkommensteuer wegen des Grundfreibetrages sowieso 0 € beträgt.

Vor Anwendung des § 35 EStG sind die Verlustausgleiche der §§ 2 und 10d EStG zu beachten. Unter Umständen sollte auf das Wahlrecht des Verlustrücktrages verzichtet werden, um die Steuerermäßigung des § 35 EStG nicht zu verschenken.

BEISPIEL: Ein Steuerpflichtiger erzielt 2015 folgende Einkünfte:

§ 15 EStG	80 000 €
§ 21 EStG	·/. 75 000 €

LÖSUNG: § 35 EStG ist nicht anzuwenden, da nach dem vertikalen Verlustausgleich die tarifliche Einkommensteuer 0 € beträgt.

BEISPIEL: Ein Steuerpflichtiger erzielt 2015 folgende Einkünfte:

§ 15 EStG	·/. 30 000 €
§ 19 EStG	160 000 €

Aufgrund hoher Hinzurechnungen gem. § 8 GewStG ergibt sich ein Messbetrag von 2 500 €.

LÖSUNG: Von der tariflichen Einkommensteuer entfällt kein Anteil auf die Einkünfte aus Gewerbebetrieb, so dass keine Ermäßigung erfolgt.

BEISPIEL: Ein Steuerpflichtiger erzielt 2015 folgende Einkünfte:

Betrieb A (§ 15 EStG)	·/. 80 000 €
Betrieb B (§ 15 EStG)	80 000 €
Freiberufler (§ 18 EStG)	100 000 €

LÖSUNG: Trotz des vorhandenen Gewerbesteuer-Messbetrages für den Betrieb B, durch die Gewerbesteuerbelastung und des vorhandenen zu versteuernden Einkommens ist § 35 EStG nicht anzuwenden. Die Einkünfte aus Gewerbebetrieb werden im Rahmen des horizontalen Verlustausgleiches saldiert, so dass innerhalb des zu versteuernden Einkommens keine gewerblichen Einkünfte mehr enthalten sind.

Bei Einkünften aus Gewerbebetrieb als Mitunternehmer i. S. des § 15 Abs. 1 Satz 1 Nr. 2 und 3 EStG ermäßigt sich die tarifliche Einkommensteuer um das 3,8fache des jeweils für den Veranlagungszeitraum entsprechenden im Erhebungszeitraum festgesetzten anteiligen Gewerbesteuer-Messbetrags.

Bei Mitunternehmerschaften ist der Betrag des Gewerbesteuer-Messbetrages und der auf die einzelnen Mitunternehmer entfallende Anteil gesondert und einheitlich festzustellen. Der Anteil richtet sich nach dem Anteil am Gewinn der Mitunternehmerschaft nach Maßgabe des allgemeinen Gewinnverteilungsschlüssels.

Zur Steuerermäßigung bei Einkünften aus Gewerbebetrieb s. a. das BMF-Schreiben vom 24. 2. 2009 (BStBl 2009 I S. 440).

3. Steuerermäßigung bei Aufwendungen für haushaltsnahe Beschäftigungsverhältnisse und für die Inanspruchnahme haushaltsnaher Dienstleistungen

§ 35a EStG

221 Nach § 35a Abs. 1–3 EStG können folgende steuerliche Ermäßigungen beansprucht werden:

- sozialversicherungspflichtig angestellte Haushaltshilfen bzw. selbständiger Tätigkeit: Bei haushaltsnahen Beschäftigungsverhältnissen/Dienstleistungen (auch bei Pflege- und Betreuungsleistungen) bis zu 20 000 € i. H. von 20 %, höchstens 4 000 €;
- geringfügig beschäftigte Haushaltshilfen: für haushaltsnahe Beschäftigungsverhältnisse bei geringfügigen Beschäftigungen bis zu 2 550 € i. H. von 20 %, höchstens 510 €,
- für Handwerkerleistungen für Renovierungs-, Erhaltungs- und Modernisierungsmaßnahmen 20 % des Arbeitslohns, höchstens jedoch bis zu 1 200 €. Dies entspricht dem Arbeitslohn aus Handwerkerrechnungen i. H. von 6 000 € (§ 35a Abs. 3 EStG).

Voraussetzung für eine steuerliche Berücksichtigung

Der leistende Unternehmer muss eine ordnungsgemäße Rechnung stellen und die Zahlung der Rechnung muss durch eine Überweisung auf das Bankkonto des Unternehmers erfolgen, denn der Bankbeleg gilt als Zahlungsnachweis. Außerdem muss die Dienstleistung im Haushalt des Steuerpflichtigen erbracht werden, und der Haushalt muss sich in der EU bzw. im EWR-Raum befinden. Dem Finanzamt ist auf Verlangen eine detaillierte Rechnung über die Leistungen vorzulegen. Ebenso ist ggf. die Zahlung durch einen Kontoauszug, aus dem sich die Abbuchung des Rechnungsbetrages ergibt, oder durch eine entsprechende Bankbescheinigung nachzuweisen. Die Vorlage einer Durchschrift oder Kopie des Überweisungsträgers reicht im Zweifel nicht aus. Vor allem ist zu beachten: Bargeschäfte mit oder ohne Rechnung sind nicht begünstigt. Eine Barzahlung der Rechnung wird von der Finanzverwaltung selbst dann nicht steuermindernd berücksichtigt, wenn der Handwerker den Geldeingang und dessen ordnungsgemäße Versteuerung bestätigt (s. a. BMF vom 10. 1. 2014, BStBl 2014 I S. 75, Rz. 36 ff.).

Dienstleistungen im Sinne des § 35a EStG

Begünstigt sind „Arbeits-Maßnahmen“, sog. haushaltsnahe Dienstleistungen, wie z. B. Kinderbetreuung, Rasen mähen, Fenster putzen, Teppich reinigen und ggf. einfach zu verrichtende Handwerksarbeiten (Reparaturarbeiten) in der eigenen Wohnung (s. BMF vom 10. 1. 2014, BStBl 2014 I S. 75, Rz. 7 und Anlage 1. Dabei ist es egal, ob der Steuerpflichtige Mieter oder Eigentümer ist.

Beispiel für Mieter: Tapezieren, Fenster streichen (typische Schönheitsreparaturen).

Dazu gehören auch

- Reinigung der Wohnung (z. B. durch Angestellte einer Dienstleistungsagentur oder einen selbständigen Fensterputzer),
- Pflege von Angehörigen (z. B. durch Inanspruchnahme eines Pflegedienstes),
- Gartenpflegearbeiten (z. B. Rasenmähen, Heckenschneiden),
- Umzugsdienstleistungen für Privatpersonen.

Zweiter Teil: Bilanzsteuerrecht (Steuerrechtlicher Jahresabschluss)

A. Einführung

I. Jahresabschluss

1 Bei Unternehmungen, die keine Kapitalgesellschaften sind – insbesondere also Einzelunternehmungen und Personengesellschaften (OHG, KG) –, besteht der Jahresabschluss gem. § 242 Abs. 3 HGB aus der *Bilanz* und der *Gewinn- und Verlustrechnung*. Die Bilanz ist – abgesehen von latenten Steuern und Posten der Rechnungsabgrenzung – eine Gegenüberstellung von Vermögen und Schulden. In der Gewinn- und Verlustrechnung werden Aufwendungen und Erträge des Geschäftsjahres gegenübergestellt.

Bei Kapitalgesellschaften (Europäische Gesellschaft, Aktiengesellschaft, Gesellschaft mit beschränkter Haftung, Kommanditgesellschaft auf Aktien) kommt gem. § 264 Abs. 1 HGB der *Anhang* noch hinzu. Kapitalgesellschaften haben gem. § 289 HGB auch einen Lagebericht zu erstellen. Er gehört aber nicht zum Jahresabschluss.

Es sind zu unterscheiden der handelsrechtliche Jahresabschluss einerseits und der steuerrechtliche Jahresabschluss (auch genannt „Bilanzsteuerrecht") andererseits. Beim handelsrechtlichen Jahresabschluss spricht man verkürzt auch von der „Handelsbilanz", beim steuerrechtlichen Jahresabschluss von der „Steuerbilanz".

In diesem Teil des Kompendiums geht es in erster Linie um den steuerrechtlichen Jahresabschluss. Da aber gem. § 5 Abs. 1 Satz 1 EStG zu beachten ist, dass die handelsrechtlichen Grundsätze ordnungsmäßiger Buchführung auch steuerrechtlich zu beachten sind, werden auch diejenigen Vorschriften des HGB behandelt, die als Grundlage für die Steuerbilanz Bedeutung haben.

II. Handelsrechtlicher und steuerrechtlicher Jahresabschluss

1. Grundlagen und Ziele des handelsrechtlichen Jahresabschlusses

2 Der handelsrechtliche Jahresabschluss (bzw. die Handelsbilanz) ist nach den Vorschriften der §§ 238 bis 289 HGB aufzustellen. Tragender Grundsatz der Handelsbilanz ist das *Vorsichtsprinzip (Gläubigerschutzprinzip)*, damit sie *mindestens* ein den tatsächlichen Verhältnissen entsprechendes Bild der Vermögens-, Finanz- und Ertragslage (§ 264 Abs. 2 HGB) vermittelt. Denkbar oder sogar wahrscheinlich ist es, dass die Lage in Wirklichkeit besser, keinesfalls aber schlechter ist.

Der handelsrechtliche Jahresabschluss hat vornehmlich folgende Aufgaben:

- Dokument und Rechenschaft für das abgelaufene Geschäftsjahr,
- Grundlage für die Bemessung der Ausschüttung,
- Grundlage für Dispositionen der Anteilseigner, der Betriebsführung, der Arbeitnehmer und außenstehenden Personen, z. B. der Kreditinstitute.

Die Rechnungslegungsvorschriften im 3. Buch des HGB (§§ 238 bis 289 HGB) sind aufgeteilt in einen *„Allgemeinen Teil“* und einen *„Besonderen Teil“*. Der Allgemeine Teil (§§ 238 bis 263 HGB) ist zuständig für *alle* Kaufleute, während der Besondere Teil (§§ 264 bis 289 HGB) grundsätzlich nur gültig ist für Kapitalgesellschaften und Personenhandelsgesellschaften ohne natürliche Personen als haftende Gesellschafter (z. B. GmbH & Co. KG).

2. Grundlagen, Ziele und Einordnung des steuerrechtlichen Jahresabschlusses

3 Der steuerrechtliche Jahresabschluss (bzw. die Steuerbilanz) wird nach den steuerrechtlichen Vorschriften der §§ 4 bis 7k EStG einschließlich der dazugehörigen Vorschriften aus der Durchführungsverordnung und den Richtlinien aufgestellt. Denjenigen Teil des Steuerrechts, der maßgeblich ist für die Erstellung von Steuerbilanzen, bezeichnet man als *„Bilanzsteuerrecht“*.

Tragender Grundsatz für die Steuerbilanz ist die periodengerechte Gewinnermittlung.

Dieser periodengerecht ermittelte Gewinn ist zu unterwerfen der

- Einkommensteuer bei natürlichen Personen,
- Körperschaftsteuer bei juristischen Personen und
- Gewerbesteuer bei allen Gewerbetreibenden.

Grundlage für den steuerrechtlichen Jahresabschluss sind nach dem Grundsatz der Maßgeblichkeit zunächst einmal die Rechnungslegungsvorschriften der §§ 238 bis 289 HGB. Sie haben gem. § 5 Abs. 1 Satz 1 EStG unmittelbare steuerrechtliche Wirkung. Im Einkommensteuerrecht sind die §§ 4 bis 7k EStG einschließlich der dazugehörigen Vorschriften aus der Durchführungsverordnung und den Richtlinien maßgeblich für die Erstellung von Steuerbilanzen. Aus der Abgabenordnung sind die Vorschriften über die Buchführungspflicht in den §§ 140 ff. AO zu beachten.

Über diese rechtlichen Grundlagen hinaus hat das Bilanzsteuerrecht auch starke Beziehungen zur Betriebswirtschaft. Der Jahresabschluss ist ein Teilgebiet der Betriebswirtschaftslehre, bei dem die Grundsätze ordnungsmäßiger Buchführung, die Probleme der Kostenrechnung, z. B. bei der Ermittlung der Herstellungskosten gem. R 6.3 EStR, oder bestimmte Bereiche der Allgemeinen Betriebswirtschaftslehre, z. B. die Lehre über die Abschreibungen, zu beachten sind.

Die Grundlagen des Bilanzsteuerrechts lassen sich folgendermaßen einordnen:

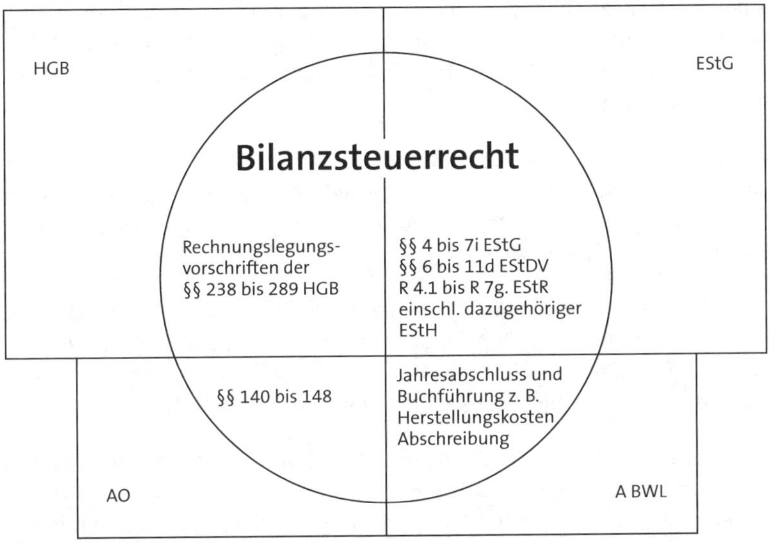

3. Beziehungen zwischen handels- und steuerrechtlichem Jahresabschluss

Die Ziele der Handelsbilanz, nämlich die vorsichtige Darstellung der Vermögens-, Finanz- und Ertragslage, und der Steuerbilanz (periodengerechte Gewinnermittlung) stimmen weitgehend überein. Das hat der Gesetzgeber zum Anlass genommen vorzuschreiben, dass *die handelsrechtlichen Grundsätze ordnungsmäßiger Buchführung für die Steuerbilanz* gem. § 5 Abs. 1 Satz 1 EStG *maßgeblich* sein sollen. Das bedeutet, dass die handelsrechtlichen Vorschriften der §§ 236 bis 289 Grundlage für die Steuerbilanz sind und unmittelbare steuerrechtliche Wirkung haben. 4

Von diesem Maßgeblichkeitsgrundsatz gibt es Ausnahmen, d. h. die Steuerbilanz kann oder muss dann von der Handelsbilanz abweichen. Diese Ausnahmen vom Maßgeblichkeitsgrundsatz sind immer zahlreicher geworden.

§ 60 Abs. 2 EStDV lässt offen, ob der steuerliche Gewinn durch eine ergänzende statistische Rechnung (Satz 1) oder eine selbständige Steuerbilanz *neben* der Handelsbilanz (Satz 2) ermittelt wird. Im Hinblick auf die immer zahlreicher gewordenen Abweichungen der Steuerbilanz von der Handelsbilanz ist die in der Praxis bevorzugte kostengünstigere *„Einheitsbilanz“* nur noch in seltenen Fällen möglich. Es ist deshalb die Regel, neben der Handelsbilanz eine gesonderte Steuerbilanz zu erstellen. Auch in diesen Fällen bleibt es faktisch und gedanklich dabei, dass die Handelsbilanz Grundlage für die Steuerbilanz ist.

III. Elektronische Steuerbilanz nach § 5b EStG

Steuerpflichtige mit Gewinnermittlung nach § 4 Abs. 1, § 5 oder § 5a EStG müssen den 5
Inhalt der Bilanz sowie der Gewinn- und Verlustrechnung nach amtlich vorgeschriebenem Datensatz durch Datenfernübertragung (E-Bilanz) gem. § 5b Abs. 1 Satz 1 EStG

übermitteln. Wenn Ansätze oder Beträge der Bilanz den steuerlichen Vorschriften nicht entsprechen, so sind die Ansätze oder Beträge durch Zusätze oder Anmerkungen den steuerlichen Vorschriften anzupassen und ebenfalls gem. § 5b Abs. 2 Satz 2 EStG nach amtlich vorgeschriebenem Datensatz durch Datenfernübertragung zu übermitteln (sog. Überleitungsrechnung).

Alternativ kann auch eine den steuerlichen Vorschriften entsprechende Bilanz (Steuerbilanz) gem. § 5b Abs. 1 Satz 3 EStG übermittelt werden. Zur Vermeidung unbilliger Härten kann die Finanzverwaltung auf Antrag gem. § 5b Abs. 2 Satz 1 EStG auf die elektronische Übermittlung verzichten.

Bei der E-Bilanz nach § 5b Abs. 1 EStG handelt es sich um eine standardisierte Bilanz und Gewinn- und Verlustrechnung für steuerliche Zwecke, wobei die einzelnen Posten weit über die HGB-Gliederungen der §§ 266 und 275 HGB hinausgehen. § 5b EStG ist eine die Steuererklärungspflicht ergänzende Verfahrensvorschrift.

Die verschiedenen Positionen der Bilanz und der Gewinn- und Verlustrechnung werden durch eine Taxonomie definiert. Dabei sind zu unterscheiden Mussfeld, Mussfeld mit erwünschtem Kostennachweis und Auffangpositionen. Die in der Taxonomie als „Mussfeld“ gekennzeichneten Positionen sind als Mindestumfang zwingend auszuweisen. Wird eine solche Position in der ordnungsmäßigen individuellen Buchhaltung nicht geführt oder ist sie aus dieser nicht ableitbar, so ist diese Position als „NIL-Wert“ (Not in List) zu übermitteln.

Für die als „Mussfeld, Kostennachweis erwünscht“ gekennzeichneten Positionen kann vom Steuerpflichtigen der Auszug aus der Summen-/Saldenliste der in diese Positionen einfließenden Kosten im XBRL-Format (eXtensible Business Reporting Language) mitgeliefert werden. Hierbei sollen Angaben über Kontonummer, Kontobezeichnung und Saldo zum Stichtag gemacht werden.

Auffangpositionen können genutzt werden, wenn ein Steuerpflichtiger eine durch die Mussfelder vorgegebene Differenzierung für einen bestimmten Sachverhalt aus der Buchführung nicht ableiten kann.

Die Ausgestaltung der Taxonomie erfolgt auf der Basis der HGB-Taxonomie 4.1 vom 8. 2. 2011. Sie enthält die Posten der Bilanz und die Positionen der Gewinn- und Verlustrechnung des amtlichen Datensatzes nach § 5b EStG. Die Taxonomie wird regelmäßig auf notwendige Aktualisierungen geprüft und gegebenenfalls um Branchentaxonomien erweitert. Nach ihrer Veröffentlichung ist die aktuelle Taxonomie unter Angabe des Versionsdatums zu verwenden. Die aktualisierten Taxonomien (Kern- und Branchentaxonomien) stehen jeweils unter *www.esteuer.de* zur Ansicht oder zum Abruf bereit.

Weitere Einzelheiten zur E-Bilanz nach § 5b EStG ergeben sich aus dem BMF-Schreiben vom 28. 9. 2011 (BStBl I S. 855).

IV. Verhältnis des handels- und steuerrechtlichen Jahresabschlusses zum Jahresabschluss nach IFRS

Nach einer Verordnung der EU vom 19. 7. 2002 müssen kapitalmarktorientierte Konzerne seit dem Jahr 2005 ihren Konzernabschluss nach IFRS erstellen. Das hat in § 315a HGB seinen Niederschlag gefunden. 6

Ein nach IFRS aufgestellter Jahresabschluss dient (im Wesentlichen) der Information über die finanzielle Lage des Konzerns bzw. der Unternehmung („True and Fair View"). Dem steht der HGB-Abschluss gegenüber, der vornehmlich unter Berücksichtigung des Vorsichtsprinzips anzeigen soll, wie viel an die Anteilseigner ausgeschüttet werden kann. Keines der beiden Ziele verfolgt die Steuerbilanz. Sie soll eine verlässliche und angemessene Grundlage für die Ermittlung des Gewinns darstellen, der der Besteuerung unterworfen werden kann.

Für international tätige Unternehmen und auch für solche, die sich (noch) nicht international betätigen, besteht zuweilen ein faktischer Zwang, ihren Jahresabschluss nach IFRS zu erstellen, auch wenn sie nicht unter § 315a HGB fallen. Damit befinden sich zurzeit nicht wenige Unternehmen in der unbefriedigenden Situation, drei Jahresabschlüsse erstellen zu müssen: nach HGB, nach Steuerrecht und nach IFRS.

Unter diesen Gesichtspunkten wird darüber diskutiert, ob der Maßgeblichkeitsgrundsatz auf Dauer aufrechterhalten werden kann oder soll. In der Literatur wird sehr kontrovers diskutiert, in welche Richtung sich das Verhältnis von HGB, Steuerrecht und IFRS beim Jahresabschluss entwickelt. Undenkbar erscheint es, einen IFRS-Abschluss auch zur Grundlage für die Besteuerung zu machen. Im Schrifttum gibt es Stimmen, die Tendenz könnte dahin gehen, dass sich HGB und IFRS (weiter) annähern und **daneben** eine eigenständige Steuerbilanz ohne Maßgeblichkeit zu erstellen ist. Es gibt allerdings auch Verfechter der These, dass die handelsrechtlichen Grundsätze ordnungsmäßiger Buchführung weiterhin Grundlage für die Steuerbilanz sein sollen. Das ist die gültige Rechtslage und sie sollte m. E. beibehalten werden.

B. Gewinnermittlung

Die Einkunftsarten sind gem. § 2 Abs. 2 EStG in zwei unterschiedliche Gruppen einzuteilen, nämlich in die Gewinneinkünfte und die so genannten Überschusseinkünfte. 7

Sieben Einkunftsarten gem. § 2 Abs. 1 EStG

Gewinneinkünfte
(Einkünfte 1 bis 3)

Überschusseinkünfte
(Einkünfte 4 bis 7)

Bei den Gewinneinkünften handelt es sich also um die *Einkünfte aus Land- und Forstwirtschaft, aus Gewerbebetrieb und selbständiger Arbeit*. Bei diesen Einkünften wird der Gewinn, wie noch zu zeigen sein wird, in der Regel durch *Betriebsvermögensvergleich*, also durch Erstellung von Bilanzen ermittelt. Man spricht deshalb bei den Vorschriften, die die Gewinneinkünfte regeln – das sind die §§ 4 bis 7k EStG – auch vom *„Bilanzsteuerrecht"*.

Bilanzen können nur auf der Grundlage einer *ordnungsmäßigen Buchführung* erstellt werden. Deshalb ist mit dem Bilanzsteuerrecht das Gebiet der Buchführung verflochten. Um den Umfang dieses Kompendiums nicht zu groß werden zu lassen und um die Übersicht zu wahren, soll im Folgenden auf Buchführungsprobleme nur eingegangen werden, wenn sie mit dem Bilanzsteuerrecht in einem ganz engen und direkten Zusammenhang stehen. Im Übrigen wird hinsichtlich der Buchführung auf die hierfür einschlägige Literatur verwiesen.

Bei der Gewinnermittlung sind die steuerlichen Vorschriften der §§ 4 bis 7k EStG (einschließlich der dazugehörigen Durchführungsverordnung und Richtlinien) zu beachten und entsprechend zu erörtern. Aufgrund der Maßgeblichkeit der Handelsbilanz für die Steuerbilanz (vgl. hierzu Tz 50 und 132) spielen aber auch die handelsrechtlichen Vorschriften und Regeln eine wichtige Rolle. Deshalb werden auch die Rechnungslegungsvorschriften des HGB (§§ 238 bis 289), soweit es für die Maßgeblichkeit erforderlich ist, in angemessenem Umfang erörtert.

I. Überblick und Zuständigkeit

§§ 4 Abs. 1, 4 Abs. 3, 5, 13a EStG

8 Zunächst ist zu untersuchen, *wie der Gewinn zu ermitteln ist*. Es gibt mehrere Methoden, und zwar die Folgenden:

Gewinnermittlungsmethoden

allgemeiner Betriebsvermögensvergleich gem. § 4 Abs. 1 EStG	besonderer Betriebsvermögensvergleich gem. § 5 EStG (Gewinnermittlung nach handelsrechtlichen Grundsätzen ordnungsmäßiger Buchführung)	Überschuss der Betriebseinnahmen über die Betriebsausgaben gem. § 4 Abs. 3 EStG	nach Durchschnittssätzen gem. § 13a EStG

Die Gewinnermittlung nach § 4 Abs. 1 EStG ist zuständig für alle Land- und Forstwirte und selbständig Tätigen, die zur ordnungsmäßigen Buchführung verpflichtet sind und dieser Pflicht auch nachkommen oder die freiwillig Bücher führen und Abschlüsse machen. Gewerbetreibende, die zur ordnungsmäßigen Buchführung verpflichtet sind und dieser Pflicht nachkommen oder die freiwillig Bücher führen und Abschlüsse machen, müssen ihren Gewinn nach § 5 EStG ermitteln. Die Gewinnermittlung des § 4 Abs. 3 EStG ist vorbehalten den Land- und Forstwirten, den Gewerbetreibenden und freiberuflich Tätigen, wenn sie nicht zur ordnungsmäßigen Buchführung verpflichtet sind und das auch freiwillig nicht tun. Land- und Forstwirte, die nicht zur ordnungsmäßigen Buchführung verpflichtet sind, können ihren Gewinn gem. § 13a Abs. 2 Satz 1 EStG nur nach § 4 Abs. 1 oder § 4 Abs. 3 EStG ermitteln, wenn sie einen entsprechenden Antrag stellen. In diesem Fall sind sie gem. § 13a Abs. 2 Satz 1 EStG für vier aufeinander folgende Wirtschaftsjahre hieran gebunden. Stellen sie einen solchen Antrag nicht, ist ihr Gewinn gem. § 13a Abs. 3 bis 6 EStG nach Durchschnittssätzen zu ermitteln.

Die Zuständigkeit der Gewinnermittlungsmethoden lässt sich durch folgende Übersicht darstellen:

		Land- und Forstwirte	Gewerbetreibende	Freiberufler
Buch führend	auf Verpflichtung	§ 4 Abs. 1 EStG	§ 5 EStG	§ 4 Abs. 1 EStG
	freiwillig	§ 4 Abs. 1 EStG auf Antrag; sonst nach § 13a Abs. 3 bis 8 EStG		
nicht Buch führend		§ 4 Abs. 3 EStG auf Antrag; sonst nach § 13a Abs. 3 bis 8 EStG	§ 4 Abs. 3 EStG	§ 4 Abs. 3 EStG

Wenn ein Steuerpflichtiger der Verpflichtung zur Buchführung oder zur Aufzeichnung nicht nachkommt, kann er gem. § 162 AO geschätzt werden. Das ist keine *Gewinnermittlungsmethode*.

II. Buchführungspflicht

Die Frage, welche Gewinnermittlungsmethode zuständig ist, ist also zunächst einmal 9
davon abhängig, ob die zur Diskussion stehenden Steuerpflichtigen buchführungspflichtig sind oder nicht. Deshalb ist zu klären, wann eine Verpflichtung zur ordnungsmäßigen Buchführung besteht.

Land- und Forstwirte können gem. § 3 HGB nur in Ausnahmefällen Kaufleute sein. Deshalb kommt eine steuerrechtliche Buchführungspflicht gem. § 140 AO grundsätzlich nicht in Betracht. Sie sind aber nach § 141 Abs. 1 AO zur ordnungsmäßigen Buchführung verpflichtet, wenn sie nach den Feststellungen der Finanzbehörde für den einzelnen Betrieb

1. Umsätze von mehr als 500 000 € im Kalenderjahr oder
2. selbstbewirtschaftete land- und forstwirtschaftliche Flächen mit einem Wirtschaftswert (§ 46 des Bewertungsgesetzes) von mehr als 25 000 € oder
3. einen Gewinn aus Land- und Forstwirtschaft von mehr als 50 000 € im Kalenderjahr

gehabt haben.

Es genügt, wenn eine der Grenzen überschritten ist.

Bei **Gewerbetreibenden** kann sich die Pflicht, Bücher zu führen, aus § 140 AO ergeben, wenn sie Kaufleute i. S. der §§ 1, 2 und 6 HGB sind. Darüber hinaus sind aber die Gewerbetreibenden gem. § 141 Abs. 1 AO auch zur ordnungsmäßigen Buchführung verpflichtet, die nach den Feststellungen der Finanzbehörde für den einzelnen Betrieb

1. Umsätze von mehr als 500 000 € im Kalenderjahr oder
2. einen Gewinn aus Gewerbebetrieb von mehr als 50 000 € im Wirtschaftsjahr

gehabt haben.

Nach dem Bürokratieentlastungsgesetz vom 28. 7. 2015 (BGBl I S. 1400) sind mit Wirkung ab 1. 1. 2016 die Grenzen von 500 000 € auf 600 000 € und von 50 000 € auf 60 000 € angehoben worden.

Für die Buchführungspflicht genügt es auch hier, wenn *eine* der genannten Grenzen überschritten ist.

Die Buchführungspflicht beginnt erst mit Beginn des Wirtschaftsjahres, das zeitlich auf die Erteilung des für die Buchführungspflicht maßgeblichen Steuerbescheides folgt. Das Finanzamt ist nach Treu und Glauben verpflichtet, auf die beginnende Buchführungspflicht hinzuweisen (§ 141 Abs. 2 AO).

Für die Frage der Buchführungspflicht ist auch § 241a HGB zu beachten. Danach sind Einzelkaufleute nicht buchführungspflichtig, wenn sie an den Abschlussstichtagen von zwei aufeinanderfolgenden Geschäftsjahren nicht mehr als jeweils 500 000 € Umsatzerlöse **und** 50 000 € Jahresüberschuss ausweisen.

Auch hier sind die Grenzen nach dem Bürokratieentlastungsgesetz (a. a. O.) von 500 000 € auf 600 000 € und von 50 000 € auf 60 000 € mit Wirkung ab 1. 1. 2016 angehoben worden.

Der Gewinn ist bei Gewerbetreibenden gem. *H 4.1 „Gewinnschätzung“ EStH nach § 4 Abs. 1 EStG zu schätzen*, wenn sie nicht buchführungspflichtig sind, freiwillig keine Bücher führen und nicht festgestellt werden kann, ob sie die Gewinnermittlung nach § 4 Abs. 3 EStG gewählt haben. Ist dagegen zulässigerweise die Gewinnermittlung nach § 4 Abs. 3 EStG gewählt worden, ist auch eine Gewinnschätzung nach dieser Gewinnermittlungsart durchzuführen.

Wenn nicht schon nach dem HGB Buchführungspflicht gegeben ist, so wird also nach der AO eine Buchführungspflicht nur begründet, wenn eine der folgenden Grenzen überschritten wird:

	Umsatz	Vermögen	Gewinn
Land- und Forstwirte	500 000 €	25 000 €	50 000 €
Gewerbetreibende	500 000 €	–	50 000 €

Nach der Regelung des § 141 AO ergibt sich für freiberuflich Tätige in keinem Fall eine Buchführungspflicht.

III. Grundsätze ordnungsmäßiger Buchführung

§§ 238 bis 241 HGB; §§ 145 bis 147 AO; R 5.2 EStR

10 Die vorangegangenen Erörterungen haben gezeigt, dass jeder Steuerpflichtige bei Buchführungspflicht seinen Gewinn nach einer ganz bestimmten Methode zu ermitteln hat. Das ist natürlich nur möglich, wenn die Buchführung bestimmten Anforderungen genügt, d. h. die Buchführung muss den „Grundsätzen ordnungsmäßiger Buchführung“ entsprechen. Deshalb ist es erforderlich zu untersuchen, wann ordnungsmäßige Buchführung vorliegt.

1. Begriff und Bedeutung

11 Die „ordnungsmäßige Buchführung“ ist ein *nicht genau zu bestimmender Rechtsbegriff*. Die Grundsätze ordnungsmäßiger Buchführung ergeben sich nämlich nur *teilweise aus*

dem Gesetz. Daneben haben der Handelsbrauch, die Rechtsprechung, die Wissenschaft und das Schrifttum eine Rolle gespielt, was heute unter den Grundsätzen ordnungsmäßiger Buchführung verstanden wird.

Allgemein und zusammenfassend ausgedrückt ist die Buchführung dann ordnungsmäßig, wenn sich ein sachverständiger Dritter innerhalb angemessener Zeit einen Überblick über die Geschäftsvorfälle und über die Lage des Unternehmens verschaffen kann. Die Geschäftsvorfälle müssen sich in ihrer Entstehung und Abwicklung verfolgen lassen (§ 238 Abs. 1 Sätze 2 und 3 HGB, § 145 Abs. 1 AO).

Wird gegen die Pflicht, ordnungsmäßige Bücher zu führen, verstoßen, so können sich im Falle einer Insolvenz strafrechtliche Folgen ergeben. Bei prüfungspflichtigen Unternehmen (§ 316 HGB) führt mangelnde Ordnungsmäßigkeit der Buchführung zur Versagung oder Einschränkung des Bestätigungsvermerkes.

2. Handelsrechtliche Grundsätze

Die handelsrechtlichen Grundsätze ordnungsmäßiger Buchführung sind im Wesentlichen in den §§ 238 bis 241a und § 243 HGB niedergelegt. Im weiteren Sinne gehören auch die Vorschriften über die Gliederung der Bilanz und der Gewinn- und Verlustrechnung (§§ 266, 275 HGB) dazu. 12

Über den bereits beschriebenen Wortlaut des § 238 Abs. 1 HGB hinaus ist also eine Buchführung dann handelsrechtlich ordnungsmäßig, wenn sie *klar, übersichtlich, richtig* und *vollständig* ist und wenn sie nach den Grundsätzen kaufmännischer Vorsicht erfolgt. Für die Frage der Ordnungsmäßigkeit der Buchführung ist darauf abzustellen, was ein (gedachter) ordentlicher und gewissenhafter Kaufmann tatsächlich tut, getan hätte oder tun sollte.

3. Steuerrechtliche Grundsätze

Die handelsrechtlichen Grundsätze ordnungsmäßiger Buchführung gelten grds. gem. H 5.2 „Allgemeines“ EStH auch für das Steuerrecht. Gemäß H 5.2 „Grundsätze ordnungsmäßiger Buchführung (GoB)“ EStH ist eine Buchführung ordnungsgemäß, wenn die für die kaufmännische Buchführung erforderlichen Bücher geführt werden, die Bücher förmlich in Ordnung sind und der Inhalt sachlich richtig ist. Darüber hinaus sind durch das Schrifttum, die Finanzverwaltung und vor allem durch die Rechtsprechung des BFH noch weitere Grundsätze erarbeitet worden. Sie ergeben sich aus R 5.2 bis 5.4 EStR. Einige wichtige werden nachfolgend erörtert. 13

Zeitnahe Buchung

Alle Geschäftsvorfälle sind zeitnah und der Zeitfolge nach zu erfassen. Das erfordert nicht unbedingt – außer bei baren Geschäftsvorfällen – eine tägliche Aufzeichnung. Es muss jedoch ein zeitlicher Zusammenhang zwischen den Vorgängen und ihrer buchungsmäßigen Erfassung bestehen. Bei Kreditgeschäften reicht es gem. R 5.2 Abs. 1 Satz 4 EStR aus, wenn ihre Erfassung bis zum Ablauf des nächsten Monats erfolgt.

Unbare Geschäftsvorfälle

Bei Kreditgeschäften sind Entstehung der Forderungen und Schulden und ihre Bezahlung als getrennte Geschäftsvorfälle zu behandeln. Nur wenn Rechnungen innerhalb von acht Tagen oder innerhalb der ihrem gewöhnlichen Durchlauf durch den Betrieb entsprechenden Zeit beglichen werden, ist das nicht erforderlich (R 5.2 Abs. 1 Satz 3 EStR).

Kontokorrent

Es muss grds. ein Kontokorrent geführt werden. Dieses kann ersetzt werden durch eine geordnete Ablage der nicht ausgeglichenen Rechnungen. Es handelt sich um die sog. Offene-Posten-Buchhaltung (R 5.2 Abs. 1 Satz 6 EStR).

Aufbewahrungsfristen

Bücher, Inventare, Jahresabschlüsse und Buchungsbelege sind *zehn Jahre*, Rechnungen, Handelsbriefe und sonstige Unterlagen *sechs Jahre* aufzubewahren. Wenn Rechnungen Buchfunktion haben, müssen auch diese *zehn Jahre* aufbewahrt werden (§ 147 AO, H 5.2 „Aufbewahrungsfristen" EStH).

DV-gestützte Buchführungssysteme

Die erörterten Grundsätze ordnungsmäßiger Buchführung gelten auch, wenn die Buchführung mit Hilfe von EDV-Anlagen erstellt wird. Buchungen und Speicherungen auf Datenträgern sind zulässig, sofern die gespeicherten Daten jederzeit in angemessener Frist lesbar gemacht werden können (§ 147 Abs. 5 AO). Zu den „Grundsätzen ordnungsmäßiger Buchführungssysteme (GoBS)" wird im Einzelnen auf das ausführliche BMF-Schreiben vom 7. 11. 1995 (BStBl I S. 738) verwiesen.

Bestandsaufnahme (Inventur)

Nach § 240 Abs. 1 und 2 HGB hat jeder Kaufmann zu Beginn des Handelsgewerbes und zum Schluss eines jeden Geschäftsjahres ein Inventar aufzustellen. Darin sind alle Vermögensgegenstände und Schulden nach Art, Menge und Wert anzugeben. Das Inventar ist aufgrund einer körperlichen Bestandsaufnahme, der Inventur, zu erstellen. Dabei braucht die Inventur nicht unbedingt genau am Bilanzstichtag zu erfolgen. Sie muss nur zeitnah erfolgen, d. h. gem. R 5.3 Abs. 1 Satz 2 EStR innerhalb einer Frist von 10 Tagen vor oder nach dem Bilanzstichtag.

Sofern es den Grundsätzen ordnungsmäßiger Buchführung entspricht, kann der Bestand einzelner Vermögensgegenstände auch in sog. *Stichprobenverfahren* nach § 241 Abs. 1 HGB ermittelt werden.

Anstelle der Stichtagsinventur ist gem. § 241 Abs. 2 HGB auch die *permanente Inventur* möglich. Hierbei müssen die Bestände durch körperliche Aufnahme einmal im Geschäftsjahr festgestellt werden. Einzelheiten über die Voraussetzungen für die permanente Inventur sind H 5.3 „Permanente Inventur" EStH zu entnehmen.

Schließlich kann gem. § 241 Abs. 3 Nr. 1 HGB i.V. mit R 5.3 Abs. 2 EStR die körperliche Bestandsaufnahme auch innerhalb der letzten drei Monate vor oder in den ersten zwei Monaten nach dem Bilanzstichtag durchgeführt werden. Die sich hiernach ergebenden

Werte sind auf den Bilanzstichtag fortzuschreiben oder zurückzurechnen (vorverlegte oder nachverlegte Stichtagsinventur).

Bestandsmäßige Erfassung des Anlagevermögens

Gegenstände des beweglichen Anlagevermögens sind gem. R 5.4 Abs. 1 EStR in ein Bestandsverzeichnis aufzunehmen. Geringwertige Wirtschaftsgüter mit einem Wert von über 150 € sind gem. § 6 Abs. 2 Satz 4 EStG unter Angabe des Tages der Anschaffung, Herstellung oder Einlage des Wirtschaftsguts und der Anschaffungs- oder Herstellungskosten oder des nach § 6 Abs. 1 Nr. 5 bis 6 an deren Stelle tretenden Werts in einem besonderen, laufend zu führenden Verzeichnis aufzuführen. Das Verzeichnis ist gem. § 6 Abs. 2 Satz 5 EStG entbehrlich, wenn diese Angaben aus der Buchführung ersichtlich sind.

Ebenfalls brauchen in ein Bestandsverzeichnis gem. R 5.4 Abs. 1 Satz 3 EStR die in einem Sammelposten nach § 6 Abs. 2a EStG erfassten sowie die mit einem Festwert angesetzten Wirtschaftsgüter nicht aufgenommen zu werden.

4. Buchführungsmängel

Es sind zu unterscheiden formelle und materielle Buchführungsmängel. 14

Buchführungsmängel

formelle | materielle

Formelle Mängel der Buchführung liegen bei Systemfehlern vor, z. B. wenn ein Kassenbuch nicht geführt worden ist. Formelle Mängel führen nicht immer zu einer nicht ordnungsmäßigen Buchführung. Wenn das sachliche Ergebnis der Buchführung nicht beeinflusst wird und die Mängel keinen erheblichen Verstoß gegen die Anforderungen an eine ordnungsmäßige Buchführung darstellen (R 5.2 Abs. 2 Satz 1 EStR), ist ein formeller Mangel unschädlich.

BEISPIEL: In einem Unternehmen fallen nur ganz selten bare Geschäftsvorfälle an. Es wird deshalb kein Kassenbuch geführt.

Das Fehlen des Kassenbuchs ist zwar ein formeller Mangel, führt aber wegen der geringen Anzahl der baren Geschäftsvorgänge nicht zur Verwerfung der Buchführung.

Materielle Mängel sind Unrichtigkeiten in den Zahlen der Buchführung, z. B. wenn einzelne Geschäftsvorfälle nicht aufgezeichnet worden sind. Können derartige Fehler berichtigt oder das Buchführungsergebnis durch eine (unschädliche) ergänzende Schätzung richtig gestellt werden, so wird die Ordnungsmäßigkeit der Buchführung nicht berührt.

BEISPIEL: Ein Unternehmer hat nachweislich eine Geschäftsreise unternommen. Es wurde vergessen, die Kosten hierfür zu buchen. Die Belege für die Kosten sind nicht mehr auffindbar.

Die entstandenen Reisekosten sind zu schätzen und zusätzlich beim Ergebnis zu berücksichtigen. Die Buchführung verliert deshalb nicht ihre Ordnungsmäßigkeit.

Enthält allerdings die Buchführung wesentliche, also schwerwiegende materielle Mängel, z. B. ein erheblicher Teil des Warenbestandes ist in der Bilanz nicht ausgewiesen, so ist die Buchführung gem. R 5.2 Abs. 2 Satz 4 EStR nicht ordnungsmäßig. Es ist dann eine sog. *schädliche Vollschätzung* vorzunehmen, wobei natürlich vorhandene (richtige) Unterlagen verwendet werden können.

IV. Betriebsvermögensvergleich

§§ 4 Abs. 1, 5 EStG

1. Wesen des Betriebsvermögensvergleichs

15 Der Betriebsvermögensvergleich bzw. Bestandsvergleich ist die *normale* und gleichzeitig auch die *wichtigste* und *genaueste Gewinnermittlungsmethode*. Nach § 4 Abs. 1 EStG ist der *Gewinn der Unterschiedsbetrag zwischen dem Betriebsvermögen am Schluss des Wirtschaftsjahres und dem Betriebsvermögen am Schluss des vorangegangenen Wirtschaftsjahres, vermehrt um den Wert der Entnahmen und vermindert um den Wert der Einlagen*. Das Betriebsvermögen ist der Saldo zwischen den Vermögenswerten und den Schulden einer Unternehmung. Dieser Saldo ist in einer Bilanz das *Eigenkapital*.

Der Wert der einzelnen Gegenstände des Betriebsvermögens und damit das gesamte Betriebsvermögen ergibt sich zunächst einmal aus den *Konten der Buchführung*. Dieses Ergebnis ist zu kontrollieren durch die tatsächliche Bestandsaufnahme aller Vermögenswerte und Schulden, also durch die *Inventur*, die bei jedem Vermögensgegenstand jährlich einmal durchzuführen ist. Das Ergebnis der Inventur, nämlich das Verzeichnis aller positiven und negativen Wirtschaftsgüter nach Art, Menge und Wert, ist das *Inventar* (vgl. hierzu die Ausführungen in Tz 13). Wenn bei einem Teil des Vermögens oder der Schulden der tatsächliche, aufgrund einer Inventur ermittelte Bestand von dem kontenmäßigen Ergebnis abweicht, ist der tatsächliche Bestand maßgeblich und in die Bilanz zu übernehmen.

Das Betriebsvermögen kann durch Faktoren vermindert oder erhöht werden, ohne dass diese eine Auswirkung auf den Gewinn haben dürfen. Es handelt sich um Entnahmen und Einlagen. Deshalb bestimmt § 4 Abs. 1 EStG, dass der Unterschiedsbetrag des Betriebsvermögens zu vermehren ist um die Entnahmen und zu vermindern ist um die Einlagen.

Für die Gewinnermittlung durch Bestandsvergleich ist das folgende Beispiel repräsentativ:

Das Betriebsvermögen bzw. das Kapital eines Gewerbetreibenden beträgt am 31.12.01 150 000 € und am 31.12.02 250 000 €. Die Entnahmen betrugen im Jahre 02 40 000 € und die Einlagen 10 000 €. Der Gewinn für 02 berechnet sich dann folgendermaßen:

Betriebsvermögen am 31.12.02 *(Kapital)*	250 000 €
Betriebsvermögen am 31.12.01 *(Kapital)*	150 000 €
Unterschied	100 000 €
+ Entnahmen	40 000 €
	140 000 €
·/. Einlagen	·/. 10 000 €
Gewinn 02	130 000 €

2. Arten des Betriebsvermögensvergleichs

§§ 4 Abs. 1, 5 EStG

Es gibt zwei Arten des Betriebsvermögensvergleichs, und zwar den allgemeinen Be- 16
triebsvermögensvergleich nach § 4 Abs. 1 EStG und den besonderen Betriebsvermögensvergleich nach § 5 EStG.

Betriebsvermögensvergleich

allgemeiner
§ 4 Abs. 1 EStG

besonderer
§ 5 EStG

Wie schon ausgeführt wurde, ist die Gewinnermittlung nach § 4 Abs. 1 EStG zuständig für Land- und Forstwirte, die zur Buchführung verpflichtet sind, sowie für Land- und Forstwirte und freiberuflich Tätige, die freiwillig Bücher führen und Abschlüsse machen. Gewerbetreibende, die Bücher führen, müssen ihren Gewinn nach § 5 EStG ermitteln.

Grundsätzlich wird der Gewinn bei den beiden Gewinnermittlungsmethoden in gleicher Weise ermittelt. Das ergibt sich schon aus dem Text des § 5 Abs. 1 EStG, wonach das Betriebsvermögen i. S. des § 4 Abs. 1 Satz 1 EStG anzusetzen ist.

Nach § 5 Abs. 1 Satz 1 EStG sind beim besonderen Betriebsvermögensvergleich „die handelsrechtlichen Grundsätze ordnungsmäßiger Buchführung" zu beachten, während eine entsprechende Vorschrift im § 4 Abs. 1 EStG fehlt. Die handelsrechtlichen Grundsätze ordnungsmäßiger Buchführung sind somit bei der Gewinnermittlung des § 4 Abs. 1 EStG grundsätzlich nicht anwendbar. Es haben sich aber eigene „steuerrechtliche Grundsätze ordnungsmäßiger Buchführung" herausgebildet, die in den R 5.2 bis 5.4 EStR ihren Niederschlag gefunden haben. Diese stimmen mit den Grundsätzen ordnungsmäßiger Buchführung überein und gelten gem. R 4.1 Abs. 5 EStR auch bei der Gewinnermittlung nach § 4 Abs. 1 Satz 1 EStG. (Zu Einzelheiten über die „Grundsätze ordnungsmäßiger Buchführung" wird auf Tz 10 bis 14 verwiesen.) Der Steuerpflichtige ist also bei der Gewinnermittlung nach § 4 Abs. 1 EStG nur an die *einkommensteuerrechtlichen* Bilanzierungs- und Bewertungsvorschriften gebunden.

Bei der Gewinnermittlung gem. § 5 EStG sind die *handelsrechtlichen Grundsätze ordnungsmäßiger Buchführung zwingend* anzuwenden. Es handelt sich um die sog. *Maßgeblichkeit* der Handelsbilanz für die Steuerbilanz (vgl. hierzu vor allem die Ausführungen in Tz 50 und Tz 132 bis 141). Nach diesem Grundsatz sind alle handelsrechtlichen Bilanzierungs- und Bewertungsvorschriften zu beachten. Nur wenn steuerrechtliche Vorschriften etwas anderes vorschreiben, sind diese gem. § 5 Abs. 6 EStG (zusätzlich) zu beachten. In diesen Fällen muss die Steuerbilanz von der Handelsbilanz abweichen.

Die handelsrechtlichen Bilanzierungs- und Bewertungsvorschriften, die bei der Gewinnermittlung nach § 5 EStG zwingend zu beachten sind, sind vornehmlich die Vorschriften der §§ 242 bis 289 des 3. Buches des Handelsgesetzbuches. Je nach Rechtsform sind unter Umständen auch ergänzende Vorschriften in anderen Gesetzen, z. B. dem Aktiengesetz, dem GmbH-Gesetz oder anderen Gesetzen, heranzuziehen.

Grundlage für die Erstellung einer Steuerbilanz ist also bei der Gewinnermittlung nach § 5 EStG die *Handelsbilanz*. In § 4 Abs. 1 EStG fehlt zwar der Hinweis, dass die handelsrechtlichen Grundsätze ordnungsmäßiger Buchführung zu beachten sind. Dennoch sind die handelsrechtlichen Grundsätze der §§ 238, 240 bis 242 Abs. 1 und 243 bis 256 HGB gem. § 141 Abs. 1 Satz 2 AO auch in steuerrechtlichen Jahresabschlüssen für die Steuerpflichtigen maßgeblich, die ihren Gewinn nach § 4 Abs. 1 EStG ermitteln. Daraus ergibt sich, dass im Endergebnis kaum noch Unterschiede zwischen der Gewinnermittlung nach § 5 Abs. 1 und § 4 Abs. 1 EStG auszumachen sind.

3. Maßgebliche Zeiträume

§ 4a Abs. 1 Satz 1 EStG

17 Maßgeblicher Zeitraum für die Ermittlung des Gewinns ist bei *Land- und Forstwirten und bei Gewerbetreibenden* gem. § 4a Abs. 1 EStG das *Wirtschaftsjahr*.

Wirtschaftsjahr ist der Zeitraum, für den ein Land- und Forstwirt oder ein Gewerbetreibender regelmäßig seinen Gewinn ermittelt. Grundsätzlich umfasst das Wirtschaftsjahr einen Zeitraum von 12 Monaten. Bei Eröffnung, Veräußerung, Aufgabe oder beim Übergang zu einem Abschluss auf einen anderen Tag kann das Wirtschaftsjahr ausnahmsweise kürzer als 12 Monate sein (Rumpfwirtschaftsjahr).

Bei Gewerbetreibenden ist das Wirtschaftsjahr in der Regel gleich dem Kalenderjahr. In bestimmten Fällen kann es aber abweichen. *Land- und Forstwirte haben grundsätzlich ein abweichendes Wirtschaftsjahr.*

a) Wirtschaftsjahr bei Land- und Forstwirten

§ 4a Abs. 1 Nr. 1 und Abs. 2 Nr. 1 EStG

18 Land- und Forstwirte haben grundsätzlich ein Wirtschaftsjahr vom 1. 7. bis 30. 6. Gemäß § 4a Abs. 1 Nr. 1 Satz 2 EStG i. V. mit § 8c Abs. 1 EStDV gibt es bei bestimmten Sparten der Land- und Forstwirtschaft andere abweichende Wirtschaftsjahre, z. B. gem. § 8c Abs. 1 Nr. 2 EStDV bei Betrieben mit reiner Forstwirtschaft den Zeitraum vom 1. 10. bis zum 30. 9. Trotz abweichendem Wirtschaftsjahr ist natürlich auch bei Land- und Forstwirten *Veranlagungszeitraum das Kalenderjahr*. Die Ergebnisse der Wirtschaftsjahre müssen also den Veranlagungszeiträumen, den Kalenderjahren, *zugeordnet werden*. Das geschieht gem. § 4a Abs. 2 Nr. 1 Satz 1 EStG durch eine *zeitanteilige Aufteilung* auf die betreffenden Veranlagungszeiträume. Dadurch kommt man bei den Land- und Forstwirten einer Durchschnittsbesteuerung nahe.

BEISPIEL: Wirtschaftsjahr 1. 10. bis 30. 9.

Gewinn aus reiner Forstwirtschaft 1. 10. 01 – 30. 9. 02	30 000 €
Gewinn aus reiner Forstwirtschaft 1. 10. 02 – 30. 9. 03	80 000 €
Bei der Veranlagung für 02 sind anzusetzen:	
$^{9}/_{12}$ vom Wirtschaftsjahr 01/02	22 500 €
$^{3}/_{12}$ vom Wirtschaftsjahr 02/03	20 000 €
Gewinn aus Land- und Forstwirtschaft 02	42 500 €

Bei dieser Rechnung sind Veräußerungsgewinne auszuscheiden und dem Gewinn des Kalenderjahres hinzuzurechnen, in dem sie entstanden sind (§ 4a Abs. 2 Nr. 1 Satz 2 EStG).

b) Wirtschaftsjahr bei Gewerbetreibenden

§ 4a Abs. 1 Nr. 2 und 3 und Abs. 2 Nr. 2 EStG

Bei Gewerbetreibenden ist gem. § 4a Abs. 1 Satz 2 Nr. 3 EStG Wirtschaftsjahr grundsätz- 19
lich das Kalenderjahr. Ins Handelsregister eingetragene Gewerbetreibende können gem. § 4a Abs. 1 Nr. 2 EStG ein *abweichendes Wirtschaftsjahr haben.* Abschlusszeitpunkt kann jeder beliebige Tag im Jahr sein; er muss nur regelmäßig beibehalten werden. Wenn ein Gewerbetreibender ein Wirtschaftsjahr, das mit dem Kalenderjahr übereinstimmt, auf einen vom Kalenderjahr abweichenden Zeitraum oder ein abweichendes Wirtschaftsjahr auf ein anderes abweichendes Wirtschaftsjahr umstellen will, ist das *Einvernehmen mit dem Finanzamt erforderlich* (§ 4a Abs. 1 Nr. 2 Satz 2 EStG; § 8b Nr. 2 EStDV). Das Finanzamt muss seine Zustimmung erteilen, weil durch die Umstellung eine so genannte *Steuerpause* eintreten kann. Die Zustimmung des Finanzamtes wird in der Regel erteilt, wenn ernsthafte und wirtschaftlich einleuchtende Gründe (z. B. einfachere Inventur zu einem bestimmten Zeitpunkt) für die Umstellung vorliegen.

Bei Gewerbetreibenden gilt der in einem abweichenden Wirtschaftsjahr erzielte Gewinn gem. § 4a Abs. 2 Nr. 2 EStG als in dem Kalenderjahr bezogen, in dem das Wirtschaftsjahr endet. Dies ist eine sehr viel einfachere, gleichzeitig aber auch ungerechtere Regelung als bei den Land- und Forstwirten. Für Veräußerungsgewinne gilt dasselbe wie für laufende Gewinne, weil eine den Land- und Forstwirten ähnliche Bestimmung fehlt.

Nicht im Handelsregister eingetragene Gewerbetreibende können gem. § 4a Abs. 1 Nr. 3 Satz 1 EStG grundsätzlich *kein abweichendes Wirtschaftsjahr haben.* Darin liegt eine Benachteiligung dieser Gewerbetreibenden. Eine Ausnahme besteht gem. § 4a Abs. 1 Nr. 3 Satz 2 EStG nur dann, wenn sie gleichzeitig Buch führende Land- und Forstwirte sind.

Abschließend soll die folgende Übersicht über die maßgeblichen Zeiträume Aufschluss geben:

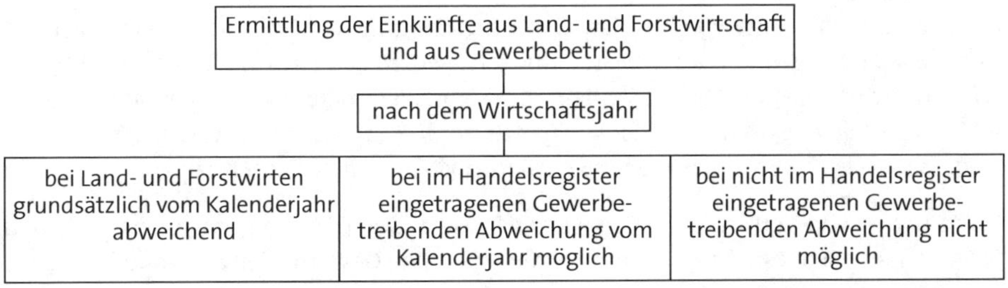

V. Überschuss der Betriebseinnahmen über die Betriebsausgaben

§ 4 Abs. 3 EStG

1. Berechtigter Personenkreis

20 Die Frage, wer seinen Gewinn nach § 4 Abs. 3 EStG ermitteln kann, wurde schon in Tz 8 erörtert. Zusammenfassend sei an dieser Stelle noch einmal festgehalten, dass *alle Land- und Forstwirte, Gewerbetreibende und selbständig Tätige ihren Gewinn nach § 4 Abs. 3 EStG ermitteln können*, wenn *sie nicht zur ordnungsmäßigen Buchführung verpflichtet sind* und *auch freiwillig keine Bücher führen*. Die Gewinnermittlung des § 4 Abs. 3 EStG kommt also für alle Steuerpflichtigen, die Einkünfte der Einkunftsarten 1 bis 3 erzielen, in Betracht, deren Geschäftsumfang nicht sehr groß ist. Bei Land- und Forstwirten ist zusätzlich erforderlich, dass sie einen Antrag i. S. von § 13a Abs. 2 EStG stellen.

Bei der Gewinnermittlung nach § 4 Abs. 3 EStG müssen sämtliche Betriebseinnahmen und Betriebsausgaben aufgezeichnet werden. Darüber hinaus bestehen noch andere Aufzeichnungspflichten. Es müssen z. B. die Gegenstände des beweglichen Anlagevermögens gem. R 5.4 Abs. 1 EStG in einem Bestandsverzeichnis erfasst werden.

2. Bedeutung, Inhalt und Prinzipien der Gewinnermittlung nach § 4 Abs. 3 EStG

21 Es gibt zahlreiche kleine Unternehmer, bei denen das Betriebsvermögen von Jahr zu Jahr unwesentlich schwankt. Deshalb ist für diese Unternehmer die Möglichkeit geschaffen worden, den Gewinn in *vereinfachter Form* zu ermitteln, d. h. also durch *Gegenüberstellung der Betriebseinnahmen und der Betriebsausgaben*. Eine Inventur der Vermögensgegenstände und der Schulden ist hierbei nicht erforderlich. Es handelt sich also um eine Geld- bzw. um eine Kassenrechnung, weil den *tatsächlichen Ist-Einnahmen* die *tatsächlichen Ist-Ausgaben* gegenübergestellt werden. Die Gewinnermittlung nach § 4 Abs. 3 EStG ist aber *keine* reine Kassenrechnung, weil es eine Reihe von sehr wichtigen Ausnahmen von dem Einnahme-Ausgabe-Prinzip gibt (vgl. Einzelheiten zu den Ausnahmen in Tz 24 bis 29).

Die Gewinnermittlung nach § 4 Abs. 3 EStG ist eine *Ausnahme vom Normalfall*, die nur anwendbar ist bei Steuerpflichtigen mit geringem Geschäftsumfang. *Der Normalfall ist der Betriebsvermögensvergleich*. Das kommt auch darin zum Ausdruck, dass nach § 4 Abs. 3 EStG der Gewinn nur *zeitweise* ermittelt werden kann. Für diese vereinfachte Gewinnermittlung des § 4 Abs. 3 EStG kommt es vor allem darauf an, ob Einnahmen gem. § 11 Abs. 1 EStG zugeflossen oder Ausgaben gem. § 11 Abs. 2 Satz 1 EStG abgeflossen sind. Es gilt also, von Ausnahmen abgesehen, das Zu- und Abflussprinzip.

Forderungen und Verbindlichkeiten wie auch alle anderen Vermögensgegenstände und Schulden am Bilanzstichtag haben auf die Höhe des Gewinns keinen Einfluss. Ebenso sind Posten, die bei der Gewinnermittlung nach § 4 Abs. 1 oder § 5 EStG der periodengerechten Gewinnabgrenzung dienen, z. B. Rückstellungen, Wertberichtigungen, Posten der Rechnungsabgrenzung, bei der Überschussrechnung des § 4 Abs. 3 EStG nicht denkbar.

3. Betriebseinnahmen und Betriebsausgaben

a) Betriebseinnahmen

§ 8 EStG

Für die Betriebseinnahmen fehlt – im Gegensatz zu den Betriebsausgaben – eine gesetzliche Definition. Deshalb soll analog die Vorschrift des § 8 EStG gelten. Demnach sind Einnahmen alle Güter, die in Geld oder Geldeswert bestehen und dem Steuerpflichtigen im Rahmen einer der Einkunftsarten zufließen. Betriebseinnahmen müssen mit dem Betrieb in einem unmittelbaren oder mittelbaren Zusammenhang stehen. In Analogie zu § 4 Abs. 4 EStG könnte man auch von *„betrieblicher Veranlassung"* sprechen. Es spielt keine Rolle, ob die Einnahmen in bar oder in Sachwerten erzielt werden. Auch kommt es nicht darauf an, ob die Einnahmen bei der Veräußerung von Umlaufvermögen oder Anlagevermögen anfallen. Wenn Wirtschaftsgüter des abnutzbaren oder des nicht abnutzbaren Anlagevermögens veräußert werden, handelt es sich ebenfalls um Betriebseinnahmen. 22

Keine Betriebseinnahmen sind allerdings Beträge, die dem Betrieb durch die Aufnahme eines Darlehens oder durch die Rückzahlung eines gegebenen Darlehens zufließen (vgl. hierzu Tz 27).

Gemäß § 4 Abs. 3 Satz 2 EStG stellen durchlaufende Posten, die im Namen und für Rechnung eines anderen vereinnahmt und verausgabt werden, keine Betriebseinnahmen (oder Betriebsausgaben) dar.

BEISPIEL: Ein Rechtsanwalt vereinnahmt von einem Auftraggeber Gelder für Gerichtskosten, die er an das Gericht weiterleitet. Bei dem Rechtsanwalt liegen weder Betriebseinnahmen noch Betriebsausgaben vor.

Die *gezahlte oder vereinnahmte Umsatzsteuer* ist *kein durchlaufender Posten*. Die in Form von Vorsteuer und als Zahllast an das Finanzamt abgeführte Umsatzsteuer ist Betriebsausgabe, und die vereinnahmte Umsatzsteuer ist Betriebseinnahme.

b) Betriebsausgaben

§ 4 Abs. 4 EStG

Gemäß § 4 Abs. 4 EStG sind Betriebsausgaben Aufwendungen, die betrieblich veranlasst sind. Auch die Ausgaben können in bar oder Sachwerten geleistet werden. Allerdings stellt bei einer normalen Veräußerung die *Hingabe der Waren* keine Betriebsausgabe dar. 23

Ausgaben für die Anschaffung oder die Herstellung von abnutzbaren und nicht abnutzbaren Anlagegütern können ausnahmsweise nicht sofort in voller Höhe als Betriebsausgaben abgesetzt werden (vgl. Tz 25 und 26). Gleichfalls nicht abzugsfähig sind Beträge, die zur Tilgung oder zur Hingabe von Darlehen aufgewendet werden.

Das bei der Aufnahme eines Darlehens einbehaltene Disagio (Damnum) kann allerdings – anders als bei der Gewinnermittlung nach § 4 Abs. 1 oder § 5 EStG – sofort als Betriebsausgabe abgezogen werden.

Systemgerecht ist es, dass Teilwertabschreibungen nach der Rechtsprechung des BFH gem. § 6 Abs. 1 Nr. 1 Satz 2 und Nr. 2 Satz 2 EStG nicht vorgenommen werden dürfen, weil hierbei eine tatsächliche Ausgabe nicht vorliegt.

Zu den Betriebsausgaben wird im Übrigen auf die Ausführungen in Tz 91 bis 123 hingewiesen.

4. Ausnahmen vom Zu- und Abflussprinzip

§§ 4 Abs. 3, 11 EStG; R 4.5 EStR

24 Von dem Prinzip, dass bei der Gewinnermittlung nach § 4 Abs. 3 EStG grundsätzlich den Ist-Einnahmen die Ist-Ausgaben gegenüberzustellen sind, gibt es einige wichtige Ausnahmen. Es handelt sich um die Folgenden:

a) Abnutzbare Anlagegüter

b) Nicht abnutzbare Anlagegüter und bestimmte Wirtschaftsgüter des Umlaufvermögens

c) Darlehensgeschäfte

d) Sach-, Nutzungs- und Leistungsentnahmen und -einlagen

e) Nutzungsüberlassungen für mehr als fünf Jahre

f) Regelmäßig wiederkehrende Betriebseinnahmen und Betriebsausgaben

a) Abnutzbare Anlagegüter

25 Werden abnutzbare Anlagegüter angeschafft oder hergestellt, so können die Ausgaben hierfür gem. § 4 Abs. 3 Satz 3 EStG nicht sofort als Betriebsausgaben abgezogen werden. Es sind die Vorschriften über die Absetzung für Abnutzung und die Substanzverringerung, insbesondere diejenigen nach §§ 7, 7g, 6 Abs. 2 und 6 Abs. 2a EStG, zu beachten. Es wird auf die Erörterungen hierzu in Tz 211 bis 244 hingewiesen.

b) Nicht abnutzbare Anlagegüter und bestimmte Wirtschaftsgüter des Umlaufvermögens

26 Die Anschaffungs- oder Herstellungskosten für nicht abnutzbare Anlagegüter können gem. § 4 Abs. 3 Satz 4 EStG erst im Zeitpunkt des Zuflusses des Veräußerungserlöses oder Entnahme als Betriebsausgabe abgesetzt werden. Diese Wirtschaftsgüter sind gem. § 4 Abs. 3 Satz 5 EStG mit allen wichtigen Daten in ein Verzeichnis aufzunehmen.

BEISPIEL: Der Lebensmitteleinzelhändler A mit Gewinnermittlung nach § 4 Abs. 3 EStG kauft im Jahr 01 einen Anteil an einer Genossenschaft für 8 000 €. Im Jahr 04 verkauft er diesen Anteil für 12 000 €.

Im Jahr 01 kann eine Betriebsausgabe nicht berücksichtigt werden. Erst im Jahr 04 wird dem Veräußerungserlös von 12 000 € die (dann fiktive) Betriebsausgabe von 8 000 € gegenübergestellt.

Zur Missbrauchsvermeidung ist in § 4 Abs. 3 Satz 4 EStG geregelt, dass auch Anschaffungs- oder Herstellungskosten für Anteile an Kapitalgesellschaften, für Wertpapiere und vergleichbare nicht verbriefte Forderungen und Rechte, für Grund und Boden sowie für Gebäude des Umlaufvermögens erst im Zeitpunkt des Zuflusses des Veräußerungserlöses oder der Entnahme als Betriebsausgaben zu berücksichtigen sind.

c) Darlehensgeschäfte

Bei den Betriebsausgaben braucht es sich, obwohl der Wortlaut des § 4 Abs. 4 EStG das vermuten lässt, nicht um „Aufwendungen" im betriebswirtschaftlichen Sinne zu handeln. Man unterscheidet zwischen sofort abzugsfähigen und nicht sofort abzugsfähigen Betriebsausgaben (vgl. hierzu Tz 92). Da bei der Gewinnermittlung nach § 4 Abs. 3 EStG eine Bestandsaufnahme nicht stattfindet, sind hierbei alle Betriebsausgaben bis auf die bereits genannten Ausnahmen grundsätzlich sofort abzugsfähig. Der so ermittelte Gewinn würde aber (i. S. von § 4 Abs. 1 oder § 5 EStG) vom „richtigen" Gewinn besonders stark abweichen können, wenn auch die Aufnahme oder die Hingabe von Darlehen bzw. deren Rückzahlung als Betriebseinnahme oder -ausgabe angesetzt werden könnte. Deshalb bestimmt H 4.5 (2) „Darlehen" EStH, dass Darlehensgeschäfte außer Betracht bleiben. Das gilt nur für das reine Darlehensgeschäft selbst, also für die Hingabe oder die Aufnahme eines Darlehens und seine Tilgung. Die mit einem Darlehen in Zusammenhang stehenden Zinsen oder andere Kosten stellen Betriebsausgaben oder Betriebseinnahmen dar. 27

d) Entnahmen und Einlagen

Im § 4 Abs. 3 EStG ist über Privatentnahmen und Privateinlagen nichts ausgesagt. Aus dem Gewinnbegriff des § 4 Abs. 1 Satz 1 EStG und der Absicht, auch bei Anwendung des § 4 Abs. 3 EStG einen zutreffenden „Gewinn" zu ermitteln, ist aber zu entnehmen, dass Entnahmen, wenn sie *keine Barentnahmen* sind, und Einlagen, wenn sie *keine Bareinlagen* sind, berücksichtigt werden müssen. 28

Sach-, Nutzungs- und Leistungsentnahmen sind also bei der Gewinnermittlung nach § 4 Abs. 3 EStG wie Betriebseinnahmen zu behandeln. Über ihre Bewertung wird an anderer Stelle berichtet (vgl. Tz 190 bis 192). Barentnahmen sind auch deshalb nicht zu berücksichtigen, weil ihnen eine entsprechende Ausgabe nicht gegenübergestanden hat. Sach-, Nutzungs- und Leistungseinlagen sind demnach andererseits wie Betriebsausgaben zu behandeln. Die Bareinlagen bleiben – wie die Barentnahmen – unberücksichtigt.

e) Nutzungsüberlassungen für mehr als fünf Jahre

Im Voraus geleistete Betriebsausgaben für eine Nutzungsüberlassung von mehr als fünf Jahren müssen gem. § 11 Abs. 2 Satz 3 EStG auf den Zeitraum, für den sie geleistet worden sind, gleichmäßig verteilt werden. Für ein Damnum bzw. ein Disagio, das bei der Aufnahme eines Kredites abgezogen worden ist, gilt das aber gem. § 11 Abs. 2 Satz 4 EStG nicht. 29

Hat ein Steuerpflichtiger Betriebseinnahmen aus einer Nutzungsüberlassung von mehr als fünf Jahren, so hat der Steuerpflichtige gem. § 11 Abs. 1 Satz 3 EStG ein Wahlrecht. Er kann die Betriebseinnahmen in voller Höhe ansetzen oder sie auf den Zeitraum, für den sie geleistet werden, gleichmäßig verteilen.

f) Regelmäßig wiederkehrende Betriebseinnahmen und Betriebsausgaben

§ 11 Abs. 1 Satz 2 und Abs. 2 Satz 2 EStG

30 Schließlich besteht eine Ausnahme vom Einnahme-Ausgabe-Prinzip gem. § 11 Abs. 1 Satz 2 und Abs. 2 Satz 2 EStG für regelmäßig wiederkehrende Einnahmen und Ausgaben, wenn sie kurze Zeit vor Beginn oder kurze Zeit nach Beendigung eines Kalenderjahres anfallen. Sie sind dann nicht in dem Jahr, in dem sie gezahlt worden sind, sondern in dem Jahr der wirtschaftlichen Zugehörigkeit anzusetzen. Nach der Rechtsprechung des BFH gilt als kurze Zeit ein Zeitraum von etwa 10 Tagen.

BEISPIEL: Ein Kleingewerbetreibender zahlt Miete für seine Geschäftsräume am 29. 12. 01 für den Monat Januar 02.

Die Miete ist eine regelmäßig wiederkehrende Ausgabe. Sie wird im vorliegenden Fall kurze Zeit vor Beginn des Jahres 02, zu dem sie wirtschaftlich gehört, gezahlt. Deshalb ist sie gem. § 11 Abs. 2 Satz 2 EStG im Jahr 02 als Betriebsausgabe anzusetzen.

Nach der Rechtsprechung des BFH (Urteil vom 1. 8. 2007, DStR S. 1856) gilt § 11 Abs. 2 Satz 2 und § 11 Abs. 1 Satz 2 EStG auch für eine für das vorangegangene Kalenderjahr geschuldete und zu Beginn des Folgejahres entrichtete Umsatzsteuer-Vorauszahlung.

VI. Wechsel der Gewinnermittlungsmethode

1. Allgemeines

R 4.6 EStR

31 Da es mehrere Gewinnermittlungsmethoden gibt, ist es denkbar, dass Steuerpflichtige von einer Gewinnermittlungsmethode zu einer anderen übergehen können oder müssen. Problematisch für die folgenden Erörterungen ist nur der Übergang von der Gewinnermittlung des § 4 Abs. 3 EStG zu einer anderen oder umgekehrt, weil sich die Gewinnermittlung des *§ 4 Abs. 3 EStG grundlegend von den anderen Gewinnermittlungsmethoden unterscheidet*.

Der Übergang kann freiwillig oder zwangsweise erfolgen. Ein freiwilliger Übergang liegt vor, wenn sich ein Steuerpflichtiger, der seinen Gewinn (zulässigerweise) nach § 4 Abs. 3 EStG ermittelt, entschließt, ab einem gewissen Zeitpunkt Bücher zu führen, obwohl er eine Buchführungspflicht weiterhin nicht hat. Viel häufiger aber ist in der Praxis der Fall, dass ein nach § 4 Abs. 3 EStG ermittelnder Steuerpflichtiger zur Gewinnermittlung nach § 4 Abs. 1 oder § 5 EStG übergehen muss, weil er durch die Überschreitung einer Grenze (vgl. Tz 9) buchführungspflichtig geworden ist. Ein solcher Übergang ist gem. R 4.5 Abs. 6 EStR auch erforderlich, wenn ein Steuerpflichtiger seinen Betrieb oder Teilbetrieb *veräußert* oder ihn *aufgibt*. Deshalb kann *in einem Betrieb* (das braucht nicht unbedingt *ein* Steuerpflichtiger zu sein) niemals *dauerhaft* der Gewinn nach § 4 Abs. 3 EStG ermittelt werden.

2. Notwendigkeit von Gewinnkorrekturen

32 Wenn ein Steuerpflichtiger von der Gewinnermittlung des § 4 Abs. 3 EStG zur Gewinnermittlung des § 4 Abs. 1 oder § 5 EStG oder umgekehrt übergeht, so müssen Gewinnkorrekturen gemacht werden, weil sonst beim Übergang die Gefahr bestünde, dass

Vorgänge, die an sich eine Auswirkung auf den Gewinn haben, sich *gar nicht oder doppelt auf den Gewinn auswirken würden*. Durch die Gewinnkorrekturen soll der Steuerpflichtige so gestellt werden, als wenn er seinen Gewinn immer nach *derselben Methode* ermittelt hätte. Es ist ein ganz allgemeines Postulat der Gerechtigkeit, dass der *Totalgewinn* bei allen Steuerpflichtigen gleich hoch sein muss, gleichgültig nach welcher Methode jemals der Gewinn ermittelt worden ist. Dieses Ziel soll durch die Gewinnkorrekturen beim Übergang erreicht werden.

Leider gibt es für die Gewinnkorrekturen beim Übergang von einer Gewinnermittlungsmethode zu einer anderen *keine gesetzliche Vorschrift*. Die von der Rechtsprechung erarbeiteten Grundsätze haben in R 4.6 EStR und in der Anlage hierzu ihren Niederschlag gefunden. Die Aufzählungen der Gewinnkorrekturen in der Anlage sind nicht erschöpfend.

3. Übergang von der Überschussrechnung zum Betriebsvermögensvergleich

Wie schon dargestellt wurde, geht es beim Übergang von der Überschussrechnung 33
zum Betriebsvermögensvergleich darum zu verhindern, dass sich auf den Gewinn auswirkende Vorgänge weder gar nicht noch doppelt erfasst werden. Deshalb ist ein *Übergangsgewinn* bzw. *Übergangsverlust* zu ermitteln. Zu Beginn des Jahres des ersten Betriebsvermögensvergleichs hat der Steuerpflichtige aufgrund von inventurmäßigen Feststellungen eine Eröffnungsbilanz zu erstellen. *Bei der Ermittlung des Übergangsgewinns hat man sich bei jedem Posten der Eröffnungsbilanz des Jahres des ersten Bestandsvergleichs zu fragen, wie sich der dem jeweiligen Posten zugrunde liegende Vorgang bei der Gewinnermittlung nach § 4 Abs. 3 EStG auf den Gewinn ausgewirkt hat und wie er sich auf den Gewinn ausgewirkt hätte, wenn der Steuerpflichtige immer schon seinen Gewinn nach § 4 Abs. 1 oder § 5 EStG ermittelt hätte.*

Kommt man zu dem Ergebnis, dass sich ein Vorgang bei beiden Gewinnermittlungsmethoden in gleicher Weise auf den Gewinn ausgewirkt hat, so wird der Übergangsgewinn nicht beeinflusst. Ergeben sich dagegen Unterschiede, so erhöht oder vermindert das den Übergangsgewinn.

Im Einzelnen ergeben sich folgende Möglichkeiten:

1. Vorgänge, die bei der Gewinnermittlung nach § 4 Abs. 3 EStG Betriebsausgaben waren, den Gewinn nach § 4 Abs. 1 oder § 5 EStG aber nicht beeinflusst hätten, *erhöhen* den Übergangsgewinn.

BEISPIEL: (Bei diesem und den folgenden Beispielen wird als Übergangszeitpunkt jeweils der 1. 1. 02 angenommen.)

Mietzahlung im November 01 für die Monate Januar – März 02.

2. Vorgänge, die bei der Gewinnermittlung nach § 4 Abs. 3 EStG Betriebseinnahmen waren, den Gewinn bei der Gewinnermittlung nach § 4 Abs. 1 oder § 5 EStG aber nicht beeinflusst hätten, *vermindern* den Übergangsgewinn.

BEISPIEL: Mieteinnahme im November 01 für die Monate Januar – März 02.

3. Vorgänge, die den Gewinn bei der Gewinnermittlung nach § 4 Abs. 3 EStG nicht beeinflusst haben, die ihn aber bei der Gewinnermittlung nach § 4 Abs. 1 oder § 5 EStG erhöht hätten, *erhöhen* auch den Übergangsgewinn.

BEISPIEL: Mieteinnahme im Februar 02 für die Monate Oktober – Dezember 01.

4. Vorgänge, die den Gewinn bei der Gewinnermittlung nach § 4 Abs. 3 EStG nicht beeinflusst haben, die ihn aber bei der Gewinnermittlung nach § 4 Abs. 1 oder § 5 EStG vermindert hätten, vermindern auch den Übergangsgewinn.

BEISPIEL: Mietzahlung im Februar 02 für die Monate Oktober – Dezember 01.

Die erörterten denkbaren Fälle lassen sich wie folgt schematisieren:

Vorgang	tatsächliche Auswirkung auf den Gewinn bei § 4 Abs. 3 EStG	fiktive Auswirkung auf den Gewinn bei § 4 Abs. 1 oder § 5 EStG	Auswirkung auf den Übergangsgewinn
1.	·/.	–	+
2.	+	–	·/.
3.	–	+	+
4.	–	·/.	·/.

Für die Ermittlung des Übergangsgewinns kann man auch nach folgender Regel vorgehen: Hat ein Posten der Aktivseite der Eröffnungsbilanz Einfluss auf den Übergangsgewinn, so wird dieser erhöht. Hat ein Posten auf der Passivseite der Eröffnungsbilanz Einfluss auf den Übergangsgewinn, so wird dieser gemindert.

Zur Vermeidung von Härten kann auf Antrag *der Übergangsgewinn auf das Jahr des Übergangs und das folgende Jahr oder auf das Jahr des Übergangs und die beiden folgenden Jahre gem. R 4.6 Abs. 1 Satz 2 EStR gleichmäßig verteilt werden.* Im Falle einer Betriebsveräußerung ist das allerdings nicht möglich.

Die erörterten Grundsätze gelten auch, wenn ein Steuerpflichtiger, der bisher seinen Gewinn nach § 4 Abs. 3 EStG ermittelt hat, zur *Schätzung* übergeht oder übergehen muss, weil eine Schätzung auf der Gewinnermittlung des § 4 Abs. 1 oder des § 5 EStG beruht.

4. Übergang vom Betriebsvermögensvergleich zur Überschussrechnung

34 Beim Übergang von der Gewinnermittlung nach § 4 Abs. 1 oder § 5 EStG zur Gewinnermittlung nach § 4 Abs. 3 EStG gelten die Erörterungen des vorigen Abschnittes mit umgekehrten Vorzeichen. Im Zeitpunkt des Wechsels vorhandene Warenbestände vermindern also z. B. – im Gegensatz zum umgekehrten Fall – den Übergangsgewinn.

Beim Übergang zur Überschussrechnung ist allerdings gem. H 4.6 „Keine Verteilung des Übergangsgewinns“ EStH *eine Verteilung des Übergangsgewinnes nicht möglich.*

VII. Gewinnermittlung nach Durchschnittssätzen

§ 13a EStG

Land- und Forstwirte, die nicht zur ordnungsmäßigen Buchführung verpflichtet sind 35
und bei denen die weiteren Voraussetzungen des § 13a Abs. 1 Nr. 2, 3 und 4 EStG zutreffen, können ihren Gewinn gem. § 13a EStG nach Durchschnittssätzen ermitteln. In der Möglichkeit, den Gewinn nach Durchschnittssätzen zu ermitteln, liegt eine Begünstigung von kleineren Land- und Forstwirten. Es handelt sich um eine *Wahlmöglichkeit*. Nach § 13a Abs. 2 Satz 1 EStG können solche Land- und Forstwirte auf Antrag ihren Gewinn auch nach § 4 Abs. 1 oder § 4 Abs. 3 EStG ermitteln. Allerdings sind sie dann vier Jahre lang hieran gebunden.

Nach § 13a Abs. 3 EStG ist für die Gewinnermittlung auszugehen von einem *Grundbetrag*, der um einige Faktoren, z. B. der Arbeitsleistung des Betriebsinhabers und seiner im Betrieb tätigen Angehörigen, zu erhöhen und gegebenenfalls auch zu vermindern ist. Der Grundbetrag richtet sich gem. § 13a Abs. 4 EStG nach dem Hektarwert i. S. des § 40 Abs. 1 Satz 3 BewG. Einzelheiten über die Gewinnermittlung enthalten § 13a Abs. 3 bis 6 EStG, R 13a.1 und 13a.2 EStR.

Die Bestimmungen des § 13a Abs. 3 bis 6 EStG gelten naturgemäß nur für den laufenden Gewinn, nicht dagegen für einen eventuellen Veräußerungsgewinn.

VIII. Schätzung

Wenn ein Steuerpflichtiger Bücher oder Aufzeichnungen nicht oder falsch geführt hat, 36
so kann der Gewinn geschätzt werden. Gesetzliche Grundlage dafür ist § 162 AO. Es ist zwischen einer Vollschätzung und einer Teilschätzung zu unterscheiden.

Eine Vollschätzung ist vorzunehmen, wenn *keine brauchbaren Aufzeichnungen* vorhanden sind. Um eine Vollschätzung handelt es sich z. B. bei einer *Schätzung nach Richtsätzen*.

Eine Teilschätzung liegt vor, wenn Teile der Aufzeichnungen brauchbar sind. Eine Teilschätzung kann in Hinsicht auf die Ordnungsmäßigkeit der Buchführung *schädlich* oder *unschädlich* sein. Eine unschädliche ergänzende Schätzung liegt vor, wenn die nicht vorhandenen oder unbrauchbaren Aufzeichnungen nur einen geringen Teil des Buchführungswerkes ausmachen (vgl. hierzu auch Tz 14).

Eine Schätzung muss immer so vorgenommen werden, dass sie dem *tatsächlichen Sachverhalt möglichst nahe kommt*. Natürlich hat die Finanzverwaltung in der Regel einen gewissen *Schätzungsrahmen*. Nach der Rechtsprechung des BFH soll das Finanzamt verpflichtet sein, *an die oberste Grenze des Schätzungsrahmens zu gehen*, wenn wegen grober Verstöße gegen steuerliche Pflichten geschätzt wird.

unbesetzt 37–40

C. Betriebsvermögen

41 Im vorangegangenen Abschnitt B (Tz 7 bis 36) wurde erörtert, nach welcher Methode der Gewinn zu ermitteln ist. Grundsätzlich geschieht das durch den *Betriebsvermögensvergleich*. Deshalb kommt dem *Betriebsvermögen* entscheidende Bedeutung zu. In diesem Abschnitt sind also nun die Probleme des Betriebsvermögens zu erörtern, und zwar insbesondere die Frage, welche Wirtschaftsgüter zum Betriebsvermögen zu rechnen sind und welche nicht.

I. Wirtschaftsgüter

42 Bei der Untersuchung des Betriebsvermögens ist zunächst zu klären, was für den Ausweis als Betriebsvermögen in Frage kommt. Grundlage hierfür sind die handelsrechtlichen Vorschriften, und zwar insbesondere die §§ 246 bis 251 HGB. Es gilt zu diesen Ansatzvorschriften grundsätzlich uneingeschränkt die Maßgeblichkeit der Handelsbilanz für die Steuerbilanz gem. § 5 Abs. 1 Satz 1 EStG i.V. mit § 6 Abs. 1 EStG. Leider werden im Handelsrecht und im Steuerrecht unterschiedliche Begriffe verwendet, nämlich im Handelsrecht „Vermögensgegenstand" und im Steuerrecht „Wirtschaftsgut". Nach herrschender Lehre deckt sich heute der steuerliche Begriff „Wirtschaftsgut" im Wesentlichen mit dem handelsrechtlichen Begriff „Vermögensgegenstand". Aus der Rechtsprechung des BFH hat sich ergeben, dass für den Begriff des Wirtschaftsgutes bzw. des Vermögensgegenstandes folgende zwei Voraussetzungen unbedingt gegeben sein müssen:

1. ein greifbarer betrieblicher (wirtschaftlicher) Vorteil und
2. eine nach der Verkehrsauffassung selbständige Bewertbarkeit.

Unter den Begriff des Wirtschaftsgutes fallen demgemäß *Sachen* (z. B. Grundstücke, Kraftfahrzeuge, Material), *Rechte und Verpflichtungen* (z. B. Forderungen, Verbindlichkeiten, Mineralgewinnungsrechte), *tatsächliche Zustände* sowie *konkrete Möglichkeiten und Vorteile für den Betrieb* (z. B. Patente, Know-how).

Es gibt materielle und immaterielle Wirtschaftgüter. Materielle Wirtschaftsgüter sind körperliche Wirtschaftsgüter. Zu den immateriellen Wirtschaftsgütern gehören die nicht körperlichen, insbesondere Rechte, z. B. Patente, Gebrauchsmuster, Verlagsrechte, Lizenzen u. Ä.

Für gewisse einkommensteuerrechtliche Probleme ist die Unterscheidung in „bewegliche" und „unbewegliche" Wirtschaftsgüter von Bedeutung. Nach der Rechtsprechung des BFH können immaterielle Wirtschaftsgüter weder beweglich noch unbeweglich sein, weil immaterielle Wirtschaftsgüter keine körperlichen Gegenstände sind.

Demgemäß kann man einteilen:

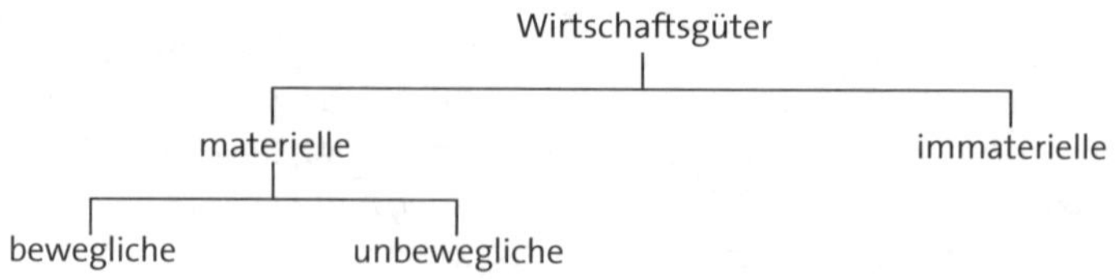

Wie dargestellt, ist es manchmal schwierig zu entscheiden, ob ein Wirtschaftsgut anzunehmen ist oder nicht. Wenn es sich um ein Wirtschaftsgut handelt, ist damit noch nicht gesagt, dass es *auch zu aktivieren oder zu passivieren ist*. Beispielsweise darf ein selbstgeschaffener Firmenwert gem. § 5 Abs. 2 EStG nicht aktiviert werden.

II. Zurechnung der Wirtschaftsgüter

1. Grundsätze

Bevor untersucht wird, ob Wirtschaftsgüter zum Betriebsvermögen oder zum Privatver- 43
mögen eines Steuerpflichtigen gehören, ist zu klären, ob die Wirtschaftsgüter dem in Rede stehenden Steuerpflichtigen steuerlich zugerechnet werden können.

Die Wirtschaftsgüter sind grundsätzlich dem *wirtschaftlichen Eigentümer* zuzurechnen (vgl. § 39 AO). In der Regel sind *wirtschaftlicher* und *bürgerlich-rechtlicher* Eigentümer identisch. Wirtschaftliches und bürgerlich-rechtliches Eigentum kann aber auch auseinander fallen. Das ist z. B. der Fall bei Eigentumsvorbehalt, Sicherungsübereignung und Treuhänderschaft.

BEISPIEL: A hat an B eine Maschine unter Eigentumsvorbehalt geliefert. B übt i. S. des § 39 Abs. 2 Nr. 1 AO die tatsächliche Herrschaft über die Maschine aus und ist deshalb wirtschaftlicher Eigentümer, obwohl A bis zum Wegfall des Vorbehalts (Kaufpreiszahlung) bürgerlich-rechtlicher Eigentümer bleibt.

2. Leasing

BMF vom 19. 4. 1971 (BStBl I S. 264), BMWF vom 21. 3. 1972 (BStBl I S. 188) und BMF vom 23. 12. 1991 (BStBl 1992 I S. 13)

Bei Leasingverträgen ist zu unterscheiden zwischen *Operate-Leasingverträgen* und *Fi-* 44
nanzierungs-Leasingverträgen.

Operate-Leasingverträge liegen vor, wenn das Vertragsverhältnis jederzeit oder kurzfristig kündbar ist. In diesen Fällen bereitet die steuerrechtliche Zurechnung in der Regel keine Probleme, weil es sich um reine Mietverträge handelt, bei denen eine Aktivierung beim Mieter nicht in Frage kommt.

Sehr schwierig ist aber das Zurechnungsproblem bei Finanzierungs-Leasingverträgen. Derartige Verträge sind weder Kaufverträge noch Mietverträge in reiner Form, sondern sog. gemischte Verträge mit Elementen aus den beiden vorerwähnten Vertragstypen.

Die ertragsteuerliche Behandlung von Finanzierungs-Leasingverträgen richtet sich für bewegliche Wirtschaftsgüter nach dem Schreiben des BMF vom 19. 4. 1971 (BStBl I S. 264) und für unbewegliche Wirtschaftsgüter nach dem Schreiben des BMWF vom 21. 3. 1972 (BStBl I S. 188).

a) Finanzierungs-Leasing

Die hier zu erörternden Grundsätze sind nur anzuwenden beim *Finanzierungs-Leasing*. 45
Finanzierungs-Leasing i. S. des Schreibens vom 19. 4. 1971 liegt nur vor, wenn *zwei Voraussetzungen* gegeben sind. Es sind dies die Folgenden:

1. Der Vertrag muss über *eine bestimmte Zeit ohne Kündigungsmöglichkeit* abgeschlossen werden (Grundmietzeit) und

2. der Leasingnehmer muss in dieser Grundmietzeit mit den zu entrichtenden Leasingraten dem Leasinggeber mindestens die vollen Anschaffungs- oder Herstellungskosten sowie alle Nebenkosten einschließlich der Finanzierungskosten ersetzen.

Beim Finanzierungs-Leasing von *beweglichen* Wirtschaftsgütern sind im Wesentlichen folgende Vertragstypen zu unterscheiden:

1. *Leasingverträge ohne Option*
   Bei diesen Verträgen hat der Leasingnehmer nach Ablauf der Grundmietzeit nicht das Recht, den Leasinggegenstand zu kaufen oder den Leasingvertrag zu verlängern.
2. *Leasingverträge mit Kaufoption*
   Nach Ablauf der Grundmietzeit hat der Leasingnehmer hierbei das Recht, den Leasinggegenstand (zu einem in der Regel vorher vereinbarten Kaufpreis) zu erwerben.
3. *Leasingverträge mit Mietverlängerungsoption*
   Hierbei hat der Leasingnehmer nach Ablauf der Grundmietzeit das Recht, das Vertragsverhältnis zu verlängern.
4. *Verträge über Spezial-Leasing*
   Bei diesen Verträgen sind die Leasinggegenstände speziell auf die Verhältnisse des Leasingnehmers zugeschnitten.

Unter Würdigung aller Umstände ist im Einzelfall zu entscheiden, wem ein Leasinggegenstand zuzurechnen ist. *Grundsätzlich* gilt für die genannten Vertragstypen das Folgende:

Zu 1.): *Leasingverträge ohne Option*

Bei diesen Verträgen sind die Leasinggegenstände zuzurechnen:

a) *dem Leasinggeber,* wenn die Grundmietzeit mindestens 40 % und höchstens 90 % der betriebsgewöhnlichen Nutzungsdauer des Leasinggegenstandes ausmacht,

b) *dem Leasingnehmer,* wenn die Grundmietzeit unter 40 % oder über 90 % der betriebsgewöhnlichen Nutzungsdauer liegt.

   Für die Festlegung dieser Grenzen in dem erwähnten Erlass wird ausschlaggebend gewesen sein, dass es sich bei einer Grundmietzeit von unter 40 % (in dieser Zeit müssen ja mindestens die gesamten Anschaffungs- oder Herstellungskosten gezahlt werden) um einen verdeckten Kaufvertrag handelt. Beträgt die Grundmietzeit über 90 %, so wird der Gegenstand am Ende der Grundmietzeit keinen Wert mehr oder nur noch einen ganz geringfügigen repräsentieren. Der Leasingnehmer ist deshalb in diesem Fall wirtschaftlicher Eigentümer „wegen Nutzung bis zur Erschöpfung".

Zu 2.): *Leasingverträge mit Kaufoption*

Bei Leasingverträgen mit Kaufoption ist der Leasinggegenstand regelmäßig zuzurechnen

a) *dem Leasinggeber,* wenn die Grundmietzeit mindestens 40 % und höchstens 90 % der betriebsgewöhnlichen Nutzungsdauer des Leasinggegenstandes beträgt und der für den Fall der Ausübung des Optionsrechts vorgesehene Kaufpreis nicht niedriger ist als der unter Anwendung der linearen AfA nach der amtlichen AfA-Tabelle ermittelte Buchwert oder der niedrigere gemeine Wert im Zeitpunkt der Veräußerung,

b) *dem Leasingnehmer,*

 aa) wenn die Grundmietzeit weniger als 40 % oder mehr als 90 % der betriebsgewöhnlichen Nutzungsdauer beträgt oder

 bb) wenn bei einer Grundmietzeit von mindestens 40 % und höchstens 90 % der betriebsgewöhnlichen Nutzungsdauer der für den Fall der Ausübung des Optionsrechts vorgesehene Kaufpreis niedriger ist als der unter Anwendung der linearen AfA nach der amtlichen AfA-Tabelle ermittelte Buchwert oder der niedrigere gemeine Wert im Zeitpunkt der Veräußerung.

 Der Leasingnehmer ist wirtschaftlicher Eigentümer, weil in diesem Fall die Ausübung der Option wahrscheinlich ist.

Zu 3.): *Leasingverträge mit Mietverlängerungsoption*

Bei Leasingverträgen mit Mietverlängerungsoption ist der Leasinggegenstand regelmäßig zuzurechnen

a) *dem Leasinggeber,* wenn die Grundmietzeit mindestens 40 % und höchstens 90 % der betriebsgewöhnlichen Nutzungsdauer des Leasinggegenstandes beträgt und die Anschlussmiete so bemessen ist, dass sie den Wertverzehr für den Leasinggegenstand deckt, der sich auf der Basis des unter Berücksichtigung der linearen AfA nach der amtlichen AfA-Tabelle ermittelten Buchwerts oder des niedrigeren gemeinen Werts und der Restnutzungsdauer lt. AfA-Tabelle ergibt,

b) *dem Leasingnehmer,*

 aa) wenn die Grundmietzeit weniger als 40 % oder mehr als 90 % der betriebsgewöhnlichen Nutzungsdauer des Leasinggegenstandes beträgt oder

 bb) wenn bei einer Grundmietzeit von mindestens 40 % und höchstens 90 % der betriebsgewöhnlichen Nutzungsdauer die Anschlussmiete so bemessen ist, dass sie den Wertverzehr für den Leasinggegenstand nicht deckt, der sich auf der Basis des unter Berücksichtigung der linearen AfA nach der amtlichen AfA-Tabelle ermittelten Buchwerts oder des niedrigeren gemeinen Werts und der Restnutzungsdauer lt. AfA-Tabelle ergibt. Auch hier ist der Leasingnehmer wirtschaftlicher Eigentümer, weil in diesem Fall die Ausübung der Option ebenfalls wahrscheinlich ist.

Zu 4.): *Verträge über Spezial-Leasing*

Bei Spezial-Leasingverträgen ist der Leasinggegenstand regelmäßig dem Leasingnehmer ohne Rücksicht auf das Verhältnis von Grundmietzeit und Nutzungsdauer und auf Optionsklauseln zuzurechnen.

Über die steuerliche Zurechnung der Leasinggegenstände beim Finanzierungs-Leasing von beweglichen Wirtschaftsgütern ist abschließend eine Übersicht auf Seite 197 dargestellt.

Nach der Frage der Zurechnung ist nun die Bilanzierung beim Finanzierungs-Leasing von beweglichen Wirtschaftsgütern zu erörtern. Hat der Leasinggeber den Leasinggegenstand zu aktivieren, so muss er das mit seinen Anschaffungs- oder Herstellungskosten tun. Die Absetzung für Abnutzung ist nach der betriebsgewöhnlichen Nutzungsdauer vorzunehmen. Die Leasingraten sind Betriebseinnahmen. Beim Leasingnehmer sind die Leasingraten Betriebsausgaben.

Hat dagegen der *Leasingnehmer* den Leasinggegenstand zu aktivieren, so muss er das mit den Anschaffungs- oder Herstellungskosten des Leasinggebers tun. In gleicher Höhe hat er eine Verbindlichkeit gegenüber dem Leasinggeber auszuweisen.

Mit den Leasingraten werden die Verbindlichkeiten gegenüber dem Leasinggeber getilgt. Teile der Leasingraten stellen aber Kosten dar, und zwar in Höhe der Differenz zwischen der Gesamtsumme der Leasingraten und den Anschaffungskosten des Leasinggegenstandes bzw. der Verbindlichkeit an den Leasinggeber. Es fragt sich, wie diese Kosten auf die Grundmietzeit zu verteilen sind. Es wäre möglich und denkbar, sie gleichmäßig auf die Grundmietzeit zu verteilen.

Beim Finanzierungs-Leasing, und zwar insbesondere dann, wenn der Leasingnehmer den Leasinggegenstand nach den erörterten Grundsätzen aktivieren muss, handelt es sich, wirtschaftlich betrachtet, um ein Darlehensgeschäft. Mit Hilfe des Darlehens wird der Leasingnehmer in die Lage versetzt, das Leasinggut zu „kaufen“. Die Kosten dieses Darlehens haben deshalb größtenteils oder sogar ausschließlich Zinscharakter. Da das Darlehen durch die Zahlung der Leasingraten laufend getilgt wird, ist es sachgerecht, die Kostenanteile in den Leasingraten – ähnlich wie bei der degressiven AfA – in fallenden Jahresbeträgen zu bemessen. Die Verteilung nach der *digitalen* bzw. nach der *Jahressummenmethode* entspricht am ehesten der Tatsache, dass der „Kredit“ des Leasinggebers durch laufende Tilgung immer kleiner wird. Diese Methode ist durch das BdF-Schreiben vom 13.12.1973 (BdF IV B 2 – S 2170, BB 1973 S. 1616) von der Finanzverwaltung ausdrücklich zugelassen.

Der *Leasinggeber* hat die Forderung an den Leasingnehmer in Höhe der zugrunde gelegten Anschaffungs- oder Herstellungskosten auszuweisen. Die Forderung muss identisch sein mit der vom Leasingnehmer ausgewiesenen Verbindlichkeit.

Übersicht: Zurechnung eines beweglichen Leasinggegenstandes beim Finanzierungs-Leasing

Grundtyp des Leasingvertrages	Der Leasinggegenstand ist zuzurechnen	
	dem Leasinggeber	dem Leasingnehmer
1. Leasingvertrag ohne Optionsrecht	wenn Grundmietzeit zwischen 40 und 90 % der betriebsgewöhnlichen Nutzungsdauer liegt	wenn Grundmietzeit weniger als 40 % oder mehr als 90 % der betriebsgewöhnlichen Nutzungsdauer beträgt
2. Leasingvertrag mit Kaufoption	wenn Grundmietzeit zwischen 40 und 90 % der betriebsgewöhnlichen Nutzungsdauer liegt *und* Restkaufpreis mindestens gleich linearer Buchwert oder gemeiner Wert ist	wie 1. *oder* wenn Grundmietzeit zwischen 40 und 90 % der betriebsgewöhnlichen Nutzungsdauer liegt und Restkaufpreis niedriger als linearer Buchwert oder gemeiner Wert ist
3. Leasingvertrag mit Mietverlängerungsoption	wenn Grundmietzeit zwischen 40 und 90 % der betriebsgewöhnlichen Nutzungsdauer liegt *und* Anschlussmiete deckt mindestens AfA des linearen Buchwertes oder des niedrigeren gemeinen Wertes	wie 1. *oder* wenn Grundmietzeit zwischen 40 und 90 % der betriebsgewöhnlichen Nutzungsdauer liegt und Anschlussmiete niedriger als AfA des linearen Restbuchwertes oder des niedrigeren gemeinen Wertes ist
4. Leasingverträge über spezielle Leasinggegenstände		in jedem Fall

Durch die Leasingraten wird die Forderung getilgt. Teil der Leasingraten stellen für den Leasinggeber Betriebseinnahmen dar. Hierfür gilt das bereits für den Leasingnehmer Gesagte *mit umgekehrten Vorzeichen*.

Über die ertragsteuerliche Behandlung von Finanzierungs-Leasingverträgen bei *unbeweglichen Wirtschaftsgütern* gibt es ein besonderes Schreiben des BMF vom 21. 3. 1972 (BStBl I S. 188). Danach sind die Zurechnungskriterien für Gebäude und Grund und Boden unterschiedlich.

Für Gebäude kann man nach dem genannten Schreiben davon ausgehen, dass für die Frage der steuerlichen Zurechnung *dieselben Grundsätze gelten wie für die beweglichen Wirtschaftsgüter*.

Für den Grund und Boden dagegen gelten andere Grundsätze. Er ist bei *Verträgen ohne Option* und bei *Verträgen mit Mietverlängerungsoption immer* dem Leasinggeber zuzurechnen. Bei Verträgen mit Kaufoption und beim Spezial-Leasing ist die Frage der Zurechnung von der Behandlung des aufstehenden Gebäudes abhängig. Wird das Gebäude nach den vorher behandelten Grundsätzen dem Leasinggeber zugerechnet, ist auch der Grund und Boden dem Leasinggeber zuzurechnen. Ist das Gebäude dagegen dem Leasingnehmer zuzurechnen, muss auch der Grund und Boden beim Leasingnehmer aktiviert werden.

b) Andere Leasingverträge

46 Neben dem Finanzierungs-Leasing gibt es auch noch andere Leasingverträge. Diese liegen insbesondere vor, wenn die Anschaffungs- oder Herstellungskosten des Leasinggebers in der Grundmietzeit durch die Leasingraten des Leasingnehmers nur zum Teil gedeckt werden (sog. Teilamortisationsverträge). In diesen Fällen richtet sich die Zurechnungsfrage nach den allgemeinen Grundsätzen. Weist der Vertrag unter den gegebenen Umständen, was in der Praxis meist der Fall sein dürfte, mehr die Merkmale eines Mietvertrages auf, ist der Leasinggegenstand dem Leasinggeber zuzurechnen. Steht der Leasingvertrag dagegen näher einem Kaufvertrag, hat der Leasingnehmer den Leasinggegenstand zu aktivieren.

Das Schreiben des BMF vom 22.12.1975 hat zu diesen Leasingverträgen über bewegliche Wirtschaftsgüter einige Grundsätze aufgestellt. Danach ist der Leasinggegenstand in der Regel dem Leasinggeber zuzurechnen. Es gibt nur einen Fall, in dem die Zurechnung beim Leasingnehmer in Betracht kommt. Wenn nämlich der Leasinggegenstand nach Ablauf der Grundmietzeit veräußert wird und der Veräußerungserlös höher ist als die Differenz zwischen den Gesamtkosten des Leasinggebers und den in der Grundmietzeit entrichteten Leasingraten und der Leasinggeber weniger als 25 % von dem Veräußerungsgewinn bekommt, dann ist der Leasinggegenstand dem Leasingnehmer zuzurechnen. Der Gedanke bei dieser Regelung ist wohl der: Erhält der Leasinggeber weniger als 25 % vom Veräußerungsgewinn, so ist eine ins Gewicht fallende Beteiligung an den Wertsteigerungen des Leasinggegenstandes nicht mehr gegeben. Der Leasingnehmer ist deshalb wirtschaftlicher Eigentümer, der Leasinggegenstand ist somit ihm zuzurechnen.

BEISPIEL: Ein Leasinggeber (A) überlässt einem Leasingnehmer (B) einen beweglichen Leasinggegenstand, der eine Nutzungsdauer von 5 Jahren hat und einen Kaufpreis von 40 000 € haben würde, für eine unkündbare Grundmietzeit von 3 Jahren. Die Leasingraten betragen jährlich 12 000 €. Die Finanzierungskosten des A können insgesamt mit 10 000 € angenommen werden. Der Leasinggegenstand soll nach Ablauf der Grundmietzeit durch A veräußert werden.

Ist der Veräußerungserlös niedriger als die Differenz zwischen den Gesamtkosten des A und den in der Grundmietzeit entrichteten Leasingraten, so muss nach den Vereinbarungen B eine Abschlusszahlung in Höhe dieser Differenz leisten. (Das wäre der Fall, wenn der Veräußerungspreis kleiner als 14 000 € ist.)

Ist der Veräußerungspreis dagegen höher als die Restamortisation, so soll A von dem übersteigenden Teil 10 % und B 90 % erhalten.

Der Leasinggegenstand ist nach dem Schreiben des BMF vom 22.12.1975 dem B zuzurechnen.

Bei unbeweglichen Wirtschaftsgütern kommt Finanzierungs-Leasing (Voll-Amortisation) in der Praxis nur ganz selten vor. Deshalb ging der Erlass über Finanzierungs-Leasingverträge von Immobilien vom 21.3.1972 (vgl. hierzu Tz 45) weitgehend ins Leere. Es ergab sich somit eine Regelungslücke für die in der Praxis fast ausschließlich vorkommende Teilamortisation beim Immobilien-Leasing.

Diese Lücke wurde durch das Schreiben des BMF vom 23.12.1991 (BStBl 1992 I S. 13) geschlossen. Danach sind die unbeweglichen Leasinggegenstände grundsätzlich dem Leasinggeber zuzurechnen. Der Leasinggegenstand ist allerdings – ähnlich wie nach den Schreiben vom 19.4.1971 und 21.3.1972 (vgl. Tz 45) – ausnahmsweise dem Leasingnehmer zuzurechnen beim Spezial-Leasing, bei Verträgen mit Kaufoption, wenn die Grundmietzeit mehr als 90 % der betriebsgewöhnlichen Nutzungsdauer beträgt oder der vorgesehene Kaufpreis geringer ist als der Restbuchwert des Leasinggegenstandes unter Berücksichtigung der linearen AfA nach § 7 Abs. 4 EStG am Ende der Grundmietzeit, sowie bei Verträgen mit Mietverlängerungsoption, wenn die Grundmietzeit mehr als 90 % der betriebsgewöhnlichen Nutzungsdauer beträgt oder die Anschlussmiete nicht mindestens 75 % der üblichen Miete für ein vergleichbares Grundstück beträgt.

Darüber hinaus ist der Leasinggegenstand bei Kauf- oder Mietverlängerungsoption dem Leasingnehmer stets zuzurechnen, wenn eines der unter Abschn. II.2.b,dd) in den Nummern 11 bis 17 des Schreibens vom 23. 12. 1991 (BStBl 1992 I S. 13) aufgeführten Kriterien erfüllt ist. Wenn in der Praxis die Zurechnung von unbeweglichen Wirtschaftsgütern beim Leasingnehmer vermieden werden soll, so muss dafür Sorge getragen werden, dass entsprechende Kriterien in den Leasingverträgen nicht enthalten sind.

3. Im Eigentum von Ehegatten befindliche Wirtschaftsgüter

Problematisch ist auch die Zurechnungsfrage, wenn Eheleuten ein Grundstück gemein- 47
sam gehört und der Nicht-Unternehmer-Ehegatte dem Unternehmer-Ehegatten seinen Eigentumsanteil unentgeltlich zur Verfügung stellt. In diesem Fall hat die Rechtsprechung des BFH in der Vergangenheit mehrfach geschwankt. Die Rechtslage hat sich aber durch das Urteil des BFH vom 14. 5. 2002 (BStBl II S. 741) gefestigt. Baut danach der Unternehmer-Ehegatte auf dem den Ehegatten gemeinsam gehörenden Grundstück ein Gebäude und trägt er (allein) die Kosten, so ist der Unternehmer-Ehegatte *wirtschaftlicher Eigentümer* (= Bauten auf fremdem Grund und Boden). Er kann dann die Absetzung für Abnutzung auf das Gebäude geltend machen.

Voraussetzung ist, dass gegen den anderen Ehepartner ein Entschädigungsanspruch nach den §§ 951, 812 BGB besteht. Dies ist grundsätzlich zu unterstellen, es sei denn, der Entschädigungsanspruch ist (ausnahmsweise) *ausdrücklich* abbedungen.

Bei Beendigung des Nutzungsverhältnisses hat der wirtschaftliche Gebäudeeigentümer durch den Verlust seines wirtschaftlichen Eigentums eventuell entstandene stille Reserven zu versteuern.

BEISPIEL A ist Arzt und ermittelt seinen Gewinn nach § 4 Abs. 1 EStG. Seit Jahren gehört A und seiner Ehefrau E ein Grundstück mit aufstehendem Einfamilienhaus je zur ideellen Hälfte.

Mit Einverständnis seiner Ehefrau errichtet A auf dem Grundstück einen Anbau für seine ärztliche Praxis. Bauantrag und Baugenehmigung lauten auf A. Auch die Finanzierung des Anbaus trägt A allein. Auf einen Entschädigungsanspruch nach den §§ 951, 812 BGB hat A nicht verzichtet.

Welche steuerlichen Folgen ergeben sich aus dem dargestellten Sachverhalt?

A ist nach dem Urteil des BFH vom 14. 5. 2002 (BStBl II S. 741) wirtschaftlicher Eigentümer des Anbaus und muss diesen als Wirtschaftsgut „Gebäude" mit seinen Herstellungskosten aktivieren und diese nach den Vorschriften des § 7 Abs. 4 EStG abschreiben.

Der Grund und Boden, auf dem der Anbau errichtet worden ist, ist nun, soweit er A gehört, zum notwendigen Betriebsvermögen zu rechnen. Er ist deshalb mit dem Teilwert ins Betriebsvermögen einzulegen. Der auf die Ehefrau entfallende Teil des Grund und Bodens, auf dem der Anbau errichtet wurde, bleibt dagegen Privatvermögen.

Bei Beendigung der betrieblichen Nutzung hat A die im Anbau eventuell enthaltenen stillen Reserven zu versteuern. Gegenüber seiner Ehefrau hat er einen Ausgleichsanspruch gem. §§ 951, 812 BGB betreffend den Wert des Gebäudeanteils, der im zivilrechtlichen Eigentum der Ehefrau steht.

4. Mietereinbauten und Mieterumbauten

48 Besonders problematisch ist die steuerliche Behandlung von Einbauten und Umbauten, die ein Mieter auf seine Rechnung an einem Gebäude vornehmen lässt. Wenn es sich hierbei um Erhaltungsaufwand handelt, kommt nach der Rechtsprechung des BFH (Urteil vom 21. 2. 1978, BStBl II S. 345) eine Aktivierung nicht in Frage. Ansonsten sind solche Mietereinbauten oder Mieterumbauten nach den Grundsätzen des BFH-Urteils vom 26. 2. 1975 (BStBl II S. 443) und dem darauf basierenden Schreiben des BMF vom 15. 1. 1976 (BStBl I S. 66) zu aktivieren. Nach genanntem Schreiben ist zu unterscheiden in:

- Scheinbestandteile,
- Betriebsvorrichtungen,
- sonstige Mietereinbauten und Mieterumbauten.

Bei den Scheinbestandteilen handelt es sich um „Baumaßnahmen für vorübergehende Zwecke“, wobei die Nutzungsdauer in der Regel länger ist als die voraussichtliche Mietdauer und ein Ausbau am Ende der Mietdauer möglich und wirtschaftlich sinnvoll ist. In einem solchen Fall ist der Mieter rechtlicher und wirtschaftlicher Eigentümer, und das Wirtschaftsgut ist deshalb dem Mieter zuzurechnen. Es handelt sich um ein bewegliches Wirtschaftsgut des Anlagevermögens. Die Absetzung für Abnutzung richtet sich nach der Nutzungsdauer des Wirtschaftsgutes, gegebenenfalls nach der kürzeren Mietdauer.

Betriebsvorrichtungen sind abzugrenzen von den Betriebsgrundstücken. Dafür sind gem. H 7.1. „Betriebsvorrichtungen“ EStH die allgemeinen Grundsätze des Bewertungsrechts anzuwenden. Nach dem Erlass vom 15. 3. 2006 (BStBl I S. 314) handelt es sich demnach um „alle Vorrichtungen, mit denen ein Gewerbe unmittelbar betrieben wird“, z. B. Autoaufzüge in Parkhäusern, Förderbänder, Kühleinrichtungen. Betriebsvorrichtungen können aber auch „selbständige Bauwerke oder Teile von Bauwerken sein, die nach den Regeln der Baukunst geschaffen sind, z. B. Schornsteine, Öfen, Kanäle“. Bei solchen Betriebsvorrichtungen ist der Mieter in der Regel nicht rechtlicher, aber wirtschaftlicher Eigentümer. Deshalb sind Mietereinbauten oder Mieterumbauten in Form von Betriebsvorrichtungen ebenfalls dem Mieter zuzurechnen. Es handelt sich auch hier um bewegliche Wirtschaftsgüter des Anlagevermögens, bei denen sich die Absetzung für Abnutzung nach der betriebsgewöhnlichen Nutzungsdauer des Wirtschaftsgutes, gegebenenfalls nach der kürzeren Mietdauer richtet.

Sonstige Mietereinbauten und Mieterumbauten können materielle oder immaterielle Wirtschaftsgüter sein. Bei den materiellen Wirtschaftsgütern kann der Mieter wirtschaftlicher Eigentümer sein. Nach der Nr. 6 des erwähnten BMF-Schreibens vom 15. 1. 1976 ist das der Fall, wenn die eingebauten Sachen während der voraussichtlichen Mietdauer technisch oder wirtschaftlich verbraucht werden oder der Mieter bei Beendigung des Mietvertrages vom Eigentümer mindestens die Erstattung des noch verbliebenen gemeinen Wertes des Einbaus oder Umbaus verlangen kann. Da der Mieter wirtschaftlicher Eigentümer ist, sind ihm diese Wirtschaftsgüter zuzurechnen. Es handelt sich um *unbewegliche* Wirtschaftgüter, deren Absetzung für Abnutzung sich nach der Mietdauer bzw. nach der eventuell kürzeren Nutzungsdauer richtet.

Denkbar ist auch, dass der Mieter *kein* wirtschaftlicher Eigentümer ist, nämlich dann, wenn die vorgenannten Voraussetzungen für wirtschaftliches Eigentum beim Mieter nicht vorliegen, die Einbauten oder Umbauten aber unmittelbar den besonderen betrieblichen oder beruflichen Zwecken des Mieters dienen und mit dem Gebäude nicht in einem einheitlichen Nutzungs- und Funktionszusammenhang stehen. Ein Beispiel hierfür könnte das Entfernen von Zwischenwänden sein. Auch in diesen Fällen ist das „Wirtschaftsgut" dem Mieter zuzurechnen, obwohl er weder rechtlicher noch wirtschaftlicher Eigentümer ist. Es handelt sich ebenfalls um ein unbewegliches Wirtschaftsgut, das entsprechend der Mietdauer oder der eventuell kürzeren Nutzungsdauer abzuschreiben ist.

Wenn Baumaßnahmen des Mieters keine sachliche Beziehung zu seinem Betrieb haben, entsteht kein körperliches, sondern ein immaterielles Wirtschaftsgut. Dieses kann gem. § 248 Abs. 2 HGB in der Handelsbilanz, nicht aber gem. § 5 Abs. 2 EStG in der Steuerbilanz, aktiviert werden.

Die Voraussetzungen, die Zurechnung und die Rechtsfolgen von Mietereinbauten und Mieterumbauten sollen in der folgenden Übersicht auf zusammengefasst werden.

Mietereinbauten und Mieterumbauten (BMF-Schreiben v. 15. 1. 1976, BStBl 1976 I S. 66)

Definition: Maßnahmen des Mieters an Gebäuden: kein Erhaltungsaufwand, BFH v. 21. 2. 1978 (1.)

Scheinbestandteile | **Betriebsvorrichtungen** | **Sonstige ME und MU** (materielle WG / immaterielle WG)

	Scheinbestandteile	Betriebsvorrichtungen	Sonstige ME und MU – materielle WG	Sonstige ME und MU – materielle WG	Sonstige ME und MU – immaterielle WG
Begriff	Baumaßnahmen „zu vorübergehendem Zweck“ Ausbau möglich (2.)	Vorrichtungen zur Betreibung eines Gewerbes (3.)	Wirtschaftliches Eigentum des Mieters, das ist der Fall: a) wenn Substanz am Ende der Mietdauer verbraucht ist (6a) oder b) wenn Mieter am Ende Erstattung des verbliebenen Werts verlangen kann (6b)	Zwecken des Mieters dienend; nicht im einheitlichen Funktionszusammenhang mit Gebäude (7.)	Baumaßnahmen ohne Beziehung zum Betrieb des Mieters (5., 9.)
Beispiel	Trennwände, Klimaanlage, Außenreklame	Kühleinrichtungen; Lastenaufzüge, Bäder in Badeanstalten	schallschluckende Decke, Teppichböden	Entfernen von Zwischenwänden	Einbau der vorgesehenen Zentralheizung
Zurechnung	Mieter ist rechtlicher und wirtschaftlicher Eigentümer	Mieter in der Regel nur wirtschaftlicher Eigentümer	Mieter ist wirtschaftlicher Eigentümer	Mieter, obwohl er weder rechtlicher noch wirtschaftlicher Eigentümer ist	nicht beim Mieter
Rechtsfolgen	bewegliche WG des AV AfA nach ND der WG (nicht, wenn ND länger als Mietdauer)	bewegliche WG des AV AfA nach ND des WG (nicht, wenn ND länger als Mietdauer)	unbewegliche WG AfA nach Mietdauer, ist betriebsgewöhnlich ND kürzer, dann diese	unbewegliche WG AfA nach Mietdauer, ist betriebsgewöhnliche ND kürzer, dann diese	Wahlrecht zur Aktivierung in der HB gem. § 248 Abs. 2 HGB; Verbot in der StB gem. § 5 Abs. 2 EStG

III. Ansatzvorschriften (Aktivierung und Passivierung)

Wenn ein Wirtschaftsgut einem Steuerpflichtigen zuzurechnen ist, ist damit noch nicht 49
geklärt, ob es auch mit einem positiven oder negativen Wert in der Bilanz angesetzt werden kann oder muss. Deshalb geht es in diesem Abschnitt um die *Ansatzvorschriften.*

1. Der Maßgeblichkeitsgrundsatz bei den Ansatzvorschriften

§ 5 Abs. 1 EStG

Gemäß § 5 Abs. 1 Satz 1 letzter Halbsatz EStG sind bei den Ansatzvorschriften die han- 50
delsrechtlichen Grundsätze ordnungsmäßiger Buchführung auch für das Steuerrecht maßgeblich. Dies wird vereinfachend das *Maßgeblichkeitsprinzip der Handelsbilanz für die Steuerbilanz* genannt. Das Maßgeblichkeitsprinzip gilt in zweierlei Hinsicht, nämlich in Bezug auf die *Bilanzierung* (dem Grunde nach) und auf die *Bewertung* (der Höhe nach).

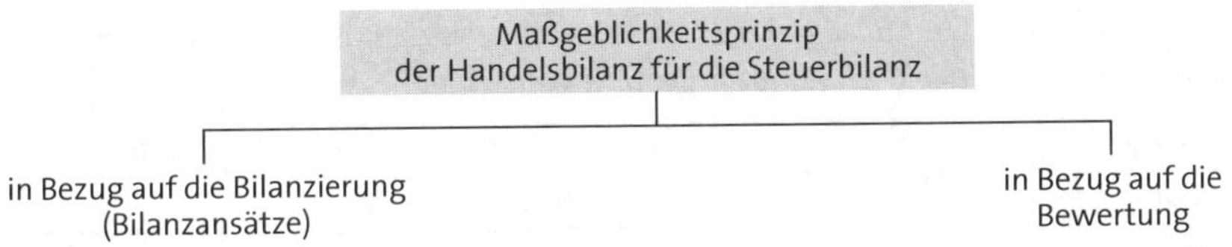

Zur Maßgeblichkeit in Bezug auf die Bewertung wird auf die Ausführungen in Tz 132 verwiesen.

Der Maßgeblichkeitsgrundsatz *hinsichtlich der Ansatzvorschriften* (Aktivierung und Passivierung) gilt grundsätzlich *uneingeschränkt*. Das ergibt sich aus § 6 Abs. 1 Satz 1 EStG, in dem es heißt: „Für die Bewertung der einzelnen Wirtschaftsgüter, die nach § 4 Abs. 1 oder nach § 5 als Betriebsvermögen *anzusetzen sind,* gilt..." Für den Ansatz in der Steuerbilanz sind also allein die Vorschriften der §§ 246 bis 251 HGB und die damit im Zusammenhang stehenden Vorschriften maßgeblich.

Das bedeutet, dass alle handelsrechtlichen Aktivierungs- und Passivierungsgebote auch steuerrechtlich zwingend zu beachten sind. Was handelsrechtlich aktiviert oder passiviert werden muss, ist in derselben Weise auch steuerrechtlich auszuweisen. Genauso verhält es sich mit den handelsrechtlichen Aktivierungs- und Passivierungsverboten. Auch diese sind steuerrechtlich bindend.

BEISPIEL: Ein Gewerbetreibender, der seinen Gewinn nach § 5 EStG ermittelt, hat unstreitig einen beträchtlichen originären Firmenwert.

Ein originärer Firmenwert darf handelsrechtlich gem. § 246 Abs. 1 Satz 4 HGB nicht angesetzt werden. Das gilt zwingend auch für das Steuerrecht. § 5 Abs. 2 EStG hat nur klarstellenden Charakter.

Von dem Grundsatz, dass handelsrechtliche Passivierungsgebote steuerrechtlich zwingend zu beachten sind, gibt es bei den Rückstellungen (offenbar fiskalisch bedingte) Ausnahmen gem. § 5 Abs. 3 bis 4b EStG. Diese werden an anderer Stelle (vgl. Tz 56 bis Tz 61 und Tz 201 bis 203) im Einzelnen dargestellt.

Das Maßgeblichkeitsprinzip geht allerdings nicht soweit, dass auch handelsrechtliche Aktivierungs- und Passivierungswahlrechte in die Steuerbilanz übernommen werden können. Vielmehr hat der BFH entschieden (BStBl 1969 II S. 291), dass ein Steuerpflichtiger, der sich aufgrund von Ansatzwahlrechten im Hinblick auf den Vorsichtsgrundsatz ärmer ausweist, als er in Wirklichkeit ist, dieses Wahlrecht in der Steuerbilanz nicht ausüben darf, weil sonst die Steuerbilanz dem unbestrittenen Ziel einer periodengerechten Gewinnermittlung nicht nachkommen könnte. Handelsrechtliche Aktivierungswahlrechte führen also dazu, dass in der Steuerbilanz aktiviert werden muss, während bei handelsrechtlichen Passivierungswahlrechten eine Passivierung im Steuerrecht nicht vorgenommen werden darf.

BEISPIEL: Ein Gewerbetreibender nimmt bei der Bank ein Darlehen auf, wofür ein Disagio einbehalten wird.

Handelsrechtlich hat der Gewerbetreibende gem. § 250 Abs. 3 HGB ein Wahlrecht, das Disagio zu aktivieren oder den Betrag sofort als Aufwand zu behandeln. Demnach *muss* das Disagio steuerrechtlich aktiviert und in der Laufzeit des Darlehens abgeschrieben werden.

Abschließend sollen die Aussagen des Maßgeblichkeitsgrundsatzes hinsichtlich der Ansatzvorschriften in einer Übersicht dargestellt werden.

Handelsbilanz		**Steuerbilanz**
Aktivierungsgebot	→	Aktivierungsgebot
Passivierungsgebot	→	Passivierungsgebot
Aktivierungsverbot	→	Aktivierungsverbot
Passivierungsverbot	→	Passivierungsverbot
Aktivierungswahlrecht	→	Aktivierungspflicht
Passivierungswahlrecht	→	Passivierungsverbot

2. Ansatzvorschriften für alle Kaufleute

§§ 246 bis 251 HGB

51 Die Rechnungslegungsvorschriften des 3. Buches des HGB sind eingeteilt in zwei Teile: Im allgemeinen Teil (§§ 238 bis 263) befinden sich Vorschriften, die für *alle* Kaufleute gültig sind. Der besondere Teil (§§ 264 bis 289) gilt dagegen nur für Kapitalgesellschaften. Manche Vorschriften, die grundsätzlich nur für Kapitalgesellschaften gültig sind, haben aber auch Auswirkungen auf Kaufleute, die keine Kapitalgesellschaften sind. So werden beispielsweise die Gliederungsvorschriften über die Bilanz (§ 266) und die Gewinn- und Verlustrechnung (§ 275) in der Regel auch von Nichtkapitalgesellschaften angewendet, obwohl sie nur von Kapitalgesellschaften zwingend beachtet werden müssen.

Nachfolgend sollen zunächst die wichtigsten der für alle Rechtsformen gültigen Ansatzvorschriften besprochen werden.

a) Grundsätze

§§ 246, 247 HGB

Das Vollständigkeitsgebot des § 246 Abs. 1 HGB ergibt sich schon aus den Grundsätzen ordnungsmäßiger Buchführung. Danach sind im Jahresabschluss sämtliche Vermögensgegenstände, Schulden, Rechnungsabgrenzungsposten, Aufwendungen und Erträge zu erfassen. 52

Unter einem „Vermögensgegenstand" sind nicht nur die körperlichen Gegenstände, sondern auch Rechte und solche Güter zu verstehen, die nicht mit einem Recht verbunden sind (z. B. ein nicht patentiertes besonderes Produktionsverfahren). Ein Vermögensgegenstand muss selbständig bewertbar und verkehrsfähig sein. Als Vermögensgegenstand gilt auch gem. § 246 Abs. 1 Satz 4 HGB der entgeltlich erworbene Geschäfts- oder Firmenwert.

Leider wird im Steuerrecht mit dem „Wirtschaftsgut" ein anderer Begriff verwendet (vgl. hierzu auch die Ausführungen in Tz 42). Dieser Begriff soll der mehr dynamisch orientierten Steuerbilanz Rechnung tragen. Dennoch müsste durch den Wortlaut des § 6 Abs. 1 Satz 1 EStG gewährleistet sein, dass die Auslegung des Begriffs „Wirtschaftsgut" nicht umfassender sein darf als der handelsrechtliche Begriff des „Vermögensgegenstandes". Letztlich sind also die beiden Begriffe identisch.

§ 247 Abs. 1 HGB enthält Andeutungen, was für den Ansatz in der Bilanz in Frage kommt; eine Gliederung ist das nicht. Eine Bilanzgliederung enthält § 266 HGB, die von Kaufleuten, die keine Kapitalgesellschaft sind, angewendet werden kann, aber nicht muss.

b) Bilanzierungsverbote

§ 248 Abs. 1 HGB

Es bestehen gem. § 248 Abs. 1 HGB folgende Bilanzierungsverbote: 53

1. Aufwendungen für die Gründung eines Unternehmens,
2. Aufwendungen für die Beschaffung des Eigenkapitals und
3. Aufwendungen für den Abschluss von Versicherungsverträgen.

Die aufgeführten Bilanzierungsverbote bestehen offenbar deshalb, weil mit diesen Aufwendungen bewertbare und verkehrsfähige Vermögensgegenstände nicht geschaffen werden.

c) Immaterielle Vermögensgegenstände des Anlagevermögens

§ 248 Abs. 2 HGB; § 5 Abs. 2 EStG

Gemäß R 5.5 Abs. 1 Satz 1 EStR kommen als immaterielle Wirtschaftsgüter in Betracht: 54
Rechte, rechtsähnliche Werte und sonstige Vorteile. Dazu rechnen z. B. Patente, Markenrechte, Urheberrechte, Verlagsrechte, Belieferungsrechte, Optionsrechte, Konzessionen, Lizenzen, Erfindungen, Fabrikationsverfahren, Know-how, problemorientierte Computer-Individual-Programme u. a. m.

Für die Frage, ob ein entgeltlicher Erwerb vorgelegen hat, ist es nicht von Bedeutung, ob ein Aufwand angefallen ist. Vielmehr kommt es nach R 5.5 Abs. 2 Satz 2 EStR darauf an, dass das immaterielle Wirtschaftsgut durch einen Hoheitsakt oder ein Rechtsgeschäft (Vertrag) *gegen Hingabe einer bestimmten Gegenleistung* übergegangen oder eingeräumt worden ist.

BEISPIELE:

1. Ein Verlag zahlt an einen ausländischen Verlag 20 000 € für das Recht, das Buch eines ausländischen Autors ins Deutsche übersetzen und in der Bundesrepublik vertreiben zu dürfen. Dieses Recht stellt ein immaterielles Wirtschaftsgut dar. Es ist zu aktivieren, weil es entgeltlich erworben worden ist.
2. In einer Unternehmung wird ein Patent entwickelt. Es sind dafür in Form von Löhnen, Gehältern, Material und anderen Kosten Aufwendungen entstanden. Schließlich wird das Patent beim Patentamt eingetragen.

   Das Patent darf in der Steuerbilanz nicht aktiviert werden, weil es nicht entgeltlich erworben wurde.

Immaterielle Vermögensgegenstände des Anlagevermögens müssen in Handels- und Steuerbilanz aktiviert werden, wenn sie entgeltlich erworben worden sind. Das ergibt sich aus dem Umkehrschluss des § 248 Abs. 2 Satz 1 HGB und aus § 5 Abs. 2 EStG.

Für selbstgeschaffene immaterielle Vermögensgegenstände des Anlagevermögens gibt es handelsrechtlich und steuerrechtlich unterschiedliche Regelungen. **Handelsrechtlich** können immaterielle Vermögensgegenstände des Anlagevermögens aktiviert werden, wenn sie nicht entgeltlich erworben worden sind.

Voraussetzung für die Aktivierung ist, dass eine selbständige Verwertbarkeit bzw. Verkehrsfähigkeit gegeben sein muss. Es müssen folgende Kriterien kumulativ erfüllt sein:

1. Die Fertigstellung des immateriellen Vermögenswertes zur Nutzung oder zum Verkauf muss realisierbar sein.
2. Es muss die Absicht und die Fähigkeit bestehen, den immateriellen Vermögenswert fertig zu stellen, ihn zu nutzen.
3. Der voraussichtliche zukünftige Nutzen kann nachgewiesen werden.
4. Der immaterielle Vermögenswert kann während seiner Entwicklung zuverlässig mit seinen Herstellungskosten bewertet werden.

Wie in IFRS (IAS 38) sind zu unterscheiden Aufwendungen, die in der Forschungs- und Entwicklungsphase entstehen. Kosten der Forschung dürfen nicht, Kosten der Entwicklung können dagegen unter den genannten Voraussetzungen aktiviert werden. Freilich ist es oft schwierig, Forschungskosten von Entwicklungskosten zu unterscheiden. Auch § 255 Abs. 2a HGB trägt nur wenig zum Problem der Abgrenzung bei. Wenn Forschung und Entwicklung nicht verlässlich voneinander unterschieden werden können, muss gem. § 255a HGB eine Aktivierung unterbleiben.

Nach Aktivierung ist der immaterielle Vermögenswert planmäßig abzuschreiben, im Falle einer dauernden Wertminderung auch außerplanmäßig. Für die planmäßige Abschreibung eines selbst geschaffenen immateriellen Vermögensgegenstandes des Anlagevermögens ist die voraussichtliche zeitliche Nutzung maßgeblich. Kann diese nicht bestimmt werden, so sind die planmäßigen Abschreibungen auf die Herstellungskosten gem. § 253 Abs. 3 Sätze 3 und 4 HGB über einen Zeitraum von zehn Jahren vorzunehmen. Diese Regelung ist nach dem Bilanzrichtlinie-Umsetzungsgesetz vom 17. 7. 2015 erstmals auf immaterielle Vermögensgegenstände des Anlagevermögens anzuwenden, die nach dem 31. 12. 2015 aktiviert werden.

In Höhe des aktivierten Betrages besteht bei Kapitalgesellschaften gem. § 268 Abs. 8 HGB eine Ausschüttungssperre. Das ist u. a. ein Zeichen dafür, dass in einem HGB-Abschluss das Vorsichtsprinzip eine Rolle spielt.

Von einer Aktivierung als immaterielle Vermögensgegenstände sind gem. § 248 Abs. 2 HGB Marken, Drucktitel, Verlagsrechte, Kundenlisten oder vergleichbare immaterielle Vermögensgegenstände des Anlagevermögens ausgeschlossen. Hier besteht ein praktisches Problem darin, diese von den übrigen – aktivierungspflichtigen – Vermögensgegenständen abzugrenzen.

In der Steuerbilanz besteht für immaterielle Wirtschaftsgüter des Anlagevermögens gem. § 5 Abs. 2 EStG ein Aktivierungsverbot.

Abschließend werden die Grundsätze für den Ansatz in einer Übersicht dargestellt.

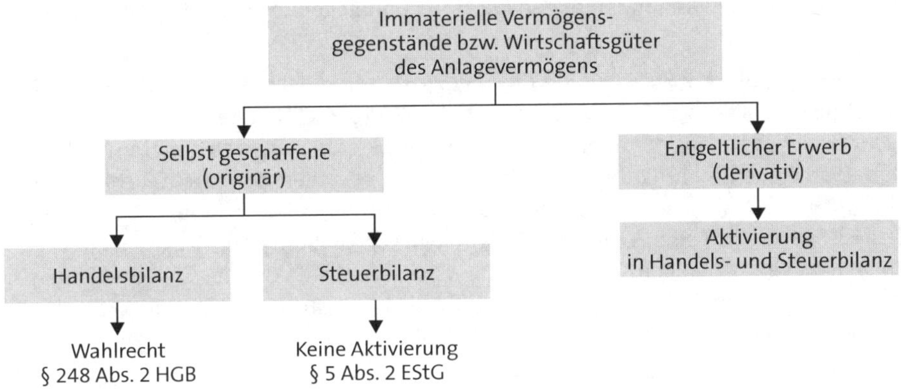

d) Firmenwert

§ 246 Abs. 1 Satz 4 HGB

Der entgeltlich erworbene (derivative) Geschäfts- oder Firmenwert gilt gem. § 246 Abs. 1 Satz 4 HGB als Vermögensgegenstand und ist deshalb zu aktivieren. Eine sofortige Verrechnung als Aufwand kommt nicht in Betracht. Der entgeltlich erworbene Geschäfts- oder Firmenwert ist in der Handelsbilanz entsprechend seiner voraussichtlichen zeitlichen Nutzung abzuschreiben. Kann diese nicht bestimmt werden, so ist der entgeltlich erworbene Geschäfts- oder Firmenwert gem. § 253 Abs. 3 Satz 4 HGB wie ein selbstgeschaffener immaterieller Vermögensgegenstand des Anlagevermögens über einen Zeitraum von zehn Jahren abzuschreiben. Ebenso wie bei den immateriellen Vermögensgegenständen ist diese Regelung erstmals anzuwenden für Firmenwerte, die nach dem 31. 12. 2015 aktiviert werden. 55

Bei einer eingetretenen Wertminderung kann der Geschäfts- oder Firmenwert auch außerplanmäßig abgeschrieben werden. Danach ist eine Wertaufholung gem. § 253 Abs. 5 Satz 2 HGB nicht möglich.

Steuerrechtlich ist der derivative Geschäfts- oder Firmenwert ebenfalls zu aktivieren. Der Unterschied zum Handelsrecht besteht allerdings darin, dass er gem. § 7 Abs. 1 Satz 3 EStG grundsätzlich innerhalb von 15 Jahren abzuschreiben ist.

Bei einer eingetretenen Wertminderung kann der Geschäfts oder Firmenwert in der Steuerbilanz mit dem niedrigeren Teilwert angesetzt werden. Eine spätere Zuschreibung wird von einigen Autoren für möglich gehalten.

e) Rückstellungen

aa) Allgemeines

§ 249 HGB, R 5.7 EStR

56 Bei Rückstellungen handelt es sich um Aufwendungen, verminderte Erträge oder Verluste, die in einem Geschäftsjahr verursacht werden, wofür die Ausgaben aber erst in späteren Jahren anfallen. Im Unterschied zu Verbindlichkeiten sind bei Rückstellungen ihre endgültige Entstehung, ihre genaue Höhe und gegebenenfalls die Fälligkeit ungewiss.

Für die Frage, ob eine Rückstellung für ungewisse Verbindlichkeiten handels- und steuerrechtlich gebildet werden muss, ist gem. R 5.7 Abs. 6 EStR darauf abzustellen, ob es *wahrscheinlich* ist, aus der ungewissen Verbindlichkeit in Anspruch genommen zu werden. „Es müssen mehr Gründe für als gegen das Bestehen der Verbindlichkeit vorliegen“, d. h. die Wahrscheinlichkeit der Inanspruchnahme muss mehr als 50 % betragen. Das ist m. E. freilich eine „Leerformel“; denn wie soll ein Steuerpflichtiger, der ja bei der Frage der eventuellen Inanspruchnahme auf Schätzungen, Vermutungen und andere in die Zukunft weisende Überlegungen angewiesen ist, nachweisen, dass die Wahrscheinlichkeit der Inanspruchnahme mehr als 50 % beträgt?

Handelsrechtlich sind folgende Rückstellungen zu bilden für:

- ungewisse Verbindlichkeiten gem. § 249 Abs. 1 Satz 1 HGB,
- drohende Verluste aus schwebenden Geschäften gem. § 249 Abs. 1 Satz 1 HGB,
- im Geschäftsjahr unterlassene Aufwendungen für Instandhaltung, die im folgenden Geschäftsjahr innerhalb von drei Monaten nachgeholt werden gem. § 249 Abs. 1 Satz 2 Nr. 1 HGB,
- im Geschäftsjahr unterlassene Aufwendungen für Abraumbeseitigung, die im folgenden Geschäftsjahr nachgeholt werden gem. § 249 Abs. 1 Satz 2 Nr. 1 HGB,
- Gewährleistungen ohne rechtliche Verpflichtung gem. § 249 Abs. 1 Satz 2 Nr. 2 HGB,
- latente Steuern gem. § 274 Abs. 1 HGB (nur für Kapitalgesellschaften; vgl. hierzu die Ausführungen in Tz 69 bis 71).

Zu den Rückstellungen des § 249 Abs. 1 Satz 1 HGB gehören auch die Pensionsrückstellungen, wenn sie auf Zusagen nach dem 31. 12. 1986 beruhen. Für vor dem 1. 1. 1987 zugesagte Pensionen und für deren Erhöhungen nach dem 31. 12. 1986 gilt die Übergangsregelung des Art. 28 Abs. 1 EGHGB, wonach wie früher ein Wahlrecht besteht. Machen Kapitalgesellschaften von dem Wahlrecht Gebrauch, vor dem 1. 1. 1987 gegebene Pensionszusagen nicht auszuweisen, müssen sie allerdings gem. Art. 28 Abs. 2 EGHGB den Betrag der bestehenden Pensionsverpflichtungen im Anhang angeben.

Die Einzelfälle der Rückstellungen sind am zahlreichsten für ungewisse Verbindlichkeiten. In der wirtschaftlichen Praxis kommt es nämlich sehr häufig vor, dass am Bilanzstichtag ungewisse Schulden bestehen. Die Möglichkeiten sind so vielfältig, dass es nicht möglich ist, diese erschöpfend aufzuzählen. Beispielhaft seien deshalb nur Rückstellungen für Aufbewahrung von Geschäftsunterlagen, Bürgschaften, Garantieverpflichtungen, Jahresabschluss- und Prüfungskosten, Kulanzleistungen, Produkthaftung, Prozesskosten, Rabattmarken, Urlaubsansprüche und Wechselobligo erwähnt.

Die Voraussetzungen für die Bildung von Pensionsrückstellungen werden an anderer Stelle (Tz 205 und 206) im Zusammenhang mit ihrer Bewertung besprochen.

bb) Steuerrechtliche Besonderheiten

Im Normalfall ist nach dem Maßgeblichkeitsgrundsatz der Ansatz von Rückstellungen 57
in Handels- und Steuerbilanz identisch. Allerdings gibt es im Steuerrecht einige vom Handelsrecht abweichende Regelungen, die nachfolgend besprochen werden.

(1) Verletzung fremder Schutzrechte

§ 5 Abs. 3 EStG

Rückstellungen wegen Verletzung fremder Patent-, Urheber- oder ähnlicher Schutz- 58
rechte dürfen gem. § 5 Abs. 3 EStG erst gebildet werden, wenn die Ansprüche wegen Rechtsverletzung geltend gemacht werden oder mit einer Inanspruchnahme wegen Rechtsverletzung ernsthaft zu rechnen ist. Im letzteren Fall muss die gebildete Rückstellung gem. § 5 Abs. 3 Satz 2 EStG spätestens im dritten auf die notwendige Bildung folgenden Wirtschaftsjahr aufgelöst werden, wenn Ansprüche nicht geltend gemacht worden sind.

(2) Jubiläumszuwendungen

§ 5 Abs. 4 EStG

Rückstellungen für Jubiläumszuwendungen dürfen gem. § 5 Abs. 4 EStG nur gebildet 59
werden, wenn das Dienstverhältnis mindestens 10 Jahre bestanden hat, das Dienstjubiläum das Bestehen eines Dienstverhältnisses von mindestens fünfzehn Jahren voraussetzt und die Zusage schriftlich erteilt ist. Die Formulierung in § 5 Abs. 4 EStG, dass Rückstellungen für die Verpflichtung zu einer Zuwendung anlässlich eines Dienstjubiläums nur gebildet werden „dürfen", darf nicht zu dem Fehlschluss führen, der Steuerpflichtige habe ein Wahlrecht. Vielmehr besteht, wenn die Voraussetzungen vorliegen, eine Passivierungspflicht.

Praktische Bedeutung hat die Vorschrift über die Bildung von Rückstellungen für Jubiläumszuwendungen seit 1993 erlangt. Rückstellungen für die Verpflichtung zu einer Zuwendung anlässlich eines Dienstjubiläums dürfen nämlich nur gebildet werden, *soweit der Zuwendungsberechtigte seine Anwartschaft nach dem 31.12.1992 erwirbt.* Damit bauen sich die Jubiläumsrückstellungen in Unternehmen, bei denen die Voraussetzungen vorliegen, seit 1993 nur langsam auf.

(3) Drohende Verluste aus schwebenden Geschäften

§ 5 Abs. 4a EStG

60 Gemäß § 5 Abs. 4a EStG ist die Bildung einer Rückstellung für drohende Verluste aus schwebenden Geschäften in der **Steuerbilanz** nicht möglich. Diese Regelung ist nur fiskalisch zu erklären und stellt einen schwer wiegenden Verstoß gegen die Grundsätze ordnungsmäßiger Buchführung und das Nettoprinzip bei der Gewinnermittlung dar. Das gilt umso mehr, als damit steuerrechtlich eine Rückstellung für drohende Verluste aus schwebenden Geschäften selbst dann versagt wird, wenn dem drohenden Verlust keinerlei Gewinnchancen gegenüberstehen.

(4) Anschaffungs- und Herstellungskosten

§ 5 Abs. 4b EStG

61 Nach ständiger Rechtsprechung des BFH dürfen für Aufwendungen, die Anschaffungs- oder Herstellungskosten eines Wirtschaftsgutes sind, keine Rückstellungen gebildet werden. Insofern ist § 5 Abs. 4b EStG nur eine Klarstellung. Sie ist plausibel, weil andernfalls ein erfolgsneutraler Vorgang durch Bildung einer Rückstellung in einen erfolgswirksamen Vorgang umfunktioniert werden könnte.

BEISPIEL: Ein Unternehmer wird aufgrund des Umwelthaftungsgesetzes von einer Behörde verpflichtet, eine Kläranlage zu bauen.

Da die Aufwendungen für die Kläranlage zu aktivieren sind, kann eine Rückstellung gem. § 5 Abs. 4b EStG nicht gebildet werden.

cc) Übersicht über die Ansatzvorschriften

Abschließend werden die Ansatzvorschriften für Rückstellungen in Handels- und Steuerbilanz in einer Übersicht dargestellt.

Ansatzvorschriften für Rückstellungen in Handels- und Steuerbilanz					
	Rückstellungen	Gesetzliche Vorschrift im HGB	Handels-bilanz	Steuer-bilanz	Gesetzliche Vorschrift im EStG
1.	Ungewisse Verbindlichkeiten	§ 249 Abs. 1 Satz 1	P	P	
2.	Pensionen und Pensionsanwartschaften	Satz 1	P [1]	P [1]	§ 6a
3.	Verletzung fremder Schutzrechte	Satz 1	P	P [2]	§ 5 Abs. 3
4.	Jubiläumszuwendungen	Satz 1	P	P [3]	§ 5 Abs. 4
5.	Drohende Verluste aus schwebenden Geschäften	Satz 1	P	V	§ 5 Abs. 4a
6.	Unterlassene Instandhaltung (Nachholung in 3 Monaten)	Satz 2 Nr. 1	P	P	
7.	Abraumbeseitigung (Nachholung in 12 Monaten)	Satz 2 Nr. 1	P	P	
8.	Kulanzleistungen	Satz 2 Nr. 2	P	P	
9.	Rückstellungen für Aufwendungen, die AK oder HK für ein Wirtschaftsgut sind	Satz 1	V	V	§ 5 Abs. 4b
10.	Andere Zwecke	§ 249 Abs. 2	V	V	

[1] Für Zusagen vor dem 1. 1. 1987 oder deren Erhöhung besteht gem. Art. 28 EGHGB ein Wahlrecht.
[2] Nur unter den Voraussetzungen des § 5 Abs. 3 EStG.
[3] Nur unter den Voraussetzungen des § 5 Abs. 4 EStG.

f) Posten der Rechnungsabgrenzung

Aufwendungen und Erträge sind *zeitraumbezogen*. Die Bilanzierung hat dagegen zu einem *bestimmten Stichtag* (zeitpunktbezogen) zu erfolgen. Es ist möglich, dass sich die zeitraumbezogenen Aufwendungen oder Erträge über den Bilanzstichtag hinweg erstrecken. Im Sinne einer periodengerechten Gewinnermittlung muss dann grundsätzlich eine Abgrenzung erfolgen. 62

Wenn sich Aufwendungen oder Erträge über den Bilanzstichtag hinweg erstrecken, können die Ausgaben oder Einnahmen vor oder nach dem Bilanzstichtag anfallen. Man unterscheidet demgemäß zwischen *transitorischen* und *antizipativen* Posten der *Rechnungsabgrenzung*.

Gemäß § 250 Abs. 1 Satz 1 und Abs. 2 HGB und gem. § 5 Abs. 5 EStG können *Posten der Rechnungsabgrenzung nur für die sog. transitorischen Posten gebildet werden.*

BEISPIEL: Ein Unternehmer zahlt am 30. 9. die Kraftfahrzeugsteuer für die Zeit vom 1. 10. bis zum 30. 9. des darauf folgenden Jahres im Voraus. Bilanzstichtag ist der 31. 12.

Drei Viertel der gezahlten Kraftfahrzeugsteuer sind gem. § 250 Abs. 1 HGB und gem. § 5 Abs. 5 EStG in einen Posten der Rechnungsabgrenzung einzustellen.

Nach § 250 Abs. 1 Satz 1 und Abs. 2 HGB und nach § 5 Abs. 5 EStG dürfen für *antizipative Posten keine Rechnungsabgrenzungen gebildet werden.* In der Regel dürfte es sich aber um *echte Forderungen oder Verbindlichkeiten* handeln, die in der *Bilanz als solche auszuweisen sind.*

BEISPIEL: Ein Unternehmer erhält von einem Mieter die Miete für das Halbjahr vom 1. 10. bis 31. 3. i. H. von 6 000 € erst am 1. April. Bilanzstichtag ist der 31. 12.

In Höhe von 3 000 € hat der Unternehmer am 31. 12. eine Forderung. Sie ist in seiner Bilanz auszuweisen.

Beim Ansatz der transitorischen Posten der Rechnungsabgrenzung ist darauf zu achten, dass der Aufwand oder Ertrag für eine *„bestimmte"* Zeit nach dem Stichtag getätigt wird. Es darf sich also nicht um einen nur ungewissen Zeitraum handeln.

BEISPIEL: Ein Unternehmer tätigt Werbeaufwendungen im Dezember eines Jahres. Es ist anzunehmen, dass der Werbeaufwand auch Auswirkungen auf den Absatz im nächsten Jahr hat.

Ein Posten der Rechnungsabgrenzung kann nicht gebildet werden, weil der Werbeaufwand nicht für eine *bestimmte* Zeit nach dem Abschlussstichtag getätigt wird.

g) Latente Steuern

63 Grundsätzlich kommen aktive oder passive Posten für latente Steuern gem. § 274 HGB nur bei Kapitalgesellschaften oder ihnen gleichgestellten Personengesellschaften i. S. des § 264a HGB in Frage, was sich aus der Stellung dieser Vorschrift im Gesetz ergibt. Es wird deshalb insoweit auf die Ausführungen in den Tz 69 bis 71 verwiesen.

Allerdings wird auch die Meinung vertreten, dass auch Personenunternehmen hinsichtlich der Gewerbesteuer Rückstellungen für latente Steuern bilden müssen, wenn die Voraussetzungen des § 249 Abs. 1 Satz 1 HGB erfüllt sind (so IDW RS HFA 7 n. F. vom 11. 3. 2011, Tz 24). Demgegenüber lehnt der Steuerberaterverband (Becker NWB 2012 S. 57, insbes. S. 65, 66) die Möglichkeit einer Rückstellung für latente Steuern ab, „weil die Steuern erst mit Ablauf des jeweiligen zukünftigen Jahres entstehen und nicht im Jahr der Bildung einer möglichen Steuerlatenzrückstellung."

M. E. ist die Ansicht des IDW abzulehnen, denn der Gesetzgeber hat sicherlich ganz bewusst die Regelung zu latenten Steuern in § 274 HGB, also bei den Vorschriften für Kapitalgesellschaften, aufgenommen. Hätte der Gesetzgeber die Absicht gehabt, dass Rückstellungen für latente Steuern auch bei Personengesellschaften oder Einzelunternehmen zu bilden sind, hätte er die Regelung im Allgemeinen Teil des 3. Buches des HGB oder aber in § 249 HGB einen entsprechenden Hinweis unterbringen müssen.

3. Ansatzvorschriften für Kapitalgesellschaften

64 Es wurde schon darauf hingewiesen (Tz 51), dass der besondere Teil des 3. Buches des HGB (§§ 264 bis 289) nur für Kapitalgesellschaften Gültigkeit hat. Hierunter befinden sich auch einige Ansatzvorschriften, wovon die wichtigsten nachfolgend besprochen werden sollen.

a) Die Gliederung der Bilanz

§ 266 HGB

Kapitalgesellschaften müssen ihre Bilanzen nach § 266 Abs. 2 und 3 HGB gliedern. 65

Das Anlagevermögen ist vertikal dreigeteilt, nämlich in immaterielle Vermögensgegenstände, Sachanlagen und Finanzanlagen.

Das Eigenkapital ist in seiner Gesamtheit zu Beginn der Passivseite auszuweisen.

Zu Forderungen und Verbindlichkeiten sind Angaben zu ihrer Fälligkeit zu machen. Bei den Forderungen sind gem. § 268 Abs. 4 Satz 1 HGB die Beträge mit einer Restlaufzeit von mehr als einem Jahr gesondert auszuweisen. Umgekehrt sind bei den Verbindlichkeiten gem. § 268 Abs. 5 Satz 1 HGB diejenigen mit einer Restlaufzeit bis zu einem Jahr gesondert auszuweisen. Außerdem ist gem. § 285 Nr. 1a HGB der Gesamtbetrag der Verbindlichkeiten mit einer Restlaufzeit von mehr als fünf Jahren im Anhang anzugeben. Aus diesen drei Fälligkeitskategorien (bis zu einem Jahr, ein bis fünf Jahre, über fünf Jahre) kann ein sog. Verbindlichkeitenspiegel abgeleitet werden. Diese Regelungen führen zu einer besseren Aussagefähigkeit der Bilanz.

b) Ausweis des Anlagevermögens

§ 268 Abs. 2 HGB

Das Anlagevermögen ist gem. § 284 Abs. 3 HGB in Form des sog. Anlagespiegels (Anlagegitter) auszuweisen. In diesen Anlagespiegel sind im Anhang (mindestens) folgende acht Spalten aufzunehmen: 66

(1) ursprüngliche Anschaffungs- oder Herstellungskosten,

(2) Zugänge,

(3) Abgänge,

(4) Umbuchungen,

(5) Zuschreibungen des Geschäftsjahres,

(6) kumulierte Abschreibungen,

(7) Buchwert am Ende des Geschäftsjahres,

(8) Buchwert am Ende des Vorjahres.

Die Posten (1) bis (6) sind in § 284 Abs. 3 HGB genannt. Posten (7) dient der rechnerischen Abstimmung und Posten (8) ergibt sich aus § 265 Abs. 2 Satz 1 HGB.

Gemäß § 284 Abs. 3 Satz 3 HGB sind zusätzlich noch die Abschreibungen des Geschäftsjahres anzugeben. Bei Aufnahme in den Anlagespiegel erhöht sich die Anzahl der Spalten auf neun.

Bei dieser horizontalen Gliederung des Anlagevermögens handelt es sich um die „direkte Bruttomethode". Sinn des Bruttoausweises ist es in erster Linie, die ursprünglichen Anschaffungs- oder Herstellungskosten bei jedem Bilanzposten des Anlagevermögens ersichtlich zu machen. Durch den gleichzeitigen Ausweis der kumulierten Abschreibungen können Rückschlüsse auf die Altersstruktur des Anlagevermögens gezogen werden.

Unter den Zuschreibungen (ebenso wie unter den Zugängen, Abgängen und Umbuchungen) sind nach dem eindeutigen Wortlaut des § 284 Abs. 3 Satz 2 HGB nur diejenigen des Geschäftsjahres zu verstehen. Würde man in den Folgejahren die Zuschreibungen der Vorjahre ohne weitere Vorkehrungen einfach weglassen, so würde die Querrechnung im Anlagespiegel bis hin zum Buchwert des Geschäftsjahres nicht mehr stimmen. Das wird allgemein als störend empfunden.

In der Literatur ist eine Reihe von Vorschlägen gemacht worden, dieses Problem zu lösen. Überwiegend wird der Möglichkeit der Vorzug gegeben, die Zuschreibungen der Vorjahre mit den kumulierten Abschreibungen zu saldieren. Dieser Lösung ist zuzustimmen, weil Zuschreibungen nichts anderes sind als negative Abschreibungen.

In den Anlagespiegel sind grundsätzlich auch die geringwertigen Wirtschaftsgüter einzubeziehen. Wenn aber der Verwaltungsaufwand hierfür sehr groß sein sollte, dürfte es auch vertretbar und mit den Grundsätzen ordnungsmäßiger Buchführung vereinbar sein, die geringwertigen Wirtschaftsgüter sofort als Aufwand zu behandeln.

c) Eigenkapital

§ 266 Abs. 3 HGB

67 Es wurde schon darauf hingewiesen (vgl. Tz 65), dass das Eigenkapital zu Beginn der Passivseite zusammengefasst wird. Es ist zu unterteilen in

- gezeichnetes Kapital,
- Kapitalrücklage,
- Gewinnrücklagen,
- Gewinnvortrag/Verlustvortrag und
- Jahresüberschuss/Jahresfehlbetrag.

Als gezeichnetes Kapital ist das Grundkapital der Aktiengesellschaften (§ 152 Abs. 1 Satz 1 AktG) und das Stammkapital der Gesellschaften mit beschränkter Haftung (§ 42 Abs. 1 GmbHG) auszuweisen. Die Aufgliederung der Rücklagen in Kapitalrücklagen und Gewinnrücklagen ist für die Beurteilung von veröffentlichten Bilanzen von Vorteil. Wird die Bilanz unter Berücksichtigung der teilweisen Verwendung des Ergebnisses aufgestellt, so tritt gem. § 268 Abs. 1 HGB an die Stelle der Posten „Jahresüberschuss/Jahresfehlbetrag" und „Gewinnvortrag/ Verlustvortrag" der Posten „Bilanzgewinn/Bilanzverlust".

d) Sonderposten mit Rücklageanteil

§ 247 Abs. 3 HGB a. F.

68 Bevor das Bilanzrechtsmodernisierungsgesetz vom 25. 5. 2009 in Kraft getreten war, wurden sog. steuerfreie Rücklagen gem. § 247 Abs. 3 HGB a. F. als „Sonderposten mit Rücklageanteil" ausgewiesen. Es handelte sich im Wesentlichen um folgende einkommensteuerrechtliche Möglichkeiten:

- Rücklage für Ersatzbeschaffung gem. R 6.6 EStR,
- Rücklage gem. § 6b EStG und
- Zuschussrücklage gem. R 6.5 EStR.

Nach der Abschaffung der umgekehrten Maßgeblichkeit (vgl. hierzu Tz 143) war für die „Sonderposten mit Rücklageanteil" gem. § 247 Abs. 3 HGB a. F. kein Raum mehr. Konsequenterweise sind deshalb alle Vorschriften, die die umgekehrte Maßgeblichkeit gewährleisteten, aufgehoben worden, und zwar die §§ 247 Abs. 3, 254, 273, 279 Abs. 2, 280 und 281 HGB a. F.

Es ist gem. § 5 Abs. 1 Satz 2 EStG nur noch erforderlich, dass für die Ausübung steuerrechtlicher Wahlrechte die Wirtschaftsgüter, die nicht mit dem handelsrechtlich maßgeblichen Wert in der steuerlichen Gewinnermittlung ausgewiesen werden, in besondere, laufend zu führende Verzeichnisse aufgenommen werden.

f) Aktive und passive Posten für latente Steuern

§ 274 HGB

Posten für latente Steuern sind keine Vermögensgegenstände oder Schulden, sondern Posten eigener Art. 69

Aktive und passive Posten für latente Steuern gem. § 274 HGB kommen in Handelsbilanzen von **Kapitalgesellschaften** und **GmbH & Co. KG** in Frage, nicht allerdings bei kleinen Kapitalgesellschaften gem. § 274a Nr. 5 HGB.

Die Bilanzierung latenter Steuern soll den „richtigen" Periodenerfolg und den dazugehörigen „richtigen" Steueraufwand berücksichtigen. **„Richtig"** in diesem Sinn ist der dem Handelsbilanzgewinn entsprechende und nicht der nach steuerlichen Vorschriften berechnete Steueraufwand. Ein aktiver latenter Steuerposten antizipiert für die Zukunft eine Steuerentlastung, ein passiver latenter Steuerposten antizipiert für die Zukunft eine Steuerbelastung. Es wird also aufgezeigt, mit welchen steuerlichen Mehr- oder Minderbelastungen in der Zukunft zu rechnen ist.

Nach dem gültigen sog. **Temporary-Konzept** sind gem. § 274 Abs. 1 Satz 1 und 2 HGB immer dann anzusetzen, wenn **Unterschiede in den Wertansätzen von Vermögensgegenständen und Schulden zwischen Handels- und Steuerbilanz bestehen.**

Außerdem kommen gem. § 274 Abs. 1 Satz 4 HGB aktive Posten für latente Steuern bei **Verlustvorträgen** in Frage.

Für den Ausweis **aktiver latenter Steuern** besteht ein **Wahlrecht**. **Passive latente Steuern** müssen angesetzt werden. Der Ausweis kann gem. § 274 Abs. 1 Satz 2 HGB wahlweise saldiert oder unsaldiert erfolgen. Da aktive Steuerlatenzen sehr viel häufiger vorkommen als passive, kann daher in der Praxis sehr häufig auf den Ansatz von latenten Steuern verzichtet werden.

Die Bewertung der latenten Steuern erfolgt gem. § 274 Abs. 2 Satz 1 HGB mit dem unternehmensindividuellen Steuersatz im Zeitpunkt der (voraussichtlichen) Umkehrung der Differenz. Zurzeit ist dieser Steuersatz mit etwa 30 % (15 % KSt + 0,825 % SolZ + 14 % GewSt) anzunehmen.

Die latenten Steuerposten sind gem. § 274 Abs. 2 Satz 1 HGB nicht abzuzinsen.

Latente Steuern sind nach dem Gliederungsschema auf der Aktivseite unter § 266 Abs. 2 D. HGB und auf der Passivseite unter § 266 Abs. 3 E. HGB auszuweisen.

aa) Aktive latente Steuern

§ 274 Abs. 1 Satz 2 HGB

70 Die Aktivierung von latenten Steuern kommt immer dann in Frage, wenn ein Vermögensgegenstand bzw. ein Wirtschaftsgut in der Steuerbilanz mit einem höheren Wert als in der Handelsbilanz oder eine Schuld oder eine Rückstellung auf der Passivseite der Bilanz in der Steuerbilanz niedriger als in der Handelsbilanz angesetzt wird. Es besteht ein Wahlrecht.

BEISPIEL 2: Eine GmbH bildet in der Handelsbilanz auf den 31. 12. 01 eine Rückstellung für drohende Verluste aus schwebenden Geschäften i. H. von 100. Im Jahr 02 wird sie gewinnerhöhend aufgelöst. In der Steuerbilanz kann eine Rückstellung für drohende Verluste aus schwebenden Geschäften gem. § 5 Abs. 4a EStG nicht gebildet werden. Ohne Berücksichtigung der genannten Rückstellung hat die GmbH in den Jahren 01 und 02 jeweils ein Ergebnis vor Steuern von 500, d. h. im Jahr 01 ist das Handelsbilanzergebnis 500 ·/. 100 = 400, im Jahr 02 500 + 100 = 600. Der Steuersatz soll mit 30 % angenommen werden.

LÖSUNG: Für das Jahr 01 ergibt sich ein tatsächlicher Steueraufwand von 30 % von 500 = 150. Dem handelsrechtlichen Ergebnis von 400 würde aber nur ein Steueraufwand von 30 % von 400 = 120 entsprechen. Im Jahr 02 ist die Situation umgekehrt. Der tatsächliche Steueraufwand beträgt wieder 30 % von 500 = 150. Dem handelsrechtlichen Ergebnis von 600 würde aber ein Steueraufwand von 30 % von 600 = 180 entsprechen.

In einer Übersicht dargestellt:

	01	02
Drohverlustrückstellung HB	100	0
Drohverlustrückstellung StB	0	0
Bilanz-Differenz	100	0
Steuerergebnis	500	500
	----	----
HB-Ergebnis	400	600
tatsächlicher Steueraufwand	·/. 150	·/. 150
Latenter Steuerertrag/(-aufwand)	+ 30	·/. 30
HB-Ergebnis nach Steuern	280	420

Falls die GmbH vom Aktivierungswahlrecht Gebrauch macht, ist zu buchen:

01: Aktive latente Steuern	30	
an Steuern vom Einkommen und Ertrag		30
02: Steuern vom Einkommen und Ertrag	30	
an Aktive latente Steuern		30

Es wird die Meinung vertreten, (z. B. Küting/Seel, DB 2009 S. 924), das Aktivierungswahlrecht könne nur in voller Höhe in Anspruch genommen werden, eine Beschränkung auf Teilbeträge sei also nicht möglich.

Eine Besonderheit, aktive latente Steuern bilden zu können, besteht dann, wenn eine Kapitalgesellschaft steuerliche Verlustvorträge hat. Unterschiede bei der Bewertung von Vermögensgegenständen oder Schulden in Handels- und Steuerbilanz sind dann nicht gegeben. Vielmehr ergibt sich durch die Verrechnung der steuerlichen Verlustvorträge mit Gewinnen in der Zukunft eine Steuerminderung.

An die Aktivierung von latenten Steuern auf Grund von Verlustvorträgen werden naturgemäß hohe Anforderungen gestellt, denn die entstandenen Verluste in der Vergangenheit lassen es jedenfalls nicht selbstverständlich erscheinen, dass in Zukunft Gewinne entstehen, mit denen die Verluste verrechnet werden können. Deshalb kommt eine Aktivierung nur in Betracht, wenn das Entstehen von Gewinnen wahrscheinlich ist, und zwar gem. § 274 Abs. 1 Satz 4 HGB innerhalb der nächsten fünf Jahre.

Die Aktivierungsmöglichkeit wird gem. § 268 Abs. 8 Satz 2 HGB von einer Ausschüttungssperre in Höhe des Überhangs der aktiven über die passiven latenten Steuern begleitet.

bb) Passive latente Steuern

§ 274 Abs. 1 Satz 1 HGB

Die Passivierung von latenten Steuern hat zu erfolgen, wenn ein Vermögensgegen- 71
stand bzw. ein Wirtschaftsgut in der Handelsbilanz mit einem höheren Wert als in der Steuerbilanz oder eine Schuld oder eine Rückstellung auf der Passivseite der Bilanz in der Handelsbilanz niedriger als in der Steuerbilanz angesetzt wird.

BEISPIEL: Eine GmbH aktiviert in ihrer Handelsbilanz auf den 31. 2. 01 gem. § 24 Abs. 2 HGB einen selbst geschaffenen immateriellen Vermögensgegenstand des Anlagevermögens i. H. von 100. Im Jahr 02 ergibt sich, dass die Erwartungen aus dem Jahr 01 nicht realisiert werden können, weshalb eine außerplanmäßige Abschreibung auf 0 vorzunehmen ist. In der Steuerbilanz kann ein Aktivposten für selbst erstellte immaterielle Wirtschaftsgüter des Anlagevermögens gem. § 5 Abs. 2 EStG nicht angesetzt werden. Ohne Berücksichtigung des selbst geschaffenen immateriellen Vermögensgegenstands hat die GmbH in den Jahren 01 und 02 jeweils ein Ergebnis vor Steuern von 500, d. h. im Jahr 01 ist das Handelsbilanzergebnis 500 + 100 = 600, im Jahr 02 500/100 = 400. Der Steuersatz ist mit 30 % anzunehmen.

LÖSUNG: Für das Jahr 01 ergibt sich ein tatsächlicher Steueraufwand von 30 % von 500 = 150. Dem handelsrechtlichen Ergebnis von 600 würde aber ein Steueraufwand von 30 % von 600 = 180 entsprechen. Im Jahr 02 ist die Situation umgekehrt. Der tatsächliche Steueraufwand beträgt wieder 30 % von 500 = 150. Dem handelsrechtlichen Ergebnis von 400 würde aber nur ein Steueraufwand von 30 % von 400 = 120 entsprechen.

In einer Übersicht dargestellt:

	01	02
Immaterieller Vermögensgegenstand HB	100	0
Immaterielles Wirtschaftsgut StB	0	0
Bilanz-Differenz	100	0
Steuerergebnis	500	500
	----	----
HB-Ergebnis	600	400
tatsächlicher Steueraufwand	./. 150	./. 150

Latenter Steueraufwand/(-ertrag)	·/. 30	+ 30
HB-Ergebnis nach Steuern	420	280

Es ist zu buchen:

01: Steuern vom Einkommen und Ertrag	30	
an Passive latente Steuern		30
02: Passive latente Steuern	30	
an Steuern vom Einkommen und Ertrag		30

In Teilen des Schrifttums und nach der Auffassung des IDW soll der Ausweis von passiven Posten für latente Steuern hinsichtlich der Gewerbesteuer auch bei Personenunternehmen geboten sein, „sofern die Tatbestandsvoraussetzungen des § 249 Abs. 1 Satz 1 HGB erfüllt sind“ (so IDW ERS HFA 7 n .F. vom 11. 3. 2011, Tz 24). Nach Auffassung des Steuerberaterverbandes (NWB 1/2012 S. 65/66) ist das aber abzulehnen.

Meines Erachtens ist der Ansicht des IDW nicht zu folgen, denn der Gesetzgeber hat sicherlich ganz bewusst die Regelung zu latenten Steuern in § 274 HGB, also bei den Vorschriften für Kapitalgesellschaften, aufgenommen. Hätte der Gesetzgeber die Absicht gehabt, dass Rückstellungen für latente Steuern auch bei Personengesellschaften oder Einzelunternehmen zu bilden sind, hätte er die Regelung im Allgemeinen Teil des 3. Buches des HGB oder aber in § 249 HGB einen entsprechenden Hinweis unterbringen müssen.

IV. Betriebsvermögen bei Einzelunternehmern

72 Bei Kapitalgesellschaften sind alle Vermögensgegenstände immer notwendiges Betriebsvermögen. Auch bei Personengesellschaften sind die Vermögensgegenstände des Gesamthandsvermögens grundsätzlich notwendiges Betriebsvermögen. Die nachfolgende Untersuchung über die Abgrenzung des Betriebsvermögens vom Privatvermögen betrifft deshalb nur Einzelunternehmer.

1. Die Dreiteilung des Vermögens

73 Das Vermögen, das einem Steuerpflichtigen zuzurechnen ist, wird unter steuerlichen Gesichtspunkten folgendermaßen aufgeteilt:

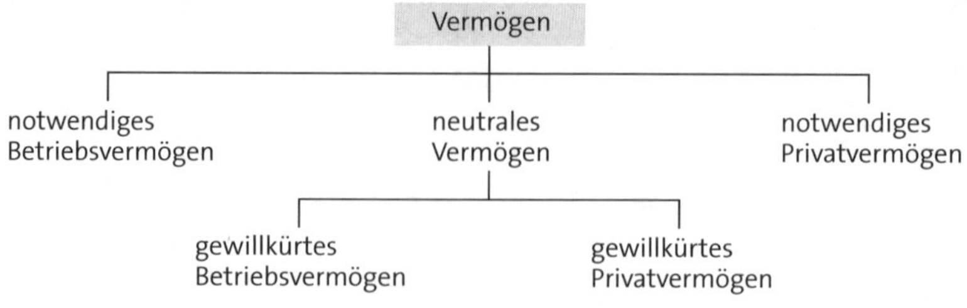

Handelsrechtlich ist die Unterscheidung in Betriebs- und Privatvermögen zumindest bei Vollhaftung nicht von Bedeutung. Steuerrechtlich ist das aber von umso größerer Bedeutung, weil die steuerliche Gewinnermittlung normalerweise durch Gegenüberstellung des Betriebsvermögens erfolgt. Deshalb muss bekannt sein, was zum Betriebsvermögen gehört. *Alle Einnahmen bzw. Erträge und Ausgaben bzw. Aufwendungen*, die mit Wirtschaftsgütern des Betriebsvermögens im Zusammenhang stehen, *erhöhen oder vermindern den steuerlichen Gewinn*. Ebenso wird das Ergebnis durch Veräußerungsgewinne oder -verluste solcher Wirtschaftsgüter beeinflusst. Hingegen beeinflussen derartige Vorgänge bei Wirtschaftsgütern des Privatvermögens den steuerlichen Gewinn nicht.

BEISPIEL: Ein Unternehmer ist Eigentümer eines Mietwohngrundstückes, das zu einem Teil auch von Arbeitnehmern seines Betriebes bewohnt wird, ohne dass hierfür eine Notwendigkeit besteht.

Der Steuerpflichtige hat, wie noch zu erörtern sein wird, ein Wahlrecht. Er kann das Mietwohngrundstück zum (gewillkürten) Betriebsvermögen oder zum (gewillkürten) Privatvermögen rechnen.

Ist das Mietwohngrundstück Betriebsvermögen, so stellen die Mieten Betriebseinnahmen und die Hausaufwendungen Betriebsausgaben dar. Wird das Mietwohngrundstück veräußert, entsteht ein (zu versteuernder) Veräußerungsgewinn oder ein (steuermindernder) Veräußerungsverlust.

Wird das Mietwohngrundstück dagegen zum Privatvermögen gerechnet, hat der Steuerpflichtige Einnahmen und Ausgaben innerhalb der Einkunftsart Vermietung und Verpachtung. Eine Veräußerung ist – abgesehen von dem Fall, dass die Frist von zehn Jahren (§ 23 Abs. 1 Nr. 1 EStG) nicht überschritten ist – steuerlich nicht relevant.

2. Notwendiges Betriebsvermögen

Es gibt Wirtschaftsgüter, die notwendigerweise zum Betriebsvermögen gehören. Das 74
sind Wirtschaftsgüter, *die dem Betrieb dienen und ihrer Natur nach eine so enge Beziehung zu dem Betrieb haben, dass sie für das Unternehmen wesentlich oder gar unentbehrlich sind*.

BEISPIEL: Ein Schuhfabrikant schafft eine für die Schuhproduktion bestimmte Maschine an.

Die Maschine ist notwendiges Betriebsvermögen, weil sie für den Unternehmenszweck wesentlich oder gar unentbehrlich ist.

Wirtschaftsgüter gehören also zum notwendigen Betriebsvermögen, wenn sie ihm objektiv dienen oder zu dienen bestimmt sind. Dabei braucht es sich nicht um eine *objektive Notwendigkeit zu handeln*.

Es genügt, wenn der Unternehmer *subjektiv* der Ansicht ist, dass dieses Wirtschaftsgut für den Betrieb erforderlich ist. Wenn es dann dem Betrieb *tatsächlich* dient, so reicht das für die Zugehörigkeit zum notwendigen Betriebsvermögen aus.

Für die Zugehörigkeit eines Wirtschaftsgutes zum notwendigen Betriebsvermögen ist es unbeachtlich, dass der Steuerpflichtige das betreffende Wirtschaftsgut in seiner Buchführung und in seinen Bilanzen als solches auch ausweist. Tut er das nicht, so müssen die Bilanzen, soweit das möglich ist, berichtigt werden (vgl. H 4.2 (7) „Zeitpunkt der erstmaligen Zugehörigkeit zum Betriebsvermögen“ EStH).

3. Notwendiges Privatvermögen

75 Es gibt Wirtschaftsgüter, die notwendigerweise zum Privatvermögen gehören. Das sind Wirtschaftsgüter, die *ihrer Natur nach eine so enge Beziehung zum privaten Bereich des Steuerpflichtigen* haben, dass diese nur mit Schwierigkeiten gelöst werden könnte.

Daneben gibt es Wirtschaftsgüter, die ihrer Natur nach nicht unbedingt notwendiges Privatvermögen sein müssten. Wenn sie aber *ausschließlich für private Zwecke genutzt werden*, sind sie ebenfalls *notwendiges Privatvermögen*, weil man ihre Zweckbestimmung entscheidend verändern müsste, wenn sie nicht mehr zum notwendigen Privatvermögen gerechnet würden.

BEISPIEL: Ein Unternehmer ist Eigentümer eines Einfamilienhauses.

Nutzt er dieses für Wohnzwecke selbst, gehört es zum notwendigen Privatvermögen.

Denkbar wäre es aber auch, dass das Einfamilienhaus von einem Angestellten bewohnt wird. Daraus ergibt sich eine Beziehung zum Betrieb. Das Einfamilienhaus könnte dadurch zu gewillkürtem oder sogar zu notwendigem Betriebsvermögen werden.

Genau wie beim notwendigen Betriebsvermögen kommt es beim notwendigen Privatvermögen nicht darauf an, wie der Steuerpflichtige diese Wirtschaftsgüter in seiner Buchführung und in seiner Bilanz behandelt. Wenn er sie fälschlicherweise im Betriebsvermögen ausweist, muss das, soweit es möglich ist, gem. § 4 Abs. 2 EStG berichtigt werden.

4. Neutrales Vermögen

76 Es gibt Wirtschaftsgüter, die *weder eindeutig zum notwendigen Betriebsvermögen noch zum notwendigen Privatvermögen gehören*. Sie können als Wirtschaftsgüter des *neutralen Vermögens* bezeichnet werden. Für die Bildung solcher Wirtschaftsgüter als gewillkürtes Betriebsvermögen muss eine betriebliche Veranlassung gegeben sein. Deshalb muss der Steuerpflichtige darlegen, welche Beziehung das Wirtschaftsgut zum Betrieb hat und welche vernünftigen wirtschaftlichen Überlegungen ihn veranlasst haben, das Wirtschaftsgut als Betriebsvermögen zu behandeln (H 4.2 (1) „Gewillkürtes Betriebsvermögen“ EStH).

BEISPIEL: Ein Unternehmer kauft aus liquiden Überschüssen Wertpapiere in der Absicht, sie wieder zu verkaufen, wenn die Liquiditätslage das erfordert.

Durch die Tatsache, dass die Wertpapiere im Falle eines Liquiditätsengpasses des Betriebes verkauft werden sollen, liegt ein objektiver Zusammenhang mit dem Betrieb vor. Die Wertpapiere sind deshalb Wirtschaftsgüter des neutralen Vermögens.

In derartigen Fällen hat der Steuerpflichtige ein Wahlrecht. Er kann diese Wirtschaftsgüter zum gewillkürten Betriebsvermögen oder zum gewillkürten Privatvermögen rechnen. Das Wahlrecht wird ausgeübt *durch Aufnahme in die Buchführung und in die Bilanz*. In diesem Fall kommt es also ganz *entscheidend auf die buchmäßige Behandlung* an. Weist der Steuerpflichtige ein solches Wirtschaftsgut in seiner Bilanz aus, so gehört es zum (gewillkürten) Betriebsvermögen. Unterlässt er das, so gehört es zum (gewillkürten) Privatvermögen.

Die Rechtsprechung des BFH lässt erkennen, dass das gewillkürte Betriebsvermögen nach Wert und Bedeutung im Verhältnis zum notwendigen Betriebsvermögen *von un-*

tergeordneter Bedeutung sein muss. Der Ansatz von gewillkürtem Vermögen als Betriebsvermögen darf gem. H 4.2 (9) „Beispiele für zulässigerweise gebildetes gewillkürtes Betriebsvermögen" EStH deshalb nicht dazu führen, dass dadurch das *Gesamtbild der gewerblichen Tätigkeit so verändert wird*, dass es den *Charakter einer Vermögensnutzung im nicht gewerblichen Bereich erhält*.

BEISPIEL: Ein Steuerpflichtiger betreibt in der Nähe einer Großstadt eine Gastwirtschaft. Der Umsatz ist relativ niedrig, weil die Zahl der Einwohner, die als Kunden in der Gastwirtschaft in Frage kommen, gering ist. In der Nähe der Gastwirtschaft lässt der Steuerpflichtige eine Reihe von Mietwohnhäusern u. a. auch deshalb errichten, damit dort Einziehende auch als Kunden für seine Gastwirtschaft in Frage kommen.

Selbst wenn ein objektiver Zusammenhang zwischen den Wohnhäusern und der Gastwirtschaft zu bejahen sein sollte, können die Mietwohnhäuser nicht zum gewillkürten Betriebsvermögen gerechnet werden, weil sich hierdurch das Gesamtbild der gewerblichen Tätigkeit grundlegend ändern würde.

Gewillkürtes Betriebsvermögen ist grundsätzlich auch bei Gewinnermittlung nach § 4 Abs. 3 EStG gem. R 4.2 Abs. 1 Satz 3 EStR möglich. Voraussetzung ist, dass das betreffende Wirtschaftsgut in eindeutiger Weise durch entsprechende Aufzeichnungen als gewillkürtes Betriebsvermögen ausgewiesen wird.

5. Gemischte Nutzung von beweglichen Wirtschaftsgütern

Grundsätzlich gehören Wirtschaftsgüter *entweder in vollem Umfang zum Betriebsver-* 77
mögen oder zum Privatvermögen. Wirtschaftsgüter stellen nämlich ein rechtlich und wirtschaftlich einheitliches Ganzes dar, das auch dann nicht zerlegt werden kann, wenn ein Wirtschaftsgut *teilweise betrieblich* und *teilweise privat* genutzt wird. Es handelt sich um das Prinzip der einheitlichen Bilanzierung, dessen Richtigkeit allerdings von namhaften Autoren bestritten wird.

Gemischt genutzte Wirtschaftsgüter gehören gem. R 4.2 Abs. 1 Satz 4 EStR in vollem Umfang zum notwendigen Betriebsvermögen, wenn ihre betriebliche Nutzung überwiegt, d. h. also mehr als 50 % beträgt. Wirtschaftsgüter, die zu weniger als der Hälfte, mindestens aber zu 10 % betrieblich genutzt werden, können gem. R 4.2 Abs. 1 Satz 6 EStR zum gewillkürten Betriebsvermögen gerechnet werden. Voraussetzung ist auch in diesen Fällen, dass das betreffende Wirtschaftsgut dann in der Buchführung und in der Bilanz des Steuerpflichtigen ausgewiesen wird. Wirtschaftsgüter, deren betrieblicher Nutzungsanteil weniger als 10 % beträgt, gehören gem. R 4.2 Abs. 1 Satz 5 EStR zum notwendigen Privatvermögen. Grund für diese auf der Rechtsprechung des BFH basierenden Regelung ist wohl der, dass bei einer nur geringfügigen betrieblichen Nutzung die Konsequenzen einer vollständigen Zugehörigkeit zum Betriebsvermögen im Falle einer Veräußerung nicht eintreten sollen.

BEISPIELE:

1. Ein Unternehmer nutzt seinen Pkw zu 70 % betrieblich und zu 30 % privat. Der Pkw gehört (in vollem Umfang) zum notwendigen Betriebsvermögen.
2. Ein Unternehmer nutzt seinen Pkw zu 40 % betrieblich und zu 60 % privat. Der Pkw kann nach Wahl des Steuerpflichtigen zum gewillkürten Betriebsvermögen oder zum gewillkürten Privatvermögen gerechnet werden.

3. Ein Unternehmer nutzt seinen Pkw zu 2 % betrieblich und zu 98 % privat. Der Pkw gehört zum notwendigen Privatvermögen, weil die betriebliche Nutzung unbedeutend ist.

Für Wirtschaftsgüter, die teilweise betrieblich und teilweise privat genutzt werden, gilt zusammengefasst das Folgende:

Betriebliche Nutzung eines Wirtschaftsgutes

zwischen 50 und 100 %	10 bis 50 %	unter 10 %
notwendiges Betriebsvermögen	neutrales Vermögen (nach Wahl des Steuerpflichtigen gewillkürtes Betriebsvermögen oder Privatvermögen)	notwendiges Privatvermögen

Die hier erörterten Probleme betreffen nur die Frage der vollen Zugehörigkeit von Wirtschaftsgütern zum Betriebsvermögen oder zum Privatvermögen. Der Veräußerungserlös ist in voller Höhe Betriebseinnahme, wenn das veräußerte Wirtschaftsgut zum Betriebsvermögen gehörte, ganz gleich wie hoch der private Nutzungsanteil war. Umgekehrt ist bei zum Privatvermögen gehörenden Wirtschaftsgütern der gesamte Veräußerungserlös keine Betriebseinnahme, ganz gleich wie hoch der betriebliche Nutzungsanteil ist.

Demgegenüber sind allerdings bei teilweise betrieblicher und teilweise privater Nutzung die mit dem Wirtschaftsgut in Zusammenhang stehenden laufenden Aufwendungen aufzuteilen. Die auf den betrieblichen Nutzungsanteil entfallenden Aufwendungen sind gem. § 4 Abs. 4 EStG Betriebsausgaben, während der die private Nutzung betreffende Teil nicht abzugsfähig ist.

V. Grundstücke als Betriebsvermögen

R 4.2 EStR

1. Grundsatz der Aufteilung

78 Von dem Grundsatz, dass Wirtschaftsgüter nur entweder ganz zum Betriebsvermögen oder ganz zum Privatvermögen gehören können, gibt es eine wichtige *Ausnahme*, nämlich bei Grundstücken. Im Gegensatz zu anderen Wirtschaftsgütern gilt hier der Grundsatz, dass *betrieblich genutzte Teile eines Grundstückes Betriebsvermögen und privat genutzte Teile Privatvermögen darstellen* (vgl. R 4.2 Abs. 7 EStR).

Diese Aufteilungsregelung ist wohl deshalb getroffen worden, weil bei Grundstücken mit ihren oftmals sehr hohen Werten die Ungenauigkeit einer vollen Zurechnung zum Betriebs- oder Privatvermögen nicht in Kauf genommen werden soll. Da Grundstücke wie alle anderen Wirtschaftsgüter höchstens mit den Anschaffungs- oder Herstellungskosten angesetzt werden können, bilden sich bei ihnen oft stille Reserven in erheblichem Ausmaß. Ohne Aufteilung wäre es bei Auflösung dieser stillen Reserven möglich, dass im betrieblichen Bereich entstandene Gewinne nicht der Besteuerung zu unterwerfen wären. Andererseits könnten auch Vermögensänderungen im privaten Bereich steuerlich relevant sein, was sonst grundsätzlich ausgeschlossen ist. Aus diesen Gründen ist die Aufteilung bei Grundstücken durchaus sinnvoll.

Ein Grund für die Aufteilungsregelung bei Grundstücken liegt wohl auch darin, dass bei Grundstücken eine Aufteilung leichter möglich ist als bei beweglichen Wirtschaftsgütern. Jedenfalls ist in der Regel feststellbar, welcher Teil eines Grundstückes bzw. eines Gebäudes betrieblich oder privat genutzt wird.

Die Aufteilung in betrieblich und privat genutzte Teile hat gem. R 4.2 Abs. 6 Satz 2 EStR in der Regel nach dem Verhältnis der *Nutzflächen* zu geschehen. Nur wenn der Ansatz der Nutzflächen zu einem unangemessenen Wertverhältnis führt, kann gem. R 4.2 Abs. 8 Satz 5 EStR der Rauminhalt oder ein anderer Maßstab zugrunde gelegt werden. Wenn Räume eine weit über dem Durchschnitt liegende Höhe aufweisen, dürfte z. B. eine Aufteilung nach dem Rauminhalt in Frage kommen.

2. Gebäudeteile als selbständige Wirtschaftsgüter

Bürgerlich-rechtlich stellen bebaute Grundstücke eine Einheit von Grund und Boden 79
und Gebäuden i. S. der §§ 93 und 94 BGB dar. Steuerrechtlich ist eine Aufteilung der Grundstücke in Grund und Boden und Gebäude schon allein deshalb vorzunehmen, weil Gebäude der Abnutzung unterliegen, während das beim Grund und Boden nicht der Fall ist. Grundsätzlich sind Gebäude einheitliche Wirtschaftsgüter. Deshalb stellen z. B. Heizungs-, Be- und Entlüftungsanlagen oder Personenaufzüge unselbständige Gebäudeteile dar (vgl. H 4.2 (5) „Unselbständige Gebäudeteile" EStH).

Neben diesen unselbständigen Gebäudeteilen gibt es nach der Rechtsprechung des BFH allerdings auch Gebäudeteile, die nicht in einem einheitlichen Nutzungs- und Funktionszusammenhang mit dem Gebäude stehen und deshalb selbständig sind. Nach R 4.2 Abs. 3 und 4 EStR handelt es sich um die Folgenden:

Selbständige Gebäudeteile

- Betriebsvorrichtungen
- Scheinbestandteile
- Ladeneinbauten, Schaufensteranlagen, Gaststätteneinbauten
- sonstige selbständige Gebäudeteile gem. R 4.2 Abs. 4 EStR
- sonstige Mietereinbauten

Betriebsvorrichtungen als selbständige Gebäudeteile sind gem. R 7.1 Abs. 3 EStR bewegliche Wirtschaftsgüter. Beweglich sind auch die Scheinbestandteile eines Grundstückes. Die selbständigen Gebäudeteile i. S. der R 4.2 Abs. 3 Nr. 3 EStR (Ladeneinbauten usw.) sind dagegen unbeweglich. Ebenfalls unbeweglich sind die selbständigen Gebäudeteile i. S. der R 4.2 Abs. 3 Nr. 5 EStR, bei denen gem. R 4.2 Abs. 4 Satz 1 EStR vier selbständige Wirtschaftsgüter denkbar sind. Von den Mietereinbauten und Mieterumbauten sind die Scheinbestandteile und Betriebsvorrichtungen bewegliche, die sonstigen Mietereinbauten und Mieterumbauten unbewegliche Wirtschaftsgüter (vgl. hierzu die Ausführungen in Tz 48).

3. Grundstücksteile als notwendiges oder gewillkürtes Betriebsvermögen

80 Grundstücksteile, die betrieblich genutzt werden, gehören regelmäßig zum notwendigen Betriebsvermögen.

BEISPIEL: Ein Grundstück wird zu 40 % betrieblich und zu 60 % privat genutzt. 40 % des Grundstücks sind notwendiges Betriebsvermögen und 60 % sind Privatvermögen.

Grundstücke und Grundstücksteile können gem. H 4.2 (7) „Miteigentum" EStH nur *insoweit notwendiges Betriebsvermögen sein, als sie dem Betriebsinhaber gehören*. Wenn an einem Grundstück außer dem Steuerpflichtigen noch andere Personen beteiligt sind, so liegt notwendiges Betriebsvermögen nur in Höhe des betrieblich genutzten Teiles vor, der dem Steuerpflichtigen zugerechnet werden kann.

BEISPIEL: A hat einen Gewerbebetrieb. Ein Grundstück, das A und seiner Ehefrau je zur (ideellen) Hälfte gehört, wird für den Betrieb des A zu 40 % gewerblich genutzt.

20 % vom Grundstück sind notwendiges Betriebsvermögen, weil von den 40 %, die betrieblich genutzt werden, nur die Hälfte dem A gehört.

Grundstücke oder Grundstücksteile können auch *gewillkürtes Betriebsvermögen* sein. Das ist gem. R 4.2 Abs. 9 Satz 1 EStR der Fall bei Grundstücken oder Grundstücksteilen, die nicht eigenbetrieblich genutzt werden und nicht eigenen Wohnzwecken dienen, wenn sie in einem *gewissen objektiven Zusammenhang mit dem Betrieb* stehen und ihm zu dienen oder ihn zu fördern bestimmt und geeignet sind.

4. Grundstücksteile von untergeordneter Bedeutung

81 Eine Ausnahme von dem Grundsatz, dass betrieblich genutzte Teile eines Grundstückes zwingend Betriebsvermögen und privat genutzte Teile zwingend Privatvermögen sind, kann vorliegen, wenn der Wert eines eigenbetrieblich genutzten Grundstücksanteils im Verhältnis zum Wert des ganzen Grundstücks von *untergeordneter Bedeutung* ist. Nach R 4.2 Abs. 8 EStR ist das der Fall, wenn der Wert des eigenbetrieblich genutzten Grundstücksanteils weder mehr als ein Fünftel noch mehr als 20 500 € beträgt. Von untergeordneter Bedeutung ist ein Grundstücksteil also nur, wenn *beide* Grenzen unterschritten sind. Trotz betrieblicher Nutzung hat der Steuerpflichtige dann ein Wahlrecht, diesen Grundstücksteil zum Betriebsvermögen oder zum Privatvermögen zu rechnen.

Für die Frage, ob die absolute Grenze von 20 500 € überschritten ist, ist immer vom *gemeinen Wert* und nicht von den ehemaligen Anschaffungs- oder Herstellungskosten auszugehen. Bei steigendem gemeinem Wert ist es deshalb denkbar, dass ein betrieblich genutzter Grundstücksteil an einem Bilanzstichtag noch von untergeordneter Bedeutung, also zulässigerweise Privatvermögen war, während er an einem späteren Bilanzstichtag nicht mehr von untergeordneter Bedeutung, also notwendiges Betriebsvermögen ist, obwohl sich der Anteil der betrieblichen Nutzung nicht geändert hat.

BEISPIELE:

1. Ein Unternehmer nutzt sein Einfamilienhaus, in dem er wohnt, zu 10 % betrieblich. Der gemeine Wert des Einfamilienhauses beträgt am 31. 12. 01 190 000 €.

   Der betrieblich genutzte Teil ist von untergeordneter Bedeutung, weil sowohl die relative Grenze als auch die absolute Grenze nicht überschritten sind.

Der betrieblich genutzte Teil kann nach Wahl des Steuerpflichtigen zum Betriebsvermögen gerechnet werden.

2. Der gemeine Wert des Einfamilienhauses im Beispiel 1 beträgt am 31.12.02 220 000 €.

   Der betrieblich genutzte Teil ist nicht mehr von untergeordneter Bedeutung, weil die absolute Grenze von 20 500 € überschritten wird. Der betrieblich genutzte Teil ist ab dem 1.1.03 notwendiges Betriebsvermögen.

5. Nicht eigenbetrieblich genutzte Grundstücksteile als gewillkürtes Betriebsvermögen

Grundstücksteile, die zu fremden Wohnzwecken oder zu fremdbetrieblichen Zwecken 82
vermietet sind, können gem. R 4.2 Abs. 10 Satz 1 EStR auch dann nicht als Betriebsvermögen behandelt werden, wenn das Grundstück zu mehr als der Hälfte die Voraussetzungen für die Behandlung als Betriebsvermögen erfüllt.

6. Grundstücke bei Personengesellschaften

Für den Ansatz von Grundstücken und Grundstücksteilen von *Personengesellschaften* 83
gelten einige *besondere Regeln*.

Grundstücke oder Grundstücksteile, die als *Eigentum einer Personengesellschaft* im Grundbuch eingetragen sind, gehören gem. R 4.2 Abs. 11 Satz 1 EStR in der Regel zum *notwendigen Betriebsvermögen*. Ebenso sind Grundstücke oder Grundstücksteile notwendiges Betriebsvermögen, wenn sie zwar nicht als gesellschaftsrechtliches Eigentum im Grundbuch eingetragen sind, aber den Gesellschaftern der Personengesellschaft zur gesamten Hand gehören und in die Bilanz der Personengesellschaft aufgenommen sind oder dem Betrieb der Gesellschaft ausschließlich und unmittelbar dienen.

Allerdings ist gem. H 4.2 (11) „Ausnahme bei privater Nutzung" EStH ein zum Gesamthandsvermögen gehörendes Grundstück kein Betriebsvermögen, wenn es ausschließlich oder fast ausschließlich der privaten Lebensführung eines, mehrerer oder aller Mitunternehmer der Gesellschaft dient.

BEISPIEL: Eine OHG ist Eigentümer eines Einfamilienhauses, das von einem Gesellschafter unentgeltlich für private Zwecke genutzt wird.

Das Einfamilienhaus stellt kein Betriebsvermögen der OHG dar.

Grundstücke oder Grundstücksteile, die nur *einem* oder *einigen Gesellschaftern gehören, aber dem Betrieb der Personengesellschaft ausschließlich und unmittelbar dienen, sind handelsrechtlich nicht zum Betriebsvermögen zu rechnen. Steuerrechtlich sind sie dagegen notwendiges (Sonder-)Betriebsvermögen* (R 4.2 Abs. 12 Satz 1 EStR). Das gilt im Übrigen auch für alle anderen Wirtschaftsgüter, die im Eigentum eines oder einiger Gesellschafter stehen. Diese Behandlung wird abgeleitet aus § 15 Abs. 1 Nr. 2 EStG.

Gehören Grundstücke oder Grundstücksteile, die dem Betrieb einer Personengesellschaft dienen, einer Gesamthandsgemeinschaft, an der auch Personen beteiligt sind, die nicht Gesellschafter der Personengesellschaft sind, so ist der Teil, der den Personengesellschaftern zuzurechnen ist, notwendiges Betriebsvermögen.

BEISPIEL: Ein Grundstück gehört A, B, C und D zur gesamten Hand zu je einem Viertel. Das Grundstück dient ausschließlich und unmittelbar einer Personengesellschaft, bei der A, B und C Gesellschafter sind.

Das Grundstück ist zu drei Vierteln notwendiges Betriebsvermögen der OHG. Allerdings ist der Anteil des D bei ihm notwendiges Betriebsvermögen. Er hat Einkünfte aus Gewerbebetrieb.

7. Wegfall der Voraussetzungen für die Behandlung als Betriebsvermögen

84 Sind Grundstücke oder Grundstücksteile einmal zulässigerweise als Betriebsvermögen behandelt worden, so bleiben sie gem. R 4.3 Abs. 3 Satz 2 EStR so lange Betriebsvermögen, bis sie durch eine *eindeutige Entnahmehandlung* des Steuerpflichtigen zum Privatvermögen werden. Beim Übergang zur Gewinnermittlung des § 4 Abs. 3 EStG ist keine Entnahme und somit auch keine Realisierung der stillen Reserven anzunehmen, wenn das Grundstück oder der Grundstücksteil zum notwendigen Betriebsvermögen gehört.

Auch bei Wirtschaftsgütern, die zulässigerweise zum gewillkürten Betriebsvermögen gerechnet wurden, führt der Übergang zur Gewinnermittlung nach § 4 Abs. 3 EStG nicht zur Entnahme aus dem Betriebsvermögen.

Dagegen ist eine Entnahme gegeben, wenn der Steuerpflichtige bisher zum Betriebsvermögen gerechnete Grundstücke oder Grundstücksteile nun für eigene Wohnzwecke nutzt (R 4.3 Abs. 3 Satz 4 EStR).

BEISPIEL: Ein Steuerpflichtiger hat bisher ein Grundstück zu 70 % betrieblich und zu 30 % privat genutzt. Demnach gehört das Gebäude zu 70 % zum notwendigen Betriebsvermögen und zu 30 % zum Privatvermögen. Ab einem bestimmten Zeitpunkt werden einige Räume nicht mehr betrieblich, sondern für eigene Wohnzwecke genutzt. Es werden nunmehr 45 % betrieblich und 55 % privat genutzt.

In der Nutzungsänderung liegt ein schlüssiges Verhalten des Steuerpflichtigen, in dem eine Entnahmehandlung zu sehen ist. Das Gebäude ist nunmehr zu 45 % als Betriebsvermögen und zu 55 % als Privatvermögen zu behandeln (vgl. R 4.2 Abs. 4 Satz 1 EStR).

VI. Entnahmen und Einlagen

85 Wie schon dargestellt wurde (vgl. Tz 15), kann das Betriebsvermögen durch Faktoren beeinflusst werden, die aber den Gewinn nicht beeinflussen dürfen. Es handelt sich um die Privatentnahmen und die Privateinlagen. Es muss deshalb erörtert werden, was unter den Privatentnahmen und unter den Privateinlagen zu verstehen ist.

1. Entnahmen

a) Bedeutung, Begriff und Gegenstand der Entnahmen

§§ 4 Abs. 1, 6 Abs. 1 Nr. 4 EStG

86 Mit der Hinzurechnung der Entnahmen gem. § 4 Abs. 1 EStG wird bezweckt, dass der Entnahmevorgang, der eine Minderung des Betriebsvermögens bewirkt, keinen Einfluss auf den Gewinn hat. Entnahmen sind gem. § 6 Abs. 1 Nr. 4 EStG grundsätzlich mit dem Teilwert zu bewerten (vgl. Näheres hierzu in Tz 191). Der Teilwert kann über oder unter

dem Buchwert des betreffenden Wirtschaftsgutes liegen. Durch den Ansatz mit dem Teilwert soll gewährleistet werden, dass im betrieblichen Bereich entstandene Wertzuwächse oder entstandene Wertverluste auch bei der Ermittlung des Betriebsergebnisses erfasst werden.

Entnahmen sind gem. § 4 Abs. 1 Satz 2 EStG alle Wirtschaftsgüter, die der Steuerpflichtige dem Betrieb für sich, für seinen Haushalt oder für andere betriebsfremde Zwecke im Laufe des Wirtschaftsjahres entnimmt. Solche Entnahmen werden normalerweise dadurch getätigt, dass Wirtschaftsgüter des Betriebsvermögens, z. B. Geld, Waren, Anlagegegenstände, Wertpapiere, in die private Sphäre des Steuerpflichtigen überführt werden. Nach der genannten Definition handelt es sich aber auch um Entnahmen, wenn ein im Betrieb Beschäftigter für den privaten Bereich des Steuerpflichtigen tätig wird oder wenn der Steuerpflichtige ein Wirtschaftsgut des Betriebsvermögens, z. B. einen Pkw, für private Zwecke nutzt. Es werden also auch *Wertabgaben des Betriebs für betriebsfremde Zwecke* in Form von Nutzungen und Leistungen zu den Privatentnahmen gerechnet.

Es ist aber zu beachten, dass nur *bewertungsfähige Wirtschaftsgüter* Gegenstand einer Entnahme sein können. Ein solches bewertungsfähiges Wirtschaftsgut ist die eigene Arbeitskraft des Steuerpflichtigen nicht. Deshalb kann sie keine Entnahme sein. Werden bei einem solchen Vorgang allerdings Materialien des Betriebes verwendet, so liegt *insoweit* eine Entnahme vor.

BEISPIELE:

1. Ein Bauunternehmer führt an seinem privat genutzten Einfamilienhaus selbst Reparaturen aus und verwendet hierbei Materialien des Betriebes.

   Eine Entnahme hinsichtlich der eigenen Arbeitsleistung des Bauunternehmers liegt nicht vor. Entnommen wird nur das Material.

2. Ein Bauunternehmer lässt an seinem privat genutzten Einfamilienhaus Reparaturen durch seine Arbeitnehmer ausführen. Auch hierbei werden Materialien des Betriebes verwendet.

   Es liegt eine Entnahme hinsichtlich der Leistung der Arbeitnehmer und der Materialien vor.

Bei den nach § 4 Abs. 4a und Abs. 5 EStG nicht abzugsfähigen Ausgaben kann es sich nicht um Entnahmen handeln, weil diese Ausgaben *Betriebsausgaben* sind und nur kraft dieser ausdrücklichen gesetzlichen Regelungen nicht abzugsfähig sind. Die nach § 12 EStG nicht abzugsfähigen Ausgaben können aber Entnahmen sein, obwohl auch diese ganz oder teilweise Betriebsausgabencharakter haben können.

Nach gefestigter Rechtsprechung des BFH kann eine Entnahme nur angenommen werden, wenn eine auf dem Willen des Steuerpflichtigen beruhende eindeutige *Entnahmehandlung* vorliegt. Die Entnahmehandlung kann in der Buchführung zum Ausdruck kommen, sie kann aber auch in einem schlüssigen Verhalten des Steuerpflichtigen bestehen.

BEISPIEL: Ein Unternehmer schenkt seinem Sohn zu dessen Geburtstag ein Auto, das bisher überwiegend im Betrieb des Vaters genutzt worden ist. Der Sohn nutzt das Fahrzeug ausschließlich für seine eigenen Zwecke.

In der Schenkung des Autos an den Sohn ist eine Entnahmehandlung zu sehen, und zwar auch dann, wenn diese Entnahme in der Buchführung als solche nicht erfasst worden ist.

Zur Frage, wann bei Grundstücken eine Entnahmehandlung anzunehmen ist, wird auf die Ausführungen in Tz 84 verwiesen.

b) Überführung von Wirtschaftsgütern in einen anderen Betrieb

87 Aus dem Gesetz ist nicht eindeutig zu entnehmen, ob eine Entnahme auch anzunehmen ist, wenn ein Wirtschaftsgut von einem Betrieb in einen anderen Betrieb desselben Steuerpflichtigen überführt wird. Deshalb ist diese Frage schon seit langem umstritten. Der BFH hat unter Berufung auf den Zweck des Gesetzes entschieden, dass in diesen Fällen eine *Entnahme nur anzunehmen ist, wenn eine spätere steuerliche Erfassung der in diesem Wirtschaftsgut enthaltenen stillen Reserven nicht gewährleistet ist.* Demgemäß liegt eine Entnahme nicht vor, wenn der Gewinn in den beiden Betrieben des Steuerpflichtigen nach den *gleichen Grundsätzen* ermittelt wird. Das ist z. B. der Fall, wenn ein Wirtschaftsgut von einem Betrieb mit der Gewinnermittlung nach § 4 Abs. 1 EStG in einen Betrieb mit der Gewinnermittlung nach § 5 EStG wechselt. Auch der Wechsel in eine andere Einkunftsart kann unter Umständen unschädlich sein.

Demnach ist eine Entnahme immer dann *nicht* anzunehmen, wenn die spätere Besteuerung der stillen Reserven gewährleistet ist. Das gilt nach der Rechtsprechung des BFH (Urteil vom 14. 6. 1988, BStBl 1989 II S. 187) sogar bei einer Überführung eines Wirtschaftsgutes aus einem Gewerbebetrieb in einen Betrieb der Land- und Forstwirtschaft oder der selbständigen Arbeit, obwohl in diesem Fall eine gewerbesteuerliche Erfassung der stillen Reserven nicht mehr stattfindet.

Wird ein Wirtschaftsgut in eine ausländische Betriebsstätte überführt und wird dadurch das deutsche Besteuerungsrecht aus einem Veräußerungsgewinn ausgeschlossen oder beschränkt, so wird dieser Vorgang einer Entnahme gleichgestellt, damit die Besteuerung der im Inland gelegten stillen Reserven gem. § 4 Abs. 1 Satz 3 EStG sichergestellt ist (sog. Entstrickungstatbestand).

BEISPIELE:

1. A hat Einkünfte aus freiberuflicher Tätigkeit und ermittelt seinen Gewinn nach § 4 Abs. 1 EStG. Er überführt ein Wirtschaftsgut aus dem Betriebsvermögen des freiberuflichen Betriebes in seinen Gewerbebetrieb mit Gewinnermittlung nach § 5 EStG. Eine Entnahme muss nicht zwingend angenommen werden, weil die einkommensteuerliche Erfassung der stillen Reserven gewährleistet ist. Die Fortführung der Buchwerte ist aber nur möglich und nicht vorgeschrieben, weil die stillen Reserven erst durch die Überführung von der Gewerbesteuer erfasst werden.
2. Umgekehrter Fall wie Beispiel 1, also vom Gewerbebetrieb mit Gewinnermittlung nach § 5 EStG zur freiberuflichen Tätigkeit mit Gewinnermittlung nach § 4 Abs. 1 EStG.

   Eine Entnahme ist nicht zwingend anzunehmen, obwohl die Auflösung der stillen Reserven dann nicht mehr der Gewerbesteuer unterliegt.
3. A überführt ein Wirtschaftsgut aus einer inländischen Betriebsstätte in eine ausländische Betriebsstätte. Mit dem Staat, in dem sich die ausländische Betriebsstätte befindet, besteht ein Doppelbesteuerungsabkommen mit Freistellung.

   Es liegt eine Entnahme vor, weil die stillen Reserven durch das Doppelbesteuerungsabkommen anschließend nicht mehr der inländischen Besteuerung unterliegen (sog. Steuerentstrickung).

2. Einlagen

§§ 4 Abs. 1, 6 Abs. 1 Nr. 5 EStG

Mit dem Abzug der Einlagen gem. § 4 Abs. 1 Satz 1 EStG wird, ebenso wie bei den Entnahmen, bezweckt, dass der Einlagevorgang, der eine Erhöhung des Betriebsvermögens bewirkt, keinen Einfluss auf den Gewinn hat. Auch Einlagen sind gem. § 6 Abs. 1 Nr. 5 EStG grundsätzlich mit dem Teilwert anzusetzen (vgl. Näheres hierzu in Tz 192). Damit soll sichergestellt werden, dass außerbetriebliche Wertänderungen nicht in den betrieblichen Bereich verlagert werden. Für die Einlagen gilt grundsätzlich das zu den Entnahmen Gesagte *mit umgekehrten Vorzeichen. Demnach sind Einlagen gem. § 4 Abs. 1 Satz 8 EStG alle Wirtschaftsgüter, die der Steuerpflichtige dem Betrieb zuführt.* Analog zur Vorschrift des § 4 Abs. 1 Satz 3 EStG (vgl. Tz 87) liegt nach § 4 Abs. 1 Satz 8 EStG auch eine Einlage vor, wenn das Besteuerungsrecht der Bundesrepublik Deutschland hinsichtlich des Gewinns aus der Veräußerung eines Wirtschaftsguts begründet wird. 88

Gegenstand einer Einlage können auch nur *bewertungsfähige Wirtschaftsgüter* sein, und es bedarf für die Einlage einer *eindeutigen Einlagehandlung*. Wenn Wirtschaftsgüter von einem Betrieb in einen anderen Betrieb desselben Steuerpflichtigen überführt werden, liegt eine Einlage in einen Betrieb nur dann vor, wenn nach den im vorigen Abschnitt erörterten Grundsätzen im anderen Betrieb eine Entnahme anzunehmen ist.

unbesetzt 89–90

D. Betriebsausgaben

I. Überblick

Aufwendungen sind grundsätzlich gem. § 4 Abs. 4 EStG als Betriebsausgaben abzugsfähig, wenn *sie betrieblich veranlasst sind*. Die Reisekosten, die Schuldzinsen, die Aufwendungen für die betriebliche Altersversorgung und Aufwendungen nach den §§ 4f, g und h EStG werden besonders erörtert, weil für sie hinsichtlich der Voraussetzungen für den Abzug, die Höhe und andere Probleme eine ganze Reihe von *Besonderheiten gilt*. Außerdem gibt es Betriebsausgaben, die trotz betrieblicher Veranlassung kraft gesetzlicher Vorschriften entweder nur teilweise oder gar nicht als Betriebsausgaben abzugsfähig sind. 91

Demgemäß können unterschieden werden

1. die grundsätzlich in vollem Umfang abzugsfähigen Betriebsausgaben,
2. die unter Berücksichtigung bestimmter Besonderheiten abzugsfähigen Betriebsausgaben,
3. die teilweise abzugsfähigen Betriebsausgaben und
4. die in vollem Umfang nicht abzugsfähigen Betriebsausgaben.

Die Betriebsausgaben, bei denen zur Abzugsfähigkeit Beschränkungen bestehen, sind in einer Übersicht auf der nächsten Seite dargestellt.

Übersicht über die Beschränkungen bei der Abzugsfähigkeit von Betriebsausgaben

Unter Berücksichtigung bestimmter Besonderheiten abzugsfähige Betriebsausgaben		Teilweise abzugsfähige Betriebsausgaben		In vollem Umfang nicht abzugsfähige Betriebsausgaben	
Bezeichnung	Vorschrift	Bezeichnung	Vorschrift	Bezeichnung	Vorschrift
1. Reisekosten	R 4.12 EStR	1. Bewirtungskosten	§ 4 Abs. 5 Nr. 2 EStG	1. Geschenke über 35 €	§ 4 Abs. 5 Nr. 1 EStG
2. Schuldzinsen	§ 4 Abs. 4a EStG	2. Verpflegungsmehraufwendungen	§ 4 Abs. 5 Nr. 5 EStG	2. Gästehäuser	§ 4 Abs. 5 Nr. 3 EStG
3. Aufwendungen für betriebliche Altersversorgung von Arbeitnehmern	§§ 4b, 4c, 4d, 4e EStG	3. Fahrten zwischen Wohnung und Betrieb, Familienheimfahrten	§ 4 Abs. 5 Nr. 6 EStG	3. Jagd, Fischerei, Motorjachten, Segeljachten	§ 4 Abs. 5 Nr. 4 EStG
4. Erwerbsbedingte Kinderbetreuungskosten	§ 4f EStG	4. Mehraufwendungen wegen doppelter Haushaltsführung	R 4.12 Abs. 3 EStR	4. Gewerbesteuer	§ 4 Abs. 5b EStG
5. Bildung von Ausgleichsposten	§ 4g EStG	5. Unangemessene Aufwendungen	§ 4 Abs. 5 Nr. 7 EStG	5. Aufwendungen für ein häusliches Arbeitszimmer	§ 4 Abs. 5 Nr. 6b Satz 1 EStG
6. Zinsschranke	§ 4h EStG			6. Geldbußen und Geldstrafen	§ 4 Abs. 5 Nr. 8, § 12 Nr. 4 EStG
				7. Hinterziehungszinsen	§ 4 Abs. 5 Nr. 8a EStG
				8. Ausgleichszahlungen gem. § 16 KStG	§ 4 Abs. 5 Nr. 9 EStG
				9. Schmier- und Bestechungsgelder	§ 4 Abs. 5 Nr. 10 EStG
				10. Aufwendungen gem. § 4 Abs. 5 Nr. 11 bis 13 EStG	§ 4 Abs. 5 Nr. 11 bis 13 EStG
				11. Aufwendungen mit gleichzeitiger privater Veranlassung	§ 12 Nr. 1 EStG
				12. Personensteuern	§ 12 Nr. 3 EStG
				13. Aufwendungen für die Berufsausbildung	§ 12 Nr. 5 EStG a. F. § 4 Abs. 9 EStG

II. Bedeutung und Begriff der Betriebsausgaben

§ 4 Abs. 4 EStG

Normalerweise wird der Gewinn, wie schon eingehend dargestellt wurde, durch *Betriebsvermögensvergleich* ermittelt. Hierbei wird nur das Betriebsvermögen an verschiedenen Stichtagen gegenübergestellt. Somit wäre hierfür allein der Betriebsausgabenbegriff grundsätzlich nicht von Bedeutung. Allerdings sind die Betriebsausgaben erforderlich für die Frage, durch welche Ausgaben das Betriebsvermögen gemindert werden darf. Über diesen Umweg haben die Betriebsausgaben somit eine wichtige Bedeutung für die Gewinnermittlung. Es geht vor allem darum, *die Betriebsausgaben von den privaten Ausgaben abzugrenzen*, denn private Ausgaben dürfen den Gewinn natürlich nicht beeinflussen. 92

Primäre Bedeutung haben die Betriebsausgaben nur für die Gewinnermittlung nach § 4 Abs. 3 EStG, weil hierbei ja *Betriebsausgaben* und *Betriebseinnahmen* gegenübergestellt werden (vgl. hierzu Tz 21).

Gemäß § 4 Abs. 4 EStG sind Betriebsausgaben die *Aufwendungen, die betrieblich veranlasst sind*. Es handelt sich um Güter in Geld oder Geldeswert, die aus dem Vermögen des Steuerpflichtigen ausscheiden bzw. die seinen Betrieb verlassen. Es ist nicht erforderlich, dass es sich auch betriebswirtschaftlich um einen Aufwand handelt. Betriebsausgabe liegt vielmehr auch dann vor, wenn eine Ausgabe für ein aktivierungspflichtiges Wirtschaftsgut, z. B. für ein abnutzbares Anlagegut, getätigt wird. Es handelt sich dann allerdings um eine *nicht sofort abzugsfähige Betriebsausgabe*.

Man unterscheidet demgemäß:

Betriebsausgaben
- sofort abzugsfähig (nicht aktivierungspflichtig)
- nicht sofort abzugsfähig (aktivierungspflichtig)

III. Die grundsätzlich in vollem Umfang abzugsfähigen Betriebsausgaben

§ 4 Abs. 4 EStG

Grundsätzlich sind Ausgaben als Betriebsausgaben abzugsfähig, wenn sie betrieblich veranlasst sind. Sie müssen also im *Interesse des Betriebs* vorgenommen worden sein. Es spielt keine Rolle, ob die Ausgaben *objektiv notwendig* oder auch nur *zweckmäßig* sind. Wenn sie der Steuerpflichtige für *notwendig* oder *zweckmäßig erachtet*, ist das für den Betriebsausgabenabzug ausreichend. 93

BEISPIEL: Trotz Vollbeschäftigung macht ein Unternehmer (unnötig) hohe Reklameaufwendungen. Die Reklameaufwendungen sind als Betriebsausgaben abzugsfähig.

Es gibt sehr viele Aufwendungen, die für den Abzug als Betriebsausgaben in Frage kommen. In der Regel handelt es sich um Aufwendungen wie Gehälter, Löhne, Materialverbrauch, Wareneinsatz, Abschreibungen, Energieaufwendungen, Büromaterial, Mietaufwendungen u. v. a. m. Bei der Frage des Abzugs von Betriebsausgaben können sehr viele

Probleme auftreten. Es würde den Rahmen dieser Ausarbeitung sprengen, sie auch nur teilweise zu erörtern. Zur Frage, wann Ausgaben als Betriebsausgaben abzugsfähig sind, wird auf andere Ausarbeitungen und die ausführlichen Darstellungen in den einschlägigen Kommentaren zum Einkommensteuergesetz verwiesen. In aller Regel geht es dabei immer darum, ob die zur Diskussion stehenden Ausgaben *betrieblich* oder *privat veranlasst sind.*

IV. Die unter Berücksichtigung bestimmter Besonderheiten abzugsfähigen Betriebsausgaben

1. Reisekosten

§ 4 Abs. 5 Nr. 5, R 4.12 EStR

94 Die Abzugsfähigkeit von Aufwendungen anlässlich einer Geschäftsreise soll gesondert erörtert werden, weil es hierfür besondere Regeln gibt. Außerdem spielt auch schon bei den Reisekosten die Abgrenzung von abzugsfähigen und nicht abzugsfähigen Aufwendungen eine Rolle.

a) Geschäftsreisen im Inland

95 Eine Geschäftsreise liegt gem. § 4 Abs. 5 Nr. 5 Satz 2 EStG vor, wenn ein Steuerpflichtiger vorübergehend von seiner Wohnung und dem Mittelpunkt seiner dauerhaft angelegten betrieblichen Tätigkeit entfernt betrieblich tätig ist.

Fahrtkosten, Unterbringungskosten und Nebenkosten (z. B. Parkgebühren, Trinkgelder usw.) können nur in *nachgewiesener Höhe* geltend gemacht werden. Tatsächlich nachgewiesene Mehraufwendungen für Verpflegung können dagegen nicht als Betriebsausgaben abgezogen werden.

Für den Verpflegungsmehraufwand bei vorübergehender Abwesenheit von der Wohnung und dem Mittelpunkt der dauerhaft angelegten betrieblichen Tätigkeit können gem. § 4 Abs. 5 Nr. 5 Satz 2 i. V. m. § 9 Abs. 4a EStG nur die folgenden Pauschbeträge pro Kalendertag als Betriebsausgaben abgezogen werden:

1. 24 € für jeden Kalendertag, an dem der Steuerpflichtige 24 Stunden von seiner Wohnung abwesend ist,
2. jeweils 12 € für den An- und Abreisetag, wenn der Steuerpflichtige an diesem, einem anschließenden oder vorhergehenden Tag außerhalb seiner Wohnung übernachtet,
3. 12 € für den Kalendertag, an dem der Steuerpflichtige ohne Übernachtung außerhalb seiner Wohnung mehr als 8 Stunden von seiner Wohnung abwesend ist; beginnt die auswärtige berufliche Tätigkeit an einem Kalendertag und endet am nachfolgenden Kalendertag ohne Übernachtung, werden 12 € für den Kalendertag gewährt, an dem der Steuerpflichtige den überwiegenden Teil der insgesamt mehr als 8 Stunden von seiner Wohnung abwesend ist.

Die Anwendung der Pauschalen ist gem. § 4 Abs. 5 Nr. 5 i. V .m. § 9 Abs. 4a Satz 6 EStG bei einer längerfristigen Tätigkeit an derselben Tätigkeitsstätte auf drei Monate beschränkt.

Bei Abwesenheit von weniger als 12 Stunden pro Kalendertag kann kein Verpflegungsmehraufwand berücksichtigt werden.

b) Geschäftsreisen ins Ausland

Bei einer Tätigkeit im Ausland können für Verpflegungsmehraufwendungen länder- 96
unterschiedliche Pauschbeträge geltend gemacht werden, die gem. § 4 Abs. 5 Nr. 5 i. V. m. § 9 Abs. 4a Satz 5 EStG je nach Abwesenheitsdauer mit 120 oder 80 % der höchsten Auslandstagegelder nach dem Bundesreisekostengesetz vom BMF im Einvernehmen mit den obersten Finanzbehörden der Länder (Anlage zu R 4.12 EStR) festgesetzt werden. Für Übernachtungskosten bei Auslandsreisen können grundsätzlich nur die *tatsächlichen* Übernachtungskosten als Betriebsausgaben berücksichtigt werden (R 4.12 Abs. 2 EStR i. V. m. R 9.7 Abs. 2 LStR).

2. Schuldzinsen

§ 4 Abs. 4a EStG

Schuldzinsen auf *Übernahmen* sind gem. § 4 Abs. 4a Satz 1 EStG nicht abzugsfähig. Eine 97
Überentnahme ist gem. § 4 Abs. 4a Satz 2 EStG der Betrag, um den die Entnahmen die Summe des Gewinns und der Einlagen des Wirtschaftsjahres übersteigen.

Unter die Regelung des § 4 Abs. 4a EStG fallen nur Schuldzinsen, die betrieblich veranlasst sind. Das bedeutet ein zweistufiges Vorgehen. In einem ersten Schritt ist zu ermitteln, ob und in welcher Höhe die Schuldzinsen betrieblich veranlasst sind. Hierbei sind die Grundsätze des Urteils vom 4. 7. 1990 (BStBl II S. 817) zu beachten, wonach das gemischte Kontokorrentkonto in zwei Unterkonten „Betrieb" und „Privat" aufzuteilen ist. Die auf das „Privatkonto" entfallenden Zinsen sind auf jeden Fall nicht als Betriebsausgabe abzugsfähig.

Den negativen Folgen des BFH-Urteils vom 4. 7. 1990 wurde durch das sog. „Zwei-Konten-Modell" entgegengewirkt. Dabei unterhält der Steuerpflichtige zwei betriebliche Kontokorrentkonten. Auf dem einen lässt er nur Einnahmen gutschreiben, von dem anderen werden nur Ausgaben beglichen. Sämtliche Privatentnahmen werden vom Einnahmenkonto getätigt, und nur die dann noch verbleibenden Guthaben werden auf das Ausgabenkonto übertragen. Der BFH hat mit seinem Beschluss des Großen Senats vom 8. 12. 1997 (BStBl 1998 II S. 193) bestätigt, dass das „Zwei-Konten-Modell" uneingeschränkt anwendbar ist.

Stehen hiernach die betrieblich veranlassten Schuldzinsen fest, so ist in einem *zweiten Schritt* zu ermitteln, wie viele hiervon gem. § 4 Abs. 4a EStG nicht abziehbar sind.

Die nicht abziehbaren Schuldzinsen betragen gem. § 4 Abs. 4a Satz 3 EStG typisiert 6 % der Überentnahme des Wirtschaftsjahres zuzüglich bzw. abzüglich der Überentnahmen und Unterentnahmen vorangegangener Wirtschaftsjahre. In die Bemessungsgrundlage sind also Über- und Unterentnahmen vorangegangener Wirtschaftsjahre mit einzubeziehen. Deren Höhe ist grundsätzlich aus dem jeweiligen Kapitalkonto ablesbar. Allerdings bleiben gem. § 52 Abs. 11 Satz 2 EStG Über- und Unterentnahmen von Wirtschaftsjahren vor 1999 unberücksichtigt. Der Anfangsbestand am 1. 1. 1999 (bei abweichendem Wirtschaftsjahr entsprechend früher) ist also mit 0 € anzusetzen. Das bedeutet, dass vom jeweiligen Kapitalkonto ein positiver Bestand am 1. 1. 1999 abzuziehen und ein negativer Bestand hinzuzurechnen ist.

Nach § 4 Abs. 4a Satz 4 EStG ist ein „Sockelbetrag" von 2 050 € in jedem Fall als Betriebsausgabe abzugsfähig. Das bedeutet, dass der betriebliche Zinsaufwand eines Wirtschaftsjahres nur i. H. von 6 % der maßgeblichen Überentnahmen nicht abzugsfähig ist, soweit dieser Sockelbetrag von 2 050 € überschritten wird.

Der Abzug von Schuldzinsen für Darlehen zur Finanzierung von Anschaffungs- oder Herstellungskosten von Wirtschaftsgütern des Anlagevermögens ist gem. § 4 Abs. 4a Satz 5 EStG auszuklammern, d. h. er bleibt in voller Höhe erhalten.

Nach allem kann man zur Ermittlung der nicht abziehbaren Schuldzinsen folgendermaßen vorgehen:

(1) Ermittlung des Höchstbetrages der kürzungsfähigen Schuldzinsen

Kapital 1.1. (= Unter- oder Überentnahmen Vorjahre)		€
Gewinn lfd. Wirtschaftsjahr	€	
abzüglich Entnahmen ·/. Einlagen	·/. €	
Überentnahme lfd. Wirtschaftsjahr	€	€
Fortgeschriebene Überentnahme (= Bemessungsgrundlage)		€
davon 6 % gem. § 4 Abs. 4a Satz 3 EStG (= Höchstbetrag der kürzungsfähigen Jahresschuldzinsen)		€

(2) Ermittlung der verbleibenden Schuldzinsen

Schuldzinsen lt. GuV	€
Zinsen für Investitionsdarlehen	·/. €
verbleibender Betrag	€
Sockelbetrag gem. § 4 Abs. 4a Satz 4 EStG	·/. 2 050 €
verbleibende Schuldzinsen	€

(3) Ermittlung der nicht abziehbaren Schuldzinsen

Schließlich sind die nicht abziehbaren Schuldzinsen durch Vergleich der kürzungsfähigen und der verbleibenden Schuldzinsen zu ermitteln. Es gibt drei Möglichkeiten:

1. Sind die „kürzungsfähigen" Schuldzinsen kleiner als die verbleibenden Schuldzinsen, sind die gesamten kürzungsfähigen Schuldzinsen nicht abziehbar.
2. Sind die verbleibenden Schuldzinsen positiv, aber kleiner als die kürzungsfähigen Schuldzinsen, sind die verbleibenden Schuldzinsen nicht abziehbar.
3. Sind die verbleibenden Schuldzinsen 0 oder negativ, sind alle Schuldzinsen abziehbar.

BEISPIEL: Bei einem Unternehmer betrug das Kapital in der Steuerbilanz am 1. 1. 1999 0 und zu Beginn des Wirtschaftsjahres 01 100 000 €. Für 01 wurde ein Gewinn von 120 000 € erzielt. Der Saldo von Entnahmen und Einlagen betrug für 01 300 000 €.

Auf Darlehen zur Finanzierung von Anlagevermögen entfielen 10 000 € Schuldzinsen. Insgesamt betragen die betrieblichen Schuldzinsen laut GuV

a) 20 000 €

b) 15 000 €

c) 12 000 €.

LÖSUNG: **(1) Ermittlung der kürzungsfähigen Schuldzinsen**

Kapital 1. 1. 01			100 000 €
Gewinn 01	120 000 €		
Entnahmen ·/. Einlagen 01	·/. 300 000 €		
Überentnahme 01	·/. 180 000 €	... →	·/. 180 000 €
fortgeschriebene Überentnahme			80 000 €
6 % von 80 000 € (= kürzungsfähige Schuldzinsen)			4 800 €

(2) Ermittlung des verbleibenden Betrages

	a)	b)	c)
Schuldzinsen lt. GuV	20 000 €	15 000 €	12 000 €
Zinsen für Investitionsdarlehen	·/. 10 000 €	·/. 10 000 €	·/. 10 000 €
verbleiben	10 000 €	5 000 €	2 000 €
Sockelbetrag	·/. 2 050 €	·/. 2 050 €	·/. 2 050 €
verbleibende Schuldzinsen	7 950 €	2 950 €	·/. 50 €

(3) Ermittlung der nicht abziehbaren Schuldzinsen

a) Die kürzungsfähigen Schuldzinsen sind mit 4 800 € kleiner als die verbleibenden Schuldzinsen. Also sind 4 800 € nicht abziehbar.

b) Die verbleibenden Schuldzinsen sind mit 2 950 € positiv, aber kleiner als die kürzungsfähigen Schuldzinsen. Also sind 2 950 € nicht abziehbar.

c) Die verbleibenden Schuldzinsen sind negativ. Also sind alle Schuldzinsen abziehbar.

Bei *Mitunternehmerschaften* war nach Tz 30 des BMF-Schreibens vom 17. 11. 2005 (BStBl I S. 1019) die Überentnahmeregelung *gesellschaftsbezogen* anzuwenden. Danach waren die Schuldzinsen für eine Mitunternehmerschaft als solche zu ermitteln und nach dem Gewinnverteilungsschlüssel auf die Gesellschafter zu verteilen. Der BFH hat aber mit seinem Urteil vom 29. 3. 2007 (BStBl II 2008 S. 420) entschieden, dass die Ermittlung und Zurechnung der Überentnahmen und der nicht abziehbaren Schuldzinsen auf den einzelnen Gesellschafter abzustellen ist. Die Finanzverwaltung hat sich der Ansicht des BFH mit Schreiben vom 7. 5. 2008 (BStBl 2008 I S. 588) angeschlossen. Der Betrag der Überentnahme ist also für jeden Gesellschafter getrennt zu ermitteln, wobei der Anteil am Gesamtgewinn der Gesellschaft, die Entnahmen und Einlagen des jeweiligen Gesellschafters sowie die Gewinne oder Verluste und die Entnahmen aus dem Sonderbetriebsvermögen zu berücksichtigen sind. Der Sockelbetrag wird nach dem genannten Urteil des BFH allerdings nur einmal gewährt. Er ist entsprechend der Schuldzinsanteile des einzelnen Mitunternehmers aufzuteilen.

Bei Gewinnermittlung nach § 4 Abs. 3 EStG sind gem. § 4 Abs. 4a Satz 6 EStG die dargestellten Grundsätze sinngemäß anzuwenden. Hierzu ist die Aufzeichnung von Einlagen und Entnahmen erforderlich.

Die Vorschrift des § 4 Abs. 4a EStG ist nur anwendbar bei Einzelunternehmen und Personengesellschaften, nicht aber bei Kapitalgesellschaften. Kapitalgesellschaften können nämlich keine Entnahmen und demgemäß auch keine Überentnahmen haben.

3. Aufwendungen für die betriebliche Altersversorgung von Arbeitnehmern

a) Allgemeines

98 Steuerrechtliche Regelungen zur betrieblichen Altersversorgung befinden sich in den §§ 4b, 4c, 4d, 4e und 6a EStG. Es handelt sich um: Direktversicherungen, Zuwendungen an Pensionskassen und Unterstützungskassen, Beiträge an Pensionsfonds.

Steuerrechtlich geregelte Aufwendungen für die betriebliche Altersversorgung von Arbeitnehmern

Direktversicherungen gem. § 4b EStG	Zuwendungen an Pensionskassen gem. § 4c EStG	Zuwendungen an Unterstützungskassen gem. § 4d EStG	Beiträge an Pensionsfonds § 4e EStG	Pensionsrückstellungen gem. § 6a EStG

Die Pensionsrückstellungen werden aus systematischen Gründen an anderer Stelle behandelt. Vergleiche hierzu die Erörterungen in Tz 205 bis 207.

b) Direktversicherungen

§ 4b EStG

99 Ein Arbeitnehmer kann für sein Alter versorgt werden, indem der Arbeitgeber auf sein Leben eine Versicherung abschließt, aus der der Arbeitnehmer oder seine Hinterbliebenen ganz oder teilweise bezugsberechtigt sind. Die Aufwendungen hierfür sind sofort abzugsfähige Betriebsausgaben. Der Versicherungsanspruch braucht beim Arbeitgeber gem. § 4b Satz 1 EStG nicht aktiviert zu werden. Das gilt gem. § 4b Satz 2 EStG selbst dann, wenn der Anspruch abgetreten oder beliehen wird. Der Arbeitgeber muss sich in diesem Fall allerdings schriftlich verpflichten, den Arbeitnehmer beim Eintritt des Versorgungsfalles so zu stellen, als ob die Abtretung oder Beleihung nicht erfolgt wäre. Die Regelung des § 4b EStG gilt gem. R 4b Abs. 5 EStR auch für freie Mitarbeiter, z. B. Handelsvertreter.

c) Zuwendungen an Pensionskassen

§ 4c EStG

100 Arbeitnehmer können für ihr Alter auch durch Einschaltung einer *Pensionskasse* versorgt werden. Eine Pensionskasse ist eine Versorgungseinrichtung, auf deren Leistungen die Arbeitnehmer oder ihre Hinterbliebenen einen *Rechtsanspruch* haben. Sie unterliegt der Versicherungsaufsicht.

Zuwendungen an die Pensionskasse dürfen gem. § 4c Abs. 1 EStG als Betriebsausgabe abgezogen werden, soweit sie auf einer in der Satzung oder im Geschäftsplan der Kasse festgelegten Verpflichtung oder auf einer Anordnung der Versicherungsaufsichtsbehörde beruhen oder der Abdeckung von Fehlbeträgen bei der Kasse dienen.

d) Zuwendungen an Unterstützungskassen

§ 4d EStG

Die betriebliche Altersversorgung durch Zuwendungen an Unterstützungskassen ist derjenigen durch Zuwendungen an Pensionskassen sehr ähnlich. Auf die Leistungen der Unterstützungskassen besteht allerdings kein Rechtsanspruch. Deshalb unterliegen die Unterstützungskassen nicht der Versicherungsaufsicht. 101

Bei Unterstützungskassen, die lebenslänglich laufende Leistungen gewähren, dürfen gem. § 4d Abs. 1 Nr. 1 Buchst. a EStG zunächst nur Zuwendungen in Höhe des Deckungskapitals für die laufenden Leistungen als Betriebsausgaben abgezogen werden. Dazu kommt nach § 4d Abs. 1 Nr. 1 Buchst. b EStG in jedem Wirtschaftsjahr für jeden Leistungsanwärter 6 bzw. 25 % des Durchschnittsbetrags der jährlichen Versorgungsleistungen, wie sie in § 4d Abs. 1 Nr. 1 Buchst. b EStG beschrieben sind. Verschafft sich die Unterstützungskasse die Mittel für ihre Leistungen durch Rückdeckungsversicherungen, so können Zuwendungen in Höhe der an die Versicherung gezahlten Prämien als Betriebsausgaben abgezogen werden (§ 4d Abs. 1 Nr. 1 Buchst. c EStG). Etwaige Zuwendungen nach § 4d Abs. 1 Nr. 1 Buchst. a und b EStG sind in diesem Fall in dem Verhältnis zu vermindern, in dem die Leistungen der Kasse durch die Versicherung gedeckt sind (§ 4d Abs. 1 Nr. 1 Buchst. c Satz 5 EStG).

Bei Abfindungen der Unterstützungskasse vor Eintritt des Versorgungsfalles können gem. § 4d Abs. 1 Nr. 1 Buchst. d EStG Zuwendungen bis zur Höhe dieser Abfindung als Betriebsausgabe abgezogen werden.

Bei Unterstützungskassen, die keine lebenslänglich laufenden Leistungen gewähren, dürfen gem. § 4d Abs. 1 Nr. 2 EStG für jedes Kalenderjahr in der Regel 0,2 % der Lohn- und Gehaltssumme des Trägerunternehmens als Betriebsausgabe abgezogen werden. Unter bestimmten Voraussetzungen dürfen auch höhere Beträge abgezogen werden. Das darf aber nicht dazu führen, dass das zulässige Kassenvermögen überschritten wird. Es beträgt 1 % der durchschnittlichen Lohn- und Gehaltssumme des Trägerunternehmens in den letzten drei Wirtschaftsjahren.

e) Beiträge an Pensionsfonds

§ 4e EStG

Im Zuge der sog. „Riester-Reform“ der Altersversorgung ist § 4e EStG in das Einkommensteuergesetz aufgenommen worden. Seit 1. 1. 2002 können danach im Rahmen der betrieblichen Altersversorgung Beiträge an Pensionsfonds unter den Voraussetzungen des § 4e EStG als Betriebsausgaben abgezogen werden. Die berechtigten Arbeitnehmer haben entsprechend der Zusage aus dem Pensionsfonds einen lebenslangen Versorgungsanspruch. 102

4. Verpflichtungsübernahmen

§ 4f EStG

103 Nach § 4f Abs. 1 Satz 1 EStG ist der sich ergebende Aufwand aus der Übertragung einer Verpflichtung, die beim ursprünglich Verpflichteten Ansatzverboten, -beschränkungen oder Bewertungsvorbehalten unterlegen haben, nicht sofort, sondern über einen Zeitraum von 15 Jahren verteilt zu berücksichtigen. Eine solche Aufwandsverteilung ist allerdings gem. § 4f Abs. 1 Satz 3 EStG im Rahmen einer Veräußerung oder Aufgabe des ganzen Betriebes oder des gesamten Mitunternehmeranteils nicht vorzunehmen.

§ 4f EStG ist gem. § 52 Abs. 12c EStG erstmals für Wirtschaftsjahre anzuwenden, die nach dem 28. 11. 2013 enden.

Im Übrigen wird zu der Problematik des § 4f EStG auf die Ausführungen in Tz 206 hingewiesen.

5. Bildung von Ausgleichsposten bei Entnahmen

§ 4g EStG

104 Unbeschränkt Steuerpflichtige können gem. § 4g Abs. 1 Satz 1 EStG in Höhe des Unterschiedsbetrages zwischen dem Buchwert und dem Entnahmewert eines Wirtschaftsgutes des Anlagevermögens im Sinne des § 6 Abs. 1 Nr. 4 Satz 1 EStG einen gewinnmindernden Ausgleichsposten bilden, soweit das Wirtschaftsgut infolge einer Zuordnung zu einer Betriebsstätte desselben Steuerpflichtigen in einem anderen Mitgliedsstaat der EU als entnommen gilt. Der Ausgleichsposten ist gem. § 4g Abs. 2 Satz 1 EStG im Wirtschaftsjahr der Bildung und in den vier folgenden Wirtschaftsjahren zu jeweils einem Fünftel gewinnerhöhend aufzulösen.

Mit dieser Regelung soll eine Verteilung der aufzulösenden stillen Reserve im Sinne des § 4 Abs. 1 Satz 3 EStG auf fünf Jahre erreicht werden.

Im Normalfall löst sich der Ausgleichsposten, der eine Bilanzierungshilfe darstellt, in fünf Jahren auf. Eine in vollem Umfang gewinnerhöhende Auflösung erfolgt in den Fällen des § 4g Abs. 2 Satz 2 EStG. Das ist z. B. der Fall, wenn das Wirtschaftsgut gem. § 4g Abs. 2 Nr. 1 EStG aus dem Betriebsvermögen des Steuerpflichtigen ausscheidet.

6. Zinsschranke

§ 4h EStG

105 Zinsen sind unter den Voraussetzungen des § 4h EStG nur in beschränkter Höhe abzugsfähig. § 4h EStG ist, wie sich aus seiner Regelung im Einkommensteuergesetz ergibt, für alle Rechtsformen, also für Personenunternehmen und für Kapitalgesellschaften, anzuwenden. Freilich hat die Regelung – schon allein im Hinblick auf die Freigrenze 3 000 000 € – größere Bedeutung nur für Kapitalgesellschaften. Deshalb wird die Zinsschranke im Teil „Körperschaftsteuer" erörtert, zumal hier der Zusammenhang mit der Gesellschafterfremdfinanzierung besser aufgezeigt werden kann.

Wir verweisen deshalb zur Zinsschranke auf die Ausführungen in Tz 33 im Teil „Körperschaftsteuer".

V. Die teilweise abzugsfähigen Betriebsausgaben

Es gibt Ausgaben, die trotz ihrer betrieblichen Veranlassung teilweise nicht als Betriebsausgaben abgezogen werden können. Es handelt sich vornehmlich um einige in § 4 Abs. 5 EStG geregelte Aufwendungen. Der Grund für die gesetzliche Regelung ist wohl darin zu sehen, dass die meisten dieser Aufwendungen die private Lebensführung eines Steuerpflichtigen berühren und somit die Gefahr besteht, dass in Wirklichkeit teilweise privat veranlasste Aufwendungen im betrieblichen Bereich abgezogen werden können. Dieser Gefahr ist der Gesetzgeber von vornherein dadurch begegnet, dass sie für den Abzug als Betriebsausgaben teilweise ausscheiden. 106

1. Bewirtungsaufwendungen

§ 4 Abs. 5 Nr. 2 EStG

Von den nach der allgemeinen Verkehrsauffassung angemessenen Aufwendungen für die Bewirtung von Personen, und zwar einschließlich Arbeitnehmern, aus geschäftlichem Anlass können gem. § 4 Abs. 5 Nr. 2 Satz 1 EStG nur 70 % abgezogen werden. Allerdings ist die Vorsteuer gem. § 15 Abs. 1a Satz 2 UStG in voller Höhe als solche abzugsfähig. Das bedeutet, nicht abziehbar sind 30 % vom Nettobetrag der angemessenen Bewirtungskosten. 107

Zum Nachweis der Höhe und der betrieblichen Veranlassung hat der Steuerpflichtige nach § 4 Abs. 5 Nr. 2 Satz 2 EStG schriftliche Angaben über den Ort, den Tag, die Teilnehmer und den Anlass der Bewirtung zu machen. Bei Bewirtung in einer Gaststätte genügen neben der Rechnung über die Bewirtung die Angaben zu dem Anlass und den Teilnehmern der Bewirtung.

Auf der Rechnung genügen nicht die Angabe „Speisen und Getränke" und die Angabe der für die Bewirtung in Rechnung gestellten Gesamtsumme. Vielmehr sind gem. R 4.10 Abs. 8 Satz 9 EStR die in Anspruch genommenen Leistungen nach Art, Umfang, Entgelt und Tag der Bewirtung in der Rechnung gesondert zu bezeichnen. Außerdem müssen die Rechnungen gem. R 4.10 Abs. 8 Satz 8 EStR maschinell erstellt und registriert werden.

2. Mehraufwendungen für Verpflegung

§ 4 Abs. 5 Nr. 5 EStG

Wie bereits erörtert (vgl. Tz 95), dürfen die Mehraufwendungen für Verpflegung anlässlich einer Geschäftsreise nur in Höhe der in § 4 Abs. 5 Nr. 5 EStG genannten Pauschalen in Anspruch genommen werden. Tatsächlich entstandene Mehraufwendungen für Verpflegung sind für die Abzugsfähigkeit unbeachtlich. 108

Bezüglich weiterer Einzelheiten zum Abzug von Verpflegungsmehraufwendungen wird auf Tz 95 verwiesen.

3. Fahrten zwischen Wohnung und Betrieb, Familienheimfahrten

§ 4 Abs. 5 Nr. 6 EStG , § 9 Abs. 1 Satz 3 Nr. 4 und 5, Abs. 2 EStG

109 Aufwendungen für Fahrten zwischen Wohnung und Betriebsstätte werden gem. § 4 Abs. 5 Nr. 6 EStG durch eine *Entfernungspauschale* berücksichtigt, unabhängig davon, mit welchem Verkehrsmittel die Strecke zurückgelegt wird. Die Entfernungspauschale gem. § 4 Abs. 5 Nr. 6 i.V. mit § 9 Abs. 1 Satz 3 Nr. 4 Satz 2 EStG beträgt 0,30 € pro Kilometer. Maßgeblich ist die kürzeste benutzbare Straßenverbindung, es sei denn, dass eine andere Straßenverbindung offensichtlich verkehrsgünstiger ist.

BEISPIEL: Ein Unternehmer fährt in einem Jahr an 240 Arbeitstagen mit öffentlichen Verkehrsmitteln zu seinem von seiner Wohnung 25 km entfernten Betrieb.

Als Betriebsausgaben sind abzugsfähig 25 × 0,30 € × 240 = 1 800 €

Der Abzug von Aufwendungen für Wege zwischen Wohnung und Betrieb ist gem. § 4 Abs. 5 Nr. 6 Satz 2 i.V. mit § 9 Abs. 1 Nr. 4 Satz 2 EStG auf 4 500 € pro Kalenderjahr begrenzt. Das gilt allerdings nicht für Fahrten mit eigenem oder zur Nutzung überlassenem Kraftwagen. Soweit die tatsächlichen Aufwendungen für die Nutzung öffentlicher Verkehrsmittel die Entfernungspauschale übersteigen, ist die Begrenzung auf 4 500 € pro Kalenderjahr gem. § 9 Abs. 2 Satz 2 EStG ebenfalls nicht anzuwenden.

Bei Benutzung eines Kraftfahrzeugs für die Fahrten zwischen Wohnung und Betriebsstätte sind die Aufwendungen in Höhe des positiven Unterschiedsbetrages zwischen 0,03 % des inländischen Listenpreises des Kraftfahrzeuges im Zeitpunkt der Erstzulassung je Kalendermonat für jeden Entfernungskilometer und dem sich nach § 9 Abs. 1 Satz 3 Nr. 4 Satz 2 EStG ergebenden Betrag (0,30 € pro Entfernungskilometer) gem. § 4 Abs. 5 Nr. 6 Satz 3 EStG als Betriebsausgaben nicht abzugsfähig.

BEISPIEL 1: Ein Unternehmer fährt mit seinem Pkw an 220 Tagen im Jahr von seiner Wohnung zu dem hiervon 20 km entfernten Betrieb. Der Listenpreis des Pkw im Zeitpunkt der Erstzulassung beträgt 15 000 €.

Als Unterschiedsbetrag nach § 4 Abs. 5 Nr. 6 Satz 3 EStG ergibt sich:

20 × 0,03 % vom Listenpreis (15 000 €) × 12 =	1 080 €
20 × 0,30 € × 220 =	·/. 1 320 €
Unterschiedsbetrag	·/. 240 €

Da der Unterschiedsbetrag negativ ist, sind die Aufwendungen für Fahrten zwischen Wohnung und Betrieb abzugsfähig.

BEISPIEL 2: Wie Beispiel 1, der Pkw hat aber einen Listenpreis von 30 000 €.

Als Unterschiedsbetrag nach § 4 Abs. 5 Nr. 6 Satz 3 EStG ergibt sich:

20 × 0,03 % vom Listenpreis (30 000 €) × 12 =	2 160 €
20 × 0,30 € × 220	·/. 1 320 €
Unterschiedsbetrag	840 €

Von den Aufwendungen für Fahrten zwischen Wohnung und Betrieb sind 840 € gem. § 4 Abs. 5 Nr. 6 EStG nicht abzugsfähig.

Führt der Unternehmer ein ordnungsgemäßes Fahrtenbuch, treten gem. § 4 Abs. 5 Nr. 6 Satz 3 letzter Halbsatz EStG an die Stelle des mit 0,03 % vom Listenpreis ermittelten

Betrages die auf die Fahrten zwischen Wohnung und Betriebsstätte entfallenden tatsächlichen Aufwendungen.

Mit der Entfernungspauschale sind gem. § 9 Abs. 2 Satz 1 EStG sämtliche Aufwendungen abgegolten, und zwar nach dem BMF-Schreiben vom 1. 12. 2006 (BStBl I S. 778) auch Kosten eines Unfalls.

Für behinderte Menschen gelten die Sonderregeln des § 9 Abs. 2 Satz 3 i.V. mit § 4 Abs. 5 Nr. 6 Satz 3 EStG.

Familienheimfahrten

Bei einer betrieblich veranlassten doppelten Haushaltsführung können gem. § 4 Abs. 5 Nr. 6 Satz 3 i.V. mit § 9 Abs. 1 Satz 3 Nr. 5 EStG die Aufwendungen für eine wöchentliche Familienheimfahrt mit der Pauschale von 0,30 € pro Entfernungskilometer abgezogen werden. Nicht abzugsfähig sind 0,002 % vom Listenpreis im Zeitpunkt der Erstzulassung pro Kilometer.

BEISPIEL: Ein Unternehmer begründet aus betrieblichem Anlass an einem von seiner Wohnung 250 km entfernten Ort einen doppelten Haushalt. Der für die wöchentliche Familienheimfahrt genutzte Pkw hat einen Listenpreis von 30 000 €.

abzugsfähig sind 0,30 € × 250 =	75 €
nicht abzugsfähig sind 0,002 % × 30 000 € × 250	·/. 150 €
also nicht abzugsfähig	75 €

Wenn der Steuerpflichtige ein Fahrtenbuch führt, treten auch hier an die Stelle des mit 0,002 % vom Listenpreis ermittelten Betrages die tatsächlichen Aufwendungen.

Sowohl bei den Fahrten zwischen Wohnung und Betrieb als auch bei den Familienheimfahrten ist der Listenpreis im Zeitpunkt der Erstzulassung bei Elektrofahrzeugen und Hybridelektrofahrzeugen um die in § 6 Abs. 1 Nr. 4 Satz 2 Halbsatz 2 EStG genannten Beträge zu mindern.

4. Mehraufwendungen wegen doppelter Haushaltsführung

R 4.12 Abs. 3 EStR

Mehraufwendungen wegen einer aus betrieblichem Anlass begründeten doppelten 110
Haushaltsführung sind gem. R 4.12 Abs. 3 EStR grundsätzlich als Betriebsausgaben abzugsfähig. Es gelten die Regelungen der Lohnsteuerrichtlinien in R 9.11 Abs. 5 bis 9 LStR.

Die Pauschalen für den Verpflegungsmehraufwand (vgl. die Ausführungen in Tz 95) sind gem. § 4 Abs. 5 Nr. 5 i.V.m. § 9 Abs. 4 EStG bei doppelter Haushaltsführung allerdings nur für die ersten drei Monate berücksichtigungsfähig.

5. Unangemessene Aufwendungen

§ 4 Abs. 5 Nr. 7 EStG

Ganz allgemein sind Aufwendungen, die die Lebensführung des Steuerpflichtigen oder 111
anderer Personen berühren, soweit sie nach allgemeiner Verkehrsauffassung als unangemessen anzusehen sind, gem. § 4 Abs. 5 Nr. 7 EStG nicht abzugsfähig. Hierfür kommen nach R 4.10 Abs. 12 EStR insbesondere in Frage: Kosten der Übernachtung anlässlich einer Geschäftsreise, Aufwendungen für die Unterhaltung und Beherbergung von

Geschäftsfreunden, Aufwendungen für die Unterhaltung von Personenkraftwagen und für die Nutzung eines Flugzeugs sowie Aufwendungen für die Ausstattung von Geschäftsräumen.

Was die Aufwendungen anlässlich einer Geschäftsreise und die Bewirtung von Geschäftsfreunden anbetrifft, so wird die Frage ihrer Angemessenheit weitgehend eindeutig durch die besprochenen Regelungen des § 4 Abs. 5 Nr. 2 und 5 (vgl. Tz 107 und 108) geklärt. Für die Anschaffungskosten eines Kraftfahrzeugs hat der BFH in seinem Urteil vom 26. 1. 1988 (DB S. 1475) entschieden, dass feste Betragsgrenzen für die Frage der Unangemessenheit nicht festzulegen sind. Vielmehr komme es für die Frage der Unangemessenheit auf die Umstände des Einzelfalles an. Demnach dürften die Anschaffungskosten eines Pkw nur selten die Angemessenheit überschreiten, etwa bei der Anschaffung eines teuren Rennwagens.

Für die Ausstattung von Geschäftsräumen kann es dagegen sehr problematisch sein, wann die Grenze der Angemessenheit i. S. von § 4 Abs. 5 Nr. 7 EStG überschritten ist. Die Umstände des Einzelfalles – z. B. Geschäftsumfang, Höhe eines evtl. Auftrages, Umsatz, Gewinn – sind zu berücksichtigen. Nach Anweisung der Finanzverwaltung soll nicht kleinlich verfahren werden und der Abzug als Betriebsausgabe nur versagt werden, wenn die Grenze des Angemessenen erheblich überschritten ist.

BEISPIELE:

1. Ein Unternehmer kauft für sein Chefzimmer eine Schreibtischlampe aus Gold für 20 000 €. Es kann nur der angemessene Teil – schätzungsweise 2 000 € – als Betriebsausgabe abgezogen werden.
2. Ein Unternehmer mit beträchtlichem Umsatz und Gewinn kauft für 30 000 € einen Perserteppich, den er betrieblich nutzt. Die Anschaffungskosten überschreiten die Grenze der Angemessenheit erheblich. Die als Betriebskosten zu berücksichtigenden AfA-Beträge scheiden insoweit aus, als sie die nach der Verkehrsauffassung angemessenen Beträge übersteigen.

Aus der zu diesem Problem ergangenen Rechtsprechung des BFH (BStBl 1986 II S. 904, BStBl 1987 II S. 108) kann entnommen werden, dass etwa ein Betrag von 10 000 DM (jetzt also etwa 5 000 €) als angemessen angesehen wird.

VI. Die in vollem Umfang nicht abzugsfähigen Betriebsausgaben

112 Neben den Aufwendungen, die teilweise abzugsfähig sind, gibt es solche, die trotz betrieblicher Veranlassung nicht nur teilweise vom Betriebsausgabenabzug ausgeschlossen sind, sondern *in vollem Umfang nicht abgezogen werden dürfen*. Sie sollen im Folgenden besprochen werden.

1. Geschenke

§ 4 Abs. 5 Nr. 1 EStG

113 Geschenke an Personen, die nicht Arbeitnehmer des Steuerpflichtigen sind, können grundsätzlich gem. § 4 Abs. 5 Nr. 1 Satz 1 EStG nicht als Betriebsausgabe abgezogen werden. Die Geschenke sind gem. § 4 Abs. 5 Nr. 1 Satz 2 EStG allerdings abzugsfähig, wenn die Anschaffungs- oder Herstellungskosten der dem Empfänger im Wirtschafts-

jahr zugewendeten Gegenstände insgesamt nicht höher sind als 35 € ohne Berücksichtigung der abziehbaren Vorsteuer.

Ein Geschenk ist eine unentgeltliche Zuwendung an einen Dritten. Deshalb stellen Kranz- oder Blumenspenden anlässlich von Beerdigungen gem. R 4.10 Abs. 4 Satz 5 EStR keine Geschenke dar und können bei betrieblicher Veranlassung als Betriebsausgaben abgezogen werden.

Bei dem Betrag von 35 € handelt es sich um eine Freigrenze, nicht um einen Freibetrag, d. h. wenn die Aufwendungen für ein Geschenk oder für mehrere Geschenke an eine Person über 35 € liegen, kann nichts abgezogen werden.

2. Aufwendungen für Gästehäuser

§ 4 Abs. 5 Nr. 3 EStG

Befinden sich Gästehäuser *außerhalb des Ortes des Betriebes des Steuerpflichtigen* und dienen sie der Bewirtung, Beherbergung oder Unterhaltung von Personen, die nicht Arbeitnehmer des Steuerpflichtigen sind, so können die Aufwendungen hierfür gem. § 4 Abs. 5 Nr. 3 EStG nicht als Betriebsausgaben abgezogen werden. Es fallen unter diese Vorschrift nur die Aufwendungen für die Gästehäuser selbst, nicht dagegen die Kosten für die darin durchgeführten Bewirtungen. Hierfür gelten die allgemeinen Regeln. (Vgl. hierzu die Ausführungen in Tz 107.) 114

Das Abzugsverbot gilt gem. § 4 Abs. 5 Satz 2 EStG nicht, wenn das Gästehaus mit Gewinnabsicht betrieben wird.

3. Aufwendungen für Jagd, Fischerei und Jachten

§ 4 Abs. 5 Nr. 4 EStG

Aufwendungen für derartige Zwecke sind gem. § 4 Abs. 5 Nr. 4 EStG ebenfalls nicht als Betriebsausgaben abzugsfähig. Die hiermit im Zusammenhang stehenden Bewirtungen scheiden ebenfalls aus. 115

BEISPIEL: Ein Unternehmer hat eine Jagd gepachtet. Sie soll dazu dienen, Geschäftsfreunde zur Jagd einladen zu können, um mit ihnen besser ins Geschäft zu kommen.

Die Aufwendungen für die Jagd sind nicht – auch nicht teilweise – als Betriebsausgaben abzugsfähig.

Sind Jagden, Fischereien oder Jachten dagegen Gegenstand einer Betätigung mit Gewinnabsicht, so gilt das Abzugsverbot gem. § 4 Abs. 5 Satz 2 EStG wiederum nicht.

4. Gewerbesteuer

§ 4 Abs. 5b EStG

Die Gewerbesteuer und die darauf entfallenden Nebenleistungen sind gem. § 4 Abs. 5b EStG keine Betriebsausgaben und dürfen demgemäß den Gewinn nicht mindern. Damit findet eine wechselseitige Beeinflussung der Bemessungsgrundlage der Gewerbesteuer und der Einkommensteuer bzw. der Körperschaftsteuer nicht statt, wodurch 116 die Gewinnermittlung erleichtert wird. Logische Folge der Nichtabzugsfähigkeit der Gewerbesteuer ist, dass Erstattungen an Gewerbesteuer keine Betriebseinnahmen sind.

Obwohl die Gewerbesteuer keine Betriebsausgabe ist, muss gleichwohl im Jahresabschluss eine Gewerbesteuerrückstellung bzw. -erstattung gebildet werden.

5. Aufwendungen für ein häusliches Arbeitszimmer

§ 4 Abs. 5 Nr. 6b EStG

117 Aufwendungen für ein häusliches Arbeitszimmer sowie die Kosten der Ausstattung sind gem. § 4 Abs. 5 Nr. 6b EStG nicht abzugsfähig. Zu den Kosten der Ausstattung gehören alle raumzugehörigen, funktionell dem Gebäude zuzurechnenden Gegenstände, z. B. Tapeten, Lampen, Vorhänge. Darunter fällt jedoch nicht arbeitsbedingtes raumunabhängiges Mobiliar wie z. B. Aktenschrank, Schreibtisch, Schreibtischlampe.

Das Abzugsverbot gilt jedoch gem. § 4 Abs. 5 Nr. 6b Satz 2 EStG nicht, wenn für die betriebliche oder berufliche Tätigkeit kein anderer Arbeitsplatz zur Verfügung steht. Allerdings ist die Höhe der abziehbaren Aufwendungen dann gem. § 4 Abs. 5 Nr. 6b Satz 3 1. Halbsatz EStG auf 1 250 € begrenzt. Diese Begrenzung gilt jedoch nicht, wenn das Arbeitszimmer den Mittelpunkt der gesamten betrieblichen und beruflichen Betätigung bildet. Dann sind die Aufwendungen gem. § 4 Abs. 5 Nr. 6b Satz 2 EStG abzugsfähig. Diese Voraussetzung wird häufig z. B. bei Freiberuflern (Steuerberatern, Wirtschaftsprüfern, Rechtsanwälten, Ärzten) oder Heimarbeitern, nicht aber z. B. bei Richtern oder Lehrern, gegeben sein.

6. Geldbußen, Geldstrafen und Hinterziehungszinsen

§ 4 Abs. 5 Nr. 8, 8a, § 12 Nr. 4 EStG

118 Nicht abzugsfähig sind gem. § 4 Abs. 5 Nr. 8 EStG auch Geldbußen, Ordnungsgelder und Verwarnungsgelder, die von einem Gericht, einer Behörde im Geltungsbereich dieses Gesetzes oder von Organen der Europäischen Gemeinschaft festgesetzt werden. Wenn allerdings im Bußgeldverfahren der wirtschaftliche Vorteil oder der Mehrerlös ohne Abzug der steuerlichen Belastung in voller Höhe abgeschöpft worden ist, so gilt das Abzugsverbot insoweit gem. § 4 Abs. 5 Nr. 8 Satz 4 EStG nicht.

Nicht abzugsfähig sind gem. § 12 Nr. 4 EStG auch in einem Strafverfahren festgesetzte Geldstrafen, sonstige Rechtsfolgen vermögensrechtlicher Art, bei denen der Strafcharakter überwiegt, und Leistungen zur Erfüllung von Auflagen und Weisungen. Wenn die Letzteren allerdings nur der Wiedergutmachung des durch die Tat verursachten Schadens dienen, sind sie gem. § 12 Nr. 4 2. Halbsatz EStG abzugsfähig.

Gemäß § 4 Abs. 5 Nr. 8a EStG sind Hinterziehungszinsen nicht abziehbar. Hintergrund für diese Regelung ist wohl wie bei § 4 Abs. 5 Nr. 8 oder § 12 Nr. 4 EStG, dass auch Hinterziehungszinsen Strafcharakter haben. Die Vorschrift gilt auch für Hinterziehungszinsen auf abzugsfähige Steuern. Es kommt nicht darauf an, wann die Verkürzung eingetreten oder wann der Zinslauf begonnen hat. Entscheidend ist, zu welcher Zeit die Hinterziehungszinsen zu entrichten sind.

7. Ausgleichszahlungen

§ 4 Abs. 5 Nr. 9 EStG

Ausgleichszahlungen gem. § 16 KStG, die bei Vorliegen eines Organschaftsverhältnisses 119
i. S. der §§ 14, 17, 18 KStG an Minderheitsgesellschafter gezahlt werden, stellen nichts anderes als Gewinnausschüttungen dar. Deshalb sind die Ausgleichszahlungen gem. § 4 Abs. 5 Nr. 9 EStG nicht als Betriebsausgaben abzugsfähig.

8. Schmier- und Bestechungsgelder

§ 4 Abs. 5 Nr. 10 EStG

Aufwendungen für Schmiergelder, Bestechungsgelder oder ähnliche Zuwendungen 120
sind gem. § 4 Abs. 5 Nr. 10 EStG nicht abzugsfähig, wenn die Zuwendung eine rechtswidrige Handlung darstellt, die den Tatbestand eines Strafgesetzes oder eines Gesetzes verwirklicht, das die Ahndung mit einer Geldbuße zulässt.

9. Weitere nicht abzugsfähiger Betriebsausgaben

§ 4 Abs. 5 Nr. 11 bis 13 EStG

Bei der Tonnagesteuer-Gewinnermittlung gem. § 5a EStG soll eine Steuerumgehung 121
durch § 4 Abs. 5 Nr. 11 EStG vermieden werden. Außerdem sind Sanktionszuschläge nach § 162 Abs. 4 AO gem. § 4 Nr. 12 EStG nicht abzugsfähig. Schließlich sind Jahresbeiträge nach § 12 Abs. 2 des Restrukturierungsfondsgesetzes gem. § 4 Abs. 5 Nr. 13 EStG vom Abzug ausgeschlossen.

10. Aufwendungen mit gleichzeitiger betrieblicher und privater Veranlassung

§ 12 Nr. 1 EStG

Es gibt Aufwendungen, die teilweise betrieblich und teilweise privat veranlasst sind. 122
Das bringt oft die wirtschaftliche oder gesellschaftliche Stellung des Steuerpflichtigen mit sich. Derartige gemischte Aufwendungen durften nach langjähriger Rechtsprechung des BFH in ihrer Gesamtheit, also auch nicht der betrieblich oder beruflich veranlasste Teil, nicht abgezogen werden. Es herrschte ein sog. „Aufteilungsverbot".

Freilich war dieses Aufteilungsverbot schon lange umstritten, zumal dieses aus dem Wortlaut des § 12 Nr. 1 EStG nicht entnommen werden konnte. Der Große Senat des BFH hat mit seinem Beschluss vom 21. 9. 2009 (BStBl II 2010 S. 672) dieser oft kritisierten Rechtsprechung ein Ende gesetzt. Nach dem genannten Beschluss können nun gemischt beruflich bzw. betrieblich und privat veranlasste Aufwendungen in abziehbare Werbungskosten oder Betriebsausgaben und nicht abziehbare Aufwendungen für die private Lebensführung nach Maßgabe der jeweiligen Zeitanteile aufgeteilt werden, wenn die beruflichen Zeitanteile feststehen. Aus dem früheren **Aufteilungsverbot** ist also nun ein Aufteilungsgebot geworden.

BEISPIEL: Ein Unternehmer unternimmt aus geschäftlichen Gründen eine Reise nach Turin/Italien, um dort Aufträge zu erhalten und andere geschäftliche Dinge zu erledigen. Dafür braucht er eine Woche. In der Woche danach macht er Urlaub am Gardasee.

Die Aufwendungen für die erste Woche in Turin sind abzugsfähige Betriebsausgaben; für die zweite Woche am Gardasee sind die Aufwendungen nicht abzugsfähig. Die Kosten für die Hin- und Rückreise sind entsprechend dem zeitlichen Anteil – hier also 1:1 – aufzuteilen.

In einzelnen Fällen kommen auch andere Aufteilungsmaßstäbe als der Zeitanteil in Frage.

Besondere Probleme bereitet die Frage der Abzugsfähigkeit von Repräsentationsaufwendungen und Aufwendungen für Ernährung, Kleidung und Wohnung, weil bei diesen Aufwendungen oft ein Zusammenhang mit der gewerblichen oder beruflichen Tätigkeit des Steuerpflichtigen besteht. Solche Aufwendungen sind als Betriebsausgaben nur abzugsfähig, wenn sie *ausschließlich* betrieblichen oder beruflichen Zwecken dienen und nichts mit dem Privatleben zu tun haben. Ein Abzug als Betriebsausgaben kommt nur dann teilweise in Frage, wenn sich der durch betriebliche oder berufliche Zwecke veranlasste Teil nach objektiven Merkmalen und Unterlagen von den der privaten Lebensführung dienenden Ausgaben leicht und einwandfrei trennen lässt (R 12.1 Satz 1 EStR). Die hierbei erforderliche Aufteilung kann gem. R 12.1 Satz 2 EStR unter Umständen auch durch eine Schätzung erfolgen.

BEISPIEL: Eine zu einem Betriebsvermögen gehörende Waschmaschine wird vom Steuerpflichtigen zu 70 % für betriebliche Zwecke und zu 30 % für private Zwecke genutzt.

Die die Waschmaschine betreffenden Aufwendungen sind zu 70 % als Betriebsausgaben abzugsfähig, zu 30 % nicht.

Zum privaten Nutzungsanteil eines zum notwendigen Betriebsvermögen gehörenden Personenkraftwagens wird auf die Ausführungen in Tz 191 verwiesen.

Ist die Trennung zwischen betrieblicher und privater Veranlassung nicht leicht und einwandfrei möglich oder ist nur schwer erkennbar, ob Aufwendungen mehr dem Beruf oder der privaten Lebensführung gedient haben, so ist gem. R 12.1 Satz 3 EStR der gesamte Betrag nach § 12 Nr. 1 EStG nicht abzugsfähig. Dabei wird es wohl auch nach dem erwähnten Beschluss vom 21. 9. 2009 (BStBl 2010 II S. 672) bleiben.

11. Personensteuern

§ 12 Nr. 3 EStG

123 Personensteuern, insbesondere also die Einkommensteuer, sind gem. § 12 Nr. 3 EStG nicht abzugsfähig. Das gilt auch für die Einkommensteuer, die auf betriebliche Einkünfte entfällt und bei der man eine betriebliche Veranlassung annehmen könnte. Auch die Umsatzsteuer für Umsätze, die Entnahmen sind, und die Vorsteuerbeträge auf Aufwendungen des § 4 Abs. 5 Satz 1 Nr. 1 bis 5, 7 oder Abs. 7 oder § 12 Nr. 1 EStG sind nicht abzugsfähig. Für darauf entfallende Nebenleistungen, z. B. Säumniszuschläge, gilt das Gleiche.

12. Aufwendungen für die Berufsausbildung

§ 12 Nr. 5 EStG a. F., §§ 9 Abs. 6, 4 Abs. 9 EStG

Aufwendungen für die erstmalige Berufsausbildung und für ein Erststudium waren gem. § 12 Nr. 5 EStG a. F. grundsätzlich nicht als Betriebsausgaben abzugsfähig. Eine Ausnahme war nur dann gegeben, wenn die Aufwendungen im Rahmen eines Dienstverhältnisses stattfanden. § 12 Nr. 5 EStG a. F. ist durch das Gesetz vom 22. 12. 2014 (BStBl 2015 I S. 58) aufgehoben worden. 124

Mit demselben Gesetz ist § 9 Abs. 6 EStG neu gefasst worden. Danach kommt ein Abzug der Aufwendungen für die Berufsausbildung als Werbungskosten nur in Frage, wenn der Steuerpflichtige zwar bereits eine Erstausbildung (Berufsausbildung oder Studium) abgeschlossen hat oder wenn die Berufsausbildung oder das Studium im Rahmen eines Dienstverhältnisses stattfindet. In gleicher Weise sind die Aufwendungen für die Erstausbildung oder für ein Studium gem. § 4 Abs. 9 EStG auch als Betriebsausgaben nicht abzugsfähig.

Nach zurzeit gültiger Rechtslage sind also Aufwendungen für die Berufsausbildung oder ein Studium, die nicht im Rahmen eines Dienstverhältnisses anfallen, gem. § 10 Abs. 1 Nr. 7 EStG nur als Sonderausgaben bis zur Höhe von 6.000 € im Kalenderjahr zu berücksichtigen. Diese Regelung geht für die betroffenen Steuerpflichtigen meistens ins Leere, weil sie während ihrer Berufsausbildung oder ihres Studiums regelmäßig keine oder nur geringe Einkünfte haben und sie nicht ausgenutzte Sonderausgaben nicht als Verlustvortrag geltend machen können.

Im Hinblick auf die geschilderte Gesetzeslage hat der BFH mit Beschluss vom 17. 7. 2014 (DStR 2014 S. 2216) das Bundesverfassungsgericht gebeten, eine Entscheidung darüber zu treffen, „ob § 9 Abs. 6 EStG insoweit mit dem Grundgesetz vereinbar ist, als danach Aufwendungen des Steuerpflichtigen für seine erstmalige Berufsausbildung oder für ein Erststudium keine Werbungskosten sind, wenn diese Berufsausbildung oder dieses Erststudium nicht im Rahmen eines Dienstverhältnisses stattfindet und auch keine weiteren einkommensteuerlichen Regelungen bestehen, nach denen die vom Abzugsverbot betroffenen Aufwendungen die einkommensteuerrechtlichen Bemessungsgrundlage mindern." Der erwähnte Vorlagebeschluss ist m. E. wohlbegründet und es bestehen deshalb gute Aussichten, dass das Gesetz nach einer Entscheidung des Bundesverfassungsgerichts dahingehend geändert wird. Die Betroffenen sollten deshalb die Ausbildungskosten als Werbungskosten oder Betriebsausgaben geltend machen und eventuelle Verlustfeststellungen beantragen (so auch Korn in NWB 47/2014 S. 3521).

Kreft (SteuerStud 10/2014 S. 599) hat überzeugend nachgewiesen, dass Berufsausbildung keine Privatsache ist und dass die zurzeit gültige Regelung mit dem grundlegenden Prinzip der Besteuerung nach der finanziellen Leistungsfähigkeit nicht im Einklang steht. Deshalb bestehen gute Aussichten, dass die augenblickliche Gesetzeslage demnächst geändert wird.

VII. Besondere Aufzeichnungspflichten

§ 4 Abs. 7 EStG; R 4.11 EStR

125 Die nicht oder nur teilweise abzugsfähigen Betriebsausgaben müssen gem. § 4 Abs. 7 EStG in den Fällen des § 4 Abs. 5 Nr. 1 bis 4, 6b und 7 EStG *einzeln und getrennt* von den sonstigen Betriebsausgaben *aufgezeichnet* werden. Bei der Gewinnermittlung nach § 4 Abs. 1 oder 5 EStG genügt es gem. R 4.11 Abs. 1 Satz 1 EStR, wenn diese Aufwendungen auf besonderen Konten oder in einer besonderen Spalte geführt werden. Bei Gewinnermittlung nach § 4 Abs. 3 EStG müssen die Aufwendungen gem. H 4.11 „Besondere Aufzeichnung" EStH von Anfang an getrennt von den sonstigen Betriebsausgaben einzeln aufgezeichnet werden. Auch statistische Zusammenstellungen oder die geordnete Sammlung von Belegen kann gem. H 4.11 „Besondere Aufzeichnung" EStH unter Umständen genügen.

Wird der besonderen Aufzeichnungspflicht des § 4 Abs. 7 EStG nicht Folge geleistet, so sind die nicht besonders aufgezeichneten Aufwendungen nicht abzugsfähig (H 4.11 „Verstoß gegen die besondere Aufzeichnungspflicht" EStH).

126–130 unbesetzt

E. Allgemeine Bilanzierungs- und Bewertungsgrundsätze

131 Gegenstand des Bilanzsteuerrechts sind die Einkünfte aus Land- und Forstwirtschaft, Gewerbebetrieb und selbständiger Arbeit (vgl. die Ausführungen in Tz 7). Das Ergebnis dieser Einkünfte ist der *Gewinn*. Deshalb wurden zunächst die

- *Gewinnermittlungsmethoden* (vgl. Tz 7 bis 36) erörtert.

Die normale und grundsätzliche Gewinnermittlungsmethode ist der Betriebsvermögensvergleich. Deshalb wurde anschließend das

- *Betriebsvermögen* (vgl. Tz 41 bis 88) eingehend untersucht.

Das Betriebsvermögen wird beeinflusst durch *Betriebseinnahmen* und *Betriebsausgaben*. Die Betriebseinnahmen sind durchweg weniger problematisch. Besondere Schwierigkeiten werfen aber die Betriebsausgaben auf. Deshalb wurden nach dem Betriebsvermögen die

- *Betriebsausgaben* (vgl. Tz 91 bis 125) erörtert.

Einen besonders großen Einfluss auf den Gewinn hat es naturgemäß, wie die *Wirtschaftsgüter des Betriebsvermögens zu bewerten* sind. In den folgenden Abschnitten sind deshalb die

- *Bewertungsvorschriften* ausführlich zu erörtern.

Bevor die Bewertung der einzelnen Wirtschaftsgüter besprochen wird, ist es sinnvoll, die allgemeinen *Bewertungsgrundsätze* zu untersuchen. Dabei handelt es sich um Bewertungsgrundsätze, die *ohne Hinsicht auf ein bestimmtes Wirtschaftsgut allgemein gültig* sind. Diese allgemeinen *Bewertungs*grundsätze sind oft, z. B. beim Bilanzenzusammenhang und beim Imparitätsprinzip, nicht genau zu trennen von *Bilanzierungs*grundsätzen. Deshalb wird der den Bewertungsvorschriften hier vorangestellte Abschnitt „allgemeine Bilanzierungs- und Bewertungsgrundsätze" überschrieben.

Über die Existenz, den Inhalt und die Anzahl der allgemeinen Bilanzierungs- und Bewertungsgrundsätze bestehen in der Literatur unterschiedliche Auffassungen. Eine Gruppierung oder Klassifizierung der allgemeinen Grundsätze ist kaum möglich, da sich ein logisches System nicht ableiten lässt. In Anlehnung an die Reihenfolge der im § 252 HGB aufgeführten allgemeinen Bewertungsgrundsätze, die keineswegs eine Rangfolge bedeutet, werden nachfolgend die wichtigsten allgemeinen Bilanzierungs- und Bewertungsgrundsätze dargestellt, wobei zunächst der für das Bilanzsteuerrecht besonders bedeutsame Grundsatz der Maßgeblichkeit der Handelsbilanz für die Steuerbilanz und die (früher gültige) Umkehrung dieses Grundsatzes behandelt werden.

I. Maßgeblichkeit der handelsrechtlichen Grundsätze ordnungsmäßiger Buchführung für die Steuerbilanz

1. Bedeutung und Inhalt

Der Grundsatz der Maßgeblichkeit der Handelsbilanz für die Steuerbilanz ist aus § 5 132
Abs. 1 Satz 1 EStG abzuleiten. Danach ist bei der steuerrechtlichen Gewinnermittlung der Buch führenden Gewerbetreibenden das Betriebsvermögen anzusetzen, das nach den handelsrechtlichen Grundsätzen ordnungsmäßiger Buchführung auszuweisen ist. Die Bilanzierung und Bewertung in der Handelsbilanz sind also Ausgangspunkt für die Ansätze in der Steuerbilanz. Die Steuerbilanz kann deshalb auch als abgeleitete Handelsbilanz bezeichnet werden.

Wie in Tz 50 bereits ausgeführt wurde, gilt der Grundsatz der Maßgeblichkeit der Handelsbilanz für die Steuerbilanz hinsichtlich der Ansatzvorschriften – bis auf die Rückstellungen – grundsätzlich uneingeschränkt. Für die Bewertung wird der Maßgeblichkeitsgrundsatz jedoch wesentlich eingeschränkt. Die Einschränkung ergibt sich aus den unterschiedlichen Inhalten und Zielen von Handels- und Steuerbilanz, die zunächst darzustellen sind.

Die Handelsbilanz soll bei vorsichtiger Bewertung (Gläubigerschutzprinzip) das Vermögen und die Schulden einer Unternehmung *an einem bestimmten Stichtag*, dem Abschlussstichtag, *ausweisen*. Die interessierte Öffentlichkeit soll sich darauf verlassen können, dass das in der Handelsbilanz ausgewiesene (Rein-)Vermögen mindestens vorhanden ist. Es ist möglich oder sogar wahrscheinlich, dass der wirkliche Wert des Reinvermögens höher ist. Gleichzeitig – aber das ist nur ein Nebenzweck – soll in der Handelsbilanz der in der Periode erzielte Gewinn dargestellt werden. In der Handelsbilanz besteht also eine *Begrenzung* des Ausweises von Vermögen und Gewinn *nach oben*. Der Vermögensausweis darf nicht zu günstig sein.

Demgegenüber geht es in einer *Steuerbilanz* in erster Linie darum, einen *periodengerechten Gewinn zu ermitteln*, damit dieser anschließend der Besteuerung unterworfen werden kann. Gleichzeitig – aber das ist nur Nebenzweck der Steuerbilanz – soll natürlich auch das Reinvermögen am Bilanzstichtag ausgewiesen werden. Der *Gewinnausweis* wird in der Steuerbilanz *nach unten begrenzt*. Das *Vermögen* darf *nicht zu ungünstig* dargestellt werden.

Die Zielsetzungen von Handels- und Steuerbilanz sind also unterschiedlich. Die Grundzüge weisen aber Übereinstimmungen und Gemeinsamkeiten auf, sodass grundsätzlich die Ziele eines (vorsichtigen) Vermögensausweises zu einem bestimmten Stichtag und die periodengerechte Erfolgsermittlung auf einen Nenner gebracht werden können. Deshalb hat der Gesetzgeber das Maßgeblichkeitsprinzip nach § 5 Abs. 1 Satz 1 letzter Halbsatz EStG vorgeschrieben. Damit sind alle handelsrechtlichen Bilanzierungs- und Bewertungsvorschriften insbesondere der §§ 238 bis 278 HGB auch für das Steuerrecht gültig. § 5 Abs. 1 Satz 1 EStG ist durch das Bilanzrechtsmodernisierungsgesetz im 2. Halbsatz ergänzt worden: . . „es sei denn, im Rahmen der Ausübung eines steuerlichen Wahlrechts wird oder wurde ein anderer Ansatz gewählt".

Dazu werden im Schrifttum zwei Ansichten vertreten:

- Durch die Ergänzung des § 5 Abs. 1 EStG ist das früher leer laufende Wahlrecht einer Teilwertabschreibung bei dauernder Wertminderung gem. § 6 Abs. 1 Nr. 1 Satz 2 und Nr. 2 Satz 2 EStG zu einem **echten Wahlrecht** geworden. Der Wortlaut des Gesetzes spricht dafür. Nach dem BMF-Schreiben vom 12. 3. 2010 (DStR 2010 S. 601) vertritt auch die Finanzverwaltung diese Ansicht.
- Dagegen werden Bedenken geäußert, denn
  - es besteht gem. § 4 Abs. 1 Satz 1 EStG ein „Vermögensvergleich" und kein „Un-Vermögensvergleich",
  - es könnte sich um einen **Verstoß gegen das Willkürverbot** handeln,
  - ein eventuell zum Ausdruck gekommenes **Ermessen** des Steuerpflichtigen **könnte auf 0 reduziert** sein,
  - die Steuerbilanz würde dann **nicht mehr ihrer Aufgabe gerecht, periodengerecht den Gewinn zu ermitteln**.

Trotz dieser Bedenken ist zurzeit davon auszugehen, dass steuerrechtlich ein echtes Wahlrecht besteht, bei dauernder Wertminderung eine Teilwertabschreibung (ganz oder teilweise) vorzunehmen. Es wird auch zu dieser Frage keine Rechtsprechung geben, weil sich einerseits die Finanzverwaltung durch ihr Schreiben vom 12. 3. 2010 (DStR 2010 S. 601) eine Selbstbindung auferlegt hat und andererseits die Steuerpflichtigen mit dem Wahlrecht zufrieden sind.

Diese Rechtslage hat zur Folge, dass Wahlrechte, die in gleicher Weise handelsrechtlich und steuerrechtlich bestehen, unterschiedlich ausgeübt werden können. Damit können Unternehmen das Ziel eines möglichst hohen Handelsbilanzgewinns (z. B. zur Vorlage bei Kreditinstituten) und eines möglichst niedrigen Steuerbilanzgewinns (zur Minimierung der Steuerbelastung) miteinander verbinden.

Bei der Maßgeblichkeit gem. § 5 Abs. 1 Satz 1 EStG ist der **Bewertungsvorbehalt** des § 5 Abs. 6 EStG zu beachten. Hiernach gelten die handelsrechtlichen Bewertungsvorschriften nur insoweit, als das Steuerrecht nicht etwas anderes vorschreibt. Die steuerrechtlichen Bewertungsvorschriften (insbes. §§ 6, 7 EStG) haben also als Spezialvorschriften Vorrang vor den handelsrechtlichen Bewertungsvorschriften.

In letzter Zeit sind die Abweichungen der Steuerbilanz von der Handelsbilanz immer zahlreicher geworden. Es kann deshalb nur noch in seltenen Fällen eine sog. „Einheitsbilanz" (Übereinstimmung von Handels- und Steuerbilanz) aufgestellt werden.

In der Praxis brauchen nur Kapitalgesellschaften (Europäische Gesellschaften, Aktiengesellschaften, Kommanditgesellschaften auf Aktien und Gesellschaften mit beschränkter Haftung) Handelsbilanzen zu veröffentlichen. Bei Personengesellschaften und Einzelunternehmungen ist die Erstellung von Handelsbilanzen nicht erforderlich. Sie erstellen deshalb in der Regel nur Steuerbilanzen (§ 60 Abs. 2 EStDV). Das bedeutet aber keineswegs, dass für sie der Maßgeblichkeitsgrundsatz keine Rolle spielt oder Abweichungen der Steuerbilanz von der Handelsbilanz nicht vorkommen können. *Sie treten nur nach außen hin nicht in Erscheinung.*

Aufgrund der zahlreichen Abweichungen der Steuerbilanz von der Handelsbilanz wird in der Literatur eine Diskussion darüber geführt, ob die Maßgeblichkeit der Handelsbilanz für die Steuerbilanz überhaupt noch beibehalten werden soll. Nicht wenige Autoren plädieren dafür, die Steuerbilanz vollständig von der Handelsbilanz zu lösen. Zu bedenken ist aber, dass die Steuerbilanz in der Handelsbilanz ein in Jahrzehnten gewachsenes und bewährtes Fundament hat. Bewährtes sollte man nicht ohne Not aufgeben. Deshalb sollte der Maßgeblichkeitsgrundsatz m. E. beibehalten werden und die Abweichungen der Steuerbilanz von der Handelsbilanz auf ein (möglicherweise) notwendiges Maß reduziert werden. Beispielsweise ist kein einleuchtender Grund ersichtlich, warum Rückstellungen für drohende Verluste aus schwebenden Geschäften in der Steuerbilanz gem. § 5 Abs. 4a EStG (vgl. hierzu Tz 60) nicht gebildet werden dürfen.

2. Durchbrechungen des Maßgeblichkeitsgrundsatzes

Der Vorbehalt des § 5 Abs. 6 EStG, wonach der Maßgeblichkeitsgrundsatz nur gilt, soweit nicht steuerrechtlich etwas anderes vorgeschrieben ist, bezieht sich auf die Vorschrift über die Entnahmen und Einlagen, über die Zulässigkeit der Bilanzänderung, über die Betriebsausgaben, über die Bewertung und über die Absetzung für Abnutzung oder Substanzverringerung. 133

Einige in der Praxis häufig vorkommende und wichtige Durchbrechungen des Maßgeblichkeitsgrundsatzes werden nachfolgend erörtert.

a) Firmenwert

§§ 246 Abs. 1 Satz 4 HGB, 253 Abs. 5 Satz 2 HGB

Ein käuflich erworbener (derivativer, abgeleiteter) Geschäfts- oder Firmenwert gilt gem. § 246 Abs. 1 Satz 4 HGB als zeitlich begrenzt nutzbarer Vermögensgegenstand. Er muss deshalb wie im Steuerrecht aktiviert werden (vgl. hierzu Tz 55). Allerdings ist eine Abweichung der Steuerbilanz von der Handelsbilanz die Regel, weil handelsrechtlich die Nutzungsdauer, wenn sie nicht bestimmt werden kann, grundsätzlich gem. § 253 Abs. 3 Sätze 3 und 4 HGB mit mindestens zehn Jahren, im Steuerrecht dagegen gem. § 7 Abs. 1 Satz 3 EStG mit fünfzehn Jahren, anzunehmen ist. 134

Bei dauernder Wertminderung muss **handelsrechtlich** eine außerplanmäßige Abschreibung vorgenommen werden. Dann aber ist gem. § 253 Abs. 5 Satz 2 HGB eine spätere Zuschreibung nicht mehr möglich (vgl. hierzu Tz 55).

In der **Steuerbilanz** besteht bei dauernder Wertminderung ein Wahlrecht (vgl. hierzu Tz 132); eine spätere Zuschreibung wird von einigen Autoren für möglich gehalten.

b) Rückstellungen

§ 249 HGB, R 5.7 Abs. 11 EStR

135 Handels- wie steuerrechtlich (vgl. § 249 Abs. 1 HGB, R 5.7 Abs. 11 Satz 1 EStR) müssen Rückstellungen für unterlassene Reparaturen gebildet werden, wenn sie innerhalb von drei Monaten im folgenden Geschäfts- bzw. Wirtschaftsjahr nachgeholt werden.

Rückstellungen wegen Verletzung fremder Patent-, Urheber- oder ähnlicher Schutzrechte und für Jubiläumszuwendungen dürfen *steuerrechtlich* nur unter den Voraussetzungen des § 5 Abs. 3 und 4 EStG gebildet werden (vgl. Tz 58 u. 59). Das schließt aber nicht aus, dass in der Handelsbilanz eine Rückstellung gem. § 249 Abs. 1 HGB auch ohne Vorliegen dieser Voraussetzungen gebildet werden muss. In diesen Fällen weicht die Steuerbilanz zwingend von der Handelsbilanz ab.

Da in der Steuerbilanz gem. § 5 Abs. 4a EStG keine Rückstellungen für drohende Verluste aus schwebenden Geschäften gebildet werden dürfen (vgl. hierzu die Ausführungen in Tz 60), müssen auch aus diesem Grund Steuerbilanzen von Handelsbilanzen zwingend abweichen.

c) Nicht abzugsfähige Ausgaben

§ 4 Abs. 5 ESt

136 Bestimmte Betriebsausgaben können gem. § 4 Abs. 5 EStG nicht abgezogen werden (vgl. Tz 106 bis 125). Handelsrechtlich ist ein Abzug, da diese Ausgaben das Vermögen des Betriebes vermindert haben, wegen ihrer betrieblichen Veranlassung erforderlich. Bei Körperschaften, die der Körperschaftsteuer unterliegen, gilt dasselbe hinsichtlich der nicht abziehbaren Aufwendungen i. S. des § 10 KStG.

d) Vergütungen an Mitunternehmer

§ 15 Abs. 1 Nr. 2 EStG

137 Gemäß § 15 Abs. 1 Nr. 2 EStG sind bei Mitunternehmerschaften Vergütungen für Tätigkeit im Dienste der Gesellschaft, für die Hingabe von Darlehen oder für die Überlassung von Wirtschaftsgütern Gewinnanteile und damit steuerlich nicht abzugsfähig. Sie schmälern aber das Vermögen der Gesellschaft. Deshalb sind sie handelsrechtlich abzugsfähig.

Vergütungen für die Überlassung von Wirtschaftsgütern stellen gem. § 15 Abs. 1 Nr. 2 EStG Einkünfte aus Gewerbebetrieb dar. Daraus ist abzuleiten, dass derartige Wirtschaftsgüter, die nur einzelnen und nicht allen Gesellschaftern einer Personengesellschaft gehören, steuerrechtlich zum Betriebsvermögen gerechnet werden müssen

(R 4.2 Abs. 2 Satz 2 EStR). Es handelt sich dann um „steuerrechtliches Sonderbetriebsvermögen". In der Handelsbilanz können solche Wirtschaftsgüter nicht ausgewiesen werden, weil sie der Personengesellschaft nicht gehören.

BEISPIEL: Einem Gesellschafter einer OHG gehört ein Grundstück allein. Er stellt es der OHG für betriebliche Zwecke zur Verfügung und erhält dafür eine Vergütung.

Die Vergütung gehört gem. § 15 Abs. 1 Nr. 2 Halbsatz 2 EStG zu den Einkünften aus Gewerbebetrieb. Das Grundstück stellt *steuerliches Sonderbetriebsvermögen* des Gesellschafters dar und darf in die Handelsbilanz der OHG nicht aufgenommen werden.

e) Herstellungskosten

§ 255 Abs. 2 HGB, R 6.3 EStR

Grundsätzlich werden die Herstellungskosten in Handels- und Steuerbilanz gem. § 255 138
Abs. 2 HGB und R 6.3 EStR in gleicher Weise ermittelt (vgl. hierzu Tz 174). Werden aber Einbeziehungswahlrechte, z. B. zu den Kosten der allgemeinen Verwaltung gem. § 255 Abs. 2 Satz 3 HGB und gem. R 6.3 Abs. 4 Satz 1 EStG unterschiedlich ausgeübt (vgl. hierzu Tz 132), so kann die Steuerbilanz von der Handelsbilanz abweichen.

f) Bewertungsvereinfachungsverfahren

§ 256 HGB, R 6.9 EStR

Handelsrechtlich dürfen gem. § 256 HGB für die Ermittlung des Wertansatzes gleich- 139
artiger Vermögensgegenstände des Vorratsvermögens verschiedene den Grundsätzen ordnungsmäßiger Buchführung entsprechende Bewertungsvereinfachungsverfahren angewandt werden, die von bestimmten Verbrauchsfolgefiktionen ausgehen. Von den handelsrechtlich zulässigen Verfahren ist steuerlich nur die Lifo-Methode möglich (vgl. hierzu auch Tz 158). Die handelsrechtlich mögliche Fifo-Methode ist steuerrechtlich gem. R 6.9 Abs. 1 EStR nicht zulässig.

Bezüglich der Bewertungsvereinfachungsverfahren ist also eine Abweichung der Steuerbilanz von der Handelsbilanz nur bei Anwendung des Fifo-Verfahrens möglich.

g) Verbot von Teilwertabschreibungen bei vorübergehender Wertminderung

§ 253 Abs. 3 Satz 4 und Abs. 4 Satz 1 HGB, § 6 Abs. 1 Nr. 1 und 2 EStG

Eine Abschreibung auf den niedrigeren Teilwert ist in der Steuerbilanz gem. § 6 Abs. 1 140
Nr. 1 Satz 2 und § 6 Abs. 1 Nr. 2 Satz 2 EStG nur aufgrund einer voraussichtlich dauernden Wertminderung möglich. Das heißt, dass in der Steuerbilanz eine Teilwertabschreibung bei vorübergehender Wertminderung nicht in Frage kommt. Damit müssen Handels- und Steuerbilanz voneinander abweichen, wenn in der Handelsbilanz eine Abschreibung auf den niedrigeren Wert bei vorübergehender Wertminderung vorgenommen wird, was bei Finanzanlagen gem. § 253 Abs. 3 Satz 4 HGB möglich und beim Umlaufvermögen gem. § 253 Abs. 4 Satz 1 HGB sogar zwingend vorgeschrieben ist.

h) Abzinsung

§ 253 Abs. 2 Satz 1 und 2 HGB, § 6 Abs. 1 Nr. 3 und 3a Buchst. e) EStG

141 Gemäß § 253 Abs. 2 HGB sind Rückstellungen mit einer Laufzeit von mehr als einem Jahr abzuzinsen. Maßgeblich hierfür ist gem. § 253 Abs. 2 Satz 4 HGB der von der Deutschen Bundesbank monatlich bekannt zu gebende durchschnittliche Marktzinssatz der letzten sieben Geschäftsjahre. Gleiches gilt gem. § 253 Abs. 2 Satz 3 HGB auch für auf Rentenverpflichtungen beruhende Verpflichtungen, für die eine Gegenleistung nicht mehr zu erwarten ist.

Steuerrechtlich ist gem. § 6 Abs. 1 Nr. 3 und Nr. 3a Buchst. e) EStG für Verbindlichkeiten und Rückstellungen für die Abzinsung ein gleichbleibender Zinssatz von 5,5 % vorgeschrieben. Wegen der unterschiedlichen Zinssätze bestehen also diesbezüglich Unterschiede zwischen den Wertansätzen in Handels- und Steuerbilanz.

Eine bemerkenswerte Abweichung der Steuerbilanz von der Handelsbilanz gibt es, wenn Rückstellungen eine Restlaufzeit von **genau einem Jahr** haben. Dann nämlich ist in der Handelsbilanz keine Abzinsung vorzunehmen („Restlaufzeit mehr als ein Jahr"), während in der Steuerbilanz eine Abzinsung erfolgen muss, weil die Laufzeit gem. § 6 Abs. 1 Nr. 3 Satz 2 i.V. mit § 6 Abs. 1 Nr. 3a Buchst. e) EStG „nicht weniger als ein Jahr beträgt".

3. Steuerliche Ausgleichsposten bei Kapitalgesellschaften

142 Unterschiedliche Ansätze in der Handels- und der Steuerbilanz, wie sie sich wie oben dargestellt oft aufgrund abweichender Bewertungen ergeben, führen zu Ergebnisdifferenzen zwischen Handels- und Steuerbilanz. Häufig kommt es auch bei steuerlichen Außenprüfungen zu nachträglichen Änderungen des steuerlichen Gewinns und damit zu Abweichungen zwischen dem Handels- und Steuerbilanzgewinn, die meist in Form von Mehr- oder Wenigerrechnungen zusammengefasst werden.

Bei Einzelunternehmen und Personengesellschaften sind die Kapitalkonten variabel. Steuerliche Mehr- oder Wenigergewinne werden bei der steuerlichen Kapitalkontenentwicklung den Kapitalkonten entsprechend zu- oder abgerechnet.

Kapitalgesellschaften dagegen haben ein festes gezeichnetes Kapital, das nur aufgrund von Gesellschafterbeschlüssen geändert werden kann. Auch die Rücklagen haben grundsätzlich eine bestimmte Höhe und können nur durch einen gesellschaftsrechtlich gültigen Beschluss verändert werden. Mehr- oder Wenigergewinne werden bei Kapitalgesellschaften deshalb in einem besonderen Posten, dem sog. *steuerlichen Ausgleichsposten*, erfasst. Er stellt damit in der Steuerbilanz einen Korrekturposten zum handelsrechtlichen Kapital dar und gehört zum steuerlichen Betriebsvermögen. Ein steuerlicher Ausgleichsposten auf der Passivseite der Steuerbilanz resultiert aus Mehrkapital, ein Posten auf der Aktivseite aus Wenigerkapital.

BEISPIEL: Eine GmbH weist für die Jahre 01 bis 03 folgende Bilanzen aus. Die Gebäudeabschreibung beträgt jährlich 2 % auf die Anschaffungskosten von 2 000 000 € = 40 000 €.

Aktiva	*31. 12. 01*	*31. 12. 02*	*31. 12. 03*
Gebäude	1 000 000 €	960 000 €	920 000 €
Sonstiges Anlagevermögen	2 000 000 €	1 900 000 €	1 940 000 €
Umlaufvermögen	2 000 000 €	2 140 000 €	2 140 000 €
Summe	5 000 000 €	5 000 000 €	5 000 000 €
Passiva			
Gezeichnetes Kapital	2 000 000 €	2 000 000 €	2 000 000 €
Rücklagen	500 000 €	600 000 €	650 000 €
Verbindlichkeiten	2 500 000 €	2 400 000 €	2 350 000 €
Summe	5 000 000 €	5 000 000 €	5 000 000 €

Anlässlich einer steuerlichen Außenprüfung im Jahre 04 wird festgestellt, dass beim Gebäude im Jahre 01 Herstellungsaufwand i. H. von 100 000 € angefallen war, den die GmbH als Erhaltungsaufwand behandelt hatte.

Die Abschreibung hätte also 2 % von 2 100 000 € = 42 000 € betragen müssen. Zum Ausgleich ist ein steuerlicher Ausgleichsposten, in diesem Fall auf der Passivseite, zu bilden.

Die berichtigten Bilanzen ergeben folgendes Bild:

Aktiva	*31. 12. 01*	*31. 12. 02*	*31. 12. 03*
Gebäude	1 098 000 €	1 056 000 €	1 014 000 €
Sonstiges Anlagevermögen	2 000 000 €	1 900 000 €	1 940 000 €
Umlaufvermögen	2 000 000 €	2 140 000 €	2 140 000 €
Summe	5 098 000 €	5 096 000 €	5 094 000 €
Passiva			
Gezeichnetes Kapital	2 000 000 €	2 000 000 €	2 000 000 €
Rücklagen	500 000 €	600 000 €	650 000 €
Steuerlicher Ausgleichsposten	98 000 €	96 000 €	94 000 €
Verbindlichkeiten	2 500 000 €	2 400 000 €	2 350 000 €
Summe	5 098 000 €	5 096 000 €	5 094 000 €

Nach Abschreibung des Gebäudes ist der steuerliche Ausgleichsposten aufgelöst. Er kann aber auch früher aufgrund eines Gesellschafterbeschlusses durch Zuführung zu den Rücklagen aufgelöst werden.

II. Umkehrung des Maßgeblichkeitsgrundsatzes

§ 5 Abs. 1 Satz 2 EStG a .F., § 5 Abs. 1 Satz 2 EStG

Die umgekehrte Maßgeblichkeit, die nach § 5 Abs. 1 Satz 2 EStG a. F. galt, ist abge- 143
schafft.

Bei steuerlichen Wahlrechten ist gem. § 5 Abs. 1 Satz 2 EStG nur erforderlich: Wirtschaftsgüter, die nicht mit dem handelsrechtlich maßgeblichen Wert in der steuerlichen Gewinnermittlung ausgewiesen werden, sind in besondere, laufend zu führende Verzeichnisse aufzunehmen.

III. Bilanzenzusammenhang

144 Eine einzelne Bilanz steht nicht allein im Raum. Vielmehr steht sie in Beziehung zu Bilanzen vorangegangener oder folgender Wirtschaftsjahre und Stichtage. Die Bilanzen sind also in gewisser Weise miteinander verknüpft. Übersichtlich kann man die Verknüpfung von Bilanzen zu verschiedenen Stichtagen folgendermaßen darstellen:

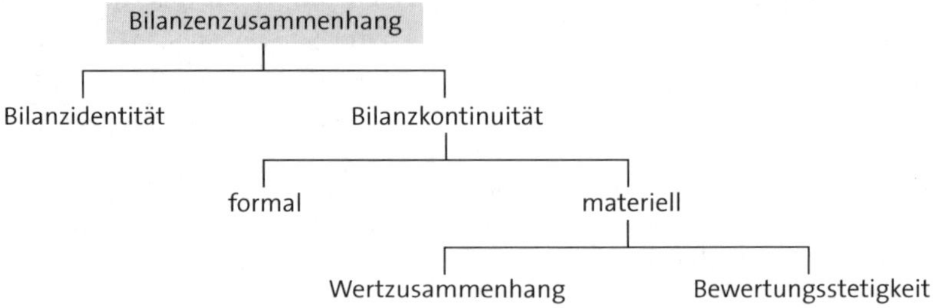

1. Bilanzidentität

145 Beim Betriebsvermögensvergleich wird gem. § 4 Abs. 1 Satz 1 EStG das Betriebsvermögen am Schluss des Wirtschaftsjahres dem Betriebsvermögen am Schluss des vorangegangenen Wirtschaftsjahres gegenübergestellt. Daraus ergibt sich, dass das Endvermögen eines Wirtschaftsjahres gleich dem Anfangsvermögen des darauf folgenden Wirtschaftsjahres sein muss (zum Grundsatz der Bilanzidentität vgl. auch § 252 Abs. 1 Nr. 1 HGB). Andernfalls wäre es denkbar, dass erzielte Gewinne nicht erfasst werden. Der Grundsatz der Bilanzidentität ist auch dann zu beachten, wenn festgestellt wird, dass die Schlussbilanz des vorangegangenen Jahres falsch war. Wenn die Schlussbilanz des vergangenen Jahres nicht mehr berichtigt werden kann, ist der falsche Bilanzansatz zu übernehmen.

BEISPIEL: A hat (betrieblich veranlasste) Miete für das Jahr 01 erst in 02 gezahlt. Im Jahresabschluss war sich A nicht darüber im Klaren, dass die noch zu zahlende Miete in der Bilanz zum 31. 12. 01 auszuweisen war. Bei Erstellung der Bilanz für das Jahr 02 wird der Fehler entdeckt. Die Veranlagung für das Jahr 01 ist bereits bestandskräftig und kann grundsätzlich nicht mehr berichtigt werden.

Da die (fehlerhafte) Bilanz zum 31. 12. 01 nicht mehr berichtigt werden kann, muss die Eröffnungsbilanz auf den 1. 1. 02 mit Rücksicht auf den Grundsatz der Bilanzidentität genauso lauten. Die Miete stellt im Jahr 02 einen Aufwand dar. Wäre sie, wie es richtig gewesen wäre, schon im Jahr 01 als Aufwand berücksichtigt worden, hätte sie im Jahr 02 keinen Einfluss auf den Gewinn gehabt.

Eine Durchbrechung des Bilanzenzusammenhangs ist nur in *Ausnahmefällen* möglich. Wenn beispielsweise ein Steuerpflichtiger in früheren Jahren Absetzungen für Abnutzung unterlassen hat, um dadurch unberechtigte Steuervorteile zu erlangen, so darf die AfA nicht nachgeholt werden. Die Anfangsbilanz des Folgejahres ist unter Durchbrechung des Bilanzenzusammenhangs zu berichtigen (vgl. H 7.4 „Unterlassene oder überhöhte AfA" EStH).

2. Formale Bilanzkontinuität

Die Gliederung von Handelsbilanzen aufeinander folgender Wirtschaftsjahre sowie 146
die Beziehung, Abgrenzung und Bezeichnung der einzelnen Bilanzpositionen gem. § 266 HGB sind beizubehalten, damit eine Vergleichbarkeit gewährleistet wird. Sind wegen besonderer Umstände (in begründeten Ausnahmefällen, vgl. § 252 Abs. 2 HGB) Abweichungen erforderlich, so müssen Kapitalgesellschaften diese Abweichungen gem. § 265 Abs. 1 HGB im Anhang angeben und begründen.

Die formale Kontinuität von Steuerbilanzen wird durch § 5b Abs. 1 EStG gewährleistet (vgl. hierzu die Ausführungen in Tz 5).

3. Materielle Bilanzkontinuität

Die materielle Bilanzkontinuität kann sich beziehen auf die Werte der einzelnen Wirt- 147
schaftsgüter (Wertzusammenhang) und auf die Bewertung allgemein, d. h. also auf die Anwendung von Bewertungsgrundsätzen von Schlussbilanz zu Schlussbilanz (Bewertungsstetigkeit).

a) Wertzusammenhang

Die Bewertung von Wirtschaftsgütern ist auch davon abhängig, wie dieselben Wirt- 148
schaftsgüter in der vorangegangenen Schlussbilanz angesetzt worden sind. Es handelt sich um das Wertzusammenhangsprinzip. Der Wertzusammenhang ist denkbar in zweifacher Form, dem *eingeschränkten* und dem *uneingeschränkten Wertzusammenhang*.

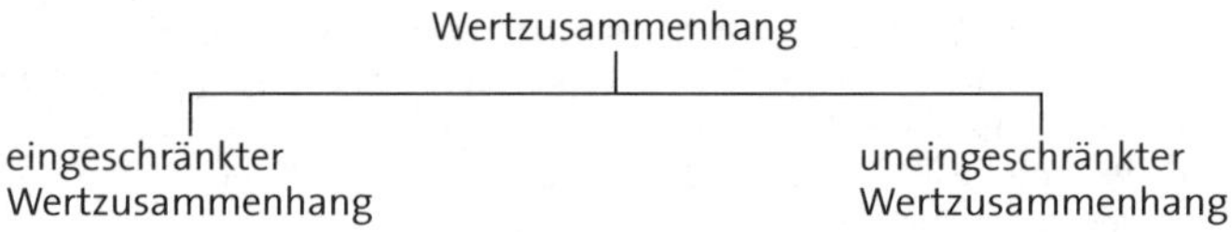

Nach dem eingeschränkten Wertzusammenhang dürfen zwar der letzte Bilanzansatz, nicht aber die Anschaffungs- oder Herstellungskosten eines Wirtschaftsgutes überschritten werden.

Der eingeschränkte Wertzusammenhang gilt gem. § 6 Abs. 1 Satz 4 EStG für das abnutzbare Anlagevermögen sowie gem. § 6 Abs. 1 Nr. 2 Satz 3 EStG für das nicht abnutzbare Anlagevermögen und für das Umlaufvermögen. Der uneingeschränkte Wertzusammenhang besagt, dass bei bereits in der Vorjahresbilanz enthaltenen Wirtschaftsgütern der letzte Bilanzansatz nicht überschritten werden darf.

Vom Wertzusammenhangsprinzip gibt es nach dem Bilanzrechtsmodernisierungsgesetz eine Ausnahme: Finanzinstrumente des Handelsbestandes müssen bei Kreditinstituten gem. § 340e Abs. 3 HGB abzüglich eines Risikoabschlags mit dem beizulegenden Zeitwert angesetzt werden.

Zum Wertzusammenhang wird im Übrigen auf die Ausführungen in Tz 180 bis 183 verwiesen.

b) Bewertungsstetigkeit

§ 252 Abs. 1 Nr. 6 HGB

149 In vielerlei Hinsicht sind dem Steuerpflichtigen bei der Bewertung von Wirtschaftsgütern Wahlrechte eingeräumt (z. B. R 6.6 EStR, § 6b EStG u. v. a. m.). Grundsätzlich kann ein Steuerpflichtiger diese Wahlrechte ausüben, wie er das für richtig hält. Hat er sich für eine bestimmte Methode für die Bewertung eines Wirtschaftsgutes entschieden, so soll diese Bewertungsmethode für die folgenden Perioden beibehalten werden. Der aus § 252 Abs. 1 Nr. 6 HGB abgeleitete Grundsatz der Bewertungsstetigkeit ist eine Mussvorschrift. Abweichungen sind gem. § 252 Abs. 2 HGB nur in begründeten Ausnahmefällen möglich. Zweck der Bewertungsstetigkeit ist, die Vergleichbarkeit aufeinander folgender Jahresabschlüsse zu gewährleisten, die insbesondere dann gefährdet ist, wenn einmal gewählte Bewertungsmethoden willkürlich geändert werden (sog. Willkürverbot).

Abweichungen vom Grundsatz der Bewertungsstetigkeit sind z. B. dann zulässig und ggf. sogar geboten, wenn abweichende Bewertungsmethoden zu genaueren und zutreffenderen Wertansätzen führen (sog. Grundsatz der Wahrheit).

BEISPIELE:

1. Ein Unternehmen ließ bisher bei der Ermittlung der Herstellungskosten der fertigen und unfertigen Erzeugnisse stets die Kosten der allgemeinen Verwaltung unberücksichtigt. Sie sollen nunmehr mit einbezogen werden, um im Rahmen von Finanzierungsverhandlungen eine günstigere Vermögenslage ausweisen zu können.

   Die Änderung der Bewertungsmethode verstößt gegen den Grundsatz der Bewertungsstetigkeit.

2. Ein anderes Unternehmen ließ bisher bei Ermittlung der Herstellungskosten der fertigen und unfertigen Erzeugnisse stets die Kosten der allgemeinen Verwaltung unberücksichtigt, da es über keine Betriebsbuchhaltung verfügte. Nach Einrichtung einer eigenen Betriebsbuchhaltung und in Anbetracht der gegenüber Vorjahren im Wirtschaftsjahr erheblich angewachsenen Lagerbestände sollen die allgemeinen Verwaltungskosten nunmehr bei der Ermittlung der Herstellungskosten berücksichtigt werden.

   Ein Abweichen von der bisherigen Bewertungsmethode ist in diesem Fall zulässig, da sich die Grundlagen hinsichtlich der Möglichkeit einer Kostenzuordnung geändert haben und die Lagerbestandsbewertung wegen der Höhe der Lagerbestände wesentlich an Bedeutung gewonnen hat.

Der Grundsatz der Bewertungsstetigkeit ist nicht nur auf dieselben Wirtschaftsgüter des Vorjahres zu beziehen, sondern auch auf im neuen Wirtschaftsjahr erstmals zu bilanzierende Wirtschaftsgüter, wenn in der Vorperiode für gleiche oder gleichartige Wirtschaftsgüter bestimmte Bewertungsmethoden festgelegt wurden (sog. Einheitlichkeit der Bewertung).

IV. Grundsatz der Unternehmensfortführung (Going-concern)

§ 252 Abs. 1 Nr. 2 HGB

150 Gemäß § 252 Abs. 1 Nr. 2 HGB ist bei der Bewertung von der Fortführung der Unternehmenstätigkeit auszugehen, sofern dem nicht tatsächliche oder rechtliche Gegebenheiten entgegenstehen (sog. Going-concern-Prinzip). Dies bedeutet konkret, dass bei der

Bewertung nicht von Liquidationswerten auszugehen ist, sondern von wirtschaftlich angemessenen Werten unter der Annahme des fortgesetzten betrieblichen Einsatzes der Produktionsfaktoren.

Muss die Unterstellung der Unternehmensfortführung nur für bestimmte Unternehmensteile, z. B. wegen fehlender Nachfrage aus Wettbewerbsgründen (= tatsächliche Gegebenheit) oder aus wettbewerbsrechtlichen Gründen (= rechtliche Gegebenheiten), verneint werden, so ist dem bei der Bewertung der entsprechenden Wirtschaftsgüter Rechnung zu tragen. Die tatsächlichen oder rechtlichen Gegebenheiten müssen hinreichend konkretisiert sein. Bloße Vermutungen und Hypothesen reichen nicht zur Aufgabe der Unterstellung der Unternehmensfortführung.

Von besonderer Bedeutung ist der Grundsatz der Unternehmensfortführung für die Bestimmung des sog. Teilwerts (vgl. § 6 Abs. 1 Nr. 1 Satz 3 EStG und die Ausführungen in Tz 178).

V. Stichtagsprinzip und Aufhellungstheorie

§ 4 Abs. 1 EStG; §§ 242 Abs. 1, 252 Abs. 1 Nr. 3 HGB

Gemäß § 4 Abs. 1 Satz 1 EStG und § 242 Abs. 1 HGB ist der Gewinn beim Betriebsvermögensvergleich durch Gegenüberstellung des Betriebsvermögens am *Schluss eines Wirtschaftsjahres und am Schluss des vorangegangenen Wirtschaftsjahres* zu ermitteln. Schluss des Wirtschaftsjahres ist der Bilanzstichtag. Deshalb sind für die Bewertung der in die Bilanz aufzunehmenden Wirtschaftsgüter grundsätzlich *nur die Verhältnisse am Bilanzstichtag maßgebend.* 151

BEISPIEL: Zum Betriebsvermögen eines Unternehmers gehören Aktien. Er hat sie am 11. 2. 01 für 50 000 € gekauft. Bis zum 15. 10. 01 ist der Kurs auf 35 000 € gesunken. Am 31. 12. 01, dem Bilanzstichtag, beträgt der Kurswert wieder 50 000 €.

Die Wertpapiere sind in der Bilanz zum 31. 12. 01 mit dem Wert, den sie an diesem Tag haben, anzusetzen. Die Werte im Laufe des Wirtschaftsjahres sind für die Bilanzierung ohne Bedeutung. Nur wenn der Kurs am 31. 12. 01 über den Anschaffungskosten – im vorliegenden Fall also über 50 000 € – läge, könnten wegen des Wertzusammenhangs bzw. des Anschaffungswertprinzips höchstens die Anschaffungskosten angesetzt werden.

In der Regel werden Bilanzen einige Zeit nach dem Bilanzstichtag aufgestellt. Bis dahin können sich bessere Erkenntnisse über Verhältnisse am Bilanzstichtag ergeben. Nach der sog. *Aufhellungstheorie* oder auch Wertaufhellungstheorie müssen diese besseren Erkenntnisse über Verhältnisse am Bilanzstichtag berücksichtigt werden (vgl. § 252 Abs. 1 Nr. 4 HGB).

BEISPIELE:

1. A hat am 31. 12. eines Jahres gegen B eine Forderung von 12 000 €. Wegen der schleppenden Zahlungsweise des B vermutet A am Bilanzstichtag, dass ein Insolvenzantrag bevorsteht. Er möchte die Forderung deshalb mit 50 % wertberichtigen. Bis zur Bilanzaufstellung im April des darauf folgenden Jahres hat B die Forderung beglichen.

   A kann zum 31. 12. eine Wertberichtigung nicht bilden, weil er durch die Zahlung des B eine bessere Erkenntnis über Verhältnisse am Bilanzstichtag erlangt hat.

2. A hat am 31. 12. eines Jahres gegen B eine Forderung von 18 000 €. Dem A wird bis zum Bilanzstichtag bekannt, dass B im November einen Insolvenzantrag gestellt hat. Die Quote soll voraussichtlich 60 % betragen.

   Im Februar des darauf folgenden Jahres macht B einen hohen Lotteriegewinn und begleicht daraufhin die Forderung des A in voller Höhe. A stellt seine Bilanz im April auf.

   Die Forderung ist am 31. 12. nur mit 60 % anzusetzen, da der Umstand, wodurch B wieder zahlungsfähig wurde, erst nach dem Bilanzstichtag eingetreten ist. Es handelt sich nicht um eine bessere Erkenntnis über Verhältnisse am Bilanzstichtag.

3. Ein Unternehmer liefert in einem Wirtschaftsjahr an einen Abnehmer in Burma eine Dach- und Fassadenabdeckung und leistet hierfür Garantie für zwei Jahre. Die Garantie soll sich insbesondere auch darauf beziehen, dass die Dach- und Fassadenabdeckung großer Wärmeeinwirkung standhält.

   Nach dem Bilanzstichtag des 31. 12. gibt es in Burma eine außergewöhnlich lange Periode ohne Hitze. Erst im Mai des darauf folgenden Jahres ist es in Burma sehr heiß, und es zeigt sich, dass die Abdeckung dieser Hitze nicht standhält. Der Abnehmer macht daraufhin Schadensersatzansprüche geltend. Der Unternehmer stellt seine Bilanz im Juli auf.

   Der Unternehmer kann den Schadensersatzanspruch noch im vorangegangenen Wirtschaftsjahr durch eine Rückstellung berücksichtigen, weil es sich um eine bessere Erkenntnis über Verhältnisse am Bilanzstichtag handelt. Der Fehler muss schon am Bilanzstichtag vorhanden gewesen sein. Er hat sich erst, weil es vorher nicht heiß war, im Mai gezeigt.

Umstritten ist die Frage, ob die Aufhellungstheorie anzuwenden ist, wenn Ereignisse *nach dem Bilanzstichtag* auf den Bilanzstichtag zurückwirken. Nach früherer Ansicht des BFH war die Aufhellungstheorie auch in diesem Fall anzuwenden. Diese Meinung hat der BFH m. E. in seinem Urteil vom 30. 1. 2002 (DStR S. 713) aufgegeben. Danach können Umstände, die bis zum Bilanzstichtag noch nicht eingetreten sind, nicht als wertaufhellend berücksichtigt werden. Das Urteil des BFH vom 30. 1. 2002 wird offenbar bestätigt durch ein Urteil des EuGH vom 7. 1. 2003 (BStBl 2004 S. 144). Allerdings scheint es, dass die Finanzverwaltung (noch) anderer Auffassung ist.

BEISPIEL: Ein Unternehmer ist in den zurückliegenden Jahren aus weitergegebenen Wechseln i. H. von 2 % der Summe der Wechsel, die am jeweiligen Bilanzstichtag im Umlauf waren, in Anspruch genommen worden.

Deshalb hatte der Unternehmer in den vorangegangenen Jahren zulässigerweise eine Rückstellung für Wechselobligo i. H. von 2 % der am Stichtag umlaufenden Wechsel gebildet. Am 31. 12. 01 waren Wechsel mit einer Gesamtsumme von 1 000 000 € in Umlauf. Bis Februar 02 sind alle am 31. 12. 01 umlaufenden Wechsel eingelöst.

Der Unternehmer erstellt seine Bilanz zum 31. 12. 01 im Mai 02.

Nach der früheren Rechtsprechung des BFH (Urteil vom 19. 12. 1972, BStBl II 1973 S. 218) konnte eine Rückstellung für Wechselobligo in Handels- und Steuerbilanz nicht gebildet werden, weil nach den bis zur Bilanzaufstellung bekannt gewordenen Umständen, nämlich der Einlösung sämtlicher Wechsel, geschlossen wurde, dass eine Inanspruchnahme nicht mehr drohte.

Diese Rechtsprechung hat der BFH m. E. durch sein Urteil vom 30. 1. 2002 (DStR 2002 S. 713) aufgegeben. Danach sind nach dem Bilanzstichtag eingetretene Umstände für eine Wertaufhellung nicht mehr zu berücksichtigen. Aus diesem Urteil muss daher geschlossen werden, dass die Bildung einer gewinnmindernden Rückstellung für ungewisse Verbindlichkeiten (Wechselobligo) zum 31. 12. 01 vorzunehmen ist, und zwar i. H. von 2 % von 1 000 000 € = 20 000 €.

Wenn der Steuerpflichtige eine bessere Erkenntnis über Verhältnisse am Bilanzstichtag erst nach der Bilanzaufstellung erlangt, so wird die Bilanz dadurch nicht falsch, denn der Steuerpflichtige hat ja *nach seiner Kenntnis, die er bis dahin hatte*, richtig bilanziert. Eine Bilanzberichtigung ist daher aus diesem Grunde ausgeschlossen.

Die Aufhellungstheorie spielt auch eine Rolle bei der Frage, wann Beteiligungserträge beim Mutterunternehmen zu erfassen sind. Grundsätzlich wird der Gewinnausschüttungsanspruch aus einer Beteiligung an einer Tochtergesellschaft in dem Geschäftsjahr realisiert, in dem der Gewinnverwendungsbeschluss getroffen wird, weil erst zu diesem Zeitpunkt zivilrechtlich der Gewinnausschüttungsanspruch entstanden ist.

Schon der BGH hatte aber entschieden, dass eine *phasengleiche* Realisierung des Gewinnausschüttungsanspruchs unter bestimmten Voraussetzungen zu erfolgen hat. Der EuGH hat, nachdem ihm diese Frage vom BGH vorgelegt worden war, am 27. 6. 1996 (DB 1996 S. 1400) entschieden, dass Gewinne in der Bilanz der Muttergesellschaft phasengleich für das Geschäftsjahr auszuweisen sind, in dem sie von der Tochtergesellschaft zugewiesen worden sind. Hierfür müssen nach Ansicht des EuGH insbesondere folgende Voraussetzungen gegeben sein:

- die Muttergesellschaft muss Alleingesellschafterin einer anderen Gesellschaft (Tochtergesellschaft) sein,
- Mutter- und Tochtergesellschaft müssen nach nationalem Recht einen Konzern bilden,
- die Geschäftsjahre beider Gesellschaften müssen übereinstimmen,
- der Jahresabschluss der Tochtergesellschaft für das fragliche Geschäftsjahr muss von ihrer Gesellschafterversammlung vor Abschluss der Prüfung der Muttergesellschaft für dieses Geschäftsjahr festgestellt sein,
- aus dem Jahresabschluss der Tochtergesellschaft für das fragliche Geschäftsjahr muss hervorgehen, dass die Tochtergesellschaft an ihrem Bilanzstichtag – d. h. am letzten Tag des Geschäftsjahres – der Muttergesellschaft einen Gewinn zugewiesen hat.

Meines Erachtens ist die Rechtsprechung des BGH und des EuGH bedenklich, weil sie sich über die zivilrechtliche Entstehung des Gewinnausschüttungsanspruchs hinwegsetzt. Auch vermag die Ansicht nicht zu überzeugen, bei wirtschaftlicher Betrachtungsweise handele es sich um eine bessere Erkenntnis über Verhältnisse am Bilanzstichtag (Aufhellungstheorie), weil eine vielleicht tatsächlich am Bilanzstichtag bestehende Ausschüttungsabsicht durch Ereignisse nach dem Bilanzstichtag wieder aufgegeben werden kann.

Die Rechtsprechung des EuGH ist auch deshalb von fraglichem Wert, weil die phasengleiche oder spätere Erfassung der Beteiligungserträge *wahlweise* herbeigeführt werden kann. Selbst bei Vorliegen aller anderen Voraussetzungen bedarf es dazu nur der Feststellung des Jahresabschlusses der Tochtergesellschaft vor oder nach der Feststellung des Jahresabschlusses der Muttergesellschaft.

Demgegenüber hat der BFH in mehreren Urteilen, zuletzt am 7. 2. 2007 (BStBl 2008 II S. 340), entschieden, dass eine „phasengleiche" Aktivierung von Dividendenansprüchen beherrschender Gesellschafter gegenüber der beherrschten Kapitalgesellschaft grundsätzlich nicht möglich ist. Eine Ausnahme komme nur dann in Frage, wenn „durch objektiv nachprüfbare Umstände belegt ist, dass der beherrschende Gesellschafter unwiderruflich zur Ausschüttung eines bestimmten Betrages entschlossen war". Dieser Ansicht kann man sich anschließen.

VI. Einzelbewertung

1. Grundsatz

§ 252 Abs. 1 Nr. 3 HGB; § 6 Abs. 1 EStG

152 Grundsätzlich muss jedes Wirtschaftsgut einzeln bewertet werden. Es dürfen für die Bewertung nicht mehrere Wirtschaftsgüter oder gar alle Wirtschaftsgüter eines Betriebes zusammengefasst werden. Im Gesetz wird das dokumentiert durch den Einleitungssatz des § 6 Abs. 1 EStG und als allgemeiner Bewertungsgrundsatz durch § 252 Abs. 1 Nr. 3 HGB. Konkretisiert hat sich der Grundsatz der Einzelbewertung, z. B. im sog. Verrechnungsverbot gem. § 246 Abs. 2 HGB, wonach Posten der Aktivseite nicht mit Posten der Passivseite – weder im Ganzen noch in Teilen – verrechnet werden dürfen.

Einzelbewertung eines Wirtschaftsgutes bedeutet gleichzeitig aber auch *Einheitlichkeit* der Bewertung. Verschiedene Teile eines Wirtschaftsgutes, z. B. eines Gebäudes oder eines Kraftfahrzeuges, dürfen deshalb nicht unterschiedlich bewertet werden. Zuweilen wird aber in der Literatur ein sog. „Komponentenansatz" handelsrechtlich für möglich gehalten. Dies hat aber im Gesetz bisher keinen Niederschlag gefunden. Ausnahmen von der Einheitlichkeit der Bewertung gelten nur, wenn Gebäudeteile nicht in einem einheitlichen Nutzungs- und Funktionszusammenhang stehen. Einzelheiten hierzu sind in Tz 79 besprochen worden.

2. Bildung von Bewertungseinheiten

§ 254 HGB, § 5 Abs. 1a EStG

153 Um missbräuchliche Steuergestaltungen zu verhindern, hatte der Steuergesetzgeber vor Jahren § 5 Abs. 1a EStG in das Einkommensteuergesetz eingefügt, wonach die Ergebnisse der in der handelsrechtlichen Rechnungslegung zur Absicherung finanzwirtschaftlicher Risiken gebildeter Bewertungseinheiten auch für die steuerliche Gewinnermittlung maßgeblich sind. Diese auf den Grundsätzen ordnungsmäßiger Bilanzierung beruhende Fassung des § 5 Abs. 1a EStG hat der Gesetzgeber ausdrücklich auch in das Handelsbilanzrecht aufgenommen. Nach § 254 HGB werden gegenläufige Wertänderungen oder Zahlungsströme aus dem Eintritt vergleichbarer Risiken mit Finanzinstrumenten zu Bewertungseinheiten zusammengefasst. Die §§ 249 Abs. 1, 252 Abs. 1 Nr. 3 und 4, 253 Abs. 1 Satz 1 und 256a HGB sind in dem Umfang und für den Zeitraum nicht anzuwenden, in dem die gegenläufigen Wertänderungen oder Zahlungsströme sich ausgleichen.

BEISPIEL Ein Unternehmer hat im Jahr 01 Waren in den USA eingekauft. Die Rechnung hierfür wird am 28. 2. 02 in US-Dollar fällig.

Zur Absicherung des Kursrisikos schließt der Unternehmer ein Devisentermingeschäft ab, wonach zum 28. 2. 02 der erforderliche Betrag an US-Dollar zur Verfügung gestellt wird.

Ändert sich nun der Kurs des US-Dollars, so steht bei einer Position ein zu **erwartender Verlust** einem **zu erwartenden** Gewinn bei der gegenläufigen Position gegenüber. § 254 HGB und § 5 Abs. 1a EStG verhindern, dass – nach dem Imparitätsprinzip – der zu erwartende Verlust, nicht aber der zu erwartende Gewinn ausgewiesen wird. Vielmehr ist eine Bewertungseinheit zu bilden. Ist das **Ergebnis negativ**, darf gem. § 5 Abs. 4a Satz 2 EStG insoweit eine **Drohverlustrückstellung** gebildet werden.

3. Ausnahmen von der Einzelbewertung

Der Grundsatz der Einzelbewertung findet dort seine Grenzen, wo zur Ermittlung der individuellen Einzelwerte ein unverhältnismäßig hoher Aufwand erforderlich ist oder aus technischen Gründen (z. B. nicht mehr nachvollziehbare Verbrauchsfolgen in Zusammenhang mit der Bewertung der Bestände an Roh-, Hilfs- und Betriebsstoffen), eine solche Wertzumessung nicht mehr möglich ist. Für diese Fälle sind bestimmte Bewertungsvereinfachungsverfahren zugelassen. 154

a) Festbewertung

§ 240 Abs. 3 HGB, R 5.4 Abs. 4 EStR

Es gibt Wirtschaftsgüter, deren Bestand in seiner Größe, seinem Wert und seiner Zusammensetzung nur geringen Schwankungen unterliegt. Beispiele sind das Schalungs- und Gerüstmaterial in Bauunternehmungen oder Geschirr in Hotelbetrieben. Diese Wirtschaftsgüter brauchen *nicht mit den tatsächlichen Anschaffungs- oder Herstellungskosten* angesetzt zu werden. Sie können vielmehr gem. § 240 Abs. 3 HGB mit einem *Festwert* angesetzt werden. Dieser Festwert wird einmal – in der Regel durch Inventur – festgestellt und bleibt dann für eine gewisse Zeit bestehen. Zu- und Abgänge werden bei Ansatz mit einem Festwert nicht berücksichtigt. Die Zugänge sind sofort abzugsfähige Betriebsausgaben. 155

Grundsätzlich ist an jedem dritten Bilanzstichtag (vgl. § 240 Abs. 3 Satz 2 HGB) durch körperliche Bestandsaufnahme zu prüfen, ob der bisher angesetzte Festwert hinsichtlich der Menge und des Wertes noch gerechtfertigt ist. Bei beweglichen Wirtschaftsgütern des Anlagevermögens soll dies gem. R 5.4 Abs. 3 Satz 1 EStR ebenfalls an jedem dritten, spätestens aber an jedem fünften Bilanzstichtag erfolgen. Ist der neu ermittelte Festwert höher als der bisherige, so braucht er nur angesetzt zu werden, wenn er um mehr als 10 % abweicht.

Wenn ein neu ermittelter höherer Festwert maßgebend ist, ist gem. R 5.4 Abs. 3 Satz 3 EStR der bisherige Festwert so lange um die Anschaffungs- oder Herstellungskosten der im Festwert erfassten und nach dem Bilanzstichtag des vorangegangenen Wirtschaftsjahres angeschafften oder hergestellten Wirtschaftsgüter aufzustocken, bis der neue Festwert erreicht ist.

BEISPIEL: Bei einem Gewerbetreibenden ist für bestimmte Gegenstände des beweglichen Anlagevermögens zum 31. 12. 01 zulässigerweise ein Festwert von 40 000 € gebildet worden.

Zum 31. 12. 04 ergibt eine körperliche Bestandsaufnahme, dass der Festwert 50 000 € betragen müsste. Die Zugänge betragen

im Wirtschaftsjahr 04	7 000 €
im Wirtschaftsjahr 05	8 000 €

Zum 31.12.04 ist der Festwert um 7 000 € auf 47 000 € aufzustocken. Erst zum 31.12.05 wird durch eine weitere Aufstockung von 3 000 € der neue maßgebliche Festwert von 50 000 € erreicht.

b) Gruppen- oder Sammelbewertung

§ 240 Abs. 4 HGB, R 6.8 Abs. 4 EStR

156 Bei Wirtschaftsgütern, die in einem Betrieb in hoher Stückzahl vorkommen, die eine gewisse Gleichartigkeit aufweisen und deren Wert gering und etwa gleich hoch ist, würde eine Einzelbewertung zu einem unverhältnismäßig hohen Aufwand führen. Deshalb ist bei solchen Vermögensgegenständen ausnahmsweise eine Gruppen- oder Sammelbewertung zugelassen. Gesetzliche Grundlage hierfür ist § 240 Abs. 4 HGB, wonach annähernd gleichwertige oder solche gleichartigen Vermögensgegenstände, bei denen nach Art des Bestandes oder aufgrund sonstiger Umstände ein Durchschnittswert bekannt ist, zu einer Gruppe zusammengefasst werden können (vgl. auch R 6.8 Abs. 4 EStR). Eine solche Gruppenbewertung ist gem. § 240 Abs. 4 HGB sowohl bei Wirtschaftsgütern des Umlaufvermögens als auch bei Wirtschaftsgütern des Anlagevermögens möglich.

c) Durchschnittsbewertung

§ 240 Abs. 4 HGB, R 6.8 Abs. 3 EStR

157 Bei Wirtschaftsgütern des Vorratsvermögens, die nach Maß, Zahl oder Gewicht bestimmt werden, kommt es vor, dass die Anschaffungs- oder Herstellungskosten wegen Schwankungen der Einstandspreise nur mit Schwierigkeiten oder gar nicht festgestellt werden können. Die Feststellung der Anschaffungs- oder Herstellungskosten kann dann gem. § 240 Abs. 4 HGB und R 6.8 Abs. 3 EStR nach dem *gewogenen Durchschnitt* der Anschaffungskosten der im Laufe des Wirtschaftsjahres erworbenen und ggf. zu Beginn des Wirtschaftsjahres vorhandenen Wirtschaftsgüter erfolgen.

BEISPIELE:

1. Der Bestand an Heizöl bei einem Unternehmer beträgt am 31.12. des Jahres 01 50 000 Liter, die zutreffend mit 0,60 € pro Liter, insgesamt also mit 30 000 €, bewertet wurden.

   Im Jahr 02 wurden angeschafft:

   am 2. 8. 20 000 l für 0,58 €/l

   am 22.11. 30 000 l für 0,68 €/l

   Der Endbestand am 31.12.02 beträgt wieder 50 000 Liter.

   Der Durchschnittspreis ist folgendermaßen zu ermitteln:

50 000 l × 0,60 €	=	30 000 €
20 000 l × 0,58 €	=	11 600 €
30 000 l × 0,68 €	=	20 400 €
100 000 l		62 000 €

   Preis pro Liter: 62 000 : 100 000 = 0,62 €.

   Der Bestand ist somit anzusetzen mit 50 000 × 0,62 = 31 000 €.

Das dargestellte Verfahren wird als einfaches gewogenes Durchschnittswertverfahren bezeichnet.

2. Wie Beispiel 1, allerdings sind die Verbrauchsabgänge bekannt:

am 10. 4. 30 000 l

am 10. 10. 20 000 l

Die Bewertung des Endbestandes kann auch in diesem Fall nach dem zu 1. dargestellten einfachen gewogenen Durchschnittswertverfahren erfolgen, was zum gleichen Ergebnis führen würde.

Die Bewertung kann aber auch nach dem sog. gleitenden gewogenen (verfeinerten) Durchschnittswertverfahren erfolgen:

		Liter	AK je Liter	Betrag	Durchschnittswert
Bestand	31. 12. 01	50 000	× 0,60 =	30 000 €	0,60
Verbrauch	10. 4.	·/. 30 000	× 0,60 =	·/. 18 000 €	
neuer Bestand		20 000	× 0,60 =	12 000 €	0,60
Zugang	2. 8.	+ 20 000	× 0,58 =	+ 11 600 €	
neuer Bestand		40 000	× 0,59 =	23 600 €	0,59
Verbrauch	10. 10.	·/. 20 000	× 0,59 =	·/. 11 800 €	
neuer Bestand		20 000	× 0,59 =	11 800 €	0,59
Zugang	22. 11.	+ 30 000	× 0,68 =	20 400 €	
Endbestand	31. 12. 02	50 000	× 0,644 =	32 200 €	0,644

Preis pro Liter des Endbestandes: 32 200 : 50 000 = 0,644 €.

Der Bestand ist mit 32 200 € anzusetzen.

Das gleitende gewogene (verfeinerte) Durchschnittswertverfahren wird in der Praxis selten angewendet, weil es mit einem sehr großen Verwaltungsaufwand verbunden ist.

Beide Durchschnittswertverfahren haben bei steigenden Preisen den Nachteil, dass der Bestand von Jahr zu Jahr mit höheren Werten anzusetzen ist. Dadurch werden Scheingewinne ausgewiesen, die der Besteuerung unterliegen können.

d) Lifo-Verfahren

§ 256 HGB, § 6 Abs. 1 Nr. 2a EStG, R 6.9 EStR

Wenn bei gleichartigen Vermögensgegenständen des Vorratsvermögens die Anschaf- 158
fungs- oder Herstellungskosten schwanken, kommt für die Bewertung ein Verbrauchsfolgeverfahren gem. § 256 HGB in Frage. Unter diesen Verbrauchsfolgeverfahren ist das wichtigste das Lifo-Verfahren (last in – first out).

Beim Lifo-Verfahren wird unterstellt, dass die zuletzt beschafften Gegenstände zuerst verbraucht oder veräußert worden sind. Das Verfahren ist gem. § 256 HGB bei gleichartigen Vermögensgegenständen des Vorratsvermögens möglich, soweit es den Grundsätzen ordnungsmäßiger Buchführung entspricht. Das bedeutet nicht, dass die tatsächliche Verbrauchsfolge so sein muss, sondern nur, dass sie denkbar ist. Das Lifo-Verfahren ist demnach z. B. nicht anwendbar bei leicht verderblicher Ware, weil diese am nächsten Bilanzstichtag nicht mehr vorhanden sein kann.

In der Steuerbilanz kann die Lifo-Methode zur Bewertung des Vorratsvermögens gem. § 6 Abs. 1 Nr. 2a Satz 1 EStG angewendet werden. Ein Methodenwechsel kann gem. § 6 Abs. 1 Nr. 2a Satz 3 EStG nur mit Zustimmung des Finanzamtes erfolgen.

In seiner praktischen Ausgestaltung kann das Lifo-Verfahren in Form des *Perioden- Lifo* oder in Form des *permanenten Lifo* (R 6.9 Abs. 4 Satz 1 EStR) angewendet werden. Üblich ist in der Praxis das Perioden-Lifo, bei dem die Bewertung des Bestandes und des Verbrauchs nur zum jeweiligen Bilanzstichtag vorgenommen wird. Die Bewertung des Bestandes bereitet keine Schwierigkeiten, wenn der Bestand am Bilanzstichtag gleich hoch oder kleiner ist als der Bestand am vorangegangenen Bilanzstichtag. In diesen Fällen ist der Bestand mit dem Preis pro Einheit wie im Vorjahr zu bewerten.

Ist der Bestand höher als im Vorjahr, können gem. R 6.9 Abs. 4 Satz 4 EStR die Mehrbestände mit dem Anfangsbestand zu einem neuen (durchschnittlichen) Gesamtbestand zusammengefasst oder als besondere Posten, sog. „Layer" (Ableger), gebildet werden.

Die Wertermittlung des Layer kann gem. R 6.9 Abs. 4 Satz 5 EStR entweder nach der Lifo-Methode oder aus den durchschnittlichen Anschaffungs- oder Herstellungskosten aller Zugänge des Wirtschaftsjahres erfolgen. Die letzte Methode führt zu der Inkonsequenz, dass dann Lifo-Verfahren und Durchschnittswertverfahren miteinander kombiniert sind.

Wenn über einige Jahre der Bestand immer höher wird, sind mehrere Layer denkbar. Wenn danach der Bestand sinkt, sind die Layer abzubauen, und zwar beginnend mit dem, der zeitlich zuletzt gebildet worden ist.

Die Bildung von Layern ist einerseits verwaltungstechnisch aufwändiger, hat aber andererseits den Vorteil, dass bei bis zum Bilanzstichtag gesunkenen Preisen eine außerplanmäßige Abschreibung bzw. eine Teilwertabschreibung vorgenommen werden kann, sofern die Voraussetzungen vorliegen.

BEISPIEL: Wie in den Beispielen in Tz 157 beträgt der Bestand an Heizöl zum 31. 12. des Jahres 01 50 000 Liter, die zutreffend mit 0,60 €/l, insgesamt also mit 30 000 €, bewertet worden sind.

Im Jahr 01 wurden angeschafft:

am 2. 8. 20 000 l für 0,72 €/l

am 22. 11. 30 000 l für 0,58 €/l

Der Preis am Bilanzstichtag 31. 12. 02 beträgt 0,65 €.

Wertveränderungen sind immer nur vorübergehender Natur.

Wie ist beim Perioden-Lifo der Bestand zum 31. 12. 02 zu bewerten, wenn er beträgt

a) 50 000 l,

b) 60 000 l?

a) Die zuletzt zugegangenen Heizölmengen gelten als zuerst verbraucht. Der Bestand ist wie im Vorjahr zu bewerten, also mit 50 000 × 0,60 €/l = 30 000 €.

b) In diesem Fall ist zu unterscheiden, ob gem. R 6.9 Abs. 4 Satz 4 EStR eine Zusammenfassung zu einem Gesamtbestand oder die Bildung eines Layer erfolgt. Der Layer kann gem. R 6.9 Abs. 4 Satz 5 EStR nach dem Lifo-Verfahren oder dem Durchschnitt aller Zugänge ermittelt werden.

aa) *Zusammenfassung*

Es ist folgendermaßen zu bewerten:

50 000 l × 0,60 €/l =	30 000 €
10 000 l × 0,72 €/l =	7 200 €
60 000 l Gesamtbestand =	37 200 €

Pro Liter entspricht das einem Durchschnittspreis von 37 200 : 60 000 = 0,62 €.

Eine außerplanmäßige Abschreibung bzw. eine Teilwertabschreibung ist nicht vorzunehmen, weil der Preis am Stichtag mit 0,65 €/l höher ist.

bb) *Bildung eines Layer (Lifo-Verfahren)*

Hierbei setzt sich der neue Endbestand aus mehreren Posten, dem Anfangsbestand und dem Mehrbestand (Layer) zusammen.

Dann ergibt sich:

Endbestand in Höhe des Anfangsbestandes	50 000 × 0,60 =		30 000 €
Layer	10 000 × 0,72 =	7 200 €	
Außerplanmäßige Abschreibung (nur in der Handelsbilanz)	10 000 x 0,07 =	·/. 700 €	6 500 €
Gesamtbestand			36 500 €

Die außerplanmäßige Abschreibung auf den Layer muss handelsrechtlich vorgenommen werden. Da es sich nicht um eine dauernde Wertminderung handelt, ist steuerrechtlich eine Teilwertabschreibung nicht möglich (vgl. hierzu Tz 182). Deshalb weichen Handels- und Steuerbilanz voneinander ab.

cc) *Bildung eines Layer (Durchschnittswertverfahren)*

Hierbei ist der Layer gem. R 6.9 Abs. 4 Satz 5 EStR aus dem Durchschnitt aller Zugänge zu ermitteln. Dieser Durchschnitt beträgt:

2. 8.	20 000 l × 0,72 €/l =	14 400 €
22. 11.	30 000 l × 0,58 €/l =	17 400 €
	50 000 l	31 800 €

Pro Liter entspricht das einem Durchschnittspreis von 31 800 : 50 000 = 0,636 €

Dann ergibt sich:

Altbestand	50 000 l × 0,60 =	30 000 €
Layer	10 000 l × 0,636 =	6 360 €
		36 360 €

Auf den Layer kann eine außerplanmäßige Abschreibung nicht vorgenommen werden, weil der Stichtagspreis von 0,65 € nicht niedriger liegt.

Beim *permanenten Lifo-Verfahren* müssen alle Zu- und Abgänge mengen- und wertmäßig erfasst werden.

BEISPIEL: Im zuvor dargestellten Beispiel seien verbraucht worden:

am 10. 4.	20 000 l
am 10. 10.	30 000 l

Der Endbestand am 31. 12. 02 beträgt wieder 50 000 Liter.

Dann ergibt sich bei permanentem Lifo-Verfahren Folgendes:

		Liter		AK je Liter	Betrag
Anfangsbestand	31. 12. 01	50 000	×	0,60	30 000 €
Verbrauch	10. 4.	·/. 20 000	×	0,60	·/. 12 000 €
neuer Bestand		30 000	×	0,60	18 000 €
Zugang	2. 8.	+ 20 000	×	0,72	14 400 €
neuer Bestand		50 000			32 400 €
Verbrauch	10. 10.	·/. 20 000	×	0,72	·/. 14 400 €
Verbrauch	10. 10.	·/. 10 000	×	0,60	·/. 6 000 €
neuer Bestand		20 000	×	0,60	12 000 €
Zugang	22. 11.	+ 30 000	×	0,58	17 400 €
Endbestand	31. 12. 02	50 000			29 400 €

Auch der so ermittelte Endbestand ist daraufhin zu überprüfen, ob in der Handelsbilanz ein niedrigerer Stichtagswert angesetzt werden muss. Das ist hier nicht der Fall, weil der Durchschnittswert (29 400 € : 50 000 l = 0,588 €) niedriger ist als der Stichtagspreis von 0,65 €.

Das permanente Lifo-Verfahren ist sehr zeitaufwändig und hat außerdem den Nachteil, dass es bei steigenden Preisen zur Auflösung der stillen Reserven kommt. Deshalb wird das permanente Lifo-Verfahren in der Praxis nur sehr selten angewendet.

e) Fifo-Verfahren

§ 256 HGB

159 Beim Fifo-Verfahren (First in – first out) wird unterstellt, dass die zuerst beschafften Gegenstände zuerst verbraucht oder veräußert worden sind. Das Verfahren ist gem. § 256 HGB bei gleichartigen Vermögensgegenständen des Vorratsvermögens in der Handelsbilanz, nicht allerdings in der Steuerbilanz anwendbar.

Bei Anwendung des Fifo-Verfahrens müssen also Handels- und Steuerbilanz voneinander abweichen. Außerdem hat das Fifo-Verfahren den Nachteil, dass bei steigenden Preisen Scheingewinne ausgewiesen werden.

BEISPIEL: Es wird wieder zurückgegriffen auf das Beispiel in Tz 157 und 158, d. h. also:

Bestand 31. 12. 01	50 000 l × 0,60 €
Zugang 2. 8. 02	20 000 l × 0,72 €
Zugang 22. 11. 02	30 000 l × 0,58 €

Der Bestand am 31. 12. 02 beträgt 40 000 l.

Beim Fifo-Verfahren gelten die zuerst zugegangenen Heizölmengen als zuerst verbraucht. Der Bestand setzt sich zusammen aus den letzten Zugängen. Dann ergibt sich:

Letzter Zugang 22. 11.	30 000 l × 0,58 € =	17 400 €
aus Zugang davor 2. 8.	10 000 l × 0,72 € =	7 200 €
Endbestand	40 000 l	24 600 €

Der Bestand ist in der Handelsbilanz mit 24 600 € zu bewerten, es sei denn, der beizulegende Wert am 31. 12. 02 ist geringer.

f) Andere Verbrauchsfolgeverfahren

§ 256 HGB

Außer dem Lifo- und Fifo-Verfahren gibt es noch weitere Verbrauchsfolgeverfahren. 160

Beim Hifo-Verfahren (Highest in – first out) wird unterstellt, dass die Gegenstände mit den höchsten Preisen zuerst verbraucht oder veräußert werden.

Das Hifo-Verfahren gewährleistet in ganz konsequenter Weise eine möglichst niedrige Bewertung und trägt deshalb dem Vorsichtsprinzip am ehesten Rechnung. Es entspricht somit den handelsrechtlichen Grundsätzen ordnungsmäßiger Buchführung. Dennoch ist es gem. § 256 HGB handelsrechtlich und demnach auch steuerrechtlich nicht anwendbar.

Beim Lofo-Verfahren (lowest in – first out) wird unterstellt, dass die Gegenstände mit den niedrigsten Preisen zuerst verbraucht oder veräußert werden.

Dieses Verfahren entspricht nicht den Grundsätzen ordnungsmäßiger Buchführung, weil es zu einem überhöhten Vermögensausweis führt und deshalb dem Vorsichtsprinzip widerspricht. Das Lofo-Verfahren kommt also weder handels- noch steuerrechtlich in Frage.

VII. Grundsatz der Vorsicht (Realisations- und Imparitätsprinzip)

§§ 252 Abs. 1 Nr. 4, 253 Abs. 3 und 4, 249 Abs. 1 HGB, § 5 Abs. 1 EStG

Bei Erstellung einer Handelsbilanz spielt aus Gründen des Gläubigerschutzes das *Vorsichtsprinzip* eine wichtige Rolle. Gemäß § 252 Abs. 1 Nr. 4 HGB ist vorsichtig zu bewerten, sodass alle vorhersehbaren Risiken und Verluste, die bis zum Abschlussstichtag entstanden (verursacht) sind, berücksichtigt werden. Da die handelsrechtlichen Grundsätze ordnungsmäßiger Buchführung maßgeblich sind für die Steuerbilanz (vgl. hierzu die Ausführungen in Tz 132), hat der Vorsichtsgedanke auch im Bilanzsteuerrecht Bedeutung. Konkret hat sich das Vorsichtsprinzip im *Realisations- und Imparitätsprinzip* niedergeschlagen. 161

Das Realisationsprinzip besagt, dass *nicht realisierte Gewinne nicht ausgewiesen werden dürfen*. Wenn also bei Wirtschaftsgütern des Betriebsvermögens die Preise gestiegen sind, dürfen Gewinne grundsätzlich erst ausgewiesen werden, wenn sie durch Veräußerung oder Entnahme realisiert, d. h. verwirklicht worden sind. Dadurch wird verhindert, dass Gewinne schon ausgewiesen (und damit besteuert) werden, wenn nur die Aussicht oder die Möglichkeit besteht, sie später zu verwirklichen.

Das Realisationsprinzip ergibt sich aus § 252 Abs. 1 Nr. 4 HGB. Diese Vorschrift gilt gem. § 5 Abs. 1 EStG auch für das Steuerrecht (Maßgeblichkeit der Handelsbilanz für die Steuerbilanz).

Das Realisationsprinzip muss auch zum Zuge kommen, wenn es sich um Vorgänge handelt, die am Bilanzstichtag noch nicht abgeschlossen sind und sich deshalb noch nicht in Wirtschaftsgütern niedergeschlagen haben. Das ist häufig bei schwebenden Verträgen der Fall.

BEISPIEL: Ein Unternehmer hat im Laufe eines Jahres mit einem Heizölhändler einen Vertrag geschlossen, wonach der Heizölhändler verpflichtet ist, innerhalb von drei Jahren eine bestimmte Menge Heizöl auf Abruf zu einem festen Preis zu liefern.

Bis zum Bilanzstichtag hat der Unternehmer erst eine Teilmenge abgerufen. Der Preis für Heizöl ist bis zum Bilanzstichtag stark gestiegen, und es deutet alles darauf hin, dass der Preis zukünftig mindestens auf dieser Höhe bleibt.

Es handelt sich um einen nicht verwirklichten Gewinn, der nach dem Realisationsprinzip nicht ausgewiesen werden darf.

Demgegenüber *müssen Verluste, auch wenn sie noch nicht realisiert sind,* d. h. also schon bei ihrer Verursachung, *ausgewiesen* werden. Weil somit nicht realisierte Verluste anders behandelt werden als nicht realisierte Gewinne, hat man diesen Grundsatz das Imparitätsprinzip genannt.

Das Imparitätsprinzip hat sich konkretisiert im *Niederstwertprinzip.* Das Niederstwertprinzip gilt in seiner strengen Form gem. § 253 Abs. 4 HGB in der Handelsbilanz für das Umlaufvermögen. Danach ist von in Frage kommenden Werten (Anschaffungswert, Börsen- oder Marktpreis, beizulegender Wert) der am Bilanzstichtag niedrigere anzusetzen.

BEISPIEL: Ein Elektrogroßhändler hat am Bilanzstichtag in seinem Vorratsvermögen 50 000 laufende Meter einer bestimmten Kabelsorte auf Lager. Bei Anwendung des Durchschnittswertverfahrens hat sich ein zutreffender Preis von 0,48 € pro laufender Meter ergeben. Demnach wäre der Bestand am Stichtag mit 50 000 × 0,48 € = 24 000 € zu bewerten.

Der Marktpreis am Bilanzstichtag beträgt 0,44 € pro laufender Meter.

Das strenge Niederstwertprinzip gebietet in der Handelsbilanz eine Bewertung mit dem niedrigeren Wert, also mit 50 000 × 0,44 € = 22 000 €.

Beim Anlagevermögen ist in der Handelsbilanz bei einer voraussichtlich dauernden Wertminderung gem. § 253 Abs. 3 Satz 3 HGB der niedrigere Wert anzusetzen. In der Steuerbilanz besteht dagegen gem. § 5 Abs. 1 Satz 1 EStG ein Wahlrecht (vgl. hierzu Tz 132).

Bei Finanzanlagen können handelsrechtlich gem. § 253 Abs. 3 Satz 4 HGB außerplanmäßige Abschreibungen auch bei voraussichtlich nicht dauernder Wertminderung vorgenommen werden. Steuerrechtlich ist das gem. § 6 Abs. 1 Nr. 1 Satz 2 i. V. mit § 6 Abs. 1 Nr. 2 Satz 2 EStG nicht möglich.

Verbindlichkeiten sind gem. § 253 Abs. 1 Satz 2 HGB in der Handelsbilanz mit dem **Erfüllungsbetrag** anzusetzen. Eine vorübergehende oder dauernde Wertminderung muss nach dem Vorsichtsprinzip bzw. Imparitätsprinzip immer berücksichtigt werden. Steigt der Erfüllungsbetrag (z. B. weil für eine Auslandsverbindlichkeit eine Kursänderung eingetreten ist), so ist dem drohenden Verlust in der Handelsbilanz zum Bilanzstichtag bereits Rechnung zu tragen. Für den Fall, dass der Rückzahlungsbetrag wegen Kursschwankungen zum Bilanzstichtag gesunken ist, darf der nicht realisierte Gewinn wegen des Realisationsprinzips nicht berücksichtigt werden.

In der Steuerbilanz darf der höhere Betrag einer Verbindlichkeit nur angesetzt werden, wenn die Wertminderung, also der höhere Betrag, dauerhaft ist. Kursschwankungen von Auslandsverbindlichkeiten stellen grundsätzlich keine dauerhafte Wertminderung dar.

Eine weitere Ausprägung des Imparitätsprinzips ergibt sich aus § 249 Abs. 1 Satz 1 HGB, wonach für drohende Verluste aus schwebenden Verträgen in der Handelsbilanz bereits zum Bilanzstichtag Rückstellungen für drohende Verluste aus schwebenden Verträgen auszuweisen sind.

BEISPIEL: Wie oben bei Heizöllieferungsvertrag über drei Jahre mit Festpreisabsprache. Allerdings sind die Preise für Heizöl nicht gestiegen, sondern gesunken.

Es handelt sich um einen nicht verwirklichten Verlust, der in der Handelsbilanz auszuweisen ist. In Höhe des voraussichtlichen Verlustes ist eine Rückstellung für drohende Verluste aus schwebenden Geschäften zu bilden.

Gemäß § 5 Abs. 4a EStG kann eine Drohverlustrückstellung in der Steuerbilanz nicht gebildet werden. (Vgl. hierzu die Ausführungen in Tz 60).

VIII. Grundsatz der Periodisierung

§ 252 Abs. 1 Nr. 5 HGB

Die Notwendigkeit einer Periodisierung ergibt sich als Konsequenz aus der Aufteilung 162
der durch die gesamte Lebensdauer eines Unternehmens bestimmten Totalperiode in Teilperioden. Für jede Teilperiode (Geschäfts- bzw. Wirtschaftsjahr) ist der Gewinn zu ermitteln (§ 242 HGB, § 4 Abs. 1 EStG). Für jede Teilperiode sind gem. § 252 Abs. 1 Nr. 5 HGB die sie betreffenden Aufwendungen und Erträge im Jahresabschluss zu berücksichtigen, und zwar unabhängig von den Zeitpunkten der entsprechenden Zahlungen.

Für die periodengerechte Zuordnung kommt es grundsätzlich auf die wirtschaftliche Betrachtungsweise an, so z. B. für aktive und passive Rechnungsabgrenzungsposten, die Passivierung erhaltener Anzahlungen für noch nicht erbrachte Gegenleistungen etc. Allerdings wird die wirtschaftliche Betrachtungsweise sehr häufig durch steuerrechtliche Vorschriften zurückgedrängt. So werden z. B. Abschreibungen meist nicht entsprechend dem tatsächlich in einer Periode verbrauchten Nutzungspotenzial eines Wirtschaftsgutes, sondern vielmehr nach bilanzpolitischen Gesichtspunkten (Abschreibungswahlrechte) vorgenommen.

IX. Bilanzberichtigung und Bilanzänderung

Die Vorschriften über die Bilanzberichtigung und die Bilanzänderung stellen keine Be- 163
wertungsmaßstäbe dar, die bei der Erstellung einer normalen Bilanz zu berücksichtigen wären. Dennoch handelt es sich um Bewertungsgrundsätze. Sie sind allerdings nur in ganz bestimmten Fällen, nämlich wenn eine Bilanz berichtigt werden muss oder geändert werden kann, anzuwenden. Deshalb sollen sie an dieser Stelle erörtert werden.

1. Bilanzberichtigung

§ 4 Abs. 2 EStG; R 4.4 Abs. 1 EStR

Es kann vorkommen, dass ein Bilanzansatz falsch ist. Soll ein solcher falscher Bilanz- 164
ansatz durch einen richtigen ersetzt werden, so handelt es sich um eine *Bilanzberichtigung*. Eine Bilanzberichtigung kann nach den Vorschriften des § 4 Abs. 2 Satz 1 EStG i.V. mit R 4.4 Abs. 1 EStR vorgenommen werden. Nach § 153 Abs. 1 Nr. 1 AO ist eine Berich-

tigung der Erklärung durch den Steuerpflichtigen vor Ablauf der Festsetzungsfrist zwingend geboten, wenn durch den fehlerhaften Bilanzansatz Steuern verkürzt werden. Die Bilanz kann bis zur Rechtskraft der auf dieser Bilanz beruhenden Veranlagung noch vorgenommen werden.

Daraus ergibt sich, dass ein unrichtiger Bilanzansatz *bis zur Fehlerquelle*, soweit das möglich ist, zurückzuberichtigen ist, wenn der falsche Bilanzansatz auf Umständen beruht, die auch auf frühere Jahre zurückgewirkt haben. Ist die Berichtigung eines Jahres nach der Abgabenordnung nicht mehr möglich, so muss der falsche Bilanzansatz gem. R 4.4 Abs. 1 Satz 9 EStR in der ersten Schlussbilanz des ersten Jahres, das berichtigt werden kann, erfolgswirksam richtig gestellt werden.

BEISPIEL: Ein Unternehmer hat im Jahre 01 ein unbebautes Grundstück für betriebliche Zwecke gekauft. Die Anschaffungsnebenkosten (Grunderwerbsteuer u. a.) von 20 000 € wurden irrtümlich als sofort abzugsfähige Betriebsausgaben behandelt.

Beim Bilanzabschluss zum 31. 12. 07 wird bemerkt, dass die Aktivierung der Anschaffungsnebenkosten im Jahre 01 unterblieben ist. Die Veranlagung für die Jahre 05 und 06 sind noch nicht bestandskräftig.

Da die Veranlagungen vor dem Jahr 05 bestandskräftig sind, muss der Unternehmer die Bilanz zum 31. 12. 05 gem. R 4.4 Abs. 1 Satz 9 EStR (gewinnerhöhend) berichtigen.

2. Bilanzänderung

§ 4 Abs. 2 EStG; R 4.4 Abs. 2 EStR

165 Um eine *Bilanzänderung* handelt es sich, wenn ein *zulässiger Bilanzansatz durch* einen anderen *ebenfalls zulässigen Bilanzansatz ersetzt* werden soll. Eine Bilanzänderung kommt gem. § 4 Abs. 2 Satz 2 EStG nur in Frage, wenn sie in einem engen zeitlichen und sachlichen Zusammenhang mit einer Bilanzberichtigung steht. Allerdings ist die Bilanzänderung betragsmäßig begrenzt auf die Gewinnänderung durch die Bilanzberichtigung. Die Finanzverwaltung hatte in ihrem BMF-Schreiben vom 18. 5. 2000 (BStBl I S. 587) dargelegt, dass eine Änderung des steuerlichen Gewinns ohne Auswirkung auf den Ansatz eines Wirtschaftsgutes oder eines Rechnungsabgrenzungspostens – z. B. eine Ausgabe wird nicht als betrieblich veranlasst angesehen – keine Bilanzberichtigung ist. Nach dem BMF-Schreiben vom 13. 8. 2008 (BStBl I S. 845) ist diese Regelung allerdings nicht weiter anzuwenden.

Nach dem genannten BMF-Schreiben vom 18. 5. 2000 setzt der enge zeitliche und sachliche Zusammenhang zwischen Bilanzberichtigung und Bilanzänderung nur voraus, dass sich beide Maßnahmen auf dieselbe Bilanz beziehen. Eine Bilanzänderung kann deshalb nicht nur bei solchen Posten erfolgen, bei denen eine Bilanzberichtigung vorgenommen worden ist.

BEISPIEL: Ein Unternehmer hat im Jahre 01 ein Grundstück veräußert und hierbei auf die Bildung einer Rücklage gem. § 6b EStG i. H. von 100 000 € verzichtet, obwohl die Voraussetzungen dafür gegeben waren.

Im Rahmen einer später stattfindenden Außenprüfung wird der Gewinn für 01 um 150 000 € erhöht, weil bei diversen Maschinen Anschaffungsnebenkosten nicht aktiviert wurden.

Der Unternehmer hat nun gem. § 4 Abs. 2 Satz 2 EStG im Rahmen einer Bilanzänderung die Möglichkeit, eine Rücklage gem. § 6b EStG zu bilden.

Betrüge die Gewinnerhöhung durch die Aktivierung der Nebenkosten nur 80 000 €, wäre auch nur die Bildung einer Rücklage gem. § 6b EStG i. H. von 80 000 € im Rahmen einer Bilanzänderung möglich.

unbesetzt 166–170

F. Bewertung

I. Rechtsgrundlagen

§§ 252 bis 256a HGB; § 6 EStG

Es wurde schon erörtert (vgl. Tz 132), dass die handelsrechtlichen Bewertungsvorschrif- 171
ten der §§ 252 bis 256a HGB aufgrund des Maßgeblichkeitsprinzips des § 5 Abs. 1 EStG die Grundlage für die bilanzsteuerrechtliche Bewertung darstellen. Die handelsrechtlichen Bewertungsvorschriften stellen also den Rahmen dar. Zusätzlich hat das Steuerrecht wegen der unterschiedlichen Zielsetzung eigene Bewertungsregeln gesetzt, die sich im Wesentlichen aus § 6 EStG ergeben, und die, wenn sie von den handelsrechtlichen Bewertungsvorschriften abweichen, vorrangig, wie ebenfalls erörtert wurde (vgl. Tz 133), beachtet werden müssen.

II. Bewertungsmaßstäbe

Die wichtigsten Bewertungsmaßstäbe, die in Frage kommen, sind im Handels- und 172
Steuerrecht identisch, nämlich die Anschaffungs- und die Herstellungskosten. Schon erwähnte Werte, z. B. Sammelwerte, Durchschnittswerte oder Werte nach dem Lifo- oder Fifo-Verfahren, sind keine eigenständigen Wertmaßstäbe, sondern nur Verfahren zur Ermittlung eines bestimmten Wertmaßstabes, und zwar in der Regel der Anschaffungskosten.

Außer den Anschaffungs- und den Herstellungskosten gibt es im Handelsrecht noch eine Reihe von anderen Wertmaßstäben, die in Tz 177 dargestellt werden. Nur im Steuerrecht spielt zusätzlich der Teilwert eine Rolle.

Die Bewertungsmaßstäbe können deshalb folgendermaßen eingeteilt werden:

Berwertungsmaßstäbe

- Anschaffungskosten
- Herstellungskosten
- andere Wertmaßstäbe im Handelsrecht bzw. Teilwert im Steuerrecht

1. Anschaffungskosten

§ 255 Abs. 1 HGB; R 6.2 EStR

173 Die fremdbezogenen Vermögensgegenstände bzw. Wirtschaftsgüter sind in Handels- und Steuerbilanz mit den Anschaffungskosten zu bewerten. Da dies bei den meisten Vermögensgegenständen und Wirtschaftsgütern der Fall ist, haben die Anschaffungskosten eine große Bedeutung.

Nach § 255 Abs. 1 Satz 1 HGB sind Anschaffungskosten die Aufwendungen, die geleistet werden, um einen Vermögensgegenstand zu erwerben und ihn in einen betriebsbereiten Zustand zu versetzen, soweit sie dem Vermögensgegenstand einzeln zugeordnet werden können. Auch die Nebenkosten und die nachträglichen Anschaffungskosten gehören gem. § 255 Abs. 1 Satz 2 HGB zu den Anschaffungskosten. Nach § 255 Abs. 1 Satz 3 HGB sind Anschaffungspreisminderungen, die dem Vermögensgegenstand einzeln zugeordnet werden können, abzusetzen.

Demnach ergeben sich also die Anschaffungskosten folgendermaßen:

	Anschaffungspreis
+	Anschaffungsnebenkosten
·/.	Anschaffungspreisminderungen
+	nachträgliche Anschaffungskosten
=	Anschaffungskosten

Zu den Anschaffungskosten gehören also *zum einen* der Anschaffungspreis und die bei der Beschaffung anfallenden Nebenkosten, d. h. also die Aufwendungen für die Überführung eines Wirtschaftsgutes von der fremden in die eigene Vermögensmacht. Dies können z. B. sein Frachten, Rollgelder, Transportkosten, Transportversicherung, Abladekosten, Eingangszölle, Grunderwerbsteuer, Maklergebühren, Notarkosten, Erschließungsbeiträge, Vorsteuern u. v. a. m.

BEISPIEL: Ein Steuerpflichtiger hat beim Kauf eines Grundstücks folgende Aufwendungen:

Barzahlung an den Verkäufer	160 000 €
Übernahme einer Hypothek	40 000 €
Maklergebühren	6 000 €
Grunderwerbsteuer	7 000 €
Notariatskosten	2 000 €
	215 000 €

Alle Aufwendungen werden geleistet, um das Wirtschaftsgut zu erwerben und es in einen betriebsbereiten Zustand zu versetzen. Deshalb betragen die Anschaffungskosten 215 000 €.

Zum anderen sind auch innerbetrieblich anfallende Aufwendungen bis zur Betriebsbereitschaft zu den Anschaffungskosten zu rechnen. Hierzu gehören z. B. Montagekosten, Aufstellkosten, Einweisungskosten u. Ä. Diese sind in die Anschaffungskosten einzubeziehen, wenn sie dem Wirtschaftsgut „einzeln zugerechnet werden können", d. h. also, wenn es sich um *Einzelkosten* handelt.

Gemeinkosten, die der Anschaffung eines bestimmten Wirtschaftsgutes nicht zugeordnet werden können, kommen hierfür nicht in Frage.

BEISPIELE:

1. A beabsichtigt, bei B eine Maschine zu kaufen. Vor der endgültigen Auftragserteilung reist er zu dem Ort, an dem B die Maschine auf Lager hat, um sich über die Handhabung und die Funktion der Maschine zu informieren. Anschließend bestellt A die Maschine bei B.

   Die angefallenen Reisekosten rechnen zu den Anschaffungskosten der Maschine, weil sie speziell bei ihrer Anschaffung angefallen sind.

2. A besucht eine Messe in Leipzig. Bei dieser Gelegenheit bestellt er eine Maschine.

   Die angefallenen Reisekosten gehören zu den allgemeinen Verwaltungskosten und sind nicht zu aktivieren, weil sie nicht speziell bei der Anschaffung der Maschine, sondern nur „bei Gelegenheit" ihrer Anschaffung angefallen sind.

Verpflichtet sich der Käufer eines Wirtschaftsguts an Stelle eines sofort zu zahlenden Kaufpreises zur Zahlung einer Rente, so liegen Anschaffungskosten in Höhe des Barwertes der Rentenverpflichtung vor. Dieser Barwert ist gem. H 6.2 „Rentenverpflichtung" EStH nach §§ 12 ff. BewG zu ermitteln.

BEISPIEL: Ein Unternehmer kauft von einem (männlichen) Steuerpflichtigen ein Grundstück gegen Einräumung einer lebenslänglichen Rente von monatlich 3 500 €. Der Verkäufer ist im Veräußerungszeitpunkt 64 Jahre alt.

Die Anschaffungskosten des Grundstücks betragen gem. § 14 Abs. 1 BwG i.V. mit Anlage 9 11,643 x 42 000 € = 489 006 €. Dieser Wert beruht auf der am 2. 10. 2012 veröffentlichten Sterbetafel und ist seit 1. 1. 2013 anzuwenden. Die Vervielfältiger werden von Zeit zu Zeit an die durchschnittliche Lebenserwartung angepasst.

Finanzierungskosten, insbesondere Zinsen, für einen bei der Anschaffung eines Wirtschaftsgutes aufgenommenen Kredit, gehören nicht zu den Anschaffungskosten. Solche Finanzierungs- bzw. Geldbeschaffungskosten stehen nicht in einem unmittelbaren, sondern nur in einem mittelbaren Zusammenhang mit der Anschaffung eines Wirtschaftsgutes, weil neben dem Kaufvertrag ein anderer Vertrag steht, nämlich der Kreditvertrag.

Vorsteuer gehört nur zu den Anschaffungskosten, wenn sie gem. § 15 Abs. 2 u. 3 UStG als solche nicht abzugsfähig ist. Das ergibt sich aus dem Umkehrschluss des § 9b Abs. 1 EStG. Der umsatzsteuerlich nicht abziehbare Teil der Vorsteuer gehört deshalb zu den Anschaffungskosten (R 9b Abs. 1 EStR).

Bei Zuschüssen zur Anschaffung eines Wirtschaftsgutes hat der Steuerpflichtige in der Steuerbilanz gem. R 6.5 Abs. 2 EStR ein Wahlrecht. Er kann den Zuschuss als Betriebseinnahme behandeln. Die Anschaffungskosten bleiben dann unberührt. Er kann aber auch die Anschaffungskosten um den erhaltenen Zuschuss mindern. In der Praxis ist das Letztere die Regel, weil das – jedenfalls zunächst – zu einem geringeren Gewinn führt.

Minderungen des Anschaffungspreises, die dem Vermögensgegenstand einzeln zugeordnet werden können, z. B. Rabatte, Boni, Nachlässe, Skonti, verringern gem. § 255 Abs. 1 Satz 3 HGB die Anschaffungskosten. Ein Skontoabzug ist erst zu berücksichtigen, wenn er vorgenommen wird. Wird demnach Skonto bei einem vor dem Bilanzstichtag angeschafften Wirtschaftsgut erst nach dem Bilanzstichtag abgezogen, so kann dies zum Bilanzstichtag noch nicht berücksichtigt werden. Das Stichtagsprinzip (vgl. Tz 151) geht dann vor. Diese Rechtsauffassung basiert auf ständiger Rechtsprechung des BFH, die durch das Urteil vom 27.2.1991 (BStBl II S. 456) bestätigt worden ist (vgl. H 6.2 „Skonto" EStH).

2. Herstellungskosten

a) Grundsätzliche Ermittlung

§ 255 Abs. 2 und 3 HGB; R 6.3 EStR

174 Grundlage für die Einbeziehung von Kosten ist das nachfolgende Kalkulationsschema:

Fertigungseinzelkosten (Fertigungslöhne)	Fertigungskosten
+ Fertigungsgemeinkosten	
+ Sondereinzelkosten der Fertigung	
+ Materialeinzelkosten (Fertigungsmaterial)	Materialkosten
+ Materialgemeinkosten	
= Herstellungskosten	
+ Verwaltungsgemeinkosten	
+ Forschungs- und Vertriebskosten	
= Selbstkosten	

Zu den handels- und steuerrechtlichen Herstellungskosten müssen gem. § 255 Abs. 2 Satz 2 HGB und R 6.8 Abs. 1 EStR sämtliche Einzelkosten sowie angemessene Teile der Material- und Fertigungsgemeinkosten einschließlich des Wertverzehrs des der Fertigung dienenden Anlagevermögens gerechnet werden. Bei den Kosten der allgemeinen Verwaltung besteht in Handels- und Steuerbilanz gem. § 255 Abs. 2 Satz 3 HGB und R 6.3 Abs. 1 EStR eine Pflicht, die aber nach dem BMF-Schreiben vom 25.3.2013 (BStBl 2013 I S. 296) bis zur Neufassung der Einkommensteuerrichtlinien ausgesetzt ist. Gleiches gilt für die Aufwendungen für soziale Einrichtungen des Betriebs, für freiwillige soziale Leistungen und für die betriebliche Altersversorgung. Forschungs- und Vertriebskosten dürfen gem. § 255 Abs. 2 Satz 4 HGB in Handels- und Steuerbilanz nicht einbezogen werden.

Für die Herstellungskosten in Handelsbilanz und Steuerbilanz gilt also

Kostenart	Handelsbilanz	Steuerbilanz
Einzelkosten	**Pflicht** § 255 Abs. 2 Satz 1 HGB	**Pflicht** § 255 Abs. 2 Satz 1 HGB
Material- und Fertigungsgemeinkosten einschl. Wertverzehr des AV betr. Fertigung	**Pflicht** § 255 Abs. 2 Satz 2 HGB	**Pflicht** R 6.3 Abs. 1 EStR
Verwaltungsgemeinkosten einschl. sozialer Aufwendungen	**Wahlrecht** § 255 Abs. 2 Satz 3 HGB	**Wahlrecht** R 6.3 Abs. 4 Satz 1 EStR
Forschungs- und Vertriebskosten	**Verbot** § 255 Abs. 2 Satz 4 HGB	**Verbot** § 255 Abs. 2 Satz 4 HGB

Das Wahlrecht bei den Verwaltungsgemeinkosten einschließlich der sozialen Aufwendungen kann in Handels- und Steuerbilanz **unterschiedlich** ausgeübt werden.

Bei einigen Gemeinkosten ist die Frage der Einbeziehung in Herstellungskosten differenziert zu behandeln. Bei dem der Fertigung der Erzeugnisse dienenden Wertverzehr des Anlagevermögens hat der Steuerpflichtige gem. R 6.3 Abs. 4 EStR die Wahl, ob er lineare oder – falls diese möglich sind – degressive Abschreibungsbeträge berücksichtigen will, wobei er allerdings eine einmal gewählte Absetzungsmethode beibehalten muss. Kalkulatorische Abschreibungen dürfen gem. H 6.3 „Kalkulatorische Kosten" EStH weder handels- noch steuerrechtlich bei der Bemessung der Herstellungskosten berücksichtigt werden. Das gilt im Übrigen auch für alle anderen in Frage kommenden kalkulatorischen Kosten (kalkulatorische Zinsen, Wagnisse, Unternehmerlohn, Miete).

Zu den Kosten der allgemeinen Verwaltung gehören u. a. die Aufwendungen für Geschäftsleitung, Einkauf und Wareneingang, Betriebsrat, Personalbüro und weitere in R 6.3 Abs. 3 Satz 2 EStR genannte.

Besonders schwierig ist die Frage, inwieweit Steuern (Einkommen-, Körperschaft-, Gewerbe- und Grundsteuer) als Gemeinkosten zu den Herstellungskosten gerechnet werden können oder müssen. Steuerrechtlich gehören gem. R 6.3 Abs. 6 Satz 1 und 2 EStR die Einkommen-, Körperschaft- und Gewerbesteuer nicht zu den Herstellungskosten. Aus der Pflicht, die Fertigungs- und Materialgemeinkosten gem. R 6.3 Abs. 6 EStR einzubeziehen, ergibt sich, dass steuerrechtlich die Grundsteuer, soweit sie das in den Fertigungsbereichen gebundene Vermögen betrifft, zu den Herstellungskosten gerechnet werden muss.

Handelsrechtliche Vorschriften zur Aktivierung der genannten Steuern sind nicht vorhanden. Überwiegend wird die Meinung vertreten, dass *Ertragsteuern* (Einkommen-, Körperschaft- und Gewerbesteuer) nicht durch die Herstellung veranlasst sind, sondern erst *nach Herstellung* anfallen und deshalb nicht aktiviert werden dürfen. Soweit die Grundsteuer den Fertigungsbereich betrifft, ist sie zwingend zu den Herstellungskosten zu rechnen. Betrifft die Grundsteuer dagegen den Verwaltungsbereich, ergibt sich aus dem vorher Gesagten ein Einbeziehungswahlrecht.

Finanzierungs- bzw. Geldbeschaffungskosten gehören grundsätzlich gem. § 255 Abs. 3 Satz 1 HGB und gem. H 6.3 „Geldbeschaffungskosten" EStH nicht zu den Herstellungskosten. Ausnahmsweise dürfen sie aber handelsrechtlich gem. § 255 Abs. 3 Satz 2 HGB und steuerrechtlich gem. R 6.3 Abs. 5 Satz 1 EStR einbezogen werden, soweit sie auf den Zeitraum der Herstellung entfallen. Gem. R 6.3 Abs. 5 Satz 2 EStR ist bezüglich der Fremdkapitalzinsen eine identische Behandlung in Handels- und Steuerbilanz vorgeschrieben.

In der nachfolgenden Übersicht soll zusammengefasst werden, ob die hier besprochenen Gemeinkosten zu den Herstellungskosten in Handels- und Steuerbilanz gerechnet werden dürfen oder müssen.

Übersicht über die Aktivierung bestimmter Gemeinkosten als Herstellungskosten		
Gemeinkosten	**Handelsrecht § 255 Abs. 2 HGB**	**Steuerrecht R 6.3 EStR**
Wertverzehr des der Fertigung dienenden Anlagevermögens	Pflicht[1]	Pflicht[1]
Kosten der allgemeinen Verwaltung	Wahlrecht	Wahlrecht
Aufwendungen		
für soziale Einrichtungen	Wahlrecht	Wahlrecht
für freiwillige soziale Leistungen	Wahlrecht	Wahlrecht
für betriebliche Altersversorgung	Wahlrecht	Wahlrecht
Steuern		
Einkommen- und Körperschaftsteuer	Verbot	Verbot
Gewerbesteuer	Verbot	Verbot
Grundsteuer		
den Fertigungsbereich betreffend	Pflicht	Pflicht
den Verwaltungsbereich betreffend	Wahlrecht	Wahlrecht
Fremdkapitalzinsen		
– grundsätzlich	Verbot	Verbot
– auf die Herstellung entfallend	Wahlrecht	Wahlrecht

[1] Falls degressive Abschreibung möglich ist, besteht die Wahl zwischen linearer und degressiver Abschreibung.

Die Ermittlung der Herstellungskosten in der bisher beschriebenen Weise (progressive Methode) ist praktisch nur möglich in Betrieben mit einer funktionierenden Kostenrechnung. In Betrieben ohne Kostenrechnung bleibt nur die retrograde Ermittlung übrig. Aufgrund einer auf den Zahlen der Gewinn- und Verlustrechnung beruhenden Schätzung oder einer anderen Berechnung sind vom Verkaufspreis der Gewinn, die Forschungs- und Vertriebskosten und eventuell die Verwaltungskosten abzuziehen. Bei unfertigen Erzeugnissen ist bei dem so ermittelten Betrag außerdem noch der Grad der Fertigung zu berücksichtigen.

Nach allem gilt für die Wertuntergrenze und die Wertobergrenze:

	Materialeinzelkosten
+	Fertigungseinzelkosten
+	Sondereinzelkosten der Fertigung
+	Materialgemeinkosten
+	Fertigungsgemeinkosten
+	Verwaltungskosten des Material- und Fertigungsbereichs
+	Werteverzehr des Anlagevermögens, das der Fertigung dient
=	Wertuntergrenze
+	Kosten der allgemeinen Verwaltung
+	Aufwendungen für freiwillige soziale Leistungen
+	Aufwendungen für soziale Einrichtungen des Betriebs
+	Aufwendungen für die betriebliche Altersversorgung
+	Fremdkapitalzinsen (unter bestimmten Voraussetzungen, § 255 Abs. 3 HGB)
=	Wertobergrenze

Ein abschließendes Beispiel soll verdeutlichen, wie die Herstellungskosten von Erzeugnissen zu ermitteln sind.

BEISPIEL ZU HERSTELLUNGSKOSTEN IN HANDELS- UND STEUERBILANZ ▸ Eine Unternehmung produziert Fahrzeuge eines bestimmten Typs. Bei der Produktion eines Fahrzeuges sind folgende Kosten tatsächlich angefallen:

Fertigungsmaterial	5 000 €
Materialgemeinkosten 10 %	500 €
Fertigungslöhne	2 500 €
Fertigungsgemeinkosten 200 %	5 000 €
Sondereinzelkosten der Fertigung (Entwurfskosten)	2 000 €
Herstellungskosten	**15 000 €**
Allgemeine Verwaltungskosten (40 % auf Herstellungskosten)	6 000 €
Vertriebskosten (10 % auf Herstellungskosten)	1 500 €
Selbstkosten	**22 500 €**
Gewinn (10 % vom Verkaufspreis)	2 500 €
Verkaufspreis (netto)	25 000 €

Am 31. 12. 01 hat die Unternehmung Fahrzeuge dieses Typs fertig gestellt, aber noch nicht ausgeliefert.

Mit welchem Wert ist jedes Fahrzeug mindestens und höchstens in Handels- und Steuerbilanz zum 31. 12. 01 anzusetzen?

LÖSUNG: ▸ Sowohl in der Handels- als auch in der Steuerbilanz müssen außer den Einzelkosten die Material- und die Fertigungsgemeinkosten einbezogen werden. Bezüglich der allgemeinen Verwaltungskosten besteht in beiden ein Wahlrecht. Die Vertriebskosten dürfen weder in der Handels- noch in der Steuerbilanz einbezogen werden.

Dann ergibt sich:

	Handelsbilanz	**Steuerbilanz**
Mindestansatz	15 000 €	15 000 €
Höchstansatz	21 000 €	21 000 €

b) Erhaltungsaufwand und Herstellungsaufwand

R 21.1 EStR

Wenn bei Wirtschaftsgütern, insbesondere bei Grundstücken, die sich bereits im Be- 175
triebsvermögen befinden, nachträgliche Aufwendungen getätigt werden, stellt sich die Frage, ob es sich um *Erhaltungsaufwand oder um Herstellungsaufwand* handelt. Diese Frage ist sehr wichtig, weil die Erhaltungsaufwendungen sofort als Betriebsausgaben oder Werbungskosten abgezogen werden können, während Herstellungsaufwendungen aktiviert werden müssen und nur über die Absetzungen für Abnutzung entsprechend der Nutzungsdauer oder des vorgeschriebenen Prozentsatzes abzugsfähig sind.

Es gibt gewisse Merkmale für das Vorliegen von Erhaltungsaufwand und Herstellungsaufwand. Dennoch ist die *Grenze* im Einzelfall nicht immer leicht zu ziehen; sie ist vielmehr *fließend*. Erhaltungsaufwendungen sind grundsätzlich anzunehmen, wenn Aufwendungen für die *laufende Instandhaltung* und die *Instandsetzung* durch die gewöhnliche Nutzung eines Wirtschaftsgutes veranlasst werden. Konsequenterweise liegen deshalb auch Erhaltungsaufwendungen vor, wenn Teile, Einrichtungen oder Anlagen, die bereits in den Anschaffungs- oder Herstellungskosten des Wirtschaftsgutes enthalten waren, erneuert werden (R 21.1 Abs. 1 Satz 1 EStR).

Beim Erhaltungsaufwand geht es also darum, dass *das Wirtschaftsgut in ordnungsmäßigem Zustand erhalten wird, ohne dass dabei die Wesensart verändert oder die Substanz vermehrt wird.*

BEISPIELE:

1. In einem Gebäude werden die Fußböden repariert, weil diese schadhaft waren.

   Diese Aufwendungen dienen der Erhaltung des Wirtschaftsgutes in ordnungsgemäßem Zustand. Deshalb liegt (sofort abzugsfähiger) Erhaltungsaufwand vor.

2. In einem Gebäude wird ein bereits vorhandener Personenaufzug durch einen neuen ersetzt, weil der alte Aufzug modernen Anforderungen nicht mehr gerecht wird.

   Da es sich um die Erneuerung einer bereits vorhandenen Einrichtung handelt, liegt Erhaltungsaufwand vor.

Erhaltungsaufwand liegt auch dann vor, wenn bei einer Mängelbeseitigung der technische Fortschritt berücksichtigt wird.

BEISPIEL: In einem Gebäude wurden schadhafte einfachverglaste Fenster durch doppelverglaste Fenster ersetzt.

Es liegen sofort abzugsfähige Erhaltungsaufwendungen vor.

Herstellungsaufwendungen liegen gem. R 21.1 Abs. 2 Satz 1 EStR vor, wenn Aufwendungen für die Erweiterung oder für die über den ursprünglichen Zustand hinausgehende wesentliche Verbesserung eines Gebäudes entstehen.

BEISPIEL: In ein Gebäude wird ein bisher nicht vorhandener Personenaufzug eingebaut.

Die Aufwendungen für den Einbau des Personenaufzuges gehören zu den Herstellungsaufwendungen, da etwas Neues, bisher nicht Vorhandenes geschaffen wird und somit eine über den ursprünglichen Zustand hinausgehende wesentliche Verbesserung des Gebäudes eingetreten ist.

Herstellungsaufwendungen sind immer anzunehmen bei einer Erweiterung des Gebäudes, also durch eine Aufstockung oder einen Anbau, durch Vergrößerung der Nutzfläche oder durch Vermehrung der Substanz (vgl. BMF-Schreiben vom 18. 7. 2003, BStBl I S. 386, Abschn. II.2.). Für die Frage, ob eine über den ursprünglichen Zustand hinausgehende wesentliche Verbesserung vorliegt, unterscheidet der BFH (Urteil vom 12. 9. 2001, BStBl 2003 II S. 569, 574) bei Wohngebäuden drei Kategorien, nämlich sehr einfacher Standard, mittlerer Standard und sehr anspruchsvoller Standard. Maßgeblich hierfür sollen vor allem Umfang und Qualität der Heizungs-, Sanitär- und Elektroinstallation sowie der Fenster sein.

Aufwendungen für ein Bündel von Einzelmaßnahmen, die für sich genommen teils Herstellungsaufwendungen und teils Erhaltungsaufwendungen darstellen, sind insgesamt als Herstellungsaufwendungen zu beurteilen, wenn die Arbeiten in einem *sachlichen* Zusammenhang stehen (vgl. BMF-Schreiben vom 18. 7. 2003, BStBl I S. 386, Nr. 34).

BEISPIEL: Das Erdgeschoss eines Gebäudes wird durch Versetzen von Wänden und Vergrößern von Fenstern zu einem Ladenlokal umgebaut. Eine Renovierung der Räume wäre auch ohne den Umbau notwendig gewesen.

Die gesamten Aufwendungen sind Herstellungsaufwendungen, weil die Renovierungskosten, die an sich Erhaltungsaufwendungen wären, in sachlichem Zusammenhang mit dem Herstellungsaufwand angefallen sind.

Fallen Erhaltungsaufwendungen gleichzeitig mit Herstellungsaufwendungen, aber an einer räumlich anderen Stelle an, so bleibt es nach dem BMF-Schreiben vom 18. 7. 2003, BStBl I S. 386, Nr. 35 bei Erhaltungsaufwendungen.

BEISPIEL: Gleichzeitig mit den Umbauarbeiten im vorangegangenen Beispiel werden die Räume im 2. Stock des Gebäudes renoviert.

Die Renovierungskosten im 2. Stock sind Erhaltungsaufwendungen.

Schließlich ist noch darauf hinzuweisen, dass es eine sog. Bagatellgrenze gibt. Die Frage, ob Herstellungsaufwand vorliegt, braucht nur geprüft zu werden, wenn die Aufwendungen für eine einzelne Baumaßnahme *über 4 000 €* liegen. Ist das nicht der Fall, so wird der Aufwand gem. R 21.1 Abs. 2 Satz 2 EStR auf Antrag immer als Erhaltungsaufwand angesehen.

Zu den Herstellungskosten eines Gebäudes gehören gem. § 6 Abs. 1a EStG auch Aufwendungen für Instandsetzungs- und Modernisierungsmaßnahmen, die innerhalb von drei Jahren nach der Anschaffung des Gebäudes durchgeführt werden, wenn die Aufwendungen ohne Umsatzsteuer 15 % der Anschaffungskosten übersteigen. Es handelt sich um sog. „anschaffungsnahe Herstellungskosten". Dabei bleiben gem. § 6 Abs. 1a Satz 2 EStG Aufwendungen für Erweiterungen im Sinne des § 255 Abs. 2 Satz 1 HGB und Aufwendungen für jährlich üblicherweise anfallende Erhaltungsarbeiten außer Betracht.

BEISPIEL: Ein Steuerpflichtiger kauft in einem Jahr ein Gebäude für 500 000 €. Im Jahr nach der Anschaffung fallen Erhaltungsaufwendungen (Reparatur des Daches, der Fußböden, der Heizungsinstallation usw.) für insgesamt 200 000 € an.

Die Aufwendungen sind gem. § 6 Abs. 1 Nr. 1a EStG Herstellungsaufwand.

c) Abbruchkosten

H 6.4 „Abbruchkosten" EStH

Wird ein Gebäude abgebrochen, so entsteht das Problem, wie die Abbruchkosten und 176
der Restbuchwert des abgebrochenen Gebäudes zu behandeln sind. Es ist denkbar, dass diese sofort abziehbare Betriebsausgaben darstellen. Es ist aber auch möglich, dass die Abbruchkosten und der Restbuchwert zu aktivieren sind, und zwar entweder beim Grund und Boden oder bei dem Wirtschaftsgut, das an die Stelle des abgebrochenen Gebäudes tritt.

Befindet sich das abgebrochene Gebäude schon seit längerer Zeit im Eigentum des Steuerpflichtigen, so stellen Abbruchkosten und ein evtl. Restbuchwert sofort abziehbare Betriebsausgaben dar (H 6.4 Satz 1 Nr. 1 und Satz 2 „Abbruchkosten" EStH). Wurde das Gebäude kurz vor dem Abbruch erworben, so ist darauf abzustellen, ob das Gebäude in *Abbruchabsicht* erworben wurde oder nicht. Nach H 6.4 „Abbruchkosten" EStH spricht der sog. Beweis des ersten Anscheins für einen Erwerb mit Abbruchabsicht, wenn mit dem Abbruch des Gebäudes innerhalb von drei Jahren nach dem Erwerb begonnen wird. Dieser Beweis des ersten Anscheins kann durch den Steuerpflichtigen entkräftet werden, wenn er ernsthafte Möglichkeiten und Gesichtspunkte darlegt, weshalb im konkreten Einzelfall beim Erwerb keine Abbruchabsicht bestand.

Hat nach den erörterten Kriterien beim Erwerb keine Abbruchabsicht bestanden, so stellen Abbruchkosten und Restbuchwert ebenfalls sofort abziehbare Betriebsausgaben dar (H 6.4 Satz 1 Nr. 2 und Satz 2 „Abbruchkosten" EStH).

Eine Aktivierung der Abbruchkosten und des Restbuchwertes ist also notwendig, wenn das Gebäude in Abbruchabsicht angeschafft wurde. In diesem Fall ist es von Bedeutung, ob das Gebäude technisch oder wirtschaftlich verbraucht war oder nicht. War das Gebäude technisch oder wirtschaftlich nicht verbraucht, so gehören Abbruchkosten und der Restbuchwert gem. H 6.4 Satz 5 Buchst. a „Abbruchkosten" EStH zu den Herstellungskosten eines neuen Wirtschaftsgutes. Wird ein neues Wirtschaftsgut nicht erstellt, so sind Abbruchkosten und Restbuchwert beim Grund und Boden zu aktivieren (H 6.4 Satz 5 Buchst. a „Abbruchkosten" EStH). War das Gebäude, das in Abbruchabsicht erworben wurde, im Zeitpunkt des Abbruchs wertlos, so sind Restbuchwert und Abbruchkosten unter Umständen bei unterschiedlichen Wirtschaftsgütern zu aktivieren. Gemäß H 6.4 Satz 5 Buchst. b „Abbruchkosten" EStH ist der Anschaffungspreis des Gebäudes in jedem Fall dem Grund und Boden zuzurechnen, während die Abbruchkosten nach den Kriterien, die gelten, wenn das Gebäude nicht wertlos war, entweder beim neuen Wirtschaftsgut oder beim Grund und Boden zu aktivieren sind.

Nach allem soll die Behandlung der Gebäudeabbruchkosten und des Restbuchwertes des abgebrochenen Gebäudes in der nachfolgenden Übersicht zusammengefasst werden.

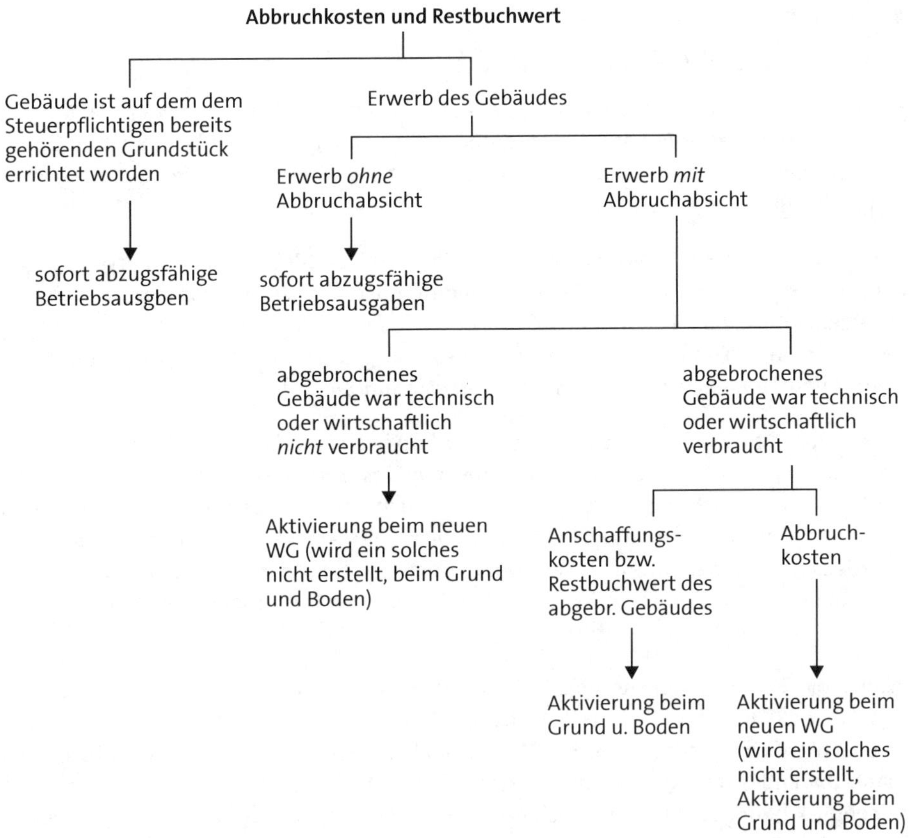

Wenn ein Steuerpflichtiger den Abbruch eines zum Privatvermögen gehörenden Gebäudes und die Errichtung eines zum Betriebsvermögen gehörenden Gebäudes plant, sind der Wert des abgebrochenen Gebäudes und die Abbruchkosten gem. H 6.4 Satz 1 Nr. 4 und dem letzten Satz „Abbruchkosten" EStH zu den Herstellungskosten des neu zu errichtenden Gebäudes zu rechnen.

Wird ein in Abbruchabsicht angeschafftes Gebäude bis zum Zeitpunkt des tatsächlichen Abbruchs noch genutzt, so kann für diese Zeit der Nutzung nach der Rechtsprechung des BFH die Absetzung für Abnutzung berücksichtigt werden (BFH vom 15. 12. 1981, BStBl 1982 II S. 385).

3. Andere Wertmaßstäbe

Im Handelsrecht kommen folgende weitere Wertmaßstäbe in Frage: 177

- der am Bilanzstichtag beizulegende Wert (Zeitwert) gem. § 253 Abs. 3 Satz 5 und Abs. 4 Satz 2 HGB,
- der aus dem Börsen- oder Marktpreis abgeleitete Wert gem. § 253 Abs. 4 Satz 1 HGB und
- der Erfüllungsbetrag gem. § 253 Abs. 1 Satz 2 HGB.

4. Teilwert

§ 6 Abs. 1 Nr. 1 Satz 3 EStG, R 6.7 EStR

178 Ein ausschließlich in der Steuerbilanz denkbarer Wertansatz ist der Teilwert. Er kommt, wie noch zu zeigen sein wird, für Entnahmen und Einlagen sowie für alle Wirtschaftsgüter immer dann in Frage, wenn er unter den Anschaffungs- oder Herstellungskosten – ggf. abzüglich der Absetzung für Abnutzung – liegt.

Gemäß § 6 Abs. 1 Nr. 1 Satz 3 EStG ist der Teilwert der „Betrag, den ein Erwerber des ganzen Betriebes im Rahmen des Gesamtkaufpreises für das einzelne Wirtschaftsgut ansetzen würde; dabei ist davon auszugehen, dass der Erwerber den Betrieb fortführt". Bei dieser Definition des Teilwertes wird also der (gedachte) *Gesamtveräußerungspreis einer Unternehmung auf ein einzelnes Wirtschaftsgut projiziert*.

Die Ermittlung des Teilwertes bereitet in der Praxis aus zwei Gründen Schwierigkeiten: Zum einen wird der Gesamtveräußerungspreis des Betriebes fingiert. In Wirklichkeit wird der Betrieb nicht verkauft, und somit ist auch der Veräußerungspreis nicht genau bekannt. Selbst wenn man aber den (gedachten) Gesamtveräußerungspreis eines Betriebes genau kennen würde, ist es zum anderen auch problematisch, den Gesamtveräußerungspreis auf einzelne Wirtschaftsgüter, wie es die gesetzliche Definition des Teilwertes verlangt, aufteilen zu wollen.

Wegen dieser Schwierigkeiten bleibt in der Praxis nichts anderes übrig, als *den Teilwert zu schätzen* (R 6.7 Abs. 1 Satz 1 EStR). Dabei sind nach H 6.7 „Schätzung" EStH Grenzen zu beachten. *Obergrenze* bilden die *Wiederbeschaffungskosten*. Das sind die Kosten, die man aufwenden müsste, um das Wirtschaftsgut in dem Zustand, in dem es sich im Augenblick befindet, wiederzubeschaffen. *Untergrenze* für die Schätzung des Teilwertes ist der *Einzelveräußerungspreis* derselben Marktstufe, im Extremfall also der Schrottwert.

Bei Wirtschaftsgütern, die für die Fortführung des Betriebes benötigt werden, wird der Teilwert in der Regel an der Obergrenze, also in der Nähe der Wiederbeschaffungskosten liegen. Bei Wirtschaftsgütern, die zur Fortführung des Betriebes nicht benötigt werden, z. B. ein unbebautes Grundstück, wird der Teilwert an der Untergrenze, also in der Nähe des Einzelveräußerungspreises liegen.

Für die Frage, ob eine Teilwertabschreibung vorgenommen werden kann, können die Verhältnisse auf dem *Beschaffungsmarkt* oder dem *Absatzmarkt* maßgeblich sein:

Für *Roh-, Hilfs- und Betriebsstoffe* sowie für unfertige und fertige Erzeugnisse, die auch fremdbezogen werden können, ist die beschaffungsmarktorientierte Bewertung maßgeblich, d. h., wenn der Preis auf dem Beschaffungsmarkt gesunken ist, muss handels- und kann steuerrechtlich der niedrigere Wert angesetzt werden.

Für *unfertige und fertige Erzeugnisse* dagegen richtet sich die Bewertung nach den Verhältnissen auf dem Absatzmarkt. In der Literatur wird durchweg vorgeschlagen, den beizulegenden Wert nach folgendem Schema zu ermitteln:

Voraussichtlicher Verkaufserlös

·/. nach dem Stichtag noch anfallende Kosten

= beizulegender Wert am Bilanzstichtag

Es handelt sich hierbei um die sog. *verlustfreie Bewertung,* bei der beabsichtigt ist, im Jahr der Veräußerung drohende Verluste bereits in das ablaufende Geschäftsjahr vorzuverlegen.

Ein Abzug des durchschnittlichen Unternehmergewinns wird nach herrschender Ansicht *handelsrechtlich* nicht für zulässig erachtet, weil es bei der verlustfreien Bewertung darum geht, künftige Verluste bereits zu berücksichtigen, nicht aber künftige Gewinne zu sichern. Steuerrechtlich kann nach der Rechtsprechung des BFH gem. R 6.8 Abs. 2 Satz 3 EStR der durchschnittliche Unternehmergewinn abgezogen werden. Nach dem Wegfall der umgekehrten Maßgeblichkeit ist das handelsrechtlich nicht mehr möglich.

In dem abschließenden Beispiel am Schluss der Tz 174 sei unterstellt, dass es am Bilanzstichtag feststeht, dass die Fahrzeuge nur noch zu einem Preis von 16 000 € abgesetzt werden können. Die Minderung des Verkaufspreises ist dauerhafter Natur.

Dann ergibt sich folgende **Lösung**:

Nach dem Grundsatz, dass nicht realisierte Verluste gem. § 252 Abs. 1 Nr. 4 HGB ausgewiesen werden müssen, ist in der Handelsbilanz verlustfrei zu bewerten. Eine solche verlustfreie Bewertung würde im vorliegenden Fall bedeuten, dass vom erzielbaren Verkaufspreis die noch aufzuwendenden Vertriebskosten abzuziehen sind. Dann ergibt sich in der Handelsbilanz ein beizulegender Wert gem. § 253 Abs. 4 HGB in Höhe von 14 500 €.

Da es sich um eine dauernde Wertminderung des Verkaufspreises handelt, kann in der Steuerbilanz eine Teilwertabschreibung in dieser Höhe vorgenommen werden. Steuerrechtlich kann außerdem noch gem. R 6.8 Abs. 2 Satz 3 EStR der durchschnittliche Unternehmergewinn (10 % vom Verkaufspreis) abgezogen werden.

Es ist folgende Rechnung aufzumachen:

Erzielbarer Verkaufspreis	16 000 €
noch aufzuwendende Vertriebskosten	·/. 1 500 €
Beizulegender Wert (§ 253 Abs. 4 HGB) in der Handelsbilanz	**14 500 €**
Durchschnittlicher Unternehmergewinn 10 % (R 6.8 Abs. 2 Satz 3 EStR)	·/. 1 600 €
Teilwert (= Möglicher Wertansatz in der Steuerbilanz)	**12 900 €**

Somit:

	Handelsbilanz	Steuerbilanz
Mindestansatz	14 500 €	12 900 €
Höchstansatz	14 500 €	21 000 €

Für die Bewertung von *Handelswaren* können sowohl die Verhältnisse auf dem Beschaffungsmarkt als auch auf dem Absatzmarkt maßgeblich sein. Sind die Wiederbeschaffungskosten gesunken, kann der niedrigere Teilwert gem. R 6.8 Abs. 2 Satz 1 EStR selbst dann angesetzt werden, wenn die Verkaufspreise nicht gesunken sind.

Sind die Verkaufspreise auf Dauer gesunken, kann der niedrigere Teilwert entweder nach

- der *Subtraktionsmethode* gem. R 6.8 Abs. 2 Satz 4 EStR oder
- der *Formelmethode* gem. R 6.8 Abs. 2 Satz 5 EStR ermittelt werden.

Die Anwendung der Subtraktionsmethode setzt voraus, dass aus der Betriebsabrechnung die nach dem Bilanzstichtag bei den einzelnen Kostenarten noch anfallenden Kosten ersichtlich sind.

BEISPIEL: Ein Kaufhaus kalkuliert einen Markenartikel folgendermaßen:

Anschaffungspreis	250 €
Aufschlag ohne Gewinn 80 %	200 €
Selbstkosten	450 €
Gewinn 10 % vom Verkaufspreis	50 €
Verkaufspreis	500 €

Die am Bilanzstichtag auf Lager befindlichen Artikel können nur noch zu einem Preis von 300 € veräußert werden. Die nach dem Bilanzstichtag noch anfallenden betrieblichen Kosten betragen 40 % vom Anschaffungspreis = 100 €.

Der Teilwert ermittelt sich nach der Subtraktionsmethode folgendermaßen:

Erzielbarer Verkaufserlös	300 €
noch anfallende Kosten	·/. 100 €
durchschnittlicher Unternehmerlohn 10 % vom Verkaufspreis	·/. 30 €
Teilwert	170 €

Bei Steuerpflichtigen ohne Betriebsabrechnung, die also über die erforderlichen Daten zur Anwendung der Subtraktionsmethode nicht verfügen, kann gem. R 6.8 Abs. 2 Satz 5 und 6 EStR die Formelmethode angewendet werden. Sie lautet:

$$X = Z : (1 + Y1 + Y2 \times W)$$

Dabei sind:

X der zu suchende Teilwert

Z der erzielbare Verkaufspreis

Y1 der Durchschnittsunternehmergewinnprozentsatz *(bezogen auf die Anschaffungskosten)*

Y2 der Rohgewinnaufschlagsrest

W der Prozentsatz an Kosten, der noch nach Abzug des durchschnittlichen Unternehmergewinnprozentsatzes vom Rohgewinnaufschlagssatz nach dem Bilanzstichtag anfällt.

Besondere Probleme der verlustfreien Bewertung können sich bei langfristiger Einzelfertigung (Bauwirtschaft, Anlagenbau u. a.) ergeben. Es geht um die Bewertung unfertiger Erzeugnisse (Bauten), *wenn bei diesen mit einem Verlust gerechnet werden muss.* Die Finanzverwaltung war der Meinung (BMF vom 14. 11. 2000, BStBl I S. 1514), es könne nur der bis zum Bilanzstichtag aufgelaufene Verlust, nicht jedoch ein anteiliger künftiger Verlust angesetzt werden, der auf noch zu erbringende Leistungen entfällt. Dieser Ansicht hat der BFH mit seinem Urteil vom 7. 9. 2005 (DStR S. 1975) widersprochen. Danach ist eine Teilwertabschreibung auf teilfertige Bauten auch *„hinsichtlich des gesamten Verlustes aus dem noch nicht abgewickelten Bauauftrag zulässig“.*

III. Die Bewertung einzelner Vermögensgegenstände bzw. Wirtschaftsgüter und Vorgänge

1. Vermögensgegenstände bzw. Wirtschaftsgüter der Aktivseite der Bilanz

§ 253 Abs. 3 u. 4 HGB, § 6 Abs. 1 Nr. 1 und 2 EStG

Bei der Bewertung einzelner Vermögensgegenstände bzw. Wirtschaftsgüter sollen zunächst die Vermögensgegenstände bzw. Wirtschaftsgüter, die auf der Aktivseite der Bilanz stehen, erörtert werden. Nach § 253 Abs. 3 und 4 HGB und nach § 6 Abs. 1 Nr. 1 und 2 EStG werden sie eingeteilt in Wirtschaftsgüter des Anlagevermögens, die der Abnutzung unterliegen, Wirtschaftsgüter des Anlagevermögens, die nicht der Abnutzung unterliegen, und des Umlaufvermögens. 179

Die handelsrechtlichen und steuerrechtlichen Vorschriften über die Bewertung sind in einer ganz bestimmten Weise aufgebaut. Sie befassen sich grundsätzlich mit drei Problemen. Es ist nämlich jeweils geregelt,

1. wie die Vermögensgegenstände bzw. Wirtschaftsgüter im *Normalfall* zu bewerten sind,
2. wie die Vermögensgegenstände bzw. Wirtschaftsgüter *bei einer eingetretenen Wertminderung* zu bewerten sind und
3. wie die Vermögensgegenstände bzw. Wirtschaftsgüter zu bewerten sind, wenn nach vorangegangener außerplanmäßiger Abschreibung bzw. Teilwertabschreibung der Wert wieder gestiegen ist.

a) Der Abnutzung unterliegendes Anlagevermögen

§ 253 Abs. 1 u. 3 HGB; § 6 Abs. 1 Nr. 1 EStG

Die Vermögensgegenstände bzw. Wirtschaftsgüter des abnutzbaren Anlagevermögens sind gem. § 253 Abs. 1 und 3 HGB höchstens und gem. § 6 Abs. 1 Nr. 1 Satz 1 EStG grundsätzlich mit den Anschaffungs- oder Herstellungskosten abzüglich planmäßiger Abschreibungen bzw. Absetzung für Abnutzung anzusetzen. Die Berücksichtigung der 180 planmäßigen Abschreibung bzw. der Absetzung für Abnutzung nach § 7 EStG ist zwingend vorgeschrieben.

Für die Frage, ob eine außerplanmäßige Abschreibung bzw. eine Teilwertabschreibung in Betracht kommt, ist entscheidend, ob eine eingetretene Wertminderung *vorübergehend* oder *dauernd* ist. Nach dem BMF-Schreiben vom 16.7.2014 (BStBl 2014 I S. 1162) ist eine dauernde Wertminderung grundsätzlich anzunehmen, wenn ein voraussichtlich nachhaltiges Absinken des Wertes des Wirtschaftsguts unter den maßgeblichen Buchwert gegeben ist. Für Wirtschaftsgüter des abnutzbaren Anlagevermögens kann von einer voraussichtlich dauernden Wertminderung ausgegangen werden, wenn der Wert des jeweiligen Wirtschaftsgutes zum Bilanzstichtag mindestens für die halbe Restnutzungsdauer unter dem planmäßigen Restbuchwert liegt.

In der Handelsbilanz muss bei dauernder Wertminderung gem. § 253 Abs. 3 Satz 3 HGB der niedrigere Wert angesetzt werden.

Im Steuerrecht besteht nach herrschender Ansicht (vgl. hierzu die Erörterungen in Tz 132) gem. § 5 Abs. 1 Nr. 1 EStG ein Wahlrecht, den niedrigeren Teilwert anzusetzen. Hierbei ist die Frage umstritten, ob auch Zwischenwerte angesetzt werden können.

Bei vorübergehender Wertminderung darf der niedrigere Wert in der Handelsbilanz gem. § 253 Abs. 3 Satz 3 und 4 HGB nicht angesetzt werden. Das gilt auch für die Steuerbilanz.

BEISPIEL: Ein Unternehmer hat zu Beginn des Jahres 01 eine Maschine mit einer Nutzungsdauer von 8 Jahren für 80 000 € erworben. Die lineare AfA beträgt also jährlich 10 000 €. Zum 31.12.02 beträgt ihr beizulegender Wert bzw. der Teilwert nur noch 20 000 € bei einer Restnutzungsdauer von 6 Jahren.

LÖSUNG: Die Wertminderung ist voraussichtlich von Dauer, weil der Wert der Maschine erst nach 4 Jahren, also nach mehr als der Hälfte der Restnutzungsdauer, erreicht wird.

In der Handelsbilanz muss eine außerplanmäßige Abschreibung von 20 000 € vorgenommen werden. In der Steuerbilanz hat der Unternehmer ein Wahlrecht, den niedrigeren Wert (eventuell auch einen Zwischenwert) anzusetzen.

Variante:

Der beizulegende Wert bzw. Teilwert beträgt 40 000 €.

LÖSUNG: In diesem Fall ist die Wertminderung voraussichtlich nicht dauerhaft, weil der Wert der Maschine nach zwei weiteren Jahren, also nach weniger als der Hälfte der Restnutzungsdauer, erreicht wird.

Weder in der Handelsbilanz noch in der Steuerbilanz darf eine außerplanmäßige Abschreibung bzw. eine Teilwertabschreibung vorgenommen werden.

Wenn bei Vermögensgegenständen bzw. Wirtschaftsgütern des abnutzbaren Anlagevermögens die Gründe für einen niedrigeren Wertansatz weggefallen sind, muss gem. § 253 Abs. 5 Satz 1 HGB bzw. § 6 Abs. 1 Nr. 1 Satz 4 EStG eine Zuschreibung bzw. eine Wertaufholung erfolgen.

Für den derivativen Firmenwert bzw. Geschäftswert gilt das gem. § 253 Abs. 5 Satz 2 HGB allerdings nicht (vgl. hierzu Tz 55). Eine Zuschreibung in der Steuerbilanz kommt dagegen in Frage, wenn der Nachweis eines weiterhin niedrigeren Teilwertes nicht geführt werden kann (vgl. hierzu ebenfalls Tz 55).

b) Nicht der Abnutzung unterliegendes Anlagevermögen

§ 253 Abs. 1 u. 3 HGB; § 6 Abs. 1 Nr. 2 EStG

Die Vermögensgegenstände bzw. Wirtschaftsgüter des nicht abnutzbaren Anlagevermögens sind gem. § 253 Abs. 1 u. 3 HGB höchstens und gem. § 6 Abs. 1 Nr. 2 Satz 1 EStG grundsätzlich mit den Anschaffungs- oder Herstellungskosten anzusetzen. 181

Für Vermögensgegenstände bzw. Wirtschaftsgüter des nicht abnutzbaren Anlagevermögens soll nach dem BMF-Schreiben vom 16. 7. 2014 (BStBl.2014 I S. 1162) eine dauernde Wertminderung vorliegen, wenn die Gründe für eine niedrigere Bewertung voraussichtlich anhalten werden. Bei **börsennotierten Aktien** des Anlagevermögens ist von einer dauernden Wertminderung auszugehen, wenn der Börsenwert zum Bilanzstichtag unter denjenigen im Zeitpunkt des Aktienerwerbs gesunken ist und der Kursverlust die Bagatellgrenze von 5 % der Notierung beim Erwerb oder des letzten Bilanzansatzes überschreitet. Für die Frage einer dauernden Wertminderung kommt es also allein auf den Börsenkurs am Bilanzstichtag an. Die Kursentwicklung nach dem Bilanzstichtag ist nicht von Bedeutung. Für die Bestimmung der Bagatellgrenze von 5 % ist der Bilanzansatz am vorausgegangenen Bilanzstichtag maßgeblich. Ausnahmsweise kann der Teilwert einer Aktie dann nicht nach dem Kurswert (zuzüglich eventueller Erwerbsnebenkosten) bestimmt werden, wenn aufgrund konkreter und objektiv überprüfbarer Anhaltspunkte davon auszugehen ist, dass der Börsenpreis den tatsächlichen Anteilswert nicht widerspiegelt.

Vermögensgegenstände bzw. Wirtschaftsgüter des nicht abnutzbaren Anlagevermögens müssen in der Handelsbilanz bei einer dauernden Wertminderung gem. § 253 Abs. 3 Satz 3 HGB mit dem niedrigeren beizulegenden Zeitwert angesetzt werden. Im Steuerrecht besteht nach § 5 Abs. 1 Satz 1 EStG ein Wahlrecht.

BEISPIEL: Ein Unternehmer hat ein vor Jahren gekauftes unbebautes Grundstück mit seinen Anschaffungskosten von 150 000 € aktiviert. Zum 31. 12. 01 ist der Wert des Grundstückes auf 120 000 €

a) dauerhaft,

b) vorübergehend gesunken.

LÖSUNG:

Im Fall a) muss der Unternehmer das Grundstück in der Handelsbilanz mit 120 000 € ansetzen. In der Steuerbilanz besteht ein Wahlrecht.

Im Fall b) muss das Grundstück sowohl in der Handelsbilanz als auch in der Steuerbilanz mit 150 000 € angesetzt werden.

Bei vorübergehender Wertminderung besteht in der Handelsbilanz grundsätzlich ein Verbot, den niedrigeren Wert anzusetzen (Umkehrschluss aus § 253 Abs. 3 Satz 3 HGB). Eine Ausnahme besteht nur bei Finanzanlagen gem. § 253 Abs. 3 Satz 4 HGB. In der Steuerbilanz besteht gem. § 6 Abs. 1 Nr. 2 Satz 2 EStG ebenfalls ein Verbot.

Sind die Gründe für eine außerplanmäßige Abschreibung bzw. eine Teilwertabschreibung weggefallen, muss eine Zuschreibung (Wertaufholung) nach § 253 Abs. 5 Satz 1 HGB bzw. § 6 Abs. 1 Nr. 2 Satz 3 EStG vorgenommen werden.

Wenn es sich um eine Beteiligung an einer Kapitalgesellschaft handelt, darf ein Steuerpflichtiger, wenn er eine natürliche Person ist, im Hinblick auf das Teileinkünfteverfahren des § 3 Nr. 40 EStG nur 60 % der Teilwertabschreibung steuerlich berücksichtigen. Wird die Beteiligung an der Kapitalgesellschaft von einer anderen Kapitalgesellschaft gehalten, kann die Teilwertabschreibung gem. § 8b Abs. 3 Satz 2 KStG steuerrechtlich gar nicht berücksichtigt werden.

Sind die Gründe für eine außerplanmäßige Abschreibung bzw. eine Teilwertabschreibung weggefallen, so besteht handelsrechtlich gem. § 253 Abs. 5 Satz 1 HGB und steuerrechtlich gem. § 6 Abs. 1 Nr. 1 Satz 4 und Nr. 2 Satz 3 EStG ein Wertaufholungsgebot.

c) Umlaufvermögen

§ 253 Abs. 4 HGB; § 6 Abs. 1 Nr. 2 EStG

182 Die Vermögensgegenstände bzw. Wirtschaftsgüter des Umlaufvermögens sind gem. § 253 Abs. 1 Satz 1 HGB – höchstens – und gem. § 6 Abs. 1 Nr. 2 Satz 1 EStG grundsätzlich mit den Anschaffungs- oder Herstellungskosten zu bewerten.

Beim Umlaufvermögen liegt nach dem erwähnten BMF-Schreiben (BStBl 2014 I S. 1162) eine voraussichtlich dauernde Wertminderung vor, wenn die Minderung bis zum Zeitpunkt der Bilanzaufstellung oder dem vorangegangenen Verkaufs- oder Verbrauchszeitpunkt angehalten hat. Eine Ausnahme besteht nach dem schon erörterten BMF-Schreiben bei börsennotierten Aktien.

Bei einer vorübergehenden oder dauernden Wertminderung ist bei Vermögensgegenständen bzw. Wirtschaftsgütern des Umlaufvermögens in der Handelsbilanz gem. § 253 Abs. 4 Satz 1 HGB zwingend der niedrigere Wert anzusetzen (sog. strenges Niederstwertprinzip). In der Steuerbilanz besteht dagegen gem. § 5 Abs. 1 Satz 1 EStG nur bei dauernder Wertminderung ein Wahlrecht.

BEISPIEL: Ein Unternehmer hat im Jahr 01 Vermögensgegenstände bzw. Wirtschaftsgüter des Vorratsvermögens mit ihren Anschaffungskosten von 150 000 € aktiviert. Zum 31. 12. 01 ist der Wert auf 120 000 € gesunken. Die Wertminderung ist

a) voraussichtlich dauerhaft,

b) vorübergehend.

LÖSUNG:

Im Fall a) muss handelsrechtlich der niedrigere Wert angesetzt werden. In der Steuerbilanz besteht gem. § 5 Abs. 1 Satz 1 EStG ein Wahlrecht.

Im Fall b) muss handelsrechtlich der niedrigere Wert angesetzt werden, steuerrechtlich darf der niedrigere Wert nicht angesetzt werden.

Bei Wegfall der Gründe für eine außerplanmäßige Abschreibung bzw. eine Teilwertabschreibung muss handelsrechtlich und steuerrechtlich gem. § 253 Abs. 5 Satz 1 HGB bzw. § 6 Abs. 1 Nr. 2 Satz 3 eine Zuschreibung (Wertaufholung) vorgenommen werden.

d) Übersicht über die Bewertung der Vermögensgegenstände bzw. Wirtschaftsgüter der Aktivseite der Bilanz

Die Bewertung von Vermögensgegenständen bzw. Wirtschaftsgütern, die auf der Aktivseite der Bilanz stehen, ist in der Übersicht auf S. 290 zusammengefasst. 183

unbesetzt 184–188

Übersicht über die Bewertung der Vermögensgegenstände bzw. Wirtschaftsgüter der Aktivseite der Bilanz im Handels- und Steuerrecht

Wertminderungen (Vornahme außerplanmäßiger Abschreibungen bzw. Teilwertabschreibungen)				Vermögensgegenstände bzw. Wirtschaftsgüter	Gestiegener Wert nach vorangegangener außerplanmäßiger Abschreibung bzw. Teilwertabschreibung (Wertaufholung bzw. Zuschreibung)	
Vorübergehende Wertminderung		dauernde Wertminderung				
HB	StB	HB	StB		HB	StB
Verbot Ausnahme Finanzanlagen § 253 Abs. 3 Satz 6 HGB	**Verbot** § 6 Abs. 1 Nr. 1 Satz 2 und Abs. 2 Satz 2 EStG	**Pflicht** strenges Niederstwertprinzip § 253 Abs. 3 Satz 5 und Abs. 4 HGB	**Wahlrecht** § 253 Abs. 3 Satz 5 und Abs. 4 HGB und § 6 Abs. 1 Nr. 1 Satz 2 und Nr. 2 Satz 2 EStG	**Anlagevermögen abnutzbar**	Wertaufholungsgebot § 253 Abs. 5 Satz 1 HGB	**Wertaufholungsgebot** § 6 Abs. 1 Nr. 1 Satz 4 und Nr. 2 Satz 3 EStG
				Anlagevermögen nicht abnutzbar		
Pflicht (strenges Niederstwertprinzip)				**Umlaufvermögen**		

Anmerkung:

Zwei Ausnahmefälle sind in die Übersicht nicht aufgenommen:

1. Zu Handelszwecken erworbene Finanzinstrumente sind in der Handelsbilanz von Kreditinstituten mit dem beizulegenden Zeitwert abzüglich eines Risikoabschlags anzusetzen.
2. Der „Aktive Unterschiedsbetrag aus der Vermögensverrechnung" gem. § 246 Abs. 2 Satz 3 HGB ist ebenfalls mit dem beizulegenden Zeitwert anzusetzen.

2. Verbindlichkeiten

§ 253 Abs. 1 HGB, § 6 Abs. 1 Nr. 3 EStG

Außer dem Kapital stehen auf der Passivseite der Bilanz im Wesentlichen nur Verbindlichkeiten. Es handelt sich also z. B. um Hypotheken, Grund- und Rentenschulden, Anleihen, Darlehen, Lieferantenverbindlichkeiten, Wechselschulden und ähnliche. Rückstellungen sind ebenfalls eine besondere Art von Verbindlichkeiten. Sie werden, weil es hierfür – insbesondere für die Pensionsrückstellungen – besondere Bewertungsvorschriften gibt, später (Tz 204 bis 206) besprochen. 189

Handelsrechtlich sind die Verbindlichkeiten gem. § 253 Abs. 1 Satz 2 HGB mit ihrem Erfüllungsbetrag anzusetzen. Ist der Erfüllungsbetrag (Rückzahlungsbetrag) höher geworden, so muss dieser höhere Betrag nach dem Imparitätsprinzip des § 252 Abs. 1 Nr. 4 HGB immer angesetzt werden, ganz gleich, ob es sich um eine vorübergehende oder dauernde Wertminderung handelt. Ist dieser Wert wieder gesunken, so besteht in Analogie zu § 253 Abs. 5 Satz 1 HGB ein Wertaufholungsgebot bis maximal zu den Anschaffungskosten.

Ist der Erfüllungsbetrag (Rückzahlungsbetrag) einer Verbindlichkeit niedriger geworden, so darf der niedrigere Betrag nach dem Wertzusammenhangsprinzip nicht angesetzt werden.

Zur Bewertung von Verbindlichkeiten, die auf fremde Währung lauten, wird auf die Ausführungen in Tz 207 verwiesen.

Unverzinsliche Verbindlichkeiten werden in der Handelsbilanz – im Gegensatz zu Rückstellungen – nicht abgezinst.

Verbindlichkeiten sind steuerrechtlich gem. § 6 Abs. 1 Nr. 3 EStG wie die Wirtschaftsgüter des § 6 Abs. 1 Nr. 2 EStG zu bewerten. Das Teilwertabschreibungsverbot bei vorübergehender Wertminderung und das Wertaufholungsgebot gelten – mit umgekehrten Vorzeichen – auch bei Verbindlichkeiten. Ein vorübergehend gesunkener Teilwert einer Verbindlichkeit (= höherer Betrag) darf demnach in der Steuerbilanz nicht angesetzt werden. Bei einem aufgrund einer dauerhaften Wertminderung gesunkenen Teilwert (= höherer Betrag) besteht in der Steuerbilanz gem. § 5 Abs. 1 Satz 1 EStG ein Wahlrecht.

Nach allem ergibt sich nachfolgende

zusammenfassende Übersicht zur Bewertung von Verbindlichkeiten		
	Handelsbilanz	**Steuerbilanz**
1. Normalfall	Erfüllungsbetrag § 253 Abs. 1 Satz 2 HGB	Erfüllungsbetrag § 253 Abs. 1 Satz 2 HGB § 6 Abs. 1 Nr. 3 EStG
2, Vorübergehende Wertminderung = höherer Betrag	Gebot § 253 Abs. 1 Satz 2 HGB	Verbot § 6 Abs. 1 Nr. 3 i. V. m. Nr. 2 Satz 2 EStG
3. Dauernde Wertminderung = höherer Betrag	Gebot § 253 Abs. 1 Satz 2 HGB	Wahlrecht § 252 Abs. 1 Nr. 4 HGB § 6 Abs. 1 Nr. 3 und Nr. 2 Satz 2 EStG
4. Werterhöhung = niedrigerer Betrag nach vorangegangenem Ansatz des höheren Betrages	Gebot § 253 Abs. 1 Satz 2 HGB i. V. m. § 252 Abs. 1 Nr. 4 HGB	Gebot § 253 Abs. 5 Satz 1 HGB § 6 Abs. 1 Nr. 2 Satz 3 EStG

Zinslose Verbindlichkeiten mit einer Laufzeit von mindestens einem Jahr sind in der Steuerbilanz gem. § 6 Abs. 1 Nr. 3 EStG mit einem Zinssatz von 5,5 % abzuzinsen. Der Vervielfältiger kann aus einer Tabelle zu § 12 Abs. 3 BewG entnommen werden.

BEISPIEL: Ein Unternehmer hat i. H. von 1 000 000 € eine zinslose Verbindlichkeit, deren Restlaufzeit am 31. 12. 01 noch drei Jahre beträgt. Die Verbindlichkeit ist anzusetzen mit Faktor 0,852, also mit 0,852 × 1 000 000 € = 852 000 €.

Bei einer Darlehensaufnahme wird oft ein Darlehensabgeld (Disagio oder Damnum) einbehalten. Handelsrechtlich besteht gem. § 250 Abs. 3 HGB ein Aktivierungswahlrecht. Steuerrechtlich ist ein solches Disagio als Posten der Rechnungsabgrenzung zu *aktivieren* (vgl. hierzu die Ausführungen in Tz 50) und auf die Laufzeit des Darlehens zu verteilen (H 6.10 „Damnum“ EStH). Handelt es sich um ein *Fälligkeitsdarlehen*, so erfolgt die Verteilung *linear*, also gleichmäßig, weil der Kredit in diesem Fall dem Darlehensnehmer die ganze Laufzeit über in voller Höhe zur Verfügung gestanden hat. Bei einem Tilgungsdarlehen nimmt der zur Verfügung gestellte Kreditbetrag laufend (und in der Regel gleichmäßig) ab. Deshalb ist es wirtschaftlich angebracht, dass die Verteilungsbeträge im Anfang hoch sind und später kleiner werden. Sie sollen sich möglichst so zueinander verhalten, wie der Kredit dem Darlehensnehmer jeweils zur Verfügung gestanden hat. Das erreicht man durch die *digitale Methode* bzw. die *Jahressummenmethode*. Hierbei wird ein Bruch gebildet. Im Zähler des Bruches steht jeweils die Anzahl der Jahre der noch ausstehenden Laufzeit, im Nenner die Summe der Jahre. Wird das Disagio mit diesem Bruch multipliziert, so verhalten sich, was erreicht werden soll, die Verteilungsbeträge zueinander wie die jeweiligen Kreditbeträge, die zur Verfügung gestanden haben.

BEISPIEL: Anfang eines Jahres nimmt ein Steuerpflichtiger ein Darlehen von 100 000 € auf. Es wird ein Disagio von 4,2 % = 4 200 € einbehalten. Das Darlehen soll in sechs gleichen Jahresraten getilgt werden.

Die Jahressumme beträgt: 6 + 5 + 4 + 3 + 2 + 1 = 21.

Also können $^6/_{21}$, $^5/_{21}$, $^4/_{21}$, $^3/_{21}$, $^2/_{21}$ und $^1/_{21}$ in den 6 Jahren vom Disagio als Aufwand angesetzt werden.

Die Verteilungsbeträge betragen somit: $^6/_{21}$ = 1 200 €, $^5/_{21}$ = 1 000 €, $^4/_{21}$ = 800 €, $^3/_{21}$ = 600 €, $^2/_{21}$ = 400 € und $^1/_{21}$ = 200 €.

3. Entnahmen und Einlagen

Entnahmen und Einlagen spielen für die Gewinnermittlung des § 4 Abs. 1 EStG und 190
also auch des § 5 EStG eine mitentscheidende Rolle. In den Tz 85 bis 88 ist erörtert worden, warum Entnahmen und Einlagen bei der Gewinnermittlung zu erfassen sind und wann sie vorliegen.

Im Folgenden geht es darum, wie Entnahmen und Einlagen zu bewerten sind.

a) Entnahmen

§ 6 Abs. 1 Nr. 4 EStG

Es soll gewährleistet werden, dass alle im betrieblichen Bereich erzielten Gewinne und 191
entstandenen Verluste bei der Ermittlung des Betriebsergebnisses erfasst werden. Deshalb können in Sachwerten bestehende Entnahmen nicht mit Buchwerten bewertet werden. Gemäß § 6 Abs. 1 Nr. 4 EStG sind *Entnahmen* vielmehr grundsätzlich mit dem *Teilwert* im Zeitpunkt der Entnahme anzusetzen. Dabei spielt es keine Rolle, ob die Anschaffungs- oder Herstellungskosten der betreffenden Wirtschaftsgüter unter oder über dem Teilwert liegen.

Eine Ausnahme gilt nur, wenn das entnommene Wirtschaftsgut nach seiner Entnahme einer Körperschaft zu einem förderungswürdigen Zweck i. S. von § 6 Abs. 1 Nr. 4 Satz 4 EStG zugeführt wird. In einem solchen Fall kann die Entnahme zu Buchwerten erfolgen.

Wird ein zum Betriebsvermögen gehörendes Kraftfahrzeug auch für private Zwecke genutzt, so handelt es sich um eine Entnahme, die zu bewerten ist.

Der private Nutzungsanteil von Kraftfahrzeugen ist gem. § 6 Abs. 1 Nr. 4 Satz 2 EStG mit 1 % vom Listenpreis im Zeitpunkt der Erstzulassung zuzüglich der Kosten für Sonderausstattung einschließlich der Umsatzsteuer pro Monat anzusetzen. Bei Elektrofahrzeugen oder extern aufladbaren Hybridelektrofahrzeugen ist der Listenpreis nach Maßgabe des § 6 Abs. 1 Nr. 4 Satz 2 Halbsatz 2 EStG zu mindern. Der Listenpreis im Zeitpunkt der Erstzulassung ist auch dann maßgeblich, wenn das Fahrzeug in gebrauchtem Zustand zu einem wesentlich niedrigeren Kaufpreis angeschafft worden ist. Diese sog. 1 %-Regelung ist nur anwendbar bei Kraftfahrzeugen, die zu mehr als 50 % betrieblich genutzt werden, d. h. also bei Kraftfahrzeugen des notwendigen Betriebsvermögens. Für die Ermittlung des betrieblichen Nutzungsanteils sind die Fahrten zwischen Wohnung und Betriebsstätte und für Familienheimfahrten als betriebliche Nutzung anzusehen.

Für den Fall, dass der pauschale Nutzungswert nach § 6 Abs. 1 Nr. 4 Satz 2 EStG und die nicht abziehbaren Betriebsausgaben gem. § 4 Abs. 5 Nr. 6 EStG höher sind als die für das genutzte Kraftfahrzeug insgesamt entstandenen Aufwendungen, so sind der private Nutzungsanteil und die nach § 4 Abs. 5 Nr. 6 EStG nicht abziehbaren Betriebsausgaben höchstens mit den Gesamtkosten des Kraftfahrzeugs anzusetzen (sog. Kostendeckelung nach dem BMF-Schreiben vom 18. 11. 2009 (BStBl 2009 I S. 1 326).

Allerdings kann der Steuerpflichtige durch Führung eines Fahrtenbuches den Umfang der privaten Nutzung nachweisen und den sich danach ergebenden privaten Nutzungsanteil gem. § 6 Abs. 1 Nr. 4 Satz 3 EStG berücksichtigen. Auch in diesem Fall sind die besonderen Regeln des § 6 Abs. 1 Nr. 4 Satz 3 Halbsatz 2 EStG bei Elektrofahrzeugen und extern aufladbaren Hybridelektrofahrzeugen zu beachten. Voraussetzung für diese Methode nach den tatsächlichen Aufwendungen ist, dass die insgesamt für das Kraftfahrzeug entstehenden Aufwendungen durch Belege nachgewiesen werden.

Macht der Steuerpflichtige von dieser Möglichkeit Gebrauch, muss er gem. § 4 Abs. 5 Nr. 6 Satz 3 Halbsatz 2 EStG auch für die Berechnung der nichtabzugsfähigen Aufwendungen für Fahrten zwischen Wohnung und Betrieb und für Familienheimfahrten die tatsächlich angefallenen Aufwendungen berücksichtigen. Diese sog. Fahrtenbuchmethode wird der Steuerpflichtige allerdings nur anwenden, wenn der Vorteil einer geringeren tatsächlichen Privatnutzung als bei der 1 %-Regelung nicht durch einen Nachteil bei den Fahrten zwischen Wohnung und Betrieb und Familienheimfahrten kompensiert wird.

Die Auswirkungen der privaten Kraftfahrzeugnutzung im Jahresabschluss sollen anhand der folgenden Beispiele verdeutlicht werden.

BEISPIELE ZUR PRIVATEN KRAFTFAHRZEUGNUTZUNG: Sachverhalt 1

Bei einem Einzelunternehmer gehört ein Pkw zum notwendigen Betriebsvermögen. Er nutzt diesen Pkw in einem Jahr auch für private Zwecke, nicht allerdings für Fahrten zwischen Wohnung und Betrieb. Der Listenpreis bei Erstzulassung betrug (einschl. 19 % Umsatzsteuer) 37 500 €.

Der Einzelunternehmer führt kein Fahrtenbuch.

Aufgabe

Was ist im Jahresabschluss des Unternehmers zu veranlassen?

LÖSUNG: Die private Nutzung ist gem. § 6 Abs. 1 Nr. 4 Satz 2 EStG mit 1 % vom Listenpreis für jeden Kalendermonat zu berücksichtigen. Der Vorgang unterliegt als eine einer sonstigen Leistung gleichgestellte Leistung der Umsatzsteuer. Für die Ermittlung der umsatzsteuerlichen Bemessungsgrundlage können 20 % pauschal für nicht mit Vorsteuer belastete Kosten abgezogen werden (BMF-Schreiben vom 27. 8. 2004, BStBl I S. 884, Abschn. 2.1).

Dann ergibt sich als Bemessungsgrundlage:

375 x 12 = 4 500 € ·/. 900 € = 3 600 €

Die Umsatzsteuer beträgt somit 19 % von 3 600 € = 684 €.

Im Jahresabschluss ist zu buchen:

Privatentnahmen	5 184 €	
an Verwendung von Gegenständen (mit USt)		3 600 €
an Verbindlichkeiten Umsatzsteuer		684 €
an Verwendung von Gegenständen (ohne USt)		900 €

Sachverhalt 2

Wie Sachverhalt 1; allerdings führt der Einzelunternehmer ein ordnungsgemäßes Fahrtenbuch, woraus sich ergibt, dass von der gesamten Fahrleistung 80 % betrieblich und 20 % privat veranlasst sind. Die gesamten Aufwendungen für den Pkw betragen in einem Jahr einschließlich der Absetzung für Abnutzung 20 000 €. Davon sind 5 000 € nicht mit Vorsteuer belastet.

Aufgabe

Was ist in diesem Fall im Jahresabschluss zu veranlassen?

LÖSUNG: In diesem Fall kann die private Nutzung nach § 6 Abs. 1 Nr. 4 Satz 3 EStG mit den tatsächlich auf die Privatfahrten entfallenden Aufwendungen angesetzt werden. Der private Nutzungsanteil beträgt somit 20 % von 20 000 € = 4 000 €. Bemessungsgrundlage für die Umsatzsteuer sind nur die mit Vorsteuer belasteten Aufwendungen, also 20 000 € ·/. 5 000 € = 15 000 €. Die Umsatzsteuer beträgt dann 19 % von 20 % von 15 000 € = 570 €.

Im Jahresabschluss ist zu buchen:

Privatentnahmen	4 570 €	
an Verwendung von Gegenständen (mit USt)		3 000 €
an Verbindlichkeiten Umsatzsteuer		570 €
an Verwendung von Gegenständen (ohne USt)		1 000 €

Die Fahrtenbuchmethode ist also für den Steuerpflichtigen günstiger.

Sachverhalt 3

Wie Sachverhalt 2; allerdings sind von der gesamten Fahrleistung, die 30 000 km beträgt, 50 % betrieblich, 30 % durch Fahrten von der Wohnung zur Betriebsstätte und 20 % privat veranlasst. Der Unternehmer nutzt den Pkw an 225 Tagen für Fahrten zwischen der Betriebsstätte und seiner hiervon 20 km entfernten Wohnung.

Aufgabe

Was ist in diesem Fall im Jahresabschluss zu veranlassen?

LÖSUNG In diesem Fall müssen noch nicht abzugsfähige Aufwendungen für die Fahrten zwischen Wohnung und Betriebsstätte berücksichtigt werden. Die auf die Fahrten entfallenden Aufwendungen betragen 30 % von 20 000 € = 6 000 €.

Hiervon sind gem. § 4 Abs. 5 Nr. 6 EStG i. V. mit § 9 Abs. 2 EStG

225 x 20 km x 0,30 € = 1 350 € abzugsfähig.

Somit ergibt sich

Aufwendungen für Fahrten zwischen Wohnung und Betriebsstätte	6 000 €
abzugsfähige Aufwendungen	·/. 1 350 €
nicht abzugsfähig	4 650 €

Diese nicht abzugsfähigen Aufwendungen unterliegen nach dem BMF-Schreiben vom 27. 8. 2004, BStBl 2004 I S. 864, Abschn. 3, nicht der Umsatzsteuer. Der BFH hat mit Urteil vom 5. 6. 2014 – XI R 36/12 die Ansicht der Finanzverwaltung bestätigt.

Im Jahresabschluss ist zu buchen:

Privatentnahmen	9 220 €	
an Verwendung von Gegenständen (mit USt)		3 000 €
an Verbindlichkeiten Umsatzsteuer		570 €
an Verwendung von Gegenständen (ohne USt)		5 650 €

b) Einlagen

§ 6 Abs. 1 Nr. 5 EStG

192 Aus den schon erörterten Gründen sind *Einlagen* gem. § 6 Abs. 1 Nr. 5 EStG *grundsätzlich auch mit dem Teilwert zu bewerten*. Von diesem Grundsatz gibt es allerdings drei wichtige Ausnahmen. Um Manipulationen auszuschließen, dürfen nämlich gem. § 6 Abs. 1 Nr. 5 Satz 1 Buchst. a) EStG Einlagen nur höchstens mit den Anschaffungs- oder Herstellungskosten angesetzt werden, wenn das zugeführte Wirtschaftsgut innerhalb der letzten drei Jahre vor der Einlage angeschafft oder hergestellt worden ist.

BEISPIEL: Ein Steuerpflichtiger erwirbt am 24. 9. 01 Aktien für 20 000 €. Sie erfüllen die Voraussetzungen für gewillkürtes Betriebsvermögen; der Steuerpflichtige entschließt sich aber dazu, sie im Privatvermögen zu halten.

Im Laufe des Jahres 02 ist der Kurs der Aktien auf 30 000 € gestiegen, und der Steuerpflichtige möchte die Aktien nun zum Teilwert einlegen, um eventuelle später eintretende Kursverluste (zu 60 %) steuerlich geltend zu machen.

Die Aktien können bei Einlage im Jahre 02 nur mit den Anschaffungskosten von 20 000 € angesetzt werden, weil die Aktien innerhalb der letzten drei Jahre angeschafft worden sind.

Die zweite, ebenfalls sehr wichtige Ausnahme gilt für die Einlage von *Beteiligungen an Kapitalgesellschaften* i. S. des § 17 Abs. 1 EStG. Eine solche Beteiligung liegt vor, wenn sie mindestens 1 % beträgt. Diese Anteile dürfen gem. § 6 Abs. 1 Nr. 5 Satz 1 Buchst. b) EStG auch nur *höchstens mit den Anschaffungskosten* angesetzt werden, ganz gleich, wann die Beteiligung angeschafft worden ist.

Die dritte Ausnahme besteht gem. § 6 Abs. 1 Nr. 5c) EStG, wonach zugeführte Wirtschaftsgüter im Sinne des § 20 Abs. 2 EStG ebenfalls nur höchstens mit den Anschaffungskosten anzusetzen sind.

Werden abnutzbare Wirtschaftsgüter in ein Betriebsvermögen eingelegt, so müssen die Absetzungen für Abnutzung, die auf die Zeit entfallen, in der das Wirtschaftsgut nicht zum Betriebsvermögen gehörte, gem. § 6 Abs. 1 Nr. 5 Satz 2 EStG berücksichtigt werden.

BEISPIEL: Ein Steuerpflichtiger hat Anfang 01 einen Bücherschrank mit einer Nutzungsdauer von zehn Jahren für 8 000 € angeschafft. Er nutzt ihn zunächst ausschließlich für private Zwecke.

Ab dem 1. 1. 03 wird der Bücherschrank ausschließlich für betriebliche Zwecke genutzt. Zu diesem Zeitpunkt beträgt der Teilwert des Bücherschrankes 9 000 €.

Die Einlage in das Betriebsvermögen ist mit den Anschaffungskosten von 8 000 € abzüglich der Absetzung für Abnutzung für die Jahre 01 und 02 (1 600 €), also mit 6 400 € zu bewerten.

Wenn ein Wirtschaftsgut eingelegt wird, das vor der Zuführung zum Betriebsvermögen früher schon einmal entnommen worden ist, so tritt gem. § 6 Abs. 1 Nr. 5 Satz 3 EStG an die Stelle der Anschaffungs- oder Herstellungskosten der Wert, mit dem die Entnahme berücksichtigt war, und an die Stelle des Zeitpunktes der Anschaffung oder Herstellung der Zeitpunkt der Entnahme.

BEISPIEL: Ein Gewerbetreibender kauft im Jahr 01 ein unbebautes Grundstück für 80 000 €. Es gehört zunächst zum Betriebsvermögen.

Im Jahre 05 entnimmt der Gewerbetreibende das Grundstück zum Teilwert von 130 000 €. Im Jahr 07 legt der Gewerbetreibende das Grundstück wieder ins Betriebsvermögen ein. Zu diesem Zeitpunkt beträgt der Teilwert 150 000 €.

Das Grundstück ist zum Zeitpunkt der Einlage im Jahre 07 mit 130 000 € zu bewerten.

4. Betriebserwerb

a) Entgeltlicher Erwerb

§ 6 Abs. 1 Nr. 7 EStG

Wird ein *Betrieb entgeltlich erworben*, so sind die *einzelnen Wirtschaftsgüter* in der Er- 193
öffnungsbilanz des Erwerbers gem. § 6 Abs. 1 Nr. 7 EStG mit dem *Teilwert, höchstens jedoch mit den Anschaffungs- oder Herstellungskosten zu bewerten*. In der Regel werden die Anschaffungskosten der einzelnen Wirtschaftsgüter ihren Teilwerten im Zeitpunkt des Erwerbs entsprechen. Es wird selten vorkommen, dass die Anschaffungskosten geringer sind als der Teilwert. Dann allerdings – das liegt auf der Hand – können höchstens diese niedrigeren Anschaffungskosten angesetzt werden.

In der Regel ist der für ein Unternehmen gezahlte Gesamtpreis höher als es den Teilwerten der einzelnen Wirtschaftsgüter entspricht. Dann dürfen natürlich andererseits die Wirtschaftsgüter nur höchstens mit dem jeweiligen Teilwert angesetzt werden. Die Differenz zwischen dem Gesamtpreis der Unternehmung und der Summe der Teilwerte der einzelnen Wirtschaftsgüter ist als Firmenwert auszuweisen, weil nach § 5 Abs. 2 EStG entgeltlich erworbene immaterielle Wirtschaftsgüter auszuweisen sind.

BEISPIEL: Ein Betrieb wird für 200 000 € erworben. Im Zeitpunkt des Erwerbs betragen die Teilwerte für:

Grundstücke	50 000 €
Maschinen	30 000 €
Vorratsvermögen	45 000 €
Forderungen	35 000 €
	160 000 €

Die genannten Wirtschaftsgüter sind mit ihren Teilwerten in der Eröffnungsbilanz anzusetzen. In Höhe von 40 000 € ist ein Firmenwert auszuweisen. Wie schon erörtert wurde (Tz 55), ist der Firmenwert steuerrechtlich innerhalb von 15 Jahren abzuschreiben.

b) Unentgeltlicher Erwerb

§ 6 Abs. 3 EStG

Wird ein Betrieb, ein Teilbetrieb oder der Anteil eines Mitunternehmers unentgeltlich 194
durch Erbfall, vorweggenommene Erbfolge oder durch andere Schenkungen übertragen, so sind die Buchwerte des bisherigen Betriebsinhabers gem. § 6 Abs. 3 Satz 1 EStG zu übernehmen. Der Rechtsnachfolger ist gem. § 6 Abs. 3 Satz 3 EStG an diese Werte gebunden. Es müssen die wesentlichen Grundlagen des Betriebes, des Teilbetriebes oder des Mitunternehmeranteils auf den Rechtsnachfolger übergehen. Manchmal kann es

zweifelhaft sein, ob eine Schenkung oder eine entgeltliche Übertragung vorliegt. Die Entscheidung hierüber ist nach der jeweiligen Lage des einzelnen Falles auszurichten. Keine unentgeltliche Betriebsübertragung ist jedenfalls die Übertragung durch gemischte Schenkung. Wenn Betriebe auf andere Familienangehörige, z. B. auf Kinder, übergehen, spricht eine Vermutung dafür, dass es sich um eine Schenkung handelt, auch wenn der Übergang mit Auflagen verbunden ist.

IV. Besondere Bewertungsvorschriften

195 Über die bisher besprochenen Bewertungsvorschriften hinaus gibt es noch viele andere, die im Rahmen dieser Ausarbeitung wegen ihrer großen Anzahl nicht alle besprochen werden können. Deshalb sollen nachfolgend noch einige wichtige und in der Praxis häufig vorkommende weitere Bewertungsvorschriften erörtert werden.

1. Forderungen

a) Grundsätzliches zur Bewertung von Forderungen

196 Die Forderungen aus Lieferungen und Leistungen gehören zum Umlaufvermögen (§ 266 Abs. 2 B II 1. HGB). Grundsätzlich sind die Forderungen in der Handelsbilanz gem. § 253 Abs. 1 Satz 1 HGB mit den Anschaffungskosten zu bewerten. Ist der beizulegende Wert niedriger, so ist dieser gem. § 253 Abs. 4 Satz 2 HGB anzusetzen. In der Steuerbilanz sind die Forderungen ebenfalls gem. § 6 Abs. 1 Nr. 2 EStG mit den Anschaffungskosten zu bewerten. Ist der Teilwert aufgrund einer dauernden Wertminderung niedriger, so kann er gem. § 6 Abs. 1 Nr. 2 Satz 2 EStG angesetzt werden. (vgl. hierzu die Ausführungen in Tz 182)

b) Wertminderungen

197 Im Fall der Uneinbringlichkeit ist die Forderung vollständig abzuschreiben. Uneinbringlich ist eine Forderung bei Zahlungsunfähigkeit des Schuldners. Zahlungsunfähigkeit ist immer gegeben, oder sie wird unterstellt in einem Insolvenzverfahren. Selbst wenn das Insolvenzverfahren nicht vor, sondern kurz nach dem Bilanzstichtag eröffnet wird, kann Zahlungsunfähigkeit unterstellt werden. Die auf die Forderung entfallende Umsatzsteuer ist gem. § 17 Abs. 2 Nr. 1 UStG zu berichtigen.

Geht eine abgeschriebene Forderung später ein, so handelt es sich um einen Ertrag (Ertrag aus abgeschriebenen Forderungen, ao Ertrag oder sonstiger betrieblicher Ertrag). Die Umsatzsteuer ist dann erneut zu berichtigen.

Eine Forderung ist in ihrem Wert gemindert, wenn sie unverzinslich ist. Handelsrechtlich ist dann gem. § 253 Abs. 4 Satz 2 HGB der niedrigere beizulegende Wert anzusetzen. In der Steuerbilanz ist nach der Rechtsprechung des BFH eine Teilwertabschreibung grundsätzlich ausgeschlossen.

c) Wertberichtigung

Im Hinblick auf den Einzelbewertungsgrundsatz des § 252 Abs. 1 Nr. 3 HGB ist jede Forderung wegen einer eventuellen Wertberichtigung einzeln zu bewerten. Freilich kann auch das allgemeine Ausfallrisiko wegen unvorhergesehener Risiken gem. § 252 Abs. 1 Nr. 4 HBG durch eine Pauschalwertberichtigung (Dekredere) berücksichtigt werden. Für die Berechnung sind die Erfahrungen der Vergangenheit maßgeblich. In der Regel wird ein bestimmter Prozentsatz (z. B. 1 %) auf die Netto-Forderungen für die Pauschalwertberichtigung zu Grunde gelegt. Problematisch ist die Frage, ob auf eine Forderung, die bis zur Bilanzerstellung eingegangen ist, eine pauschale Wertberichtigung vorgenommen werden darf. Der BFH verneint die Frage, der EuGH bejaht sie. 198

BEISPIEL Ein Unternehmer hat am Bilanzstichtag Forderungen von 238 000 € einschließlich 19 % Umsatzsteuer. Bei einer Forderung in Höhe von 59 500 € besteht (zutreffend) ein Ausfallrisiko von 50 %. Nach den Erfahrungen der Vergangenheit betrug das pauschale Ausfallrisiko 2 %.

LÖSUNG

Forderungen insgesamt	brutto	238 000 €	netto	200 000 €
davon zweifelhaft	brutto	59 500 €	netto	50 000 €
Bemessungsgrundlage für pauschale Wertberichtigung				150 000 €
Somit				
Einzelwertberichtigung	50 % von		50 000 €	25 000 €
Pauschalwertberichtigung	2 % von		150 000 €	3 000 €
Wertberichtigung insgesamt				28 000 €

2. Steuerfreie Rücklagen

Es handelt sich in diesem Kapitel (Tz 199 bis 203) ausschließlich um Probleme der Steuerbilanz. Auswirkungen auf die Handelsbilanz können sich nur hinsichtlich der latenten Steuern ergeben. Diese werden im Beispiel zu § 6b EStG (Tz 201) aufgezeigt. 199

Rücklagen können normalerweise nur aus Gewinnen gebildet werden, die der Besteuerung unterlegen haben und nicht ausgeschüttet werden. In Einzelunternehmungen und Personengesellschaften treten Rücklagen nicht offen in Erscheinung, weil die Gewinne nach Versteuerung dem Kapitalkonto gutgeschrieben werden.

Die Besteuerung von Gewinnen kann in gewissen Fällen, die nachfolgend zu erörtern sein werden, zu Härten für den Steuerpflichtigen führen. Deshalb hat der Gesetzgeber bzw. die Rechtsprechung gemeint, dass *bestimmte Gewinne nicht sofort der Besteuerung unterliegen sollen*. Es können dann *Rücklagen steuerfrei gebildet werden*. Diese Rücklagen müssen später wieder aufgelöst oder können auf andere Wirtschaftsgüter übertragen werden. Deshalb handelt es sich immer um einen *Steueraufschub, niemals um eine endgültige Steuerbefreiung*.

Derartige bei der Bildung steuerfreie Rücklagen kommen in zahlreichen Varianten vor. In der Praxis von besonderer Bedeutung sind die Rücklage für Ersatzbeschaffung, die Rücklage gem. § 6b EStG und die Zuschussrücklage gem. R 6.5 EStR, die deshalb nachfolgend erörtert werden.

a) Rücklage für Ersatzbeschaffung

R 6.6 EStR

200 Die Bewertungsvorschriften des § 6 EStG lassen es zu, dass Wirtschaftsgüter stille Reserven enthalten, d. h. dass der wirkliche Wert eines Wirtschaftsgutes auf der Aktivseite der Bilanz höher als der Buchwert ist. Wenn eine solche stille Reserve gegen den Willen des Steuerpflichtigen aufgelöst wird, so soll das unter bestimmten Voraussetzungen nicht zu einer sofortigen Besteuerung führen. Unter den Voraussetzungen des R 6.6 EStR können die aufgelösten stillen Reserven ohne sofortige Gewinnverwirklichung auf ein Ersatzwirtschaftsgut übertragen werden.

Erste Voraussetzung ist gem. R 6.6 Abs. 1 Satz 2 Nr. 1 EStR, dass ein Wirtschaftsgut durch *höhere Gewalt oder infolge oder zur Vermeidung eines behördlichen Eingriffs aus dem Betriebsvermögen ausscheidet*. Nach der Rechtsprechung des BFH ist das Ausscheiden „durch höhere Gewalt" weit auszulegen. Höhere Gewalt liegt gem. R 6.6 Abs. 2 Satz 1 EStR vor, wenn ein Wirtschaftsgut infolge von Elementarereignisses, wie z. B. Brand, Sturm oder Überschwemmung aus dem Betriebsvermögen ausscheidet. Höhere Gewalt liegt gem. R 6.6 Abs. 2 Satz 1 EStR auch vor, wenn ein Wirtschaftsgut durch andere unabwendbare Ereignisse, z. B. Diebstahl oder durch einen unverschuldeten Unfall, ausscheidet. Bei einem Verkehrsunfall darf der Steuerpflichtige keine Mitschuld haben. Allerdings ist eine Mithaftung auf Grund Betriebsgefahr unschädlich.

Fälle eines behördlichen Eingriffs sind gem. R 6.6 Abs. 2 Satz 2 EStR z. B. Maßnahmen zur Enteignung oder Inanspruchnahme für Verteidigungszwecke.

Weitere Voraussetzung für die steuerfreie Übertragung der aufgelösten stillen Reserven ist gem. R 6.6 Abs. 1 Satz 2 Nr. 2 EStR, dass innerhalb einer bestimmten Frist ein Ersatzwirtschaftsgut mit gleicher Funktion angeschafft oder hergestellt wird. Wenn zum Bilanzstichtag die Ersatzbeschaffung noch nicht erfolgt ist, kann gem. R 6.6 Abs. 4 Satz 1 EStR eine steuerfreie Rücklage für Ersatzbeschaffung gebildet werden, wenn zu diesem Zeitpunkt eine Ersatzbeschaffung ernstlich geplant war. Eine so gebildete Rücklage ist, wenn ein bewegliches Wirtschaftsgut ausgeschieden war, gem. R 6.6 Abs. 4 Satz 3 EStR am Schluss des ersten auf die Bildung folgenden Wirtschaftsjahres gewinnerhöhend aufzulösen, wenn bis dahin ein Ersatzwirtschaftsgut weder angeschafft oder hergestellt noch bestellt worden ist. Beim Ausscheiden von Grundstücken oder Gebäuden verdoppelt sich die Frist auf zwei Jahre gem. R 6.6 Abs. 4 Satz 4 EStR. Unter Umständen können diese Fristen auch noch verlängert werden (R 6.6 Abs. 4 Satz 5 EStR).

Schließlich sei noch eine selbstverständliche Voraussetzung genannt: Es muss beim Ausscheiden eines Wirtschaftsgutes eine stille Reserve aufgelöst werden. Ist das nicht der Fall, kann das Problem gar nicht zur Diskussion stehen.

Bei Vorliegen der Voraussetzungen kann die *Differenz zwischen der Entschädigung und dem Buchwert für das ausgeschiedene Wirtschaftsgut* auf ein Ersatzwirtschaftsgut übertragen werden oder, wenn zum Bilanzstichtag, der dem Ausscheiden folgt, eine Ersatzbeschaffung noch nicht stattgefunden hat, eine Rücklage für Ersatzbeschaffung gebildet werden. Als Entschädigung ist gem. H 6.6 (1) „Entschädigung" EStH nur der Betrag anzusetzen, der für das Wirtschaftsgut als solches und nicht für Folgeschäden gezahlt worden ist. Buchwert ist gem. R 6b.1 Abs. 2 Satz 1 EStR der Wert im Zeitpunkt des Ausscheidens. Das bedeutet, dass aus Vereinfachungsgründen der Buchwert am Ende des Monats des Ausscheidens zugrunde gelegt werden kann.

Grundsätzlich kann die aufgelöste stille Rücklage in *voller Höhe auf das Ersatzwirtschaftsgut übertragen werden*. Wird jedoch die Entschädigung nicht voll für die Anschaffung des Ersatzwirtschaftsgutes verwendet, so kann die aufgelöste Rücklage nur *anteilig* gem. H 6.6 (3) „Mehrentschädigung" EStH auf das Ersatzwirtschaftsgut übertragen werden. Hierunter ist *das Verhältnis der Anschaffungskosten des Ersatzwirtschaftsgutes zur Entschädigung* zu verstehen. Der Rest der aufgelösten stillen Rücklage bzw. der Rücklage für Ersatzbeschaffung muss gewinnerhöhend aufgelöst werden.

Unterliegt das Ersatzwirtschaftsgut der Absetzung für Abnutzung, so sind Bemessungsgrundlage hierfür die Anschaffungskosten abzüglich der übertragenen Rücklage. Hierdurch wird die *zunächst aufgeschobene Gewinnrealisierung nachgeholt*.

Die Rücklage für Ersatzbeschaffung kann nur in der Steuerbilanz, nicht dagegen in der Handelsbilanz gebildet werden, weil die umgekehrte Maßgeblichkeit des § 5 Abs. 1 Satz 2 EStG a. F. und damit § 273 HGB a. F. weggefallen sind. Voraussetzung ist gem. § 5 Abs. 1 Satz 2 EStG i. V .m. R 6.6 Abs. 1 Nr. 3 EStR nur, dass die Wirtschaftsgüter, die nicht mit dem handelsrechtlich maßgebenden Wert in der Steuerbilanz ausgewiesen werden, in besondere, laufend zu führende Verzeichnisse aufgenommen werden.

BEISPIELE:

1. Eine Maschine hat am 31. 12. 01 einen Buchwert von 18 000 €. Die jährliche Absetzung für Abnutzung beträgt 12 000 €. Die Maschine verbrennt am 25. 4. 02 durch Kurzschluss völlig. Die Versicherung leistet Schadenersatz i. H. von 20 000 €. Am 5. 6. 02 wird eine Ersatzmaschine mit gleicher Funktion für 24 000 € angeschafft. Sie hat eine Nutzungsdauer von fünf Jahren.

   Die Voraussetzungen für die steuerfreie Übertragung der aufgelösten stillen Reserve sind gegeben, weil die Maschine durch höhere Gewalt aus dem Betriebsvermögen ausscheidet und ein Ersatzwirtschaftsgut mit gleicher Funktion angeschafft wird. Maßgeblich für die Höhe der aufgelösten stillen Reserve ist die Differenz zwischen der Entschädigung von 20 000 € und dem Buchwert am Ende des Monats des Ausscheidens. Dieser Buchwert beträgt unter Berücksichtigung der Absetzung für Abnutzung 14 000 € (Buchwert 31. 12. 01: 18 000 € ·/. AfA Jan. bis April 02: 4 000 € = 14 000 €). Durch das Ausscheiden der Maschine ist somit eine stille Reserve von 6 000 € aufgelöst worden.

   Da die Anschaffungskosten des Ersatzwirtschaftsgutes höher sind als die Versicherungsentschädigung, kann die aufgelöste stille Rücklage voll auf das Ersatzwirtschaftsgut übertragen werden. Hiernach entsteht eine Bemessungsgrundlage von 18 000 € (Anschaffungskosten 24 000 € ·/. Rücklage für Ersatzbeschaffung 6 000 € = 18 000 €). Da die Ersatzbeschaffung im Juni erfolgt, kann die Absetzung für Abnutzung für 02 i. H. von $^{7}/_{12}$ der Jahresabschreibung vorgenommen werden. Die Absetzung für Abnutzung beträgt dann $^{7}/_{12}$ von 20 % von 18 000 € = 2 100 €.

   Es sind folgende Umbuchungen vorzunehmen:

(1)	Absetzung für Abnutzung	4 000 €	
	an Maschinen		4 000 €
(2)	Geldkonto bzw. Forderung an Versicherung	20 000 €	
	an Maschinen		14 000 €
	an Sonstige betriebliche Erträge		6 000 €

(3) Maschinen	24 000 €	
an Geldkonto bzw. Verbindlichkeiten		24 000 €
(4) Außerplanmäßige Abschreibungen	6 000 €	
an Maschinen		6 000 €
(5) Absetzung für Abnutzung	2 100 €	
an Maschinen		2 100 €

2. Wie Beispiel 1, nur die Anschaffungskosten des Ersatzwirtschaftsgutes betragen nicht 24 000 €, sondern 15 000 €.

   Gemäß H 6.6 (3) „Mehrentschädigung" EStH kann die aufgelöste stille Reserve von 6 000 € nur anteilig, und zwar zu 75 % (15 000 € von 20 000 €) übertragen werden. Nur ein Betrag von 4 500 € kann demnach übertragen werden. Bemessungsgrundlage für die AfA des Ersatzwirtschaftsgutes sind dann 10 500 € (Anschaffungskosten 15 000 € ·/. anteilige Übertragung 4 500 € = 10 500 €).

   Der Restbetrag der aufgelösten stillen Reserve (1 500 €) ist Bestandteil des laufenden Gewinns.

   Wenn am Ende des Wirtschaftsjahres, in dem das Wirtschaftsgut aus dem Betriebsvermögen ausgeschieden ist, noch keine Ersatzbeschaffung vorgenommen wurde (z. B. weil bis dahin die Zeit zu kurz war), kann gem. R 6.6 Abs. 4 Satz 1 EStR in Höhe der aufgedeckten stillen Reserve eine steuerfreie Rücklage (Rücklage für Ersatzbeschaffung) gebildet werden, wenn zu diesem Zeitpunkt eine Ersatzbeschaffung ernstlich geplant und zu erwarten ist. Der Betrag dieser Rücklage kann dann später auf das Ersatzwirtschaftsgut in voller Höhe oder anteilig übertragen werden.

3. Wie Beispiel 1, allerdings wird die Ersatzmaschine nicht am 5. 6. 02, sondern am 25. 1. 03 angeschafft.

LÖSUNG: Grundsätzlich ist die Lösung die gleiche wie im Beispiel 1. In Höhe der aufgelösten stillen Reserve von 6 000 € kann zum 31. 12. 02 eine Rücklage für Ersatzbeschaffung gebildet werden. Diese Rücklage kann dann bei Ersatzbeschaffung der Maschine am 25. 1. 03 hierauf übertragen werden. Natürlich ist mit der Absetzung für Abnutzung der ersatzbeschafften Maschine erst im Jahr 03 zu beginnen.

Es ergeben sich folgende Buchungen:

02:		
(1) Absetzung für Abnutzung	4 000 €	
an Maschinen		4 000 €
(2) Geldkonto bzw. Forderung	20 000 €	
an Maschinen		14 000 €
an *Rücklage für Ersatzbeschaffung*		6 000 €
03:		
(3) Maschinen	24 000 €	
an Geldkonto bzw. Verbindlichkeiten		24 000 €
(4) *Rücklage für Ersatzbeschaffung*	6 000 €	
an *Maschinen*		6 000 €

Abschließend sei noch darauf hingewiesen, dass die erörterten Vergünstigungen gem. R 6.6 Abs. 7 EStR auch in Anspruch genommen werden können, wenn der Steuerpflichtige für ein Wirtschaftsgut, das infolge höherer Gewalt oder eines betrieblichen Eingriffs beschädigt worden ist, eine Entschädigung erhält.

b) Rücklage gem. § 6b EStG

§ 6b EStG; R 6b.1, 6b.2 und 6b.3 EStR

Wirtschaftsgüter können in einem Betrieb überflüssig werden, weil der Standort des Betriebes verlegt oder die Struktur aus Konkurrenzgründen verändert werden muss. 201

Da schon seit Jahrzehnten die Preise mehr oder weniger steigen und andererseits bei der Bewertung die Anschaffungs- oder Herstellungskosten nicht überschritten werden dürfen (Nominalwertprinzip), haben sich bei Wirtschaftsgütern oft – insbesondere bei denen, die sich schon seit langer Zeit im Betriebsvermögen befinden – beträchtliche stille Reserven angesammelt. Bei einem Verkauf dieser Wirtschaftsgüter müssten im Normalfall diese stillen Reserven aufgelöst und der Besteuerung unterworfen werden. Da die hiermit verbundene Steuerlast in der Regel enorm hoch ist, würde in der Praxis eine wirtschaftlich sinnvolle Veräußerung sehr oft unterbleiben. Um das zu verhindern, ist die Regelung des § 6b EStG eingeführt worden. Danach können die bei Veräußerung bestimmter Wirtschaftsgüter entstehenden Gewinne auf andere Wirtschaftsgüter übertragen werden oder aber wenigstens die Besteuerung dieser Gewinne einige Zeit aufgeschoben werden.

Begünstigt ist nach § 6b Abs. 1 Satz 1 EStG die Veräußerung bestimmter Wirtschaftsgüter. Es sind die Folgenden:

1. Grund und Boden,
2. Aufwuchs auf Grund und Boden mit dem dazugehörigen Grund und Boden, wenn der Aufwuchs zu einem land- und forstwirtschaftlichen Betriebsvermögen gehört,
3. Gebäude oder
4. Binnenschiffe.

Voraussetzung für die Steuervergünstigung des § 6b EStG ist, dass der Gewinn nach § 4 Abs. 1 EStG oder nach § 5 EStG ermittelt wird. Außerdem müssen gem. § 6b Abs. 4 Nr. 5 EStG die Übertragung und die Bildung und Auflösung der Rücklage in der Buchführung verfolgt werden können.

Weiterhin müssen die veräußerten Wirtschaftsgüter gem. § 6b Abs. 4 Nr. 2 EStG im Zeitpunkt der Veräußerung *mindestens 6 Jahre ununterbrochen zum Anlagevermögen einer inländischen Betriebsstätte gehört haben*. Die Sechs-Jahres-Frist ist auch gewahrt, wenn das Wirtschaftsgut innerhalb der letzten sechs Jahre zum Betriebsvermögen mehrerer Betriebe oder Betriebsstätten *eines* Steuerpflichtigen gehörte (R 6b.3 Abs. 1 Satz 3 EStR). Dasselbe gilt gem. R 6b.3 Abs. 5 EStR, wenn beim Übergang eines Betriebes die Buchwerte fortgeführt werden (z. B. im Falle eines unentgeltlichen Erwerbs i. S. von § 6 Abs. 3 EStG).

Voraussetzung ist nach § 6b Abs. 4 Nr. 3 EStG außerdem, dass die angeschafften oder hergestellten Wirtschaftsgüter *zum Anlagevermögen einer inländischen Betriebsstätte eines Betriebes des Steuerpflichtigen gehören*. Dadurch sollte verhindert werden, dass die aufgelösten stillen Reserven durch Übertragung auf Wirtschaftsgüter im Ausland der deutschen Besteuerung entzogen werden. Allerdings hält der EuGH mit seinem Urteil vom 16. 4. 2015 den Inlandsbezug für europarechtswidrig. Deshalb hat der Gesetzgeber mit dem Steueränderungsgesetz 2015 § 6b Abs. 2a EStG eingefügt, wonach bei den genannten angeschafften oder hergestellten Wirtschaftsgütern, die einem Betriebsvermögen des Steuerpflichtigen in einem anderen Staat der Europäischen Union oder des Europäischen Wirtschaftsraums zuzurechnen sind, auf Antrag des Steuerpflichtigen – zusätzlich zu den Möglichkeiten des § 6b EStG – die festgesetzte Steuer, die auf den diesbezüglichen Gewinn entfällt, in fünf gleichen Jahresraten entrichtet werden kann. Dieser Antrag kann nur im Wirtschaftsjahr der Veräußerung der in § 6b Abs. 1 Satz 1 EStG bezeichneten Wirtschaftsgüter gestellt werden. Allerdings ist gem. § 52 Abs. 14 Satz 1 EStG auch eine rückwirkende Anwendung in allen noch offenen Fällen möglich.

Schließlich darf nach § 6b Abs. 4 Nr. 4 EStG der bei der Veräußerung entstandene Gewinn nicht steuerfrei sein, weil die Vergünstigung des § 6b EStG nur dann zum Zuge kommen soll, wenn die Besteuerung aufgedeckter stiller Reserven droht. Die Voraussetzungen für die Anwendung des § 6b EStG sind also beispielsweise nicht gegeben, wenn ein Veräußerungsgewinn nach einem DBA steuerbefreit ist.

Die Steuervergünstigung des § 6b EStG kann zunächst einmal darin bestehen, dass die bei der Veräußerung der genannten Wirtschaftsgüter aufgelösten stillen Reserven *auf andere Wirtschaftsgüter übertragen werden können, die im Jahr der Veräußerung oder im vorangegangenen Wirtschaftsjahr angeschafft oder hergestellt worden sind.* Gemäß § 6b Abs. 1 Satz 2 EStG ist die Übertragung der aufgelösten stillen Reserven auf bestimmte Reinvestitionsobjekte möglich. Zulässig ist der Abzug bei den Anschaffungs- oder Herstellungskosten von

1. Grund und Boden,
2. Aufwuchs auf Grund und Boden mit dem dazugehörigen Grund und Boden, wenn der Aufwuchs zu einem land- und forstwirtschaftlichen Betriebsvermögen gehört,
3. Gebäuden oder
4. Binnenschiffen.

Die Übertragung ist nur *unter gewissen Voraussetzungen* möglich, und zwar

- auf Grund und Boden, soweit der Gewinn bei der Veräußerung von Grund und Boden entstanden ist,
- auf Aufwuchs auf Grund und Boden mit dem dazugehörigen Grund und Boden, soweit der Gewinn bei der Veräußerung von Aufwuchs auf Grund und Boden oder die Veräußerung von Aufwuchs auf Grund und Boden mit dem dazugehörigen Grund und Boden entstanden ist,
- auf Gebäude, soweit der Gewinn bei der Veräußerung von Grund und Boden, von Aufwuchs auf Grund und Boden mit dem dazugehörigen Grund und Boden oder Gebäude entstanden ist oder
- Binnenschiffen, soweit der Gewinn bei der Veräußerung von Binnenschiffen entstanden ist.

Aus der nachfolgenden Übersicht sind die auf den Grundbesitz beschränkten Übertragungsmöglichkeiten ersichtlich:

Übertragung auf / Veräußerung von	Grund und Boden	Aufwuchs	Gebäude
Grund und Boden	+	+	+
Aufwuchs	·/.	+	+
Gebäude	·/.	·/.	+

Der Steuerpflichtige ist nicht dazu gezwungen, die gesamte aufgelöste stille Reserve auf ein Reinvestitionsobjekt zu übertragen, und zwar auch dann, wenn die Anschaffungs- oder Herstellungskosten des Reinvestitionsobjektes das zulassen. Die Übertragung kann vielmehr auch *teilweise* erfolgen. Dadurch sind die Dispositionsmöglichkeiten des Steuerpflichtigen sehr groß.

Durch die Übertragung einer stillen Reserve auf ein Reinvestitionsobjekt, das im Jahr der Veräußerung angeschafft oder hergestellt worden ist, vermindern sich gem. § 6b Abs. 6 EStG die Anschaffungs- oder Herstellungskosten des neuen Wirtschaftsgutes. Die geminderten Anschaffungs- oder Herstellungskosten sind eventuelle Bemessungsgrundlage für Absetzungen für Abnutzung. Die Übertragung von stillen Reserven auf Reinvestitionsobjekte, die im Jahr vor der Veräußerung angeschafft oder hergestellt worden sind, erfolgt gem. § 6b Abs. 5 EStG nicht auf die Anschaffungs- oder Herstellungskosten, sondern auf den Buchwert am Schluss des Wirtschaftsjahres der Anschaffung oder Herstellung. Der hiernach verminderte Wert ist Bemessungsgrundlage für weitere Absetzungen für Abnutzung.

Wenn der Steuerpflichtige im Wirtschaftsjahr der Veräußerung die geschilderte Übertragung nicht vornehmen wollte oder konnte, so kann er gem. § 6b Abs. 3 EStG die *aufgelöste stille Reserve – ebenfalls ganz oder teilweise – in eine gewinnmindernde Rücklage einstellen*. Hierbei ist es unbeachtlich, ob der Steuerpflichtige beabsichtigt, später ein Reinvestitionsobjekt anzuschaffen und hierauf die Rücklage zu übertragen.

Hat der Steuerpflichtige eine Rücklage gebildet, so hat er *in den nachfolgenden vier Wirtschaftsjahren eine weitere Wahlmöglichkeit*. Er kann gem. § 6b Abs. 3 Satz 2 EStG innerhalb dieser Zeit die Rücklage – ganz oder teilweise – auf Reinvestitionsobjekte unter den dargelegten Voraussetzungen übertragen. Nach § 6b Abs. 3 Satz 3 EStG verlängert sich die Frist von vier Jahren auf sechs Jahre, wenn mit der Herstellung eines Gebäudes vor dem Schluss des vierten auf die Bildung der Rücklage folgenden Wirtschaftsjahres begonnen worden ist. Wenn eine Übertragung bis zum Ablauf der Fristen nicht möglich war oder der Steuerpflichtige sie nicht vornehmen wollte, so *muss am Ende dieser Frist die Rücklage gewinnerhöhend aufgelöst werden*.

Die Begünstigungsmöglichkeiten des § 6b EStG lassen sich in folgender Übersicht darstellen:

Möglichkeiten des § 6b EStG

- sofortige Übertragung nach § 6b Abs. 1 Satz 1 und 2 EStG (ganz oder teilweise)
- Bildung einer Rücklage (ganz oder teilweise) gem. § 6b Abs. 3 Satz 1 EStG
  - Übertragung innerhalb von 4 bzw. 6 Jahren gem. § 6b Abs. 3 Sätze 2 und 3 EStG
  - Auflösung der Rücklage spätestens nach 4 bzw. 6 Jahren gem. § 6b Abs. 3 Satz 5 EStG

Die Begünstigungsmöglichkeiten des § 6b EStG können in der Handelsbilanz nicht nachvollzogen werden, weil die umgekehrte Maßgeblichkeit abgeschafft wurde. Dadurch ergeben sich unterschiedliche Ansätze in Handels- und Steuerbilanz. Bei großen und mittelgroßen Kapitalgesellschaften führt das zu einer Rückstellung für latente Steuern, die später aufzulösen ist.

Die Problematik des § 6b EStG soll anhand des nachfolgenden Beispiels verdeutlicht werden.

BEISPIEL: Sachverhalt

Eine Aktiengesellschaft (große Kapitalgesellschaft im Sinne des § 267 Abs. 3 HGB) veräußert im Jahr 02 Grund und Boden mit aufstehendem Gebäude für 1 500 000 €. Der Buchwert betrug im Zeitpunkt der Veräußerung beim Grund und Boden 100 000 € und beim Gebäude 200 000 €. Der Veräußerungspreis ist in gleicher Weise, d. h. also im Verhältnis 1 : 2 auf Grund und Boden und Gebäude aufzuteilen. Die veräußerten Wirtschaftsgüter gehörten schon seit 15 Jahren zum Betriebsvermögen des Steuerpflichtigen. Die Aktiengesellschaft hat in den Jahren 01, 04 und 05 keine und in den Jahren 02 und 03 folgende Investitionen vorgenommen:

02	Grund und Boden	250 000 €
	Gebäude (Beginn der Herstellung)	650 000 €
03	Gebäude (Fertigstellung am 1. 9. 03)	1 800 000 €

Das Gebäude kann in der Handelsbilanz und in der Steuerbilanz gem. § 7 Abs. 4 Nr. 1 EStG mit 3 % abgeschrieben werden.

Aufgabe

1. Zunächst sollen **in der Steuerbilanz** die Übertragungsmöglichkeiten des § 6b EStG unter dem Gesichtspunkt der für die Aktiengesellschaft auf Dauer günstigsten Lösung untersucht werden. Abschließend sind die erforderlichen Buchungen in den Jahren 02 und 03 anzugeben.
2. Alsdann soll die Lösung des Falles **in der Handelsbilanz** dargestellt werden. Der Ertragsteuersatz ist mit 30 % anzunehmen. Abschließend sind die erforderlichen Buchungen in den Jahren 02 und 03 anzugeben.
3. Die Bilanzansätze sind in Handels- und Steuerbilanz für die Jahre 02 und 03 gegenüberzustellen.

LÖSUNG zu 1.:

Durch die Veräußerung ist beim Grund und Boden eine stille Reserve von 400 000 € und beim Gebäude von 800 000 € aufgelöst worden. Die Steuervergünstigung nach § 6b EStG kommt zum Zuge, weil Wirtschaftsgüter nach § 6b Abs. 1 EStG veräußert worden sind und diese Wirtschaftsgüter bereits seit sechs Jahren ununterbrochen zum Anlagevermögen der Aktiengesellschaft gehört haben. Da im Jahr der Veräußerung Reinvestitionsobjekte nach § 6b Abs. 1 Satz 2 EStG angeschafft worden sind, hat die Aktiengesellschaft in diesem Jahr die Wahl, ob sie nach § 6b Abs. 1 Satz 2 EStG übertragen oder nach § 6b Abs. 3 Satz 1 EStG eine Rücklage bilden will. Soweit sie sich sinnvollerweise zur Bildung einer Rücklage entschließt, besteht die Übertragungsmöglichkeit gem. § 6b Abs. 3 Satz 2 EStG auch noch in den nachfolgenden vier Jahren, da auch in dieser Zeit entsprechende Reinvestitionsobjekte angeschafft bzw. hergestellt werden.

Im **Jahr 02** kann von der beim Verkauf des Grund und Bodens aufgelösten stillen Reserve i. H. von 400 000 € bereits ein Betrag von 250 000 € auf den im Jahr 02 angeschafften Grund und Boden übertragen werden. Der Rest von 150 000 € kann gem. § 6b Abs. 1 Satz 2 Nr. 3 EStG auf das (im Bau befindliche) Gebäude übertragen werden. Von der beim Verkauf des Gebäudes aufgelösten stillen Reserven von 800 000 € kann weiterhin ein Betrag von 500 000 € auf das (im Bau befindliche) Gebäude übertragen werden. Der verbleibende Rest der aufgelösten stillen Reserven beim Gebäude in Höhe von 300 000 € kann im Jahresabschluss zum 31. 12. 02 in eine Rücklage gem. § 6b Abs. 3 EStG eingestellt werden.

Im **Jahr 03** kann die Rücklage gem. § 6b Abs. 3 EStG i. H. von 300 000 € auf das in diesem Jahr fertig gestellte Gebäude übertragen werden. Für das Gebäude verbleibt dann noch ein Buchwert von 1 500 000 € (1 800 000 € ·/. 300 000 €). Hierauf ist eine Absetzung für Abnutzung gem. § 7 Abs. 4 Nr. 1 EStG vorzunehmen in Höhe $^{4}/_{12}$ von 3 % von 1 500 000 € = 15 000 €. Zum 31. 12. 03 beträgt dann der Buchwert 1 485 000 €.

Es sind folgende Buchungen vorzunehmen:

02:

(1)	Forderungen (oder Bank)	1 500 000 €	
	an Grund und Boden		100 000 €
	an Gebäude		200 000 €
	an Sonstige betriebliche Erträge		1 200 000 €
(2)	Grund und Boden	250 000 €	
	Gebäude (im Bau befindliche Anlagen)	650 000 €	
	an Verbindlichkeiten (oder Bank)		900 000 €
(3)	Außerplanmäßige Abschreibungen	900 000 €	
	an Grund und Boden		250 000 €
	an Gebäude (im Bau befindliche Anlagen)		650 000 €
(4)	Sonstige betriebliche Aufwendungen	300 000 €	
	an Rücklage gem. § 6b Abs. 3 EStG		300 000 €

03

(5)	Gebäude (Fertigstellung)	1 800 000 €	
	an Verbindlichkeiten (oder Bank)		1 800 000 €
(6)	Rücklage gem. § 6b Abs. 3 EStG	300 000 €	
	an Gebäude		300 000 €
(7)	Absetzung für Abnutzung	15 000 €	
	an Gebäude		15 000 €

Grund und Boden und Gebäude sind gem. § 5 Abs. 1 Satz 2 EStG in ein laufend zu führendes Verzeichnis aufzunehmen. Hierin sind gem. § 5 Abs. 1 Satz 3 EStG der Tag der Anschaffung oder Herstellung, die Anschaffungs- oder Herstellungskosten, die Vorschrift des ausgeübten Wahlrechts (hier also § 6b EStG) und die vorgenommenen Abschreibungen nachzuweisen.

zu 2.:

Durch die Veräußerung im Jahr 02 wird ein Gewinn von 1 200 000 € erzielt, der auch auszuweisen ist. Dagegen ist das Ergebnis in der Steuerbilanz durch die Übertragung von 250 000 € auf den Grund und Boden und 650 000 € auf das im Bau befindliche Gebäude sowie die Bildung einer Rücklage gem. § 6b EStG in Höhe von 300 000 € ausgeglichen.

Im Hinblick auf die unterschiedlichen Ansätze in Handels- und Steuerbilanz ist gem. § 274 Abs. 1 HGB in der Handelsbilanz zum 31. 12. 02 eine Rückstellung für latente Steuern in Höhe von 30 % von 900 000 € = 270 000 € zu bilden. Hiervon betreffen 30 % von 250 000 € = 75 000 € den Grund und Boden und 30 % von 650 000 € = 195 000 € das im Bau befindliche Gebäude.

Das im Jahr 03 fertig gestellte Gebäude hat Herstellungskosten von insgesamt 2 450 000 €. Es ist vom 1. 9. 03 an mit 3 % jährlich abzuschreiben. Also beträgt die Abschreibung im Jahr 03 $^4/_{12}$ von 3 % von 2 450 000 € = 24 500 €. Der Buchwert zum 31. 12. 03 beträgt somit in der Handelsbilanz 2 450 000 € ·/. 24 500 € = 2 425 500 €.

Im Hinblick auf den sich um weitere 300 000 € erhöhenden Unterschied in Handels- und Steuerbilanz ist gem. § 274 Abs. 1 HGB die Rückstellung für latente Steuern betr. das Gebäude um 30 % von 300 000 € = 90 000 € zu erhöhen.

In Höhe von 30 % der Differenz zwischen der handelsrechtlichen und der steuerrechtlichen Abschreibung für Gebäude (24 500 € ·/. 15 000 € = 9 500 €), also 30 % von 9 500 € = 2 850 €, sind die latenten Steuern beim Gebäude aufzulösen.

zu 3.:

Es ergeben sich folgende Bilanzansätze in den Handels- und Steuerbilanzen zum 31. 12. 02 und 31. 12. 03:

Grund und Boden	Grund und Boden		Passive latente Steuern		Rücklage gem. § 6b EStG	
	HB €	StB €	HB €	StB €	HB €	StB €
Anfangsbestand 02	100 000	100 000				
Abgang 02	./. 100 000	./. 100 000				
	0	0				
Zugang 02	250 000	250 000	75 000			
Übertragung stille Reserven		./. 250 000				
31. 12. 02	250 000	0				
keine Veränderung in 03	–	–	–			
31. 12. 03	250 000	0	75 000			

Gebäude	Gebäude		Passive latente Steuern		Rücklage gem. § 6b EStG	
	HB €	StB €	HB €	StB €	HB €	StB €
Anfangsbestand 02	200 000	200 000				
Abgang 02	./. 200 000	./. 200 000				
	0	0				
Zugang 02	650 000	650 000	195 000			300 000
Übertragung stille Reserven		./. 650 000				
31. 12. 02	650 000	0				
Zugang 03	1 800 000	1 800 000	90 000			
Übertragung stille Reserven		./. 300 000				./. 300 000
Abschreibung/AfA	./. 24 500	./. 15 000				
Auflösung latente Steuern			./. 2 850			
31. 12. 03	2 425 500	1 485 000	282 150			–

Der Stand der passiven latenten Steuern entspricht 30 % der verbleibenden Differenz zwischen dem Ansatz des Gebäudes in der Handels- und Steuerbilanz, also 30 % von (2 425 000 ·/. 1 485 000 =) 282 150 €.

Wenn eine nach § 6b EStG gebildete Rücklage ganz oder teilweise nicht übertragen und demgemäß gewinnerhöhend aufgelöst wird, findet eine (fiktive) Verzinsung statt. Gemäß § 6b Abs. 7 EStG ist im Wirtschaftsjahr der Auflösung der Gewinn um 6 % des aufzulösenden Rücklagebetrages für jedes volle Wirtschaftsjahr, in dem die Rücklage bestanden hat, zu erhöhen. Da diese fiktive Gewinnerhöhung in der Buchführung und in der Bilanz nicht erscheint, ist sie außerhalb hinzuzurechnen.

Gewinne, die bei der Veräußerung von Anteilen an Kapitalgesellschaften entstehen, sind gem. § 6b Abs. 10 EStG begünstigt. Die Begünstigung kann nur in Anspruch genommen werden von *Einzelunternehmern* und *Personengesellschaften*, soweit an diesen keine Kapitalgesellschaften beteiligt sind. Die Übertragung der stillen Reserven ist möglich auf neu angeschaffte

- Anteile an Kapitalgesellschaften,
- abnutzbare bewegliche Wirtschaftsgüter,
- Gebäude,

und zwar bis zur Höhe von 500 000 €. Die Übertragung auf Anteile an Kapitalgesellschaften kann in voller Höhe erfolgen, auf abnutzbare bewegliche Wirtschaftsgüter und Gebäude dagegen im Hinblick auf § 3c Abs. 2 EStG zu 60 %.

Die Übertragung ist möglich auf im Jahr der Veräußerung angeschaffte oder hergestellte Reinvestitionsgüter, nicht aber auf solche, die im Jahr *vor* der Veräußerung angeschafft oder hergestellt worden sind.

Wenn im Wirtschaftsjahr der Veräußerung von Anteilen an Kapitalgesellschaften eine Übertragung der aufgelösten stillen Reserven nicht möglich oder gewollt war, kann eine steuerfreie Rücklage gem. § 6b Abs. 10 Satz 5 EStG gebildet werden, und zwar in voller Höhe. Bei einer evtl. späteren Übertragung sind die dargelegten Voraussetzungen zu beachten.

Im Übrigen sind auch bei der Übertragung nach § 6b Abs. 10 EStG die Voraussetzungen des § 6b Abs. 1 bis 4 EStG, insbesondere die 6-Jahresfrist zu beachten. Bei gewinnerhöhender Auflösung einer Rücklage i. S. des § 6b Abs. 10 Satz 5 EStG findet eine Verzinsung gem. § 6b Abs. 10 Satz 9 EStG statt. Bemessungsgrundlage hierfür ist entsprechend den Grundsätzen des Teileinkünfteverfahrens nur der steuerpflichtige Teil, also 60 %.

c) Rücklage gem. § 6c EStG

§ 6c EStG; R 6c EStR

202 Wie schon erörtert wurde, kann § 6b EStG nur bei Gewinnermittlung nach § 4 Abs. 1 oder § 5 EStG angewendet werden. § 6b EStG kann aber nach § 6c EStG auch von Steuerpflichtigen genutzt werden, die ihren Gewinn nach § 4 Abs. 3 EStG oder nach Durchschnittssätzen ermitteln.

Da bei der Gewinnermittlung nach § 4 Abs. 3 EStG Bilanzen nicht erstellt werden, sind gem. § 6c Abs. 1 Satz 1 EStG die Bildung einer Rücklage als Betriebsausgabe und die Auflösung als Betriebseinnahme zu behandeln. Außerdem sind die nach § 6c Abs. 2 EStG erforderlichen Verzeichnisse zu führen.

d) Zuschussrücklage

R 6.5 EStR

203 Zuschüsse zur Anschaffung oder Herstellung von Anlagegütern können zur Vermeidung eines sofortigen Gewinnausweises von den Anschaffungs- oder Herstellungskosten des betreffenden Wirtschaftsgutes abgezogen werden (vgl. hierzu die Ausführungen in Tz 173). Wenn der Zuschuss allerdings schon im Voraus gewährt wird und die Anschaffung oder Herstellung des Anlagegutes erst im nachfolgenden Wirtschaftsjahr erfolgt, kann der Zuschuss erfolgsneutral gem. R 6.5 Abs. 4 Satz 1 EStR in eine steuerfreie Rücklage eingestellt werden. Diese Rücklage ist dann im Wirtschaftsjahr der Anschaffung oder Herstellung auf das Anlagegut zu übertragen.

3. Rückstellungen

a) Allgemeines

§ 253 Abs. 1 HGB; R 5.7 EStR

204 Wann Rückstellungen angesetzt werden müssen oder dürfen, ist an anderer Stelle (Tz 56 und 57) erörtert worden. Hier geht es um die Bewertung von Rückstellungen.

Was die *Höhe* bzw. eine *Bewertung von Rückstellungen* in der Handelsbilanz anbetrifft, so ist gem. § 253 Abs. 1 Satz 2 HGB der Erfüllungsbetrag anzusetzen, der „nach vernünftiger kaufmännischer Beurteilung notwendig ist“. Ein bestimmter Wertmaßstab ist das nicht. Vielmehr wird damit nur ein *Schätzungsrahmen* angegeben, innerhalb dessen jeweils für den einzelnen Fall zu entscheiden ist. Die Höhe einer Rückstellung ist danach auszurichten, was nach Schätzung eines vorsichtigen Kaufmanns wahrscheinlich an Ausgaben auf ihn zukommt. Die Gesichtspunkte, die zur Schätzung eines konkreten Betrages geführt haben, müssen objektiv nachprüfbar sein.

BEISPIEL: Ein Unternehmer hat im Jahr 01 Produkte an einen Kunden geliefert. Zu Beginn des Jahres 02 behauptet der Kunde, die Produkte hätten in seinem Betrieb zu einem Schaden von 100 000 € geführt, was der Unternehmer bestreitet.

Daraufhin verklagt der Kunde den Unternehmer auf Schadensersatz von 100 000 €. Bis zur Bilanzaufstellung zum 31. 12. 01 ist der Prozess noch nicht entschieden. Es liegt aber bereits ein vom Gericht in Auftrag gegebenes Gutachten vor, wonach der Unternehmer eine Teilschuld an dem entstandenen Schaden hat.

Es ist handels- und steuerrechtlich eine Rückstellung „für drohende Verluste aus einem schwebenden Prozess" zu bilden. Die Höhe kann möglicherweise auf die Hälfte des geforderten Betrages, also auf 50 000 €, zuzüglich der voraussichtlichen Kosten geschätzt werden.

Aus der Gesetzesformulierung, dass der notwendige „Erfüllungsbetrag" anzusetzen ist, ergibt sich, dass zukünftig eintretende Preis- und Kostensteigerungen und eventuell auch Senkungen bei der Bewertung von Rückstellungen zu berücksichtigen sind. Dieser Blick in die Zukunft ist nicht einfach. Es ist erforderlich, dass objektiv nachprüfbare Anhaltspunkte für den Eintritt künftiger Preis- und Kostenänderungen vorhanden sind.

Rückstellungen mit einer Restlaufzeit von mehr als einem Jahr sind gem. § 253 Abs. 2 Satz 1 HGB abzuzinsen. Maßstab für die Abzinsung ist der durchschnittliche Marktzinssatz der vergangenen sieben Geschäftsjahre; er wird von der Bundesbank nach Maßgabe einer Rechtsverordnung ermittelt und monatlich bekannt gegeben.

In der **Steuerbilanz** sind gem. § 6 Abs. 1 Nr. 3a Buchst. f) EStG die Wertverhältnisse am Bilanzstichtag maßgeblich. Zusätzlich ist nach § 6 Abs. 1 Nr. 3a Buchst. a) bis e) EStG Folgendes zu beachten:

a) Bei der Bewertung von Rückstellungen für gleichartige Verpflichtungen ist gem. § 6 Abs. 1 Nr. 3 Buchst. a EStG auf der Grundlage der Erfahrungen in der Vergangenheit aus der Abwicklung solcher Verbindlichkeiten die Wahrscheinlichkeit zu berücksichtigen, dass der Steuerpflichtige nur teilweise in Anspruch genommen wird. Diese Vorschrift dürfte nur klarstellenden Charakter haben, denn schon immer wurde durch die Rechtsprechung des BFH die Berücksichtigung dieser Gesichtspunkte gefordert.

b) Rückstellungen für Sachleistungsverpflichtungen sind gem. § 6 Abs. 1 Nr. 3a Buchst. b EStG mit den Einzelkosten und angemessenen Teilen der notwendigen Gemeinkosten zu bewerten. Bei der Bestimmung der „angemessenen Teile der notwendigen Gemeinkosten" wird man auf die Erfahrungen zur Bemessung der steuerlichen Herstellungskosten i. S. der R 6.3 Abs. 1 EStR zurückgreifen können.

c) Des Weiteren sollen künftige Vorteile, die mit der Erfüllung der Verpflichtung voraussichtlich verbunden sein werden, gem. § 6 Abs. 1 Nr. 3a Buchst. c EStG wertmindernd zu berücksichtigen sein. Diese Vorschrift ist bedenklich, weil sie einen Verstoß gegen das Realisationsprinzip darstellt.

d) Nach § 6 Abs. 1 Nr. 3a Buchst. d Satz 1 EStG sind Rückstellungen für Verpflichtungen, für deren Entstehen der laufende Betrieb ursächlich ist, zeitanteilig in gleichen Raten anzusammeln. Für Verbindlichkeiten, die im Zeitablauf sukzessive und gleichmäßig anwachsen, ist diese Vorgehensweise angemessen und entspricht auch der Rechtsprechung, die ihren Niederschlag in R 6.11 Abs. 2 Satz 1 EStR gefunden hat.

Freilich werden gewisse Verbindlichkeiten dieser Art nicht gleichmäßig anwachsen. Als Beispiel seien Rückstellungen für Rekultivierungskosten genannt. Diese werden durchweg degressiv anwachsen, da in der Regel vor allem zu Beginn des Abbaus ein sehr großer Teil der Rekultivierungskosten verursacht wird. Wenn dennoch in § 6 Abs. 1 Nr. 3a Buchst. d Satz 1 EStG eine Ansammlung in gleichen Raten vorgeschrieben wird, so verstößt das gegen das Gebot eines vollständigen Schuldenausweises.

Noch problematischer ist die Anwendung des § 6 Abs. 1 Nr. 3a Buchst. d Satz 1 EStG für Verpflichtungstatbestände, in denen die Verbindlichkeit wirtschaftlich sofort in voller Höhe eintritt und die rechtliche Fälligkeit erst durch Zeitablauf entsteht (sog. „echte Ansammlungsrückstellungen"). In diese Kategorie fallen z. B. Rückstellungen für die Stilllegung von Kernkraftwerken. Nach § 6 Abs. 1 Nr. 3a Buchst. d Satz 3 EStG sollen diese Verpflichtungen, wenn der Zeitpunkt der Stilllegung nicht feststeht, auf 25 Jahre zu verteilen sein. Nach dem politisch beschlossenen Atomausstieg dürfte dieser Fall in der Praxis nicht mehr vorkommen.

e) Rückstellungen für Verpflichtungen gem. § 6 Abs. 1 Nr. 3a Buchst. e Satz 1 EStG mit einer voraussichtlichen Laufzeit von mindestens 12 Monaten sind mit einem Zinssatz von 5,5 % abzuzinsen. Das geschieht nach Maßgabe des § 12 Abs. 3 BewG.

Zum Abschluss mögen zwei Beispiele die Abzinsung von Rückstellungen in der Handelsbilanz und in der Steuerbilanz verdeutlichen.

BEISPIEL 1 Ein Unternehmer wird im Jahr 01 von einem Kunden wegen Produkthaftung in Höhe von 200.000 € verklagt. Nach Auskunft des den Unternehmer vertretenden Rechtsanwalts neigen die Gerichte in solchen Fällen dazu, einen Vergleich vorzuschlagen oder zu entscheiden, dass der Beklagte die Hälfte der geforderten Summe zu zahlen hat. Hierbei würden Anwalts- und Gerichtskosten von 20.000 € entstehen. Von Preisveränderungen ist in den nächsten Jahren nicht auszugehen.

Der durchschnittliche Marktzinssatz der vergangenen sieben Geschäftsjahre ist mit 4 % p. a. anzunehmen.

Der Prozess wird voraussichtlich bis Ende 04 dauern.

Die Abzinsungsfaktoren für drei Jahre betragen:

bei 4 %	0,889
bei 5,5 %	0,852

LÖSUNG: Nach dem geschilderten Sachverhalt ist es wahrscheinlich, dass der Unternehmer in Höhe von 100 000 € zuzüglich der Prozesskosten von 20 000 € in Anspruch genommen wird. Deshalb muss der Unternehmer in seiner **Handelsbilanz** zum 31. 12. 01 eine Rückstellung für ungewisse Verbindlichkeiten gem. § 249 Abs. 1 Satz 1 HGB bilden. Da die Restlaufzeit von drei Jahren mehr als ein Jahr beträgt, ist der Betrag von 120 000 € gem. § 253 Abs. 2 Satz 1 HGB mit dem durchschnittlichen Marktzinssatz der vergangenen sieben Geschäftsjahre abzuzinsen. Nach dem Sachverhalt beträgt dieser durchschnittliche Marktzinssatz 4 % p. a. Der Abzinsungsfaktor hierfür beträgt bei einer Restlaufzeit von drei Jahren 0,8890 (entnommen aus Anlage 26 zu § 194 Abs. 3 Satz 2 und Abs. 4 und § 195 Abs. 3 Satz 2 BewG).

Die Rückstellung ist auch in der **Steuerbilanz** zu bilden. Allerdings ist sie gem. § 6 Abs. 1 Nr. 3a Buchst. e) in Verbindung mit § 6 Abs. 1 Nr. 3 Satz 1 EStG mit einem Zinssatz von 5,5 % abzuzinsen. Der Vervielfältiger beträgt nach der Tabelle 1 zu § 12 Abs. 3 BewG 0,852. Demnach sind in der Steuerbilanz zum 31. 12. 01 120 000 € x 0,852 = 102 240 € anzusetzen.

Also:

	Handelsbilanz	*Steuerbilanz*
Rückstellung für ungewisse Verbindlichkeiten	*106 680 €*	*102 240 €*

BEISPIEL 2 ▸ **Sachverhalt**

Einem Unternehmer wird Anfang des Jahres 01 die Auflage erteilt, ein betrieblich genutztes Gebäude zum 31. 12. 10 abzureißen. Die Kosten für den Abriss werden geschätzt:

nach den Wertverhältnissen 31. 12. 01	100 000 €,
nach den Wertverhältnissen 31. 12. 10	140 000 €.

Der durchschnittliche Marktzinssatz der vergangenen sieben Geschäftsjahre ist mit 4 % p. a. anzunehmen.

Die Abzinsungsfaktoren (Vervielfältiger) betragen für neun Jahre

bei 4 %	0,7026
bei 5,5 %	0,6180

Aufgabe

Wie hoch ist die zu bildende Rückstellung zum 31. 12. 01

1. in der Handelsbilanz,
2. in der Steuerbilanz?

Was ist in Handels- und Steuerbilanz zum 31. 12. 01 zu buchen?

LÖSUNG: ▸ Die Verpflichtung zum Abriss ist zeitanteilig in gleichen Raten anzusammeln, weil für diese Verpflichtung der laufende Betrieb ursächlich ist.

Also:

Handelsbilanz	140 000 € : 10 = jährlich 14 000 €
Steuerbilanz	100 000 € : 10 = jährlich 10 000 €

Außerdem Abzinsung zum 31. 12. 01 für neun Jahre

Handelsbilanz	14 000 € x 0,7026 = 9 836 €
Steuerbilanz	10 000 € x 0,618 = 6 180 €

Buchungen

Handelsbilanz

Aufwand wegen Bildung einer Rückstellung	14 000 €	
an sonstige Rückstellungen		14 000 €
sonstige Rückstellungen	4 164 €	
an Erträge aus Abzinsung gem. § 277 Abs. 5 HGB		4 164 €

Steuerbilanz

Aufwand wegen Bildung einer Rückstellung	6 180 €	
an sonstige Rückstellungen		6 180 €

b) Pensionsrückstellungen

aa) Handelsbilanz

§§ 249 Abs. 1, 253 Abs. 1 und 2 HGB

205 Die Pensionsrückstellungen haben – schon durch ihre Höhe – unter den ungewissen Verbindlichkeiten eine besondere Bedeutung. Sie entstehen durch rechtsverbindliche Zusage einer Pensionszahlung an Arbeitnehmer für die Zeit nach ihrem Ausscheiden aus der aktiven Tätigkeit.

Was die Höhe der Pensionsrückstellungen anbetrifft, so wurde in der Vergangenheit in die Handelsbilanz häufig der steuerliche Wert entsprechend den Vorschriften des § 6a EStG übernommen. Allerdings ist in der Steuerbilanz gem. § 6a Abs. 3 Satz 3 EStG ein Zinssatz von 6 % vorgeschrieben. In den letzten Jahren war aber der angemessene Marktzins in der Regel deutlich unter 6 %. Deshalb wurde in der Handelsbilanz in vielen Fällen schon allein aus Vorsichtsgründen ein niedrigerer Zinssatz zu Grunde gelegt. Das führte zu einem höheren Ansatz als in der Steuerbilanz. Deshalb befinden sich in der Steuerbilanz in der Regel sog. „stille Lasten“, d. h. die tatsächliche Schuld ist höher als die buchmäßig ausgewiesene Verbindlichkeit.

Nachdem Rückstellungen gem. § 253 Abs. 1 Satz 2 HGB mit dem Erfüllungsbetrag anzusetzen sind (vgl. hierzu Tz 204), ergab sich hierdurch in der Regel ein erhöhter Rückstellungsbedarf, weil durch die gesetzliche oder vertragliche Bindung der Pensionen an die Entwicklung der Gehälter oder Renten eine Steigerung in der Zukunft anzunehmen ist. Im Hinblick auf die Dynamik der Gehalts- und Rentenentwicklung kann das zu beträchtlichen Erhöhungen führen. Diese Erhöhung kann gem. Art. 67 Abs. 1 Satz 1 EGHGB auf die Zeit bis spätestens 31. 12. 2024 mit jährlich mindestens einem Fünfzehntel verteilt werden. Andererseits ist – wie bei den sonstigen Rückstellungen – gem. § 253 Abs. 2 Satz 1 HGB eine Abzinsung vorzunehmen. Diese kann entweder nach dem durchschnittlichen Marktzinssatz der letzten sieben Jahre entsprechend der Laufzeit oder gem. § 253 Abs. 2 Satz 2 HGB pauschal bei einer angenommenen Restlaufzeit von 15 Jahren berechnet werden.

bb) Steuerbilanz

§ 6a EStG; R 6a EStR

206 Durch § 6a EStG sollen die Leistungen der Unternehmer zur betrieblichen Altersversorgung steuerlich erleichtert werden. Die Erleichterung besteht darin, dass die Aufwendungen für die Altersversorgung nicht erst bei Zahlung, sondern schon bei der Ansammlung des erforderlichen Deckungskapitals als Betriebsausgaben abzugsfähig sind.

Gemäß § 6a Abs. 1 Nr. 1 EStG ist Voraussetzung für die Bildung einer Pensionsrückstellung, dass die Pension dem Berechtigten *rechtsverbindlich* zugesagt wird. Die Pensionszusage darf nach § 6a Abs. 1 Nr. 2 EStG weiterhin keine Pensionsleistungen in Abhängigkeit von künftigen gewinnabhängigen Bezügen vorsehen und *keinen sog. schädlichen Vorbehalt* enthalten. Nach R 6a Abs. 3 EStR wäre ein schädlicher Vorbehalt z. B. die Formel „freiwillig und ohne Rechtsanspruch“. Allgemeine Vorbehalte, dass also z. B. die Leistung nur erbracht werden muss, wenn dies wirtschaftlich vertretbar ist, sind dagegen gem. R 6a Abs. 4 EStR nicht schädlich. Schließlich muss die Pensionszusage gem. § 6a Abs. 1 Nr. 3 EStG *schriftlich erteilt werden*. Es braucht sich nicht um einen Einzelvertrag zu handeln, sondern es genügt z. B. auch ein Tarifvertrag.

Grundsätzlich darf die Rückstellung gem. § 6a Abs. 2 Nr. 1 EStG vor Eintritt des Versorgungsfalles erstmals für das Wirtschaftsjahr gebildet werden, in dem die Pensionszusage erteilt wird. Ist der Berechtigte jünger als 27 Jahre, so darf mit der Rückstellungsbildung erst in dem Wirtschaftsjahr begonnen werden, bis zu dessen Mitte der Pensionsberechtigte das 27. Lebensjahr vollendet hat. Das wird in der Praxis sehr selten vorkommen. Ebenso wird es in der Praxis die Ausnahme darstellen, dass eine Pension erst nach Eintritt des Versorgungsfalles zugesagt wird. In diesem Fall darf mit der Rückstellungsbildung in dem Wirtschaftsjahr, in dem der Versorgungsfall eintritt, begonnen werden.

Gemäß § 6a Abs. 3 Satz 3 EStG sind bei der Berechnung der Pensionsrückstellung ein Rechnungszinsfuß von 6 % und die *anerkannten Regeln der Versicherungsmathematik* anzuwenden. Normalerweise wird für die Bildung einer Pensionsrückstellung und die jährliche Zuführung ein versicherungsmathematisches Gutachten erforderlich sein.

Die Höhe einer Pensionsrückstellung richtet sich gem. § 6a Abs. 3 Satz 1 EStG nach dem sog. Teilwertverfahren, d. h. bei Zusage der Pension kann sofort der Teilwert angesetzt werden, es sei denn, der Pensionsberechtigte hat noch nicht das 27. Lebensjahr vollendet.

Nach dem gültigen Teilwertverfahren kann im Jahr der Pensionszusage ein erheblicher Betrag der Rückstellung zugeführt werden. Der durch diese Einmalrückstellung erzielte steuerliche Effekt kann bilanzpolitisch unerwünscht sein. Deshalb kann dieser Betrag gem. § 6a Abs. 4 Satz 3 EStG auf 3 Jahre verteilt werden. Wenn sich in einem Wirtschaftsjahr der Barwert der künftigen Pensionsleistungen um mehr als 25 % erhöht – das kann z. B. durch eine der Geldentwertung angepasste Zusage der Fall sein –, kann diese Erhöhung auf drei Jahre gem. § 6a Abs. 4 Satz 4 EStG *gleichmäßig* verteilt werden.

Erhöhungen der Pensionsrückstellungswerte auf Grund neuer oder geänderter biometrischer Rechnungsgrundlagen können gem. § 6a Abs. 4 Satz 2 EStG nur gleichmäßig auf mindestens drei Jahre verteilt werden.

Eine Pensionsrückstellung darf gem. § 6a Abs. 4 Satz 1 EStG höchstens um den Unterschied zwischen dem Teilwert der Pensionsverpflichtung am Schluss des Wirtschaftsjahres und am Schluss des vorangegangenen Wirtschaftsjahres erhöht werden. Unterlassene Zuführungen zu Pensionsrückstellungen dürfen also in späteren Wirtschaftsjahren nicht nachgeholt werden. Es besteht also ein sog. Nachholverbot, das nur bei Beendigung des Dienstverhältnisses oder bei Eintritt des Versorgungsfalls aufgehoben wird.

Die Auflösung der Pensionsrückstellung ist nicht gesetzlich geregelt. Dies ist nicht erforderlich, weil durch die Bestimmung, dass höchstens der Teilwert der zukünftigen Pensionsleistungen angesetzt werden kann, automatisch ein Auflösungszwang besteht. Demnach ist nach dem Eintritt des Versorgungsfalles gem. R 6a Abs. 22 Satz 1 EStR die Pensionsrückstellung in jedem Wirtschaftsjahr mindestens in Höhe des Unterschiedsbetrages zwischen dem versicherungsmathematischen Barwert der künftigen Pensionsleistungen am Schluss des Wirtschaftsjahres und am Schluss des vorangegangenen Wirtschaftsjahres gewinnerhöhend aufzulösen. Die geleisteten Pensionszahlungen stellen gleichzeitig Betriebsausgaben dar, sodass nur der Saldo zwischen den Pensionszahlungen und dem Differenzbetrag der Barwerte den Gewinn mindert.

Da bei der Bewertung der Pensionsrückstellung gem. § 6a Abs. 3 Satz 3 EStG ein Rechnungszinsfuß von 6 % zugrunde gelegt wird, der marktübliche Zinssatz aber seit vielen Jahren deutlich niedriger liegt, ist die wirkliche Verbindlichkeit aus den zugesagten Pensionen beträchtlich höher. Wie schon erwähnt, handelt es sich um sog. „stille Lasten". Bei Übertragung von Pensionsrückstellungen auf einen anderen Rechtsträger entstehen dann beim Übertragenden eine Gewinnminderung und beim Übernehmenden eine Gewinnerhöhung. Da der Fiskus durch derartige Transaktionen beträchtliche Steuerausfälle befürchtet, ist § 4f EStG gem. § 52 Abs. 12c mit Wirkung ab 29. 11. 2013 und § 5 Abs. 7 EStG mit erstmaliger Wirkung gem. § 52 Abs. 14a Satz 1 EStG für Wirtschaftsjahre, die nach dem 28. 11. 2013 enden, eingeführt worden.

BEISPIEL Der abgebende Unternehmer (A) überträgt Pensionsverpflichtungen an einen übernehmenden Unternehmer (B). Die tatsächliche Verbindlichkeit der Pensionsverpflichtungen beträgt bei Annahme eines realistischen Zinssatzes 500 000 €, während der Bilanzwert bei A 350 000 € betragen hat. Bei dieser Transaktion hat der abgebende Unternehmer A einen Verlust in Höhe von 150 000 € und der übernehmende Unternehmer B einen Gewinn in gleicher Höhe.

Der Fall wäre buchhalterisch folgendermaßen zu erfassen:

beim abgebenden Unternehmer		
Pensionsrückstellungen	350 000 €	
Aufwand wegen Abgabe von Pensionsrückstellungen	150 000 €	
an Geldkonto		500 000 €
beim übernehmenden Unternehmer		
Geldkonto	500 000 €	
an Pensionsrückstellungen		350 000 €
an Ertrag wegen Übernahme einer Pensionsrückstellungen		150 000 €

§ 4f EStG ordnet in diesem Fall an, dass der Aufwand bei A auf 15 Jahre zu verteilen ist. A hat dann jährliche eine Betriebsausgabe von 150 000 € : 15 = 10 000 €.

Demgegenüber kann B gem. § 5 Abs. 2 Satz 5 EStG den Gewinn von 150 000 € durch Bildung einer Rücklage in Höhe von vierzehn Fünfzehntel neutralisieren. In den folgenden vierzehn Wirtschaftsjahren ist diese Rücklage jährlich mindestens um ein Vierzehntel aufzulösen.

Die Vorschriften der §§ 4f und 5 Abs. 7 EStG sind systemwidrig, was offensichtlich fiskalisch begründet ist.

Die Vorschriften der §§ 4f und 5 Abs. 7 EStG betreffen nicht nur die Pensionsrückstellungen, sondern auch andere Verpflichtungen. Da aber in der Praxis die beschriebene Problematik besonders häufig bei Pensionsrückstellungen auftritt, ist sie in diesem Kapitel abgehandelt.

4. Währungsumrechnung

§ 256a HGB

207 Auf fremde Währung lautende Vermögensgegenstände und Verbindlichkeiten sind in der Handelsbilanz gem. § 256a Satz 1 HGB am Abschlussstichtag mit dem Devisenkassamittelkurs zu bewerten. Der Devisenkassamittelkurs ist das arithmetische Mittel zwi-

schen Geld- und Briefkurs. Gegebenenfalls sind Währungsverluste gem. § 252 Abs. 1 Nr. 4 HGB (Realisationsprinzip) und § 253 Abs. 1 Satz 1 HGB (Anschaffungskostenprinzip) zu berücksichtigen.

Bei Vermögensgegenständen und Verbindlichkeiten mit einer Laufzeit bis zu einem Jahr sind gem. § 256a Satz 2 HGB die §§ 253 Abs. 1 Satz 1 und 252 Abs. 1 Nr. 4 Halbsatz 2 HGB nicht anzuwenden. Es handelt sich also um eine Ausnahme vom Realisationsprinzip, d. h. auch ein Gewinnausweis ist in der Handelsbilanz schon vor Realisation möglich.

BEISPIEL: Eine Kontokorrentverbindlichkeit von 100 000 US $ ist in der Steuerbilanz mit einem Kurs von 1,10 pro € = 90 909 € zu bewerten. Der Devisenkassamittelkurs beträgt zum Stichtag 1,105 pro €.

Anzusetzen sind zum Stichtag

in der Handelsbilanz	100 000 : 1,105 = 90 498 €
in der Steuerbilanz	100 000 : 1,10 = 90 909 €

In der Handelsbilanz ist also ein nicht realisierter Gewinn in Höhe der Differenz von 411 € auszuweisen.

unbesetzt 208–210

G. Abschreibungen und Absetzungen

211 Wie schon dargelegt wurde (vgl. Tz 92), sind bei den Betriebsausgaben gem. § 4 Abs. 4 EStG sofort abzugsfähige und aktivierungspflichtige Betriebsausgaben zu unterscheiden. Die sofort abzugsfähigen Betriebsausgaben mindern im Jahr der Verausgabung den Gewinn. Bei den nicht sofort abzugsfähigen Betriebsausgaben sind zu unterscheiden solche für nicht abnutzbare und für abnutzbare Wirtschaftsgüter. Die Ausgaben für nicht abnutzbare Wirtschaftsgüter beeinflussen den Gewinn erst bei Veräußerung des betreffenden Wirtschaftsgutes. Die Aufwendungen für abnutzbare Wirtschaftsgüter wirken sich nur über die Abschreibung auf den Gewinn aus.

Die Abschreibung bezweckt, dass die Anschaffungs- oder Herstellungskosten eines abnutzbaren Wirtschaftsgutes des Anlagevermögens auf die *Dauer der Verwendung oder Nutzung des Wirtschaftsgutes verteilt werden*. Dabei braucht, wie noch zu zeigen sein wird, die Verteilung nicht immer gleichmäßig zu sein.

Leider sind die Bezeichnungen im Handelsrecht und im Steuerrecht nicht einheitlich. Deshalb müssen nachfolgend zunächst die handelsrechtlichen und steuerrechtlichen Begriffe erörtert werden.

I. Die handelsrechtlichen Abschreibungen

1. Begriff und Bedeutung

212 Die Anschaffungs- oder Herstellungskosten von Vermögensgegenständen des Anlagevermögens, deren Nutzung zeitlich begrenzt ist, sind auf die jeweiligen Abrechnungszeiträume entsprechend ihrer Nutzungsdauer zu verteilen. Diese Beträge werden handelsrechtlich als Abschreibungen bezeichnet (§ 253 Abs. 3 HGB).

Abschreibungen tragen dem Wertverzehr dieser Vermögensgegenstände Rechnung und dienen damit der richtigen Darstellung des Vermögens und einer periodengerechten Gewinnermittlung.

Bei materiellen Gegenständen des abnutzbaren Anlagevermögens ist Ursache für die Abschreibung die normale technische oder wirtschaftliche Abnutzung, bei immateriellen Vermögensgegenständen der Fristablauf.

2. Planmäßige Abschreibungen

§ 253 Abs. 2 HGB

213 Bei den planmäßigen Abschreibungen sind nach dem Wortlaut des § 253 Abs. 3 Satz 2 HGB die Anschaffungs- oder Herstellungskosten von Vermögensgegenständen auf die Zeit ihrer voraussichtlichen Nutzung zu verteilen. Es geht also darum, den Gesamtaufwand für solche Vermögensgegenstände bestimmten Zeitabschnitten zuzuordnen.

Das Ziel einer richtigen Darstellung der Vermögenslage tritt dabei in den Hintergrund. Die planmäßige Abschreibung nach § 253 Abs. 1 Satz 1 HGB ist nämlich zwingend auch dann vorzunehmen, wenn tatsächlich eine *Wert*minderung nicht eingetreten ist oder der Wert gar gestiegen ist.

Eine bestimmte Abschreibungsmethode ist im Handelsrecht nicht vorgeschrieben. Sie muss nur den „Grundsätzen ordnungsmäßiger Buchführung" entsprechen. Die steuerrechtlich möglichen Absetzungen (vgl. hierzu die Ausführungen in Tz 223 bis 227) sind deshalb auch handelsrechtlich zulässig.

3. Außerplanmäßige Abschreibungen

§ 253 Abs. 3 Satz 3 und 4, Abs. 4 HGB

214 Außerplanmäßige Abschreibungen können nicht nur bei Vermögensgegenständen des abnutzbaren Anlagevermögens, sondern auch beim nicht abnutzbaren Anlagevermögen und beim Umlaufvermögen vorkommen. Sie kommen in Frage bei vorübergehender oder dauerhafter Wertminderung. Wann vorübergehende oder dauernde Wertminderungen berücksichtigt werden dürfen oder müssen, ist bereits erörtert worden (vgl. Tz 180 bis 183).

Es besteht auch die Möglichkeit, außerplanmäßige Abschreibungen vorzunehmen, wenn steuerliche Sonderabschreibungen und erhöhte Absetzungen (vgl. hierzu Tz 243 u. 244) in Betracht kommen.

II. Die steuerrechtlichen Begriffe

§ 7 Abs. 1 u. 2 EStG

215 Das Steuerrecht verwendet für die Abschreibungen andere Begriffe. Den planmäßigen Abschreibungen im Handelsrecht entsprechen im Steuerrecht die Absetzung für Abnutzung und die Absetzung für Substanzverringerung.

An die Stelle der außerplanmäßigen Abschreibungen im Handelsrecht treten im Steuerrecht die Absetzung für außergewöhnliche Abnutzung, die Teilwertabschreibung sowie die Sonderabschreibungen und die erhöhten Absetzungen.

Die Beziehungen zwischen den handelsrechtlichen und den steuerrechtlichen Begriffen lassen sich folgendermaßen darstellen:

	Abschreibungen				
Handelsrecht	Planmäßige Abschreibungen § 253 Abs. 3 Satz 1 u. 2 HGB		Außerplanmäßige Abschreibungen § 253 Abs. 3 Satz 5 und 6 HGB		
Steuerrecht	Absetzung für Abnutzung § 7 Abs. 1 u. 2 EStG	Absetzung für Substanzverringerung § 7 Abs. 6 EStG	Absetzung für außergewöhnliche Abnutzung § 7 Abs. 1 Satz 7 EStG	Teilwertabschreibung § 6 Abs. 1 Nr. 1 Satz 2 u. Nr. 2 Satz 2 EStG	Sonderabschreibungen, erhöhte Absetzungen z. B. § 7g EStG

Die AfA lässt sich einteilen in die *normale AfA* und die *Absetzung für außergewöhnliche Abnutzung* gem. § 7 Abs. 1 Satz 7 EStG (vgl. Tz 228). Bei der normalen Absetzung für Abnutzung gibt es eine Absetzung nach der *Nutzungsdauer* bzw. nach der *Zeit* und eine Absetzung nach *Maßgabe der Leistung* gem. § 7 Abs. 1 Satz 6 EStG. Die AfA nach der Zeit kann linear, d. h. gleichmäßig i. S. von § 7 Abs. 1 Satz 1 EStG oder bei bestimmten Wirtschaftsgütern bis 2010 auch degressiv i. S. von § 7 Abs. 2 EStG vorgenommen werden.

Die gesetzlichen Bestimmungen des § 7 Abs. 1 und 2 EStG lassen sich in folgender Übersicht darstellen:

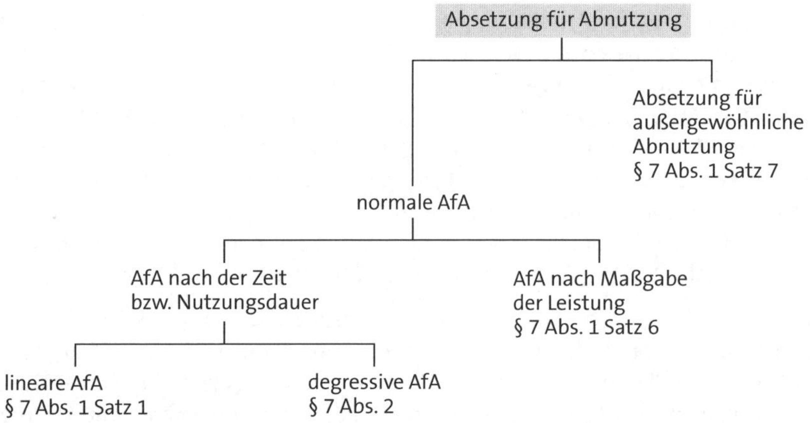

III. Abgrenzung der Absetzung für Abnutzung von der Teilwertabschreibung

§§ 6, 7 EStG

216 Die Absetzung für Abnutzung (AfA) ist streng von der Teilwertabschreibung zu trennen. Die AfA ist immer zwingend vorzunehmen unabhängig davon, wie sich der Wert des betreffenden Wirtschaftsgutes entwickelt hat. Eine Teilwertabschreibung kommt dagegen nur in Frage, wenn der Wert eines Wirtschaftsgutes gesunken ist.

Darüber hinaus gibt es noch zwei wichtige Unterschiede zwischen der AfA und der Teilwertabschreibung. Diese betreffen zum einen den *Kreis der Wirtschaftsgüter*, bei denen AfA bzw. Teilwertabschreibungen vorgenommen werden dürfen, und zum anderen den *Kreis der Steuerpflichtigen*, die AfA oder Teilwertabschreibungen vornehmen dürfen.

Die AfA kommt, wie die Bezeichnung unschwer erkennen lässt, *nur bei abnutzbaren Wirtschaftsgütern* in Betracht. Teilwertabschreibungen kommen bei abnutzbaren Wirtschaftsgütern, wenn der Wert gesunken ist, aber auch bei *allen* anderen Wirtschaftsgütern in Frage. Teilwertabschreibungen sind also möglich auch bei nicht abnutzbaren Wirtschaftsgütern des Anlagevermögens, bei Wirtschaftsgütern des Umlaufvermögens und bei Wirtschaftsgütern, die auf der Passivseite der Bilanz stehen.

Bei der Frage, welcher Kreis von Steuerpflichtigen berechtigt ist, AfA und Teilwertabschreibungen vorzunehmen, ist die Lage umgekehrt; hier ist der Kreis, der AfA vornehmen darf, sehr viel größer. Absetzungen für Abnutzungen dürfen nämlich alle Steuerpflichtigen vornehmen, ganz gleich welche Einkünfte sie haben. Dass Steuerpflichtige mit Gewinneinkünften Absetzungen für Abnutzungen vornehmen dürfen, ergibt sich aus der Gesetzessystematik. Der Abzug als Werbungskosten ist nach § 9 Abs. 1 Nr. 7 EStG ausdrücklich zugelassen. Daraus folgt, dass Steuerpflichtige mit Überschusseinkünften Teilwertabschreibungen nicht vornehmen können. Dies ist auf die Steuerpflichtigen mit Gewinneinkünften beschränkt.

IV. Die abnutzbaren Wirtschaftsgüter

217 Wirtschaftsgüter, deren Anschaffungskosten aktiviert und die gem. § 7 EStG abgeschrieben werden müssen, sind solche, die *abnutzbar* sind und deren *Nutzung oder Verwendung sich erfahrungsgemäß über einen Zeitraum von mehr als einem Jahr* erstreckt. Das sind die Wirtschaftsgüter des *abnutzbaren Anlagevermögens*. Es handelt sich sehr oft um *bewegliche körperliche Wirtschaftsgüter*. Auch unbewegliche Wirtschaftsgüter, insbesondere Gebäude, können abnutzbar sein. Schließlich gehören zu den abnutzbaren Wirtschaftsgütern auch *immaterielle Wirtschaftsgüter*, die sich durch Zeitablauf verbrauchen. Das sind z. B. Patente, Lizenzen u. Ä. Auch der derivative Firmenwert gehört gem. § 7 Abs. 1 Satz 3 EStG zu den abnutzbaren Wirtschaftsgütern.

Unter § 7 EStG fallen nur abnutzbare Wirtschaftsgüter, deren Verwendung oder Nutzung sich über einen Zeitraum von mehr als einem Jahr erstreckt (§ 7 Abs. 1 Satz 1 EStG). Wenn sich die Verwendung oder Nutzung erfahrungsgemäß auf einen kürzeren Zeitraum erstreckt, handelt es sich um sog. **„kurzlebige Wirtschaftsgüter"**. Ihre Anschaffungs- oder Herstellungskosten sind – ungeachtet ihrer Höhe – sofort als Betriebsausgaben zu berücksichtigen. Die „kurzlebigen Wirtschaftsgüter“ sind nicht zu verwechseln mit den „geringwertigen Wirtschaftsgütern“ gem. § 6 Abs. 2 EStG (vgl. hierzu Tz 229).

Die nachfolgend dargestellte Übersicht soll einen Überblick über die abnutzbaren Wirtschaftsgüter geben und insbesondere auch die Abgrenzung zwischen unbeweglichen und beweglichen Wirtschaftsgütern aufzeigen.

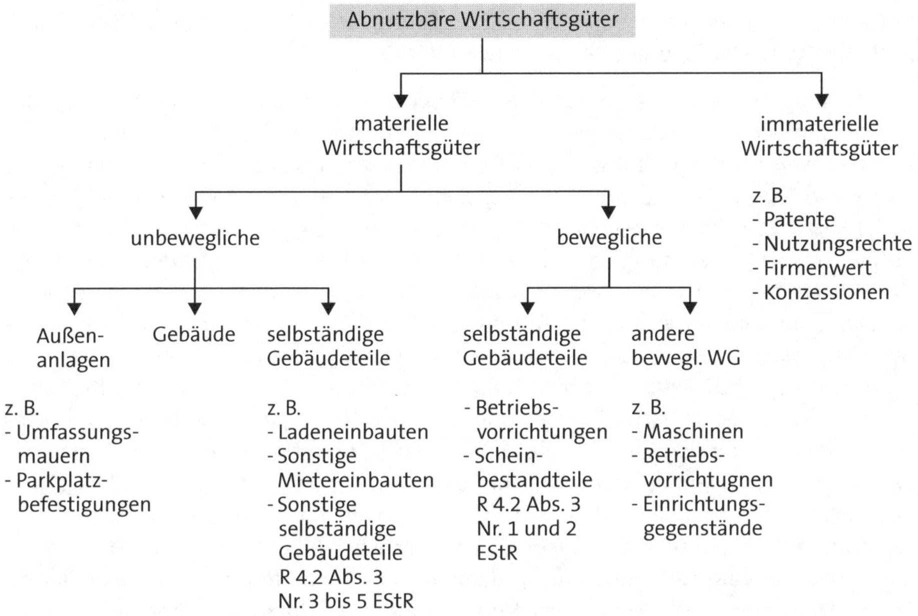

Nicht abnutzbar ist Grund und Boden. Deshalb können vom Grund und Boden keine Absetzungen für Abnutzung vorgenommen werden. Die Wirtschaftsgüter des Umlaufvermögens unterliegen ebenfalls nicht der Absetzung für Abnutzung.

V. Die Absetzungsberechtigten

Derjenige, der die Abnutzung wirtschaftlich tragen muss, ist berechtigt (und verpflichtet), die Absetzung für Abnutzung vorzunehmen. In der Regel ist das der *bürgerlichrechtliche Eigentümer eines Wirtschaftsgutes*. Es kann aber vorkommen, dass bürgerlichrechtliches Eigentum und wirtschaftliches Eigentum auseinander fallen. In diesen Fällen hat der *wirtschaftliche Eigentümer das Recht*, die AfA vorzunehmen. 218

BEISPIEL: A hat an B eine Maschine unter Eigentumsvorbehalt geliefert.

A ist bürgerlich-rechtlicher Eigentümer, B wirtschaftlicher Eigentümer. Deshalb ist B berechtigt, die AfA vorzunehmen.

Die Frage der AfA-Berechtigung ist also danach zu entscheiden, bei wem das Wirtschaftsgut als Betriebsvermögen auszuweisen ist. Hierzu wird auf die Ausführungen in Tz 43 bis 48 hingewiesen.

VI. Beginn der Absetzung für Abnutzung

§ 7 Abs. 1 EStG

219 In der Regel wird ein Wirtschaftsgut unmittelbar nach der Anschaffung der Verwendung oder Nutzung im Betrieb zugeführt. Hinsichtlich des Beginns der AfA kann in diesem Fall kein Zweifel bestehen. Maßgeblich ist dann der Anschaffungszeitpunkt, der identisch ist mit dem Beginn der Nutzung oder Verwendung. Mit dem Anschaffungszeitpunkt bei fremd bezogenen Wirtschaftsgütern ist gleichzusetzen bei selbst hergestellten Wirtschaftsgütern das *Ende der Herstellung*.

Wirtschaftsgüter können aber auch erst eine gewisse Zeit nach der Anschaffung oder Herstellung der Verwendung oder Nutzung zugeführt werden. Es fragt sich, ob in derartigen Fällen der Anschaffungs- bzw. Herstellungszeitpunkt oder der Zeitpunkt der Zuführung zur Verwendung oder Nutzung für den AfA-Beginn maßgeblich ist. Aus § 7 Abs. 1 Satz 1 EStG könnte bei oberflächlicher Betrachtung geschlossen werden, dass die Zuführung zur Verwendung oder Nutzung maßgeblich ist. Es heißt nämlich dort: „Bei Wirtschaftsgütern, deren *Verwendung oder Nutzung* durch den Steuerpflichtigen zur Erzielung von Einkünften sich erfahrungsgemäß auf einen Zeitraum von mehr als einem Jahr erstreckt, ist...". Die Auslegung dieser Vorschrift ist aber im Zusammenhang mit § 7 Abs. 1 Satz 4 EStG zu sehen. Danach kann bei abnutzbaren Wirtschaftsgütern, die im Laufe eines Wirtschaftsjahres angeschafft oder hergestellt werden, für dieses Wirtschaftsjahr nur der Teil des auf ein Wirtschaftsjahr entfallenden Absetzungsbetrages angesetzt werden, der dem Zeitraum zwischen der Anschaffung oder Herstellung des Anlageguts und dem Ende des Wirtschaftsjahres entspricht. Der Monat der Anschaffung oder Herstellung ist dabei als voller Monat zu berücksichtigen. Für den Beginn der Absetzung bei Abnutzung ist demnach der Anschaffungs- bzw. Herstellungszeitpunkt und nicht der Beginn der Verwendung oder Nutzung maßgeblich, d. h. es muss im Jahr der Anschaffung oder Herstellung eine monatsgenaue Absetzung für Abnutzung vorgenommen werden.

BEISPIEL: Ein Unternehmer, bei dem das Wirtschaftsjahr mit dem Kalenderjahr identisch ist, schafft am 15. 5. 01 eine Maschine für 15 000 € an. Die Nutzungsdauer der Maschine beträgt 5 Jahre.

Für 01 kann der Unternehmer $^{8}/_{12}$ der Jahresabschreibung geltend machen. Das sind bei linearer AfA $^{8}/_{12}$ von 20 % von 15 000 € = 2 000 €.

VII. Höhe der Absetzung für Abnutzung

220 Die Höhe der Absetzung für Abnutzung nach der Zeit ist abhängig von drei *Faktoren*. Das sind die *Bemessungsgrundlage*, die *Nutzungsdauer* und die *AfA-Methode*. Deshalb sollen diese drei Faktoren im Folgenden behandelt werden.

1. Bemessungsgrundlage

221 Bemessungsgrundlage für die Absetzung für Abnutzung eines Wirtschaftsgutes sind in der Regel die Anschaffungs- oder die Herstellungskosten. Dies ist uneingeschränkter Grundsatz im deutschen Steuerrecht, obwohl hierbei dem betriebswirtschaftlichen

Zweck der Abschreibungen, die Ersatzinvestitionen finanzieren zu können, bei steigenden Preisen nicht Rechnung getragen wird.

Von dem Prinzip, dass die Anschaffungs- oder Herstellungskosten Bemessungsgrundlage für die AfA sind, gibt es einige Ausnahmen. Es handelt sich nicht um Ausnahmen grundsätzlicher Art, sondern um solche, die notwendig sind, weil Anschaffungs- oder Herstellungskosten nicht vorhanden sind oder aus anderen Gründen nicht die Bemessungsgrundlage darstellen können. Dies ist z. B. der Fall, wenn Wirtschaftsgüter in das Betriebsvermögen eingelegt werden. Die Bewertung erfolgt dann gem. § 6 Abs. 1 Nr. 5 EStG mit dem Teilwert. Dieser tritt dann an die Stelle der Anschaffungs- oder Herstellungskosten.

Allerdings ist im Falle einer Einlage der Teilwert nicht immer auch Bemessungsgrundlage für die Absetzung für Abnutzung. Wird nämlich ein abnutzbares Wirtschaftsgut, das zur Erzielung von Überschusseinkünften im Sinne des § 2 Abs. 1 Nr. 4 bis 7 EStG verwendet wurde, in ein Betriebsvermögen eingelegt, so soll es vermieden werden, dass Beträge als Abschreibung geltend gemacht werden, die vorher derselbe Steuerpflichtige schon einmal als Abschreibung geltend gemacht hat. Deshalb bestimmt § 7 Abs. 1 Satz 5 EStG, dass in solchen Fällen zur Berechnung der Bemessungsgrundlage sich der Einlagewert mindert um die Absetzungen für Abnutzungen oder Substanzverringerung, Sonderabschreibungen oder erhöhte Absetzungen, die bis zum Zeitpunkt der Einlage vorgenommen worden sind, höchstens jedoch bis zu den fortgeschriebenen Anschaffungs- oder Herstellungskosten. In Höhe der Differenz zwischen dem bei der Einlage angesetzten höheren Teilwert und der Bemessungsgrundlage ergibt sich dann ein nicht der planmäßigen Absetzung für Abnutzung unterliegender Betrag. Vgl. hierzu auch Tz 240 mit einem Beispiel.

Anschaffungs- oder Herstellungskosten können auch nicht Bemessungsgrundlage sein bei Wirtschaftsgütern, die vor der Währungsreform am 21. 6. 1948 angeschafft oder hergestellt worden sind. Bei solchen Wirtschaftsgütern sind nach dem D-Markbilanzgesetz vom 21. 8. 1990 und den §§ 10 und 10a EStDV Hilfswerte (bei Gebäuden der Einheitswert) zugrunde zu legen. Das gleiche Problem ergibt sich bei Wirtschaftsgütern, die vor dem 1. 7. 1990 in der ehemaligen DDR angeschafft oder hergestellt worden sind. Bei diesen gelten gem. § 7 Abs. 1 Satz 5 DMBilG die in der Eröffnungsbilanz angesetzten Werte als Anschaffungs- oder Herstellungskosten.

Die Anschaffungs- oder Herstellungskosten sind auch dann nicht Bemessungsgrundlage, wenn stille Reserven auf andere Wirtschaftsgüter, z. B. nach R 6.6 EStR oder auch nach § 6b EStG, übertragen werden. Der verbleibende Betrag ist Bemessungsgrundlage, oder er *gilt* nach § 6b Abs. 6 EStG als Anschaffungs- oder Herstellungskosten des Wirtschaftsgutes, womit er dann auch die Bemessungsgrundlage für die Absetzung für Abnutzung darstellt.

Grundsätzlich bilden die *vollen Anschaffungs- oder Herstellungskosten* die Bemessungsgrundlage für die AfA. Das gilt in der Regel auch dann, wenn es wahrscheinlich oder sogar sicher ist, dass für ein Wirtschaftsgut nach Ablauf der Nutzungsdauer noch ein gewisser Erlös erzielt wird.

2. Nutzungsdauer

222 Die normale Absetzung für Abnutzung kann, wie schon angedeutet wurde, nach der Zeit oder nach der Leistung vorgenommen werden. Der Regelfall ist die AfA nach der Zeit. Hierbei spielt als weiterer Faktor für die Höhe der AfA gem. § 7 Abs. 1 Satz 2 EStG die *betriebsgewöhnliche Nutzungsdauer* eine bedeutende Rolle.

Die betriebsgewöhnliche Nutzungsdauer ist nicht immer identisch mit der technischen Nutzungsmöglichkeit eines Wirtschaftsgutes. Die wirtschaftliche Nutzungsdauer kann kürzer sein als die technische Nutzungsdauer. Maßgeblich ist dann natürlich die (kürzere) wirtschaftliche Nutzungsdauer.

Bei der Festlegung der betriebsgewöhnlichen Nutzungsdauer handelt es sich um eine Schätzung. Diese hat nach objektiven Erfahrungssätzen zu erfolgen. Anhaltspunkte für die angemessene Schätzung der Nutzungsdauer sind die vom BMF für verschiedene Wirtschaftszweige herausgegebenen AfA-Tabellen. Sie werden von Zeit zu Zeit überarbeitet.

Darüber hinaus ist aber auch *dem Urteil des Steuerpflichtigen* bei der Schätzung der betriebsgewöhnlichen Nutzungsdauer größter Wert beizumessen, weil der Steuerpflichtige seinen Betrieb und damit die Nutzungsmöglichkeiten eines Wirtschaftsgutes am besten kennt.

Da es sich bei der Festlegung der AfA um eine Schätzung handelt, liegt es in der Natur der Sache, dass Irrtümer möglich sind. Stellt sich später heraus, dass die ursprüngliche Schätzung subjektiv richtig, aber objektiv falsch war, so findet eine rückwirkende Änderung der AfA nicht statt. Eine Anpassung für die Zukunft ist aber vorzunehmen, wenn sich herausstellt, dass die tatsächliche Nutzungsdauer erheblich von der Schätzung abweicht. Ergibt sich z. B., dass die wahrscheinliche Nutzungsdauer kürzer ist als ursprünglich geschätzt, so ist der Restbuchwert auf die nunmehr wahrscheinliche Restnutzungsdauer zu verteilen.

BEISPIEL: Ein Steuerpflichtiger schafft eine Maschine für 10 000 € an. Er schätzt die betriebsgewöhnliche Nutzungsdauer gewissenhaft auf 10 Jahre. Bei linearer AfA hat das Wirtschaftsgut dann am Ende des 4. Jahres einen Buchwert von 6 000 €. Im 5. Jahr stellt sich heraus, dass die Restnutzungsdauer nur noch zwei Jahre beträgt.

Der Restbuchwert von 6 000 € ist auf die Restnutzungsdauer von zwei Jahren zu verteilen. Im 5. und 6. Jahr beträgt die AfA dann je 3 000 €.

3. Die Absetzungsmethoden

223 Grundsätzlich unterschiedliche Absetzungsmethoden sind die Absetzung nach der Zeit und die Absetzung nach der Leistung. Bei der Absetzung nach der Zeit bzw. der betriebsgewöhnlichen Nutzungsdauer gibt es die lineare, d. h. in gleichen Jahresbeträgen, und die degressive, d. h. in fallenden Jahresbeträgen. Obwohl eine betriebswirtschaftliche Berechtigung für eine progressive Absetzung in der Praxis manchmal gegeben ist, z. B. bei Versorgungsbetrieben, Substanzabbaubetrieben oder Obstplantagen, ist hierfür eine gesetzliche Vorschrift nicht vorgesehen. Deshalb ist sie steuerrechtlich nicht erlaubt.

a) Lineare AfA

§ 7 Abs. 1 EStG

Der gesetzliche Normalfall ist die lineare AfA gem. § 7 Abs. 1 Sätze 1 und 2 EStG. Hierbei werden die Anschaffungs- oder Herstellungskosten gleichmäßig auf die Nutzungsdauer des Wirtschaftsgutes verteilt. Zur Berechnung kann man auch einen Prozentsatz ermitteln, indem die Anschaffungs- oder Herstellungskosten gleich 100 % gesetzt werden und diese 100 % durch die Nutzungsdauer dividiert werden. 224

Der sich ergebende Prozentsatz ist immer auf die Anschaffungs- oder Herstellungskosten anzuwenden. Dadurch ergibt sich die (gewollte) gleichmäßige Verteilung.

BEISPIEL: Im ersten Monat eines Wirtschaftsjahres wird eine Maschine für 12 000 € angeschafft. Die betriebsgewöhnliche Nutzungsdauer wird auf 10 Jahre geschätzt.

Der maßgebliche Hundertsatz ist 100 % : 10 = 10 %. Die jährliche lineare AfA ist dann 10 % von 12 000 € = 1 200 €.

Die lineare Absetzung für Abnutzung hat den Vorteil der rechnerischen Einfachheit.

b) Degressive AfA

§ 7 Abs. 2 EStG

Betriebswirtschaftlich ist bei vielen Wirtschaftsgütern die wirtschaftliche Abnutzung und Veralterung in den ersten Jahren sehr viel höher als in späteren Jahren. Diesem Umstand hat der Gesetzgeber durch die Vorschrift des § 7 Abs. 2 EStG in bestimmten Zeiten Rechnung getragen. Danach war es bei *beweglichen* Wirtschaftsgütern des Anlagevermögens möglich, die AfA auch in fallenden Jahresbeträgen zu bemessen. Zugelassen war nach § 7 Abs. 2 EStG a. F. die sog. *geometrisch degressive* AfA. Hierbei wird ein bestimmter Prozentsatz auf den jeweiligen Restbuchwert angewendet. Der Prozentsatz ergibt sich durch Multiplikation eines Faktors mit dem linearen AfA-Satz. Dadurch werden die jährlichen Abschreibungsbeträge immer kleiner. 225

Folgende Regelungen waren oder sind gültig:

- bis 2005 doppelter linearer Satz, maximal 20 % (§ 7 Abs. 2 Satz 2 EStG a. F.),
- 2006 und 2007 dreifach linearer Satz, maximal 30 % (§ 7 Abs. 2 Satz 3 EStG a. F.),
- 2008 keine degressive AfA
- 2009 und 2010 2,5facher linearer Satz, maximal 25 % (§ 7 Abs. 2 EStG a. F.)
- seit 2011 keine degressive AfA

BEISPIELE:

1. Eine Maschine wird im Januar 2010 für 24 000 € angeschafft. Die Nutzungsdauer beträgt 20 Jahre. Bei linearer AfA wären jährlich 5 % von 24 000 € = 1 200 € anzusetzen. Bei degressiver AfA nach § 7 Abs. 2 EStG beträgt der mögliche Prozentsatz das 2,5-fache, also 12,5 %. Die Maschine kann degressiv folgendermaßen abgeschrieben werden:

Anschaffungskosten	24 000 €
AfA 2010 12,5 % von 24 000 €	./. 3 000 €
Buchwert 31. 12. 2010	21 000 €
AfA 2011 12,5 % von 21 000 €	./. 2 625 €

Buchwert 31. 12. 2011	18 375 €
AfA 2012 12,5 % von 18 375 €	·/. 2 297 €
Buchwert 31. 12. 2012	16 078 €

usw.

2. Wie Beispiel 1, die Nutzungsdauer der Maschine beträgt aber 10 Jahre.
   Der höchstmögliche Hundertsatz für degressive AfA ist dann 25 %.
3. Wie Beispiel 1, die Nutzungsdauer der Maschine beträgt aber 8 Jahre.
   Der höchstmögliche Hundertsatz für die degressive AfA ist dann ebenfalls 25 %, weil dieser Höchstsatz nicht überschritten werden darf.
4. Wie Beispiel 1, die Nutzungsdauer beträgt aber 3 Jahre.
   Der höchstmögliche Hundertsatz für die degressive AfA ist auch 25 %. Die degressive AfA ist in diesem Fall aber nicht sinnvoll, weil die lineare AfA von Anfang an höher ist.

Andere Formen der degressiven Absetzung, z. B. die arithmetisch-degressive (digitale) Absetzung, waren nach den gültigen Fassungen des § 7 Abs. 2 EStG nicht erlaubt.

c) Übergang

226 Bei der geometrisch-degressiven AfA wird, wie dargelegt, ein bestimmter Hundertsatz auf den jeweiligen Restbuchwert angewendet. Würde man diese Methode konsequent anwenden, würde das betreffende Wirtschaftsgut theoretisch niemals vollständig abgeschrieben. Schon aus diesem Grunde ist es gem. § 7 Abs. 3 Satz 1 EStG möglich, von der degressiven zur linearen AfA überzugehen. Dieser Übergang ist *jederzeit* gestattet. Sinnvoll ist dieser Übergang dann, wenn der Abschreibungsbetrag bei degressiver AfA kleiner wird, als es bei gleichmäßiger Verteilung des Restbuchwertes auf die Restnutzungsdauer der Fall wäre.

Der Übergang von der linearen zur degressiven AfA ist gem. § 7 Abs. 3 Satz 3 EStG nicht zulässig.

d) Absetzung für Abnutzung nach der Leistung

§ 7 Abs. 1 Satz 6 EStG

227 Außer der Absetzung für Abnutzung nach der Zeit kann bei beweglichen Wirtschaftsgütern des Anlagevermögens, bei denen es wirtschaftlich begründet ist, gem. § 7 Abs. 1 Satz 6 EStG die AfA nach Maßgabe der Leistung vorgenommen werden. Voraussetzung ist, dass die auf das einzelne Jahr entfallende Leistung nachgewiesen werden kann (R 7.4 Abs. 5 Satz 2 EStR).

Wirtschaftlich begründet ist die Leistungs-AfA, wenn die Leistungen eines beweglichen Wirtschaftsgutes des Anlagevermögens von Jahr zu Jahr stark schwanken (R 7.4 Abs. 5 Satz 1 EStR).

BEISPIEL: Die Gesamtleistung einer Maschine wird auf die Produktion von 10 000 Einheiten geschätzt. Im ersten Jahr produziert die Maschine 4 000, im zweiten Jahr 1 500, im dritten Jahr 3 500 und im vierten Jahr 1 000 Einheiten.

Nach Maßgabe der Leistung können im ersten Jahr 40 %, im zweiten Jahr 15 %, im dritten Jahr 35 % und im vierten Jahr 10 % von den Anschaffungskosten als AfA angesetzt werden.

Die AfA nach Maßgabe der Leistung wird in der Praxis selten angewendet.

4. Absetzung für außergewöhnliche Abnutzung

§ 7 Abs. 1 Satz 7 EStG

Durch besondere Umstände kann bei Wirtschaftsgütern eine außergewöhnliche Abnutzung eintreten. Eine außergewöhnliche *technische* Abnutzung setzt einen Substanzverzehr durch eine besonders starke technische Inanspruchnahme voraus. In der Regel wird hierdurch die normale betriebsgewöhnliche Nutzungsdauer verkürzt. 228

Eine solche außergewöhnliche technische Abnutzung kann auf äußere Einwirkung durch höhere Gewalt (z. B. Brand, Wasser, Strom) zurückzuführen sein, oder sie kann auch innerbetriebliche Gründe, z. B. Nutzung in mehreren Schichten, haben.

Eine außergewöhnliche Abnutzung kann auch wirtschaftliche Ursachen haben. Eine außergewöhnliche wirtschaftliche Abnutzung liegt z. B. vor, wenn die Nutzungsfähigkeit eines Wirtschaftsgutes dadurch beeinträchtigt wird, dass ein sehr viel leistungsfähigeres Wirtschaftsgut zum gleichen Preis auf den Markt kommt.

Absetzungen für außergewöhnliche technische oder wirtschaftliche Abnutzung sind gem. § 7 Abs. 1 Satz 7 EStG zulässig.

BEISPIELE:

1. Ein Steuerpflichtiger schafft eine Maschine an, die eine normale Nutzungsdauer von 10 Jahren hat. Sie wird bei dem Steuerpflichtigen dreischichtig genutzt.

   Durch die dreischichtige Nutzung wird die betriebsgewöhnliche Nutzungsdauer verkürzt. Es ist eine angemessene Absetzung für außergewöhnliche Abnutzung zulässig. Normalerweise erkennt die Finanzverwaltung eine Verminderung der normalen Nutzungsdauer bei dreischichtiger Nutzung um $33^1/_3$ %, bei zweischichtiger Nutzung um 20 % an.
2. Ein solide gebautes Gebäude wird in seinem Kellergeschoss und im Parterre vom Hochwasser einige Zeit überflutet. Dadurch haben die Fundamente und die überfluteten Mauern gelitten.

   Es ist eine angemessene Absetzung für außergewöhnliche technische Abnutzung möglich.
3. Anfang 01 wird ein Computer für 80 000 € mit einer (technischen) Nutzungsdauer von 8 Jahren angeschafft. Demgemäß wird er mit jährlich 12,5 % von 80 000 € = 10 000 € abgeschrieben. 02 kommt ein neuer Computer derselben Art auf den Markt, der erheblich leistungsfähiger ist. Der Preis ist mit 80 000 € der gleiche geblieben.

   Die Einführung des neuen leistungsfähigeren Computers bewirkt eine wirtschaftliche Veralterung des 01 angeschafften Computers. Deshalb ist hierauf eine Absetzung für außergewöhnliche wirtschaftliche Abnutzung möglich.

Absetzungen für außergewöhnliche wirtschaftliche oder technische Abnutzung waren bei degressiver Absetzung gem. § 7 Abs. 2 Satz 4 EStG nicht zulässig. Allerdings konnte der Steuerpflichtige dann die Möglichkeit zur Absetzung für außergewöhnliche wirtschaftliche oder technische Abnutzung durch den Übergang zur linearen AfA (vgl. Tz 226) jederzeit herbeiführen.

Nach einer Absetzung für außergewöhnliche technische oder wirtschaftliche Abnutzung ist gem. § 7 Abs. 1 Satz 7 2. Halbs. EStG eine entsprechende Zuschreibung vorzunehmen, wenn die Gründe für diese Absetzung weggefallen sind. Es handelt sich um das *Wertaufholungsgebot*, das ja auch nach vorangegangener Teilwertabschreibung gilt.

5. Geringwertige Wirtschaftsgüter und Sammelposten

§ 6 Abs. 2 und 2a EStG

229 Die Vorschriften des § 6 Abs. 2 und 2a EStG dienen der Vereinfachung, damit der Verwaltungsaufwand zur Aktivierung und Abschreibung bei abnutzbaren Wirtschaftsgütern des Anlagevermögens in Grenzen gehalten wird. Das sollte bei der Auslegung berücksichtigt werden.

Für die Anwendung des § 6 Abs. 2 und 2a EStG ist Voraussetzung, dass das Wirtschaftsgut einer *selbständigen Bewertung* und *Nutzung fähig* ist. Besonders die selbständige Nutzungsfähigkeit ist in der Praxis sehr oft umstritten. Bei enger Auslegung, wozu die Finanzverwaltung neigt, wäre im Extremfall überhaupt kein Wirtschaftsgut einer selbständigen Nutzung fähig, weil in irgendeiner Weise alle Wirtschaftsgüter nur im betrieblichen Zusammenhang und damit i.V. mit anderen Wirtschaftsgütern genutzt werden können.

Der BFH hat verschiedene Merkmale für die selbständige Nutzungsfähigkeit herausgearbeitet. Diese Merkmale haben bei der Verschiedenheit des Sachverhaltes nicht immer gleich bleibendes Gewicht. Deshalb kann die Frage, ob ein Wirtschaftsgut einer selbständigen Nutzung fähig ist, im Allgemeinen nur im Einzelfall entschieden werden. Bei technisch und wirtschaftlich *miteinander verbundenen Wirtschaftsgütern ist es von Bedeutung, ob die miteinander verbundenen Wirtschaftsgüter nach außen als ein einheitliches Ganzes in Erscheinung treten* und *in dem Betrieb des Steuerpflichtigen nur in dieser Verbindung nutzbar sind* (vgl. R 6.13 Abs. 1 Satz 3 Nr. 2 EStR).

Ein Wirtschaftsgut ist gem. § 6 Abs. 2 Satz 2 EStG einer selbständigen Nutzung nicht fähig, wenn es nach seiner betrieblichen Zweckbestimmung nur zusammen mit anderen Wirtschaftsgütern des Anlagevermögens genutzt werden kann und die in den Nutzungszusammenhang eingefügten Wirtschaftsgüter technisch aufeinander abgestimmt sind. Das gilt nach § 6 Abs. 2 Satz 3 EStG auch, wenn das Wirtschaftsgut aus dem betrieblichen Nutzungszusammenhang gelöst und in einen anderen betrieblichen Nutzungszusammenhang eingefügt werden kann. Deshalb sind nach der Rechtsprechung des BFH technisch aufeinander abgestimmte Gerüst- und Schalungsteile, Leuchtstoffröhren, die in Lichtbändern zu einer Beleuchtungsanlage für die Beleuchtung des ganzen Fabrikraumes verbunden sind, Motoren zum Einzelantrieb von Webstühlen sowie Werkzeuge, wie Bohrer, Fräser, Drehstähle, Stanzwerkzeuge u. a. nicht als selbständig nutzbar anzusehen (vgl. auch H 6.13 „ABC: Beispiele für nicht selbständig nutzungsfähige Wirtschaftsgüter“ EStH).

Dagegen bleiben gem. R 6.13 Abs. 1 Satz 4 EStR Wirtschaftsgüter, die zwar in einen betrieblichen Nutzungszusammenhang mit anderen Gütern eingefügt und technisch aufeinander abgestimmt sind, dennoch selbständig nutzungsfähig, wenn sie nach ihrer betrieblichen Zweckbestimmung auch ohne die anderen Wirtschaftsgüter im Betrieb genutzt werden können (z. B. Müllbehälter eines Müllabfuhrunternehmens). Auch Wirtschaftsgüter, die nach ihrer betrieblichen Zweckbestimmung nur mit anderen Wirtschaftsgütern genutzt werden können, sind selbständig nutzungsfähig, wenn sie nicht in einen Nutzungszusammenhang eingefügt sind, so dass die zusammen nutzbaren Wirtschaftsgüter des Betriebes nach außen nicht als ein einheitliches Ganzes in Erscheinung treten (z. B. Bestecke, Trivialprogramme, Videokassetten, R 6.13 Abs. 1 Satz 5). Selbständig nutzungsfähig sind ferner gem. R 6.13 Abs. 1 Satz 6 Wirtschaftsgüter, die nach ihrer betrieblichen Zweckbestimmung nur zusammen mit anderen Wirtschaftsgütern genutzt werden können, technisch mit diesen Wirtschaftsgütern aber nicht abgestimmt sind (z. B. Paletten, Einrichtungsgegenstände). In H 6.13 „ABC der selbständig nutzungsfähigen Wirtschaftsgüter“ EStH sind Wirtschaftsgüter beispielhaft aufgezählt, die einer selbständigen Nutzung fähig sind.

Für die Anwendung des § 6 Abs. 2 und 2a EStG müssen die Wirtschaftsgüter *beweglich und abnutzbar sein*. Dies können nur körperliche Gegenstände, nicht also immaterielle Wirtschaftsgüter sein. Grundstücke scheiden aus, weil sie nicht abnutzbar sind. Trivialprogramme sind gem. R 5.5 Abs. 1 Satz 2 EStR abnutzbare und selbständig nutzbare Wirtschaftsgüter. Computerprogramme mit Anschaffungskosten bis zu 410 € gelten gem. R 5.5 Abs. 1 Satz 3 EStR stets als Trivialprogramme.

§ 6 Abs. 2 EStG kann grundsätzlich nur von Steuerpflichtigen in Anspruch genommen werden, die Einkünfte aus Land- und Forstwirtschaft, Gewerbebetrieb oder aus selbständiger Tätigkeit haben. Das ergibt sich aus der Fassung des § 6 Abs. 2 EStG, wonach die Anschaffungs- und Herstellungskosten *„als Betriebsausgaben“* abgesetzt werden können. Nach der ausdrücklichen Vorschrift des § 9 Abs. 1 Nr. 7 Satz 2 EStG kann § 6 Abs. 2 EStG (nicht also § 6 Abs. 2a EStG) aber auch bei den übrigen Einkunftsarten angewendet werden.

Es sind folgende Gruppen von Wirtschaftsgütern zu unterscheiden:

1. Wirtschaftsgüter mit Anschaffungskosten oder Herstellungskosten von bis zu 150 €,

2. Wirtschaftsgüter mit Anschaffungskosten oder Herstellungskosten von mehr als 150 € bis 410 €,

3. Wirtschaftsgüter mit Anschaffungskosten oder Herstellungskosten von mehr als 410 € bis 1 000 €.

Bei der Frage, ob die Anschaffungs- oder Herstellungskosten für ein einzelnes Wirtschaftsgut 150 €, 410 € oder 1 000 € nicht übersteigen, ist gem. R 6.13 Abs. 2 EStG von den gekürzten Anschaffungs- oder Herstellungskosten auszugehen, wenn die Kürzung erfolgt nach § 6b und 6c EStG, nach § 7g Abs. 2 Satz 2 EStG, nach R 6.5 EStR (Zuschuss) oder R 6.6 EStR (Rücklage für Ersatzbeschaffung).

(1) Wirtschaftsgüter mit Anschaffungs- oder Herstellungskosten von bis zu 150 €

Diese können in voller Höhe als Betriebsausgaben gem. § 6 Abs. 2 EStG berücksichtigt werden. Das Wahlrecht besteht für jedes einzelne Wirtschaftsgut.

(2) Wirtschaftsgüter mit Anschaffungs- oder Herstellungskosten von mehr als 150 € bis 410 €

Hier bestehen zwei Wahlrechte:

- **Sofortabschreibung**

  Diese Wirtschaftsgüter werden gem. § 6 Abs. 2 Satz 1 EStG in voller Höhe sofort als Betriebsausgaben abgezogen.

  Es ist ein Verzeichnis nach § 6 Abs. 2 Satz 4 EStG zu führen, falls sich die erforderlichen Angaben nicht schon aus der Buchführung ergeben.

- **Bildung eines Sammelpostens**

  Alternativ können die Aufwendungen für diese Wirtschaftsgüter gem. § 6 Abs. 2a EStG in einem jahresbezogenen Sammelposten (sog. Pool-Bildung) erfasst werden. Dieses Wahlrecht kann nur einheitlich für alle in einem Wirtschaftsjahr angeschafften oder hergestellten Wirtschaftsgüter in Anspruch genommen werden. Einzubeziehen sind dann auch die Wirtschaftsgüter mit Anschaffungskosten oder Herstellungskosten von mehr als 410 € bis 1000 €.

(3) Wirtschaftsgüter mit Anschaffungs- oder Herstellungskosten von mehr als 410 € bis 1 000 €

Sofern diese Wirtschaftsgüter nicht einzeln aktiviert werden, können sie zu einem Sammelposten i. S. des § 6 Abs. 2a EStG zusammengefasst werden. Einzubeziehen sind, wie schon erwähnt, auch diejenigen Wirtschaftsgüter mit Anschaffungs- oder Herstellungskosten von 150 € bis 410 €.

Es handelt sich um einen jahrgangsbezogenen Sammelposten (auch „Pool" genannt), der **wie ein Wirtschaftsgut** zu behandeln und fünf Jahre lang mit jeweils 20 % abzuschreiben ist. Die Abschreibung von 20 % kann auch schon im Jahr der Anschaffung vorgenommen werden, selbst wenn das Wirtschaftsgut erst gegen Ende des Wirtschaftsjahres angeschafft wurde. Eventuelle Veräußerungen, Entnahmen oder Wertänderungen beeinflussen den Sammelposten nicht.

BEISPIEL: zur Bildung eines Sammelpostens

Ein Unternehmer schafft im Dezember des Jahres 01 25 Schreibtische zu je 800 € an. Die Schreibtische haben eine Nutzungsdauer von 10 Jahren.

Es kann ein Sammelposten gem. § 6 Abs. 2a EStG in Höhe von 25 x 800 € = 20 000 € gebildet werden. Dieser ist beginnend im Jahr 01 jährlich mit 20 % = 4 000 € abzuschreiben. Am 31. 12. 01 hat der Sammelposten also einen Buchwert von 20 000 € ·/. 4 000 € = 16 000 €.

Das vorausgegangene Beispiel hat gezeigt, dass es bei Wirtschaftsgütern mit einer Laufzeit von mehr als fünf Jahren fast immer günstiger ist, einen Sammelposten gem. § 6 Abs. 2a EStG zu bilden. Ist die Nutzungsdauer geringer als fünf Jahre, kommt es auf den jeweiligen Einzelfall an. Bei der Bildung eines Sammelpostens ist die Absetzung im Anschaffungsjahr meist höher. Es ist aber zu beachten, dass dieser Vorteil durch die Abschreibung bei Aktivierung der einzelnen Wirtschaftsgüter in den folgenden Jahren mehr als kompensiert werden kann.

VIII. Absetzung für Abnutzung von Gebäuden

§ 7 Abs. 4 und Abs. 5 EStG

Die materiellen abnutzbaren Wirtschaftsgüter lassen sich einteilen in *bewegliche* und 230
unbewegliche (vgl. auch Tz 42 u. 217). Bei den unbeweglichen Wirtschaftsgütern sind *Gebäude, selbständige Gebäudeteile* und *Außenanlagen* zu unterscheiden. Es gilt also folgende Aufteilung:

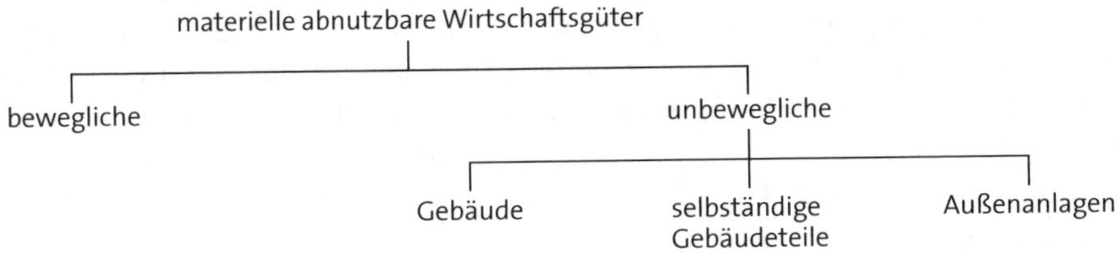

Die Absetzung für Abnutzung von Gebäuden hat gegenüber der AfA bei beweglichen Wirtschaftsgütern *grundsätzliche Unterschiede* aufzuweisen. Diese Unterschiede bestehen insbesondere darin, dass für die AfA von Gebäuden *nicht die betriebsgewöhnliche Nutzungsdauer* maßgeblich ist, sondern es gelten *feste Prozentsätze*, die auf die Anschaffungs- oder Herstellungskosten anzuwenden sind. Zwar kann man mit Hilfe der Prozentsätze die Nutzungsdauer errechnen, die dem Gesetzgeber vorgeschwebt hat; dennoch ist es wichtig, darauf hinzuweisen, dass eine bestimmte Nutzungsdauer im Gesetz grundsätzlich nicht festgelegt worden ist. Der Gesetzgeber hat ganz im Gegenteil bewusst darauf verzichtet.

Die nachfolgend erörterten Vorschriften zur Gebäudeabschreibung, insbesondere also § 7 Abs. 4 EStG, sind steuerrechtlich zwingend vorzunehmen. Im Handelsrecht befinden sich keine Vorschriften zur Höhe der Abschreibungen auf Gebäude. Deshalb können dort auch andere Abschreibungssätze in Frage kommen. Wird z. B. die Nutzungsdauer eines Gebäudes auf 100 Jahre geschätzt, so kann in der Handelsbilanz die jährliche Abschreibung 1 % von den Anschaffungs- oder Herstellungskosten betragen. Obwohl die umgekehrte Maßgeblichkeit nicht mehr gilt, bestehen aber auch keine Bedenken „gegen die Anwendung der **steuerlichen** Nutzungsdauern bei der Abschreibungsverrechnung" (so Hoffmann/Lüdenbach, NWB Kommentar Bilanzierung, Tz 146 zu § 253 HGB).

1. Gebäudedefinition

Es soll nachfolgend die AfA von Gebäuden erörtert werden. Deshalb muss zunächst 231
klargestellt werden, wie ein Gebäude zu definieren ist. Es ist nämlich oft schwierig, ein *Gebäude* von einer *Betriebsvorrichtung*, die im Steuerrecht als bewegliches Wirtschaftsgut anzusehen ist, *abzugrenzen*. Da die Abgrenzung der Gebäude von Betriebsvorrichtungen auch für andere Steuern, z. B. die Erbschaftsteuer, eine große Rolle spielt, ist die Frage durch einen Erlass zum Bewertungsgesetz vom 5. 6. 2013 (BStBl 2013 I S. 734) geklärt worden. Das Ergebnis dieses Erlasses ist in R 7.1 Abs. 5 Satz 2 EStR zusammengefasst worden. Danach ist ein Gebäude „ein Bauwerk auf eigenem oder fremdem Grund und Boden, das Menschen oder Sachen durch räumliche Umschließung Schutz gegen äußere Einflüsse gewährt, den Aufenthalt von Menschen gestattet, fest mit dem Grund

und Boden verbunden, von einiger Beständigkeit und standfest ist". Von besonderer Bedeutung sind in dieser Definition zwei Kriterien: Ein Bauwerk ist dann ein Gebäude, wenn hierin *Menschen oder Sachen Schutz gegen äußere Einflüsse* finden können und wenn es *fest mit dem Grund und Boden verbunden* ist.

Dagegen handelt es sich um bewegliche Anlagegüter gem. R 7.1 Abs. 3 Satz 2 EStR bei Maschinen, maschinellen Anlagen und sonstigen Betriebsvorrichtungen, auch wenn sie wesentliche Bestandteile eines Grundstückes sind. Wenn also beispielsweise eine Maschine oder eine Betriebsvorrichtung fest in den Grund und Boden einbetoniert ist, so liegt *bürgerlich-rechtlich* ein wesentlicher Bestandteil dieses Grundstückes vor. *Steuerrechtlich* handelt es sich bei der Maschine oder Betriebsvorrichtung aber um ein bewegliches Wirtschaftsgut.

2. Lineare AfA

a) Nicht Wohnzwecken dienende Gebäude im Betriebsvermögen

§ 7 Abs. 4 Nr. 1 EStG

232 Bei Gebäuden, soweit sie zu einem Betriebsvermögen gehören und nicht Wohnzwecken dienen, konnte gem. § 7 Abs. 4 Nr. 1 EStG jährlich 4 % von den Anschaffungs- oder Herstellungskosten als Absetzung für Abnutzung vorgenommen werden, wenn der Bauantrag nach dem 31. 3. 1985 gestellt worden war und wenn sie bis zum 31. 12. 2000 angeschafft oder hergestellt worden waren (§ 52 Abs. 15 Satz 2 EStG). Für Wirtschaftsgebäude, die nach dem 31. 12. 2000 angeschafft oder für die im Falle der Herstellung nach dem 31. 3. 1985 der Bauantrag gestellt wurde oder die Bauunterlagen eingereicht wurden, beträgt der AfA-Satz nach § 7 Abs. 4 Nr. 1 EStG 3 %.

b) Andere Gebäude

§ 7 Abs. 4 Nr. 2 EStG

233 Bei allen anderen Gebäuden – das sind also Gebäude im Betriebsvermögen, die Wohnzwecken dienen, und alle Gebäude im Privatvermögen – beträgt die AfA gem. § 7 Abs. 4 Nr. 2a) EStG jährlich 2 % von den Anschaffungs- oder Herstellungskosten. Für Gebäude, die vor dem 1. 1. 1925 fertig gestellt worden sind, erhöht sich der Prozentsatz gem. § 7 Abs. 4 Nr. 2b) EStG auf 2,5.

Aus diesen Prozentsätzen lässt sich eine unterstellte Nutzungsdauer von mindestens 50 bzw. 40 Jahren errechnen. Ist die tatsächliche Nutzungsdauer eines Gebäudes geringer als 50 bzw. 40 Jahre, kann gem. § 7 Abs. 4 Satz 2 EStG die AfA entsprechend der tatsächlichen Nutzungsdauer vorgenommen werden.

BEISPIEL: Es wird ein Lagergebäude für 300 000 € errichtet. Das Lagergebäude hat feste Fundamente und Stützpfeiler. Die Außenwände bestehen aus Kunststoff. Nach Auskunft eines Sachverständigen halten diese Außenwände und damit das ganze Lagergebäude nicht länger als 20 Jahre.

Das Lagergebäude kann gem. § 7 Abs. 4 Satz 2 EStG jährlich mit 5 % von 300 000 € = 15 000 € abgeschrieben werden.

3. Degressive AfA

§ 7 Abs. 5 EStG

Bei im Inland belegenen Gebäuden war früher auch eine degressive AfA möglich, und zwar in Form der sog. Staffeldegression. Grundsätzlich konnte die degressive Gebäudeabschreibung nur vom *Bauherrn* in Anspruch genommen werden. Erwerber eines Gebäudes konnten die Vergünstigung nur nutzen, wenn die Anschaffung des Gebäudes bis zum Ende des Jahres der Fertigstellung erfolgt und der Hersteller gem. § 7 Abs. 5 Satz 2 EStG weder AfA noch erhöhte Absetzungen oder Sonderabschreibungen vorgenommen hat. 234

a) Nicht Wohnzwecken dienende Gebäude im Betriebsvermögen

§ 7 Abs. 5 Nr. 1 EStG

Bei nicht Wohnzwecken dienenden Gebäuden im Betriebsvermögen i. S. des § 7 Abs. 4 Nr. 1 EStG konnte gem. § 7 Abs. 5 Nr. 1 EStG eine degressive AfA mit folgenden Staffelsätzen vorgenommen werden: 235

- 10 % in den ersten 4 Jahren,
- 5 % in den darauf folgenden 3 Jahren,
- 2,5 % in den darauf folgenden 18 Jahren.

Diese degressive Abschreibung nach § 7 Abs. 5 Nr. 1 EStG war nur für Gebäude anwendbar, die vom Steuerpflichtigen auf Grund eines vor dem 1. 1. 1994 gestellten Bauantrags hergestellt oder auf Grund eines vor diesem Zeitpunkt rechtswirksam abgeschlossenen obligatorischen Vertrags angeschafft worden sind. Damit ist die degressive AfA gem. § 7 Abs. 5 Nr. 1 EStG für Herstellung oder Anschaffung von Gebäuden seit 1994 nicht mehr möglich.

b) Nicht Wohnzwecken dienende Gebäude im Privatvermögen

§ 7 Abs. 5 Nr. 2 EStG

Bei Gebäuden, die nicht Wohnzwecken dienen und die sich im Privatvermögen befinden, konnte gem. § 7 Abs. 5 Nr. 2 EStG eine degressive AfA mit folgenden Staffelsätzen vorgenommen werden: 236

- 5 % in den ersten 8 Jahren,
- 2,5 % in den darauf folgenden 6 Jahren,
- 1,25 % in den darauf folgenden 36 Jahren.

Diese degressive Abschreibung nach § 7 Abs. 5 Nr. 2 EStG konnte nur für Gebäude in Anspruch genommen werden, die vom Steuerpflichtigen aufgrund eines vor dem 1. 1. 1995 gestellten Bauantrags hergestellt oder aufgrund eines vor diesem Zeitpunkt rechtswirksam abgeschlossenen obligatorischen Vertrags angeschafft worden sind. Damit ist die degressive AfA gem. § 7 Abs. 5 Nr. 2 EStG grundsätzlich seit 1995 nicht mehr möglich.

c) Wohnzwecken dienende Gebäude

§ 7 Abs. 5 Nr. 3 EStG

237 Wohnzwecken dienende Gebäude, die sich im Betriebsvermögen oder im Privatvermögen befinden, konnten degressiv gem. § 7 Abs. 5 Nr. 3 EStG abgeschrieben werden.

Wenn der Bauantrag nach dem 28. 2. 1989 gestellt wurde und das Gebäude vom Steuerpflichtigen auf Grund eines vor dem 1. 1. 1996 gestellten Bauantrags hergestellt oder auf Grund eines nach dem 28. 2. 1989 und vor dem 1. 1. 1996 rechtswirksam abgeschlossenen obligatorischen Vertrags angeschafft wurde, konnten gem. § 7 Abs. 5 Nr. 3a) EStG folgende Staffelsätze in Anspruch genommen werden:

- 7 % in den ersten 4 Jahren,
- 5 % in den darauf folgenden 6 Jahren,
- 2 % in den darauf folgenden 6 Jahren,
- 1,25 % in den darauf folgenden 24 Jahren.

Bei Gebäuden, die auf Grund eines nach dem 31. 12. 1995 und vor dem 1. 1. 2004 gestellten Bauantrags hergestellt oder auf Grund eines in diesem Zeitraum rechtswirksam abgeschlossenen obligatorischen Vertrags angeschafft worden sind, galten gem. § 7 Abs. 5 Nr. 3b) EStG folgende verringerte Staffelsätze:

- 5 % in den ersten 8 Jahren,
- 2,5 % in den darauf folgenden 6 Jahren,
- 1,25 % in den darauf folgenden 36 Jahren.

Bei Gebäuden, die auf Grund eines nach dem 31. 12. 2003 und vor dem 1. 1. 2006 gestellten Bauantrags hergestellt oder auf Grund eines nach dem 31. 12. 2003 und vor dem 1. 1. 2006 rechtswirksam abgeschlossenen obligatorischen Vertrages angeschafft worden sind, sind die nachfolgenden verringerten Staffelsätze gem. § 7 Abs. 5 Nr. 3c) EStG anzuwenden:

- 4 % in den ersten 10 Jahren,
- 2,5 % in den darauf folgenden 8 Jahren,
- 1,25 % in den darauf folgenden 32 Jahren.

Bei einem Bauantrag oder Anschaffung nach dem 31. 12. 2005 ist demnach eine degressive AfA nicht mehr möglich.

4. Übersicht über Gebäude-AfA

Die Absetzung für Abnutzung bei Gebäuden wird auf der nachfolgenden Seite zusammenfassend in einer Übersicht dargestellt.

Absetzung für Abnutzung bei Gebäuden

Gebäude								
	Betriebsvermögen				Privatvermögen			
AfA-Methode	Nicht Wohnzwecken dienend		Wohnzwecken dienend		Nicht Wohnzwecken dienend		Wohnzwecken dienend	
		§		§		§		§
Linear	3 % jährlich Voraussetzung: Bauantrag nach dem 31. 3. 1985	§ 7 Abs. 4 Nr. 1	2 % jährlich (bei Fertigstellung vor 1925: 2,5 %)	§ 7 Abs. 4 Nr. 1	2 % jährlich (bei Fertigstellung vor 1925: 2,5 %)	§ 7 Abs. 4 Nr. 2	2 % jährlich (bei Fertigstellung vor 1925: 2,5 %)	§ 7 Abs. 4 Nr. 2
Degressiv **Voraussetzungen:** **Herstellung oder Anschaffung im Jahr der Herstellung**	*Voraussetzung:* Bauantrag oder Anschaffg. nach 31. 3. 1985 und vor 1. 1. 1994 4 x 10 % 3 x 5 % 18 x 2,5 %	§ 7 Abs. 5 Satz 1 Nr. 1	Bauantrag oder Anschaffg. nach dem 31. 12. 2003 und vor dem 1. 1. 2006 10 x 4 % 8 x 2,5 % 32 x 1,25 %	§ 7 Abs. 5 Satz 1 Nr. 3 Buchst. c)	Bauantrag oder Anschaffg. vor 1. 1. 1995 8 x 5 % 6 x 2,5 % 36 x 1,25 %	§ 7 Abs. 5 Satz 1 Nr. 2	Bauantrag oder Anschaffg. nach dem 31. 12. 2003 und vor dem 1. 1. 2006 10 x 4 % 8 x 2,5 % 32 x 1,25 %	§ 7 Abs. 5 Satz 1 Nr. 3 Buchst. c)
			Bauantrag oder Anschaffg. nach dem 31. 12. 1995 und vor dem 1. 1. 2004 8 x 5 % 6 x 2,5 % 36 x 1,25 %	§ 7 Abs. 5 Satz 1 Nr. 3 Buchst. b)			Bauantrag oder Anschaffg. nach dem 31. 12. 1995 und vor dem 1. 1. 2004 8 x 5 % 6 x 2,5 % 36 x 1,25 %	§ 7 Abs. 5 Satz 1 Nr. 3 Buchst. b)

5. Übergang

R 7.4 Abs. 7 EStR

238 Bei Gebäuden ist der Übergang von der degressiven Absetzung des § 7 Abs. 5 EStG zur linearen Absetzung nach § 7 Abs. 4 EStG und umgekehrt sowie ein Wechsel zwischen den verschiedenen Verfahren nach § 7 Abs. 5 EStG grundsätzlich nicht möglich. Der Steuerpflichtige ist also bei Gebäuden grundsätzlich an eine einmal gewählte Abschreibungsmethode gebunden. Ausnahmsweise muss gem. R 7.4 Abs. 7 Satz 1 Nr. 1 EStR ein Wechsel erfolgen, wenn ein Gebäude in einem auf das Jahr der Anschaffung oder Herstellung folgenden Jahr die Voraussetzungen des § 7 Abs. 4 Satz 1 Nr. 1 EStG erstmals erfüllt. Eine weitere Ausnahme ist gem. R 7.4 Abs. 7 Satz 1 Nr. 2 EStR gegeben, soweit ein Gebäude in einem auf das Jahr der Anschaffung oder Herstellung folgenden Jahr die Voraussetzungen des § 7 Abs. 4 Satz 1 Nr. 1 EStG nicht mehr erfüllt oder gem. R 7.4 Abs. 7 Satz 1 Nr. 3 EStR ein nach § 7 Abs. 5 Satz 1 Nr. 3 EStG abgeschriebener Mietwohnneubau nicht mehr Wohnzwecken dient.

6. AfA im Anschluss an Teilwertabschreibungen oder Absetzungen für außergewöhnliche Abnutzung

§ 11c Abs. 2 EStDV

239 Wird bei beweglichen Wirtschaftsgütern eine Teilwertabschreibung oder eine Absetzung für außergewöhnliche Abnutzung (AfaA) vorgenommen, so muss im Anschluss daran der Restbuchwert auf die Restnutzungsdauer verteilt werden. Bei Gebäuden ist dieser Fall, da sich die Absetzung für Abnutzung grundsätzlich nicht nach der Nutzungsdauer richtet und es somit auch eine Restnutzungsdauer nicht gibt, anders geregelt. Vielmehr ist nach § 11c Abs. 2 EStDV eine neue Bemessungsgrundlage zu ermitteln. Sie errechnet sich aus den ursprünglichen Anschaffungs- oder Herstellungskosten abzüglich der Teilwertabschreibung oder der AfaA. Auf diese neue Bemessungsgrundlage ist dann der maßgebende Hundertsatz von 2 %, 2,5 % oder 3 % anzuwenden.

BEISPIEL: Im Januar 01 ist ein Gebäude für 500 000 € angeschafft worden. Bis zum 31. 12. 10 ist hierauf zutreffend eine AfA von jährlich 2 %, insgesamt also 20 % von 500 000 € = 100 000 € vorgenommen worden. Der Teilwert beträgt am 31. 12. 10 aber nachweislich 250 000 €. Deshalb wurde zum 31. 12. 10 eine Teilwertabschreibung von 150 000 € auf 250 000 € vorgenommen. Die neue Bemessungsgrundlage beträgt:

ursprüngliche Anschaffungskosten	500 000 €
·/. Teilwertabschreibung	150 000 €
neue Bemessungsgrundlage	350 000 €

Die AfA ab dem Jahr 11 ist mit 2 % von 350 000 € = 7 000 € vom verbleibenden Buchwert von 250 000 € abzusetzen.

7. AfA im Anschluss an nachträgliche Anschaffungs- oder Herstellungskosten

240 Fallen bei einem beweglichen Wirtschaftsgut nachträgliche Herstellungskosten an, so wird im Anschluss hieran der Restbuchwert zuzüglich der nachträglichen Herstellungskosten auf die Restnutzungsdauer verteilt. Dieses Verfahren ist bei Gebäuden wiederum deshalb nicht möglich, weil für Gebäude grundsätzlich eine Nutzungsdauer nicht

festgelegt wird. Es muss deshalb auch in diesem Fall eine neue Bemessungsgrundlage ermittelt werden. Sie errechnet sich in logischer Umkehr zu dem in der Textziffer 239 Gesagten, indem gem. H 7.3 „Nachträgliche Anschaffungs- oder Herstellungskosten" EStH zu den ursprünglichen Anschaffungs- oder Herstellungskosten die nachträglichen Herstellungsaufwendungen hinzugerechnet werden. Auf diese neue Bemessungsgrundlage ist dann gem. H 7.4 „Nachträgliche Anschaffungs- oder Herstellungskosten" EStH der maßgebende Hundertsatz von 2 oder 2,5 % anzuwenden.

BEISPIEL: Im Januar 01 ist ein Gebäude für 400 000 € angeschafft worden. Bis zum 31. 12. 08 ist hierauf zutreffend eine AfA von 2 % jährlich, insgesamt also 16 % von 400 000 € = 64 000 € vorgenommen worden. Bis zum Januar 09 fallen Herstellungsaufwendungen bei diesem Gebäude i. H. von 180 000 € an.

Die neue Bemessungsgrundlage ist folgendermaßen zu berechnen:

ursprüngliche Anschaffungskosten	400 000 €
Herstellungsaufwendungen	180 000 €
neue Bemessungsgrundlage	580 000 €
Der neue Buchwert beträgt:	
ursprüngliche Anschaffungskosten	400 000 €
AfA 01 bis 08	·/. 64 000 €
Buchwert 31. 12. 08	336 000 €
Herstellungsaufwendungen bis Januar 09	180 000 €
	516 000 €

Auf diesen Buchwert von 516 000 € ist ab 09 die neue AfA i. H. von 2 % von 580 000 € = 11 600 € vorzunehmen.

Durch das beschriebene Verfahren kommt es durch die nachträglichen Anschaffungs- oder Herstellungskosten zu einer Verlängerung der Abschreibungszeit von $33^1/_3$, 40 bzw. 50 Jahren. Ist die *tatsächliche* Nutzungsdauer allerdings voraussichtlich kürzer, so kann die AfA gem. H 7.4 „Nachträgliche Anschaffungs- oder Herstellungskosten" EStH vom Zeitpunkt der Beendigung der nachträglichen Herstellungsarbeiten an nach der Restnutzungsdauer des Gebäudes bemessen werden.

Wird ein Gebäude gem. § 7 Abs. 4 Satz 2 EStG nach der tatsächlichen Nutzungsdauer abgeschrieben, so bemisst sich die AfA im Anschluss an nachträgliche Anschaffungs- oder Herstellungskosten nach der dann neu zu schätzenden Restnutzungsdauer i. S. der R 7.4 Abs. 9 Satz 1 EStR. Aus Vereinfachungsgründen kann aber auch gem. R 7.4 Abs. 9 Satz 2 EStR der bisherige Vomhundertsatz weiter angewendet werden.

Im Jahr der Entstehung der nachträglichen Anschaffungs- oder Herstellungskosten ist eine zeitanteilige Aufteilung der Absetzung für Abnutzung nicht erforderlich. Vielmehr ist gem. R 7.4 Abs. 9 Satz 3 EStR die AfA so zu berücksichtigen, als wären die nachträglichen Anschaffungs- oder Herstellungskosten zu Beginn des Jahres aufgewendet worden.

8. AfA eines Gebäudes nach Einlage oder Entnahme

§ 7 Abs. 1 Satz 5 EStG, R 7.3 Abs. 6 und R 7.4 Abs. 10 EStR

241 Wird ein Gebäude aus dem Privatvermögen in das Betriebsvermögen eingelegt, für das zuvor im Rahmen der Überschusseinkunftsarten i. S. des § 2 Abs. 1 Nr. 4 bis 7 EStG Absetzungen für Abnutzung oder Substanzverringerung, Sonderabschreibungen oder erhöhte Absetzungen geltend gemacht worden sind, so bemisst sich die weitere AfA gem. § 7 Abs. 1 Satz 5 EStG nach dem Einlagewert abzüglich der Absetzungen für Abnutzung oder Substanzverringerung, Sonderabschreibungen oder erhöhte Absetzungen, die bis zum Zeitpunkt der Einlage vorgenommen worden sind, mindestens jedoch nach den fortgeschriebenen Anschaffungs- oder Herstellungskosten (vgl. hierzu Tz 221). Das bedeutet, dass die Einlage des Gebäudes gem. § 6 Abs. 1 Nr. 5 Satz 1 EStR zwar mit dem Teilwert zu bewerten ist, der Absetzung für Abnutzung unterliegt aber nur ein verminderter Wert. Es bleibt dann ein nicht abschreibbarer Wert, der nur durch eine Teilwertabschreibung bei dauernder Wertminderung oder eine Absetzung für außergewöhnliche technische oder wirtschaftliche Abnutzung gemindert werden kann.

BEISPIEL: Ein Steuerpflichtiger hat Anfang des Jahres 01 ein Gebäude für 1 000 000 € angeschafft und daraus Einkünfte aus Vermietung und Verpachtung erzielt. Die jährliche Absetzung für Abnutzung betrug gem. § 7 Abs. 4 Nr. 2 EStG 2 % von 1 000 000 € = 20 000 €. Bis zum 31. 12. 10 hat sich nach Berücksichtigung der AfA für 10 Jahre (10 × 20 000 € = 200 000 €) ein Buchwert von 800 000 € ergeben.

Am 1. 1. 11 wird das Gebäude in das Betriebsvermögen des Steuerpflichtigen eingelegt. Zu diesem Zeitpunkt beträgt der Teilwert 1 500 000 €.

Wie ist das ins Betriebsvermögen eingelegte Gebäude ab dem Jahr 11 in der Steuerbilanz abzuschreiben?

Das Gebäude ist bei seiner Einlage ab 1. 1. 11 gem. § 6 Abs. 1 Nr. 5 EStG in der Steuerbilanz mit dem Teilwert von 1 500 000 € zu bewerten. Bemessungsgrundlage für die Absetzungen für Abnutzung ab dem Jahr 11 ist aber der um die bisher vorgenommenen Abschreibungen verminderte Einlagewert, also 1 300 000 €. Die Absetzung für Abnutzung beträgt also ab dem Jahr 11 2 % von 1 300 000 € = 26 000 €. Auf den Differenzbetrag von 200 000 € ist eine Absetzung für Abnutzung nicht vorzunehmen. Er kann gegebenenfalls nur durch eine Teilwertabschreibung (bei dauernder Wertminderung) oder eine Absetzung für außergewöhnliche technische oder wirtschaftliche Abnutzung gem. § 7 Abs. 1 Satz 7 EStG gemindert werden.

Wenn ein Gebäude vom Betriebsvermögen in das Privatvermögen überführt wird, ist Bemessungsgrundlage für die weitere AfA der Teilwert gem. § 6 Abs. 1 Nr. 4 EStG oder der gemeine Wert gem. § 16 Abs. 3 Satz 7 EStG, mit dem das Gebäude bei der Überführung steuerlich erfasst worden ist (R 7.3 Abs. 6 Satz 1 EStR). Auf diese Bemessungsgrundlage sind dann die Vomhundertsätze des § 7 Abs. 4 Satz 1 EStG oder, wenn die tatsächliche künftige Nutzungsdauer kürzer ist als 50 Jahre, ein Vomhundertsatz entsprechend dieser Nutzungsdauer i. S. des § 7 Abs. 4 Satz 2 EStG anzuwenden (R 7.4 Abs. 10 Satz 1 Nr. 1 EStR).

BEISPIEL: Ein Gebäude mit Anschaffungskosten von 1 000 000 €, das nach § 7 Abs. 4 Satz 1 Nr. 2 EStG abgeschrieben worden ist, wird nach 15-jähriger betrieblicher Nutzung aus dem Betriebsvermögen in das Privatvermögen entnommen. Im Überführungszeitpunkt beträgt der Teilwert 1 200 000 €, und es ergeben sich keine Anhaltspunkte für eine kürzere Nutzungsdauer als 50 Jahre.

Der Entnahmegewinn ist folgendermaßen zu berechnen:

Anschaffungskosten	1 000 000 €
AfA 2 % von 1 000 000 € × 15	·/. 300 000 €
Buchwert bei Entnahme	700 000 €
Teilwert bei Entnahme	1 200 000 €
Entnahmegewinn	500 000 €
Steuerliche Behandlung ab Entnahmezeitpunkt:	
Bemessungsgrundlage	1 200 000 €
AfA 2 % von 1 200 000 €	24 000 €
AfA-Volumen	1 200 000 €
Abschreibungszeitraum	50 Jahre

IX. Absetzung für Substanzverringerung

§ 7 Abs. 6 EStG

Es gibt Wirtschaftsgüter, die einem Substanzverzehr unterliegen. Solche Wirtschaftsgüter sind z. B. Kohle-, Erz-, Öl-, Lava- oder Sandvorkommen. Auch das abbruchfähige Gestein eines Steinbruches ist hier einzuordnen. Bei solchen Wirtschaftsgütern können gem. § 7 Abs. 6 EStG Absetzungen für Substanzverringerung vorgenommen werden. Bemessungsgrundlage sind in diesen Fällen, wie bei der Absetzung für Abnutzung, die Anschaffungs- oder Herstellungskosten oder die an deren Stelle tretenden Werte. 242

Da nach § 7 Abs. 6 EStG die Vorschriften des § 7 Abs. 1 EStG „entsprechend" anzuwenden sind, kann die Absetzung für Substanzverzehr grundsätzlich in gleichen Jahresbeträgen erfolgen, d. h. also, die Anschaffungskosten sind linear auf die voraussichtliche Dauer der Ausbeutung zu verteilen. Möglich ist nach § 7 Abs. 6 letzter Halbsatz EStG aber auch die Absetzung nach Maßgabe des Substanzverzehrs.

BEISPIEL: Ein Steuerpflichtiger kauft ein Sandvorkommen für 150 000 €. Das gesamte Vorkommen wird auf 1 000 000 cbm geschätzt. Im ersten Betriebsjahr wurden 120 000 cbm Sand gefördert.

Es werden in diesem Jahr somit 12 % von der Gesamtmenge gefördert. Die Absetzung für Substanzverringerung beträgt 12 % von 150 000 € = 18 000 €.

Die Gesamtmenge des Vorkommens kann zu Beginn der Förderung oft nur ungenau geschätzt werden. Erkennt man später, dass die Schätzung fehlerhaft war, so ist für die Folgezeit die Absetzung für Substanzverringerung nach oben oder unten anzupassen.

X. Sonderabschreibungen und erhöhte Absetzungen

1. Allgemeines und Überblick

§ 7a EStG

Mit Steuergesetzen wird grundsätzlich der Zweck verfolgt, Einnahmen der öffentlichen Hand zu erzielen. Darüber hinaus werden steuerliche Vorschriften aber auch als Instrumente der Wirtschaftspolitik eingesetzt. 243

Sonderabschreibungen werden zusätzlich neben der linearen Absetzung für Abnutzung gem. § 7a Abs. 4 EStG gewährt. Erhöhte Absetzungen treten dagegen *an die Stelle* der normalen Absetzungen.

Für Sonderabschreibungen und erhöhte Absetzungen gelten gemeinsame Vorschriften gem. § 7a EStG. So können z. B. nachträgliche Anschaffungs- oder Herstellungskosten gem. § 7a Abs. 1 EStG bis zum Ende des Begünstigungszeitraums nachgeholt werden.

Wenn Absetzungsvergünstigungen schon auf Anzahlungen vorgenommen werden können, treten gem. § 7a Abs. 2 Satz 1 EStG die Anzahlungen an die Stelle der tatsächlichen Anschaffungs- oder Herstellungskosten.

Nach § 7a Abs. 5 EStG gilt ein Kumulationsverbot, d. h. wenn mehrere Vorschriften für Sonderabschreibungen oder erhöhte Absetzungen in Frage kommen, kann nur eine dieser Vorschriften in Anspruch genommen werden.

Nach den Vorschriften der §§ 7h, 7i und 7k EStG sind erhöhte Absetzungen möglich. Nach § 7h EStG sind erhöhte Absetzungen (8 x 9 und 4 x 7 %) der Herstellungskosten für Modernisierungs- und Instandsetzungsmaßnahmen in bestimmten Sanierungsgebieten möglich. Die gleichen Prozentsätze sind gem. § 7i EStG bei Herstellungskosten für Baumaßnahmen möglich, die zur Erhaltung von Baudenkmälern erforderlich sind.

Die Vorschriften der §§ 7h und 7i EStG haben für den Bilanzbereich nur geringe Bedeutung.

§ 7k EStG betraf erhöhte Absetzungen für Wohnungen mit Sozialbindung. § 7k EStG ist ausgelaufen.

Zu den Sonderabschreibungen gehört die Vorschrift des § 7g EStG. Sie ist für den Bilanzbereich von besonderer Bedeutung. Sie soll deshalb nachfolgend gesondert behandelt werden.

2. Vergünstigung des § 7g EStG für kleine und mittlere Betriebe

§ 7g EStG

244 Nach § 7g EStG können Steuerpflichtige außerhalb der Bilanz einen Investitionsabzugsbetrag gewinnmindernd berücksichtigen. Dieser beträgt bis zu 40 % der Anschaffungs- oder Herstellungskosten von geplanten Investitionen abnutzbarer beweglicher Wirtschaftsgüter des Anlagevermögens. Es ist nicht Voraussetzung, dass es sich um neue Wirtschaftsgüter handelt. Am Schluss des Wirtschaftsjahres, in dem der Investitionsabzugsbetrag in Anspruch genommen wird, dürfen folgende Größenmerkmale nicht überschritten werden:

- Betriebsvermögen von 235 000 € bei Gewerbebetrieben oder der selbständigen Arbeit dienenden Betrieben,
- bei Betrieben der Land- und Forstwirtschaft ein Wirtschaftswert von 125 000 € oder
- bei Betrieben mit Gewinnermittlung nach § 4 Abs. 3 EStG ein Gewinn von 100 000 € ohne Berücksichtigung des Investitionsabzugsbetrages.

Weitere Voraussetzungen sind:

- der Steuerpflichtige muss beabsichtigen, das begünstigte Wirtschaftsgut in den drei folgenden Wirtschaftsjahren anzuschaffen oder herzustellen;
- das begünstigte Wirtschaftsgut muss bis zum Ende des dem Wirtschaftsjahr der Anschaffung oder Herstellung folgenden Wirtschaftsjahres in einer inländischen Betriebsstätte ausschließlich oder fast ausschließlich betrieblich genutzt werden und
- der Steuerpflichtige muss das begünstigte Wirtschaftsgut gegenüber dem Finanzamt benennen und die Höhe der voraussichtlichen Anschaffungs- oder Herstellungskosten angeben. Diese Voraussetzung ist nach dem Steueränderungsgesetz 2015 ab dem 1. 1. 2016 nicht mehr erforderlich.

Die Summe der Abzugsbeträge des Abzugsjahres und der drei vorangegangenen Wirtschaftsjahre darf je Betrieb 200 000 € nicht überschreiten.

Im Jahr der Anschaffung oder Herstellung können gem. § 7g Abs. 2 Satz 1 EStG die Anschaffungs- oder Herstellungskosten um bis zu 40 %, höchstens jedoch um den in Anspruch genommenen Investitionsabzugsbetrag, gewinnmindernd reduziert werden. Dem steht gewinnerhöhend der in Anspruch genommene Investitionsabzugsbetrag gegenüber. Es sind drei Fälle zu unterscheiden:

(1) Schätzung und tatsächliche Anschaffungs- oder Herstellungskosten sind identisch

In diesem Fall ergibt sich im Jahr der Anschaffung oder Herstellung – per Saldo – keine Gewinnauswirkung.

BEISPIEL 1: Ein Unternehmer nimmt zum 31. 12. 01 einen Investitionsabzugsbetrag für die geplante Anschaffung einer Maschine in Höhe von 40 % von 50 000 € = 20 000 € in Anspruch. Die Maschine wird im Jahr 02 für 50 000 € erworben.

Der Unternehmer hat 02 den Investitionsabzugsbetrag von 20 000 € außerbilanziell dem Gewinn hinzuzurechnen. Im Gegenzug kann der Unternehmer 40 % von den Anschaffungskosten = 20 000 € als Betriebsausgabe abziehen. Um diese 20 000 € vermindert sich die Bemessungsgrundlage für die AfA auf 30 000 € (50 000 € ·/. 20 000 €).

(2) Schätzung niedriger als tatsächliche Anschaffungs- oder Herstellungskosten

Auch in diesem Fall sind die außerbilanzielle Gewinnerhöhung und die Gewinnminderung durch den Abzug bei den Anschaffungs- oder Herstellungskosten gleich hoch.

BEISPIEL 2 Ein Unternehmer nimmt zum 31. 12. 01 einen Investitionsabzugsbetrag für die geplante Anschaffung einer Maschine in Höhe von 40 % von 50 000 € = 20 000 € in Anspruch. Die Maschine wird im Jahr 02 für 60 000 € erworben.

Der Unternehmer hat 02 den Investitionsabzugsbetrag von 20 000 € außerbilanziell dem Gewinn hinzuzurechnen. Im Gegenzug kann der Unternehmer maximal 20 000 € von den Anschaffungskosten als Betriebsausgaben abziehen. Um diese 20 000 € vermindert sich die Bemessungsgrundlage für die AfA auf 40 000 € (60 000 € ·/. 20 000 €).

(3) Schätzung höher als tatsächliche Anschaffungs- oder Herstellungskosten

In diesem Fall ist die außerbilanzielle Gewinnerhöhung auf maximal 40 % der tatsächlichen Anschaffungs- oder Herstellungskosten beschränkt. Die Differenz zwischen dem ursprünglich in Anspruch genommenen Investitionsabzugsbetrag und dem tatsächlich möglichen Betrag ist spätestens nach Ablauf der Investitionsfrist rückwirkend gewinnerhöhend zu berücksichtigen.

BEISPIEL 3: Ein Unternehmer nimmt zum 31. 12. 01 einen Investitionsabzugsbetrag für die geplante Anschaffung einer Maschine in Höhe von 40 % von 50 000 € = 20 000 € in Anspruch. Die Maschine wird im Jahr 02 für 40 000 € erworben.

Der Unternehmer hat 02 den Investitionsabzugsbetrag in Höhe von 40 % von 40 000 € = 16 000 € außerbilanziell dem Gewinn hinzuzurechnen. Der verbleibende Betrag von 4 000 € ist spätestens nach Ablauf der Investitionsfrist – im vorliegenden Fall also nach dem 31. 12. 04 – gem. § 7g Abs. 3 EStG rückwirkend für 01 gewinnerhöhend zu berücksichtigen. Im Jahr 02 kann der Unternehmer maximal 16 000 € von den Anschaffungskosten als Betriebsausgaben abziehen. Um diese 16 000 € vermindert sich die Bemessungsgrundlage für die AfA auf 24 000 € (40 000 € ·/. 16 000 €).

Wenn der Investitionsabzugsbetrag nicht bis Ende des Investitionszeitraumes hinzugerechnet worden ist, insbesondere also, wenn die Investition unterbleibt, ist gem. § 7g Abs. 3 EStG der vorher vorgenommene Abzug rückgängig zu machen, und zwar unabhängig davon, ob der entsprechende Steuer- oder Feststellungsbescheid bereits bestandskräftig geworden ist.

Wenn das Wirtschaftsgut bis zum Ende des der Anschaffung oder Herstellung folgenden Wirtschaftsjahres nicht zu mindestens 90 % betrieblich genutzt wird, so werden die Inanspruchnahme des Investitionsabzugsbetrags und die Sonderabschreibung durch eine neue Verfahrensvorschrift gem. § 7g Abs. 4 EStG rückgängig gemacht.

Unter den Voraussetzungen des § 7g Abs. 5 und 6 EStG können dann noch (zusätzlich) Sonderabschreibungen bis zu insgesamt 20 % im Begünstigungszeitraum von fünf Jahren in Anspruch genommen werden. Bemessungsgrundlage für die Sonderabschreibung und die normale lineare oder degressive Absetzung für Abnutzung sind die nach § 7g Abs. 2 EStG um bis zu 40 % verringerten Anschaffungs- oder Herstellungskosten.

BEISPIEL 4: Ein Unternehmer nimmt zum 31. 12. 01 einen Investitionsabzugsbetrag für die geplante Anschaffung einer Maschine i. H. von 40 % von 50 000 € = 20 000 € in Anspruch. Die Maschine wird im Oktober 02 für 50 000 € erworben. Sie hat eine Nutzungsdauer von sechs Jahren.

Wie bereits im Beispiel 1 dargelegt, hat der Unternehmer 02 den Investitionsabzugsbetrag außerbilanziell dem Gewinn hinzuzurechnen. Darüber hinaus ergeben sich folgende Auswirkungen:

Anschaffungskosten Oktober 02	50 000 €
gewinnmindernde Reduzierung von 40 % der Anschaffungskosten	·/. 20 000 €
verbleibende Anschaffungskosten	30 000 €
Sonderabschreibung 02 20 %	·/. 6 000 €
verbleibende Anschaffungskosten	24 000 €
AfA 02, $16\,^2/_3$ % von 30 000 € für drei Monate	·/. 1 250 €
Buchwert 31. 12. 02	22 750 €

Dritter Teil: Körperschaftsteuer

A. Einführung

I. Charakterisierung der Körperschaftsteuer

Die Körperschaftsteuer ist die Einkommensteuer der Körperschaften. Körperschaften sind die im § 1 Abs. 1 KStG angegebenen juristischen Personen, nichtrechtsfähigen Vereine, Anstalten, Stiftungen und andere Zweckvermögen privaten Rechts sowie Betriebe gewerblicher Art von juristischen Personen des öffentlichen Rechts. 1

Die eigenständige Besteuerung der Kapitalgesellschaften durch die Körperschaftsteuer leitet sich insbesondere daraus her, dass es sich bei diesen um selbstständige Rechtssubjekte handelt, die Gewinne erzielen und thesaurieren können. Damit können die Einkünfte nicht wie bei Personengesellschaften oder Einzelunternehmen dem Anteilseigner zugerechnet werden. Da die Besteuerung nicht bis zum Zeitpunkt der Ausschüttung aufgeschoben werden soll, erfolgt die Besteuerung durch eine eigenständige Belastung mit Körperschaftsteuer bei der Kapitalgesellschaft.

Wie die Einkommensteuer ist die Körperschaftsteuer somit eine *Personensteuer.* Die Körperschaftsteuer wird auch, ähnlich wie die Lohnsteuer, als *Erscheinungsform der Einkommensteuer* bezeichnet. Sie weist aber zur Einkommensteuer wesentliche Unterschiede auf. Insbesondere *gilt ein anderer Tarif,* und *die persönliche* Leistungsfähigkeit wird im Gegensatz zur Einkommensteuer grundsätzlich *nicht berücksichtigt.*

Von wesentlicher Bedeutung für die Praxis sind nur die in § 1 Abs. 1 Nr. 1 KStG genannten Kapitalgesellschaften. Die übrigen Körperschaften haben demgegenüber in der Praxis nur eine geringe Bedeutung. Die folgenden Ausführungen sollen sich deshalb, soweit nicht ausdrücklich darauf hingewiesen wird, grundsätzlich nur auf die Kapitalgesellschaften beziehen.

II. Die Körperschaftsteuersysteme

1. Grundsätzliche Unterscheidungskriterien

Es gibt verschiedene Körperschaftsteuersysteme. Wenn von „Körperschaftsteuersystemen“ die Rede ist, so versteht man hierunter in der Regel das Verhältnis der Körperschaftsteuer zur Einkommensteuer. 2

Es geht um die Frage, ob das von der Kapitalgesellschaft erzielte Einkommen sowohl bei der Kapitalgesellschaft mit Körperschaftsteuer als auch, sofern das Einkommen ganz oder teilweise an eine natürliche Person ausgeschüttet wird, mit Einkommensteuer belastet wird oder ob eine solche Doppelbelastung nicht stattfindet. Man kann demgemäß unterscheiden:

Körperschaftssteuersysteme

Systeme mit Doppelbelastung an KSt und ESt

Systeme ohne (jegliche) Doppelbelastung an KSt und ESt

Der Ausdruck „Doppelbelastung" ist nicht ganz korrekt, da die eintretende Wirkung zum einen fast niemals genau eine „doppelte", sondern eine „zweifache" Belastung ist, und zum anderen die zweifache Belastung auf die Ausschüttung eintreten *kann*, aber *nicht muss.*

2. Die Systeme mit Doppelbelastung

3 Beim sog. *klassischen System* werden die Gewinne der Körperschaften mit Körperschaftsteuer und bei Ausschüttung mit Einkommensteuer ohne Milderung belastet. Bei anderen Systemen wird die Doppelbelastung mehr oder weniger stark gemildert. Insbesondere handelt es sich um das System mit einem gespaltenen Körperschaftsteuersatz, das System mit einer reduzierten Belastung der Ausschüttungen und das Teilanrechnungssystem. Beim System mit gespaltenem Körperschaftsteuersatz wird die Milderung der Doppelbelastung dadurch herbeigeführt, dass die ausgeschütteten Gewinne mit einem geringeren Steuersatz belegt werden. Das System mit einer reduzierten Belastung der Ausschüttungen setzt dagegen beim Anteilseigner an. Die an ihn erfolgten Ausschüttungen werden zum Zweck der Milderung der Doppelbelastung nur zum Teil, z. B. zur Hälfte, besteuert.

Beim Vollanrechnungssystem wird die Doppelbelastung vollständig vermieden, indem die Körperschaftsteuer der Kapitalgesellschaft auf die Einkommensteuer der Anteilseigner angerechnet wird. Das Teilanrechnungssystem führt ebenfalls nicht zu einer vollen Beseitigung der Doppelbelastung, weil nur Teile der von der Kapitalgesellschaft gezahlten Körperschaftsteuer beim Anteilseigner angerechnet werden.

3. Die Systeme ohne Doppelbelastung

4 Soll eine Doppelbelastung mit Körperschaftsteuer und Einkommensteuer nicht eintreten, sind ebenfalls mehrere Systeme denkbar. Einige von ihnen sind die *Teilhabersteuer,* das *Dividendenabzugsverfahren* bzw. das *System des gespaltenen Steuersatzes mit einem Ausschüttungssatz von 0 %* und das *Vollanrechnungssystem.*

4. Die Entwicklung in der Bundesrepublik Deutschland

5 In der Bundesrepublik Deutschland hatte man lange Jahre bis zum 31. 12. 1976 ein System mit gespaltenem Körperschaftsteuersatz. Sog. „berücksichtigungsfähige Ausschüttungen" wurden mit einem reduzierten Steuersatz von 15 % besteuert. Durch die sog. Schattenquote in Folge der Nichtabzugsfähigkeit der Körperschaftsteuer betrug die tatsächliche Belastung allerdings knapp 25 %.

Mit Wirkung ab 1. 1. 1977 wurde das Vollanrechnungssystem eingeführt, wonach die Körperschaftsteuer gem. § 36 Abs. 2 Nr. 3 EStG a. F. auf die Einkommensteuer angerechnet wurde.

Das Anrechnungsverfahren ist zum 1. 1. 2001 durch das *„Halbeinkünfteverfahren"* abgelöst worden. Allerdings fand der Übergang nicht in jeder Hinsicht genau zum Jahreswechsel 2000/2001 statt. Einige Vorschriften des Halbeinkünfteverfahrens waren erstmals ab dem 1. 1. 2002 oder sogar noch später anzuwenden.

Seit 1. 1. 2009 gilt das Halbeinkünfteverfahren nicht mehr. Befinden sich Anteile an einer Kapitalgesellschaft im Betriebsvermögen, so ist statt des Halbeinkünfteverfahrens das *„Teileinkünfteverfahren"* anzuwenden, d. h. 40 % der Ausschüttungen sind steuerfrei und 60 % steuerpflichtig.

III. Die rechtlichen Grundlagen

§ 8 KStG

Rechtliche Grundlagen für die Besteuerung von Körperschaften sind das Körperschaftsteuergesetz, die Körperschaftsteuer-Durchführungsverordnung und die Körperschaftsteuer-Richtlinien. 6

Darüber hinaus gelten gem. § 8 Abs. 1 KStG die Vorschriften des Einkommensteuergesetzes und der Einkommensteuer-Richtlinien. Das Einkommensteuergesetz ist eine Art „Sockelgesetz" für die Besteuerung der Körperschaften. Das Körperschaftsteuergesetz neben der Körperschaftsteuer-Durchführungsverordnung und den Körperschaftsteuer-Richtlinien regelt nur die für Körperschaften spezifischen Besonderheiten. An einkommensteuerlichen Bestimmungen gelten insbesondere die Vorschriften des Bilanzsteuerrechtes der §§ 4 bis 7 EStG sowie auch alle übrigen, sofern es sich nicht um solche handelt, die ihrem Wesen nach nur für natürliche Personen gelten können. Welche einkommensteuerlichen Vorschriften bei der Besteuerung von Körperschaften anzuwenden sind, regelt im Einzelnen R 32 KStR. Die folgenden Vorschriften stellen spezielle Regelungen des Körperschaftsteuergesetzes dar, die den einkommensteuerlichen Vorschriften vorgehen:

- §§ 8 Abs. 3 bis § 8c KStG (Einkommensermittlung bei Körperschaften)
- §§ 9 und 10 KStG (abziehbare und nicht abziehbare Ausgaben)
- §§ 11 bis 13 KStG (Sonderfälle wie z. B. Liquidation, Wegzug)
- §§ 14 bis 19 KStG (Organschaft).

B. Die persönliche Steuerpflicht

Zunächst ist zu klären, *wer* für die Körperschaftsbesteuerung in Betracht kommt. Wie im Einkommensteuerrecht unterscheidet man zwischen *unbeschränkter* und *beschränkter Körperschaftsteuerpflicht*. Bei der beschränkten Körperschaftsteuerpflicht gibt es die normale nach § 2 Nr. 1 KStG und eine besondere nach § 2 Nr. 2 KStG. 7

- Körperschaftssteuerpflicht
  - unbeschränkte Steuerpflicht
  - beschränkte Steuerpflicht
    - normale beschränkte Steuerpflicht
    - besondere beschränkte Steuerpflicht

I. Die unbeschränkte Körperschaftsteuerpflicht

§ 1 KStG

1. Umfang der unbeschränkten Körperschaftsteuerpflicht

8 Die unbeschränkte Körperschaftsteuerpflicht erstreckt sich gem. § 1 Abs. 2 KStG auf sämtliche Einkünfte. Das bedeutet, dass alle in Betracht kommenden Einkunftsarten, und zwar inländische und ausländische, von der Körperschaftsteuer erfasst werden. Für ausländische Einkünfte gilt dies allerdings nur, soweit nicht Befreiungsvorschriften von Doppelbesteuerungsabkommen oder Bestimmungen des Außensteuergesetzes anzuwenden sind.

2. Voraussetzungen

9 Unbeschränkt körperschaftsteuerpflichtig sind die in § 1 Abs. 1 KStG genannten Körperschaften, Personenvereinigungen und Vermögensmassen, wenn sie ihre *Geschäftsleitung* oder ihren *Sitz* im *Inland* haben. Unter Inland ist hier wie im Einkommensteuerrecht das Gebiet der Bundesrepublik (einschl. der neuen Bundesländer) zu verstehen sowie gem. § 1 Abs. 3 KStG der der Bundesrepublik Deutschland zustehende Festlandsockel, soweit dort Naturschätze des Meeresgrundes und des Meeresuntergrundes erforscht oder ausgebeutet werden oder diese der Energieerzeugung unter Nutzung erneuerbarer Energien dient.

Nach § 10 AO ist die Geschäftsleitung der Mittelpunkt der geschäftlichen Oberleitung. Es handelt sich um den Ort, an dem die für die Unternehmung wichtigen Entscheidungen getroffen werden. Der Mittelpunkt der geschäftlichen Oberleitung ist demnach dort, wo die leitenden Personen tätig sind. Die Bestimmung dieses Ortes ist heute freilich im Hinblick auf die modernen Kommunikationsmöglichkeiten in vielen Fällen sehr schwierig.

Körperschaften haben im Gesellschaftsvertrag oder der Satzung ihren Sitz zu bestimmen. Ist dieser im Inland, so liegt, unabhängig davon, wo sich die Geschäftsleitung befindet, unbeschränkte Körperschaftsteuerpflicht vor.

3. Die unbeschränkt steuerpflichtigen Körperschaften

10 Die Einkommensteuer ist zuständig für die Besteuerung des Einkommens von natürlichen Personen, während die Körperschaftsteuer das Einkommen nichtnatürlicher Per-

sonen erfassen soll. Nichtnatürliche Personen sind in erster Linie die juristischen Personen, daneben aber auch Körperschaften, Personenvereinigungen und Vermögensmassen, die keine juristischen Personen sind. Die Letzteren sind Vereine, Anstalten, Stiftungen und andere Zweckvermögen, die nichtrechtsfähig sind. Bei den juristischen Personen sind diejenigen des privaten Rechts und diejenigen des öffentlichen Rechts zu unterscheiden. Bei den juristischen Personen des öffentlichen Rechts kann unbeschränkte Körperschaftsteuerpflicht nur insoweit vorliegen, als sie einen gewerblichen Betrieb haben. Welche Körperschaften unbeschränkt steuerpflichtig sein können, soll die folgende Übersicht zeigen.

Übersicht über die unbeschränkt körperschaftsteuerpflichtigen Körperschaften, Personenvereinigungen und Vermögensmassen

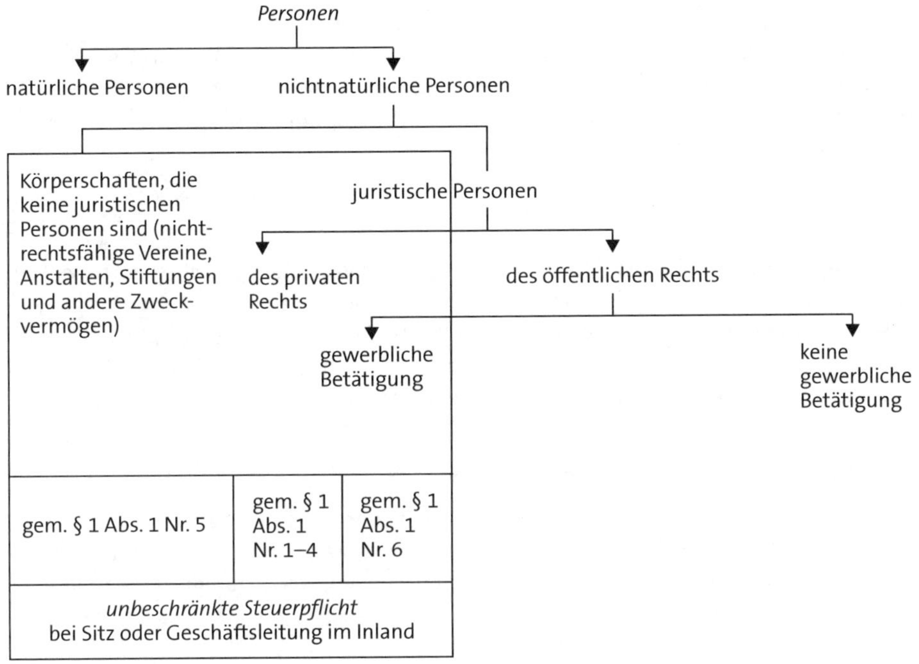

Die für die unbeschränkte Körperschaftsteuerpflicht in Frage kommenden Körperschaften sollen nun im Folgenden im Einzelnen besprochen werden.

a) Kapitalgesellschaften

Die wichtigste Gruppe innerhalb der Körperschaften, Personenvereinigungen und Ver- 11
mögensmassen, die unter den Voraussetzungen des § 1 Abs. 1 KStG unbeschränkt körperschaftsteuerpflichtig sein können, sind die Kapitalgesellschaften. Wie sich aus § 1 Abs. 1 Nr. 1 KStG ergibt, sind Kapitalgesellschaften die *Aktiengesellschaft*, die *Kommanditgesellschaft auf Aktien* und die *Gesellschaft mit beschränkter Haftung*. Die Unternehmergesellschaft (haftungsbeschränkt) stellt eine besondere Form der GmbH dar, bei der das für die GmbH vorgeschriebene Mindeststammkapital unterschritten werden

darf. Hinzugekommen ist noch die *„Europäische Gesellschaft“* (Societas Europaea = SE). Sie ist geschaffen worden, um Gesellschaften aus verschiedenen Mitgliedstaaten die Gründung einer Holdinggesellschaft oder einer gemeinsamen Tochtergesellschaft ohne die rechtlichen und praktischen Zwänge zu ermöglichen, die sich aus dem Bestehen verschiedener Rechtsordnungen ergeben.

Kapitalgesellschaften sind juristische Personen des privaten Rechts, ausgestattet mit eigener *Rechtspersönlichkeit*. Die Rechtsverhältnisse der Kapitalgesellschaften sind im Einzelnen im Aktiengesetz, im GmbH-Gesetz und im Gesetz zur Einführung der Europäischen Gesellschaft vom 22. 12. 2004 (BGBl S. 3675) geregelt.

Personenhandelsgesellschaften ohne eine unbeschränkt haftende natürliche Person, also insbesondere eine GmbH & Co. KG, müssen mittlerweile alle Rechnungslegungs-, Prüfungs- und Publizitätsvorschriften für Kapitalgesellschaften beachten. Dennoch sind sie nicht unbeschränkt körperschaftsteuerpflichtig. In einer solchen GmbH & Co. KG ist nur die GmbH unbeschränkt körperschaftsteuerpflichtig, wenn sich ihr Sitz oder ihre Geschäftsleitung im Inland befindet, das heißt, der auf die GmbH entfallende Gewinnanteil unterliegt der Körperschaftsteuer.

b) Genossenschaften

12 Genossenschaften sind ebenfalls juristische Personen mit eigener Rechtspersönlichkeit. Nach § 1 GenG handelt es sich um Gesellschaften von nicht geschlossener Mitgliederzahl, welche die Förderung des Erwerbes oder der Wirtschaft ihrer Mitglieder mittels gemeinschaftlichen Geschäftsbetriebes bezwecken. Einzelheiten über die Rechtsverhältnisse ergeben sich aus dem Genossenschaftsgesetz.

c) Versicherungsvereine auf Gegenseitigkeit

13 Auch Versicherungsvereine auf Gegenseitigkeit haben als juristische Personen eigene Rechtspersönlichkeit. Es handelt sich um Personenvereinigungen, bei denen die Mitglieder eine Schadens- und Gefahrengemeinschaft bilden. Rechtsfähigkeit erlangen die Versicherungsvereine auf Gegenseitigkeit durch Genehmigung der staatlichen Aufsichtsbehörde.

d) Sonstige juristische Personen des privaten Rechts

14 Alle juristischen Personen, die nicht in § 1 Abs. 1 Nr. 1 bis 3 KStG aufgeführt sind, gehören zu den sonstigen juristischen Personen des privaten Rechts. Vornehmlich sind das rechtsfähige Vereine und rechtsfähige Stiftungen, deren Rechtsverhältnisse in den §§ 21 bis 88 BGB geregelt sind. Ein Verein ist ein rechtlicher Zusammenschluss von Personen zu einem gemeinsamen Zweck mit selbständigem Vermögen. Organe sind der Vorstand und die Mitgliederversammlung. Vereine sind im Gegensatz zu Gesellschaften vom Mitgliederwechsel unabhängig, und die Mitglieder sind an den Einkünften nicht beteiligt. Die sog. Idealvereine erlangen Rechtsfähigkeit durch Eintragung ins Vereinsregister. Die Vereine mit wirtschaftlichem Geschäftsbetrieb erlangen Rechtsfähigkeit durch staatliche Verleihung. Die Unternehmergesellschaft (haftungsbeschränkt)

stellt eine besondere Form der GmbH dar, bei der das für die GmbH vorgeschriebene Mindeststammkapital unterschritten werden darf.

Stiftungen sind Zweckvermögen mit einer selbständigen Vermögensmasse, die aus dem Eigentum und der Verfügungsmacht des bisherigen Eigentümers (Stifters) ausgeschieden ist und die nach dem Willen des Stifters einem bestimmten Zweck dient. Stiftungen erlangen wie die Vereine mit wirtschaftlichem Geschäftsbetrieb Rechtsfähigkeit durch staatliche Verleihung.

Die hier erörterten (rechtsfähigen) sonstigen juristischen Personen des privaten Rechts sind, anders als die nichtrechtsfähigen Vereine und Zweckvermögen, gem. § 1 Abs. 1 Nr. 4 KStG unbeschränkt körperschaftsteuerpflichtig *kraft ihrer Rechtsform*.

e) Nichtrechtsfähige Vereine, Anstalten, Stiftungen und andere Zweckvermögen

Vereine und Zweckvermögen sind nichtrechtsfähig, wenn sie nicht ins Vereinsregister 15
eingetragen sind bzw. wenn ihnen keine Rechtsfähigkeit verliehen worden ist. Unbeschränkt körperschaftsteuerpflichtig im Sinne von § 1 Abs. 1 Nr. 5 KStG sind sie gem. § 3 KStG nur dann, wenn ihr Einkommen nicht unmittelbar bei einem anderen Steuerpflichtigen zu versteuern ist.

f) Betriebe gewerblicher Art von Körperschaften des öffentlichen Rechts

Es liegt auf der Hand, dass Körperschaften des öffentlichen Rechts grundsätzlich nicht 16
unbeschränkt körperschaftsteuerpflichtig sind. Etwas anderes gilt nach § 1 Abs. 1 Nr. 6 KStG, wenn sie sich privatwirtschaftlich betätigen, also einen Gewerbebetrieb haben. Diese Regelung ist schon aus wettbewerbsmäßigen Gründen erforderlich. Betriebe gewerblicher Art von juristischen Personen des öffentlichen Rechts sind gem. § 4 Abs. 1 KStG alle Einrichtungen, die einer nachhaltigen wirtschaftlichen Tätigkeit zur Erzielung von Einnahmen außerhalb der Land- und Forstwirtschaft dienen und die sich innerhalb der Gesamtbetätigung der juristischen Person wirtschaftlich herausheben. Beispiele sind Wasser-, Gas-, Elektrizitätswerke, Sparkassen u. v. a. m.

Schaubild: Unbeschränkte Steuerpflicht – Voraussetzungen

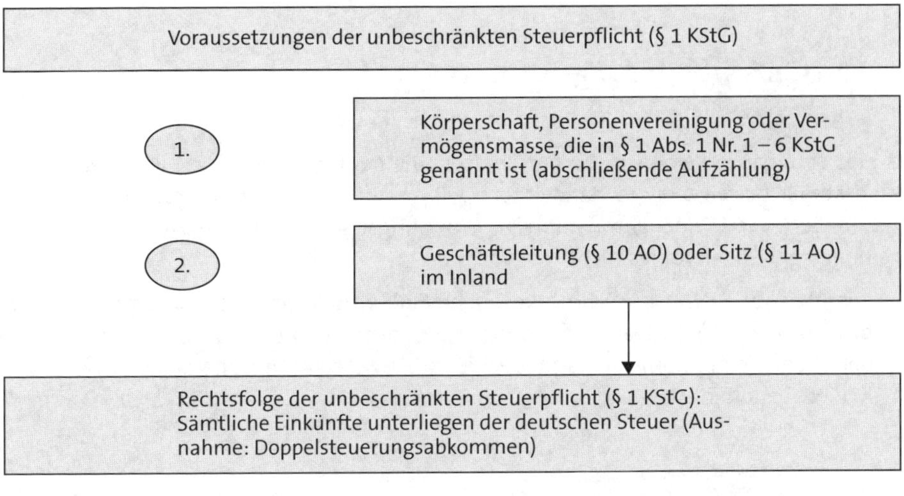

II. Die beschränkte Körperschaftsteuerpflicht

17 Die beschränkte Körperschaftsteuerpflicht unterscheidet sich von der unbeschränkten dadurch, dass bei ihr *nur bestimmte Einkünfte* und *nicht alle* der Körperschaftsteuer unterliegen. Wie schon in Tz 7 dargelegt wurde, gibt es zwei Arten von beschränkter Körperschaftsteuerpflicht, und zwar mit inländischen Einkünften (normale beschränkte Körperschaftsteuerpflicht) und mit steuerabzugspflichtigen Einkünften (besondere beschränkte Körperschaftsteuerpflicht).

1. Die beschränkte Steuerpflicht mit inländischen Einkünften

§ 2 Nr. 1 KStG

18 Körperschaften, Personenvereinigungen und Vermögensmassen, die weder Sitz noch Geschäftsleitung im Inland haben, sind gem. § 2 Nr. 1 KStG *mit ihren inländischen Einkünften* beschränkt steuerpflichtig. Für die beschränkte Steuerpflicht gelten dieselben Vorschriften wie für die unbeschränkte Steuerpflicht. Es kann Schwierigkeiten bereiten, die inländischen Einkünfte von den ausländischen abzugrenzen. Wie bei der unbeschränkten Körperschaftsteuerpflicht sind die Vorschriften in den Doppelbesteuerungsabkommen zu berücksichtigen (vgl. hierzu auch die Ausführungen in Tz 8).

2. Die beschränkte Steuerpflicht mit steuerabzugspflichtigen Einkünften

§ 2 Nr. 2 KStG

19 Gemäß § 2 Nr. 2 KStG gibt es eine weitere Art beschränkter Körperschaftsteuerpflicht. Sonstige Körperschaften, Personenvereinigungen und Vermögensmassen, die nicht unbeschränkt steuerpflichtig sind, sind nämlich beschränkt körperschaftsteuerpflichtig mit den inländischen Einkünften, von denen ein Steuerabzug vorzunehmen ist. Es handelt sich um Körperschaften des öffentlichen Rechts, insbesondere also Bund, Länder und Gemeinden, aber auch Kammern und Innungen. Wenn bei diesen Körperschaften inländische Einkünfte anfallen, die dem Steuerabzug unterliegen, insbesondere der Kapitalertragsteuer, so sind diese insoweit (beschränkt) körperschaftsteuerpflichtig.

Eine Veranlagung findet in diesen Fällen nicht statt. Die Körperschaftsteuer ist gem. § 32 Abs. 1 Nr. 2 KStG durch den Steuerabzug abgegolten.

III. Persönliche Befreiungen

§§ 5, 6 KStG

20 Es gibt eine ganze Reihe von Körperschaften, die gem. § 5 Abs. 1 KStG von der Körperschaftsteuer befreit sind. Es handelt sich z. B. um die Deutsche Bundesbank, Krankenkassen, Berufsverbände, gemeinnützige Wohnungsbauunternehmen u.v. a. m. Die Befreiungen gelten allerdings nicht

1. gem. § 5 Abs. 2 Nr. 1 KStG für inländische Einkünfte, die dem Steuerabzug unterliegen; es handelt sich insoweit um die sog. „partielle Körperschaftsteuerpflicht“, bei der ebenfalls die Körperschaftsteuer durch den Steuerabzug gem. § 32 Abs. 1 Nr. 1 KStG abgegolten ist,

2. gem. § 5 Abs. 2 Nr. 2 KStG für beschränkt Steuerpflichtige i. S. des § 2 Nr. 1 KStG,
3. gem. § 5 Abs. 2 Nr. 3 KStG, soweit §§ 34 Abs. 12, 37 oder 38 Abs. 2 KStG anzuwenden sind.

Nach diesen Vorschriften, die in Zusammenhang mit dem Übergang vom Anrechnungs- zum Halbeinkünfteverfahren stehen, wird die Steuerbefreiung insoweit ausgeschlossen, als die genannten Vorschriften anzuwenden sind. In diesen Fällen ist die Körperschaftsteuer gem. § 32 Abs. 2 Nr. 2 KStG nicht abgegolten.

Schaubild: Partielle Steuerpflicht

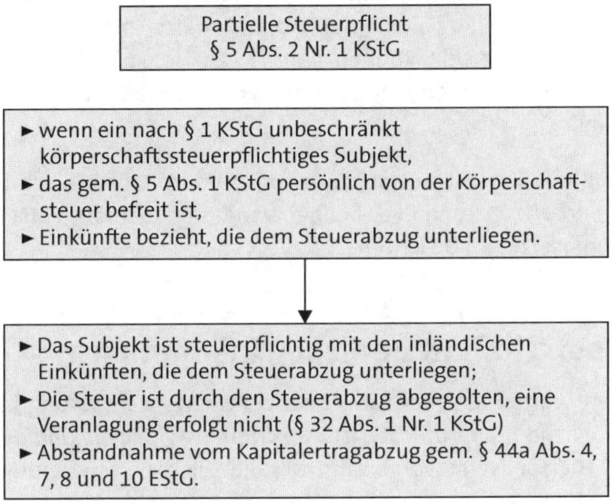

Bei bestimmten Körperschaften kann ein Teil des Einkommens unter den in § 6 KStG genannten Voraussetzungen steuerpflichtig sein.

IV. Beginn und Ende der Körperschaftsteuerpflicht

1. Beginn der Körperschaftsteuerpflicht

Die juristischen Personen erlangen Rechtsfähigkeit nach den für sie gültigen Gesetzen. 21
Bei Kapitalgesellschaften ist das z. B. die Eintragung ins Handelsregister. Die nichtrechtsfähigen Körperschaften sowie die gewerblichen Betriebe von Körperschaften des öffentlichen Rechts entstehen durch den Abschluss des Gesellschaftsvertrages bzw. der Satzung.

Es ist denkbar, dass sich Körperschaften schon vor Eintragung bzw. vor ihrer Entstehung betätigen. In diesem Fall entsteht die Frage, ob die Körperschaften dann schon vor ihrer Eintragung oder Entstehung steuerpflichtig sind. Nach herrschender Ansicht besteht Körperschaftsteuerpflicht schon vom Zeitpunkt des Abschlusses eines formgültigen Gesellschaftsvertrages bzw. einer Satzung an. In diesem Stadium spricht man von einer sog. *Vorgesellschaft*, d. h. einer Kapitalgesellschaft im Gründungsstadium (H 2 „Beginn der Steuerpflicht" KStH).

Vor Abschluss des Gesellschaftsvertrages bzw. der Satzung besteht keine Körperschaftsteuerpflicht. Dieses Stadium nennt man *Vorgründungsgesellschaft*. Betätigt sich diese Vorgesellschaft, so ist sie wie eine Gesellschaft bürgerlichen Rechts zu behandeln. Das Gleiche gilt für eine Gründergesellschaft, wenn es aus irgendwelchen Gründen nicht zur Eintragung ins Register kommt.

2. Ende der Körperschaftsteuerpflicht

22 Die rechtliche Existenz von juristischen Personen bzw. nichtrechtsfähigen Körperschaften erlischt mit der Löschung im maßgebenden Register bzw. der Zurücknahme der Genehmigung. Entsprechend der Fiktion, dass Körperschaften schon als Vorgesellschaften körperschaftsteuerpflichtig sein können (vgl. Tz 21), ist eine Körperschaft auch noch körperschaftsteuerpflichtig, wenn sie sich nach dem Erlöschen ihrer juristischen Existenz noch betätigt.

Für die Auflösung und Abwicklung (Liquidation) sind im Übrigen die Vorschriften des § 11 KStG (vgl. hierzu Tz 71) und evtl. bei Umwandlung auch die Vorschriften des Umwandlungssteuergesetzes zu beachten.

C. Das körperschaftsteuerliche Einkommen

23 Nachdem erörtert worden ist, *wer* für die Körperschaftsbesteuerung in Betracht kommen kann (persönliche Steuerpflicht), ist zu klären, *was Gegenstand der Körperschaftsbesteuerung ist*. Hierfür ist es vorab sinnvoll, die für die Besteuerung maßgeblichen Zeiträume zu untersuchen.

Übersicht über Beginn/Ende der Steuerpflicht

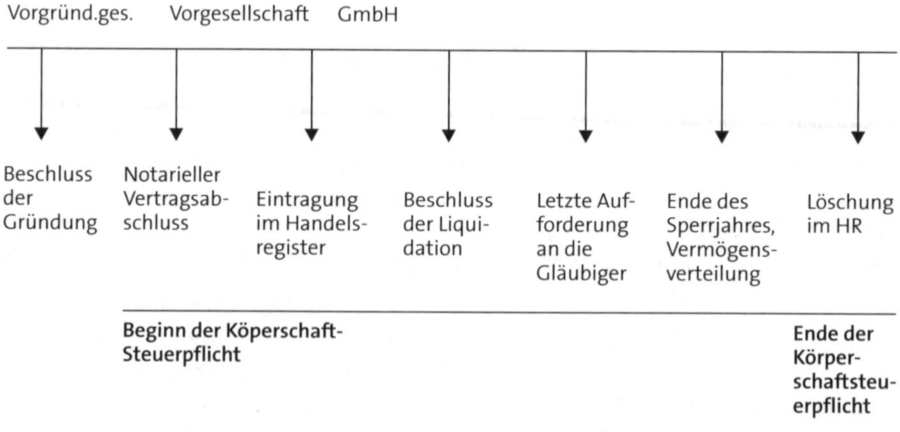

I. Die maßgeblichen Zeiträume

§ 7 Abs. 3 und 4 KStG

Wie die Einkommensteuer ist die Körperschaftsteuer eine Veranlagungssteuer. Veranlagungszeitraum ist gem. § 7 Abs. 3 Satz 1 KStG das Kalenderjahr. Ermittlungszeitraum ist gem. § 7 Abs. 3 Satz 2 KStG grundsätzlich ebenfalls das Kalenderjahr. Der Ermittlungszeitraum kann nach § 7 Abs. 3 Satz 3 KStG aber auch kürzer als ein Kalenderjahr sein, nämlich dann, wenn die unbeschränkte oder beschränkte Körperschaftsteuerpflicht nur während eines Teils des Jahres bestanden hat. 24

Bei Steuerpflichtigen, die verpflichtet sind, Bücher nach den Vorschriften des Handelsgesetzbuches zu führen – dies ist bei allen Kapitalgesellschaften der Fall –, ist der Gewinn gem. § 7 Abs. 4 Satz 1 KStG nach dem Wirtschaftsjahr zu ermitteln, für das sie regelmäßig Abschlüsse machen. Bei abweichendem Wirtschaftsjahr gilt gem. § 7 Abs. 4 Satz 2 KStG der Gewinn aus Gewerbebetrieb als in dem Kalenderjahr bezogen, in dem das Wirtschaftsjahr endet.

Die Umstellung des Wirtschaftsjahres auf einen vom Kalenderjahr abweichenden Zeitraum ist wie bei Gewerbetreibenden, die natürliche Personen sind, analog zur Vorschrift des § 4a Abs. 1 Nr. 2 Satz 2 EStG gem. § 7 Abs. 4 Satz 3 KStG steuerlich nur wirksam, wenn sie im Einvernehmen mit dem Finanzamt vorgenommen wird.

II. Der Einkommensbegriff im Körperschaftsteuerrecht

§ 7 Abs. 1, § 8 Abs. 1 und 2 KStG

Gemäß § 7 Abs. 1 KStG bemisst sich die Körperschaftsteuer nach dem zu *versteuernden Einkommen*. Der Einkommensbegriff richtet sich gem. § 8 Abs. 1 KStG nach den Vorschriften des Einkommensteuergesetzes. 25

Auch in der Körperschaftsbesteuerung sind wie in der Einkommensteuer verschiedene Einkunftsarten möglich. Das gilt aber insbesondere nur bei rechtsfähigen und nichtrechtsfähigen Vereinen, also bei solchen Körperschaften, die nicht nach den Vorschriften des HGB verpflichtet sind, Bücher zu führen. Einzelheiten zur Ermittlung des zu versteuernden Einkommens ergeben sich aus R 29 KStR.

Die anderen Körperschaften, insbesondere also die *Kapitalgesellschaften*, sind zu ordnungsmäßiger Buchführung verpflichtet und haben gem. § 8 Abs. 2 KStG *ausschließlich Einkünfte aus Gewerbebetrieb*.

Von Ausnahmen, z. B. dem Verlustabzug nach § 10d EStG, abgesehen, ist bei Kapitalgesellschaften das zu versteuernde Einkommen identisch mit den Einkünften aus Gewerbebetrieb bzw. mit dem Gesamtbetrag der Einkünfte, weil bei ihnen Sonderausgaben oder außergewöhnliche Belastungen, die bei der Einkommensteuer für die Ermittlung des zu versteuernden Einkommensbetrages noch berücksichtigt werden müssen, nicht möglich sind.

III. Die Ermittlung des zu versteuernden Einkommens

26 Das zu versteuernde Einkommen von Körperschaften ist gem. § 8 Abs. 1 KStG nach *einkommensteuerrechtlichen und nach körperschaftsteuerrechtlichen Vorschriften* zu ermitteln. Im Folgenden geht es darum, welche körperschaftsteuerlichen Besonderheiten bei der Einkommens- bzw. Gewinnermittlung gelten. Die Ausführungen beschränken sich auf die Körperschaften, die in der wirtschaftlichen Praxis die größte Bedeutung haben, also die Kapitalgesellschaften.

1. Grundsätze der Ermittlung

27 Bei Kapitalgesellschaften sind alle Einkünfte gem. § 8 Abs. 2 KStG als Einkünfte aus Gewerbebetrieb zu behandeln. Deshalb ist ihr Gewinn durch besonderen Betriebsvermögensvergleich gem. § 5 Abs. 1 EStG zu ermitteln. Problematisch bei der Anwendung des Gewinnbegriffs nach § 5 Abs. 1 EStG, der auf § 4 Abs. 1 Satz 1 EStG basiert, sind die *Entnahmen* und *Einlagen*. Kapitalgesellschaften haben keine private Sphäre und deshalb auch keinen außerbetrieblichen Tätigkeitsbereich. Sofern also unter Entnahmen und Einlagen die Überführung von Wirtschaftsgütern von der betrieblichen in die private Sphäre oder umgekehrt verstanden wird, sind sie begrifflich bei Kapitalgesellschaften gar nicht möglich.

Bei Kapitalgesellschaften gibt es aber eine Reihe von Vorgängen, die mit den *Entnahmen und Einlagen natürlicher Personen vergleichbar* sind. Es entsprechen z. B. den Entnahmen sämtliche nach dem Einkommensteuergesetz oder dem Körperschaftsteuergesetz nicht abziehbaren Aufwendungen (Aufwendungen nach § 4 Abs. 5, 5a, 5b, 6 EStG, Aufwendungen nach § 10 KStG, z. B. Körperschaftsteuer und die Hälfte der Aufsichtsratsvergütungen, Gewinnausschüttungen). Den Einlagen entsprechen z. B. Kapitalerhöhungen, Sanierungsgewinne und Erträge aus nicht abziehbaren Aufwendungen.

Das für die Körperschaftsbesteuerung maßgebliche Einkommen kann auf zweifache Art ermittelt werden. Man kann entsprechend der Vorschrift des § 4 Abs. 1 Satz 1 EStG das Betriebsvermögen an zwei Stichtagen gegenüberstellen und durch bestimmte Modifikationen (vgl. Tz 28) das zu versteuernde Einkommen ermitteln. Es ist aber auch eine Ermittlung allein aus der Erfolgsrechnung möglich, indem das Ergebnis der Erfolgsrechnung um steuerlich nicht abziehbare Aufwendungen erhöht und um steuerfreie Erträge vermindert wird (Tz 29).

a) Ermittlung durch Vermögensvergleichsrechnung

28 Bei dieser Methode werden zunächst, wie es § 4 Abs. 1 Satz 1 EStG fordert, das Betriebsvermögen am Ende des Wirtschaftsjahres und das Betriebsvermögen am Ende des vorangegangenen Wirtschaftsjahres gegenübergestellt. In der Regel handelt es sich in der Praxis um eine Handelsbilanz, also um eine Bilanz, deren Posten ungeachtet der steuerlichen und vom Handelsrecht abweichenden Vorschriften zustande gekommen ist. Zu dem Ergebnis dieser Bilanz sind *hinzuzurechnen alle Vorgänge,* die das *Betriebsvermögen gemindert haben, es aber steuerlich nicht mindern dürfen.* Das können z. B. Gewinnausschüttungen, Kapitalherabsetzungen und nicht abziehbare Aufwendungen sein. Zu *mindern* ist das Ergebnis um *Vorgänge, die das Betriebsvermögen erhöht haben,*

es aber steuerlich nicht zu erhöhen brauchen. Beispielhaft seien hier Investitionszulagen, Kapitalerhöhungen und Erstattungen an Körperschaftsteuer genannt.

In diesem Zusammenhang ist zu betonen, dass es keine Rolle spielt, ob die bei dieser Methode vorzunehmenden Modifikationen erfolgswirksam oder erfolgsunwirksam sind. Es geht allein darum, ob das *Betriebsvermögen entgegen den steuerlichen Vorschriften* beeinflusst worden ist.

Das zu versteuernde Einkommen wird somit bei Kapitalgesellschaften nach der hier erörterten Methode folgendermaßen ermittelt:

	Betriebsvermögen am Schluss des Wirtschaftsjahres
·/.	Betriebsvermögen am Anfang des Wirtschaftsjahres
+	Vorgänge, die das Betriebsvermögen gemindert haben, es aber steuerlich nicht mindern dürfen
·/.	Vorgänge, die das Betriebsvermögen erhöht haben, es aber steuerlich nicht erhöhen dürfen
=	zu versteuerndes Einkommen

BEISPIEL: Das Eigenkapital einer GmbH setzt sich an zwei aufeinander folgenden Bilanzstichtagen folgendermaßen zusammen:

	31. 12. 01	*31. 12. 02*
Stammkapital	1 000 000 €	1 000 000 €
Rücklagen	600 000 €	850 000 €
Bilanzgewinn	400 000 €	450 000 €
Eigenkapital	2 000 000 €	2 300 000 €

Im Jahre 02 ist das Betriebsvermögen u. a. gemindert worden durch:

Körperschaftsteuer 02	80 000 €
nichtabzugsfähige Betriebsausgaben	20 000 €
Gewinnausschüttung für 01	140 000 €
und erhöht worden durch:	
Körperschaftsteuererstattung für 01	30 000 €
steuerfreie Investitionszulage	10 000 €

Das zu versteuernde Einkommen der GmbH für 02 ist dann folgendermaßen zu berechnen:

Betriebsvermögen 31. 12. 02		2 300 000 €
Betriebsvermögen 31. 12. 01		2 000 000 €
		300 000 €
zuzüglich:		
Körperschaftsteuer 02	80 000 €	
nichtabzugsfähige Betriebsausgaben	20 000 €	
Gewinnausschüttung für 01	140 000 €	240 000 €
abzüglich:		
Körperschaftsteuererstattung für 01	30 000 €	
steuerfreie Investitionszulage	10 000 €	·/. 40 000 €
zu versteuerndes Einkommen		500 000 €

b) Ermittlung aus der Erfolgsrechnung

29 Ausgangspunkt für die Berechnung des körperschaftsteuerlichen Einkommens bei dieser Methode ist das Ergebnis der Gewinn- und Verlustrechnung, also der Jahresüberschuss.

In der Praxis handelt es sich in der Regel um die Gewinn- und Verlustrechnung, die nach handelsrechtlichen Grundsätzen aufgestellt wird, d. h. also, dass Aufwendungen in ihr berücksichtigt sind, die steuerlich nicht abzugsfähig sind, bzw. dass Erträge in ihr enthalten sind, die steuerlich nicht anzusetzen sind. Deshalb ist das Ergebnis dieser Gewinn- und Verlustrechnung zu erhöhen um sämtliche nicht abziehbaren Aufwendungen und zu vermindern um die steuerfreien Erträge. Im Gegensatz zu der in Tz 28 erörterten Methode sind hier nur solche Modifikationen vorzunehmen, die erfolgswirksam gewesen sind. Deshalb wird diese Methode der Ermittlung des zu versteuernden Einkommens in der Praxis fast ausschließlich angewendet.

Das zu versteuernde Einkommen wird demnach folgendermaßen ermittelt:

Jahresüberschuss (Handelsbilanzgewinn) gegebenenfalls

+/·/.	Korrekturen wegen Anpassung der Handelsbilanz an die Steuerbilanz gem. § 60 Abs. 2 EStDV
=	korrigierter Jahresüberschuss
+	nicht abziehbare Aufwendungen – gem. § 4 Abs. 5 und 5b EStG – gem. § 10 KStG – die Grenzen des § 9 Abs. 1 Nr. 2 KStG übersteigende Spenden – verdeckte Gewinnausschüttungen gem. § 8 Abs. 3 KStG
·/.	steuerfreie Erträge (z. B. nach § 3 EStG, nach DBA steuerfreie ausländische Einkünfte, Dividenden und Veräußerungsgewinne gem. § 8b KStG, Erträge nach dem InvZulG, Erträge aus nicht abziehbaren Aufwendungen, verdeckte Einlagen, sofern sie ertragswirksam behandelt worden sind)
=	Einkommen vor Verlustabzug
·/.	Verlustabzug gem. § 10d EStG
=	zu versteuerndes Einkommen

BEISPIEL: *(ANALOG ZUM BEISPIEL IN TZ 28)* Aus der Gewinn- und Verlustrechnung einer GmbH für das Jahr 02 ergibt sich:

Erträge	4 040 000 €
·/. Aufwendungen	3 600 000 €
Jahresüberschuss	440 000 €
Als Aufwendungen sind hierin berücksichtigt:	
Körperschaftsteuer 02	80 000 €
nicht abzugsfähige Betriebsausgaben	20 000 €
und an Erträgen:	
Körperschaftsteuererstattung für 01	30 000 €
steuerfreie Investitionszulage	10 000 €

Das zu versteuernde Einkommen der GmbH ist dann folgendermaßen zu berechnen:

Jahresüberschuss lt. Gewinn- und Verlustrechnung		440 000 €
zuzüglich:		
Körperschaftsteuer 02	80 000 €	
nicht abzugsfähige Betriebsausgaben	20 000 €	+ 100 000 €
abzüglich:		
Erstattung an Körperschaftsteuer 01	30 000 €	
steuerfreie Investitionszulage	10 000 €	·/. 40 000 €
zu versteuerndes Einkommen		500 000 €

2. Abziehbare Aufwendungen

Ob Aufwendungen für die Körperschaftsbesteuerung abziehbar sind, wird grundsätzlich über § 8 Abs. 1 KStG im Einkommensteuergesetz geregelt. Die Abziehbarkeit gewisser Aufwendungen ist im Körperschaftsteuerrecht anders geregelt als im Einkommensteuerrecht. Dies soll nachfolgend erörtert werden. 30

a) Vergütungen an persönlich haftende Gesellschafter von Kommanditgesellschaften auf Aktien

§ 9 Abs. 1 Nr. 1 KStG

Gemäß § 9 Abs. 1 Nr. 1 KStG ist bei Kommanditgesellschaften auf Aktien der Teil des Gewinns abzugsfähig, der an persönlich haftende Gesellschafter auf ihre nicht auf das Grundkapital gemachten Einlagen oder als Vergütung für die Geschäftsführung verteilt wird. Umgekehrt bedeutet das, dass Dividenden auf den Aktienbesitz des persönlich haftenden Gesellschafters nicht abziehbar sind. 31

b) Spenden

§ 9 KStG

Bei natürlichen Personen können Ausgaben zur Förderung steuerbegünstigter Zwecke im Sinne der §§ 52 bis 54 AO grundsätzlich nicht als Betriebsausgaben oder Werbungskosten abgezogen werden. Vielmehr sind bei ihnen derartige Ausgaben als Sonderausgaben im Rahmen des § 10b EStG abzugsfähig. 32

Bei Körperschaften ist ein Abzug von Sonderausgaben in Ermangelung einer Privatsphäre nicht möglich. Deshalb musste hier ein Abzug als Betriebsausgaben zugelassen werden.

Es handelt sich um Spenden (= Zuwendungen) *zur Förderung der Allgemeinheit* im Sinne der §§ 52 bis 54 AO, z. B. Förderung von Wissenschaft und Forschung, der Religion, der Jugend- und Altenhilfe und viele andere mehr. Spenden an politische Parteien sind nicht begünstigt. Voraussetzung für den Abzug ist eine ordnungsmäßige Zuwendungsbestätigung gem. § 50 Abs. 1 EStDV. In manchen Fällen genügt der Bareinzahlungsbeleg oder die Buchungsbestätigung, und zwar in Katastrophenfällen oder für Zuwendungen bis 200 €. Im Fall des § 50 Abs. 2 Nr. 2 Buchst. b EStDV hat der Zuwendende zusätzlich den vom Zuwendungsempfänger hergestellten Beleg vorzulegen. Grundsätzlich können auch Zuwendungen an gemeinnützige Organisationen in einem anderen EU- oder EWR-Staat steuerlich geltend gemacht werden. Dazu ist aber nachzuweisen, dass die ausländische Organisation den deutschen gemeinnützigkeitsrechtlichen Anforderungen entspricht.

Nicht berücksichtigt werden können Mitgliedsbeiträge zur Förderung folgender Zwecke:

- Sport,
- kulturelle Zwecke, die in erster Linie der Freizeitgestaltung dienen,
- Heimatpflege und Heimatkunde,
- u. a. Tierzucht, Kleingärtnerei, traditionelles Brauchtum einschließlich des Karnevals, der Fastnacht und des Faschings sowie u. a. des Modellflugs und des Hundesports.

Beachte:

Der Ausschluss der steuerlichen Abzugsfähigkeit beschränkt sich nur auf Mitgliedsbeiträge, andere Zuwendungen sind steuerlich berücksichtigungsfähig.

Der Spendenabzug ist gem. § 9 Abs. 1 Nr. 2 KStG möglich bis zu *20 % des Einkommens* oder bis 4 ‰ der Summe der gesamten Umsätze und der im Kalenderjahr aufgewendeten Löhne und Gehälter. Unter Einkommen in diesem Sinne ist das Einkommen *ohne Berücksichtigung sämtlicher Spenden* gem. § 9 Abs. 2 Satz 1 KStG zu verstehen. Für diese Berechnung sind deshalb die Spenden zunächst wieder hinzuzurechnen, weil sie vorher das Ergebnis gemindert haben.

Demnach ist folgendermaßen vorzugehen:

Berechnung der abzugsfähigen Spenden
Jahresüberschuss (aus der GuV) + nichtabzugsfähige Aufwendungen ./. steuerfreie Erträge + sämtliche Spenden
= Einkommen in der 1. Stufe gem. § 9 Abs. 2 Satz 1 KStG hiervon maximal 20 % **oder** maximal 4 ‰ der Summe von Umsatz, Löhnen und Gehältern

Soweit Zuwendungen diese Höchstbeträge überschreiten, können sie gem. § 9 Abs. 1 Nr. 2 Satz 9 KStG in die folgenden Veranlagungszeiträumen zeitlich unbegrenzt vorgetragen werden.

Die Frage der Abzugsfähigkeit von Spenden soll abschließend durch ein Beispiel verdeutlicht werden.

BEISPIEL: Eine GmbH hat in einem Jahr ein Einkommen i. S. des § 9 Abs. 2 Satz 1 KStG i. H. von 150 000 € erzielt.

Die Summe von Umsatz und Löhnen und Gehältern beträgt 10 000 000 €.

Die GmbH hat in diesem Jahr begünstigte Zuwendungen i. S. der §§ 52 bis 54 AO getätigt i. H. von

a) 35 000 €,

b) 50 000 €.

In welcher Höhe kann die GmbH die begünstigten Zuwendungen in den Varianten a) und b) gem. § 9 Abs. 1 Nr. 2 KStG abziehen?

LÖSUNG:

a) In diesem Fall können die begünstigten Zuwendungen maximal bis zu 20 % von 150 000 € = 30 000 € bzw. 4 ‰ von 10 000 000 € = 40 000 € abgezogen werden. Die geleisteten 35 000 € sind also abzugsfähig.

b) Demnach sind in diesem Fall 40 000 € abzugsfähig. Der übersteigende Betrag von 10 000 € kann im Rahmen der Höchstbeträge in den folgenden Veranlagungszeiträumen abgezogen werden.

Die Regelungen des § 9 KStG über den Spendenabzug sind Vorschriften zur Ermittlung der Einkünfte. Deshalb sind die abzugsfähigen Spenden gem. R 29 Abs. 1 KStR *vor* einem eventuellen Verlustabzug gem. § 10d EStG zu berücksichtigen.

c) Zinsschranke

§ 4h EStG, § 8a KStG

Die grundsätzliche Regelung über die Zinsschranke in § 4h EStG gilt für alle Rechtsformen, also für Personenunternehmen und für Körperschaften. Freilich hat die (seit 1. 1. 2008 gültige) Regelung – schon allein im Hinblick auf die Freigrenze von 3 000 000 € – größere Bedeutung nur für Kapitalgesellschaften. Deshalb soll sie hier erörtert werden. 33

Ziel der Regelung über die Zinsschranke ist es, *Gewinnverlagerungen ins Ausland durch Zinszahlungen zu verhindern.*

Der Abzug von Zinsaufwendungen wird unter bestimmten Voraussetzungen begrenzt. Gem. § 4h Abs. 1 EStG sind Zinsen abzugsfähig in Höhe der Zinserträge, darüber hinaus nur bis zur Höhe von 30 % des um

- Zinsaufwendungen und Abschreibungen erhöhten und
- um Zinserträge verminderten maßgeblichen Gewinns (sog. "EBITDA" (Earnings before Interest, Taxes, Depreciation and Amortization). Maßgeblicher Gewinn ist bei Personenunternehmen der Gewinn vor Steuern und bei Körperschaften gem. § 8a Abs. 1 Satz 2 KStG das zu versteuernde Einkommen, jeweils ohne Berücksichtigung der Zinsschrankenregelung.

Die Abzugsbeschränkung gilt für einen „Betrieb“. Deshalb ist die Zinsschranke bei einem Einzelunternehmer für jeden selbständigen, abgrenzbaren Betrieb gesondert anzuwenden. Körperschaften und Personengesellschaften haben dagegen nur einen Betrieb. Auch in einer Organschaft gelten Organträger und Organgesellschaften gem. § 15 Satz 1 Nr. 3 KStG als ein Betrieb.

Zinsaufwendungen sind Vergütungen für Fremdkapital, Damnum bzw. Disagio, Vorfälligkeitsentschädigungen und ähnliche Aufwendungen, Abzinsungsbeträge unverzinslicher oder niedrig verzinslicher Kapitalforderungen und Aufzinsungsbeträge (vorher abgezinster) unverzinslicher Verbindlichkeiten (§ 4h Abs. 3 Satz 4 EStG). Zu den Zinsaufwendungen rechnen nicht Skonti, Boni, Zinsen nach § 233 ff. AO und Aufzinsungsbeträge von (vorher abgezinsten) Rückstellungen. Für Zinserträge gilt das Gleiche mit umgekehrten Vorzeichen.

Soweit das verrechenbare EBITDA die um die Zinserträge geminderten Zinsaufwendungen übersteigt, ist es in den folgenden fünf Wirtschaftsjahren vorzutragen (EBITDA-Vortrag).

Soweit die Zinsen nicht abzugsfähig sind, sind sie für die folgenden Wirtschaftsjahre gem. § 4h Abs. 1 Satz 4 EStG in einen *Zinsvortrag* einzustellen. Der Zinsvortrag erhöht gem. § 4h Abs. 1 Satz 6 EStG die Zinsaufwendungen dieser Wirtschaftsjahre. Er ist gem. § 4h Abs. 4 EStG gesondert festzustellen.

BEISPIEL: Bei einem Betrieb, bei dem die Ausnahmeregelungen des § 4h Abs. 2 EStG nicht vorliegen, haben sich für ein Jahr folgende Zahlen ergeben:

Zinsaufwendungen	8 000 000 €
Zinserträge	·/. 1 000 000 €
demnach Nettozinsaufwand	7 000 000 €
Maßgeblicher Gewinn	5 000 000 €
Abschreibungen	6 000 000 €

Die abzugsfähigen Zinsen und der Zinsvortrag sind folgendermaßen zu ermitteln:

Maßgeblicher Gewinn	5 000 000 €
Nettozinsaufwand	7 000 000 €
Abschreibungen	6 000 000 €
steuerliches EBITDA	18 000 000 €
davon abzugsfähig 30 %	= 5 400 000 €
Nettozinsaufwand	7 000 000 €
also Zinsvortrag	1 600 000 €

Von der Abzugsbeschränkung des § 4h Abs. 1 EStG gibt es drei Ausnahmen:

1. Freigrenze von 3 000 000 €

Ist der Nettozinsaufwand geringer als 3 000 000 €, so kommt die Anwendung der Zinsschranke gem. § 4h Abs. 2a) EStG nicht in Frage. Wird der Betrag von 3 000 000 € genau erreicht oder überschritten, ist die Zinsschranke in vollem Umfang anzuwenden.

2. Keine oder nur anteilmäßige Konzernzugehörigkeit

(Sog. „Stand-alone-Klausel")

Die Zinsschranke ist ebenfalls gem. § 4h Abs. 2b EStG nicht anwendbar, wenn der Betrieb nicht oder nur anteilmäßig zu einem Konzern gehört. Es gilt ein erweiterter Konzernbegriff, d. h. ein Konzern ist nicht nur bei tatsächlicher oder möglicher Konsolidierung, sondern gem. § 4h Abs. 3 Satz 6 EStG auch dann gegeben, wenn die Finanz- und Geschäftspolitik mit einem oder mehreren anderen Betrieben einheitlich bestimmt werden kann.

Eine Abzugsbeschränkung kann aber gem. § 8a Abs. 2 KStG doch eintreten (Ausnahme von der Ausnahme), wenn die Fremdkapitalvergütungen

- an einen zu mehr als 25 % beteiligten Anteilseigner,
- an eine diesem i. S. des § 1 Abs. 2 AStG nahestehende Person oder
- an einen Dritten, der auf die vorgenannten Personen zurückgreifen kann,

mehr als 10 % des Nettozinsaufwandes betragen. Die Körperschaft ist nachweispflichtig, dass die Schädlichkeitsgrenze von 10 % nicht überschritten ist.

3. Eigenkapitalquote bei Konzernzugehörigkeit

Eine weitere Ausnahme von der Abzugsbeschränkung besteht gem. § 4h Abs. 2c) EStG auch bei Konzernzugehörigkeit, wenn am Schluss des vorangegangenen Wirtschaftsjahres die Eigenkapitalquote gleich hoch oder höher ist als die des Konzerns. Ein Unterschreiten der Eigenkapitalquote bis zu 2 % ist unschädlich. Maßgeblich für die Ermittlung der Eigenkapitalquote sind die nach den International Financial Reporting Standards (IFRS) erstellten Jahresabschlüsse. Ersatzweise kommen auch Jahresabschlüsse nach den Generally Accepted Accounting Principles (US-GAAP) oder nach dem Handelsrecht eines Mitgliedstaates der Europäischen Union in Frage. Auch darf keine schädliche Gesellschafterfremdfinanzierung gem. § 8a Abs. 3 KStG vorliegen. Diese ist gegeben, wenn die Zinsen für Darlehen an außerhalb des Konzerns stehende Personen, die unter 2. genannt wurden, 10 % des Nettozinsaufwandes übersteigen. Auch hier liegt die Nachweispflicht bei der Körperschaft. Weitere Einzelheiten zur Zinsschranke sind zu entnehmen aus dem BMF-Schreiben vom 4. 7. 2008 (BStBl 2008 I S. 718).

Die Zinsschranke des § 4h EStG und des § 8a KStG war gem. § 52 Abs. 12d EStG und § 34 Abs. 6a KStG erstmals für Wirtschaftsjahre anzuwenden, die nach dem 25. 5. 2007 begonnen und nicht vor dem 1. 1. 2008 geendet haben.

Nach dem Wachstumsbeschleunigungsgesetz wurde ab 1. 1. 2010 ein EBITDA-Vortrag eingeführt. Danach können nicht ausgeschüttete Teile des Abzugsrahmens in die folgenden fünf Wirtschaftsjahre vorgetragen werden. Zinsaufwendungen, die das EBITDA des laufenden Wirtschaftsjahres überschreiten, mindern in ihrer zeitlichen Reihenfolge die EBITDA-Vorträge aus den Vorjahren. Ein EBITDA-Vortrag entsteht nicht in den Jahren, in denen § 4h Abs. 2 EStG – z. B. weil die Freigrenze von 3 000 000 € nicht überschritten ist – die Anwendung der Zinsschrankenregelung nach § 4h Abs. 1 Satz 1 EStG ausschließt.

Auf Antrag soll der erste EBITDA-Vortrag für das Jahr 2010 um die vortragsfähigen EBITDA-Vorträge aus den Jahren 2006 bis 2009 erhöht werden.

Zusammenfassende Übersicht über die Anwendung der Zinsschranke

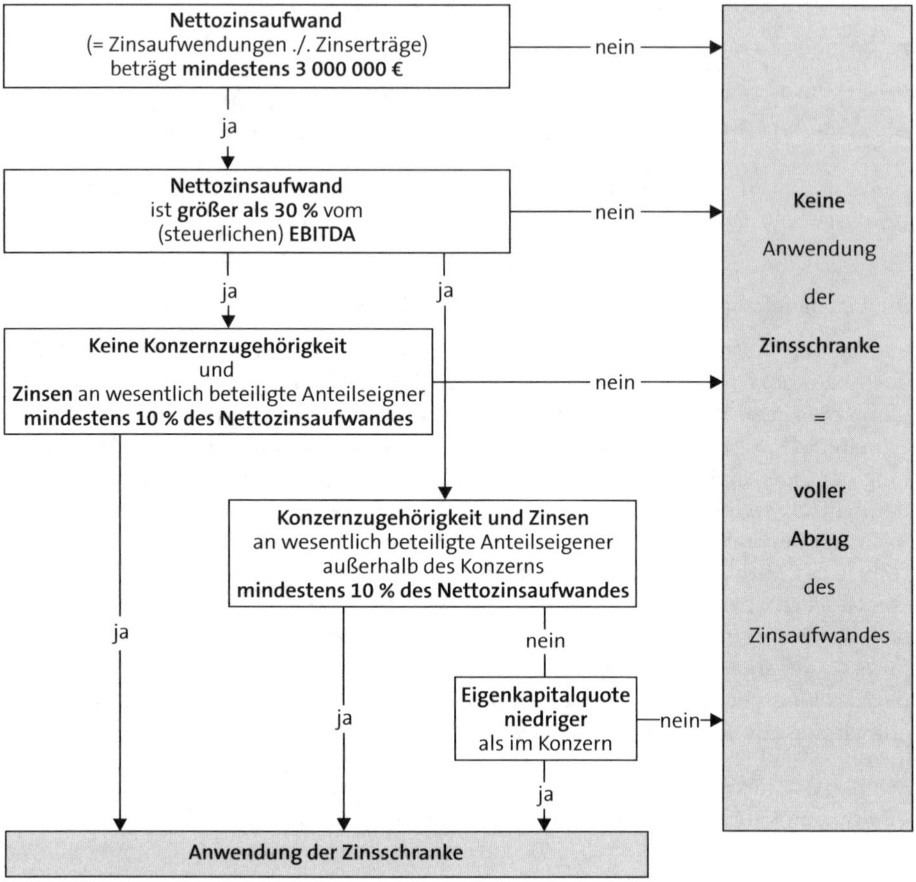

Diese Übersicht ist ähnlich derjenigen bei: Dörr, Geibel, Fehling in NWB Fach 4 S. 5212, NWB DokID: HAAAC-51513

3. Nicht abziehbare Aufwendungen

§ 10 KStG

34 Gewisse Aufwendungen sind, über die Vorschriften des Einkommensteuergesetzes hinausgehend, aus bestimmten Gründen körperschaftsteuerlich nicht abziehbar. Diese in § 10 KStG geregelten nicht abziehbaren Aufwendungen sollen im Folgenden besprochen werden.

a) Aufwendungen zur Erfüllung von Satzungspflichten

§ 10 Nr. 1 KStG

35 Aufwendungen für die Erfüllung von Zwecken des Steuerpflichtigen, die durch Stiftung, Satzung oder sonstige Verfassung vorgeschrieben sind, sind gem. § 10 Nr. 1 KStG

grundsätzlich nicht abzugsfähig, weil es sich bei solchen Aufwendungen grundsätzlich um *Einkommensverwendung* handelt. In der Praxis hat § 10 Nr. 1 KStG fast ausschließlich Bedeutung für Stiftungen und andere Zweckvermögen, nicht dagegen für Kapitalgesellschaften.

Der Hinweis in § 10 Nr. 1 Satz 2 KStG „§ 9 Abs. 1 Nr. 2 bleibt unberührt" bedeutet, dass Spenden im Rahmen des § 9 Abs. 1 Nr. 2 KStG (vgl. hierzu Tz 32) abzugsfähig bleiben, auch wenn derartige Spenden in Erfüllung satzungsmäßiger Zwecke getätigt werden.

b) Steueraufwendungen

§ 10 Nr. 2 KStG

In Analogie zu § 12 Nr. 3 EStG sind auch die die Körperschaften betreffenden Personen- 36
steuern gem. § 10 Nr. 2 KStG nicht abziehbar. Es handelt sich in erster Linie um die Körperschaftsteuer (einschl. des Solidaritätszuschlags) selbst, und zwar sowohl inländische als auch ausländische mit deutscher Körperschaftsteuer vergleichbare Steuern. Außerdem sind gem. § 10 Nr. 2 KStG auch die Umsatzsteuer für Umsätze, die Entnahmen oder verdeckte Gewinnausschüttungen sind und die Vorsteuerbeträge auf Aufwendungen, für die das Abzugsverbot des § 4 Abs. 5 Satz 1 Nr. 1 bis 4 und 7 oder Abs. 7 des Einkommensteuergesetzes gilt, nicht abziehbar.

Für die auf diese Steuern entfallenden Nebenleistungen besteht gem. § 10 Nr. 2 KStG grundsätzlich ebenfalls ein Abzugsverbot. Demnach sind Säumniszuschläge, Verspätungszuschläge, Zwangsgelder und Hinterziehungszinsen auf die genannten Steuern nicht abzugsfähig. Auch Zinsen auf Steuernachforderungen (§ 233a AO), Stundungszinsen (§ 234 AO) und Aussetzungszinsen (§ 237 AO) sind nicht abzugsfähig.

c) Geldstrafen

§ 10 Nr. 3 KStG

Gemäß § 10 Nr. 3 KStG sind nicht abzugsfähig in einem Strafverfahren festgesetzte 37
Geldstrafen, sonstige Rechtsfolgen vermögensrechtlicher Art, bei denen der Strafcharakter überwiegt, und Leistungen zur Erfüllung von Auflagen oder Weisungen, soweit die Auflagen oder Weisungen nicht lediglich der Wiedergutmachung des durch die Tat verursachten Schadens dienen. Die Vorschrift ergänzt für Körperschaften die Regelung des § 12 Nr. 4 EStG.

Nach inländischem Strafrecht sind allerdings Geldstrafen, Weisungen oder Auflagen gegenüber juristischen Personen nicht zulässig (vgl. R 49 Satz 2 KStR). Insoweit geht also die Vorschrift ins Leere. Dagegen sind sonstige Rechtsfolgen vermögensrechtlicher Art, bei denen der Strafcharakter überwiegt, auch nach deutschem Recht bei juristischen Personen möglich.

Die mit den hier zur Diskussion stehenden Rechtsnachteilen in Zusammenhang stehenden Verfahrenskosten, insbesondere die Gerichts- und Anwaltskosten, sind gem. R 49 Satz 5 KStR abzugsfähig.

d) Hälfte der Aufsichtsratsvergütungen

§ 10 Nr. 4 KStG

38 Aufsichtsratsvergütungen sind nach § 10 Nr. 4 KStG nur zur Hälfte abzugsfähig. Die Vorschrift des § 10 Nr. 4 KStG ist weit auszulegen. Vergütungen für jegliche Überwachungstätigkeit – gleichgültig, ob sie als „Aufsichtsratsvergütung" bezeichnet werden oder nicht – fallen hierunter, und zwar gem. R 50 Abs. 1 Satz 2 KStR auch Tagegelder, Sitzungsgelder, Reisegelder und sonstige Aufwandsentschädigungen. Wenn allerdings einem Aufsichtsrats- bzw. Beiratsmitglied bei der Wahrnehmung seiner Aufgaben tatsächliche Aufwendungen erwachsen sind, so ist dieser Aufwand bei gesonderter Erstattung gem. R 50 Abs. 1 Satz 3 KStR abzugsfähig.

4. Verdeckte Gewinnausschüttungen

a) Problemstellung

39 Sinn und Zweck einer Kapitalgesellschaft ist es, Gewinne zu erzielen und diese an ihre Gesellschafter auszuschütten. Im Normalfall werden Gewinne *offen*, d. h. auf Grund eines Gesellschafterbeschlusses, ausgeschüttet. Eine solche Ausschüttung stellt Einkommensverwendung dar, und deshalb ordnet § 8 Abs. 3 Satz 1 KStG an, dass es für die Ermittlung des Einkommens ohne Bedeutung ist, ob das Einkommen verteilt wird.

Bei Einzelunternehmen und Personengesellschaften ist die Abgrenzung von betrieblich und privat veranlassten Aufwendungen eine wichtige Frage der Gewinnermittlung. Obwohl Kapitalgesellschaften eine Privatsphäre nicht haben können, geht es im Grunde um das Gleiche: Das Einkommen der Kapitalgesellschaft darf im Hinblick auf das Gesellschaftsverhältnis nicht durch Vorgänge gemindert werden, die einen Gesellschafter betreffen. Zwischen Kapitalgesellschaft, die eigene Rechtspersönlichkeit hat, und Gesellschafter sind nämlich mit bürgerlich-rechtlicher und steuerlicher Wirksamkeit Rechtsbeziehungen möglich. Hierbei darf das Einkommen der Kapitalgesellschaft nicht ungerechtfertigt durch *verdeckte Gewinnausschüttungen* gem. § 8 Abs. 3 Satz 2 KStG gemindert werden. Der Ausdruck „verdeckte Gewinnausschüttungen" ist zutreffend, weil es sich um Vorgänge handelt, die in Wirklichkeit Gewinnausschüttungen darstellen, diese werden allerdings nicht offen auf Grund eines Gesellschaftsbeschlusses, sondern eben „verdeckt" durchgeführt.

Mit der Erfassung der verdeckten Gewinnausschüttung soll sichergestellt werden, dass ihnen zu Grunde liegende Vorgänge bei der Kapitalgesellschaft mit Körperschaftsteuer und Gewerbesteuer belastet werden und beim Gesellschafter der Einkommensteuer unterworfen werden.

Verdeckte Gewinnausschüttungen kommen in der Praxis häufig dort in Frage, wo die Interessenlage von Kapitalgesellschaften und ihren Gesellschaftern gleich liegen. Das ist vornehmlich der Fall bei kleineren und persönlich geprägten Gesellschaften mit beschränkter Haftung. Bei Aktiengesellschaften, insbesondere bei solchen mit einer Vielzahl von Aktionären, spielt die verdeckte Gewinnausschüttung fast keine Rolle.

b) Begriff

aa) Vermögensminderung oder verhinderte Vermögensmehrung

R 36 Abs. 1 KStR

Grundsätzlich sind Leistungsbeziehungen zwischen Kapitalgesellschaften und den an ihnen beteiligten Gesellschaftern mit bürgerlich-rechtlicher und steuerrechtlicher Wirkung möglich. Hierbei müssen sich allerdings Leistung und Gegenleistung angemessen gegenüberstehen. Stehen sich Leistung und Gegenleistung zuungunsten der Kapitalgesellschaft und zugunsten des Gesellschafters nicht angemessen gegenüber, kann eine verdeckte Gewinnausschüttung vorliegen. 40

Verdeckte Gewinnausschüttungen sind im Gesetz (leider) nicht definiert. Die Aufzählung der Beispiele in H 36 V. KStH kann nicht erschöpfend sein, weil die Vielfalt von Möglichkeiten und Formen von verdeckten Gewinnausschüttungen geradezu unendlich ist. Deshalb ist es erforderlich, den Versuch einer Definition von verdeckten Gewinnausschüttungen zu unternehmen. Hierzu ist die zahlreiche Rechtsprechung des Bundesfinanzhofs zu verdeckten Gewinnausschüttungen hilfreich.

Nach der Rechtsprechung des BFH (Urteil vom 22. 2. 1989, BStBl II S. 475) muss es sich zunächst einmal um eine *Vermögensminderung* oder um eine *verhinderte Vermögensmehrung* handeln. Bei der Frage, ob eine Vermögensminderung oder eine verhinderte Vermögensmehrung eingetreten ist, handelt es sich um eine Angemessenheitsprüfung, also um eine Schätzung. Dabei besteht ein weiter Beurteilungsspielraum. Nur wenn dieser Beurteilungsspielraum eindeutig überschritten ist, liegt eine Vermögensminderung der Kapitalgesellschaft vor. Die Vermögensminderung bzw. die verhinderte Vermögensmehrung muss das Einkommen der Kapitalgesellschaft (früher oder später) mindern.

Maßstab ist, sofern möglich, der Fremdvergleich. Eine Veranlassung durch das Gesellschaftsverhältnis und damit eine verdeckte Gewinnausschüttung liegt dann vor, „wenn ein ordentlicher und gewissenhafter Geschäftsleiter die Vermögensminderung oder verhinderte Vermögensmehrung gegenüber einer Person, die nicht Gesellschafter ist, unter sonst gleichen Umständen nicht hingenommen hätte (H 36 III. „Allgemeines" KStH). Obwohl die Rechtsfigur des „ordentlichen und gewissenhaften Geschäftsleiters" in Gesetzen mehrmals erwähnt ist (z. B. § 93 Abs. 1 AktG, § 43 Abs. 1 GmbHG), handelt es sich um einen unbestimmten Rechtsbegriff. Maßstab soll die Leistung sein, die im Normalfall unter Beachtung kaufmännischer Grundsätze erbracht würde.

Die Zuwendung, wodurch die Vermögensminderung eingetreten ist, muss *durch das Gesellschaftsverhältnis veranlasst sein*. Die Zuwendung kann also an einen Gesellschafter selbst oder an eine ihm *nahe stehende Person* erfolgen. Zu den nahe stehenden Personen gehören auf jeden Fall Verwandte, wie z. B. Ehegatten, Kinder usw. Schwierig ist die Entscheidung bei Bekannten, Freunden, Lebensgefährten u. Ä.

Aus der Rechtsprechung des BFH hat sich die in R 36 Abs. 1 KStR niedergelegte Definition ergeben: „Eine verdeckte Gewinnausschüttung im Sinne des § 8 Abs. 3 Satz 2 KStG ist eine Vermögensminderung oder verhinderte Vermögensmehrung, die durch das Gesellschaftsverhältnis veranlasst ist, sich auf die Höhe des Unterschiedsbetrags i. S. d. § 4

Abs. 1 Satz 1 EStG auswirkt und nicht auf einem den gesellschaftsrechtlichen Vorschriften entsprechenden Gewinnverteilungsbeschluss beruht".

bb) Ergebnis einer rückwirkenden oder unklaren Vereinbarung

R 36 Abs. 2 KStR

41 Besondere Regeln gelten für Leistungsbeziehungen zwischen einer Kapitalgesellschaft und ihrem *beherrschenden* Gesellschafter. Einen beherrschenden Einfluss hat ein Gesellschafter dann, wenn er die Mehrheit der Stimmrechte besitzt (H 36 III. „Begriff" KStH). Allerdings kann sich die Beherrschung auch bei einer Quote von 50 % oder weniger ergeben durch Zusammenwirken von Gesellschaftern, deren Interessen gleichgerichtet sind (H 36 III. „Gleichgerichtete Interessen" KStH). Beispielsweise können die Anteile von nicht getrennt lebenden Ehegatten für diese Frage zusammenzurechnen sein. Allerdings reicht diese Tatsache allein nicht aus. Es müssen weitere Anhaltspunkte dazukommen (H 36 III. „Gleichgerichtete Interessen" KStH).

Für die steuerliche Anerkennung müssen Verträge mit beherrschenden Gesellschaftern zivilrechtlich wirksam sein. Bei *Alleingesellschaftern* sind hierfür eine satzungsmäßige Befreiung vom Selbstkontrahierungsverbot des § 181 BGB und eine Eintragung ins Handelsregister erforderlich.

Nach der Rechtsprechung des Bundesfinanzhofs kommt bei beherrschenden Gesellschaftern eine verdeckte Gewinnausschüttung auch in Frage, wenn sich Leistung und Gegenleistung angemessen gegenüberstehen, aber nicht von vorneherein klar und eindeutig bestimmt ist, ob und in welcher Höhe ein Entgelt bezahlt werden soll (H 36 III. „Klare und eindeutige Vereinbarung" KStH). Das gilt auch bei Leistungen an dem beherrschenden Gesellschafter nahe stehenden Personen.

BEISPIEL: Die X-GmbH erhöht am 1. 10. 04 ihrem beherrschenden Gesellschafter-Geschäftsführer das Gehalt von 5 000 € auf 8 000 € monatlich mit Wirkung vom 1. 1. 04. Das Gehalt ist auch nach der Erhöhung angemessen.

Für die Monate Januar bis September 04 liegt eine verdeckte Gewinnausschüttung i. H.v. 9 x 3 000 € = 27 000 € vor. Für die Monate Oktober bis Dezember 04 handelt es sich nicht um eine Nachzahlung, insoweit liegt daher keine verdeckte Gewinnausschüttung vor.

Die verdeckte Gewinnausschüttung als Ergebnis einer rückwirkenden oder unklaren Vereinbarung wird in der Literatur u. a. deshalb angegriffen, weil sie ein Sonderrecht für beherrschende Gesellschafter schaffe. Der Bundesfinanzhof schließt sich dieser Kritik nicht an und hält nach ständiger Rechtsprechung (Urteile vom 21. 7. 1982, BStBl II S. 761 und vom 22. 2. 1989, BStBl II S. 631) diese These aufrecht, dass verdeckte Gewinnausschüttungen auch Ergebnis einer rückwirkenden oder unklaren Vereinbarung sein können, weil es im Interesse einer gleichmäßigen Besteuerung geboten sei, in solchen Fällen erhöhte Anforderungen an die Verdeutlichung der betrieblichen Veranlassung zu stellen.

c) Formen der verdeckten Gewinnausschüttung

42 Es wurde schon darauf hingewiesen, dass Kapitalgesellschaften eigene Rechtspersönlichkeit haben und deshalb zwischen ihnen und ihren Gesellschaftern rechtliche Bezie-

hungen, insbesondere schuldrechtlicher Art, möglich sind. In der Praxis bieten sich fast alle Vertragstypen für eine verdeckte Gewinnausschüttung an. Im Folgenden sollen die wichtigsten dieser Vertragstypen erörtert werden. Es können dies z. B. Kaufverträge, Dienstverträge und andere Verträge sein.

aa) Kaufverträge

Ein jegliches Wirtschaftsgut kann Gegenstand eines Kaufvertrages zwischen einem Gesellschafter und seiner Kapitalgesellschaft sein. Derartige Kaufverträge sind steuerlich wirksam, soweit der vereinbarte Kaufpreis angemessen ist. Ist dagegen bei Verkauf eines Wirtschaftsgutes der Kapitalgesellschaft an ihren Gesellschafter der Preis unangemessen niedrig oder im umgekehrten Falle unangemessen hoch, so liegt in Höhe des Betrages, der die Angemessenheit unterschreitet oder übersteigt, eine verdeckte Gewinnausschüttung vor. 43

Natürlich ist es in der Praxis nicht immer leicht, den „angemessenen Kaufpreis" eines Wirtschaftsgutes zu bestimmen. Sehr oft werden aber Gegenstand eines Kaufvertrages marktgängige Güter sein. Bei diesen wird der angemessene Kaufpreis jedenfalls in der Nähe des Marktpreises festzusetzen sein.

bb) Dienstverträge

Zwischen Kapitalgesellschaften und ihren Gesellschaftern werden häufig Dienstverträge abgeschlossen. Sehr oft ist z. B. der Gesellschafter einer GmbH gleichzeitig Geschäftsführer. 44

In solchen Fällen kommt es darauf an, welche Gesamtvergütung (sog. Gesamtausstattung) der Gesellschafter-Geschäftsführer für seine Tätigkeit erhält. Zur Vergütung gehören nämlich nicht nur das Gehalt, sondern eventuell auch Tantiemen, Umsatzprovisionen, Pensionszusagen u. a. m. Wenn die Gesamtvergütung die Grenze der Angemessenheit überschreitet, liegt insoweit eine verdeckte Gewinnausschüttung vor. Für die Entscheidung dieser Frage kann ein Vergleich mit der Vergütung von Geschäftsführern von Kapitalgesellschaften gleicher Art und gleicher Größe hilfreich sein.

Zur Vermeidung von verdeckten Gewinnausschüttungen an beherrschende Gesellschafter-Geschäftsführer muss die Pensionszusage gem. R 38 Satz 6 KStR ernsthaft, erdienbar und angemessen sein. Der Erdienungszeitraum muss bei beherrschenden Gesellschafter-Geschäftsführern mindestens zehn Jahre betragen (H 38 „Erdienbarkeit" KStH mit Verweisen auf verschiedene BFH-Urteile/BMF-Schreiben). Bei nicht beherrschenden Gesellschafter-Geschäftsführern ist nach dem BMF-Schreiben vom 7. 3. 1997 (BStBl I S. 637) eine Betriebszugehörigkeit von in der Regel fünfzehn Jahren erforderlich, in Ausnahmefällen von zwölf Jahren. Die Zusage darf nicht unmittelbar nach Anstellung erteilt werden, sondern es muss gem. H 38 „Warte-/Probezeit" KStH die unter Fremden übliche Wartezeit eingehalten werden. Das erfordert regelmäßig eine Probezeit von 2 bis 3 Jahren. Ausnahmen sind allerdings bei entsprechender Vortätigkeit denkbar (BMF v. 14. 12. 2012, BStBl 2013 I S. 58).

Für die Frage der Ernsthaftigkeit und der Finanzierbarkeit der Pension ist die wirtschaftliche Lage der Kapitalgesellschaft zu berücksichtigen. Nach dem BMF-Schreiben vom

6. 9. 2005 (BStBl I S. 875), das auf mehrere BFH-Urteile verweist, ist die Finanzierbarkeit jedenfalls dann zu verneinen, wenn bei einem unmittelbar nach dem Bilanzstichtag eintretenden Versorgungsfall der Barwert der künftigen Pensionsleistungen am Ende des Wirtschaftsjahres auch nach Berücksichtigung einer Rückdeckungsversicherung zu einer Überschuldung im insolvenzrechtlichen Sinne führen würde.

Grundsätzlich ist für die Berechnung der Pensionsrückstellung gem. H 38 „Altersgrenze bei beherrschenden Gesellschafter-Geschäftsführern" KStH als vertraglich vorgesehene Altersgrenze eine solche von mindestens 65 Jahren zugrunde zu legen.

Eine Überversorgung, also insoweit eine verdeckte Gewinnausschüttung, wird angenommen, wenn die zugesagten Leistungen zusammen mit einer zu erwartenden Sozialversicherungsrente höher sind als 75 % der Bezüge des Pensionsberechtigten. Tantiemen, die ein Gesellschafter-Geschäftsführer erhält, dürfen nach einem BMF-Schreiben vom 1. 2. 2002 (BStBl I S. 219) zur Vermeidung einer verdeckten Gewinnausschüttung 25 % der angemessenen Jahresgesamtbezüge nicht überschreiten.

Auch bei Tantiemevereinbarungen mit Gesellschafter-Geschäftsführern können verdeckte Gewinnausschüttungen vorliegen. Wenn die Tantiemen 50 % des Jahresüberschusses vor Steuern übersteigen, liegt nach dem BMF-Schreiben vom 1. 2. 2002 (BStBl I S. 219) in der Regel eine verdeckte Gewinnausschüttung vor. Außerdem müssen die Jahresgesamtbezüge gem. H 39 „Grundsätze" KStH wenigstens zu 75 % aus einem festen und höchstens zu 25 % aus erfolgsabhängigen Bestandteilen bestehen. Durch einige BFH-Urteile (vom 27. 2. 2003, BStBl 2004 II 132 und vom 4. 6. 2003, BStBl 2004 II 136) wurde die 75 %/25 %-Grenze stark eingeschränkt. Zuvor hatte bereits die Finanzverwaltung in bestimmten Fällen (Gründungsphase der Gesellschaft, Phasen vorübergehender wirtschaftlicher Schwierigkeiten, stark risikobehaftete Geschäftszweige) ein Abweichen von der 75 %/25 %-Grenze zugelassen (s. BMF vom 1. 2. 2002, BStBl 2002 I 219).

Auch selbstständig Tätige, wie z. B. Rechtsanwälte, Steuerberater oder Wirtschaftsprüfer, können Gesellschafter einer GmbH sein und für diese „Dienste" leisten. Jeder dieser Dienstverträge hat steuerliche Wirksamkeit, soweit die Gesamtvergütung für die geleisteten Dienste angemessen ist. Übersteigt sie die Angemessenheit, so liegt insoweit eine verdeckte Gewinnausschüttung vor.

Auch hier ist es in der Praxis nicht leicht, die „angemessene Höhe" für geleistete Dienste zu bestimmen, zumal es „marktgängige" Dienstleistungen nicht gibt. Es wird aber in der Praxis sicherlich Anhaltspunkte geben. Bei den genannten selbstständig Tätigen wird man sie in deren Gebührenordnung vorfinden.

cc) Darlehensverträge

45 In der Praxis kommen Darlehensverträge zwischen Kapitalgesellschaften und ihren Gesellschaftern häufig vor. Gesellschafter und Kapitalgesellschaften können sowohl Darlehensgeber als auch Darlehensnehmer sein. Für die Anerkennung solcher Darlehensverträge müssen die Kreditvereinbarungen angemessen sein. Insbesondere müssen die vom Darlehensnehmer zu erbringenden Leistungen in Form von Zinsen, eines Damnums u. Ä. marktüblich sein. Anhaltspunkt für angemessene Zinskonditionen ist die je-

weilige Marktsituation. Hierauf haben der Diskontsatz der Deutschen Bundesbank, der Lombardsatz, der Spareckzins, die Zinsen bei der Ausgabe öffentlicher Anleihen und ähnliche Faktoren mitentscheidenden Einfluss. Natürlich ist die Marktlage nicht unbedingt allein entscheidend. Laufzeit, Tilgungsbedingungen, Zweck und Sicherung eines Kredits können in jedem Einzelfall unterschiedlich sein und die Konditionen mit beeinflussen. Immerhin wird man bei Kenntnis der Marktsituation und der Gesichtspunkte im einzelnen Fall die Höhe angemessener Zinskonditionen einigermaßen zuverlässig schätzen können.

Liegen die vereinbarten und tatsächlich gezahlten Zinsen über oder unter dem angemessenen Zinssatz – das hängt davon ab, wer Darlehensnehmer ist –, so liegt in Höhe der Differenz zwischen tatsächlich gezahltem und angemessenem Zins eine verdeckte Gewinnausschüttung vor.

Neben zu hohen oder zu niedrigen Zinsen können auch andere Faktoren, wie z. B. eine ungewöhnlich lange Laufzeit oder das Fehlen von Sicherheiten, dazu führen, dass in der Darlehenshingabe selbst eine verdeckte Gewinnausschüttung gesehen wird.

dd) Andere Verträge und Rechtsbeziehungen

Auch andere Verträge zwischen Kapitalgesellschaften und ihren Gesellschaftern, wie 46
z. B. Miet- und Pachtverträge, Werkverträge, Lizenzverträge, Bürgschaftsverträge u. a. m., können verdeckte Gewinnausschüttungen beinhalten. Wie schon in den vorher besprochenen Vertragstypen (Tz 41 bis 43) liegen sie immer dann vor, wenn sich *Leistung und Gegenleistung zum Vorteil des Gesellschafters nicht angemessen gegenüberstehen* oder wenn es *an einer im Voraus getroffenen bzw. klaren Vereinbarung mangelt.*

Nach der Rechtsprechung des BFH (vom 30. 8. 1995, DB 1995 S. 2451) kann eine Geschäftstätigkeit, die ein Gesellschafter-Geschäftsführer im eigenen Namen für eigene Rechnung ausführt, nicht allein deshalb der eigenen GmbH zugerechnet werden, weil es sich um den gleichen Unternehmensgegenstand handelt.

Zivilrechtlich gesehen unterliegt der Alleingesellschafter insoweit nicht einem Wettbewerbsverbot, als er der GmbH Vermögen entzieht, das nicht zur Deckung des Stammkapitals benötigt wird. Aus der allgemeinen Treuepflicht eines Alleingesellschafters lässt sich kein zivilrechtlicher Anspruch auf Schadenersatz bzw. Vorteilsherausgabe ableiten. Allerdings kann steuerlich eine verdeckte Gewinnausschüttung vorliegen, wenn der Gesellschafter-Geschäftsführer konkrete Geschäftschancen genutzt hat, für deren Überlassung ein fremder Dritter ein Entgelt bezahlt hätte (sog. Geschäftschancenlehre).

d) Auswirkungen

Wird eine verdeckte Gewinnausschüttung vorgenommen und diese vom Steuerpflichti- 47
gen erklärt oder von der Finanzverwaltung (meistens anlässlich einer Außenprüfung) festgestellt, so erhebt sich die entscheidende Frage, welche steuerliche Auswirkung eine solche verdeckte Gewinnausschüttung hat. Eine Lösung dieser Frage ist möglich durch die sog. „Fiktionstheorie". Danach ist der Zustand zu unterstellen, der eingetreten wäre, wenn die verdeckte Gewinnausschüttung nicht vorgenommen worden wäre.

Es ist also so zu tun, als habe eine angemessene Leistungsverrechnung zwischen Gesellschaft und Gesellschafter stattgefunden (1. Fiktion) und als habe die Gesellschaft den hierdurch zusätzlich erzielten Gewinn wieder an den Gesellschafter ausgeschüttet (2. Fiktion). Es ist ein Vergleich zwischen einem unterstellten „Soll-Zustand" und dem tatsächlich eingetretenen „Ist-Zustand" anzustellen. Aus der Differenz zwischen dem „gedachten" und dem „tatsächlich eingetretenen" Sachverhalt ist dann die steuerliche Auswirkung einer verdeckten Gewinnausschüttung abzuleiten.

Die Fiktionstheorie wurde vom BFH (Urteil vom 19. 3. 1975, BStBl 1975 II 722) mit der Begründung abgelehnt, dass die Besteuerung nur an ein tatsächliches oder rechtliches Geschehen, nicht aber an einen vorgestellten Sachverhalt anknüpfen dürfe. Allerdings ergibt sich bereits aus dem Begriff der verdeckten Gewinnausschüttung die Notwendigkeit, Fiktionen zu verwenden (z. B. beim Vergleich der tatsächlichen Vergütung mit der angemessenen (fiktiven) Vergütung, die ein ordentlicher und gewissenhafter Geschäftsleiter einem fremden Dritten gezahlt bzw. die er von einem fremden Dritten für eine Leistung der Gesellschaft gefordert hätte), so dass die Fiktionstheorie nach der in der Literatur vertretenen Auffassung weiterhin eine „Denkhilfe" darstellt.

Bei einer verdeckten Gewinnausschüttung kann sich eine steuerliche Auswirkung in *zweierlei Hinsicht* ergeben: auf der Ebene *der Kapitalgesellschaft* und auf der Ebene *des Gesellschafters.* Auf der Ebene der Kapitalgesellschaft ist in *einer ersten Stufe* das zu versteuernde Einkommen *außerhalb der Bilanz* zu erhöhen, wenn die verdeckte Gewinnausschüttung das zu versteuernde Einkommen der Kapitalgesellschaft vermindert hat. Die Erhöhung kann sofort in einem Betrage, „pro rata temporis" oder später vorzunehmen sein (vgl. hierzu die Beispiele in dieser Tz). Soweit nämlich das Einkommen der Kapitalgesellschaft durch die verdeckte Gewinnausschüttung zunächst nicht gemindert worden ist, braucht es bei Erklärung oder Feststellung auch nicht wieder erhöht zu werden. Die Erhöhung des Einkommens hat eine entsprechend höhere Körperschaftsteuer und Gewerbesteuer zur Folge.

In der *zweiten Stufe* sind verdeckte Gewinnausschüttungen als Einkünfte aus Kapitalvermögen zu erfassen, wenn sich die Anteile an der Kapitalgesellschaft im Privatvermögen befinden. Gehören die Anteile an einer Kapitalgesellschaft zum Betriebsvermögen, handelt es sich nach dem Absorptionsprinzip des § 20 Abs. 8 EStG (§ 20 Abs. 3 EStG a. F.) um Einkünfte aus Gewerbebetrieb.

Was die steuerliche Auswirkung beim Gesellschafter anbetrifft, so ist die Rechtslage bis zum VZ 2008 und diejenige ab dem VZ 2009 zu unterscheiden:

Bis zum VZ 2008 war nach dem Halbeinkünfteverfahren die Hälfte der Einnahmen aus Kapitalvermögen oder aus Gewerbebetrieb zu erfassen. Die andere Hälfte war gem. § 3 Nr. 40 Buchst. b) EStG a. F. steuerfrei.

Ab dem VZ 2009 ist die verdeckte Gewinnausschüttung beim Gesellschafter mit der Abgeltungssteuer von 25 % gem. § 32d EStG zu belegen, wenn sich die Anteile im Privatvermögen befinden. Gehören sie zum Betriebsvermögen, ist das sog. *Teileinkünfteverfahren* anzuwenden, d. h. von der verdeckten Gewinnausschüttung sind 60 % steuerpflichtig und 40 % gem. § 3 Nr. 40 Buchst. d) EStG n. F. steuerfrei.

Auf der Ebene des Gesellschafters erhöht die verdeckte Gewinnausschüttung im Zeitpunkt des Zuflusses sein Einkommen, wenn die verdeckte Gewinnausschüttung bisher noch nicht erfasst worden ist. Das ist in der Praxis in der Regel der Fall, wenn der Vorgang, der zu einer verdeckten Gewinnausschüttung geführt hat, den privaten Bereich des Gesellschafters betrifft, der außerhalb der Einkunftsarten des § 2 Abs. 1 EStG liegt. Sind die zu einer verdeckten Gewinnausschüttung führenden Einnahmen bisher schon als Einkünfte erfasst, ist eine Einkommenserhöhung nicht vorzunehmen. Es findet eine *Einkommensumschichtung* statt, sofern es sich nicht schon vorher um Einkünfte aus Kapitalvermögen bzw. Gewerbebetrieb gehandelt hat.

Zusammenfassend können sich also bei einer verdeckten Gewinnausschüttung folgende steuerliche Auswirkungen ergeben:

Ebene der Kapitalgesellschaft (1. Stufe)

Erhöhung des Einkommens (früher oder später) gem. § 8 Abs. 3 KStG

Ebene des Gesellschafters (2. Stufe)

bis VZ 2008: Erfassung zur Hälfte als Einkünfte aus Kapitalvermögen gem. § 20 Abs. 1 Nr. 1 und § 3 Nr. 40 Buchst. d) EStG a. F. bzw. als Einkünfte aus Gewerbebetrieb gem. § 20 Abs. 3 und § 3 Nr. 40 Buchst. d) EStG a. F.

ab VZ 2009

a) **Anteile im Privatvermögen:**

Auf die verdeckte Gewinnausschüttung fällt Abgeltungssteuer von 25 % gem. § 32d EStG an.

b) **Anteile im Betriebsvermögen**

Das Teileinkünfteverfahren ist anzuwenden, d. h. 60 % sind steuerpflichtig und 40 % gem. § 3 Nr. 40 Buchst. d) EStG n. F. steuerfrei.

Die Auswirkungen verdeckter Gewinnausschüttungen sollen nachfolgend anhand einiger Beispiele aufgezeigt werden. In allen Beispielen wird unterstellt, dass sich die Anteile des Gesellschafters einer GmbH in seinem *Privatvermögen und nicht im Betriebsvermögen* befinden.

BEISPIEL 1: Ein Gesellschafter einer GmbH ist gleichzeitig ihr Geschäftsführer. Für die Geschäftsführertätigkeit erhält er ein Gehalt von 240 000 €, obwohl nur 150 000 € angemessen sind.

Es liegt i. H. von 90 000 € eine verdeckte Gewinnausschüttung vor.

Die Auswirkungen sind

bei der Kapitalgesellschaft: Das zu versteuernde Einkommen ist *außerhalb der Bilanz* um 90 000 € zu erhöhen.

beim Gesellschafter

a) **Bis 2008:** Die Einnahmen aus nichtselbstständiger Arbeit sind um 90 000 € zu vermindern und die zu versteuernden Einnahmen aus Kapitalvermögen sind um 45 000 € zu erhöhen.

b) **Ab 2009:** Die Einnahmen aus nichtselbstständiger Arbeit sind um 90 000 € zu vermindern. In gleicher Höhe fallen Einnahmen aus Kapitalvermögen an, die der Abgeltungssteuer von 25 % unterliegen.

BEISPIEL 2: Eine GmbH wendet ihrem Gesellschafter Waren, die sie für 20 000 € zzgl. 3 800 € Umsatzsteuer erworben hat, für den privaten Bedarf unentgeltlich zu. Der übliche Verkaufspreis dieser Waren beträgt 35 700 € (einschl. 5 700 € Umsatzsteuer).

Es liegt eine verdeckte Gewinnausschüttung vor.

Die Auswirkungen sind

bei der Kapitalgesellschaft: Die verdeckte Gewinnausschüttung ist (nach Ansicht der Finanzverwaltung) gem. H 37 „Hingabe von Wirtschaftsgütern" KStH in Höhe des gemeinen Wertes anzunehmen, also in Höhe des Verkaufspreises einschließlich der Umsatzsteuer von 35 700 €. Somit ist das zu versteuernde Einkommen außerhalb der Bilanz um 35 700 € zu erhöhen.

Innerhalb der Bilanz hat bei der GmbH die unentgeltliche Hingabe (ohne Buchung) durch die Verminderung des Warenbestandes den Gewinn bereits um 20 000 € gemindert.

Außerdem löst der Vorgang Umsatzsteuer aus. Es handelt sich um eine einer gegen Entgelt gleichgestellte Lieferung gem. § 3 Abs. 1b UStG. Bemessungsgrundlage ist gem. § 10 Abs. 4 Nr. 1 UStG der Einkaufspreis von 20 000 €. Die daraus resultierende Umsatzsteuer von 3 800 € mindert den Gewinn *innerhalb der Bilanz*.

Bei der GmbH tritt also saldiert eine Erhöhung des Einkommens von 35 700 € ·/. 3 800 € = 31 900 € ein. Diese Lösung ist umstritten, weil auf diese Weise zusätzlich eine Erhöhung des Einkommens in Höhe der Umsatzsteuer vom Gewinnaufschlag erfolgt. Bei Anwendung der *„Fiktionstheorie"*, d. h. bei Unterstellung, der Gesellschafter habe den Verkaufspreis von 35 700 € ordnungsgemäß bezahlt, wäre nämlich nur eine Einkommenserhöhung von 30 000 € eingetreten. Vertretbar wäre daher, die verdeckte Gewinnausschüttung auf 33 800 € zu begrenzen (Verkaufspreis netto 30 000 € zzgl. USt i. H. v. 3 800 €), denn in dieser Höhe hat sich der Vorgang zusammen mit den Aufwandsbuchungen auf den bilanziellen Gewinn ausgewirkt.

beim Gesellschafter

a) **Bis VZ 2008:** Die zu versteuernden Einnahmen aus Kapitalvermögen sind um die Hälfte von 35 700 €, also um 17 850 € zu erhöhen.

b) **Ab VZ 2009:** Die Einnahmen aus Kapitalvermögen i. H. von 35 700 € unterliegen der Abgeltungssteuer von 25 %.

BEISPIEL 3: Ein Gesellschafter liefert aus seinem Privatvermögen an eine Kapitalgesellschaft, an der er beteiligt ist, ein abnutzbares Wirtschaftsgut des Anlagevermögens mit einer Nutzungsdauer von 4 Jahren für 40 000 €, dessen angemessener Preis 24 000 € beträgt. Der Kaufpreis wird bei Abschluss des Kaufvertrages in voller Höhe gezahlt.

Es liegt eine verdeckte Gewinnausschüttung i. H. von 16 000 € vor.

Die Auswirkungen sind

bei der Kapitalgesellschaft: Das zu versteuernde Einkommen ist jährlich um die zu hoch vorgenommene Absetzung für Abnutzung gemindert worden. Deshalb findet außerhalb der Bilanz eine Einkommenserhöhung „pro rata temporis" von jährlich 4 000 € statt.

beim Gesellschafter

a) **Bis VZ 2008:** Die zu versteuernden Einnahmen aus Kapitalvermögen sind um die Hälfte, also um 8 000 €, zu erhöhen.

b) **Ab VZ 2009:** Die Einnahmen aus Kapitalvermögen i. H. von 16 000 € unterliegen der Abgeltungssteuer von 25 %.

BEISPIEL 4: Ein Gesellschafter gibt einer Kapitalgesellschaft, an der er beteiligt ist, ein Darlehen zu einem überhöhten Zinssatz. In der Höhe der Differenz zwischen tatsächlich gezahltem und angemessenem Zinssatz liegt eine verdeckte Gewinnausschüttung vor.

Die Auswirkungen sind

bei der Kapitalgesellschaft: Das zu versteuernde Einkommen ist in Höhe der Differenz zwischen gezahltem und angemessenem Zinssatz außerhalb der Bilanz zu erhöhen.

beim Gesellschafter

a) **Bis VZ 2008:** Die Hälfte der verdeckten Gewinnausschüttung ist bei den Einkünften aus Kapitalvermögen steuerfrei zu stellen.

b) **Ab VZ 2009:** Auf den Betrag der verdeckten Gewinnausschüttung fällt Abgeltungssteuer von 25 % an.

BEISPIEL 5: Der Gesellschafter-Geschäftsführer einer GmbH erhält eine Pensionszusage, deren Barwert 600 000 € beträgt. Angemessen sind aber nur 400 000 €.

Es liegt eine verdeckte Gewinnausschüttung i. H. von 200 000 € vor.

Die Auswirkungen sind

bei der Kapitalgesellschaft: Das zu versteuernde Einkommen ist um 200 000 € zu erhöhen.

beim Gesellschafter: Die verdeckte Gewinnausschüttung ist beim Gesellschafter noch nicht zugeflossen. Deshalb ist das Einkommen des Gesellschafters nicht zu erhöhen.

Bei Dividendenerträgen mindert sich die steuerliche Belastung bei Körperschaften durch die Steuerfreistellung der Beteiligungserträge gem. § 8b Abs. 1 KStG sowie bei allen anderen Steuerpflichtigen durch die teilweise Freistellung der Dividendeneinnahmen gem. § 3 Nr. 40 Satz 1 Buchst. d EStG bzw. die Abgeltungsteuer i. H. v. 25 %.

§ 32a Abs. 1 KStG stellt sicher, dass Bezüge, die bei der Kapitalgesellschaft als verdeckte Gewinnausschüttung dem Einkommen wieder hinzugerechnet wurden, beim Anteilseigner besteuert werden. Soweit gegenüber einer Körperschaft ein Steuerbescheid hinsichtlich der Berücksichtigung einer verdeckten Gewinnausschüttung erlassen, aufgehoben oder geändert wird, kann ein Steuerbescheid oder ein Feststellungsbescheid gegenüber dem Gesellschafter, dem die verdeckte Gewinnausschüttung zuzurechnen ist, oder einer diesem nahe stehenden Person erlassen, aufgehoben oder geändert werden (formelle Korrespondenz). Die Festsetzungsfrist endet insoweit nicht vor Ablauf eines Jahres nach Unanfechtbarkeit des Steuerbescheides der Körperschaft (§ 32a Abs. 1 KStG).

Umgekehrt wird nunmehr durch Ergänzungen in § 3 Nr. 40 EStG und § 8b Abs. 1 KStG sichergestellt, dass für eine verdeckte Gewinnausschüttung die teilweise Freistellung gem. § 3 Nr. 40 Satz 1 Buchst. d EStG bzw. die Beteiligungsertragsbefreiung beim Anteilseigner nur dann zur Anwendung kommt, soweit durch die verdeckte Gewinnausschüttung auf Ebene der Kapitalgesellschaft das Einkommen nicht gemindert wurde (materielle Korrespondenz). Ab 2011 werden verdeckte Gewinnausschüttungen tariflich besteuert, wenn sich hierdurch das Einkommen der Gesellschaft mindert (§ 32d Abs. 2 Nr. 4 EStG).

Damit wird gewährleistet, dass bei einer verdeckten Gewinnausschüttung die korrespondierenden Steuerfolgen bei der Kapitalgesellschaft einerseits und beim Gesellschafter andererseits eintreten. Das hat für den Gesellschafter den Vorteil, dass bei ihm der ihm zufließende Vorteil bis 2008 nur zur Hälfte und ab 2009 nur 60 % nach dem Tarif oder 100 % mit der Abgeltungssteuer von 25 % belastet wird. Hierzu wird auf die dargestellten Beispiele 1 bis 4 hingewiesen.

Andererseits kann die Qualifikationsverkettung für den Gesellschafter auch nachteilige Folgen haben. Wenn z. B. bei einer Pensionszusage an einen Gesellschafter-Geschäftsführer eine vorliegende verdeckte Gewinnausschüttung (vgl. vorangegangenes Beispiel 5) nicht erkannt wurde und eine Korrektur auf der Ebene der Kapitalgesellschaft wegen Festsetzungsverjährung oder Bestandskraft nicht mehr vorgenommen werden kann, so werden insoweit auch die späteren Pensionszahlungen nicht nach § 3 Nr. 40 Buchst. d) EStG begünstigt. Voraussetzung für diese Begünstigung ist nämlich gem. § 3 Nr. 40 Buchst. d) Satz 2 EStG, dass das Einkommen der leistenden Körperschaft nicht gemindert worden ist.

Bei verdeckten Gewinnausschüttungen an Anteilseigner, die ebenfalls Körperschaften sind, steht der Mehrbelastung bei der ausschüttenden Körperschaft eine gleich hohe Entlastung bei der ausschüttungsempfangenden Körperschaft gegenüber. Nach § 8b Abs. 1 KStG sind nämlich diese Ausschüttungen steuerfrei (vgl. hierzu Tz 52). Allerdings ist die 5 %-Klausel des § 8b Abs. 5 KStG zu beachten (vgl. Tz 53). Im Übrigen kann sich durch verdeckte Gewinnausschüttungen an andere Körperschaften eine unterschiedliche Gewerbesteuerbelastung ergeben.

e) Möglichkeiten der Vermeidung

48 Wegen der in der Regel sehr unangenehmen Wirkungen von verdeckten Gewinnausschüttungen sollten die Beteiligten grundsätzlich anstreben, dass die Rechtsbeziehungen zwischen Kapitalgesellschaft und Gesellschafter so ausgestaltet werden, wie es unter fremden Dritten üblich ist.

Zur Vermeidung von verdeckten Gewinnausschüttungen i. S. der R 36 Abs. 2 KStR (vgl. Tz 39) sollten die Rechtsbeziehungen zwischen Kapitalgesellschaft und Gesellschafter *im Voraus klar und eindeutig* geregelt werden. Hierzu ist Schriftform nicht unbedingt erforderlich, was der BFH in seinem Urteil v. 24. 1. 1990 (BStBl 1990 II 645) bestätigt hat. Dennoch ist zur Abfassung von Vereinbarungen in schriftlicher Form zu raten, weil dann der Nachweis einfacher und sicherer erbracht werden kann.

Wegen der (meistens) unangenehmen Wirkung von verdeckten Gewinnausschüttungen ist auch immer wieder versucht worden, die ihnen zugrunde liegenden Sachverhalte mit rückwirkender Kraft zu ändern. Derartige Rückwirkungen sind im Steuerrecht grundsätzlich nicht möglich und somit auch nicht bei verdeckten Gewinnausschüttungen. Wenn allerdings die steuerlichen Folgen einer verdeckten Gewinnausschüttung besonders hart sind und dies von den Beteiligten nicht überblickt werden konnte, hatte die Rechtsprechung des BFH Ausnahmen zugelassen (H 37 „Rückgängigmachung“ KStH).

Verdeckte Gewinnausschüttungen können auch durch Rückgewähransprüche, die auf Steuer- oder Satzungsklauseln beruhen, grundsätzlich nicht rückgängig gemacht werden. Vielmehr führt die Rückgewähr gem. H 40 „Rückgewähr einer verdeckten Gewinnausschüttung“ KStH zur Annahme einer Einlage.

(Einstweilen frei) 49

5. Verdeckte Einlagen

R 40 KStR

Eine verdeckte Einlage liegt gem. R 40 Abs. 1 KStR vor, wenn ein Gesellschafter oder eine ihm nahestehende Person der Körperschaft außerhalb der gesellschaftsrechtlichen Einlagen einen einlagefähigen Vermögensvorteil zuwendet und diese Zuwendung durch das Gesellschaftsverhältnis veranlasst ist. Voraussetzungen für eine verdeckte Einlage sind also 50

- Zuwendung eines Gesellschafters oder einer ihm nahestehenden Person außerhalb der gesellschaftsrechtlichen Einlagen,
- einlagefähiger (= bilanzierungsfähiger) Vermögensvorteil,
- ohne Gegenleistung und
- Veranlassung durch das Gesellschaftsverhältnis.

Es handelt sich also um *den umgekehrten Fall einer verdeckten Gewinnausschüttung.*

Es erhebt sich die Frage, ob derartige verdeckte Einlagen das Einkommen der Kapitalgesellschaft beeinflussen oder nicht. Im Gesetz ist zu diesem Problem nichts ausgesagt.

Handelsrechtlich soll diese Frage nach weit verbreiteter Ansicht in der Literatur danach zu beantworten sein, was der einlegende Gesellschafter gewollt hat. Wenn die Einlage nach dem *Willen des Gesellschafters zu einer Erhöhung der Rücklagen* führen soll, ist sie *erfolgsneutral* der Kapitalrücklage gem. § 272 Abs. 2 Nr. 4 HGB zuzuführen. Wenn ein solcher Wille nicht erkennbar ist, soll die Einlage als außerordentlicher Ertrag in der GuV auszuweisen sein. Diese unterschiedliche Behandlungsweise ist schon deshalb problematisch, weil in der Praxis häufig der Wille des Gesellschafters bei einer Einlage nicht erkennbar ist. Im Hinblick auf diese Schwierigkeiten wird in der Literatur zuweilen auch gefordert, eine verdeckte Einlage müsse auch in der Handelsbilanz in jedem Fall erfolgsneutral behandelt werden.

Steuerrechtlich erhöht eine verdeckte Einlage gem. R 40 Abs. 2 Satz 1 KStR das Einkommen nicht. Deshalb sind verdeckte Einlagen, soweit sie den Gewinn erhöht haben, außerbilanziell bei der Ermittlung des zu versteuernden Einkommens abzuziehen (R 40 Abs. 2 Satz 2 KStR).

Die Bewertung verdeckter Einlagen hat gem. R 40 Abs. 4 Satz 1 KStR grundsätzlich mit dem Teilwert zu erfolgen.

BEISPIEL: Der Gesellschafter hat seiner GmbH ein Darlehen von 50 000 € gegeben. Bei Fälligkeit befindet sich die GmbH in Liquiditätsschwierigkeiten. Deshalb verzichtet der Gesellschafter formgültig auf die Rückzahlung.

BUCHUNG:

a)	Darlehensschuld	50 000 €	
	an sonstige betriebliche Erträge		50 000 €
b)	Darlehensschuld	50 000 €	
	an Ausgleichsposten (Rücklage)		50 000 €

Im Fall a) ist das Einkommen außerbilanziell um 50 000 € zu vermindern.

Im Fall b) ist die verdeckte Einlage als erfolgsneutraler Vorgang gebucht worden. Eine außerbilanzielle Verminderung des Einkommens ist deshalb nicht vorzunehmen.

Bei der Kapitalgesellschaft erhöht eine verdeckte Einlage das „Einlagekonto" (vgl. hierzu Tz 105). Beim Gesellschafter erhöht die verdeckte Einlage die Anschaffungskosten der Beteiligung. Für den Fall, dass ein Gesellschafter auf bereits entstandene Leistungsforderungen verzichtet, sind zusätzliche steuerpflichtige Einnahmen anzusetzen.

BEISPIEL: Ein Gesellschafter verzichtet auf bereits entstandene Zinsforderungen für ein gegebenes Darlehen. Außer der Erhöhung der Anschaffungskosten der Beteiligung hat der Gesellschafter dann Einnahmen aus Kapitalvermögen.

In Fällen, in denen das Wirtschaftsgut innerhalb der letzten drei Jahre vor der Einlage angeschafft oder hergestellt worden ist, sind die eingelegten Wirtschaftsgüter höchstens mit den Anschaffungs- oder Herstellungskosten, ggf. vermindert um die Absetzungen für Abnutzungen, anzusetzen (§ 6 Abs. 1 Nr. 5 Buchstabe a EStG i.V. m. § 6 Abs. 6 Satz 3 EStG).

Nach der Rechtsprechung des BFH (Bestätigung durch den Beschluss des Großen Senats vom 26. 10. 1987, BStBl 1988 II S. 348) kann die Überlassung eines Wirtschaftsguts zum Gebrauch oder zur Nutzung *nicht* Gegenstand einer (verdeckten) Einlage sein (H 40 „Nutzungsvorteile" KStH). Mit dieser Auffassung folgt der BFH dem Grundsatz, dass Nutzungen, die ein Eigentümer von Vermögen nicht zieht und nicht ziehen will, nicht als gezogen unterstellt werden dürfen. Dementsprechend liegen beim Gesellschafter grundsätzlich keine Einnahmen vor.

BEISPIELE:

1. Ein Gesellschafter-Geschäftsführer erhält in der Anlaufphase für seine Tätigkeit ein monatliches Gehalt von 2 000 €, obwohl 4 000 € angemessen wären.
2. Ein Gesellschafter gibt der GmbH ein zinsloses Darlehen.

LÖSUNG: In beiden Fällen liegt eine verdeckte Einlage gem. H 40 „Nutzungsvorteile" KStH nicht vor.

Fälle einer verdeckten Einlage sind z .B. der Forderungsverzicht und der Verzicht auf Tätigkeitsvergütungen.

Verzichtet ein Gesellschafter auf eine nicht mehr werthaltige Forderung gegenüber der Kapitalgesellschaft, so führt dies zu einer Einlage in Höhe des Teilwerts der Forderung. Beim Gesellschafter ergibt sich entsprechend ein Zufluss in Höhe des noch werthaltigen Teils der Forderung (BFH vom 9. 6. 1997, BStBl 1998 II S. 357).

Verzichtet der Gesellschafter (z. B. wegen der wirtschaftlichen Lage der Kapitalgesellschaft) als Geschäftsführer auf seine Tätigkeitsvergütungen, ist wie folgt zu unterscheiden:

- Verzicht nach Entstehung:

Verzichtet der Gesellschafter-Geschäftsführer nach Entstehung seines Anspruchs auf die Tätigkeitsvergütungen, so wird damit der Zufluss der Einnahmen, verbunden mit der Verpflichtung zur Lohnversteuerung, nicht verhindert. Die Tätigkeitsvergütungen sind als Einnahmen aus nicht selbstständiger Arbeit zu versteuern. Der Verzicht stellt demgegenüber eine – die steuerlichen Anschaffungskosten des Gesellschafters erhöhende – verdeckte Einlage dar. Bestehen zum Zeitpunkt des Gehaltsverzichts Liquiditätsschwierigkeiten, berührt dies die Werthaltigkeit der Gehaltsforderung, sodass die verdeckte Einlage unter dem Nennwert, ggf. sogar mit 0 €, zu bewerten ist.

- Verzicht vor Entstehung:

Verzichtet der Gesellschafter-Geschäftsführer auf noch nicht entstandene Gehaltsansprüche, so ergeben sich hieraus weder bei der Kapitalgesellschaft noch beim Gesellschafter-Geschäftsführer ertragsteuerliche Folgen.

Auch bei verdeckten Einlagen wird über § 32a Abs. 2 KStG eine korrespondierende Besteuerung bei der Kapitalgesellschaft und ihrem Gesellschafter erreicht.. § 32a Abs. 2 KStG sorgt für eine – der verdeckten Gewinnausschüttung entsprechenden (vgl. Tz 47) – Verknüpfung. Damit kann eine verdeckte Einlage (nachträglich) von der Steuer auch dann noch freigestellt werden, wenn eine (vorher nicht erkannte) verdeckte Einlage in einem bestandskräftigen Bescheid als Ertrag angesetzt worden ist.

BEISPIEL 1: ► **Sachverhalt**

Eine M-GmbH als Muttergesellschaft hat von ihrer Tochtergesellschaft T-GmbH ein verzinsliches Darlehen i. H. von 500 000 € erhalten. Marktüblich waren 5 % Zinsen. Die M-GmbH zahlte jedoch 12 %.

Die Zinsen wurden von der M-GmbH als Aufwand und von der T-GmbH als Ertrag behandelt.

Der maßgebliche Steuerbescheid der M-GmbH ist unter dem Vorbehalt der Nachprüfung ergangen. Dagegen kann der Steuerbescheid der T-GmbH grundsätzlich nicht mehr geändert werden.

Bei einer später stattfindenden Außenprüfung wird die Differenz zwischen tatsächlich gezahlten Zinsen (60 000 €) und den angemessenen Zinsen (25 000 €) als verdeckte Einlage der M-GmbH in die T-GmbH i. H. von 35 000 € angesehen.

LÖSUNG: ► Nach der Außenprüfung kann die M-GmbH als Aufwand nur die angemessenen Zinsen von 25 000 € berücksichtigen. Die verdeckte Einlage i. H. von 35 000 € mindert das Einkommen nicht; sie erhöht vielmehr nur die Anschaffungskosten der Beteiligung.

Bei der T-GmbH sind die bisher als Ertrag erfassten Zinsen i. H. von 35 000 € gem. § 32a Abs. 2 KStG (außerbilanziell) steuerfrei zu stellen.

Kehrseite der Medaille ist auch hier, dass gem. § 8 Abs. 3 Satz 3 EStG die Steuerbefreiung bei dem Empfänger der verdeckten Einlage nur erfolgen kann, wenn die verdeckte Einlage das Einkommen des Gesellschafters erhöht hat.

BEISPIEL 2: ► **Sachverhalt**

Wie Beispiel 1; allerdings kann der Bescheid der M-GmbH nicht mehr geändert werden, während der Bescheid der T-GmbH wegen des Vorbehaltes der Nachprüfung noch offen ist.

LÖSUNG: Der Körperschaftsteuerbescheid der M-GmbH kann nicht geändert werden. Deshalb bleibt es bei der M-GmbH bei einer Einkommensminderung durch die überhöhten Zinsen.

Nun ist allerdings gem. § 8 Abs. 3 Satz 3 KStG eine Steuerbefreiung der verdeckten Einlage bei der T-GmbH nicht möglich.

6. Steuerfreie Erträge

a) Allgemeines

51 Es gibt Vermögensmehrungen, die aus bestimmten Gründen nicht der Besteuerung unterliegen sollen. Es handelt sich beispielsweise um Investitionszulagen, um Erträge, die nach Doppelbesteuerungsabkommen freigestellt sind, um Gewinnausschüttungen von Körperschaften und um einige nach § 3 EStG nicht steuerbare Bezüge.

Auch bei nicht abziehbaren Aufwendungen, z. B. bei der Körperschaftsteuer, können Erträge anfallen. Aus der Nichtabziehbarkeit dieser Aufwendungen gem. § 10 Nr. 2 KStG (vgl. Tz 36) ist grundsätzlich der Umkehrschluss zu ziehen, dass hieraus resultierende Erträge ebenfalls steuerfrei sind.

Das soll allerdings nach Ansicht der Finanzverwaltung nicht gelten für Erstattungszinsen gem. § 233a AO. Nachforderungszinsen gem. § 233a AO sind seit dem Veranlagungszeitraum 1999 nicht mehr abzugsfähig (vgl. Tz 34). Dennoch sollen die Erstattungszinsen nach dem BMF-Schreiben vom 5. 10. 2000 (BStBl I S. 1500) als steuerpflichtiger Ertrag zu erfassen sein, weil „private Schuldzinsen nicht abzugsfähig, Guthabenzinsen aber steuerpflichtig sind“. Lediglich erstattete Nachzahlungszinsen müssen nicht versteuert werden, daher ist zwischen Erstattungszinsen und zurückgezahlten Nachzahlungszinsen zu unterscheiden.

b) Gewinnausschüttungen von Körperschaften

aa) Freistellung von Dividenden

§ 8b Abs. 1 KStG

52 Ausschüttungen (Dividenden) von inländischen und ausländischen Körperschaften an andere Körperschaften sind gem. § 8b Abs. 1 KStG steuerbefreit. Die Regelung hat zum Ziel, Gewinne von Körperschaften einmal, aber auch *nur einmal*, der Körperschaftsteuer zu unterwerfen. Die Freistellung bei der empfangenden Körperschaft erfolgt unabhängig von der Beteiligungshöhe und der Besitzzeit.

Eine (weitere) Steuerbelastung von in Körperschaften erzielten Gewinnen tritt erst ein, wenn an natürliche Personen als Anteilseigner ausgeschüttet wird.

Eine Freistellung der Dividenden soll allerdings gem. § 8b Abs. 1 Satz 2 KStG nur eintreten, soweit das Einkommen der leistenden (ausschüttenden) Körperschaft nicht gemindert worden ist. Das ist z. B. möglich bei einer nicht erkannten verdeckten Gewinnausschüttung.

Die Freistellung der Dividenden gilt grundsätzlich auch für die Gewerbesteuer. Im Fall einer Mindestbeteiligung von 15 % ist nämlich gewerbesteuerlich gem. § 9 Nr. 2a GewStG eine Kürzung vorzunehmen. Das bedeutet allerdings, dass bei einer Beteiligung unter 15 % (sog. Streubesitz) eine Hinzurechnung nach § 8 Nr. 5 GewStG zu erfolgen hat, was zu einer (vom Gesetzgeber gewollten) Doppelbelastung mit Gewerbesteuer führt.

Nach dem Urteil des EuGH vom 20. 10. 2011 – C 284/09, BFH/NV 2011 S. 2219 Nr. 12 darf Deutschland Dividendenausschüttungen von inländischen Kapitalgesellschaften an beschränkt steuerpflichtige Körperschaften aus dem EU-/EWR-Raum keiner höheren Besteuerung unterwerfen als solche, die an eine Gesellschaft mit Sitz im Inland gezahlt werden. Während insbesondere bei Streubesitzdividenden inländische Kapitalgesellschaften eine nahezu vollständige Entlastung von der Kapitalertragsteuer erreichen können, kann eine im Ausland ansässige Kapitalgesellschaft keine solche Entlastung geltend machen, weil die Kapitalertragsteuer hier abgeltende Wirkung hat.

Zur Beseitigung dieses Nachteils wurde § 8b Abs. 4 KStG n. F. eingefügt. Danach gilt die Steuerbefreiung gem. § 8b Abs. 1 Satz 1 KStG für Dividenden und andere Bezüge (z. B. vGA) nicht, wenn die unmittelbare Beteiligung zu Beginn des Kalenderjahres weniger als 10 % des Nennkapitals beträgt (sog. Streubesitzbeteiligung). Entsprechend kommt auch die 5 %-Pauschale des § 8b Abs. 5 KStG nicht zur Anwendung.

BEISPIEL: Die X-GmbH ist zu 8 % an der Y-GmbH beteiligt. Die Y-GmbH schüttet im März 2014 eine Dividende i. H.v. 100.000 EUR an die X-GmbH aus. Es sind 5.000 EUR Finanzierungskosten entstanden. Damit ergibt sich folgende steuerliche Behandlung:

Dividende	100.000 €
Finanzierungsaufwand	·/. 5.000 €
Keine außerbilanzielle Korrektur gem. § 8b Abs. 1 KStG, weil Beteiligung < 10 % (§ 8b Abs. 4 KStG n. F.)	– €
Körperschaftsteuerliches Einkommen	95.000 €

Wird die Beteiligung an der Kapitalgesellschaft über eine Personengesellschaft gehalten, so tritt gem. § 8b Abs. 6 KStG die Steuerbefreiung gem. § 8b Abs. 1 KStG ein, soweit eine Körperschaft, Personenvereinigung oder Vermögensmasse solche Gewinnausschüttungen im Rahmen ihres Gewinnanteils aus der Mitunternehmerschaft erhält.

BEISPIEL: Mitunternehmer einer OHG sind die natürliche Person A und die B-GmbH zu je 50 %. Die OHG erzielt in einem Jahr Erträge aus einer Beteiligung an einer GmbH i. H. von 200.

LÖSUNG: A muss von seinem Beteiligungsertrag von 100 60 % (bis 2008 50 %) versteuern. Der Beteiligungsertrag von 100 der B-GmbH ist gem. § 8b Abs. 6 i.V. mit § 8b Abs. 1 KStG steuerfrei.

bb) Abzug von Betriebsausgaben

§ 8b Abs. 5 KStG

Von den Bezügen (Ausschüttungen), die gem. § 8b Abs. 1 KStG steuerfrei sind, gelten 53
gem. § 8b Abs. 5 KStG 5 % als Ausgaben, die nicht als Betriebsausgaben abgezogen werden dürfen. § 3c Abs. 1 EStG gilt nicht. Demnach dürfen die tatsächlich mit der Beteiligung in Zusammenhang stehenden Ausgaben abgezogen werden, und zwar unabhängig davon, ob die tatsächlich anfallenden Ausgaben höher oder niedriger sind als die pauschal nicht abzugsfähigen 5 %.

Im Ergebnis bedeutet die Regelung des § 8b Abs. 5 KStG, dass von den Bezügen (Ausschüttungen) 95 % steuerfrei und 5 % steuerpflichtig sind.

BEISPIEL: *Sachverhalt*

Die M-GmbH ist zu 100 % an der T-GmbH beteiligt. Die Anschaffungskosten der Beteiligung sind mit einem Darlehen von 200 000 € finanziert worden. Die Zinsen auf dieses Darlehen betragen jährlich 6 % = 12 000 €.

Als vorläufiges zu versteuerndes Einkommen hat die M-GmbH einen Betrag von 180 000 € ermittelt. Die Ausschüttung der T-GmbH von 10 000 € und die Zinsen von 12 000 € haben das Ergebnis bisher nicht beeinflusst.

Aufgabe:

Wie hoch ist das Einkommen der M-GmbH?

LÖSUNG:

Vorläufiges zu versteuerndes Einkommen	180 000 €
Ausschüttung steuerfrei gem. § 8b Abs. 1 KStG	–
abzugsfähige Zinsen	·/. 12 000 €
als nicht abzugsfähig geltende Ausgaben	500 €
zu versteuerndes Einkommen	168 500 €

c) Gewinne und Verluste aus der Veräußerung von Beteiligungen an Kapitalgesellschaften

aa) Freistellung der Veräußerungsgewinne

§ 8b Abs. 2 KStG

54 Nach § 8b Abs. 2 KStG bleiben Gewinne, die Kapitalgesellschaften durch Veräußerung von Anteilen an Kapitalgesellschaften erzielen, steuerfrei. Die Regelung ist eine logische Folgerung des § 8b Abs. 1 KStG, nach der entsprechende Dividenden steuerfrei sind, denn die Veräußerung einer Beteiligung ist mit einer Totalausschüttung gleichzustellen. Der Veräußerungspreis einer Beteiligung ist nichts anderes als die (gedachten) abgezinsten Gewinne der Zukunft. Die Vorschrift gilt für in- und ausländische Beteiligungen an Kapitalgesellschaften.

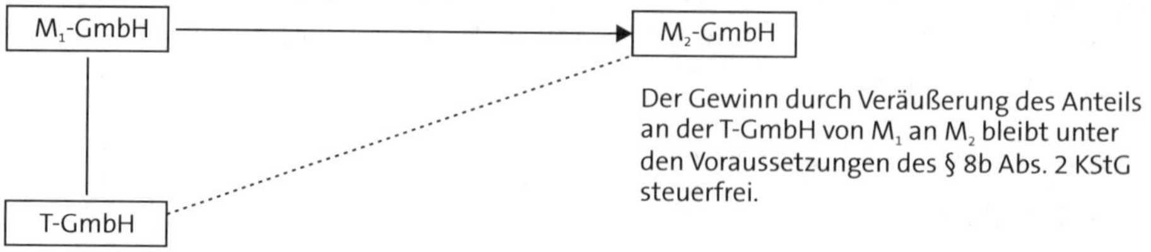

Der Veräußerungsgewinn ist auch von der Gewerbesteuer gem. § 7 GewStG i.V. mit § 8b Abs. 2 KStG befreit.

Im Zusammenhang mit § 8b Abs. 2 KStG stand § 8b Abs. 4 KStG a. F. Da diese Vorschrift noch einige Jahre praktische Bedeutung hat, soll sie nachfolgend besprochen werden.

Die Steuerfreiheit trat nach § 8b Abs. 4 Satz 1 KStG a. F. bis zum 12. 12. 2006 nur ein,

- wenn die Anteile nicht einbringungsgeboren im Sinne des § 21 UmwStG a. F. waren, oder
- nicht durch eine Körperschaft, Personenvereinigung oder Vermögensmasse unmittelbar oder mittelbar über eine Mitunternehmerschaft von einem Einbringenden, der nicht zu den in § 8b Abs. 2 KStG begünstigten Steuerpflichtigen gehört, zu einem Wert unter dem Teilwert erworben worden waren, und
- die Veräußerung nicht innerhalb eines Zeitraums von sieben Jahren nach der Einbringung erfolgte.

Einbringungsgeborene Anteile im Sinne des § 21 Abs. 1 Satz 1 UmwStG a. F. entstanden, wenn ein Betrieb, ein Teilbetrieb oder ein Mitunternehmeranteil nach § 20 Abs. 1 Satz 1 UmwStG a. F. gegen Gewährung von Gesellschaftsrechten in eine unbeschränkt körperschaftsteuerpflichtige Kapitalgesellschaft eingebracht wurde und das eingebrachte Betriebsvermögen *unter dem Teilwert,* also zum Buchwert oder zu einem Zwischenwert, angesetzt wurde.

Allerdings wurde die Steuerfreiheit gem. § 8b Abs. 4 Satz 2 KStG a. F. doch gewährt, wenn die Veräußerung der Anteile später als sieben Jahre nach der Einbringung stattfindet.

Mit diesen Voraussetzungen für die Steuerfreiheit sollten Missbräuche vermieden werden.

BEISPIEL: Die natürliche Person A hatte eine 100 %ige Beteiligung an der B-GmbH. A brachte die Beteiligung an der B-GmbH zu Buchwerten gegen Gewährung von Gesellschaftsrechten in die C-GmbH ein. Anschließend veräußerte die C-GmbH die Anteile an der B-GmbH.

LÖSUNG: Die Veräußerung der Anteile an der B-GmbH war steuerpflichtig. Die Veräußerung wäre nur dann steuerfrei gewesen, wenn sie nach Ablauf der Siebenjahresfrist erfolgt wäre.

§ 8b Abs. 4 KStG a. F. gilt gem. § 34 Abs. 7a KStG weiterhin, wenn die Anteile am 12. 12. 2006 einbringungsgeboren waren oder innerhalb der letzten sieben Jahre vor diesem Datum von einer natürlichen Person unterhalb des Teilwertes erworben wurden.

Mit Wirkung seit dem 13. 12. 2006 ist § 8b Abs. 4 KStG a. F. entfallen, weil durch die seit diesem Tag geltende *rückwirkende Besteuerung* nach einer Einbringung im Sinne der §§ 20, 21 UmwStG n. F. diese Vorschrift überflüssig ist.

bb) Abzug von Betriebsausgaben

§ 8b Abs. 3 KStG

Von dem steuerfreien Veräußerungsgewinn im Sinne von § 8b Abs. 2 KStG dürfen gem. 55
§ 8b Abs. 3 Satz 1 KStG ebenfalls pauschal 5 % nicht abgezogen werden. Das ist wohl dahingehend zu verstehen, dass *nach* Ermittlung des steuerfreien Veräußerungsgewinns 5 % von der Nettogröße „Veräußerungsgewinn“ abzuziehen sind. Im Ergebnis ist damit der Veräußerungsgewinn nur zu 95 % steuerfrei.

BEISPIEL: Die M-GmbH veräußert ihre Beteiligung an der T-GmbH an die E-GmbH für 1 500 000 €. Die Anschaffungskosten der M-GmbH für die Beteiligung betrugen 1 000 000 €. An Veräußerungskosten (Inserate u. Ä.) fielen bei der M-GmbH 100 000 € an.

LÖSUNG: Der Veräußerungsgewinn ist bei der M-GmbH gem. § 8b Abs. 2 Satz 1 KStG steuerfrei. Er beträgt 400 000 € (Veräußerungspreis ·/. Veräußerungskosten ·/. Anschaffungskosten). Gem. § 8b Abs. 3 Satz 1 KStG gelten 5 % (= 20 000 €) vom steuerfreien Veräußerungsgewinn als nicht abziehbare Betriebsausgaben. Im Ergebnis sind dann nur 380 000 € (400 000 € ·/. 20 000 €) steuerfrei.

cc) Veräußerungsverluste und Teilwertabschreibungen

§ 8b Abs. 3 Satz 3 KStG

56 Die Kehrseite der Steuerbefreiung von Gewinnen ist, dass Verluste aus der Veräußerung von Anteilen an Kapitalgesellschaften steuerlich unberücksichtigt bleiben.

Weitere negative Folge der Freistellung der Veräußerungsgewinne ist, dass Teilwertabschreibungen – ausschüttungsbedingte und andere – gem. § 8b Abs. 3 Satz 3 KStG steuerlich nicht berücksichtigt werden dürfen. Sind solche gewinnmindernden Teilwertabschreibungen in der Vergangenheit vorgenommen worden, ist der Veräußerungsgewinn insoweit gem. § 8b Abs. 2 Satz 4 KStG nicht steuerbefreit.

BEISPIEL: Eine M_1-GmbH hatte 1997 Anteile an der T-GmbH für 500 000 € gekauft. 1999 war der Teilwert der Anteile an der T-GmbH (wegen deren Umsatz- und Gewinnrückgang) auf 300 000 € gesunken. Deshalb nahm die M_1-GmbH zulässigerweise steuerwirksam eine Teilwertabschreibung von 200 000 € vor.

Im Jahr 2009 veräußert die M_1-GmbH die Beteiligung an der T-GmbH für 600 000 €. Eine Zuschreibung zum 31. 12. 2008 war nicht erforderlich.

Der Veräußerungsgewinn der M_1-GmbH ist gem. § 8b Abs. 2 KStG nur i. H. von 100 000 € (600 000 € Veräußerungspreis ·/. 500 000 € Anschaffungskosten) steuerfrei, weil 1999 eine gewinnmindernde Teilwertabschreibung vorgenommen worden war, in deren Höhe jetzt ein steuerpflichtiger Gewinn vorliegt. Gem. § 8b Abs. 3 Satz 1 KStG gelten von dem Veräußerungsgewinn von 100 000 € 5 % = 5 000 € als nicht abzugsfähig, so dass im Ergebnis nur 95 000 € steuerfrei sind.

Übersicht über die steuerliche Behandlung von Dividenden inländischer Kapitalgesellschaften und den damit zusammenhängenden Aufwendungen

Die folgende Tabelle gibt einen Überblick, wie erhaltene Dividenden und die damit zusammenhängenden Aufwendungen bei einer Kapitalgesellschaft (§ 8b KStG) und bei einer natürlichen Person steuerlich behandelt werden. Bei natürlichen Personen ist danach zu unterscheiden, ob sich die Anteile im Privatvermögen (→ Abgeltungsteuer) oder im Betriebsvermögen befinden (→ Teileinkünfteverfahren).

	Ausschüttende Körperschaft	Anteilseigner: Inländische Körperschaft	Anteilseigner: Natürliche Person
Behandlung der inländischen Dividenden	Körperschaft-steuer: 15 %	Steuerfreie Schachteldividende (§ 8b Abs. 1 KStG)	**Anteile im Betriebsvermögen** Einnahmen werden im Rahmen des Teil-einkünfteverfahrens zu 60 % angesetzt (§ 3 Nr. 40 d) EStG) **Anteile im Privatvermögen** Abgeltungsteuer i. H. v. 25 %
Behandlung der zugehörigen Aufwendungen	–	5 % der Einnahmen nicht abziehbare Ausgaben (§ 8b Abs. 5 KStG)	**Anteile im Betriebsvermögen** Ausgaben nur zu 60 % abzugsfähig (§ 3c Abs. 2 EStG) **Anteile im Privatvermögen** Kein Werbungskosten-Abzug; Sparer-Pauschbetrag i. H.v 801 €/ 1 602 €
Behandlung der ausländischen Dividenden	–	Dividende steuerfrei (§ 8b Abs. 1 KStG); keine Abhängigkeit des Dividenden-privilegs von einer Mindestbeteiligung oder Mindestbesitz-zeit	**Anteile im Betriebsvermögen** Einnahmen werden im Rahmen des Teil-einkünftverfahrens zu 60 % angesetzt (§ 3 Nr. 40d) EStG) **Anteile im Privatvermögen** Abgeltungsteuer i. H. v. 25 %, wenn Anteile von einem inländ. Kreditinstitut verwaltet werden; andernfalls Angabe in der persönlichen Steuererklärung des Steuerpflichtigen
Behandlung der zugehörigen Aufwendungen		5 % der Einnahmen nicht abziehbare Ausgaben (§ 8b Abs. 5 KStG)	**Anteile im Betriebsvermögen** Ausgaben nur zu 60 % abzugsfähig (§ 3c Abs. 2 EStG) **Anteile im Privatvermögen** Kein Werbungskosten-Abzug; Sparer-Pauschbetrag i. H. v. 801 €/1 602 € zu berücksichtigen; ausländ. anrechenbare Quellensteuer wird vom Kreditinstitut bei der Bemessung der Abgeltungsteuer berücksichtigt.

Übersicht über die steuerliche Behandlung von Veräußerungsgewinnen und Veräußerungsverlusten

Die folgende Tabelle gibt einen Überblick, wie Gewinne und Verluste aus der Veräußerung von Kapitalbeteiligungen und die damit zusammenhängenden Aufwendungen bei einer Kapitalgesellschaft (§ 8b KStG) und bei einer natürlichen Person steuerlich behandelt werden. Bei natürlichen Personen ist danach zu unterscheiden, ob sich die Anteile im Privatvermögen (→ Abgeltungsteuer) oder im Betriebsvermögen befinden (→ Teileinkünfteverfahren). Bei Anteilen im Privatvermögen > 1 % (§ 17 EStG) kommt ebenfalls das Teileinkünfteverfahren zur Anwendung.

	Anteilseigner: Inländische Körperschaft	Anteilseigner: Natürliche Person
Gewinn aus der Veräußerung einer inländischen Kapitalbeteiligung	Steuerfreiheit gem. § 8b Abs. 2 KStG 5 % nicht abzugsfähige Betriebsausgaben (§ 8b Abs. 3 Satz 1 KStG)	**Anteile im Privatvermögen** Abgeltungsteuer i. H.v. 25 % Ausnahme: Beteiligung > 1 %: Veräußerungsgewinn zu 60 % steuerpflichtig (§ 3 Nr. 40 EStG) **Anteile im Betriebsvermögen** Teileinkünfteverfahren
Verlust aus der Veräußerung einer inländischen Kapitalbeteiligung	Veräußerungsverlust steuerlich nicht abzugsfähig (§ 8b Abs. 3 KStG)	**Anteile im Privatvermögen** Verrechnung und Vortrag von Verlusten nur innerhalb § 20 EStG **Anteile im Betriebsvermögen** Veräußerungsverlust steuerlich nur zu 60 % abzugsfähig (§§ 3 Nr. 40, 3c Abs. 2 EStG)
Gewinn aus der Veräußerung einer ausländischen Kapitalbeteiligung	Steuerfreiheit gem. § 8b Abs. 2 KStG 5 % nicht abzugsfähige Betriebsausgaben (§ 8b Abs. 3 Satz 1 KStG)	**Anteile im Privatvermögen** Abgeltungsteuer i. H.v. 25 % Ausnahme: Beteiligung > 1 %: Veräußerungsgewinn zu 60 v. H. steuerpflichtig (§ 3 Nr. 40 EStG) **Anteile im Betriebsvermögen** Teileinkünfteverfahren
Verlust aus der Veräußerung einer ausländischen Kapitalbeteiligung	Veräußerungsverlust steuerlich nicht abzugsfähig (§ 8b Abs. 3 KStG)	**Anteile im Privatvermögen** Verrechnung und Vortrag von Verlusten nur innerhalb § 20 EStG **Anteile im Betriebsvermögen** Veräußerungsverlust steuerlich nur zu 60 % abzugsfähig (§§ 3 Nr. 40, 3c Abs. 2 EStG)

7. Der Verlustabzug

57 § 10d EStG gilt gem. § 8 Abs. 1 KStG auch für das Körperschaftsteuerrecht. Einkommensteuerlicher und körperschaftsteuerlicher Verlustabzug sind allerdings betragsmäßig in der Regel nicht identisch. Abweichungen kommen zum einen regelmäßig vor, weil einkommensteuerrechtlich vor dem Verlustabzug gegebenenfalls ein Verlustausgleich vorzunehmen ist. Da Kapitalgesellschaften nur Einkünfte aus Gewerbebetrieb haben können (vgl. Tz 27), ist bei ihnen ein Verlustausgleich nicht denkbar. Zum anderen kommen Abweichungen häufig vor, weil im Körperschaftsteuerrecht zusätzliche Vorschriften über die Abziehbarkeit von Aufwendungen gem. §§ 9 und 10 KStG gelten.

Die Höhe des möglichen Verlustabzugs ist nicht ohne Weiteres mit dem Verlust lt. Steuerbilanz gleichzusetzen. Dieser Verlust ist vielmehr um die nicht abziehbaren Aufwendungen zu vermindern und um die steuerfreien Erträge zu erhöhen.

BEISPIEL:

Berechnung des Verlustabzugs einer Kapitalgesellschaft:

Verlust lt. Steuerbilanz	·/. 250 000 €	
nicht abziehbare Körperschaftsteuer	+ 40 000 €	
$^{1}/_{2}$ Aufsichtsratsvergütung	+ 15 000 €	
steuerfreie Investitionszulage	·/. 20 000 €	
Verlustabzug		·/. 215 000 €

Nach § 10d Abs. 1 Satz 4 und 5 EStG besteht ein Wahlrecht, ob und in welcher Höhe Verluste zurückgetragen werden, ohne dass hierdurch ein Verlustvortrag verloren geht. Dieser Verlustrücktrag ist gem. § 10d Abs. 1 Satz 1 EStG allerdings auf einen Betrag von 1 000 000 € begrenzt. Abgesehen von dieser betragsmäßigen Begrenzung wird also eine Körperschaft in der Regel einen Verlustrücktrag in Höhe des zu versteuernden Einkommens des Rücktragsjahres vornehmen.

BEISPIEL: Eine GmbH hat im Jahr 2013 einen Verlust (= negatives zu versteuerndes Einkommen) von 215 000 €. Im Jahr 2012 ergibt sich Folgendes:

	2012
Gewinn lt. Steuerbilanz	+ 100 000 €
nicht abziehbare Betriebsausgaben	+ 40 000 €
steuerfreie Investitionszulage	·/. 20 000 €
zu versteuerndes Einkommen vor Verlustrücktrag	+ 120 000 €

Der Verlustrücktrag kann auf das Jahr 2012 *bis zu 120 000 €* vorgenommen werden. Die nicht als Verlustrücktrag in Anspruch genommenen Beträge erhöhen den Verlustvortrag ab dem Jahr 2014.

Nicht zurückgetragene Verluste können gem. § 10d Abs. 2 EStG *auf unbegrenzte Zeit* vorgetragen werden. Dabei können Verluste nur noch bis zu 1 000 000 € uneingeschränkt abgezogen werden. Darüber hinausgehende Beträge können gem. § 10d Abs. 2 Satz 1 EStG nur noch bis zu 60 % berücksichtigt werden. Verbleibende Beträge sind dann in den Folgejahren nach den gleichen Grundsätzen vortragsfähig.

Der für den Verlustvortrag verbleibende Verlustabzug ist gem. § 10d Abs. 4 Satz 1 EStG i.V. mit § 8 Abs. 1 KStG gesondert festzustellen. Der Körperschaftsteuerbescheid ist hierfür der Grundlagenbescheid. Der Bescheid über die gesonderte Feststellung nach § 10d Abs. 4 Satz 1 EStG ist seinerseits Grundlagenbescheid für das Abzugsjahr.

Verlustrücktrag und Verlustvortrag sollen an einem Beispiel verdeutlicht werden.

BEISPIEL: Eine GmbH hat vor Berücksichtigung eines Verlustabzuges folgendes zu versteuerndes Einkommen:

2011	+ 1 500 000 €
2012	·/. 3 000 000 €
2013	+ 1 500 000 €

Welchen Verlustabzug (Verlustrücktrag auf 2011 und Verlustvortrag auf 2013) kann die GmbH vornehmen und wie hoch ist der verbleibende Verlustvortrag für die Jahre nach 2013?

LÖSUNG: Der *Verlustrücktrag* von 2012 auf 2011 ist gem. § 10d Abs. 1 EStG i.V. mit § 8 Abs. 1 KStG begrenzt auf 1 000 000 €.

Dann ergibt sich für 2011:

zu versteuerndes Einkommen vor Verlustrücktrag	1 500 000 €
maximaler Verlustrücktrag gem. § 10d Abs. 1 EStG	·/. 1 000 000 €
verbleibendes zu versteuerndes Einkommen für 2011	500 000 €

An Verlustvortrag ab dem Jahr 2013 steht dann noch zur Verfügung:

Verlust 2012	3 000 000 €
in Anspruch genommener Verlustrücktrag für 2011	·/. 1 000 000 €
verbleibender Verlustvortrag ab 2013	2 000 000 €

Dieser Verlustvortrag ist gem. § 10d Abs. 4 Satz 1 EStG gesondert festzustellen.

Der Verlustvortrag ab 2013 ist in voller Höhe bis 1 000 000 € möglich. Darüber hinausgehende Beträge sind gem. § 10d Abs. 2 Satz 1 EStG nur noch bis zu 60 % abzugsfähig.

Dann ergibt sich für 2013:

zu versteuerndes Einkommen vor Verlustvortrag			1 500 000 €
Verlustvortrag	in voller Höhe	·/. 1 000 000	
	60 % von 500 000	·/. 300 000	·/. 1 300 000 €
verbleibendes zu versteuerndes Einkommen für 2013			200 000 €

An Verlustvortrag ab dem Jahr 2014 steht dann noch zur Verfügung:

Verlustvortrag aus 2013	2 000 000 €
in Anspruch genommener Verlustvortrag 2013	·/. 1 300 000 €
verbleibender Verlustvortrag ab 2014	700 000 €

Im Gesetz ist nicht geklärt, in welcher Reihenfolge vorzugehen ist, wenn in einem Veranlagungszeitraum Verlustvortrag und Verlustrücktrag zusammentreffen. Entsprechend der zeitlichen Abfolge wird vorgeschlagen, zuerst den Verlustvortrag und dann erst den Verlustrücktrag vorzunehmen.

§ 8c KStG regelt die Frage, wann bei einem Anteilseignerwechsel ein Verlust teilweise oder ganz untergeht. Werden innerhalb von fünf Jahren mittelbar oder unmittelbar 25 % bis 50 % der Anteile übertragen, so geht gem. § 8c Abs. 1 Satz 1 KStG ein Verlustvortrag und ein im laufenden Jahr bis zum Wechsel entstandener Verlust quotal („insoweit") unter. Bei einer Übertragung von mehr als 50 % geht der bis dahin entstandene Verlust vollständig unter. Die Zuführung überwiegend neuen Betriebsvermögens oder die Branchenidentität sind nunmehr unerheblich, da es nach § 8c KStG auf den Fortfall der wirtschaftlichen Identität nicht mehr ankommt. Die Regelung stellt ausschließlich auf den Gesellschafterwechsel als Voraussetzung der Verlustabzugsbeschränkung ab. Wird die **25 %-Grenze** überschritten, sind insoweit die bis zum schädlichen Beteiligungserwerb nicht ausgeglichenen oder nicht abgezogenen negativen Einkünfte (laufender Verlust bis zum Zeitpunkt des schädlichen Beteiligungserwerbs sowie zum Ende des vorangegangenen Veranlagungszeitraums festgestellter Verlustvortrag) nicht mehr abziehbar (§ 8c Satz 1 KStG). Der Verlustabzug geht in Höhe der Quote des schädlichen Beteiligungserwerbs verloren (anteiliger Verlustuntergang).

Werden innerhalb von 5 Jahren **mehr als 50 %** der Anteile an einen Erwerber bzw. eine Erwerbergruppe übertragen, so entfällt der bis zu diesem Zeitpunkt entstandene Verlust gänzlich (§ 8c Satz 2 KStG). Sämtliche Erwerbe innerhalb des Fünfjahreszeitraums sind hierfür zusammenzurechnen, unabhängig davon, ob sie bereits vorher (wegen Überschreitens der 25 %-Grenze) zu einem quotalen Verlustuntergang geführt haben. Durch das Überschreiten der 50 %-Grenze beginnt dann allerdings sowohl für die Anwendung des § 8c Satz 1 KStG als auch für die Anwendung des § 8c Satz 2 KStG eine neue Fünfjahresfrist.

Ein schädlicher Beteiligungserwerb soll nicht anzunehmen sein, wenn an dem übertragenden wie dem übernehmenden Rechtsträger dieselbe Person zu jeweils 100 % unmittelbar oder mittelbar beteiligt ist (sog. Konzernklausel).

Durch das Wachstumsbeschleunigungsgesetz wurde in § 8c KStG eine neue Verschonungsregelung eingeführt, nach der die (ohne die Verschonungsregelung) nicht abziehbaren nicht genutzten Verluste erhalten bleiben, soweit sie die anteiligen (bei § 8c Abs. 1 Satz 1 KStG) bzw. die gesamten (bei § 8c Abs. 1 Satz 2 KStG) zum Zeitpunkt des schädlichen Beteiligungserwerbs vorhandenen auf sie entfallenden stillen Reserven nicht übersteigen (§ 8c Abs. 1 Satz 6 KStG). Nicht genutzte Verluste, die die (anteiligen) inländischen steuerpflichtigen stillen Reserven übersteigen, gehen nach § 8c Abs. 1 Satz 1 bzw. Satz 2 KStG verloren. Das Verschonungsvolumen ermittelt sich wie folgt:

Gemeiner Wert der erworbenen Anteile

·/. steuerliches Eigenkapital der Gesellschaft

= Erworbene stille Reserven

Diese Regelung ist gem. § 34 Abs. 7b Satz 2 KStG auf schädliche Beteiligungserwerbe nach dem 31. 12. 2009 anzuwenden.

Durch ein Gesetz vom 16. 7. 2009 (BGBl I S. 1959) ist § 8c Abs. 1a KStG eingefügt worden, wonach ein Beteiligungserwerb zum Zweck der Sanierung des Geschäftsbetriebs bei Erhalt der wesentlichen Betriebsstrukturen keine Verlustabzugsbeschränkung zur Folge hat. Die Europäische Kommission hat am 26. 1. 2011 beschlossen, dass die Sanierungsklausel als staatliche Beihilfe anzusehen ist und den EU-Beihilferegeln widerspricht. Die Bundesregierung hat gegen diese Entscheidung Nichtigkeitsklage beim Europäischen Gerichtshof erhoben.

Als Folge aus der Entscheidung der Europäischen Kommission ist die Sanierungsklausel nicht mehr anzuwenden. Alle gewährten Begünstigungen, die unter Anwendung der Sanierungsklausel seit dem 1. 1. 2008 gewährt worden sind, sind zurückzufordern, selbst wenn eine verbindliche Auskunft erteilt wurde. Allerdings wurde die Klausel nur suspendiert (§ 34 Abs. 7c KStG), so dass sie ggf. bei einer entsprechenden Entscheidung des EuGH wieder aufleben könnte.

Für den Gewerbeverlust gilt gem. § 10a Satz 9 GewStG Entsprechendes.

Auch die früher gültige Regelung des § 8 Abs. 4 KStG hat noch einige Jahre praktische Bedeutung. Für die Anwendung des § 8 Abs. 4 KStG a. F. nach einem sog. „Mantelkauf" ist Voraussetzung, dass die den Verlustabzug in Anspruch nehmende Körperschaft rechtlich und wirtschaftlich identisch ist mit der Körperschaft, die den Verlust erlitten hat. Wirtschaftliche Identität liegt gem. § 8 Abs. 4 Satz 2 KStG a. F. nicht vor, wenn *mehr als die Hälfte* der Anteile an der Kapitalgesellschaft übertragen wird und die Gesellschaft danach ihren Geschäftsbetrieb mit überwiegend neuem Betriebsvermögen wieder aufnimmt oder *fortführt*. Die Zuführung von neuem Betriebsvermögen ist gem. § 8 Abs. 4 Satz 3 KStG a. F. ausnahmsweise nur dann unschädlich, wenn sie allein der Sanierung des Geschäftsbetriebs dient, der den verbleibenden Verlustabzug im Sinne des § 10d Abs. 4 Satz 2 EStG verursacht hat, und die Körperschaft den Geschäftsbetrieb in einem nach dem Gesamtbild der wirtschaftlichen Verhältnisse vergleichbaren Umfang in den folgenden fünf Jahren fortführt.

Die Regelungen des § 8 Abs. 4 KStG a. F. und § 10a Satz 9 GewStG a. F. sind gem. § 34 Abs. 6 Satz 4 KStG und § 36 Abs. 9 Satz 2 GewStG *neben* der Neuregelung des § 8c KStG letztmals anzuwenden, wenn mehr als die Hälfte der Anteile an einer Kapitalgesellschaft innerhalb eines Zeitraums von fünf Jahren übertragen werden, der vor dem 1. 1. 2008 begonnen hat, und der Verlust der wirtschaftlichen Identität vor dem 1. 1. 2013 eintritt.

8. Die Organschaft

§§ 14 bis 18 KStG

a) Gedanke der Organschaft

58 Juristische Personen, also insbesondere Kapitalgesellschaften, haben eine eigene Rechtspersönlichkeit. Derartige rechtlich *selbstständige Unternehmungen* können aber *wie ein Organ* in eine andere eingegliedert sein. Die rechtlich selbstständige juristische Person ist dann *wirtschaftlich von einer anderen Unternehmung abhängig*. In derartigen Fällen wurde das Einkommen des Organs trotz seiner Selbstständigkeit dem anderen Unternehmen (Organträger) zugerechnet und dort versteuert (s. §§ 14-18 KStG). Nach der deutschen Regelung über die Organschaft ist eine Verlustverrechnung über die Grenze ausgeschlossen. Allerdings hat der EuGH mit Urteil vom 13. 12. 2005 (DB S. 2788) entschieden, dass auch Verluste ausländischer Tochtergesellschaften im Staat des Sitzes der Muttergesellschaft berücksichtigt werden können. Voraussetzung ist allerdings, dass im Ansässigkeitsstaat der Tochtergesellschaft alle Möglichkeiten zur Verlustnutzung – also in Deutschland Verlustrücktrag und Verlustvortrag – vorrangig ausgeschöpft werden. Praktisch ist damit die Verlustverrechnung über die Grenze nur bei Liquidation oder Veräußerung möglich.

b) Sinn und Zweck

59 Ein wichtiger Zweck der Organschaft ist in den *besseren Verlustausgleichsmöglichkeiten* zu sehen. Wenn eine Kapitalgesellschaft, die nicht Organgesellschaft ist, in einem Veranlagungszeitraum Verlust erzielt und in dem davor liegenden und in den darauf folgenden Veranlagungszeiträumen keine entsprechend hohen Gewinne gegenüberstehen, so können der Verlust oder Teile davon steuerlich nicht berücksichtigt werden. Ist die Kapitalgesellschaft dagegen Organgesellschaft, können ihre Verluste mit eventuellen Gewinnen des Organträgers ausgeglichen werden.

BEISPIEL 1: Eine Organgesellschaft hat im Jahre 2012 ein zu versteuerndes Einkommen von ·/. 100 000 €. In den Jahren 2011 und ab 2013 ist das Ergebnis jeweils ausgeglichen. Der Organträger hat 2012 ein zu versteuerndes Einkommen von + 3 Mio. €.

Der Verlust der Organgesellschaft kann mit dem Gewinn des Organträgers ausgeglichen werden.

BEISPIEL 2: Wie Beispiel 1, der Organträger hat aber in den Jahren 2011 und 2012 ebenfalls ein ausgeglichenes Ergebnis und erst 2013 ein zu versteuerndes Einkommen von + 2,5 Mio. €.

Der Verlust der Organgesellschaft in 2012 kann auf 2013 vorgetragen und in diesem Jahr mit dem zu versteuernden Einkommen des Organträgers verrechnet werden.

Bei Beteiligungen an Kapitalgesellschaften können die damit im Zusammenhang stehenden Aufwendungen gem. § 3c Abs. 2 EStG nur zu 60 % abgezogen werden, wenn sich die Beteiligung in der Hand von natürlichen Personen befindet. Wird die Beteiligung von einer Kapitalgesellschaft gehalten, gelten 5 % von einer Ausschüttung gem. § 8b Abs. 5 KStG als nicht abzugsfähige Betriebsausgaben (vgl. die Ausführungen hierzu in Tz 53). Mit Hilfe der Organschaft können die Abzugsverbote der §§ 3c Abs. 2 EStG und 8b Abs. 5 KStG vermieden werden.

c) Voraussetzungen

§§ 14, 15 KStG

aa) Über- bzw. Unterordnungsverhältnis

Die an einer Organschaft beteiligten Unternehmungen – Organträger und Organ – müssen in einem Über- bzw. Unterordnungsverhältnis zueinander stehen. Ein Nebenordnungsverhältnis, wie es z. B. in einer GmbH & Co. KG oder in einer Doppelgesellschaft der Fall ist, schließt das Vorliegen eines Organschaftsverhältnisses grundsätzlich aus. 60

bb) Der Organträger

Der Organträger muss gem. § 14 Abs. 1 Nr. 2 Satz 1 KStG 61

- eine natürliche Person sein, die einen Gewerbebetrieb unterhält, in dessen Betriebsvermögen sich die Beteiligung an der Organgesellschaft befindet;
- eine nicht steuerbefreite Körperschaft, Personenvereinigung oder Vermögensmasse sein;
- eine (eigen-)gewerblich tätige Personengesellschaft sein.

Ab 2012 kommt es nicht mehr darauf an, dass eine natürliche Person unbeschränkt steuerpflichtig ist oder dass sich die Geschäftsleitung einer Körperschaft oder Personengesellschaft im Inland befindet. § 14 Abs. 1 Satz 1 Nr. 2 KStG stellt auf die Zugehörigkeit der Beteiligung (finanzielle Eingliederung) an der Organgesellschaft zu einer inländischen Betriebsstätte des Organträgers ab. Die Beteiligung an der Organgesellschaft muss während der gesamten Dauer der Organschaft ununterbrochen einer inländischen Betriebsstätte des Organträgers zuzuordnen sein. Bei nur mittelbarer Beteiligung an der Organgesellschaft muss die Beteiligung an der vermittelnden Gesellschaft einer inländischen Betriebsstätte des Organträgers zuzuordnen sein.

Außerdem kann gem. § 14 Abs. 1 Nr. 2 Satz 2 KStG auch eine *gewerblich tätige* Personengesellschaft mit Geschäftsleitung im Inland Organträger sein. Das bedeutet, dass eine vermögensverwaltend tätige Personengesellschaft nicht Organträger sein kann, und zwar auch nicht eine GmbH & Co. KG, obwohl diese gem. § 15 Abs. 3 Nr. 2 EStG Einkünfte aus Gewerbebetrieb bezieht. Eine gewerblich tätige Personengesellschaft als Organträger muss die Anteile an der Organgesellschaft im Betriebsvermögen halten. Die Anteile an der Organgesellschaft, die die Mehrheit der Stimmrechte an der Organgesellschaft vermitteln, müssen im Gesamthandsvermögen der Personengesellschaft gehalten werden. Die restlichen Anteile können sich auch im Sonderbetriebsvermögen der Gesellschafter befinden. Die finanzielle Eingliederung muss somit im Verhältnis zur Personengesellschaft selbst erfüllt sein.

Unter gewissen im § 18 KStG genannten Voraussetzungen kann auch eine inländische Zweigniederlassung eines ausländischen gewerblichen Unternehmens Organträger sein.

Zusammenfassend kann festgestellt werden, dass der Organträger jede Rechtsform haben kann, wenn der Rechtsträger (natürliche Person, Personengesellschaft oder Körperschaft) die notwendigen Beziehungen zum Inland aufweist.

cc) Die Organgesellschaft

62 Als Organ kann gem. § 14 Abs. 1 Satz 1 i.V. mit § 17 Satz 1 KStG *nur eine Kapitalgesellschaft* (Europäische Gesellschaft, Aktiengesellschaft, Kommanditgesellschaft auf Aktien, Gesellschaft mit beschränkter Haftung) fungieren. Bei der Organgesellschaft musste es sich bisher um eine Kapitalgesellschaft mit Sitz und Geschäftsleitung im Inland (i. d. R. AG oder GmbH) handeln. Nach § 14 Abs. 1 Satz 1 KStG n. F ist es nicht mehr erforderlich, dass die Organgesellschaft sowohl ihren Sitz als auch den Ort der Geschäftsleitung im Inland hat (sog. doppelter Inlandsbezug). Damit kann Organgesellschaft jede Kapitalgesellschaft mit Geschäftsleitung im Inland und Sitz in einem Mitgliedstaat der Europäischen Union oder in einem Vertragsstaat des EWR-Abkommens sein.

dd) Die Eingliederung

63 Der Organträger muss gem. § 14 Abs. 1 Nr. 1 KStG an der Organgesellschaft von Beginn ihres Wirtschaftsjahres an in einem solchen Maße beteiligt sein, dass ihm die *Mehrheit der Stimmrechte* aus den Anteilen an der Organgesellschaft zusteht (finanzielle Eingliederung). Die früher erforderliche wirtschaftliche und organisatorische Eingliederung ist entfallen.

Nach § 14 Abs. 1 Nr. 1 Satz 2 KStG sind *mittelbare* Beteiligungen zu berücksichtigen, wenn die Beteiligung an jeder vermittelnden Gesellschaft die Mehrheit der Stimmrechte gewährt.

BEISPIEL: Der Organträger (OT) ist zu je 100 % an den Tochtergesellschaften T_1 und T_2 beteiligt. Die Tochtergesellschaften T_1 und T_2 sind zu je 50 % an der Enkelgesellschaft E-GmbH beteiligt.

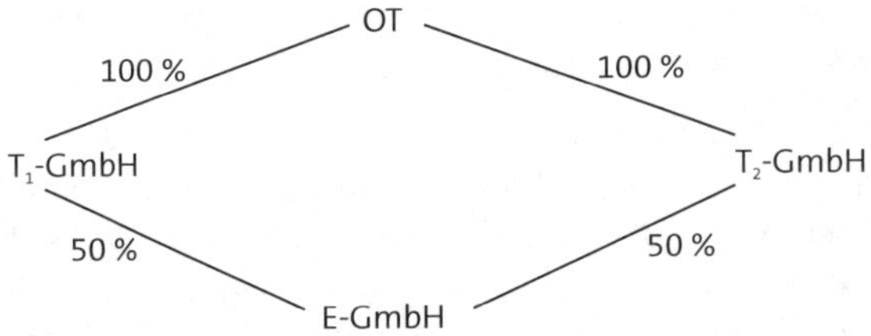

Es liegt finanzielle Eingliederung der E-GmbH in den OT vor, weil die mittelbaren Beteiligungen *zusammen* die Mehrheit der Stimmrechte gewähren. Es würde bereits genügen, wenn T_1 und T_2 zusammen mehr als 50 % der Anteile an der E-GmbH besäßen.

d) Der Gewinnabführungsvertrag

Wenn die beschriebenen Voraussetzungen eines Organschaftsverhältnisses vorliegen, 64
treten seine körperschaftsteuerlichen Folgen nicht automatisch ein. Es muss vielmehr zwischen Organträger und Organ ein sog. Gewinnabführungsvertrag abgeschlossen werden. Dadurch wird erreicht, dass es über den Zeitpunkt, ab dem die körperschaftsteuerlichen Folgen eintreten sollen, keine Streitigkeiten geben kann. Darüber hinaus hat das den Vorteil, dass die Beteiligten den Beginn der steuerlichen Auswirkung bestimmen können.

Durch den Gewinnabführungsvertrag bzw. den Ergebnisabführungsvertrag verpflichtet sich das Organ, seinen Gewinn an den Organträger abzuführen. Umgekehrt bedeutet das im Verlustfall, dass dieser vom Organträger zu übernehmen ist.

Zu seiner steuerlichen Wirksamkeit muss ein Gewinnabführungsvertrag eine Reihe von Merkmalen aufweisen. Die wichtigsten sind:

1. Die Gesellschafterversammlungen des beherrschten und des beherrschenden Unternehmens müssen dem Gewinnabführungsvertrag mit einer Mehrheit von mindestens $^3/_4$ der abgegebenen Stimmen (qualifizierte Mehrheit) zustimmen. (notarielle Beurkundung)

2. Der Ergebnisabführungsvertrag muss nach § 14 Abs. 1 Satz 1 KStG den *gesamten* Gewinn bzw. Verlust beinhalten. Gegenstand des Gewinnabführungsvertrages darf also nicht nur ein Teil des Gewinnes sein.

3. Der Gewinnabführungsvertrag muss gem. § 14 Abs. 1 Satz 2 KStG bis zum Ende des Wirtschaftsjahres der Organgesellschaft, für das er erstmals gelten soll, wirksam werden. Dies ist bei einer GmbH der Zeitpunkt der Eintragung in das Handelsregister (R 60 Abs. 1 Satz 2 KStR).

4. Gemäß § 14 Abs. 1 Nr. 3 Satz 1 KStG muss der Gewinnabführungsvertrag auf mindestens fünf Jahre abgeschlossen und während seiner gesamten Geltungsdauer durchgeführt werden. Eine vorzeitige Beendigung schadet gem. § 14 Abs. 1 Nr. 3 Satz 2 KStG nicht, wenn hierfür wichtige Gründe vorliegen. In diesem Sinne wäre z. B. ein wichtiger Grund die Umwandlung, die Liquidation oder die Insolvenz von

Organträger oder Organ. Der „tatsächlichen Durchführung“ des Gewinnabführungsvertrages steht es nicht entgegen, wenn die Organgesellschaft gem. § 14 Abs. 1 Nr. 4 KStG Beträge in freie Rücklagen einstellt, also nicht abführt, wenn dies bei vernünftiger kaufmännischer Beurteilung wirtschaftlich begründet ist.

5. Ist eine GmbH Organgesellschaft, so gelten die §§ 14 bis 16 KStG gem. § 17 Satz 1 KStG entsprechend. Der Gewinnabführungsvertrag ist dann gem. R 66 Abs. 1 Satz 1 KStR nur wirksam, wenn die Gesellschafterversammlungen beider Gesellschaften zustimmen und die Eintragung in das Handelsregister der beherrschten Gesellschaft erfolgt. Außerdem bedarf der Zustimmungsbeschluss der Gesellschafterversammlung der beherrschten Gesellschaft gem. R 66 Abs. 1 Satz 2 KStR der notariellen Beurkundung.

6. Ist eine GmbH Organgesellschaft, so sind nach § 17 Satz 2 KStG auch die §§ 301 und 302 AktG zu beachten. Gem. § 17 Satz 2 Nr. 1 KStG darf die Gewinnabführung den in § 301 AktG genannten Betrag (Jahresüberschuss vermindert um den Verlustvortrag aus dem Vorjahr sowie um den nach § 300 AktG in die gesetzliche Rücklage einzustellenden Betrag) nicht überschreiten. Aus dieser Vorschrift ergibt sich ein Verbot der Abführung von Erträgen aus der Auflösung vorvertraglicher Rücklagen. Dieser Ausschluss ist geboten, weil andernfalls die Wirksamkeit eines Gewinnabführungsvertrags vor das Datum des erstmaligen Abschlusses vorverlegt werden könnte.

   Nach § 17 Satz 2 Nr. 2 KStG muss eine Verlustübernahme entsprechend den Vorschriften des § 302 AktG vereinbart werden. Die Verlustübernahme muss ausdrücklich entsprechend den Vorschriften des § 302 AktG vereinbart werden. Nach wirksamer Beendigung des Gewinnabführungsvertrages kann die Organgesellschaft erst nach Ablauf von drei Jahren auf den Anspruch auf Verlustausgleich verzichten (§ 302 Abs. 3 AktG).

e) Die Zurechnung des Organeinkommens beim Organträger

65 Liegt zwischen zwei Unternehmungen ein Organverhältnis und ein wirksamer Gewinnabführungsvertrag vor, so ist gem. § 14 Abs. 1 Satz 1 KStG das Einkommen des Organs, abgesehen von den in § 16 KStG geregelten Ausgleichszahlungen (vgl. hierzu Tz 66), dem Organträger zuzurechnen und bei ihm zu versteuern. Die Ausgleichszahlungen sind stets von der Organgesellschaft zu versteuern und bilden somit das eigene Einkommen der Organgesellschaft (§ 16 KStG). Das zu versteuernde Einkommen der Organgesellschaft unterliegt einem Steuersatz von 15 %.

Das Einkommen des Organs ist nach den normalen einkommensteuerlichen und körperschaftsteuerlichen Vorschriften zu ermitteln. Nach dem Einkommensteuer- oder dem Körperschaftsteuergesetz nicht abziehbare Aufwendungen dürfen also beispielsweise das Einkommen des Organs nicht mindern. Dieses so ermittelte Einkommen ist in die steuerliche Bemessungsgrundlage des Organträgers mit einzubeziehen und nicht etwa nur die auf Grund der Handelsbilanz mögliche tatsächliche Gewinnabführung. Es findet aber eine Neutralisation der tatsächlichen Gewinnabführung und eine Zurechnung des körperschaftsteuerlichen Organeinkommens beim Organträger statt.

BEISPIEL: Der Einzelunternehmer OT ist zu 100 % an der B-GmbH beteiligt. Auch ein gültiger Gewinnabführungsvertrag liegt vor.

Die B-GmbH erzielt einen Jahresüberschuss von 120 000 €. Hierbei sind im Aufwand nichtabzugsfähige Betriebsausgaben nach § 4 Abs. 5 EStG von 30 000 € enthalten. Auf Grund des bestehenden Gewinnabführungsvertrages mit OT wird der Jahresüberschuss von 120 000 € diesem noch im gleichen Jahr gutgeschrieben. Die handelsrechtliche Gewinn- und Verlustrechnung des Organs ist nach Berücksichtigung dieses Aufwandes aus Ergebnisabführungsvertrag ausgeglichen.

Beim Organträger ergibt sich ein Jahresüberschuss von 600 000 €. Dieses Ergebnis ist durch steuerlich nichtabzugsfähige Betriebsausgaben von 50 000 € gemindert worden. Der Ertrag aus der tatsächlichen Gewinnabführung des Organs ist im genannten Ergebnis von 600 000 € bereits enthalten.

Das körperschaftsteuerliche Einkommen des *Organs* errechnet sich folgendermaßen:

Jahresüberschuss vor Gewinnabführung	120 000 €
nichtabzugsfähige Betriebsausgaben gem. § 4 Abs. 5 EStG	30 000 €
körperschaftsteuerliches Einkommen	150 000 €

Das zu versteuernde Einkommen des *Organträgers* ist folgendermaßen zu errechnen:

ahresüberschuss	600 000 €
abzgl. tatsächliche Gewinnabführung vom Organ	./. 120 000 €
Jahresüberschuss ohne Berücksichtigung der Gewinnabführung	480 000 €
nichtabzugsfähige Betriebsausgaben	50 000 €
	530 000 €
Zurechnung des Organeinkommens nach § 14 Abs. 1 Nr. 1 KStG	150 000 €
zu versteuerndes Einkommen	680 000 €

Bei der Ermittlung des Organeinkommens ist die Berücksichtigung eines Verlustabzugs nach § 15 Nr. 1 KStG nicht zulässig. Damit soll die Berücksichtigung vorvertraglicher Verluste verhindert werden. Der vorvertragliche Verlust ist für die Geltungsdauer des Gewinnabführungsvertrages gesondert festzustellen. Nach Beendigung der Organschaft können diese vororganschaftlichen Verluste wieder abgezogen werden.

Nach § 15 Nr. 2 KStG sind die Vorschriften des § 8b Abs. 1 bis 6 KStG bei der Organgesellschaft nicht anzuwenden. Die Steuerbefreiungen werden also erst auf der *Ebene des Organträgers* gewährt. Auch die Vorschrift über die Gewinnminderungen und nicht abzugsfähigen Aufwendungen gem. § 8b Abs. 1 bis 3 KStG und § 3c Abs. 2 EStG sind gem. § 15 Nr. 2 Satz 2 KStG erst bei der Zurechnung zum Organträger anzuwenden. Es gilt die sog. *Bruttomethode.* § 15 Nr. 2 KStG ist auch anzuwenden auf Gewinnanteile aus Beteiligungen an einer ausländischen Gesellschaft, die nach den Vorschriften von Doppelbesteuerungsabkommen von der deutschen Besteuerung auszunehmen sind (§ 15 Satz 2 KStG).

Die Vorschrift über die Zinsschranke gem. § 4h EStG ist bei der Organgesellschaft gem. § 15 Nr. 3 Satz 1 KStG nicht anzuwenden, weil Organträger und Organgesellschaften gem. § 15 Nr. 3 Satz 2 KStG als ein Betrieb gelten.

f) Eigenes Einkommen des Organs

Für das Bestehen eines Organverhältnisses ist für die finanzielle Eingliederung das Innehaben der Mehrheit der Stimmrechte erforderlich und ausreichend (vgl. Tz 63). An 66 der Organgesellschaft können somit außer dem Organträger auch noch andere beteiligt sein. Diese sog. Minderheitsgesellschafter haben vom Gewinn einen Anspruch auf einen angemessenen Ausgleich. Deshalb nennt man diese Zahlungen „Ausgleichszahlungen". Für Aktiengesellschaften und Kommanditgesellschaften auf Aktien ist im § 304 Abs. 1 AktG gesetzlich geregelt, dass der Gewinnabführungsvertrag eine Ausgleichszahlung vorsehen muss. Gemäß § 16 KStG stellen die Ausgleichszahlungen eigenes Einkommen des Organs dar und sind deshalb dort zu versteuern.

Die Organgesellschaft hat i. H. von $^{20}/_{17}$ der geleisteten Ausgleichszahlungen (Ausschüttungen an Minderheitsgesellschafter) gem. § 16 KStG eigenes Einkommen zu versteuern. Der Bruch $^{20}/_{17}$ ergibt sich, weil nach Abzug einer Körperschaftsteuer von 15 % für die Ausschüttung noch 85 % verbleiben. Anders ausgedrückt: für eine Ausschüttung von 85 ist ein Einkommen von 100 erforderlich und 100 von 85 ist der im Gesetz enthaltene Bruch von $^{20}/_{17}$.

BEISPIEL: Die Ausgleichszahlung einer Organschaft beträgt 34 000 €.
Das eigene Einkommen der Organschaft beträgt dann $^{20}/_{17}$ von 34 000 € = 40 000 €.

g) Ausgleichsposten

§ 14 Abs. 4 KStG

67 Aufgrund des Gewinnabführungsvertrages ist die Organgesellschaft verpflichtet, ihren ganzen Gewinn an den Organträger abzuführen. Dem Organträger wird das Einkommen der Organgesellschaft unabhängig von der tatsächlichen Gewinnabführung zugerechnet. Das nach den steuerrechtlichen Vorschriften ermittelte Einkommen und der nach Handelsrecht abzuführende Gewinn sind jedoch nicht identisch. So ist beispielsweise die handelsrechtliche Gewinnabführung niedriger, wenn die Organgesellschaft Beträge aus dem Jahresüberschuss in eine zulässige Gewinnrücklage (§ 14 Nr. 4 KStG) einstellt oder in der Handelsbilanz höhere Abschreibungen als in der Steuerbilanz vorgenommen werden (sogen. Minderabführung). In diesem Fall ist beim Organträger nach § 14 Abs. 4 KStG ein aktiver Ausgleichsposten zu bilden, weil sonst bei Veräußerung der Anteile an die Organgesellschaft dieser Gewinn unter Umständen ein zweites Mal versteuert würde.

Eine Mehrabführung kann eintreten, wenn die Organgesellschaft in ihrer Handelsbilanz Aufwendungen für die Ingangsetzung oder Erweiterung des Geschäftsbetriebs aktiviert (§ 269 HGB), die in der Steuerbilanz nicht aktiviert werden dürfen.

Eine Minderabführung ist nach § 14 Abs. 4 Satz 1 KStG durch einen aktiven Ausgleichsposten, eine Mehrabführung durch einen passiven Ausgleichsposten auszugleichen. Damit soll eine zutreffende steuerliche Erfassung sichergestellt werden.

Im Übrigen ist immer dann ein Ausgleichsposten zu bilden, wenn der abgeführte Gewinn vom Steuerbilanzgewinn abweicht (R 63 Abs. 2 KStR). Ist der abgeführte Gewinn kleiner als das steuerliche Ergebnis (sog. Minderabführung), ist ein aktiver Ausgleichsposten, ist er höher (sog. Mehrabführung), ist ein passiver Ausgleichsposten zu bilden. Der Ausgleichsposten muss dem Verhältnis der Beteiligung des Organträgers am Nennkapital der Organgesellschaft entsprechen (§ 14 Abs. 4 Satz 1 KStG).

BEISPIEL: Ein Organträger ist an einer Organgesellschaft im Sinne der §§ 14 bis 17 KStG zu 70 % beteiligt. Das dem Organträger zuzurechnende Einkommen der Organgesellschaft beträgt 200 000 €. Die Gewinnabführung an den Organträger betrug aber nur 150 000 €.

Es ist in der Steuerbilanz des Organträgers (einkommensneutral) ein aktiver Ausgleichsposten i. H. von 70 % von 50 000 € = 35 000 € zu bilden.

Sind bei Beendigung des Gewinnabführungsvertrages noch Ausgleichsposten vorhanden, so sind diese gem. R 63 Abs. 3 Satz 1 KStR nicht gewinnwirksam aufzulösen, sondern bis zur Veräußerung der Organbeteiligung weiterzuführen und erst im Zeitpunkt der Veräußerung aufzulösen. Dadurch erhöht oder vermindert sich das Einkommen des Organträgers (§ 14 Abs. 4 Satz 3 KStG).

Die Berechtigung und die Ausgestaltung des Ausgleichspostens müssen in Frage gestellt werden, weil Veräußerungsgewinne aus dem Verkauf von Anteilen an Kapitalgesellschaften bei Kapitalgesellschaften grundsätzlich steuerfrei sind und bei Einzelunternehmen und (reinen) Personengesellschaften nur zu 60 % erfasst werden.

§ 14 Abs. 4 KStG müsste dementsprechend geändert werden.

h) Finanzierungskosten der Organbeteiligung

Finanziert der Organträger die Beteiligung an der Organgesellschaft mit Fremdkapital, 68
so sind die Aufwendungen (Zinsen) in voller Höhe abzugsfähig (BMF-Schreiben vom 26. 8. 2003, BStBl I S. 437, Tz 24). Die Anwendung des § 8b Abs. 5 KStG und des § 3c Abs. 2 EStG scheidet aus, weil die Aufwendungen nicht mit steuerfreien oder teilweise steuerfreien Einnahmen in Zusammenhang stehen.

i) Verunglückte Gewinnabführung

Wird nachträglich, in der Regel anlässlich einer Betriebsprüfung, festgestellt, dass das 69
Organschaftsverhältnis nicht anzuerkennen ist, weil entweder die Voraussetzungen fehlen oder der Gewinnabführungsvertrag nicht wirksam ist, so erhebt sich die Frage, wie die abgeführten Gewinne steuerlich zu behandeln sind. Die Organgesellschaft hat ihr Einkommen dann selbst zu versteuern. Die tatsächlichen Gewinnabführungen an den Organträger sind in diesem Fall wie verdeckte Gewinnausschüttungen zu behandeln.

Die als verdeckte Gewinnausschüttung zu behandelnde verunglückte Gewinnabführung unterliegt bei der Organgesellschaft der Körperschaftsteuer und der Gewerbesteuer. Beim Organträger ist die Ausschüttung gem. § 8b Abs. 1 KStG befreit, wenn er eine Körperschaft ist. Ist er eine natürliche Person, unterliegt die Ausschüttung der Abgeltungsteuer oder zu 60 % der Besteuerung. Hierbei sind die Vorschriften der §§ 8b Abs. 5 KStG bzw. 3c Abs. 2 EStG zu beachten.

Besonders negativ sind die Auswirkungen der „verunglückten Gewinnabführung" im Falle der Verlustübernahme. In diesem Fall findet ein Ausgleich mit positivem Einkommen des Organträgers nicht statt, und die Steuerwirksamkeit des Verlustes geht sogar endgültig verloren, wenn beim Organ ein Verlustabzug im Rahmen des § 10d EStG nicht möglich ist.

Auch bei Verlusten des Organträgers hat die „verunglückte Gewinnabführung" nicht die gewünschte Wirkung. Zwar werden die Verluste des Organträgers ganz oder teilweise durch die Ausschüttung ausgeglichen. Es bleibt aber eine definitive Körperschaftsteuerbelastung bei der Organgesellschaft, die bei Anerkennung des Organschaftsverhältnisses nicht eingetreten wäre.

70 unbesetzt

9. Die Liquidation

§ 11 KStG

71 Wird eine Kapitalgesellschaft, eine Erwerbs- oder Wirtschaftsgenossenschaft oder ein Versicherungsverein auf Gegenseitigkeit aufgelöst, so muss der bei der Liquidation evtl. entstehende Gewinn der Besteuerung unterworfen werden. Für die Veranlagung während der Liquidation ordnet § 11 Abs. 1 KStG aus Gründen der Praktikabilität einen verlängerten Besteuerungszeitraum an. Dieser Zeitraum soll drei Jahre nicht überschreiten.

Der Liquidationsgewinn wird wie jeder andere Gewinn gem. § 11 Abs. 2 KStG durch Vermögensvergleich ermittelt. Es ist das Abwicklungs-Endvermögen dem Abwicklungs-Anfangsvermögen gegenüberzustellen. Abwicklungs-Endvermögen ist gem. § 11 Abs. 3 KStG das zur Verteilung kommende Vermögen abzüglich eventueller steuerfreier Vermögensmehrungen des Abwicklungszeitraumes. Das Abwicklungs-Anfangsvermögen ist gem. § 11 Abs. 4 KStG das Betriebsvermögen, das am Schluss des der Auflösung vorangegangenen Wirtschaftsjahres der Veranlagung zugrunde gelegt worden ist. Ansonsten sind, wie es auch § 11 Abs. 6 KStG bestätigt, für die Ermittlung des Liquidationsgewinns die sonst geltenden Vorschriften anzuwenden. Im Falle der Insolvenz gelten die beschriebenen Vorschriften gem. § 11 Abs. 7 KStG ebenfalls.

Eine Vergünstigung, die mit den Vorschriften des § 16 oder des § 17 EStG vergleichbar wäre, gibt es im Körperschaftsteuerrecht nicht. Darin liegt ein Nachteil der Kapitalgesellschaft gegenüber einer natürlichen Person bzw. einer Personengesellschaft.

§ 11 KStG über die Liquidation einer Kapitalgesellschaft gilt gem. § 12 Abs. 1 KStG auch, wenn eine unbeschränkt steuerpflichtige Körperschaft oder Vermögensmasse ihre Geschäftsleitung oder ihren Sitz ins Ausland verlegt und sie damit aus der unbeschränkten Steuerpflicht ausscheidet. Eine Aufdeckung der stillen Reserven hat gem. § 12 Abs. 2 KStG grundsätzlich auch zu erfolgen, wenn eine inländische Betriebsstätte einer beschränkt steuerpflichtigen Körperschaft, Personenvereinigung oder Vermögensmasse aufgelöst oder ins Ausland verlegt oder ihr Vermögen als Ganzes an einen anderen übertragen wird.

72–80 unbesetzt

D. Der Körperschaftsteuertarif

81 Die Höhe der Körperschaftsteuer ist nun letztlich davon abhängig, welcher Steuersatz auf die Bemessungsgrundlage, das zu versteuernde Einkommen, anzuwenden ist. Es gilt also nun, den *Körperschaftsteuertarif* zu untersuchen.

I. Der Steuersatz

§ 23 KStG

Gewinne von Körperschaften werden mit einem Körperschaftsteuersatz von 15 % belastet, und zwar unabhängig davon, ob die Gewinne einbehalten oder ausgeschüttet werden. Im Falle der Ausschüttung findet eine Anrechnung beim Anteilseigner nicht statt. Die 15 %ige Belastung ist demnach definitiv. Unter Berücksichtigung des Solidaritätszuschlags und der nicht mehr abzugsfähigen Gewerbesteuer bei einem Hebesatz von 400 % ergibt sich folgende Gesamtbelastung: 82

Zu versteuerndes Einkommen	100,00
Gewerbesteuer nicht abzugsfähig 400 % von 3,5	./. 14,00
Körperschaftsteuer 15 %	./. 15,00
Solidaritätszuschlag 5,5 %	./. 0,825
Verbleibt	70,175

Die Belastung mit Körperschaftsteuer, Solidaritätszuschlag und Gewerbesteuer beträgt also seit 2008 29,825 %. Je nach Gewerbesteuerhebesatz kann die Belastung etwas höher oder niedriger sein.

II. Freibeträge

§§ 24, 25 KStG

Unbeschränkt steuerpflichtigen Körperschaften, Personenvereinigungen und Vermögensmassen wird gem. § 24 KStG ein Freibetrag von 5 000 € gewährt. Der Freibetrag gilt allerdings gem. § 24 Satz 2 Nr. 1 KStG nicht für Körperschaften, deren Leistungen bei den Empfängern zu den Einnahmen im Sinne des § 20 Abs. 1 Nr. 1 oder 2 EStG gehören, insbesondere also nicht für Kapitalgesellschaften und Genossenschaften. Der Freibetrag wird unabhängig von der Höhe des Einkommens gewährt. 83

Land- und Forstwirtschaft betreibenden Erwerbs- und Wirtschaftsgenossenschaften wird gem. § 25 KStG ein Freibetrag bis zu 15 000 € gewährt.

III. Anrechnung ausländischer Steuern

§ 26 KStG

Werden unbeschränkt steuerpflichtige Körperschaften im Ausland zu einer der deutschen Körperschaftsteuer entsprechenden Steuer herangezogen, so ist die festgesetzte und gezahlte ausländische Steuer gem. § 26 Abs. 1 KStG auf die inländische Körperschaftsteuer anzurechnen, die auf die Einkünfte aus diesem Staat entfällt. Diese sog. „direkte Anrechnung" kommt allerdings nur in Frage, sofern mit dem betreffenden Staat kein DBA (Abkommen zur Vermeidung der internationalen Doppelbesteuerung) besteht. Derartige DBA hat die Bundesrepublik Deutschland mit fast allen wichtigen Industrienationen abgeschlossen. Besteht ein DBA, so wird die Doppelbesteuerung nach anderen Grundsätzen, und zwar in der Regel durch die sog. Freistellung der im Ausland erzielten Einkünfte, vermieden. 84

BEISPIEL: Eine deutsche Aktiengesellschaft hat in einem Land, mit dem kein DBA besteht, eine Betriebsstätte und erzielt in dieser ein zu versteuerndes Einkommen von 40 000 €. Dieses Einkommen wird im ausländischen Staat mit einer der deutschen Körperschaftsteuer entsprechenden Steuer von 10 % = 4 000 € belegt. Die deutsche Körperschaftsteuer beträgt:

15 % von 40 000 € =	6 000 €
hierauf sind gem. § 26 Abs. 1 KStG anzurechnen	
10 % von 40 000 € =	·/. 4 000 €
somit noch zu entrichten	2 000 €

85–100 unbesetzt

E. Regelungen zum Übergang vom Anrechnungsverfahren zum Halbeinkünfteverfahren

101 Beim Übergang zum Halbeinkünfteverfahren wurde die Gliederung und Entwicklung des verwendbaren Eigenkapitals in der früher gewohnten Weise beendet. Darüber hinaus blieben allerdings einige Elemente des Anrechnungsverfahrens – gedanklich auch die Gliederung des verwendbaren Eigenkapitals – erhalten, insbesondere ging das Körperschaftsteuerguthaben nicht verloren.

I. Körperschaftsteuerguthaben

§ 37 KStG

102 Unter der Herrschaft des Anrechnungsverfahrens trat bei Ausschüttung von ungemildert belastetem verwendbarem Eigenkapital eine **Körperschaftsteuerminderung** ein. Dieses Körperschaftsteuerminderungspotenzial sollte auch nach dem Übergang zum Halbeinkünfteverfahren nicht verloren gehen.

Deshalb wurde gem. § 37 Abs. 1 KStG zum 31. 12. 2001 ein **Körperschaftsteuerguthaben** ermittelt, das $^{1}/_{6}$ des Endbestands des mit einer Körperschaftsteuer von 40 % belasteten Teilbetrags betrug. Dieses Körperschaftsteuerguthaben konnte unter den Voraussetzungen des § 37 Abs. 2 und 2a KStG durch Ausschüttungen in den Jahren 2002 bis 2006 realisiert werden.

Sofern noch ein Restbetrag verblieb, wurde dieses Körperschaftsteuerguthaben letztmalig zum 31. 12. 2006 gem. § 37 Abs. 4 Satz 1 KStG ermittelt.

Ab dem Jahr 2007 erfolgt keine Körperschaftsteuerminderung mehr.

Stattdessen wird das zum 31. 12. 2006 festgestellte Körperschaftsteuerguthaben in zehn gleichen Jahresraten in den Jahren 2008 bis 2017 jeweils am 30. 9. zurückgezahlt

- unabhängig von Ausschüttungen gem. § 37 Abs. 5 KStG,
- ohne Verzinsung gem. § 37 Abs. 5 KStG;
- die Auszahlungsbeträge sind steuerfrei gem. § 37 Abs. 7 KStG.

BEISPIEL: Für eine GmbH wird zum 31.12.2006 ein Körperschaftsteuerguthaben gem. § 37 Abs. 4 Satz 1 KStG i. H. von 100 000 € ermittelt.

Die GmbH erhält – beginnend mit dem 30.9.2008 – einen jährlichen (steuerfreien) Auszahlungsbetrag von 10 000 €.

In der Bilanz ist das Körperschaftsteuerguthaben abgezinst ergebnisneutral zu aktivieren. Der Barwert ist auf der Grundlage des Marktzinses am Bilanzstichtag zu ermitteln. Dabei kann als Orientierungshilfe z. B. die Verzinsung von Bundesanleihen herangezogen werden. Für die Abzinsung kommt aber auch in Anlehnung an § 6 Abs. 1 Nr. 3 EStG und § 38 Abs. 7 KStG ein Zinssatz von 5,5 % in Frage. Der Aufwand aus der Abzinsung und der Ertrag aus der späteren Zuschreibung beeinflussen das zu versteuernde Einkommen nicht (BMF-Schreiben vom 14.1.2008, BStBl I 2008 S. 280 und Bestätigung durch BFH vom 15.7.2008, DStR 2008 S. 1778).

Nach § 37 Abs. 5 Satz 6 KStG ist der Anspruch eines Körperschaftsteuerguthabens von nicht mehr als 1 000 € in einer Summe auszuzahlen.

II. Körperschaftsteuererhöhungsbetrag

§ 38 KStG

Wenn Alt-EK_{02} in den Jahren 2002 bis 2006 ausgeschüttet wurde, erfolgte eine Körperschaftsteuererhöhung. 103

Sie betrug gem. § 38 Abs. 2 KStG

- $^3/_7$ von der Ausschüttung, für die EK_{02} verwendet wurde.

Betroffen hiervon waren offene **und** verdeckte Gewinnausschüttungen.

BEISPIEL: Eine GmbH hat zum 31.12.2005 als Eigenkapital außer ihrem Stammkapital und dem Einlagekonto nur Alt-EK_{02} i. H. von 100 000 €. Im Jahr 2006 nimmt sie eine Ausschüttung von 35 000 € vor.

Die Körperschaftsteuererhöhung beträgt $^3/_7$ von 35 000 € = 15 000 €.

Nach dem Jahressteuergesetz 2008 ist das System der Körperschaftsteuererhöhung bei Ausschüttung von Alt-EK02 durch eine *pauschale Zahlung* ersetzt worden.

Nach § 38 Abs. 4 Satz 1 KStG wird der Endbetrag an Alt-EK02 letztmalig auf den 31.12.2006 ermittelt und festgestellt. Hiervon beträgt gem. § 38 Abs. 5 Satz 1 KStG der Körperschaftsteuererhöhungsbetrag $^3/_{100}$. Der dann verbleibende Betrag an EK_{02} entfällt ohne weitere Folgen. Der Körperschaftsteuererhöhungsbetrag ist nur festzusetzen, wenn er mehr als 1 000 € beträgt.

Der sich ergebende Erhöhungsbetrag ist gem. § 38 Abs. 6 KStG in zehn Jahresraten in den Jahren 2008 bis 2017 jeweils am 30.9. zu entrichten. Die Verbindlichkeit ist nicht verzinslich.

Auf Antrag bis spätestens 30.9.2015 kann der insgesamt fällige Betrag unter Berücksichtigung einer Abzinsung bei einem Zinssatz von 5,5 % gem. § 38 Abs. 7 KStG in einer Summe entrichtet werden.

BEISPIEL: Für eine GmbH wird zum 31. 12. 2006 ein Alt-EK_{02} von 100 000 € ermittelt. Der Körperschaftsteuererhöhungsbetrag ist demnach $^{3}/_{100}$ von 100 000 € = 3 000 €.

Die GmbH hat – beginnend am 30. 9. 2008 – jährlich 300 € zu entrichten. Sie kann bis zum 30. 9. 2015 jederzeit beantragen, dass der dann noch fällige Betrag unter Berücksichtigung einer Abzinsung bei einem Zinssatz von 5,5 % in einer Summe entrichtet wird.

Ausnahme: Wohnungsunternehmen von juristischen Personen des öffentlichen Rechts und steuerbefreite Körperschaften können auf Antrag gem. § 34 Abs. 16 KStG weiterhin die früher gültige ausschüttungsabhängige Regelung anwenden.

Die Verbindlichkeit aus der Körperschaftsteuererhöhung entsteht gem. § 38 Abs. 6 Satz 3 KStG am 1. 1. 2007. Sie ist deshalb erstmals im Jahr 2007 abgezinst zu passivieren. Der sich aus der Passivierung ergebende Aufwand ist außerbilanziell zu neutralisieren. Der Abzinsungsbetrag und seine Umkehrung in den Folgejahren beeinflussen wie beim Körperschaftsteuerguthaben (vgl. Tz 102) das zu versteuernde Einkommen nicht.

F. Gewinnausschüttungen

104 Um die steuerlichen Wirkungen von Gewinnausschüttungen feststellen zu können, sind drei Probleme zu lösen, und zwar

1. Wie setzt sich das steuerliche Eigenkapital zusammen?
2. Wie sind die Leistungen (Ausschüttungen) mit dem steuerlichen Eigenkapital zu verrechnen?
3. Welche steuerlichen Auswirkungen hat eine Ausschüttung?

I. Zusammensetzung des steuerlichen Eigenkapitals

105 Das *steuerliche Eigenkapital* (= Eigenkapital in der Steuerbilanz) ist entsprechend der Verwendungsreihenfolge für Leistungen (Ausschüttungen) in folgenden Positionen für Zwecke der Ausschüttungen aufzugliedern:

(1) Ausschüttbarer Gewinn

(2) Einlagekonto (§ 27 KStG)

(3) Gezeichnetes Kapital

Diese Zusammensetzung kann in folgender **Übersicht** dargestellt werden:

(3)	Gezeichnetes Kapital (Nennkapital)	Gesamtes Eigenkapital der Steuerbilanz
(2)	Einlagekonto § 27 Abs. 1 Satz 1	
(1)	Ausschüttbarer Gewinn § 27 Abs. 1 Satz 5	

Diese Übersicht ist angelehnt an Hoffmann, Einführung in die Körperschaftsteuer, Herne/Berlin, 2. Auflage, S. 168.

Das *Einlagekonto* hat den Zweck sicherzustellen, dass beim Gesellschafter die Rückzahlungen von Einlagen nicht besteuert werden. Ein Gesellschafter hat nämlich bei Ausschüttungen aus dem Einlagekonto gem. § 20 Abs. 1 Satz 3 EStG keine Einnahmen aus Kapitalvermögen.

Das Einlagekonto gem. § 27 KStG ist kein Konto der Buchführung, sondern eine *Aufzeichnung außerhalb der Buchführung und der Bilanz.* Zum Einlagekonto gehören in erster Linie offene oder verdeckte, nicht in das Nennkapital geleistete Einlagen, die ihren Niederschlag in der Kapitalrücklage gem. § 266 Abs. 3 A.II. HGB gefunden haben. Dazu kommen noch verdeckte Einlagen, die als außerordentliche Erträge ausgewiesen worden sind und hiernach den Gewinnrücklagen zugeführt wurden.

Das Einlagekonto ergibt sich also durch folgende Rechnung:

Kapitalrücklage gem. § 266 Abs. 3 A.II. HGB
+ verdeckte Einlagen, die nicht der Kapitalrücklage zugeführt worden sind
= Einlagekonto

Das Einlagekonto vermindert sich um hieraus vorgenommene Ausschüttungen und ist gem. § 27 Abs. 1 Satz 2 KStG *gesondert festzustellen.*

Der „ausschüttbare Gewinn" im Sinne von § 27 Abs. 1 Satz 5 KStG ergibt sich durch *Differenzrechnung:*

- Gesamtes EK ·/. gezeichnetes Kapital ·/. Einlagekonto

  Der ausschüttbare Gewinn ist also folgendermaßen zu ermitteln:

	Eigenkapital in der StB des Vorjahres
·/.	gezeichnetes Kapital
=	Eigenkapital ohne gez. Kapital
·/.	Einlagekonto
=	**ausschüttbarer Gewinn** § 27 Abs. 1 Satz 5 KStG

Maßgeblich ist immer der Stand am Ende des Vorjahres.

II. Verrechnung von Leistungen (Ausschüttungen) mit dem steuerlichen Eigenkapital (Verwendungsreihenfolge)

§ 27 Abs. 1 Satz 3 KStG

Aus § 27 Abs. 1 Satz 3 KStG ergibt sich, dass für Leistungen (Ausschüttungen) folgende 106
Reihenfolge maßgeblich ist:

1. Ausschüttbarer Gewinn,
2. Einlagekonto.

III. Steuerliche Auswirkungen von Ausschüttungen beim Anteilseigner

107 Hierbei ist zu unterscheiden, ob der Anteilseigner

1. eine Körperschaft oder
2. eine natürliche Person ist.
3. Ausschüttungen aus dem ausschüttbaren Gewinn sind zu 95 % steuerfrei (vgl. Tz 53). Bei Ausschüttung aus dem Einlagekonto ergeben sich keine unmittelbaren Folgen; es vermindern sich aber die Anschaffungskosten der Beteiligung.
4. Bei Ausschüttung aus dem ausschüttbaren Gewinn ist zu unterscheiden, ob sich die Anteile an der ausschüttenden Körperschaft im Betriebsvermögen oder im Privatvermögen der natürlichen Person befinden. Gehören sie zum Betriebsvermögen, hat die natürliche Person Einkünfte aus Gewerbebetrieb und das Teileinkünfteverfahren ist anzuwenden, d. h. 60 % sind steuerpflichtig und 40 % gem. § 3 Nr. 40 Buchst. d) EStG sind steuerfrei. Sind die Anteile zum Privatvermögen zu rechnen, hat die natürliche Person Einkünfte aus Kapitalvermögen und es ist auf die volle Ausschüttung der Abgeltungssteuersatz von 25 % gem. § 32d EStG anzuwenden.

   Bei Ausschüttung aus dem Einlagekonto ergeben sich keine unmittelbaren Folgen; es vermindern sich aber die Anschaffungskosten der Beteiligung.

   Herkunft und Auswirkung von Gewinnausschüttungen soll in der nachfolgenden Übersicht zusammengefasst werden.

Übersicht über Herkunft und Auswirkungen von Gewinnausschüttungen		
Wirkung / Herkunft	Kapitalgesellschaft als Anteilseigner	Natürliche Person als Anteilseigner
1. Ausschüttbarer Gewinn ↓	95 % steuerfrei ↓	a) Anteile im BV Teileinkünfteverfahren b) Anteile im PV Abgeltungssteuer von 25 %
2. Einlagekonto ↓	100 % steuerfrei; Verminderung der Beteiligung	100 % steuerfrei; Verminderung der AK der Beteiligung

IV. Abschließendes Beispiel zur steuerlichen Auswirkung von Ausschüttungen an natürliche Personen

108 Die steuerlichen Folgen von Ausschüttungen an natürliche Personen sollen abschließend anhand des folgenden Beispiels dargestellt werden.

BEISPIEL: ▸ Sachverhalt

Bei einer GmbH, an der eine natürliche Person zu 100 % beteiligt ist, setzt sich die Passivseite der Handelsbilanz zum 31. 12. 01 folgendermaßen zusammen:

Passiva

A. Eigenkapital		
I.	Gezeichnetes Kapital	500 000 €
II.	Kapitalrücklage	70 000 €
III.	Andere Gewinnrücklagen	90 000 €
IV.	Bilanzgewinn	60 000 €
		720 000 €
B.	Rückstellungen	300 000 €
C.	Verbindlichkeiten	480 000 €
		1 500 000 €

In den Rückstellungen ist ein Betrag von 80 000 € für drohende Verluste aus schwebenden Geschäften gem. § 249 Abs. 1 Satz 1 HGB enthalten. Weitere Abweichungen der Steuerbilanz von der Handelsbilanz gibt es nicht.

Vor Jahren hat ein Gesellschafter eine verdeckte Einlage i. H. von 30 000 € getätigt, die seinerzeit als außerordentlicher Ertrag ausgewiesen und später der Gewinnrücklage zugeführt worden ist.

In der Gesellschafterversammlung am 15. 3. 02 wird formgerecht eine Ausschüttung für 01 beschlossen. Sie wird am 15. 4. 02 an den Gesellschafter ausbezahlt.

Variante	a) Ausschüttung	150 000 €
	b) Ausschüttung	250 000 €

Aufgabe:

1. Das Eigenkapital in der Steuerbilanz ist zu ermitteln und in Positionen für Zwecke der Ausschüttungen aufzugliedern.
2. Welche Beträge gelten aus dem Eigenkapital in den beiden Varianten als verwendet und welche steuerlichen Auswirkungen ergeben sich beim Gesellschafter?

LÖSUNG: zu 1.:

Maßgeblich für die steuerliche Behandlung der Ausschüttungen ist das Eigenkapital in der **Steuerbilanz.** Dieses ist um 80 000 € höher als das Eigenkapital in der Handelsbilanz, weil Rückstellungen für drohende Verluste aus schwebenden Geschäften gem. § 5 Abs. 4a EStG steuerlich nicht zulässig sind.

Das Eigenkapital in der Steuerbilanz beträgt dann also 720 000 € + 80 000 € = 800 000 €.

Weiterhin ist für die steuerliche Behandlung der Ausschüttungen die Höhe des Einlagekontos und des ausschüttbaren Gewinns zu ermitteln. Das Einlagekonto setzt sich zusammen aus der Kapitalrücklage von 70 000 € und der seinerzeit getätigten verdeckten Einlage von 30 000 €. Es beträgt also 70 000 € + 30 000 € = 100 000 €.

Schließlich ergibt sich der **ausschüttbare Gewinn** durch die Differenzrechnung:

Gesamtes EK ·/. Nennkapital ·/. Einlagekonto, also

800 000 € ·/. 500 000 € ·/. 100 000 € = 200 000 €.

Demnach setzt sich das Eigenkapital in der Steuerbilanz für Zwecke der Ausschüttung folgendermaßen zusammen:

Stammkapital	500 000 €
Einlagekonto	100 000 €
Ausschüttbarer Gewinn	200 000 €
Insgesamt	800 000 €

zu 2.:

Variante a)

Da die Leistungen (Ausschüttungen) nicht höher sind als der ausschüttbare Gewinn, vermindert sich dieser um 150 000 €.

Der Anteilseigner muss, wenn sich die Anteile im Privatvermögen befinden, die Dividende als Einkünfte aus Kapitalvermögen gem. § 32d Abs. 1 EStG mit 25 % Abgeltungssteuer versteuern. Befinden sich die Anteile im Betriebsvermögen, so gilt das Teileinkünfteverfahren, d. h. 40 % sind steuerfrei und 60 % mit dem normalen Tarif der Besteuerung zu unterwerfen.

Variante b)

In diesem Fall sind die Leistungen (Ausschüttungen) höher als der ausschüttbare Gewinn. Der ausschüttbare Gewinn von 200 000 € wird deshalb in voller Höhe verwendet.

Für die Besteuerung des Anteileigners gilt das zu a) Gesagte.

Die über den ausschüttbaren Gewinn hinausgehende Ausschüttung von 50 000 € mindert gem. § 27 Abs. 1 Satz 3 KStG das Einlagekonto. Insoweit hat der Anteilseigner gem. § 20 Abs. 1 Satz 3 EStG keine Einkünfte aus Kapitalvermögen oder aus Gewerbebetrieb.

Die Anschaffungskosten der Beteiligung werden um 50 000 € gemindert.

G. Entstehung, Veranlagung und Erhebung der Steuer

I. Entstehung der Körperschaftsteuer

§ 30 KStG

109 Der Zeitpunkt der Entstehung der Körperschaftsteuer ist im § 30 KStG geregelt. Hiernach entstehen Steuerabzugsbeträge im Zeitpunkt des Zufließens, die Vorauszahlungen mit Beginn des Kalendervierteljahres, in dem die Vorauszahlungen zu entrichten sind, oder, wenn die Steuerpflicht erst im Laufe des Kalenderjahres begründet wird, mit Begründung der Steuerpflicht und die veranlagte Steuer unter Berücksichtigung von Abzugsbeträgen und Vorauszahlungen mit Ablauf des Veranlagungszeitraumes.

II. Veranlagung und Erhebung der Körperschaftsteuer

§ 31 KStG

110 Auf die Veranlagung, Anrechnung, Entrichtung und Vergütung der Körperschaftsteuer sind gem. § 31 Abs. 1 KStG die einkommensteuerlichen Vorschriften anzuwenden. Demnach sind Körperschaftsteuervorauszahlungen grundsätzlich analog zu § 37 Abs. 1 EStG jeweils am 10. 3., 10. 6., 10. 9. und 10. 12. zu entrichten. Bei einem vom Kalenderjahr abweichenden Wirtschaftsjahr sind die Vorauszahlungen gem. § 31 Abs. 2 KStG bereits während des Wirtschaftsjahres zu entrichten, das im Veranlagungszeitraum endet. Abschlusszahlungen sind gem. § 36 Abs. 4 EStG i.V. mit § 31 KStG innerhalb eines Monats nach Bekanntgabe des Steuerbescheids zu entrichten.

Ab dem Jahr 2011 sind Körperschaftsteuererklärungen gem. § 31 Abs. 1a KStG i.V. mit § 25 Abs. 4 und § 52 Abs. 39 EStG grundsätzlich elektronisch zu übermitteln.

Vierter Teil: Gewerbesteuer

A. Wesen und Grundlagen der Gewerbesteuer

Wenn man die Steuern danach einteilt, wem das Aufkommen zusteht, ist die Gewerbesteuer als sog. *Realsteuer* im Sinne von § 3 AO gem. Artikel 106 Abs. 6 GG eine *Gemeindesteuer*. Das ergibt sich auch aus § 1 GewStG, wonach die Gemeinden eine Gewerbesteuer als Gemeindesteuer erheben. Aus der bisherigen Berechtigung der Gemeinden zur Erhebung der Gewerbesteuer ist ab 1. 1. 2004 durch die Änderung des § 1 GewStG (vgl. Gesetz zur Änderung des Gewerbesteuergesetzes und anderer Gesetze v. 23. 12. 2003, BGBl I S. 2922) eine Verpflichtung geworden. 1

In diesem Zusammenhang ist zudem ein Mindesthebesatz der Gemeinden von 200 % in § 16 Abs. 4 GewStG eingeführt worden (vgl. Tz 58). Hintergrund ist, dass den Gemeinden ein Ausgleich zusteht für Gemeindelasten, die durch das Vorhandensein eines Gewerbebetriebes oder einer Betriebsstätte im Gemeindebezirk entstehen (insbes. für Infrastrukturmaßnahmen wie Straßen, Schulen u. Ä. m.; sog. Äquivalenzprinzip; vgl. z. B. auch in § 30 letzter Halbsatz GewStG; vgl. auch Art. 28 Abs. 2 S. 2 GG, wonach den Gemeinden eine wirtschaftsbezogene Steuerquelle zusteht).

Je nach der Ansiedlung von Gewerbebetrieben in den verschiedenen Gemeinden ist das Aufkommen an Gewerbesteuer in den einzelnen Gemeinden sehr unterschiedlich, denn auf den Gewerbesteuermessbetrag als für alle Gewerbesteuerpflichtige durch die Finanzämter gleichermaßen ermittelte Bemessungsgrundlage wendet jede hebeberechtigte Gemeinde ihren eigenen Gewerbesteuerhebesatz zur Ermittlung der Gewerbesteuer an. Dieser kann von Gemeinde zu Gemeinde sehr unterschiedlich sein (inzwischen Mindesthebesatz von 200 %, Bandbreite normalerweise von ca. 350 % bis ca. 500 %).

Wegen des von Gemeinde zu Gemeinde sehr unterschiedlichen Gewerbesteueraufkommens und der daraus resultierenden Risiken für die Finanz- und Wirtschaftsstruktur wird nach dem Gemeindefinanzreformgesetz ein Ausgleich zwischen den Gemeinden durchgeführt. Hiernach haben die Gemeinden bestimmte Teile des Gewerbesteueraufkommens an das Land und den Bund abzuführen und erhalten dafür Anteile an der Einkommen- und Lohnsteuer.

Durch die Abschaffung der Gewerbekapitalsteuer ab Erhebungszeitraum 1998 kommt es ab 1998 – zum Ausgleich der Einnahmeausfälle – zudem zu einer Beteiligung der Gemeinden am Aufkommen an der Umsatzsteuer. Die Gewerbesteuer ist für die Gemeinden meist die bedeutendste Einnahmequelle, die sie zudem über die Festlegung des Hebesatzes selbst beeinflussen können. Deshalb sind die Gemeinden i. d. R. an der Ansiedlung weiterer Gewerbebetriebe in ihrem Gemeindebezirk interessiert.

Bei der Gewerbesteuer als sog. *Realsteuer* bzw. *Objektsteuer* ist Gegenstand der Besteuerung nicht eine Person, sondern der Gewerbebetrieb als Objekt, soweit er im Inland betrieben wird (vgl. Tz 2 und 3 sowie Tz 7 bis 11). Die individuellen Verhältnisse des Unternehmers sind nicht von Bedeutung. Im Gegensatz zur Einkommensteuer findet eine Berücksichtigung der persönlichen Leistungsfähigkeit grundsätzlich nicht statt. Als Besteuerungsobjekt werden unterschieden der *stehende Gewerbebetrieb* und der *Reisegewerbebetrieb* (vgl. Tz 4 bis 6).

Das Vorhandensein eines Gewerbebetriebes oder einer Betriebsstätte begründet die sachliche Steuerpflicht. Die persönliche Steuerpflicht regelt dagegen die Frage, wer die Gewerbesteuer schuldet und letztendlich zu entrichten hat (vgl. Tz 12 bis 16).

Besteuerungsgrundlage für die Gewerbesteuer ist gem. § 6 GewStG der Gewerbeertrag. Die Besteuerung nach dem Gewerbekapital ist mit Wirkung ab Erhebungszeitraum 1998 für die gesamte Bundesrepublik Deutschland abgeschafft, für die neuen Bundesländer war sie aus Fördergründen schon vorher nicht durchgeführt worden.

Der Gewerbeertrag wird ermittelt, indem der nach dem EStG oder KStG zu ermittelnde Gewinn um gewisse *Hinzurechnungen* und *Kürzungen* modifiziert wird. Über die Gründe und Einzelheiten der Hinzurechnungen und Kürzungen vgl. die Ausführungen in Tz 17 bis 38.

Für die Berechnung der Gewerbesteuer ergibt sich demnach folgendes Schema:

	Übersicht über die Berechnung der Gewerbesteuer	GewStG
Gewinn aus Gewerbebetrieb		§ 7
+	Hinzurechnungen	§ 8
·/.	Kürzungen	§ 9
=	maßgebender Gewerbeertrag	§ 10
·/.	Gewerbeverlust	§ 10a
=	verbleibender Gewerbeertrag	
	Abrundung	§ 11 Abs. 1
·/.	Freibetrag	§ 11 Abs. 1
=	steuerpflichtiger Gewerbeertrag	
×	Steuermesszahl	§ 11 Abs. 2
=	Steuermessbetrag (ggf. nach Zerlegung)	§ 11 Abs. 1
×	Hebesatz der Gemeinde	§ 16
=	Gewerbesteuer	

Die Zuordnung des maßgeblichen Gewerbeertrages zum maßgeblichen Erhebungszeitraum sowie die Ermittlung der Steuermesszahl und des Steuermessbetrages werden in den Tz 39 bis 43 erörtert. Soweit sich ein Gewerbebetrieb über mehrere Gemeinden erstreckt, sind zudem die Besonderheiten der Zerlegung zu beachten (vgl. Tz 56 und 57). Abschließend wird in Tz 58 das Verfahren zur Festsetzung und Erhebung der Gewerbesteuer beschrieben.

Für Gewerbebetriebe stellt die Gewerbesteuer eine erhebliche ertragsteuerliche Zusatzbelastung dar, da sie zusätzlich zur Belastung des Ertrages bei den Gewerbetreibenden mit Einkommensteuer bzw. Körperschaftsteuer zu sehen ist (anders z. B. bei Landwirten oder Freiberuflern). Eine Gewerbesteuerbelastung kann durch die gewerbesteuerlichen Hinzurechnungsvorschriften selbst in ertraglosen Zeiträumen anfallen. Insofern wird die Gewerbesteuer vielfach als Sondersteuer für Gewerbebetriebe und als wettbewerbsschädigend kritisiert, insbesondere auch im internationalen Wettbewerbsvergleich, da eine der Gewerbesteuer vergleichbare Steuer in anderen Ländern nicht erhoben wird. Kritisiert wird zudem die unterschiedliche Besteuerung natürlicher Personen bzw. Personengesellschaften und Kapitalgesellschaften bis hin zum Vorwurf der Verfassungswidrigkeit wegen Verstoßes gegen den Gleichheitsgrundsatz (Art. 3 GG; bisher allerdings ohne Bestätigung). Von Seiten der Gewerbebetriebe wird deshalb immer wieder die vollständige Abschaffung der Gewerbesteuer gefordert.

Die Gewerbesteuer belastet Gewerbebetriebe als Kostenfaktor; sie selbst stellt *handelsrechtlich* eine abzugsfähige Betriebsausgabe dar. Bilanzierende Gewerbetreibende haben den Gewerbesteueraufwand periodengerecht erfolgswirksam zu erfassen und im Rahmen der Bilanzierung unter Berücksichtigung geleisteter Vorauszahlungen einen ggf. zu erwartenden Erstattungsanspruch als Forderung bzw. eine ggf. zu erwartende Nachzahlung als Rückstellung (§ 249 Abs. 1 i.V. m. § 252 Abs. 1 Nr. 5 HGB) auszuweisen – insofern wird auf das Beispiel zur Berechnung einer Gewerbesteuerrückstellung in Tz 60 verwiesen.

Steuerrechtlich galt die Gewerbesteuer bis einschließlich Veranlagungszeitraum 2007 ebenfalls als abzugsfähige Betriebsausgabe, d. h. bei der Bilanzierung kam ebenfalls der Ausweis einer Forderung bzw. einer Rückstellung in Frage (bis 2007 nach der sog. $^5/_6$-Methode bzw. Divisormethode, da die Gewerbesteuer bis einschließlich 2007 die eigene Bemessungsgrundlage minderte). Durch das Unternehmensteuerreformgesetz 2008 (BGBl 2007 I Nr. 40, S. 1912 ff.), das für Steuerpflichtige einige Vergünstigungen mit sich brachte, wurde als eine Gegenfinanzierungsmaßnahme die steuerliche Abzugsfähigkeit der Gewerbesteuer abgeschafft. In § 4 Abs. 5b EStG ist nunmehr geregelt, dass für Veranlagungszeiträume ab 2008 die Gewerbesteuer keine Betriebsausgabe ist (also nicht geregelt als „nicht abzugsfähige Betriebsausgabe"), d. h. die Gewerbesteuer und damit zusammenhängende steuerliche Nebenleistungen wie Verspätungs- oder Säumniszuschläge oder Zinsen gem. § 233a AO dürfen das steuerliche Ergebnis nicht mindern bzw. erhöhen (z. B. Erstattungen). Maßgeblich für die zeitliche Anwendung des Betriebsausgabenverbotes ist nicht der Zeitpunkt der Zahlung bzw. Erstattung der Gewerbesteuer sowie der damit zusammenhängenden steuerlichen Nebenleistungen, sondern der Erhebungszeitraum, für den gezahlt oder erstattet wird. Dieses bedeutet gleichzeitig, dass Nachzahlungen bzw. Erstattungen in den Jahren 2008 und später für Veranlagungszeiträume vor 2008, in denen die Gewerbesteuer auch steuerlich eine abzugsfähige Betriebsausgabe war, sich nach wie vor gewinnmindernd als Aufwand bzw. gewinnerhöhend als Ertrag auswirken können; d. h. buchhalterisch ist in den ersten Jahren der Umsetzung des Unternehmensteuerreformgesetzes 2008 besondere Sorgfalt geboten gewesen.

Die Nichtabzugsfähigkeit der Gewerbesteuer – samt damit zusammenhängender steuerlicher Nebenleistungen – gem. § 4 Abs. 5b EStG für Veranlagungszeiträume ab 2008 warf zunächst die Frage der buchhalterischen Behandlung auf. Die Lösung, die Gewerbesteuer als Entnahme zu buchen, wurde allgemein abgelehnt, da steuersystematisch nicht passend und zudem problematisch hinsichtlich diverser Folgewirkungen (z. B. betreffend die Thesaurierungsbegünstigung gem. § 34a EStG). Nach herrschender Meinung sollte es nicht zu beanstanden sein, wenn die Gewerbesteuer für Veranlagungszeiträume ab 2008 rein buchhalterisch auch für steuerliche Zwecke als Aufwand gebucht wird (ggf. mit Ausweis einer Rückstellung bzw. Forderung, insofern auch hier Hinweis auf das Beispiel in Tz 60 zur Ermittlung der Gewerbesteuerrückstellung – für Veranlagungszeiträume ab 2008 aber nicht mehr mit $^{5}/_{6}$-Methode bzw. Divisormethode), der aber außerbilanziell wieder hinzuzurechnen ist. Diese Behandlung über eine steuerlich außerbilanzielle Hinzurechnung ist inzwischen durch die Einkommensteuer-Änderungsrichtlinien 2012 (BStBl 2013 I S. 276 ff.) in R 5.7 Abs. 1 Satz 2 EStR aufgenommen worden –. „Ungeachtet des Abzugsverbotes des § 4 Abs. 5b EStG ist in der Steuerbilanz eine Gewerbesteuerrückstellung zu bilden; dadurch verursachte Gewinnauswirkungen sind außerbilanziell zu neutralisieren."Die Kritik an der Gewerbesteuer als zusätzlichem Belastungsfaktor (insbes. für Einzelunternehmen und Personengesellschaften als überwiegend kleine bzw. mittelständische Gewerbebetriebe) führte in der Vergangenheit zu verschiedenen Entlastungsmaßnahmen, z. B.: Einführung bzw. Erhöhung des Freibetrages und der Staffelbeträge (§ 11 Abs. 1 und 2 GewSt), Abschaffung der Gewerbekapitalsteuer ab 1998 (Gesetz zur Fortsetzung der Unternehmenssteuerreform vom 29. 10. 1997), Tarifbegrenzung bei gewerblichen Einkünften gem. § 32c EStG. Letzteres, eine steuerliche Belastungsmilderung für gewerbesteuerbelastete Gewerbetreibende, die (systemwidrig) über das Einkommensteuerrecht geregelt war, wurde durch das StSenkG vom 23. 10. 2000 (BGBl I S. 1433) abgeschafft. Als Ersatz, aber auch zum Ausgleich der Entlastungswirkung durch die Steuersatzsenkung für Kapitalgesellschaften bei der Körperschaftsteuer und den Systemwechsel auf das damalige Halbeinkünfteverfahren (vgl. Unternehmenssteuerreform), wurde durch das StSenkG ab Veranlagungszeitraum 2001 für natürliche Personen und Personengesellschaften gem. § 35 EStG eine (ebenfalls systemwidrige) Ermäßigung der Einkommensteuer durch Anrechnung des 1,8-fachen des festgesetzten Gewerbesteuermessbetrages eingeführt. Der Betriebsausgabenabzug der Gewerbesteuer blieb dabei – bis einschließlich Veranlagungszeitraum 2007 – grundsätzlich erhalten. Weitere Entlastungen ergeben sich durch das Unternehmensteuerreformgesetz 2008 ab Veranlagungszeitraum 2008, insbesondere durch die Senkung der Steuermesszahl (in der Spitze bis dahin 5 %) auf für alle Gewebebetriebe einheitlich 3,5 % gem. § 11 Abs. 2 GewStG, sowie die Erhöhung der Ermäßigung bei der Einkommensteuer um das 3,8-fache (bis dahin das 1,8-fache) des Gewerbesteuermessbetrages bei Einzelunternehmern, Mitunternehmern und persönlich haftenden Gesellschaftern einer KGaA gem. § 35 EStG, was bei diesen ggf. zur vollen Entlastung von Gewerbesteuer führt. Zur Gegenfinanzierung dieser Entlastungen durch das Unternehmensteuerreformgesetz 2008 wurde der steuerliche Betriebsausgabenabzug gestrichen (vgl. § 4 Abs. 5b EStG), der Staffeltarif gem. § 11 Abs. 2 GewStG (Staffelung 1 – 5 %) bei natürlichen Personen und Personengesellschaften abgeschafft, zudem wurden die Hinzurechnungstatbestände des § 8 Nr. 1 GewStG ausgeweitet, weitgehend modifiziert und neu strukturiert (vgl. Tz 19 ff.); in diesem Zusammenhang ist als weitere Entlastungsmaßnahme betr. den neuen § 8 Nr. 1 Buchst. e GewStG durch das Wachstumsbeschleunigungsgesetz vom 22. 12. 2009 (BGBl I, S. 3950) ab Erhebungszeitraum 2010 der Hinzurechnungssatz der Miet- und Pachtzinsen für die Benutzung von unbeweglichen Wirtschaftsgütern des Anlagevermögens von bis dahin $^{13}/_{20}$ (= 65 %) auf 50 % gesenkt worden.

Durch die Festlegung einer einheitlichen Steuermesszahl von 3,5 % für alle Gewerbebetriebe und den Wegfall des Staffeltarifs nähert sich die Belastungswirkung der Gewerbesteuer bei natürlichen Personen bzw. Personengesellschaft und Kapitalgesellschaften deutlich an, dennoch bleiben Belastungsunterschiede, insbesondere durch die Ermäßigungsregelung des § 35 EStG.

Diese (systemwidrige) Regelung im Einkommensteuergesetz zur Ermäßigung der Belastung mit Gewerbesteuer kommt nämlich für Kapitalgesellschaften und andere Körperschaften nicht in Frage, sondern nur für Einzelunternehmer, Mitunternehmer einer Personengesellschaft und persönlich haftende Gesellschafter einer KGaA. Bei diesen mindert sich die tarifliche Einkommensteuer, soweit sie anteilig auf im zu versteuernden Einkommen enthaltene gewerbliche Einkünfte entfällt, um das 3,8-fache des jeweils für den dem Veranlagungszeitraum entsprechenden Erhebungszeitraum festgesetzten Gewerbesteuermessbetrags. Bei Einkünften aus Gewerbebetrieb als Mitunternehmer oder als persönlich haftender Gesellschafter einer KGaA gilt Entsprechendes, allerdings bezogen auf den jeweiligen Anteil am Gewerbesteuermessbetrag, wobei als Anteilsmaßstab der Anteil am Gewinn des einzelnen Mitunternehmers nach Maßgabe des allgemeinen Gewinnverteilungsschlüssels gilt. Hierzu bedarf es einheitlicher und gesonderter Feststellungen. Die Ermäßigung kommt gem. § 35 Abs. 1 EStG in allen Fällen aber nur insoweit in Betracht, als sie anteilig auf im zu versteuernden Einkommen enthaltene gewerbliche Einkünfte entfällt. Damit soll vermieden werden, dass eine Ermäßigung auf Einkommensteuer gewährt wird, die gar nicht mit gewerbesteuerbelasteten Einkünften zusammenhängt. In derartigen Fällen ist eine Art „Höchstbetragsermittlung" vorzunehmen. § 35 Abs. 1 EStG regelt die Berechnung des Ermäßigungshöchstbetrages, die Bestimmung der gewerblichen Einkünfte sowie der tariflichen Steuer und begrenzt den Abzug des Steuerermäßigungsbetrages auf die tatsächlich zu zahlende Gewerbesteuer. Da es sich bei § 35 EStG um eine einkommensteuerrechtliche Regelung handelt, wird bezüglich der Anwendung auf die Ausführungen im Teil Einkommensteuer verwiesen. In diesem einführenden Teil zum Wesen und zu den Grundlagen der Gewerbesteuer muss allerdings erwähnt werden, dass die Regelung durch § 35 EStG in ihrer steuerrechtlichen Systematik und ihrer Wirkung durch einzelne Regelungen sehr stark zu kritisieren ist.

Als wesentliche Kritikpunkte sind zu nennen:

- Es bleibt nach wie vor bei einer unterschiedlichen Besteuerung gewerblicher Gewinne bei natürlichen Personen bzw. Personengesellschaften einerseits und Kapitalgesellschaften andererseits.
- Die Ermäßigungswirkung wird in mehrfacher Hinsicht von eher „zufälligen" Faktoren bestimmt. Fällt z. B. gar keine Einkommensteuer an, kann § 35 EStG trotz eventueller Gewerbesteuerbelastung (z. B. keine positiven gewerblichen Einkünfte oder sehr gering – aber Gewerbesteuer wegen hoher Hinzurechnungen) sogar völlig ins Leere laufen. Eine Anrechnung von nicht nutzbarem Anrechnungsvolumen per Vortrag oder Rücktrag ist bisher nicht vorgesehen (vgl. im Einzelnen BMF-Schreiben v. 24. 2. 2009 - IV C 6, S. 2296 a/08/10002, BStBl 2009 I S. 440, NWB DokID: QAAAD-13547 „Steuerermäßigung bei Einkünften aus Gewerbebetrieb gemäß § 35 EStG", mit den Änderungen durch BMF-Schreiben vom 22. 12. 2009 (BStBl 2010 I S. 43) und vom 25. 11. 2010 (BStBl I S. 1312).

- Äußerst problematisch ist zudem der Aufteilungsmaßstab „allgemeiner Gewinnverteilungsschlüssel" bei der Zurechnung des anteiligen Messbetrages bei Mitunternehmern einer Personengesellschaft, wodurch Sonderbereiche/-ergebnisse unberücksichtigt bleiben können, obwohl sie in die Besteuerungsgrundlage für die Gewerbesteuer einzubeziehen sind. Dadurch kann es zu systemwidrigen Verschiebungen der Ermäßigungswirkung bei den Mitunternehmern kommen (zu Einzelheiten vgl. auch hier das o. g. BMF Schreiben v. 24. 2. 2009, Tz 19 ff.).

Es bleibt spannend, ob die grundlegende Kritik an diesen Neuerungen und an der Gewerbesteuer an sich in Zukunft vor Gerichten zum Tragen kommen wird. Als grundlegendes Problem steht immerhin die Frage der Gemeindefinanzierung im Raum. Die Verfassungsmäßigkeit der Gewerbesteuer wurde jedenfalls bisher vom Bundesverfassungsgericht stets bejaht, wenngleich wegen anhängiger Verfahren vor dem Bundesverfassungsgericht und dem Bundesfinanzhof Festsetzungen des Gewerbesteuermessbetrages zeitweise als vorläufig erklärt wurden (zuletzt gem. Erlass v. 25. 4. 2013, BStBl 2013 I S. 460 zur vorläufigen Festsetzung des Gewerbesteuermessbetrages; oder vorher gem. Erlass v. 10. 3. 2008, BStBl 2008 I S. 466, allerdings wurde die Vorläufigkeitsregelung im Oktober 2008 – vgl. gleichlautender Ländererlass v. 10. 10. 2008, BStBl 2008 I S. 934 – aufgehoben, da das Bundesverfassungsgericht in seinen in 2008 ergangenen Urteilen – wie auch in Vorjahren – die Verfassungsmäßigkeit der Gewerbesteuer bestätigt hat, dabei im Übrigen auch, dass die Einkünfte der freien Berufe, der anderen Selbständigen und der Land- und Forstwirte nicht der Gewerbesteuer zu unterwerfen sind).

B. Der Gewerbebetrieb als Steuerobjekt

2 Steuergegenstand ist der Gewerbebetrieb, der im Inland betrieben wird. Deshalb muss der Gewerbebetrieb zunächst definiert und abgegrenzt werden. Anschließend sind die Arten und Formen des Gewerbebetriebs zu erörtern.

I. Die Voraussetzungen des Gewerbebetriebs

§ 2 Abs. 1 GewStG; § 15 Abs. 2 EStG

3 Als Gewerbebetrieb ist gem. § 2 Abs. 1 Satz 2 GewStG ein gewerbliches Unternehmen im Sinne des Einkommensteuergesetzes zu verstehen. Der Begriff Gewerbebetrieb ist in § 15 Abs. 2 EStG folgendermaßen definiert: „Eine selbständige, nachhaltige Betätigung, die mit der Absicht, Gewinn zu erzielen, unternommen wird und sich als Beteiligung am allgemeinen wirtschaftlichen Verkehr darstellt, ist Gewerbebetrieb, wenn die Betätigung weder als Ausübung von Land- und Forstwirtschaft noch als Ausübung eines freien Berufs noch als eine andere selbständige Arbeit anzusehen ist." Die Absicht, Gewinn zu erzielen (das Streben nach Gewinn), braucht nicht der Hauptzweck der Betätigung zu sein. Ein Gewerbebetrieb liegt, wenn seine Voraussetzungen im Übrigen gegeben sind, auch dann vor, wenn das Streben nach Gewinn nur ein Nebenzweck ist. Eine durch die Betätigung verursachte Minderung der Steuern vom Einkommen ist allerdings kein Gewinn im oben genannten Sinne.

Der Begriff des Gewerbebetriebes ist somit zunächst an vier positive Voraussetzungen geknüpft, die sämtlich erfüllt sein müssen (vgl. R 2.1 Abs. 1 GewStR und H 2.1 Abs. 1 „Begriffsmerkmale" GewStH):

1. Selbständigkeit,
2. Nachhaltigkeit der Betätigung,
3. Gewinnerzielungsabsicht,
4. Beteiligung am allgemeinen wirtschaftlichen Verkehr.

Dazu kommen noch drei negative Voraussetzungen:

1. Keine Land- und Forstwirtschaft.
2. Keine selbständige Arbeit.
3. Keine Vermögensverwaltung.

Demnach (vgl. auch R 15.1 EStR und H 15.1 „Allgemeines" und „Selbständigkeit" EStH) liegt *Selbständigkeit* einer Tätigkeit vor, wenn sie auf *eigene Rechnung* (Unternehmerrisiko) und *eigene Verantwortung* (Unternehmerinitiative) ausgeübt wird. Ein Angestellter ist nicht selbständig tätig, weil er z. B. kein Risiko trägt. Im Falle eines *Organschaftsverhältnisses* sind die einzelnen Unternehmungen ebenfalls nicht selbständig. Vielmehr bilden sie ein *einheitliches Unternehmen* (§ 2 Abs. 2 GewStG, R 2.3 Abs. 1 GewStR).

Nachhaltigkeit der Betätigung ist gegeben, wenn die Absicht der Wiederholung besteht (H 15.2 „Wiederholungsabsicht" EStH). Da die Absicht hiernach genügt, kann Nachhaltigkeit schon bei einer einzigen Handlung gegeben sein.

Die *Absicht der Gewinnerzielung* (vgl. H 15.3 EStH) ist ein wesentliches Merkmal des Gewerbebetriebes, obwohl andererseits das Streben nach Gewinn auch Nebenzweck sein kann. Durch die Gewinnerzielungsabsicht unterscheidet sich der Gewerbebetrieb wesentlich vom Unternehmensbegriff im Umsatzsteuerrecht (vgl. § 2 Abs. 1 Satz 3 UStG).

Die reine Absicht, aus einer Betätigung die Steuern vom Einkommen zu mindern, gilt, wie oben bereits erwähnt, nicht als Gewinnerzielungsabsicht (§ 15 Abs. 2 Satz 2 EStG).

Da die tatsächliche Gewinnerzielungsabsicht oftmals erst nach mehreren Jahren feststellbar ist, werden Grundlagenbescheide insofern zunächst vorläufig erlassen (§ 165 AO).

Eine *Beteiligung am allgemeinen wirtschaftlichen Verkehr* (vgl. H 15.4 EStH „Allgemeines") liegt vor, wenn ein Unternehmen in der Öffentlichkeit in Erscheinung tritt und der Allgemeinheit Leistungen gegen Entgelt anbietet und damit nachhaltig am Leistungs- oder Güteraustausch teilnimmt.

BEISPIEL: Ein Gutsbesitzer hat auf seinem Gelände einen Tierpark eingerichtet. Die Aufzucht und die Pflege der Tiere sind ein Hobby des Gutsbesitzers. Für die allgemeine Besichtigung ist der Tierpark nicht freigegeben. Ab und zu können aber Schulklassen oder andere interessierte Gruppen gegen ein geringes Entgelt den Tierpark besichtigen.

Da die Besichtigung des Tierparks der Allgemeinheit grundsätzlich nicht zugänglich ist, ist eine Teilnahme am allgemeinen wirtschaftlichen Verkehr und damit ein Gewerbebetrieb nicht gegeben.

Die bisher besprochenen positiven Merkmale eines Gewerbebetriebes hat auch ein land- und forstwirtschaftlicher Betrieb aufzuweisen. Deshalb muss ein Gewerbebetrieb gegenüber der Land- und Forstwirtschaft abgegrenzt werden. Gemäß R 15.5 Abs. 1 Satz 1 EStR ist Land- und Forstwirtschaft die planmäßige Nutzung der natürlichen Kräfte des Bodens und die Verwertung der dadurch gewonnenen Erzeugnisse. Wenn ein Betrieb nicht nur selbstgewonnene Erzeugnisse absetzt, sondern auch zugekaufte fremde Erzeugnisse verkauft, so kommt es auf den Umfang des *dauernden und nachhaltigen* Einkaufs fremder Erzeugnisse bzw. des Umsatzes mit diesen Erzeugnissen sowie ggf. mit Nebenleistungen an (vgl. R 15.5 Abs. 2 ff. EStR mit den dort dargestellten Abgrenzungsregelungen in Abs. 11, die maßgeblich sind für die Zuordnung als Einkünfte aus Land- und Forstwirtschaft bzw. aus Gewerbebetrieb).

Aus dem gleichen Grunde wie die Land- und Forstwirtschaft ist auch die selbständige Arbeit vom Gewerbebetrieb abzugrenzen. Die Vielzahl höchstrichterlicher Entscheidungen (vgl. den Umfang von H 15.6 EStH; vgl. auch Kratzsch „Abgrenzung der selbständigen Tätigkeit vom Gewerbebetrieb" in NWB Fach 3 Seite 13193 ff., ZAAAB-42827) zeigt, wie schwierig, aber auch wie bedeutsam die Abgrenzung der selbständigen Arbeit von der gewerblichen Tätigkeit ist. Selbständige Arbeit liegt vor, wenn jemand eine der im § 18 Abs. 1 Nr. 1 EStG aufgezählten Tätigkeiten oder einen ähnlichen Beruf ausübt. Nach § 18 Abs. 1 Satz 3 EStG (vgl. auch H 15.6 „Mithilfe anderer Personen" EStH) muss hinzukommen, dass der Berufsträger aufgrund eigener Fachkenntnisse *leitend und eigenverantwortlich* tätig wird.

Schließlich ist es problematisch, einen Gewerbebetrieb von der Vermögensverwaltung abzugrenzen, weil auch hier die Kriterien Selbständigkeit, Nachhaltigkeit, Gewinnerzielungsabsicht und Beteiligung am allgemeinen wirtschaftlichen Verkehr gegeben sein können. Gemäß R 15.7 Abs. 1 Satz 1 EStR ist die bloße Verwaltung eigenen Vermögens regelmäßig keine gewerbliche Tätigkeit. Auch wenn vermieteter Grundbesitz sehr umfangreich und deshalb erhebliche Verwaltungsarbeit erforderlich ist, liegt nach H 15.7 (2) „Umfangreicher Grundbesitz" EStH eine bloße Vermögensverwaltung vor. Ein Gewerbebetrieb ist allerdings anzunehmen, wenn die Betätigung über den Rahmen einer normalen Vermögensverwaltung hinausgeht. Das ist gem. H 15.7 (2) „Gewerblicher Charakter der Vermietungstätigkeit" EStH der Fall, wenn die Verwaltung des Grundbesitzes infolge des ständigen und schnellen Wechsels der Mieter eine Tätigkeit erfordert, die über das bei langfristigen Vermietungen übliche Maß hinausgeht, oder dass der Grundstücksbesitzer den Mietern gegenüber besondere Verpflichtungen übernimmt, die über die bloße Vermietungstätigkeit hinausgehen. Das entscheidende Merkmal liegt also darin, dass zu der bloßen Nutzungsüberlassung eine fortgesetzte Tätigkeit tritt, wie sie der Begriff des Gewerbes erfordert.

BEISPIELE:

1. A baut auf bereits parzellierten Grundstücken eine Reihe von Mietwohnhäusern und vermietet nach Fertigstellung die Wohnungen.

   Obwohl mit dem Bau der Häuser und der anschließenden Vermietung eine große Verwaltungsarbeit verbunden ist, handelt es sich nicht um eine gewerbliche Betätigung. Es liegt Vermögensverwaltung vor.

2. A kauft ein größeres Areal, parzelliert dieses und baut hierauf eine Reihe von Wohnhäusern. Nach Fertigstellung werden die Häuser teilweise verkauft und teilweise vermietet an

Interessenten, die A durch Inserate findet. Wegen häufigen Mieterwechsels sind laufend umfangreiche Verwaltungsarbeiten erforderlich.

Die Betätigung des A geht über die reine Vermögensverwaltung hinaus, da neben die bloße Nutzungsüberlassung eine fortgesetzte Tätigkeit tritt, wie sie der Begriff des Gewerbes erfordert.

Es handelt sich um einen Gewerbebetrieb.

Problematisch ist weiterhin die Abgrenzung des gewerblichen Grundstückshandels von der Vermögensverwaltung (vgl. H 15.7 (1) „Gewerblicher Grundstückshandel" EStH). Im Einzelfall sind hierbei insbesondere die folgenden Kriterien von Bedeutung: Anzahl der veräußerten Objekte (sog. 3-Objekt-Grenze, d. h. innerhalb von 5 Jahren Verkauf von nicht mehr als 3 Objekten), zeitlicher und sachlicher Zusammenhang zwischen Grundstückserwerb bzw. -bebauung und Veräußerung, Umfang der Veräußerungsgeschäfte, sonstige Tätigkeit des Steuerpflichtigen (vgl. u. a. das BMF-Schreiben betreffend Abgrenzung zwischen privater Vermögensverwaltung und gewerblichem Grundstückshandel v. 26. 3. 2004, BStBl. I S. 434).

Im Falle einer *Betriebsaufspaltung* wird ein an sich einheitlicher Betrieb in ein *Besitzunternehmen* und ein *Betriebsunternehmen* aufgespalten. Obwohl es sich hierbei um eine reine Vermietung oder Verpachtung wesentlicher Betriebsgrundlagen (i. d. R. Grundbesitz oder andere Anlagegüter) handelt, ist auch das Besitzunternehmen ein Gewerbebetrieb, wenn in Besitz- und Betriebsunternehmen eine Beherrschung durch dieselbe Person oder Personengruppe gegeben ist. Die gewerbliche Betätigung des Besitzunternehmens wird durch die gewerbliche Tätigkeit des (beherrschten) Betriebsunternehmens unterstellt (vgl. im Einzelnen H 15.7 (4) „Allgemeines" und (5) ff. EStH).

Die Verpachtung eines Gewerbebetriebes im Ganzen oder eines Teilbetriebes ist grundsätzlich nicht als Gewerbebetrieb anzusehen und unterliegt daher i. d. R. nicht der Gewerbesteuer (R 2.2 GewStR).

II. Die Arten des Gewerbebetriebs

§§ 2 Abs. 1, 35a GewStG; § 15 Abs. 2 EStG

Es gibt zwei Arten von Gewerbebetrieben, den stehenden Gewerbebetrieb gem. § 2 4
Abs. 1 GewStG i.V. mit § 15 Abs. 2 EStG und den Reisegewerbebetrieb gem. § 35a GewStG. Die Unterscheidung ist erforderlich, weil beide Arten des Gewerbebetriebs steuerlich verschieden behandelt werden. So finden auf Reisegewerbebetriebe die Vorschriften über die Zerlegung des Steuermessbetrages vorbehaltlich des § 35a Abs. 4 GewStG keine Anwendung.

Gewerbebetrieb

stehender Gewerbebetrieb | Reisegewerbebetrieb

1. Der stehende Gewerbebetrieb

§ 2 GewStG; § 15 Abs. 2 EStG

5 Die Begriffsbestimmung des stehenden Gewerbebetriebs im Sinne des § 2 Abs. 1 Satz 1 GewStG ergibt sich gem. R 2.1 Abs. 1 GewStR aus § 15 Abs. 2 EStG, da eine eigenständige gewerbesteuerliche Begriffsbestimmung fehlt. Es wird deshalb auf die Ausführungen in Tz 3 verwiesen. Auf jeden Fall muss zunächst eine negative Voraussetzung erfüllt sein, dass nämlich kein Reisegewerbebetrieb i. S. des § 35a Abs. 2 GewStG vorliegt (§ 1 GewStDV). Darüber hinaus muss ein stehender Gewerbebetrieb eine *Betriebsstätte* im Inland haben. Nach § 12 AO ist eine Betriebsstätte jede feste Geschäftseinrichtung oder Anlage, die der Tätigkeit eines Unternehmens dient. Zur gebietsmäßigen Abgrenzung des Inlands wird auf die Ausführungen in § 2 Abs. 6 und 7 GewStG und R 2.8 GewStR verwiesen. Soweit bei der Einkommen- bzw. Körperschaftsteuer Gewinne oder Verluste aus Betriebsstätten im Ausland erfasst sind, scheiden sie für die Gewerbesteuer aus (vgl. H 7.1 Abs. 1 "Ausländische Betriebsstättenergebnisse" i. V. m. H 9.4 GewStH). Gem. R 2.2 GewStR gilt die Verpachtung eines Gewerbebetriebes im Ganzen oder eines Teilbetriebes nicht als Gewerbebetrieb und unterliegt nicht der Gewerbesteuer.

2. Der Reisegewerbebetrieb

§ 35a GewStG, § 35 GewStDV

6 Ein Reisegewerbebetrieb ist nach § 35a GewStG ein Gewerbebetrieb, dessen Inhaber nach den Vorschriften der Gewerbeordnung entweder einer Reisegewerbekarte bedarf (§ 55 GewO) oder von der Reisegewerbekarte befreit ist, weil er eine reisegewerbekartenfreie Tätigkeit i. S. des § 55a GewO betreibt. Gemäß § 35 Abs. 1 GewStDV befindet sich der Mittelpunkt der gewerblichen Tätigkeit in der Gemeinde, von der die gewerbliche Tätigkeit vorwiegend ausgeübt wird. Eine Zerlegung des Steuermessbetrages auf die Gemeinden, in denen das Gewerbe ausgeübt wird, unterbleibt (vgl. § 35 Abs. 2 GewStDV; gem. § 35a Abs. 4 GewStG allerdings Ausnahme bei Verlegung des Mittelpunktes der gewerblichen Tätigkeit im Verlauf des Veranlagungszeitraumes in eine andere Gemeinde; dann Zerlegung nach zeitlichen Anteilen).

Wird im Rahmen eines einheitlichen Gewerbebetriebs sowohl ein stehendes Gewerbe als auch ein Reisegewerbe betrieben, so ist der Betrieb gem. § 35a Abs. 2 Satz 2 GewStG in vollem Umfang als stehendes Gewerbe zu behandeln.

III. Die Formen des Gewerbebetriebs

§ 2 GewStG

7 Sowohl der stehende als auch der Reisegewerbebetrieb kann in verschiedener Form betrieben werden. Ein Gewerbebetrieb kann vorliegen kraft *gewerblicher Betätigung*, kraft *Rechtsform* oder kraft *wirtschaftlichen Geschäftsbetriebs*.

Das Verhältnis von Arten und Formen eines Gewerbebetriebs lässt sich folgendermaßen darstellen:

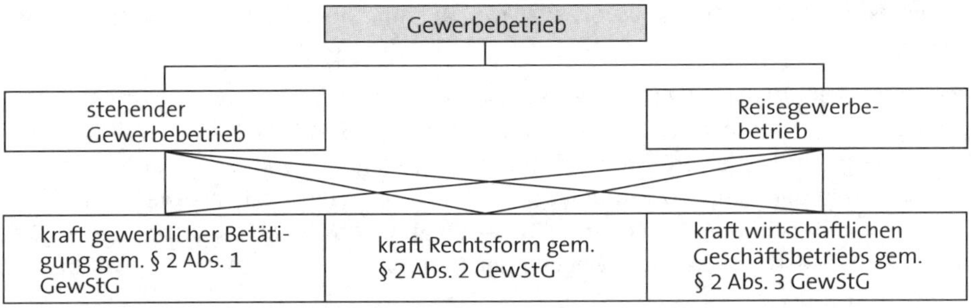

1. Der Gewerbebetrieb kraft gewerblicher Betätigung

§ 2 Abs. 1 GewStG

Ein Gewerbebetrieb kraft gewerblicher Betätigung i. S. von § 2 Abs. 1 GewStG liegt im- 8
mer dann vor, wenn bei einer Betätigung die beschriebenen Voraussetzungen (vgl. Tz 3) Selbständigkeit, Nachhaltigkeit, Gewinnerzielungsabsicht und Beteiligung am allgemeinen wirtschaftlichen Verkehr gegeben sind und es sich gleichzeitig nicht um eine Land- und Forstwirtschaft oder um eine selbständige Arbeit handelt. Man spricht hierbei von *„natürlichen“* Gewerbebetrieben.

Unter die Regelung des § 2 Abs. 1 GewStG fallen typischerweise Einzelunternehmen und Personengesellschaften (z. B. OHG, KG, Gesellschaft bürgerlichen Rechts), soweit sie eine gewerbliche Tätigkeit ausüben. Übt eine Personengesellschaft neben der gewerblichen Tätigkeit auch andere Tätigkeiten aus (z. B. Vermögensverwaltung), so gilt die gesamte Tätigkeit als Gewerbebetrieb (§ 15 Abs. 3 Nr. 1 EStG).

Bei der Tätigkeit von Arbeitsgemeinschaften, deren alleiniger Zweck in der Erfüllung eines einzigen Werkvertrags oder Werklieferungsvertrages besteht, liegt gem. § 2a GewStG kein Gewerbebetrieb vor. Die Betriebsstätten der Arbeitsgemeinschaften gelten insoweit anteilig als Betriebsstätten der Beteiligten. Ist der Zweck der Arbeitsgemeinschaft dagegen auf Dauer angelegt, z. B. zur Erfüllung mehrerer Aufträge (vgl. R 2a. GewStR, z. B. bei gemeinschaftlichem Einkauf oder Verkauf), so liegt doch ein Gewerbebetrieb im Sinne des Gewerbesteuergesetzes vor.

Eine Besonderheit ergibt sich bei Betrieben gewerblicher Art von juristischen Personen des öffentlichen Rechts i. S. des § 4 KStG, denn diese sind gem. § 2 Abs. 1 GewStDV gewerbesteuerpflichtig, wenn bestimmte Voraussetzungen vorliegen. Hintergrund ist, dass diese Betriebe meist zu privatwirtschaftlich organisierten Betrieben in Konkurrenz treten und bei Gewerbesteuerfreiheit ungerechtfertigte Wettbewerbsvorteile hätten. Als bestimmte Voraussetzungen müssen insbesondere vorliegen:

- Es muss sich um einen stehenden Gewerbebetrieb handeln;
- es muss sich um einen Betrieb gewerblicher Art i. S. des § 4 KStG handeln, der einer nachhaltigen wirtschaftlichen Tätigkeit zur Erzielung von Einnahmen außerhalb der Land- und Forstwirtschaft dient und sich innerhalb der juristischen Person heraushebt, wobei eine Zusammenfassung mehrerer gleichartiger Betriebe mit technisch-wirtschaftlicher Verflechtung gem. § 4 Abs. 6 KStG (neu eingefügt durch Jahressteu-

ergesetz 2009, BGBl I 2009 S. 2794, mit Wirkung ab VZ 2009) in Frage kommen kann.

Gewinnerzielungsabsicht und eine Beteiligung am allgemeinen wirtschaftlichen Verkehr sind dagegen nicht zwingende Voraussetzungen (§ 4 Abs. 1 KStG). Als Beispiele, die insofern für die Gewerbesteuerpflicht in Frage kommen, werden genannt: Betriebe, die der Versorgung der Bevölkerung mit Wasser, Gas, Elektrizität, Wärme, dem öffentlichen Verkehr oder dem Hafenbetrieb dienen (vgl. § 4 Abs. 3 KStG, § 2 Abs. 1 GewStDV). Reine Hoheitsbetriebe, die überwiegend der Ausübung der öffentlichen Gewalt dienen, werden ausdrücklich ausgenommen.

2. Der Gewerbebetrieb kraft Rechtsform

§ 2 Abs. 2 GewStG; R 2.1 Abs. 4 GewStR

9 Neben den natürlichen Gewerbebetrieben gibt es auch Betriebe, die *kraft ihrer Rechtsform* Gewerbebetriebe sind. Bei diesen Unternehmen ist es also gleichgültig, was sie betreiben und ob sie die in Tz 3 behandelten Voraussetzungen eines natürlichen Gewerbebetriebs erfüllen. Nach § 2 Abs. 2 GewStG (vgl. auch R 2.1 Abs. 4 GewStR) sind das die Kapitalgesellschaften (d. h. insbes. Europäische Gesellschaft, AG, KGaA, GmbH), Genossenschaften einschließlich Europäischer Genossenschaften sowie die Versicherungs- und Pensionsfondsvereine auf Gegenseitigkeit.

BEISPIEL: Eine Steuerberatungsgesellschaft wird in Form einer GmbH betrieben.

Obwohl die Tätigkeit unter § 18 EStG fallen würde, handelt es sich um einen Gewerbebetrieb kraft Rechtsform, der der Gewerbesteuer unterliegt.

Die mit Einkünfteerzielungsabsicht unternommene Tätigkeit einer GmbH & Co. KG stellt stets einen Gewerbebetrieb dar, wenn die geschäftsführende GmbH der alleinige Komplementär ist (vgl. § 15 Abs. 3 Nr. 2 EStG; sog. gewerbliche Prägung bzw. Geprägetheorie).

Im Falle eines *Organschaftsverhältnisses* nach §§ 14, 17 oder 18 KStG *gilt* das Organ gem. § 2 Abs. 2 Satz 2 GewStG als Betriebsstätte des Organträgers. Durch die Neufassung des § 2 Abs. 2 GewStG gem. UntStFG v. 20. 12. 2001 (BGBl Teil I S. 3858 ff.) sind die gewerbesteuerliche und körperschaftsteuerliche Organschaft ab 2002 weitgehend angeglichen. Ist eine Kapitalgesellschaft Organgesellschaft, so müssen nämlich gem. § 2 Abs. 2 Satz 2 GewStG die Voraussetzungen der §§ 14, 17 oder 18 KStG erfüllt sein (insbes. finanzielle Eingliederung der Organgesellschaft, Ergebnisabführungsvertrag, Sitz und Geschäftsleitung der Organgesellschaft im Inland – vgl. auch BMF Schreiben v. 26. 8. 2003, BStBl I S. 437 Teil B und C; eine wirtschaftliche und organisatorische Eingliederung ist nicht mehr erforderlich). Die Gewerbeerträge (vgl. R 7.1 Abs. 5 GewStR) der im Organkreis verbundenen Unternehmen werden nach zunächst getrennter Ermittlung zur Berechnung des *einheitlichen Gewerbeertrages und Messbetrages* zusammengefasst, wobei Doppelerfassungen wegen der Gefahr einer Doppelbelastung zu vermeiden sind. Ein eventueller Verlust der Organgesellschaft wird wie der Verlust einer Betriebsstätte behandelt (zu Einschränkungen bei vororganschaftlichen Verlusten vgl. Tz 42). Zur Vermeidung der doppelten Berücksichtigung eines Gewerbeverlustes der Organgesellschaft darf gem. R 7.1 Abs. 5 Satz 6 ff. GewStR eine daraus resultierende Teilwertabschreibung der Organbeteiligung sich nicht ein zweites Mal auf den Gewerbeertrag auswirken .

Der einheitliche Gewerbeertrag und Gewerbesteuermessbetrag der Organschaft wird letztendlich für den Organträger per Gewerbesteuermessbescheid festgesetzt, auf dessen Grundlage die hebeberechtigte Gemeinde durch Gewerbesteuerbescheid für den Organträger die Gewebesteuer festsetzt.

3. Der Gewerbebetrieb kraft wirtschaftlichen Geschäftsbetriebs

§ 2 Abs. 3 GewStG; R 2.1 Abs. 5 GewStR

Die in Tz 9 behandelten Unternehmen i. S. von § 2 Abs. 2 GewStG sind in jedem Falle 10
Gewerbebetriebe kraft ihrer Rechtsform. Darüber hinaus gibt es Unternehmen, deren Rechtsform einen Gewerbebetrieb möglich macht, die dies aber nur sind, wenn und soweit sie einen *wirtschaftlichen Geschäftsbetrieb* unterhalten (§ 2 Abs. 3 GewStG; zu Vergünstigungen in diesem Zusammenhang vgl. z. B. § 64 Abs. 3 AO). In Betracht hierfür kommen sonstige juristische Personen des privaten Rechts (rechtsfähige Vereine, privatrechtliche Stiftungen, Anstalten mit eigener Rechtspersönlichkeit) und nichtrechtsfähige Vereine, soweit sie einen wirtschaftlichen Geschäftsbetrieb unterhalten (ausgenommen Land- und Forstwirtschaft). Juristische Personen privaten Rechts sind z. B. Ärzteverbände, Anwaltsvereine u. Ä. Nichtrechtsfähige Vereine sind in der Regel Interessengemeinschaften.

Wenn solche Rechtsträger einen wirtschaftlichen Geschäftsbetrieb haben, *„gelten"* sie gem. § 2 Abs. 3 GewStG – beschränkt auf den wirtschaftlichen Geschäftsbetrieb (vgl. R 2.1 Abs. 5 GewStG) – als Gewerbebetrieb. Der Begriff des wirtschaftlichen Geschäftsbetriebs geht über die Voraussetzungen des natürlichen Gewerbebetriebs hinaus. Beispielsweise ist die Gewinnerzielungsabsicht oder eine Beteiligung am allgemeinen wirtschaftlichen Verkehr nicht erforderlich.

BEISPIEL: Ein Sportverein verkauft an seine Mitglieder Speisen und Getränke sowie Fanartikel zu Selbstkostenpreisen.

Diese Tätigkeit des Vereins (die außerhalb des ideellen Bereiches liegt) gilt als wirtschaftlicher Geschäftsbetrieb, d. h. als Gewerbebetrieb gem. § 2 Abs. 3 GewStG. Eine Gewinnerzielungsabsicht und die Teilnahme am allgemeinen wirtschaftlichen Verkehr sind nicht erforderlich.

IV. Mehrheit von Betrieben

R 2.4 GewStR

Im Folgenden wird noch auf Besonderheiten eingegangen hinsichtlich der Frage, ob bei 11
einem Gewerbetreibenden mit mehreren Betrieben ein oder mehrere Gewerbebetriebe vorliegen. Die Entscheidung ist neben der Frage, ob eine Zerlegung (vgl. Tz 56, 57) zu erfolgen hat, insofern von besonderer materieller Bedeutung, als bei Annahme nur eines Gewerbebetriebes der gewerbesteuerliche Freibetrag nur einmal und bei Annahme mehrerer Gewerbebetriebe dieser mehrfach, d. h. jeweils für den einzelnen Gewerbebetrieb einmal, gewährt werden kann. Andererseits entfiele die Möglichkeit der Verlustverrechnung.

Gem. R 2.4 Abs. 1 GewStR ist jeder Betrieb für sich zu besteuern, wenn ein Gewerbetreibender mehrere Betriebe verschiedener Art (z. B. Maschinenfabrik und Spinnerei) betreibt. Etwas anderes kann sich ergeben, wenn die verschiedenartigen Betriebe in derselben Gemeinde liegen und nach der Verkehrsauffassung und nach den Betriebsverhältnissen als Teil eines Gewerbebetriebes anzusehen sind (z. B. Gastwirtschaft und Bäckerei, Fleischerei und Speisewirtschaft). Von einem Gewerbebetrieb ist gem. R 2.4 Abs. 2 GewStR in der Regel auch dann auszugehen, wenn ein Gewerbetreibender mehrere Betriebe der gleichen Art betreibt und diese eine wirtschaftliche Einheit darstellen. Gleichartig sind Betriebe, wenn sie sachlich, insbesondere wirtschaftlich, finanziell oder organisatorisch innerlich zusammenhängen. Ein Gewerbebetrieb kann demnach auch vorliegen, wenn sich gleichartige Betriebe in der Hand von Eheleuten befinden.

BEISPIEL: Metzgermeister M betreibt in einer Gemeinde eine Metzgerei mit eigener Schlachtung. Die im Nebengebäude von ihm geführte Speisegaststätte und eine von seiner Ehefrau betriebene Metzgerei in einer Nachbargemeinde werden fast ausschließlich aus der eigenen Schlachtung beliefert.

Alle drei Betriebe sind nach den Grundsätzen der R 2.4 GewStR als ein einheitlicher Gewerbebetrieb zu besteuern.

Die genannten Grundsätze gelten nur für Gewerbebetriebe von Einzelpersonen. Die gewerbliche Tätigkeit von Mitunternehmerschaften (Personengesellschaften) und Kapitalgesellschaften gilt immer als jeweils einheitlicher Gewerbebetrieb, auch wenn hier die verschiedensten Geschäftszweige zusammengefasst sind (z. B. also Maschinenfabrik und Spinnerei in verschiedenen Gemeinden; vgl. R 2.4 Abs. 3 GewStR).

C. Die Steuerpflicht

I. Die sachliche Steuerpflicht

12 Im vorigen Abschn. B (Tz 2 bis 11) sind die Voraussetzungen für die sachliche Steuerpflicht, nämlich die Existenz eines Gewerbebetriebs behandelt worden. Deshalb müssen nun der Beginn und das Erlöschen dieser sachlichen Steuerpflicht sowie die hiermit in Zusammenhang stehenden Probleme eines Unternehmerwechsels erörtert werden.

1. Beginn der Steuerpflicht

R 2.5 GewStR

Bei *Einzelgewerbetreibenden* und *Personengesellschaften* beginnt die Gewerbesteuerpflicht gem. R 2.5 Abs. 1 Satz 1 GewStR *zu dem Zeitpunkt*, in dem erstmals *alle Voraussetzungen für die Annahme eines Gewerbebetriebs vorliegen*. Bloße Vorbereitungshandlungen genügen allerdings für den Beginn der Steuerpflicht nicht (R 2.5 Abs. 1 Satz 2 GewStR); auch ist eine eventuelle Handelsregistereintragung unerheblich.

BEISPIEL: Herr A hat vor, eine Unternehmung, in der Spezialgeräte produziert werden sollen, zu gründen. Zu diesem Zweck kauft er ein Grundstück, um hierauf Produktions- und Verwaltungsgebäude zu errichten.

A ist mit dieser Tätigkeit (noch) nicht gewerbesteuerpflichtig.

Dagegen beginnt bei *Kapitalgesellschaften* und bei den anderen Unternehmen im Sinne des § 2 Abs. 2 GewStG die Steuerpflicht grundsätzlich mit der *Eintragung in das zuständige Register bzw. mit der Erlaubnis der Aufsichtsbehörde.* Betätigen sich diese Unternehmungen allerdings vorher, so beginnt mit der *Aufnahme jeglicher* nach außen gerichteter Geschäftstätigkeit nach R 2.5 Abs. 2 Satz 3 GewStR schon die Gewerbesteuerpflicht.

2. Erlöschen der Steuerpflicht

R 2.6 GewStR

13 Die Gewerbesteuerpflicht erlischt gem. R 2.6 Abs. 1 Satz 1 GewStR bei *Einzelgewerbetreibenden* und bei *Personengesellschaften mit der tatsächlichen Einstellung des Betriebs.* Dies ist nach R 2.6 Abs. 1 Satz 5 GewStR bei völliger *Aufgabe jeder werbenden Tätigkeit* der Fall. Vorübergehende Unterbrechungen, z. B. bei Saisonbetrieben, heben die Steuerpflicht gem. § 2 Abs. 4 GewStG nicht auf.

Bei *Kapitalgesellschaften* und den anderen Unternehmen i. S. des § 2 Abs. 2 GewStG erlischt die Steuerpflicht erst *mit Einstellung jeglicher Tätigkeit,* d. h. erst nach Verteilung des Vermögens an die Gesellschafter (R 2.6 Abs. 4 GewStR).

3. Steuerpflicht bei Unternehmerwechsel

§ 2 Abs. 5 GewStG; R 2.7 GewStR

14 Geht ein Unternehmen im Ganzen auf einen anderen Steuerpflichtigen über, *gilt* gem. § 2 Abs. 5 GewStG der Gewerbebetrieb als durch den bisherigen Unternehmer eingestellt und durch den anderen Unternehmer als neu gegründet.

Obwohl der Gewerbebetrieb, der Steuergegenstand also, weiter existiert, gelten in dem Besteuerungszeitraum, in den der Unternehmerwechsel fällt, *zwei selbständige Gewerbebetriebe* als vorhanden.

Bei einem Gesellschafterwechsel in einer Personengesellschaft bleibt es, soweit mindestens ein bisheriger Gesellschafter in der Gesellschaft verbleibt, bei der sachlichen Steuerpflicht, d. h. § 2 Abs. 5 GewStG ist insoweit nicht anwendbar; Gleiches gilt gem. R 2.7 Abs. 2 GewStR bei Einbringung eines Einzelunternehmens in eine Personengesellschaft. In derartigen Fällen kommt es gem. § 5 Abs. 2 GewStG allerdings zu einem Wechsel der Steuerschuldnerschaft mit zeitanteiliger Zurechnung im Veranlagungszeitraum (vgl. auch R 5.1 GewStR).

II. Die persönliche Steuerpflicht

§ 5 GewStG

15 Die zuvor erörterte sachliche Steuerpflicht betrifft den Gegenstand der Besteuerung nach dem Gewerbesteuergesetz, also den Gewerbebetrieb. Bei der *persönlichen Steuerpflicht* geht es um die Frage, *wer die Gewerbesteuer schuldet und zu entrichten hat.*

Steuerschuldner ist nach § 5 Abs. 1 Satz 1 GewStG der Unternehmer. In den meisten Fällen ist der Unternehmer, also der Inhaber des Gewerbebetriebs, ohne jede Schwierigkeit festzustellen als derjenige, auf dessen Rechnung das Gewerbe betrieben wird. Für den Fall, dass Unklarheiten bestehen, kommt es nicht darauf an, auf wessen Namen ein Unternehmen lautet, sondern wer die *Unternehmerinitiative* entwickelt und wer das *finanzielle Risiko* des Gewerbebetriebs trägt.

Bei einem als Personengesellschaft geführten Gewerbebetrieb ist gem. § 5 Abs. 1 Satz 3 GewStG die Gesellschaft Steuerschuldner.

III. Steuerbefreiungen

§ 3 GewStG

16 In § 3 GewStG werden die von der Gewerbesteuerpflicht befreiten Körperschaften, Einrichtungen und sonstigen Unternehmen abschließend aufgezählt. Es seien hier nur einige Beispiele aufgeführt, ohne auf die im Einzelnen in § 3 GewStG (vgl. auch §§ 12a und 13 GewStDV sowie R 3.0 bis 3.20 GewStR) genannten Voraussetzungen einzugehen: Bundeseisenbahnvermögen, Deutsche Bundesbank, staatliche Lotterieunternehmen, bestimmte Krankenhäuser, Altenheime, Altenwohnheime und Pflegeheime u. a. m.

D. Die Besteuerungsgrundlagen

Wie schon dargestellt wurde (vgl. Tz 1), gibt es bei der Gewerbesteuer gem. § 6 GewStG seit Erhebungszeitraum 1998 nur noch den Gewerbeertrag als Besteuerungsgrundlage.

Im Folgenden sollen die Grundlagen der Besteuerung nach dem Gewerbeertrag erörtert werden.

I. Der Gewerbeertrag als Besteuerungsgrundlage

1. Der Gewinn nach dem EStG oder KStG als Ausgangswert

§ 7 GewStG

17 Ausgangswert für die Ermittlung des Gewerbeertrags ist gem. § 7 GewStG der nach den Vorschriften des EStG oder des KStG *zu ermittelnde Gewinn aus dem Gewerbebetrieb,* der bei der Ermittlung des Einkommens für den dem Erhebungszeitraum (§ 14 GewStG) entsprechenden Veranlagungszeitraum zu berücksichtigen ist, *vermehrt* um die *Hinzurechnungen* des § 8 GewStG und *vermindert* um die *Kürzungen* des § 9 GewStG. Grundlage für die Ermittlung des Gewerbeertrags sind also die einkommensteuerlichen Gewinnermittlungsvorschriften (insbesondere § 4 Abs. 1, § 5 EStG; dabei ist gem. H 7.1 Abs. 1 "Eigenständige Ermittlung des Gewerbeertrages" GewStH unerheblich, ob sich die Gewinnermittlungsmaßnahmen bilanzmäßig oder außerhalb der Bilanz auswirken – vgl. z. B. nicht abzugsfähige Betriebsausgaben bzw. nicht abziehbare Aufwendungen i. S. von § 4 Abs. 5 EStG oder § 10 KStG), gegebenenfalls i.V. mit Vorschriften des Körperschaftsteuergesetzes gem. § 8 Abs. 1 KStG, wobei auch die

Durchführungsverordnungen und die allgemeinen Verwaltungsanordnungen über die Gewinnermittlung anzuwenden sind, falls sie sich nicht nur ausdrücklich auf die Einkommen- bzw. Körperschaftsteuer beschränken oder ihre Nichtanwendung sich unmittelbar aus dem Gewerbesteuergesetz ergibt (H 7.1 Abs. 1 GewStH). Gleichwohl handelt es sich im Gewerbesteuergesetz um eine *eigenständige Gewinnermittlung*. Der nach dem EStG oder KStG ermittelte Gewinn stellt keine bindende Besteuerungsgrundlage i. S. von § 179 AO dar (H 7.1 Abs. 1 GewStH).

BEISPIEL: Der Steuerpflichtige S gibt seine laufenden Einkünfte aus Gewerbebetrieb für einen Veranlagungszeitraum in seiner Einkommensteuererklärung mit 80 000 € an. Mit diesem Betrag wird er zur Einkommensteuer veranlagt. Die Veranlagung wird rechtskräftig. Bevor auch der Gewerbesteuermessbescheid rechtskräftig wird, stellt sich heraus, dass die laufenden Einkünfte aus Gewerbebetrieb nur 50 000 € betragen. Kann dies gewerbesteuerlich noch berücksichtigt werden?

Die Ermittlung des Gewerbeertrags ist nicht an die rechtskräftige Einkommensteuerveranlagung gebunden. Im Gewerbesteuermessbescheid ist als Ausgangswert der richtige Betrag der Einkünfte aus Gewerbebetrieb i. H. von 50 000 € anzusetzen.

Dass der für einkommensteuerliche Zwecke festgestellte Gewinn aus Gewerbebetrieb nicht bindend ist für die Gewerbebesteuerung, wird ebenfalls dadurch deutlich, dass auch bei korrekter Ermittlung nicht immer der Betrag der Einkünfte aus Gewerbebetrieb übernommen werden kann. Nach der Rechtsprechung des BFH soll nämlich für die Gewerbesteuer nur der Gewinn herangezogen werden, der aus der *laufenden Tätigkeit* des Betriebs resultiert. Deshalb sind bei der Ermittlung des Gewinns bei natürlichen Personen und bei Personengesellschaften für Zwecke der Gewerbesteuer insbesondere nicht einzubeziehen:

1. Veräußerungsgewinne gem. § 16 EStG (R 7.1 Abs. 3 Nr. 1 GewStR),
2. Gewinne aus der Veräußerung einer wesentlichen Beteiligung gem. § 17 EStG (R 7.1 Abs. 3 Nr. 2 GewStR),
3. Einkünfte aus einer ehemaligen gewerblichen Tätigkeit gem. § 24 EStG (R 7.1 Abs. 3 Nr. 3 GewStR).

Gewinne aus der Veräußerung einer Beteiligung an einer Personengesellschaft gehören gem. R 7.1 Abs. 3 Satz 3 GewStR auch dann nicht zum Gewerbeertrag, wenn die Beteiligung zum Betriebsvermögen gehört. Dagegen ist die Veräußerung einer zum Betriebsvermögen gehörenden (auch wenn sie 100 % beträgt) Beteiligung an einer Kapitalgesellschaft gem. H 7.1 Abs. 3 „Gewinn aus der Veräußerung…" GewStH in den laufenden Gewinn einzubeziehen und deshalb der Gewerbesteuer zu unterwerfen, es sei denn, die Veräußerung erfolgt im engen Zusammenhang mit der Aufgabe des Gewerbebetriebs.

Aus dem vorher Gesagten folgt selbstverständlich, dass entsprechende Veräußerungsverluste den laufenden Gewinn aus Gewerbebetrieb für gewerbesteuerliche Zwecke nicht mindern dürfen (vgl. z. B. R 7.1 Abs. 3 GewStR).

Durch das UntStFG v. 20. 12. 2001 (BGBl I S. 3858 ff.) ist mit Wirkung ab Erhebungszeitraum 2002 ein neuer Satz 2 hinter § 7 Satz 1 GewStG eingefügt worden. Demnach zählt zum Gewerbeertrag auch der Gewinn aus der Veräußerung oder Aufgabe des Betriebs oder eines Teilbetriebs einer Mitunternehmerschaft, eines Mitunternehmeranteils oder des Anteils eines persönlich haftenden Gesellschafters einer KGaA, soweit er nicht auf eine natürliche Person als unmittelbar beteiligter Mitunternehmer entfällt (im Wesentlichen also Kapitalgesellschaften). Damit sollten (bis dahin mögliche) Gestaltungsmöglichkeiten zur Umgehung der Gewerbesteuer vermieden werden.

Mit der Einführung des Teileinkünfteverfahrens unterliegen Anteilsveräußerungen an Kapitalgesellschaften nicht mehr der Körperschaftsteuer (§ 8b Abs. 2 und 3 KStG); mangels besonderer gewerbesteuerlicher Regelung schlägt dies auf die Gewerbesteuer durch.

Weitere nicht anzuwendende Vorschriften sind z. B. § 15 Abs. 4 EStG (nicht abziehbare Verluste aus gewerblicher Tierzucht und Tierhaltung, vgl. R 7.1 Abs. 3 Satz 1 Nr. 4 GewStR) und § 15a EStG (Verluste bei beschränkter Haftung, vgl. R 7.1 Abs. 3 Satz 1 Nr. 5 GewStR), d. h. die einkommensteuerliche Verlustberücksichtigungsbeschränkung gilt gewerbesteuerlich nicht.

2. Die Gründe für Hinzurechnungen und Kürzungen

§§ 8 und 9 GewStG

18 Es wäre denkbar gewesen, den einkommensteuerlichen oder körperschaftsteuerlichen Gewinn ohne Modifikationen der Gewerbesteuer zu unterwerfen. Es gibt jedoch Gesichtspunkte für die Erhöhung durch Hinzurechnungen und die Verminderung durch Kürzungen, die im Charakter und im Sinn und Zweck der Gewerbesteuer begründet sind.

Für die Hinzurechnungen und die Kürzungen lassen sich im Wesentlichen folgende Gründe anführen:

(1) Die Gewerbesteuer ist, wie schon dargestellt (vgl. Tz 1), eine Objektsteuer. Um diesen Objektsteuercharakter zu gewährleisten, wird *nicht* der *tatsächlich erzielte*, sondern der *erzielbare Ertrag* (z. B. ohne Rücksicht auf die Kapitalausstattung), d. h. also die Ertragskraft des Besteuerungsobjektes besteuert.

(2) Der Gewerbeertrag soll nur *einmal* mit einer Realsteuer bzw. mit einer Objektsteuer belastet werden (Vermeidung einer Doppelbelastung, z. B. mit Gewerbesteuer und Grundsteuer).

(3) Nur der Gewerbeertrag, der im *Inland* erzielt wird, soll der Gewerbesteuer unterworfen werden.

3. Die Hinzurechnungen

§ 8 GewStG

19 Die Hinzurechnungen sind gem. § 8 Satz 1 GewStG nur vorzunehmen, *soweit sie den Gewinn gemindert haben*. Es handelt sich in Wirklichkeit also um ein volles bzw. teilweises *Abzugsverbot*.

Wurde der Gewinn nicht gemindert, so kommt auch keine Hinzurechnung in Frage.

BEISPIEL: Der Mitunternehmer einer Personengesellschaft stellt der Gesellschaft ein längerfristiges Darlehen zu 4 % Zinsen p. a. zur Verfügung. Der Zinsaufwand mindert das Ergebnis der Gesellschaft, während die empfangenen Zinsen beim Mitunternehmer Sonderbetriebseinnahmen darstellen; d. h. der der Gewerbesteuer zugrunde liegende Gewinn wird per Saldo nicht gemindert und eine Hinzurechnung nach § 8 GewStG kommt nicht in Frage (vgl. den im folgenden Absatz zitierten Erlass v. 2. 7. 2012, Rdn. 2; Hinweis: analog kommen auch andere Sachverhalte ohne Gewinnauswirkung für eine Hinzurechnung nicht in Frage wie z. B. Zinsen aufgrund von Überentnahmen i. S. v. § 4 Abs. 4a EStG).

Durch das Unternehmensteuerreformgesetz 2008 sind die Hinzurechnungsvorschriften des § 8 GewStG – im Vergleich zum alten Recht bis einschließlich Veranlagungszeitraum 2007 – neu strukturiert bzw. zusammengeführt (§ 8 Nr. 1, 2, 3 und 7 GewStG a. F. nunmehr in § 8 Nr. 1 Buchst. a bis e geregelt) sowie ergänzt worden (§ 8 Nr. 1 Buchst. f GewStG: Hinzurechnung bei zeitlich befristeter Überlassung von Rechten). Zu beachten ist, dass die Gewerbesteuerrichtlinien den Veränderungen durch das Unternehmensteuerreformgesetz 2008 anzupassen waren, was erst im Mai 2010 erfolgte (BStBl I, Sondernummer 1/2010). Zu Anwendungsfragen betr. Hinzurechnungen nach § 8 Nr. 1 GewStG in der Fassung des Unternehmensteuerreformgesetzes 2008 war allerdings ein gleichlautender Erlass der obersten Finanzbehörden der Länder vom 4. 7. 2008 (BStBl 2008 I S. 730), in überarbeiteter Fassung v. 2. 7. 2012 (BStBl 2012 I S. 654 – im Folgender als „Erlass v. 2. 7. 2012" zitiert) veröffentlicht worden, wonach in der Zwischenzeit die Grundsätze der Gewerbesteuer-Richtlinien und der Rechtsprechung zu § 8 Nr. 1 bis 3 und 7 GewStG a. F. bei der Auslegung des § 8 Nr. 1 GewStG n. F. unter Berücksichtigung der Neuregelungen sinngemäß weiter anzuwenden waren (vgl. Erlass v. 2. 7. 2012, Rdn. 1). Dieser Erlass ist für bestimmte Auslegungsfragen weiterhin relevant und wird deshalb in den neuen GewStR (bzw. GewStH) sowie in dieser Ausarbeitung mehrfach zitiert.

Die einzelnen Hinzurechnungen gem. § 8 GewStG werden nachfolgend erörtert.

a) Hinzurechnungen nach § 8 Nr. 1 GewStG 20

Mit der Gewerbesteuer soll der Gewerbebetrieb als Objekt besteuert werden, unabhängig von der persönlichen Leistungsfähigkeit des Unternehmers. So soll es z. B. unerheblich sein, ob ein Gewerbebetrieb mit eigenen bzw. gemieteten Anlagegütern wirtschaftet oder ob ein Gewerbebetrieb mit eigenen bzw. fremden (d. h. mit Zinsbelastung) Mitteln finanziert ist. Dies soll (jedenfalls näherungsweise) erreicht werden durch die (zumindest teilweise) Hinzurechnung der damit zusammenhängenden Aufwendungen, die bisher den Gewinn gemindert haben, quasi eine Korrektur von Aufwand für Zinsen bzw. „fiktiven" Zinsanteilen. Dabei ist nicht mehr (nach altem Recht bis 2007 war das teilweise anders) auf das Korrespondenzprinzip abzustellen, d. h. eine korrespondierende Behandlung beim Empfänger von z. B. Zinsen, Mieten und Pachten ist nicht relevant.

Für die Hinzurechnung nach § 8 Nr. 1 GewStG kommt in Frage ein Viertel (25 %) der Hinzurechnungstatbestände/-beträge nach § 8 Nr. 1 Buchst. a bis f GewStG, allerdings nur, soweit diese Summe 100 000 € (= Freibetrag) übersteigt.

Hierzu folgender Überblick, gleichzeitig Empfehlung zur Vorgehensweise bei Prüfung der Hinzurechnungen nach § 8 Nr. 1 GewStG:

+		Entgelte für Schulden	§ 8 Nr. 1 Buchst. a
+		Renten und dauernde Lasten	§ 8 Nr. 1 Buchst. b
+		Gewinnanteile des stillen Gesellschafters	§ 8 Nr. 1 Buchst. c
+	$^1/_5$	der Miet- und Pachtzinsen für bewegliches Anlagevermögen	§ 8 Nr. 1 Buchst. d
+	50 %	(die Hälfte) der Miet- und Pachtzinsen für unbewegliches Anlagevermögen	§ 8 Nr. 1 Buchst. e
+	$^1/_4$	der Aufwendungen für zeitlich befristet überlassene Rechte	§ 8 Nr. 1 Buchst. f
=	Summe		
·/.	Freibetrag 100 000 €		§ 8 Nr. 1
=	übersteigender Betrag		

↳ davon 25 % * = Hinzurechnungsbetrag nach § 8 Nr. 1 GewStG

(* Im Folgenden als „Viertelung" zitiert.)

Bevor die einzelnen Hinzurechnungstatbestände nach § 8 Nr. 1 GewStG näher erläutert werden, ist vorab noch auf das Problem von gemischten Verträgen einzugehen. Dies sind Verträge, die mehrere Leistungskomponenten enthalten und u.U. mehrere Hinzurechnungstatbestände betreffen, ggf. mit unterschiedlichen Hinzurechnungsquoten (vgl. obigen Überblick). Nach dem Erlass v. 2. 7. 2012 (Rdn. 6 und 7; vgl. auch H 8.1 Abs. 4 „Gemischte Verträge" GewStH) sind dabei gemischte Verträge zu unterscheiden, bei denen Leistungskomponenten trennbar bzw. nicht trennbar sind. Sind Leistungskomponenten trennbar, so ist jede Komponente für sich nach Maßgabe des § 8 Nr. 1 Buchst. a bis f zu beurteilen und zuzuordnen.

BEISPIEL: Ein Gewerbebetrieb mietet für längerfristige Ausstellungszwecke im Rahmen eines einheitlichen Vertrages mit einer Mietsumme von insg. 50 000 € von einem Hotel an:

- Räumlichkeiten (400 m² à 100 €/m² für die Mietdauer),
- Bestuhlung, bewegliche Leinwände, Beamer u. Ä. m. (Rest der Mietsumme).

Hier sind die Leistungskomponenten trennbar, d. h. der Mietzins 40 000 € (400 m² à 100 €) für die Räumlichkeiten ist § 8 Nr. 1 Buchst. e GewStG „Mietzins für unbewegliches Anlagevermögen" zuzuordnen. Für die Berechnung der Hinzurechnung (vor Freibetrag und Viertelung) sind zu berücksichtigen: 50 % (die Hälfte) von 40 000 € = 20 000 €. Der Rest der Mietsumme, d. h. 10 000 €, ist § 8 Nr. 1 Buchst. d zuzuordnen „Mietzins für bewegliches Anlagevermögen". Für die Berechnung der Hinzurechnung (vor Freibetrag und Viertelung) sind zu berücksichtigen: $^1/_5$ von 10 000 € = 2 000 €.

Sind die Leistungskomponenten dagegen nicht trennbar, kommt ggf. eine Aufteilung und Zuordnung durch Schätzung in Frage. Gibt dabei eine Leistungskomponente, die nicht unter § 8 Nr. 1 GewStG fällt, dem gemischten Vertrag das Gepräge, so fällt der Gesamtvertrag regelmäßig nicht unter § 8 Nr. 1 GewStG. Anderenfalls unterliegt der Gesamtvertrag der Hinzurechnung.

aa) Entgelte für Schulden

§ 8 Nr. 1 Buchst. a GewStG; R 8.1 Abs. 1 GewStR

21a Hinzuzurechnen sind alle Entgelte für Schulden, wobei unter dem Begriff „Entgelte" jegliche Gegenleistung für die eigentliche Nutzung von Fremdkapital und die vorzeitige Zurverfügungstellung von Kapital zu verstehen sind. Dabei ist nicht die Bezeichnung, sondern der tatsächliche wirtschaftliche Gehalt (vgl. R 8.1 Abs. 1 GewStR) der Leistung entscheidend. Zu den Entgelten für Schulden zählen typischerweise (vgl. auch H 8.1 Abs. 1 "ABC der als Entgelte für Schulden anzusetzenden Leistungen" GewStH):

- Zinsen für die Aufnahme langfristiger und kurzfristiger Kredite bzw. sonstiger Schulden, wobei die Laufzeit und Gründe für die Aufnahme keine Rolle spielen (vgl. Erlass v. 2. 7. 2012, Rdn. 10 und H 8.1 Abs. 1 „Allgemeines" GewStH).
- Sonstige mit einer Schuld in Zusammenhang stehende Leistungen, die Entgeltcharakter haben wie z. B. Disagio, Damnum, Agio, Abschläge wegen vorzeitiger Erfüllung von Forderungen (sog. Vorfälligkeitsentschädigungen), ggf. gewinn- bzw. umsatzabhängige Vergütungen mit Zinscharakter, ggf. Kredit-/Bankprovisionen mit Zinscharakter.
- Aufwand bzw. Erlösschmälerungen aus Skonti, Boni, Treue- und Mengenrabatten sowie ähnlichen gewährten Vorteilen im Zusammenhang mit der Erfüllung von Forderungen aus Lieferungen und Leistungen, allerdings nur, soweit sie unüblich sind (soweit geschäftsüblich steht nämlich das Verhältnis zu den Geschäftspartnern/Kunden im Vordergrund und nicht der Finanzierungseffekt). Nicht geschäftsüblich ist z. B. die Vereinbarung von Skonto trotz unüblich langem Zahlungsziel (lt. Erlass v. 2. 7. 2012 Rdn. 16 ist hierbei sogar der volle Abschlag in die Hinzurechnung einzubeziehen, d. h. ohne Kürzung um den üblichen Abschlag).
- Diskontbeträge bei der Veräußerung von Wechsel- und anderen Geldforderungen, soweit sich diese auf den Finanzierungsanteil beziehen (gilt per Fiktion insbes. auch für Abschläge beim Verkauf von Forderungen/Factoring, ähnlich auch bei Forfaitierung), allerdings ohne Nebenkosten wie z. B. Verwaltungsgebühren, Wertermittlungskosten oder Risikoprämien. Zu Einzelheiten bei schwebenden Vertragsverhältnissen vgl. die Ausführungen im Erlass v. 2. 7. 2012 Rdn. 19 ff.

Ausdrücklich nicht unter die Hinzurechnungsvorschriften des § 8 Nr. 1 GewStG fallend sind Beträge aus der Abzinsung (ggf. auch nicht spätere Aufzinsung) von unverzinslichen Verbindlichkeiten nach § 6 Abs. 1 Nr. 3 EStG und von Rückstellungen nach § 6 Abs. 1 Nr. 3a EStG (vgl. Erlass v. 2. 7. 2012, Rdn. 12 und H 8.1 Abs. 1 GewStH).

bb) Renten und dauernde Lasten

§ 8 Nr. 1 Buchst. b GewStG; R 8.1 Abs. 2 GewStR

Hinzuzurechnen sind alle betrieblichen Renten und dauernden Lasten, und zwar unabhängig davon, ob sie mit der Gründung oder dem Erwerb eines Betriebes zusammenhängen; unerheblich ist zudem die gewerbesteuerliche Behandlung der Beträge beim Empfänger (Aufgabe des früher geltenden Korrespondenzprinzips). Eine Ausnahme von der Hinzurechnung als dauernde Last sieht allerdings ausdrücklich § 8 Nr. 1 Buchst. b Satz 2 GewStG vor, demnach sind Pensionszahlungen aufgrund einer unmittelbar vom Arbeitgeber erteilten Versorgungszusage nicht hinzuzurechnen (auch nicht bei der Durchführung der betrieblichen Altersversorgung über externe Versorgungsträger wie z. B. Unterstützungs- und Pensionskassen, Direktversicherungen); damit wird ein bedeutender Durchführungsweg für die betriebliche Altersversorgung begünstigt bzw. 21b gefördert. Dies gilt wohl auch bei entsprechenden Aufwendungen für Nichtarbeitnehmer wie z. B. Gesellschafter-Geschäftsführer (vgl. Erlass v. 2. 7. 2012, Rdn. 27).

Bei Renten handelt es sich um regelmäßig wiederkehrende Leistungen, die aufgrund eines Stammrechts für eine gewisse Zeitdauer gewährt werden. Für eine Hinzurechnung kommt aber nur der Teil der Rentenzahlung in Frage, der den Gewinn gemindert hat. Dies ist i. d. R. der Zinsanteil der Raten, d. h. der Ertragsanteil. Der Tilgungsanteil kommt für eine Hinzurechnung nicht in Frage.

BEISPIEL: Der Gewerbetreibende G kauft das Einzelhandelsgeschäft des Einzelunternehmers E, der sich zur Ruhe setzen will, gegen Zahlung einer monatlichen Rente von 8 000 €. Der Barwert der Rentenverpflichtung beträgt zum 1. 1. 14 = 820 000 € und zum 31. 12. 14 = 780 000 €.

Der Zinsanteil, der für eine Hinzurechnung nach § 8 Nr. 1b) GewStG in Frage kommt (vor Freibetrag und Viertelung) ermittelt sich wie folgt:

Rentenzahlungen in 14 (12 × 8 000 €)		= 96 000 €
·/.	Barwert-Differenz als Tilgungsanteil	= 40 000 €
=	Zinsanteil	56 000 €

Bei dauernden Lasten handelt es sich um laufende Zahlungen aufgrund eines sonstigen Rechts; darunter fallen z. B. Reallasten, Altenteile.

Erbbauzinsen gelten – entgegen der früheren Auffassung – nicht als dauernde Last i. S. des § 8 Nr. 1 Buchst. b GewStG, sondern sind nach aktueller Auffassung (BFH v. 7. 3. 2007, BStBl II S. 654, Erlass v. 2.7.2012, Rdn. 26 und 32; vgl. auch H 8.1 Abs. 2 „Erbbauzinsen" GewStH) als Nutzungsentgelt für die Überlassung des Grund und Bodens zur Nutzung anzusehen und unterliegen damit der Hinzurechnungsvorschrift des § 8 Nr. 1 Buchst. e GewStG, d. h. nur mit der Hälfte (50 %).

cc) Gewinnanteile des stillen Gesellschafters

§ 8 Nr. 1 Buchst. c GewStG; R 8.1 Abs. 3 GewStR

21c Hinzuzurechnen sind die Gewinnanteile eines typischen stillen Gesellschafters in voller Höhe (vor Freibetrag und Viertelung), unabhängig von der gewerbesteuerlichen Behandlung beim Empfänger. Die typische stille Beteiligungsform eines Gesellschafters (vgl. §§ 230 – 237 HGB) besteht in einer Vermögenseinlage in das Beteiligungsunternehmen. Der typische stille Gesellschafter ist damit nur Kapitalgeber und partizipiert am Gewinn bzw. Verlust gemäß Gesellschaftsvertrag. Bei Beendigung des Gesellschaftsverhältnisses hat er keinen Anspruch an den stillen Reserven, sondern lediglich einen Anspruch auf Rückerstattung seiner Beteiligung/Vermögenseinlage. Insofern kommen die Gewinnanteile eines typischen stillen Gesellschafters Zinsen für einen i. d. R. längerfristigen Kredit sehr nahe. Soweit sie den Gewinn gemindert haben, sind sie nach § 8 Nr. 1 Buchst. c GewStG hinzuzurechnen. Beim stillen Gesellschafter stellt der Gewinnanteil i. d. R. Einkünfte aus Kapitalvermögen dar, so dass ohne die Hinzurechnungsregelung dieser Gewinnanteil gewerbesteuerlich nicht erfasst wäre. Die Hinzurechnung erfolgt mit dem Bruttowert des Gewinnanteils, d. h. nicht gemindert durch ggf. einbehaltene Kapitalertragsteuer, Solidaritätszuschlag o. Ä. m.

Vom typischen stillen Gesellschafter ist abzugrenzen der atypische stille Gesellschafter, der einkommensteuerrechtlich als Mitunternehmer zu behandeln ist, da neben der Beteiligung am Gewinn bzw. Verlust aufgrund seiner Vermögenseinlage er auch an den stillen Reserven beteiligt ist, er Unternehmerrisiko trägt und zudem Unternehmerinitiative ausüben kann. Der Gewinnanteil des atypischen stillen Gesellschafters ist im Rahmen der einheitlichen Gewinnfeststellung Bestandteil des Gewinns aus Gewerbebetrieb und damit bereits in der Ausgangsbasis gem. § 7 GewStG für die Gewerbeertragsteuerberechnung enthalten. Eine Hinzurechnung kommt insofern nicht in Frage.

dd) $^1/_5$ der Miet- und Pachtzinsen für die Benutzung von beweglichen Wirtschaftsgütern des Anlagevermögens

§ 8 Nr. 1 Buchst. d GewStG; R 8.1 Abs. 4 GewStR

Mit der Hinzurechnungsvorschrift des § 8 Nr. 1 Buchst. d GewStG – dies gilt aber auch für § 8 Nr. 1 Buchst. e und f GewStG – soll dem Umstand Rechnung getragen werden, dass in Miet-/Pacht-/Leasingaufwendungen auch fiktive Finanzierungsanteile mit Zinscharakter enthalten sind, die der Vermieter/Verpächter/Leasinggeber dem Nutzenden im Rahmen der Kalkulation und der Preisgestaltung belastet bzw. auf ihn überwälzt. Dieser als Aufwand erfasste fiktive Finanzierungs- bzw. Zinsanteil wird durch die Hinzurechnung den Entgelten für Schulden gleichgestellt. Allerdings steht dieser Anteil nicht absolut fest, sondern muss geschätzt werden. Aufgrund der typischerweise unterschiedlich langen Nutzungsdauern bei beweglichen, unbeweglichen und immateriellen (z. B. Rechte) Anlagegütern und damit deutlich unterschiedlichen Finanzierungslaufzeiten (am längsten für Grundstücke), ergeben sich unterschiedlich hohe fiktive Finanzierungs- bzw. Zinsanteile, die der Gesetzgeber in § 8 Nr. 1 Buchst. d, e und f GewStG wie folgt festgelegt hat (*in Klammern genannt auch die effektive Hinzurechnungsquote unter Beachtung der Viertelung – respektive Überschreitung des Freibetrages*): 21d

Hinzurechnungsvorschrift	Zinsanteil	Viertelung	Effektive Hinzurechnungsquote
► § 8 Nr. 1 Buchst. d GewStG für bewegliche Anlagegüter	$^1/_5$, d. h. 20 %	davon 25 %	(= 5 %)
► § 8 Nr. 1 Buchst. e GewStG für unbewegliche Anlagegüter	die Hälfte, d. h. 50 %	davon 25 %	(= 12,5 %)
► § 8 Nr. 1 Buchst. f GewStG für Rechte	$^1/_4$, d. h. 25 %	davon 25 %	(= 6,25 %)

Hinweis: Nach dem Wachstumsbeschleunigungsgesetz v. 22.12.2009 ist der Hinzurechnungssatz nach § 8 Nr. 1 Buchst. e GewStG ab dem Erhebungszeitraum 2010 von $^{13}/_{20}$ bzw. 65 % auf 50 % gesenkt worden. Die deutlich unterschiedlichen Hinzurechnungsquoten bei beweglichen, unbeweglichen und immateriellen Anlagegütern zeigen auf, welche große Bedeutung die Abgrenzung und Zuordnung hat. In diesem Zusammenhang wird noch einmal auf das Problem sog. gemischter Verträge hingewiesen, das einleitend zu § 8 Nr. 1 GewStG in Tz 20 dargestellt wurde.

Gemäß § 8 Nr. 1 Buchst. d GewStG ist hinzuzurechnen 1/5 (= 20 %) der Miet- und Pachtzinsen – einschließlich Leasingraten – für die Benutzung von beweglichen Wirtschaftsgütern des Anlagevermögens, die im Eigentum eines anderen stehen. Auch hierbei ist es unerheblich, wie die gezahlten Beträge beim Empfänger gewerbesteuerrechtlich zu behandeln sind (Aufgabe des früher geltenden Korrespondenzprinzips, vgl. auch Erlass v. 2. 7. 2012, Rdn. 29). In Anbetracht der o. g. Abgrenzungs- und Zuordnungsbedeutung (vgl. die unterschiedlichen Hinzurechnungsquoten) werden nunmehr einige Voraussetzungen, Bedingungen und Auffassungen der Finanzverwaltung für die Zuordnung zur Hinzurechnungsvorschrift des § 8 Nr. 1 Buchst. d GewStG dargestellt.

- Die Miet- und Pachtzinsen bzw. Leasingraten haben den Gewinn gemindert. Die Behandlung beim Empfänger ist unerheblich.
- Es muss sich um einen Miet-, Pacht-, Leasingvertrag i. S. des BGB handeln. Bei Leasingverträgen muss der Leasinggegenstand beim Leasinggeber zu aktivieren sein, der „andere" ist Eigentümer des Leasinggegenstandes (dies gilt auch für gemietete bzw. gepachtete Anlagegüter). Wäre ein Leasinggegenstand beim Leasingnehmer zu aktivieren, so wäre der Zinsanteil in den Leasingraten nach § 8 Nr. 1 Buchst. a GewStG hinzuzurechnen (mit deutlich höherer Hinzurechnungsquote von 100 %, davon 25 % durch Viertelung = 25 % effektive Hinzurechnungsquote). Die Vertragsdauer der Miet-, Pacht-, Leasingverträge ist nicht relevant.
- Miet- und Pachtzinsen – einschließlich Leasingraten – sind alle Entgelte, die der Mieter, Pächter bzw. Leasingnehmer für den Gebrauch oder die Nutzung der betreffenden beweglichen Wirtschaftsgüter des Anlagevermögens an den Vermieter, Verpächter bzw. Leasinggeber zu zahlen hat. Hierzu können auch Aufwendungen des Mieters, Pächters bzw. Leasingnehmers für die Instandsetzung und Instandhaltung (ggf. erfasst in einer Instandhaltungsrückstellung bzw. Erneuerungsrückstellung, vgl. H 8.1 Abs. 4 „Bildung einer Erneuerungsrückstellung" GewStH) sowie für Versicherung des Miet- oder Pachtgegenstandes gehören, die er über seine gesetzliche Verpflichtung nach BGB hinaus (vgl. §§ 582 ff. BGB) aufgrund vertraglicher Verpflichtungen übernommen hat. Nicht hinzuzurechnen sind dagegen reine Betriebskosten wie Wasser, Strom, Heizung (vgl. Erlass v. 2. 7. 2012, Rdn. 29).
- Es muss sich um bewegliche Wirtschaftsgüter des Anlagevermögens handeln. Hier zu zählen insbes. Maschinen, maschinelle Anlagen, Fahrzeuge, Werkzeuge, Betriebsvorrichtungen, Betriebs- und Geschäftsausstattung. Betreffend die Betriebsvorrichtungen ist auf die steuerrechtlichen Kriterien abzustellen (vgl. hierzu auch den sog. „Abgrenzungserlass" v. 15. 3. 2006, BStBl I, S. 314). Zu den beweglichen Wirtschaftsgütern des Anlagevermögens zählen auch Schiffe und Flugzeuge (vgl. Erlass v. 2. 7. 2012, Rdn. 31).
- Untermietverträge über bewegliche Wirtschaftsgüter des Anlagevermögens gelten als Miet- bzw. Pachtverträge i. S. von § 8 Nr. 1 Buchst. d GewStG und nicht als Rechteüberlassung i. S. des § 8 Nr. 1 Buchst. f GewStG. Unerheblich ist dabei, auf welcher Rechtsgrundlage die Verfügungsmacht des Untermieters beruht (vgl. Erlass v. 2. 7. 2012, Rdn. 32).

ee) 50 % der Miet- und Pachtzinsen für die Benutzung von unbeweglichen Wirtschaftsgütern des Anlagevermögens

§ 8 Nr. 1 Buchst. e GewStG; R 8.1 Abs. 4 GewStR

Hinsichtlich der Grundlagen betr. Miet-, Pacht- und Leasingverträgen wird auf die Ausführungen zu § 8 Nr. 1 Buchst. d GewStG in Tz 21d verwiesen. 21e

Nunmehr geht es aber um unbewegliche Wirtschaftsgüter des Anlagevermögens, die im Eigentum eines anderen stehen (d. h. Eigentum beim Überlassenden; dies gilt auch für unbewegliche Leasinggegenstände, vgl. insbes. die Grundsätze zum Immobilienleasing). Hierzu zählen insbes. Grundstücke, Gebäude, Gebäudeteile, Außenanlagen und Parkplätze. Hinsichtlich der Abgrenzungsprobleme, ob ein Wirtschaftsgut des Anlagevermögens beweglich oder unbeweglich ist, gelten die steuerrechtlichen Kriterien (vgl. auch hier den sog. „Abgrenzungserlass" v. 15. 3. 2006, BStBl 2006 I S. 314, NWB DokID: IAAAB-82952). Bei gemischten Verträgen sind die Grundsätze zu beachten, die einleitend zu § 8 Nr. 1 GewStG in Tz 20 dargestellt wurden; ggf. sind auch die Abgrenzungsgrundsätze zu Mietereinbauten relevant (insofern verweist der Erlass v. 2. 7. 2012 in Rdn. 30 ausdrücklich auf H 4.2 (3) EStH „Mietereinbauten"). Untermietverträge über unbewegliche Wirtschaftsgüter des Anlagevermögens sind als Miet- und Pachtverträge i. S. von § 8 Nr. 1 Buchst. e GewStG anzusehen und nicht als Rechtsüberlassung i. S. von § 8 Nr. 1 Buchst. f GewStG. Erbbauzinsen gelten (entgegen der früheren Auffassung) nicht als dauernde Last i. S. von § 8 Nr. 1 Buchst. b GewStG, sondern sind nach neuer Auffassung unter § 8 Nr. 1 Buchst. e GewStG zu subsumieren als Entgelt für die Überlassung des unbeweglichen Grund und Bodens zur Nutzung (vgl. Erlass v. 2. 7. 2012, Rdn. 26). Sie gelten als Miet- und Pachtzinsen mit dem Vorteil einer deutlich geringeren Hinzurechnung (nur 50 % statt voll).

Gemäß § 8 Nr. 1 Buchst. e GewStG ist hinzuzurechnen die Hälfte (50 %) der Miet- und Pachtzinsen- einschließlich Leasingraten – für die Benutzung von unbeweglichen Wirtschaftsgütern des Anlagevermögens, die im Eigentum eines anderen stehen. Der fiktive Zinsanteil ist damit deutlich höher als bei beweglichen Wirtschaftsgütern; die effektive Hinzurechnungsquote unter Beachtung der Viertelung beträgt 12,5 % (25 % von 50 %). Auch bei der Hinzurechnung nach § 8 Nr. 1 Buchst. e GewStG ist es unerheblich, wie die gezahlten Beträge beim Empfänger gewerbesteuerrechtlich zu behandeln sind (Aufgabe des früher geltenden Korrespondenzprinzips; Hinweis auf ggf. negative gewerbesteuerliche Effekte im Zusammenhang mit Betriebsaufspaltungen).

Hinweis: Nach dem Wachstumsbeschleunigungsgesetz v. 22. 12. 2009 ist der Hinzurechnungssatz nach § 8 Nr. 1 Buchst. e GewStG ab dem Erhebungszeitraum 2010 von $^{13}/_{20}$ bzw. 65 % auf 50 % gesenkt worden.

ff) $^{1}/_{4}$ der Aufwendungen für die zeitlich befristete Überlassung von Rechten

§ 8 Nr. 1 Buchst. f GewStG; H 8.1 Abs. 5 GewStH

Die gewerbesteuerliche Hinzurechnung bei der zeitlich befristeten Überlassung von Rechten ist durch das Unternehmensteuerreformgesetz 2008 als neuer Hinzurechnungstatbestand eingefügt worden. Wie bei Mieten und Pachten für bewegliche oder 21f unbewegliche Wirtschaftsgüter des Anlagevermögens geht der Gesetzgeber auch bei Rechten (immateriellen Gütern) davon aus, dass in den Entgelten für die Nutzung ein Finanzierungs- bzw. Zinsanteil enthalten ist. Dieser wird mit 25 % pauschaliert. Unter Beachtung der Viertelung ergibt sich eine effektive Hinzurechnungsquote von 6,25 % (25 % von 25 %).

Eine Hinzurechnung kommt nur in Frage, soweit ein Entgelt für die Nutzung eines Rechts als Aufwand den Gewinn gemindert hat; Entgelt ist jegliche Vergütung für die Nutzung. Als Rechte i. S. des § 8 Nr. 1 Buchst. f GewStG kommen insbes. in Frage: Konzessionen, gewerbliche Schutzrechte, Urheberrechte, Lizenzrechte (vgl. Erlass v. 2. 7. 2012, Rdn. 33), ggf. auch Rechte, die durch die öffentliche Hand überlassen werden wie z. B. zeitlich befristete Glücksspiellizenzen (Rdn. 35). Ausdrücklich ausgenommen von einer Hinzurechnung sind: Entgelte, die für die Nutzung des sog. Grünen Punktes an das Duale System Deutschland GmbH entrichtet werden (da nicht zeitlich befristet, vgl. Rdn. 34) sowie für vergleichbare Nutzungen. Ausdrücklich von einer Hinzurechnung ausgenommen gem. § 8 Nr. 1 Buchst. f GewStG sind zudem Lizenzen, die ausschließlich dazu berechtigen, daraus abgeleitete Rechte an Dritte zu überlassen (sog. Durchleitungsrechte, vgl. Rdn. 40 ff.) und Aufwendungen, die nach § 25 des Künstlersozialversicherungsgesetzes Bemessungsgrundlage für die Künstlersozialabgabe sind. Zu weiteren Einzelheiten, z. B. auch zu Verlagsrechten, vgl. den Erlass v. 2. 7. 2012 Rdn. 33 – 43 inkl. Verweise auf andere Fundstellen.

Wichtige Voraussetzung für die Anwendung des § 8 Nr. 1 Buchst. f GewStG ist, dass die Überlassung eines Rechts zeitlich befristet ist. Wenn nämlich keine zeitliche Befristung vereinbart wird, ist eher von einem Kauf auszugehen (verbunden mit Übergang des Eigentums und Aktivierung). Eine zeitliche Befristung liegt auch dann vor, wenn bei Abschluss des Vertrages noch ungewiss ist, ob und wann die Überlassung endet. Eine Überlassung liegt aber nicht mehr vor, wenn bei wirtschaftlicher Betrachtungsweise ein Übergang des wirtschaftlichen Eigentums anzunehmen ist (z. B. vollständiger „Verbrauch“ eines Rechts während der vertraglichen Überlassungszeit; vgl. Erlass v. 2. 7. 2012, Rdn. 37/38). Das wirtschaftliche Eigentum muss beim Überlassenden verbleiben.

Zur Hinzurechnung nach § 8 Nr. 1 GewStG ein abschließendes

BEISPIEL: Ein Gewerbebetrieb weist für das Jahr 14 einen Gewinn i. H. von 600 000 € aus. Folgende Aufwendungen haben den Gewinn 14 gemindert:

► Schuldzinsen für ein Darlehen	54 000 €
► Anteil Disagio für 14	6 000 €
► Übliche Skonti i. V. mit Lieferungen	2 000 €
► Rentenzahlungen in 14 i. Z. m. dem Kauf eines Unternehmens	36 000 €
► Gewinnanteil des typischen stillen Gesellschafters	50 000 €
► Leasingraten für Maschinen	44 000 €
► Miete für eine Lagerhalle	60 000 €
► Zahlungen für die Nutzung einer einjährigen Konzession	8 800 €
Den Gewinn des Jahres 14 erhöht hat die Minderung des Rentenbarwerts i. Z. m. der Rentenverpflichtung aus o. g. Unternehmenskauf i. H. von	8 000 €

Berechnung der Hinzurechnung nach § 8 Nr. 1 GewStG:

► 100 % der Entgelte für Schulden (§ 8 Nr. 1 Buchst. a)	
– aus Darlehen	54 000 €
– aus Disagio	6 000 €
Nicht aber aus Skonti, da nicht unüblich.	–
► 100 % aus Renten (§ 8 Nr. 1 Buchst. b)	
– nur der Ertragsanteil (36 000 € ·/. 8 000 €)	28 000 €
► 100 % Gewinnanteil stiller Gesellschafter (§ 8 Nr. 1 Buchst. c)	50 000 €
► 20 % Leasingraten bewegliches Anlagevermögen (§ 8 Nr. 1 Buchst. d)	
– 20 % ($^1/_5$) von 44 000 €	8 800 €
► 50 % Miete unbewegliches Anlagevermögen (§ 8 Nr. 1 Buchst. e)	
(50 % von 60 000 €)	30 000 €
► 25 % Nutzung eines Rechts	
– 25 % ($^1/_4$) von 8 800 €	2 200 €
= Summe	179 000 €
·/. Freibetrag (§ 8 Nr. 1)	100 000 €
= (positiver) übersteigender Betrag	79 000 €
davon 25 % Hinzurechnungsbetrag ↳	19 750 €

Diese 19 750 € werden dem Gewinn für Zwecke der Gewerbesteuerberechnung hinzugerechnet.

b) Gewinnanteile eines persönlich haftenden Gesellschafters einer KGaA

§ 8 Nr. 4 GewStG; R 8.2 GewStR

Gewinnanteile eines persönlich haftenden Gesellschafters einer KGaA sind gem. § 9 Abs. 1 Nr. 1 KStG abziehbare Aufwendungen. Da aber Gewinne von persönlich haftenden Gesellschaftern der Gewerbesteuer unterliegen sollen, sind sie nach § 8 Nr. 4 GewStG wieder hinzuzurechnen. Als Gewinnanteile sind auch die für die Geschäftsführung des persönlich haftenden Gesellschafters verteilten Vergütungen (Tantieme) zu erfassen. In Frage kommen z. B. feste Vergütungen, Ruhegehälter und ähnliche Bezüge sowie auch Zuweisungen zu einer Pensionsrückstellung (R 8.2 GewStR). 22

Ist der persönlich haftende Gesellschafter seinerseits gewerbesteuerpflichtig, wird eine Doppelbelastung durch die Kürzung nach § 9 Nr. 2b GewStG verhindert.

c) Steuerfreie Gewinnanteile/Dividenden von Kapitalgesellschaften

§ 8 Nr. 5 GewStG

Durch das UntStFG v. 20. 12. 2001 (BGBl I S. 3858 ff.) wurde mit Wirkung ab Erhebungszeitraum 2001 Nummer 5 in § 8 GewStG neu eingefügt. Diese Neuerung resultiert aus der damaligen Einführung des Halbeinkünfteverfahrens (gültig bis EZ 2008), ab EZ 2009 geändert durch das Teileinkünfteverfahren. 23

Aufgrund der Hinzurechnung sind demnach gewerbesteuerpflichtig die ganz oder teilweise steuerfrei bleibenden (also nicht im Gewerbeertrag § 7 GewStG enthalten) Gewinnanteile/Dividenden aus Streubesitz i. S. von § 3 Nr. 40 EStG bzw. § 8b Abs. 1 KStG, soweit sie nicht die Voraussetzungen des § 9 Nr. 2a oder 7 GewStG erfüllen (d. h. Beteiligung unter 15 % – bis 2007 waren es 10 %), unter Berücksichtigung (d. h. Gegenrechnung) der damit in Zusammenhang stehenden Betriebsausgaben i. S. von § 3c Abs. 2 EStG bzw. § 8b Abs. 5 und 10 KStG (d. h. falls Empfänger von Gewinnausschüttungen/Dividenden = Einzelunternehmen oder Personengesellschaften der steuerfreie Anteil von 40 % bei Gegenrechnung von 40 % nicht abzugsfähige Betriebsausgaben, bzw. falls Empfänger = Kapitalgesellschaft der steuerfreie Anteil von 100% bei Gegenrechnung von fiktiv 5 % als nicht abzugsfähige Betriebsausgaben).

24 unbesetzt

d) Anteile am Verlust einer Mitunternehmerschaft

§ 8 Nr. 8 GewStG; R 8.4 GewStR

25 Wenn ein Unternehmer an einer Mitunternehmerschaft (OHG, KG, GbR, atypische stille Gesellschaft) beteiligt ist und diese Beteiligung in seinem Betriebsvermögen hält, besteht die Gefahr einer doppelten Berücksichtigung eines eventuellen Verlustes. Ohne eine entsprechende Vorschrift würde nämlich ein Verlust einerseits beim Unternehmer gewinnmindernd anzusetzen sein und andererseits bei der Personengesellschaft selbst in späteren Jahren über den Verlustvortrag gem. § 10a GewStG (vgl. hierzu die Ausführungen in Tz 42) ebenfalls den Gewerbeertrag mindern. Deshalb schreibt § 8 Nr. 8 GewStG eine Hinzurechnung derartiger Verlustanteile vor. Maßgebend ist gem. R 8.4 GewStR der sich aus § 15 Abs. 1 Satz 1 Nr. 2 EStG ergebende Verlustanteil.

e) Spenden von Körperschaften

§ 8 Nr. 9 GewStG; R 8.5 GewStR

26 Spenden haben den Charakter von Sonderausgaben. Soweit man sie bei juristischen Personen zum Abzug zugelassen hat, können sie bei diesen nur zu den abziehbaren Aufwendungen rechnen (§ 9 Abs. 1 Nr. 2 KStG; nicht abziehbar sind z. B. politische Spenden). Da der Spendenabzug bei Ermittlung des Gewerbeertrages für alle Gewerbebetriebe einheitlich in § 9 Nr. 5 GewStG geregelt ist und insofern im Rahmen der Höchstbeträge berücksichtigt wird, sind die entsprechenden Ausgaben von Körperschaften, soweit sie den Gewinn gemindert haben, gem. § 8 Nr. 9 GewStG dem Gewinn zunächst wieder hinzuzurechnen. Zu den Einzelheiten des Spendenabzuges vgl. die Ausführungen in Tz 35.

f) Ausschüttungsbedingte Teilwertabschreibungen auf Beteiligungen an Kapitalgesellschaften

§ 8 Nr. 10 GewStG; R 8.6 GewStR

27 Durch eine Gewinnausschüttung einer Körperschaft mindert sich der Wert der Anteile an dieser Gesellschaft, so dass eine Abschreibung des Beteiligungswertes auf einen

niedrigeren Teilwert in Frage kommt. Der Gewinnerhöhung durch die Gewinnausschüttung kann also eine Gewinnminderung durch eine Teilwertabschreibung gegenüberstehen. Diesem Sachverhalt wird durch § 8 Nr. 10 GewStG Rechnung getragen. Danach sind dem Gewerbeertrag Gewinnminderungen hinzuzurechnen, die durch den Ansatz des niedrigeren Teilwerts des Anteils an der Körperschaft oder durch Veräußerung oder Entnahme des Anteils oder bei Auflösung oder Herabsetzung des Kapitals der Körperschaft entstanden sind. Weitere Voraussetzung der Hinzurechnungsvorschrift ist, dass die Gewinnminderung im Zusammenhang mit einer Gewinnausschüttung (offene oder auch verdeckte, vgl. R 8.6 Satz 2 GewStR) der Körperschaft steht und eine Kürzungsvorschrift (§ 9 Nr. 2a, 7 oder 8 GewStG) angewandt wurde; im Grunde geht es also um die Verhinderung eines doppelten gewerbesteuerlichen Entlastungseffekts.

Eine Hinzurechnung kommt nicht in Betracht, soweit die Gewinnminderung auf andere Umstände zurückzuführen ist (z. B. Verluste der Körperschaft bzw. künftig geringere Rentabilität; vgl. R 8.6 Satz 3 GewStR).

g) Ausländische Steuern

§ 8 Nr. 12 GewStG

Gemäß § 8 Nr. 12 GewStG sind dem Gewerbeertrag ausländische Steuern hinzuzurechnen, die nach § 34c EStG oder nach einer Bestimmung, die § 34c EStG für entsprechend anwendbar erklärt (z. B. DBA), bei der Ermittlung der Einkünfte abgezogen werden, soweit sie auf Gewinne oder Gewinnanteile entfallen, die bei der Ermittlung des Gewerbeertrages außer Ansatz gelassen oder nach § 9 GewStG gekürzt werden. 28

Mit dieser Hinzurechnungsvorschrift soll vermieden werden, dass ausländische Steuern auf ausländische Einkünfte, die nicht im Gewinn enthalten sind, oder die bei der Ermittlung des Gewerbeertrags gekürzt werden, als Betriebsausgabe den Gewerbeertrag mindern.

4. Die Kürzungen

a) Ertrag vom Grundbesitz

§ 9 Nr. 1 GewStG; § 20 GewStDV; R 9.1 GewStR

Gemäß § 9 Nr. 1 Satz 1 GewStG ist der Gewinn um 1,2 % vom Einheitswert (i. d. R. sind das gem. § 121a BewG 140 vom Hundert des Einheitswerts – vgl. auch R 9.1 Abs. 2 Satz 2 GewStR) des zum Betriebsvermögen des Unternehmens gehörenden und nicht von der Grundsteuer befreiten Grundbesitzes zu kürzen. Hiermit soll, wie schon angedeutet wurde (vgl. Tz 18), eine doppelte Belastung mit Grundsteuer und Gewerbesteuer vermieden werden. Ist der Grundbesitz allerdings von der Grundsteuer befreit, so kommt es nicht zu einer Doppelbesteuerung und eine gewerbesteuerliche Kürzung kommt nicht in Betracht. Für die Frage, ob und inwieweit Grundbesitz zum Betriebsvermögen gehört, sind gem. § 20 Abs. 1 Sätze 1 und 2 GewStDV die einkommensteuerlichen oder körperschaftsteuerlichen Vorschriften, nicht also die des Bewertungsgesetzes maßgebend, und zwar nach dem jeweiligen Stand zu Beginn des Kalenderjahres 29

(d. h. Veränderungen während des Erhebungszeitraumes sind unerheblich), vgl. R 9.1 Abs. 1 Satz 10 GewStR.

Allerdings kann es bei Grundbesitz, der wegen untergeordneter Bedeutung gar nicht bilanziert wurde, dennoch zu einer Kürzung kommen (vgl. R 9.1 Abs 1 Satz 4 GewStR), um die Doppelbelastung mit Grundsteuer und Gewerbesteuer zu vermeiden.

Wird ein Grundstück einkommensteuerlich zum Teil zum Betriebsvermögen gerechnet, so ist gem. R 9.1 Abs. 1 Satz 7 GewStR für die Berechnung der Kürzung nach § 9 Nr. 1 Satz 1 GewStG von dem Teil des Einheitswerts auszugehen, der auf den dem gewerblichen Betrieb dienenden Teil des Grundstücks entfällt.

BEISPIEL: Ein Grundstück hat einen noch nicht um 40 % erhöhten Einheitswert von 200 000 €. 30 % des Grundstücks werden für betriebliche Zwecke genutzt.

Die Kürzung nach § 9 Nr. 1 Satz 1 GewStG i. V. mit R 9.1 Abs. 1 Satz 1 GewStR beträgt 1,2 % von 30 % von 280 000 € = 1 008 €.

Maßgebend für die Kürzung ist der Einheitswert, der auf den letzten Feststellungszeitpunkt (Haupt-, Fortschreibungs- oder Nachfeststellungszeitpunkt) vor dem Ende des Erhebungszeitraums lautet.

Grundstücksunternehmen können auf Antrag und bei Vorliegen der Voraussetzungen an Stelle der Kürzung um 1,2 % des Einheitswerts von Betriebsgrundstücken gem. § 9 Nr. 1 Satz 2 GewStG den Teil des Gewerbeertrags kürzen, der auf die Verwaltung und Nutzung des eigenen Grundbesitzes entfällt (vgl. R 9.2 GewStR). Es handelt sich um eine wesentliche Vergünstigung für Grundstücksunternehmen in der Weise, dass Erträge, die auf die genannten Tätigkeiten entfallen, ganz von der Gewerbesteuer freigestellt werden.

b) Anteile am Gewinn von Mitunternehmerschaften

§ 9 Nr. 2 GewStG

30 Korrespondierend zur Vorschrift des § 8 Nr. 8 GewStG (vgl. Tz 25) sind gem. § 9 Nr. 2 GewStG Anteile am Gewinn einer OHG, einer KG oder einer anderen Mitunternehmerschaft (z. B. atypische stille Gesellschaft, GbR) – soweit sie bei der Ermittlung des Gewinns (§ 7 GewStG) angesetzt wurden – zu kürzen, damit eine Doppelbelastung dieser Gewinnanteile mit Gewerbesteuer vermieden wird.

c) Gewinne aus Anteilen an Kapitalgesellschaften

§ 9 Nr. 2a; R 9.3 GewStR

31 Zu kürzen sind auch gem. § 9 Nr. 2a GewStG die Gewinne aus Anteilen an einer nicht steuerbefreiten inländischen Kapitalgesellschaft i. S. des § 2 Abs. 2 GewStG, einer Kreditanstalt des öffentlichen Rechts, einer Erwerbs- und Wirtschaftsgenossenschaft oder einer Unternehmensbeteiligungsgesellschaft i. S. des § 3 Nr. 23 GewStG, wenn die Beteiligung zu Beginn des Erhebungszeitraums mindestens 15 % (bis 2007 waren es 10 %) des Grund- oder Stammkapitals beträgt und die Gewinnanteile bei Ermittlung des Gewinns (§ 7 GewStG) angesetzt worden sind. Auch aus dieser Vorschrift wird deutlich,

dass eine doppelte (oder mehrfache) Belastung von Gewinnen mit Gewerbesteuer vermieden werden soll.

Eine mehrfache Belastung findet demnach also statt, wenn die Beteiligung am Grund- oder Stammkapital geringer als 15 % ist.

Kürzungen unterbleiben jedoch, wenn Gewinne bei der Veräußerung von Beteiligungen erzielt werden (vgl. H 9.3 „Veräußerungsgewinne" GewStH).

Gem. § 8b Abs. 1 KStG sind Beteiligungserträge aus Anteilen an Kapitalgesellschaften steuerfrei, sofern sie im Betriebsvermögen von Körperschaften gehalten werden, d. h. § 9 Nr. 2a GewStG findet insofern keine Anwendung; werden die Anteile an Kapitalgesellschaften im Betriebsvermögen von Einzelunternehmen oder Personengesellschaften gehalten, tritt eine Steuerbefreiung ein (§ 3 Nr. 40 EStG), für den übersteigenden Betrag kommt eine Kürzung unter den Voraussetzungen des § 9 Nr. 2a GewStG in Betracht. Stehen Aufwendungen in unmittelbarem Zusammenhang mit den Gewinnanteilen, so mindern diese gem. § 9 Nr. 2a Satz 3 GewStG den Kürzungsanspruch.

d) Gewinnanteile des persönlich haftenden Gesellschafters einer KGaA

§ 9 Nr. 2b GewStG

Werden aufgrund des § 8 Nr. 4 GewStG Gewinnanteile eines persönlich haftenden Ge- 32
sellschafters einer KGaA hinzugerechnet (vgl. die Ausführungen in Tz 22), so kann es zu einer doppelten gewerbesteuerlichen Belastung kommen, wenn sie bei der Ermittlung des Gewinns (§ 7 GewStG) eines ebenfalls gewerbesteuerpflichtigen persönlich haftenden Gesellschafters angesetzt worden sind. Durch die Kürzungsvorschrift des § 9 Nr. 2b GewStG soll dies vermieden werden.

e) Auf ausländische Betriebsstätten entfallende Teile des Gewerbeertrages

§ 9 Nr. 3 GewStG

Es sollen nur Gewinne der Gewerbesteuer unterworfen werden, die im Inland erzielt 33
worden sind (vgl. schon § 2 Abs. 1 GewStG). In Anwendung dieses Grundsatzes ist der Teil des Gewerbeertrags, der auf eine nicht im Inland belegene Betriebsstätte entfällt, gem. § 9 Nr. 3 GewStG zu kürzen (gemeint ist damit das Ausscheiden sowohl positiver als auch negativer Gewerbeerträge, vgl. auch H 9.4 „Verluste einer ausländischen Betriebsstätte" GewStH). Bei Aufteilungsproblemen ist ggf. zu schätzen (vgl. H 9.4 „Aufteilung des Gewerbeertrages" GewStH – ggf. unter Anwendung von Zerlegungsgrundsätzen i. S. von § 29 GewStG). Für Unternehmen, die den Betrieb von Handelsschiffen im internationalen Verkehr zum Gegenstand haben, gelten gem. § 9 Nr. 3 Satz 2 GewStG (i. d. R.) 80 % des Gewerbeertrages als auf ausländische Betriebsstätten entfallend.

unbesetzt 34

f) Ausgaben zur Förderung steuerbegünstigter Zwecke (Spenden)

§ 9 Nr. 5 GewStG

35 Wie sich schon aus den Ausführungen in Tz 26 ergab, sollen Spenden der in § 9 Nr. 5 GewStG genannten Art, sofern sie aus Mitteln des Betriebs geleistet werden, bei der Gewerbesteuer abzugsfähig sein. Deshalb schreibt § 9 Nr. 5 GewStG die Kürzung derartiger Ausgaben zur Förderung steuerbegünstigter Zwecke i. S. von §§ 52 – 54 AO vor. Die Kürzungsmöglichkeiten unterliegen den gleichen Voraussetzungen wie der Spendenabzug bei der Einkommensteuer (§ 10b Abs. 1 EStG) und der Körperschaftsteuer (§ 9 Abs. 1 Nr. 2 KStG). Die Kürzung beträgt bis zu 20 % des nach § 8 Nr. 9 GewStG erhöhten Gewinns aus Gewerbebetrieb oder 4 ‰ der Summe der gesamten Umsätze und der im Wirtschaftsjahr aufgewendeten Löhne und Gehälter. Überschreiten die geleisteten Zuwendungen die genannten Höchstsätze, so kann die Kürzung im Rahmen der genannten Höchstsätze in den folgenden Erhebungszeiträumen vorgenommen werden (Vortrag). Der in § 9 Nr. 5 Satz 13 GewStG eingefügte Verweis auf die entsprechende Geltung von § 10d Abs. 4 EStG besagt, dass ein Vortrag nur insoweit möglich ist, als eine Berücksichtigung in vorangegangenen Erhebungszeiträumen rechtlich nicht möglich war, und dass der zum Schluss eines Erhebungszeitraumes verbleibende Spendenabzug gesondert festzustellen ist. Mit § 9 Nr. 5 Sätze 14 ff. GewStG ist ein Haftungstatbestand geregelt, wie ihn auch das EStG bzw. KStG für unrichtige Bestätigungen und Verwendungen kennt (vgl. zur sog. „Veranlasserhaftung" die Einfügungen durch das Jahressteuergesetz/JStG 2009, BGBl I 2008, S. 2794).

36 unbesetzt

g) Gewinne aus Anteilen an ausländischen Kapitalgesellschaften

§ 9 Nr. 7 und 8 GewStG; R 9.5 GewStR

37 Gemäß § 9 Nr. 7 GewStG ist auch zu kürzen um die Gewinne aus Anteilen an einer ausländischen Kapitalgesellschaft. Voraussetzung für die Kürzung ist wie bei § 9 Nr. 2a GewStG (vgl. Tz 31), dass die Beteiligung am Nennkapital der ausländischen Kapitalgesellschaft mindestens 15 % beträgt und die ausländische Kapitalgesellschaft aktiv i. S. von § 8 Abs. 1 Nr. 1 bis 6 AStG tätig ist.

Mit dieser Regelung sollen – bei mindestens 15 %iger-Beteiligung – die Gewinne ausländischer Tochtergesellschaften mit denen aus ausländischen Betriebsstätten gleichgestellt werden.

Nach der Vorschrift des § 9 Nr. 8 GewStG soll die beschriebene Regelung auch anzuwenden sein im Verhältnis zu Staaten, mit denen ein DBA besteht und nach dessen Vorschriften eine Freistellung nur bei einer höheren Mindestbeteiligung erfolgt.

Die o. g. Kürzungsvorschriften des § 9 Nr. 7 und Nr. 8 GewStG sind nunmehr allerdings entbehrlich, soweit derartige Gewinne steuerfrei gestellt und daher ohnehin nicht im gewerbesteuerpflichtigen Gewinn (§ 7 GewStG) der Kapitalgesellschaft enthalten sind (ein Kürzungsanspruch besteht nur, wenn – und nur insofern – Beteiligungserträge Teil des Gewerbeertrags sind).

Auch hier ist, wie schon bei § 9 Nr. 2a GewStG (vgl. Tz 31), zu beachten, dass durch § 8b Abs. 1 KStG Beteiligungserträge aus Beteiligungen an Kapitalgesellschaften auf der Ebene der Kapitalgesellschaft selbst steuerfrei bleiben und daher über § 7 GewStG nicht im steuerpflichtigen Gewerbeertrag von Kapitalgesellschaften enthalten sind.

unbesetzt 38

II. Maßgebender Gewerbeertrag

Nach der Erörterung der Hinzurechnungen (Tz 19 bis 28) und der Kürzungen (Tz 29 bis 38) ist darzulegen, welchem Erhebungszeitraum der Gewerbeertrag zuzurechnen ist. Darüber hinaus sind noch Besonderheiten zu beachten, die sich bei abweichendem Wirtschaftsjahr ergeben. 39

1. Die Zuordnung des Gewerbeertrags zum Erhebungszeitraum

§ 10 Abs. 1 GewStG

Der Gewerbeertrag ist die Besteuerungsgrundlage für die Gewerbesteuer. Gemäß § 10 Abs. 1 GewStG ist ein Gewerbebetrieb mit dem Gewerbeertrag steuerpflichtig, der in dem Erhebungszeitraum bezogen worden ist, für den der einheitliche Steuermessbetrag festgesetzt wird. Dies ist das Kalenderjahr (§ 14 Satz 2 GewStG) bzw. ein abgekürzter Erhebungszeitraum, wenn die Steuerpflicht nicht während des ganzen Kalenderjahres besteht (§ 14 Satz 3 GewStG). Damit ist ein Gewerbebetrieb ähnlich wie bei der Einkommen- und Körperschaftsteuer mit dem Gewerbeertrag gewerbesteuerpflichtig, den er im Erhebungszeitraum bezogen hat. Das ist der Gewerbeertrag des Wirtschaftsjahres, das im Kalenderjahr endet. § 10 Abs. 1 GewStG entspricht damit dem System der Gegenwartsbesteuerung, wie es auch den anderen Ertragsteuern zugrunde liegt. 40

2. Abweichendes Wirtschaftsjahr

§ 10 Abs. 2 GewStG

Die Anwendung des erörterten Grundsatzes der Gegenwartsbesteuerung (Identität von Bemessungszeitraum und Erhebungszeitraum) wirft bei einem abweichenden Wirtschaftsjahr Probleme auf. Deshalb stellt § 10 Abs. 2 GewStG dieselbe Fiktion wie im Einkommensteuergesetz (§ 4a Abs. 2 Nr. 2 EStG) auf. Bei abweichendem Wirtschaftsjahr gilt der Gewerbeertrag als in dem Erhebungszeitraum bezogen, in dem das Wirtschaftsjahr endet. 41

Bei Unternehmen mit abweichendem Wirtschaftsjahr, die neu in die Steuerpflicht eintreten, ist es denkbar, dass im ersten Erhebungszeitraum ein Wirtschaftsjahr nicht endet. Im Falle der Betriebseröffnung mit einem vom Kalenderjahr abweichenden Wirtschaftsjahr kann im Kalenderjahr der Eröffnung des Gewerbebetriebs keine Gewerbesteuer mehr erhoben werden, wenn das erste Wirtschaftsjahr erst im nächsten Kalenderjahr endet. Im ersten Kalenderjahr gilt also kein Gewerbeertrag als bezogen, im zweiten Kalenderjahr der volle Gewerbeertrag für das erste Wirtschaftsjahr.

Die Freibeträge werden unabhängig von der Dauer der Steuerpflicht in einem Erhebungszeitraum immer in voller Höhe gewährt.

BEISPIEL: Eine KG wird am 1. 4. 14 mit einem abweichenden Wirtschaftsjahr vom 1. 4. 14 bis 31. 3. 15 gegründet. Vom 1. 4. 14 bis 31. 3. 15 wird ein Gewerbeertrag von 120 000 € erzielt.

Der Gewerbeertrag i. H. von 120 000 € gilt für den Erhebungszeitraum 15. Für 14 gilt kein Gewerbeertrag als bezogen. Für 15 ist der volle für den Erhebungszeitraum geltende Freibetrag gem. § 11 Abs. 1 GewStG anzusetzen.

Enden wegen der Umstellung des Wirtschaftsjahres im betreffenden Erhebungszeitraum (Kalenderjahr) zwei Wirtschaftsjahre, so ist für jedes dieser Wirtschaftsjahre ein Gewinn zu ermitteln, der sich um Hinzurechnungen nach § 8 GewStG erhöht bzw. um Kürzungen nach § 9 GewStG mindert. Dabei ist der Freibetrag gem. § 8 Nr. 1 GewStG i. H. von 100 000 € für jedes der beiden Wirtschaftsjahre zu gewähren, d. h. insofern zweimal im Erhebungszeitraum (vgl. Erlass v. 2. 7. 2012, Rdn. 47).

3. Der Gewerbeverlust

§ 10a GewStG; R 10a GewStR

42 Wie im Einkommensteuerrecht nach § 10d EStG (Verlustvortrag und Verlustrücktrag) wird auch im Gewerbesteuerrecht der *Grundsatz der Abschnittsbesteuerung* durch die Möglichkeit des Verlustvortrages durchbrochen. Gemäß § 10a GewStG können Fehlbeträge unbegrenzt vorgetragen werden (unbegrenzter Verlustvortrag). Auch bei der Gewerbesteuer ist die Höhe der vortragsfähigen Fehlbeträge gesondert festzustellen (vgl. § 10a Satz 6 GewStG).

Bis zum Erhebungszeitraum 2003 war eine unbegenzte Verlustverrechnung durch einen Verlustvortrag möglich. Nach der Neureglung durch das Gewerbesteueränderungsgesetz 2003 ist ab Erhebungszeitraum 2004 die Möglichkeit der Verlustverrechnung durch einen Verlustvortrag eingeschränkt (sog. Mindestbesteuerung; entspricht § 10d Abs. 2 EStG). Demnach sind in einem ersten Schritt bis zu 1 000 000 € uneingeschränkt verrechenbar und vom verbleibenden nicht verbrauchten Verlustvortrag aus Vorjahren in einem zweiten Schritt maximal noch 60 % des 1 000 000 € übersteigenden Teils des Gewerbeertrages. Ein eventuell übrigbleibender Rest des Verlustvortrages aus Vorjahren kann in zukünftige Erhebungszeiträume vorgetragen werden.

BEISPIEL:

► Vortragsfähiger Verlust aus EZ 2012/2013 (gesondert festgestellt)	3 500 000 €	
► Positiver Gewerbeertrag im EZ 2014		4 000 000 €
·/. verrechenbarer Verlustvortrag 1. Stufe maximal		1 000 000 €
= verbleibender positiver Gewerbeertrag		3 000 000 €
·/. 60 % von 3 000 000 € verrechenbarer Verlustvortrag 2. Stufe		1 800 000 €
= verbleibender stpfl. Gewerbeertrag für EZ 2014		1 200 000 €
In 2014 für folgende Erhebungszeiträume gesondert festzustellender verbleibender Verlustvortrag	700 000 €	

Bei Organschaftsverhältnissen ist die Verlustverrechnungsmöglichkeit vororganschaftlicher Verluste eingeschränkt bzw. ausgeschlossen (vgl. § 10a Satz 3 GewStG).

Der Gewerbeverlust ist in der Regel nicht identisch mit dem Verlustvortrag nach § 10d EStG. Unterschiede ergeben sich, weil ein Verlustvortrag nach dem EStG erst *nach* dem Verlustausgleich (Ausgleich von positiven und negativen Einkunftsarten untereinander) zustande kommen kann. Ein derartiger Verlustausgleich ist gewerbesteuerlich nicht denkbar.

BEISPIEL: Ein Gewerbetreibender hat in einem Veranlagungszeitraum Einkünfte aus Gewerbebetrieb von ·/. 50 000 € und Einkünfte aus Vermietung und Verpachtung von + 30 000 €.

Die positiven Einkünfte können mit den negativen ausgeglichen werden. Es verbleibt dann einkommensteuerlich ein Verlustvortrag von 20 000 €.

Da gewerbesteuerlich ein Verlustausgleich insofern nicht denkbar ist, beträgt der Gewerbeverlust abgesehen von eventuellen Hinzurechnungen und Kürzungen 50 000 €.

Weiterhin kann sich ein Unterschied zwischen Gewerbeverlust und einkommensteuerlichem Verlustvortrag ergeben, weil der Gewerbeverlust durch Hinzurechnungen und Kürzungen beeinflusst wird. Deshalb ist es angebracht, den Gewerbeverlust als *negativen Gewerbeertrag* zu bezeichnen. Schließlich ist noch darauf hinzuweisen, dass gewerbesteuerlich – im Gegensatz zur einkommensteuerlichen Behandlung – ein *Verlustrücktrag ausgeschlossen ist.*

Wenn ein Unternehmer ein Unternehmen aufgibt und ein neues gründet, können Verluste des alten Unternehmens beim neuen Unternehmen nicht abgezogen werden. Das ist eine Folge des Objektsteuercharakters der Gewerbesteuer. Auch im Falle eines Unternehmerwechsels bei Übergang eines Gewerbebetriebes im Ganzen (§ 2 Abs. 5 GewStG) kann gem. § 10a Satz 8 GewStG der Übernehmer seinen Gewerbeertrag nicht um die Fehlbeträge des übergegangenen Unternehmens kürzen. Es müssen also für die Berücksichtigung des Gewerbeverlustes *Unternehmensgleichheit* /-identität und *Unternehmergleichheit/-identität* vorliegen (vgl. hierzu R 10a. 2 und 3 GewStR).

Dabei stellt sich die Frage, ob im Falle des Wechsels von Gesellschaftern einer Personengesellschaft der auf den ausscheidenden Gesellschafter entfallende Verlust vorgetragen werden kann oder nicht. Gem. R 10a Abs. 3 GewStR ist ein Verlustvortrag insoweit nicht möglich. Begründet wird das damit, dass eine Personengesellschaft nicht mit einer Kapitalgesellschaft zu vergleichen sei. Vielmehr sei jeder Gesellschafter (anteiliger) Einzelunternehmer und jeder Unternehmer erziele den Gewerbeverlust, den nur er, nicht aber der Betrieb, von positiven Gewerbeerträgen späterer Jahre abziehen könne.

BEISPIEL: Eine OHG, an der zu gleichen Teilen die Gesellschafter A, B und C beteiligt sind, erzielt im Jahr 2014 einen Verlust von 300 000 €. Zu Beginn des Jahres 2015 veräußert der Gesellschafter C seinen Anteil an D.

Gemäß § 2 Abs. 5 Satz 1 GewStG i.V. mit R 10a.3 Abs. 3 GewStR kann der anteilige auf C entfallende Verlust des Jahres 2014 i. H. von 100 000 € nicht bei D vorgetragen werden.

Diese Regelung wird insbesondere im Hinblick auf den Objektsteuercharakter der Gewerbesteuer stark kritisiert.

Eine Kapitalgesellschaft gilt gem. § 2 Abs. 2 GewStG als Gewerbebetrieb kraft Rechtsform, gleichzeitig ist sie Steuerschuldner gem. § 5 GewStG. Hinsichtlich der Unternehmensgleichheit bzw. -identität wäre ein Gesellschafterwechsel bei einer Kapitalgesellschaft insofern unschädlich. Allerdings schreibt § 10a Satz 10 GewStG für Kapitalgesellschaften die analoge Anwendung des § 8c KStG vor. Mit dieser Regelung sollen sog. „Mantelkäufe" (Kauf einer „leeren rechtlichen Hülle" insbes. wegen vorhandenen Verlustvortragpotenzials) unterbunden bzw. eingeschränkt werden. Demnach kann die Übertragung von Anteilen an einer Kapitalgesellschaft dazu führen, dass ein bestehender Verlustvortrag ganz oder teilweise verloren geht. Nach § 8c Satz 1 KStG handelt es sich um eine schädliche Anteilsübertragung, wenn innerhalb von 5 Jahren mehr als 25 % der Anteile auf einen Erwerber übertragen werden. Hierbei geht ein bestehender Verlustvortrag quotal verloren. Werden innerhalb von 5 Jahren mehr als 50 % der Anteile übertragen, so geht gem. § 8c Satz 2 KStG ein bestehender Verlustvortrag vollständig verloren. Diese Regelungen sind gem. § 10a Satz 10 GewStG analog für gewerbesteuerliche Zwecke anzuwenden. Eine analoge gewerbesteuerliche Anwendung schreibt zudem der neue Satz 9 (ab 2009, eingefügt durch JStG 2009) in § 10a GewStG vor für Regelungen des § 8 Abs. 8 und 9 Satz 5 – 8 KStG betr. Körperschaften bei zusammengefassten Betrieben gewerblicher Art, sowie bei bestimmten Dauerverlusten in einzelnen Sparten.

Der Abzug der Fehlbeträge, die sich in den vorangegangenen Erhebungszeiträumen ergeben haben, ist immer zwingend vorgeschrieben (ggf. bis zu einem verbleibenden Gewerbeertrag von 0 €) und kann *nicht wahlweise* oder *nur zum Teil* vorgenommen werden, z. B. um den Freibetrag des § 11 Abs. 1 GewStG besser ausnutzen zu können.

BEISPIEL: Ein Einzelunternehmer hat im Jahre 2014 einen Fehlbetrag von 40 000 €. Im Jahre 2015 beträgt der Gewerbeertrag + 10 000 €.

Der Gewerbeertrag des Jahres 2015 ist um 10 000 € zwingend zu kürzen, obwohl auch ohne diese Kürzung sich eine Gewerbeertragsteuer wegen des Freibetrages des § 11 Abs. 1 GewStG nicht ergeben würde.

III. Steuermesszahl und Steuermessbetrag

§ 11 GewStG

43 Um den Messbetrag nach dem Gewerbeertrag zu bestimmen, muss der maßgebende, nach § 11 Abs. 1 GewStG auf volle 100 € nach unten abgerundete Gewerbeertrag mit einer Steuermesszahl multipliziert werden. Vorab ist bei natürlichen Personen und bei Personengesellschaften gem. § 11 Abs. 1 Satz 3 Nr. 1 GewStG zunächst ein Freibetrag von 24 500 € zu berücksichtigen (für ganz bestimmte Unternehmen des öffentlichen Rechts beträgt gem. § 11 Abs. 1 Satz 3 Nr. 2 GewStG der Freibetrag 5 000 €). Die Anwendung der Steuermesszahl auf den ggf. um einen Gewerbeverlust (§ 10a GewStG) und ggf. um den Freibetrag geminderten abgerundeten Gewerbeertrag führt zum Steuermessbetrag, der Basis für die Anwendung des Hebesatzes der jeweiligen Gemeinde und der Berechnung der Gewerbesteuer ist.

Die Steuermesszahl für den Gewerbeertrag beträgt prinzipiell für alle (zu den wenigen Ausnahmen vgl. § 11 Abs. 3 GewStG) Gewerbebetriebe ab Erhebungszeitraum 2008 einheitlich 3,5 % (§ 11 Abs. 2 GewStG). Die bis Erhebungszeitraum 2007 gültige Staffeltarifregelung (des § 11 Abs. 2 Nr. 1 GewStG a. F.) für natürliche Personen und Personengesellschaften ist durch das Unternehmensteuerreformgesetz 2008 abgeschafft worden.

Typischerweise gilt das folgende Berechnungsschema bis zum Steuermessbetrag:

	Maßgebender Gewerbeertrag	(§ 10 GewStG)
·/.	Gewerbeverlust	(§ 10a GewStG)
=	verbleibender Gewerbeertrag, ggf. Abrundung auf volle 100 €	(§ 11 Abs. 1 GewStG)
·/.	Freibetrag 24 500 € – nur bei natürlichen Personen und Personengesellschaften	(§ 11 Abs. 1 GewStG)
=	Gewerbeertrag	
×	Steuermesszahl 3,5 %	(§ 11 Abs. 2 GewStG)
=	Steuermessbetrag nach dem Gewerbeertrag	

Bei Hausgewerbetreibenden und ihnen gleichgestellten Personen vermindert sich die Steuermesszahl nach Maßgabe des § 11 Abs. 3 GewStG auf 56 % (d. h. 56 % von 3,5 % = 1,96 %).

Der jeweilige Freibetrag wird, wie oben (vgl. Tz 41) bereits dargestellt wurde, unabhängig von der Dauer der Steuerpflicht in einem Erhebungszeitraum immer in voller Höhe gewährt, höchstens jedoch in Höhe des abgerundeten Gewerbeertrags. Durch den Abzug des Freibetrages kann also kein Gewerbeverlust entstehen.

Wie bereits in Tz 14 dargestellt, kommt es beim Wechsel des Steuerschuldners zu einer anteiligen Zurechnung und Festsetzung des Steuermessbetrages entsprechend der zeitlichen Dauer der persönlichen Steuerpflicht. Entsprechend ist bei natürlichen Personen und Personengesellschaften in derartigen Fällen auch nur der jeweils anteilige Freibetrag nach § 11 Abs. 1 GewStG zu gewähren (vgl. hierzu R 11.1 GewStR).

Der Steuermessbetrag wird für den Erhebungszeitraum (Kalenderjahr) an dessen Ende durch den Gewerbesteuermessbescheid des zuständigen Finanzamtes (Betriebsfinanzamt) als Grundlagenbescheid festgesetzt (§ 14 GewStG).

unbesetzt 44–55

E. Die Zerlegung

I. Voraussetzungen und Verfahren

§§ 28, 30 GewStG

Es kommt vor, dass sich eine Betriebsstätte eines Unternehmens über mehrere Ge- 56
meinden erstreckt oder dass sich mehrere Betriebsstätten in unterschiedlichen Gemeinden befinden. In diesen Fällen und auch bei der Verlegung einer Betriebsstätte von einer Gemeinde in eine andere Gemeinde innerhalb des Erhebungszeitraumes muss gem. §§ 28, 30 GewStG eine Zerlegung des Steuermessbetrages erfolgen. Der Steuerschuldner hat eine Zerlegungserklärung gem. § 14a GewStG dem zuständigen Finanzamt einzureichen. Das Finanzamt erlässt daraufhin einen Bescheid über den (ein-

heitlichen) Gewerbesteuermessbetrag und einen Zerlegungsbescheid. Dieser wird den hebeberechtigten Gemeinden bekannt gegeben mit ihren jeweiligen Anteilen am (einheitlichen) Gewerbesteuermessbetrag.

II. Zerlegungsmaßstab

§§ 29, 31, 33 GewStG

57 Zerlegungsmaßstab ist gem. § 29 Abs. 1 GewStG das Verhältnis der gezahlten Arbeitslöhne in den Betriebsstätten der einzelnen Gemeinden. Bei der Ermittlung der Verhältniszahlen sind die Arbeitslöhne auf volle 1 000 € abzurunden.

BEISPIEL: Der einheitliche Steuermessbetrag eines Gewerbebetriebs für einen Erhebungszeitraum beträgt 150 000 €. Es handelt sich um einen Produktionsbetrieb, dessen Betriebsstätten sich auf drei hebeberechtigte Gemeinden verteilen.

Gemäß § 28 Abs. 1 GewStG ist der einheitliche Steuermessbetrag zu zerlegen. Zerlegungsmaßstab ist gem. § 29 Abs. 1 GewStG die Summe der Arbeitslöhne, die an die bei den Betriebsstätten der einzelnen Gemeinden beschäftigten Arbeitnehmer gezahlt worden sind. Danach ist folgendermaßen zu zerlegen:

Gemeinde	Summe der gezahlten Arbeitslöhne (in %)	Anteil am einheitlichen Steuermessbetrag	Hebesatz in der jeweiligen Gemeinde	Gewerbesteuer
I	200 000 € (20 %)	30 000 €	350 %	105 000 €
II	500 000 € (50 %)	75 000 €	400 %	300 000 €
III	300 000 € (30 %)	45 000 €	320 %	144 000 €
Summe	1 000 000 € (100 %)	150 000 €		549 000 €

Zu den Arbeitslöhnen (dies sind die Bruttoarbeitslöhne i. S. des § 19 Abs. 1 Nr. 1 EStG incl. vermögenswirksame Leistungen und incl. steuerfreier Zuschläge z. B. für Sonntags-, Feiertags- oder Nachtarbeit, u. a. m.; vgl. auch R 31.1 GewStR) gehören gem. § 31 Abs. 2 GewStG nicht Vergütungen an in der Ausbildung befindliche Personen und auch nicht Vergütungen für Leiharbeiter (vgl. § 31 Abs. 3 GewStG). Auch nach dem Gewinn berechnete einmalige Vergütungen (z. B. Tantiemen, Gratifikationen) sind gem. § 31 Abs. 4 Satz 1 GewStG nicht anzusetzen. Die für die Zerlegung maßgeblichen sonstigen Vergütungen sind gem. § 31 Abs. 4 Satz 2 GewStG auf 50 000 € für den einzelnen Arbeitnehmer beschränkt. Bei Einzelunternehmungen und Personengesellschaften ist zusätzlich zu den tatsächlich gezahlten Arbeitslöhnen für die im Betrieb tätigen Unternehmer bzw. Mitunternehmer gem. § 31 Abs. 5 GewStG ein Betrag von insgesamt 25 000 € jährlich anzusetzen. Diese vorgenannten Zerlegungsmaßstäbe gelten nur bei Existenz von Betriebsstätten in mehreren Gemeinden. Wenn sich eine Betriebsstätte über mehrere Gemeinden erstreckt, ist die Zerlegung gem. § 30 GewStG nach „Lage der örtlichen Verhältnisse" vorzunehmen.

Führt ein Zerlegungsmaßstab zu offenbar unbilligen Ergebnissen, so eröffnet § 33 GewStG die Möglichkeit, nach einem zutreffenderen Maßstab zu zerlegen. Hierüber muss mit den betroffenen Gemeinden gem. § 33 Abs. 2 GewStG Einvernehmen getroffen werden. Bei Betrieben, die Anlagen zur Erzeugung von Windenergie betreiben, ist durch das JStG 2009 in § 29 Abs. 1 Nr. 2 GewStG ein besonderer Zerlegungsmaßstab (nach Anteilen am Sachanlagevermögen) eingefügt worden.

F. Die Festsetzung und Erhebung der Gewerbesteuer

§ 16 GewStG; § 19 GewStG

Die Steuererklärungspflicht für steuerpflichtige Gewerbebetriebe ergibt sich aus § 14a GewStG. Erhebungszeitraum ist das Kalenderjahr. Besteht die Gewerbesteuerpflicht nicht während des ganzen Kalenderjahres, so tritt an die Stelle des Kalenderjahres der Zeitraum der Steuerpflicht (abgekürzter Erhebungszeitraum; vgl. § 14 GewStG). 58

Am Verfahren der Festsetzung und Erhebung der Gewerbesteuer (vgl. auch R 1.1 bis 9 GewStR) sind in der Regel das örtlich zuständige Finanzamt und die jeweilige Gemeinde beteiligt. Das Betriebsfinanzamt führt die Veranlagung bis zum Steuermessbetrag durch und erlässt einen Gewerbesteuermessbescheid, der der hebeberechtigten Gemeinde mitgeteilt wird (§ 184 AO). Dieser ist Grundlagenbescheid für den darauf basierenden Gewerbesteuerbescheid.

Unter den Voraussetzungen des § 34 GewStG gilt aus Vereinfachungsgründen bei einem Steuermessbetrag bis 10 € eine Kleinbetragsregelung. In Zerlegungsfällen greift das bereits in Tz 56 beschriebene Festsetzungsverfahren.

Auf der Grundlage des Gewerbesteuermessbescheides erlässt gem. § 16 Abs. 1 GewStG die hebeberechtigte Gemeinde den Gewerbesteuerbescheid, indem sie auf den festgesetzten Gewerbesteuermessbetrag den für sie geltenden Hebesatz anwendet. Der Hebesatz wird durch Gemeindebeschluss für ein oder gleich für mehrere Kalenderjahre festgesetzt und muss gem. § 16 Abs. 4 GewStG für alle in der Gemeinde vorhandenen Unternehmen gleich hoch sein.

Hinsichtlich des Hebesatzes der Gemeinde ergab sich in früheren Jahren das Problem der Bildung von „Steueroasen“ in Gemeinden mit sehr niedrigem Gewerbesteuerhebesatz (bis hin zu 0 %). Als Gegenmaßnahme wurde ab Erhebungszeitraum 2004 ein Mindesthebesatz von 200 % in § 16 Abs. 4 GewStG eingefügt (Hinweis: mit Beschluss vom 27. 1. 2010 hat das BVerfG entschieden, dass der Mindesthebesatz bei der Gewerbesteuer nicht verfassungswidrig ist). Gleichzeitig wurde aus der Berechtigung der Gemeinden zur Erhebung der Gewerbesteuer eine Verpflichtung (§ 1 GewStG).

Nachdem die Gewerbesteuer durch die Gemeinde festgesetzt worden ist (Gewerbesteuerbescheid), ist die Gemeinde auch für die Erhebung und Beitreibung zuständig. Das heißt, die Gemeinde kann z. B. Zahlungen entgegennehmen, Erlass oder Stundung aussprechen oder Erstattungen und Anrechnungen vornehmen.

Die Gewerbesteuer wird zwar erst nach Ablauf des Erhebungszeitraums festgesetzt, allerdings hat der Steuerschuldner gem. § 19 Abs. 1 GewStG *vierteljährliche Vorauszahlungen* zu entrichten (jeweils zum 15. 2., 15. 5., 15. 8., 15. 11. eines Jahres), deren Höhe sich gem. § 19 Abs. 2 GewStG grundsätzlich nach der Steuerhöhe der letzten Gewerbesteuerveranlagung richtet. Ein Antrag auf Änderung der Vorauszahlung ist möglich bei wesentlicher Veränderung der relevanten Verhältnisse. Änderungen von Amts wegen werden vorgenommen, wenn sich den Gewerbebetrieb betreffende Besteuerungsgrundlagen ändern (z.B. der Einkommensteuerbescheid, der Körperschaftsteuerbescheid oder ein Feststellungsbescheid; vgl. § 35b GewStG). Nach der Kleinbetragsregelung des § 19 Abs. 5 GewStG werden die Vorauszahlungen allerdings nur erhoben, wenn die einzelne Vorauszahlungsrate mindestens 50 € beträgt. Die Gewerbesteuervorauszahlungen werden auf die endgültige Steuerschuld angerechnet, so dass es abschließend für den Erhebungszeitraum zu einer *Abschlusszahlung* oder *Erstattung* kommen kann.

Der Gewerbesteuermessbescheid ist Grundlagenbescheid für den Gewerbesteuerbescheid (§ 184 Abs. 1 i.V. mit § 182 Abs. 1 AO). Sofern sich ein Steuerpflichtiger durch den Gewerbesteuermessbescheid beschwert fühlt, muss er deshalb gegen diesen (innerhalb 1 Monat) unmittelbar und nicht erst gegen den Gewerbesteuerbescheid Einspruch einlegen (§ 351 Abs. 2 AO). Ggf. kommt als vorläufiger Rechtsschutz Aussetzung der Vollziehung des Grundlagenbescheides in Betracht (§ 361 AO) und somit auch Aussetzung der Vollziehung des Folgebescheides, d. h. des Gewerbesteuerbescheides (§ 361 Abs. 3 AO). Der Gewerbesteuerbescheid der Gemeinde ist mit dem Rechtsmittel des Widerspruchs anfechtbar (z. B. bei Anwendung eines falschen Hebesatzes), über den nach den Vorschriften des Verwaltungsverfahrensrechts zu entscheiden ist; ggf. steht der Verwaltungsgerichtsweg offen.

59 unbesetzt

Anlage: Abschließendes Beispiel zur Berechnung der Gewerbesteuer

60 **Sachverhalt**

Für den gewerbesteuerpflichtigen Einzelunternehmer EU aus der Gemeinde A (Hebesatz der Gemeinde 450 %) wurde der nach einkommensteuerrechtlichen Vorschriften ermittelte Gewinn aus Gewerbebetrieb für das Jahr 14 mit 500 000 € ermittelt. Der handelsrechtliche Gewinn für 14 beträgt nur 440 000 € wegen der als Aufwand gebuchten Gewerbesteuervorauszahlungen für 14 i. H. von 60 000 €. Folgende Informationen sind für die Berechnung der Gewerbesteuer des Jahres 14 zu prüfen und ggf. zu berücksichtigen:

1. Der Einzelunternehmer EU hat am 1. 4. 14 ein Fälligkeitsdarlehen über 240 000 € zu folgenden Bedingungen aufgenommen: Rückzahlung nach 5 Jahren in einer Summe, Zinsen p. a. 7,5 % – jährlich nachschüssig zu zahlen, 5 % der Darlehenssumme wurden als Disagio einbehalten. Die diesbezüglichen Aufwendungen des Jahres 14 wurden zutreffend bei der Gewinnermittlung berücksichtigt.
2. Für einen kurzfristigen Kontokorrentkredit auf dem laufenden Geschäftskonto fielen in 14 Zinsaufwendungen i. H. von 1 500 € an. Um die Liquidität in 14 zu verbessern, wurden unüblich hohe Skonti und ungewöhnliche Zahlungsziele bei Forderungen aus Lieferungen gewährt. Dieses belastete das Ergebnis in 14 um 14 100 €.
3. Ein Bekannter des EU hat sich in 14 mit einer Einlage von 180 000 € am Einzelunternehmen beteiligt, wofür er (gewinnabhängig) 17 000 € ausgezahlt bekam, die zu-

treffend als Aufwand gebucht wurden; sein Engagement ist rein auf die Kapitaleinlage beschränkt.

4. Ein älterer Mitarbeiter des Einzelunternehmens erhält in 14 12 000 € Pensionszahlungen aufgrund einer unmittelbar vom Arbeitgeber (EU) erteilten Versorgungszusage; die Zahlungen wurden als Aufwand erfasst.
5. Im Jahr 14 hat das Einzelunternehmen mehrfach Fahrzeuge für betriebliche Zwecke von dem Autovermieter „Miet-GmbH" gemietet; der Mietaufwand hierfür betrug in 14 insg. 17 000 €; zudem wurde Büroausstattung geleast, Aufwand hierfür in 14 44 000 €.
6. Für Kundenparkzwecke hat das Einzelunternehmen vom benachbarten Discounter Ali einen Teil der Parkfläche gepachtet; Aufwand hierfür in 14 8 000 €; zudem fiel Mietaufwand in 14 für ein Außenlager an i. H. von 76 000 €.
7. Für die – auf 5 Jahre beschränkte – Nutzung einer Lizenz für Produktionszwecke werden p. a. 37 200 € an den Lizenzgeber gezahlt, die in 14 zutreffend als Aufwand gebucht wurden.
8. Der Einzelunternehmer betreibt seinen Gewerbebetrieb auf einem Betriebsgrundstück (Buchwert in der Bilanz 350 000 €), dessen Einheitswert auf Basis des 1. 1. 1964 mit 100 000 € festgesetzt wurde.
9. Der Einzelunternehmer hält schon seit Jahren eine Beteiligung von 20 % an der Handel-OHG aus Köln in seinem Betriebsvermögen. Der Gewinnanteil aus dieser Beteiligung i. H. von 19 820 € hat den Gewinn in 14 zutreffend erhöht.

Aufgabe:

Zu berechnen ist die Gewerbesteuer des Jahres 14 für das Einzelunternehmen, ggf. auch eine Gewerbesteuerrückstellung.

Ermittlung der Gewerbesteuer für das Jahr 14:

Ausgangspunkt ist der Gewerbeertrag nach den Vorschriften des Einkommensteuergesetzes (§ 7 GewStG)			500 000 €
(Der handelsrechtliche Gewinn 440 000 € wurde um 60 000 € Gewerbesteuervorauszahlung gemindert.)			
+ **Hinzurechnungen (§ 8 GewStG)**			
zunächst nach Nr. 1			
a) Entgelte für Schulden			
► Zinsen Darlehen 7,5 % p. a. von 240 000 € = 18 000 €, für $^9/_{12}$ Monate	= voll	13 500 €	
► Disagio 5 % v. 240 000 € = 12 000 €, bei linearer Verteilung pro Jahr $^1/_5$ = 2 400 €, für $^9/_{12}$ Monate	= voll	1 800 €	
► Zinsen Kontokorrentkredit	= voll	1 500 €	
► Skonti, da nicht dem üblichen Geschäftsverkehr entsprechend (ohne Kürzung)	= voll	14 100 €	

b) Renten und dauernde Lasten			
► Keine Hinzurechnung, da die im Sachverhalt genannten Pensionszahlungen explizit durch § 8 Nr. 1b) Satz 2 GewStG von einer Hinzurechnung ausgenommen werden		0 €	
c) Gewinnanteile stiller Gesellschafter			
► Offensichtlich sind die Voraussetzungen für einen typischen stillen Gesellschafter erfüllt, d. h. Zurechnung	= voll	17 000 €	
d) $^{1}/_{5}$ Miet- und Pachtzinsen bewegliches Anlagevermögen (inkl. Leasing)			
► Kfz, $^{1}/_{5}$ von 17 000 €	=	3 400 €	
► Büroausstattung, $^{1}/_{5}$ von 44 000 €	=	8 800 €	
e) 50 % Miet- und Pachtzinsen unbewegliches Anlagevermögen			
► Parkplatz, 50 % von 8 000 €	=	4 000 €	
► Außenlager, 50 % von 76 000 €	=	38 000 €	
f) $^{1}/_{4}$ Aufwand für Nutzung von Rechten			
► Lizenz, $^{1}/_{4}$ von 37 200 €	=	9 300 €	
= Summe		111 400 €	
./. Freibetrag, § 8 Nr. 1		100 000 €	
= übersteigender Betrag		11 400 €	
–> davon 25 % Hinzurechnung			= + 2 850 €
Weitere Hinzurechnungen nach § 8 GewStG ergeben sich lt. Sachverhalt nicht.			
./. Kürzungen (§ 9 GewStG)			
nach Nr. 1, Kürzung vom Grundbesitz			
► 1,2 % des um 40 % erhöhten Einheitswertes des Grundstückes (EW 100 000 € + 40 % = 140 000 €)	= voll		./. 1 680 €
nach Nr. 2, Kürzung Gewinnanteil an OHG			
► zur Vermeidung einer doppelten Besteuerung	= voll		./. 19 820 €
= maßgebender Gewerbeertrag (§ 10 GewStG)			481 350 €
Gewerbeverlust nicht vorliegend, Abrundung auf volle 100 € gem. § 11 Abs. 1 Satz 3 GewStG			481 300 €
./. Freibetrag Einzelunternehmen (§ 11 Abs. 1 GewStG)			24 500 €
= Gewerbeertrag			456 800 €
–> darauf Steuermesszahl 3,5 % (§ 11 Abs. 2 GewStG)			= 15 988 €
–> auf diesen Steuermessbetrag ist der Hebesatz 450 % der Gemeinde anzuwenden, so dass sich eine **Gewerbesteuer** ergibt i. H. v.			71 946 €

Für die Handelsbilanz ist für die zu erwartende Nachzahlung für Gewerbesteuer 14 zwingend eine Rückstellung zu bilden (§ 249 Abs. 1 i.V. mit § 252 Abs. 1 Nr. 5 HGB) und zwar i. H. von 11 946 € (Gewerbesteuer 14 = 71 946 € ·/. bereits handelsrechtlich als Aufwand für Gewerbesteuervorauszahlungen 14 erfasste 60 000 €).

Steuerrechtlich (§ 4 Abs. 5b EStG) ist die Gewerbesteuer keine Betriebsausgabe mehr. Wie in der Einleitung in Tz 1 zur Gewerbesteuer dargestellt, ist nunmehr gem. R 5.7 Abs. 1 Satz 2 EStR dennoch eine Rückstellung zu bilden, die außerbilanziell zu neutralisieren ist (dem steuerlichen Ergebnis wieder zuzurechnen ist), sodass steuerrechtlich die Gewerbesteuer sich letztendlich nicht als Betriebsausgabe auswirkt.

Hinweis:

Soweit die Voraussetzungen des § 35 EStG vorliegen, kommt für den Einzelunternehmer EU bei seiner Einkommensteuer des Jahres 14 ein Ermäßigungsbetrag von maximal 60 754,40 € (Steuermessbetrag 15 988 × 3,8) in Frage, was eine weitgehende Kompensation der Gewerbesteuerbelastung bedeutet.

STICHWORTVERZEICHNIS

(Die angegebenen Zahlen verweisen auf die Textziffern – Tz)

Erster Teil: Einkommensteuer

Zweiter Teil: Bilanzsteuerrecht (Steuerrechtlicher Jahresabschluss)

A

B

Dritter Teil: Körperschaftsteuer

Vierter Teil: Gewerbesteuer